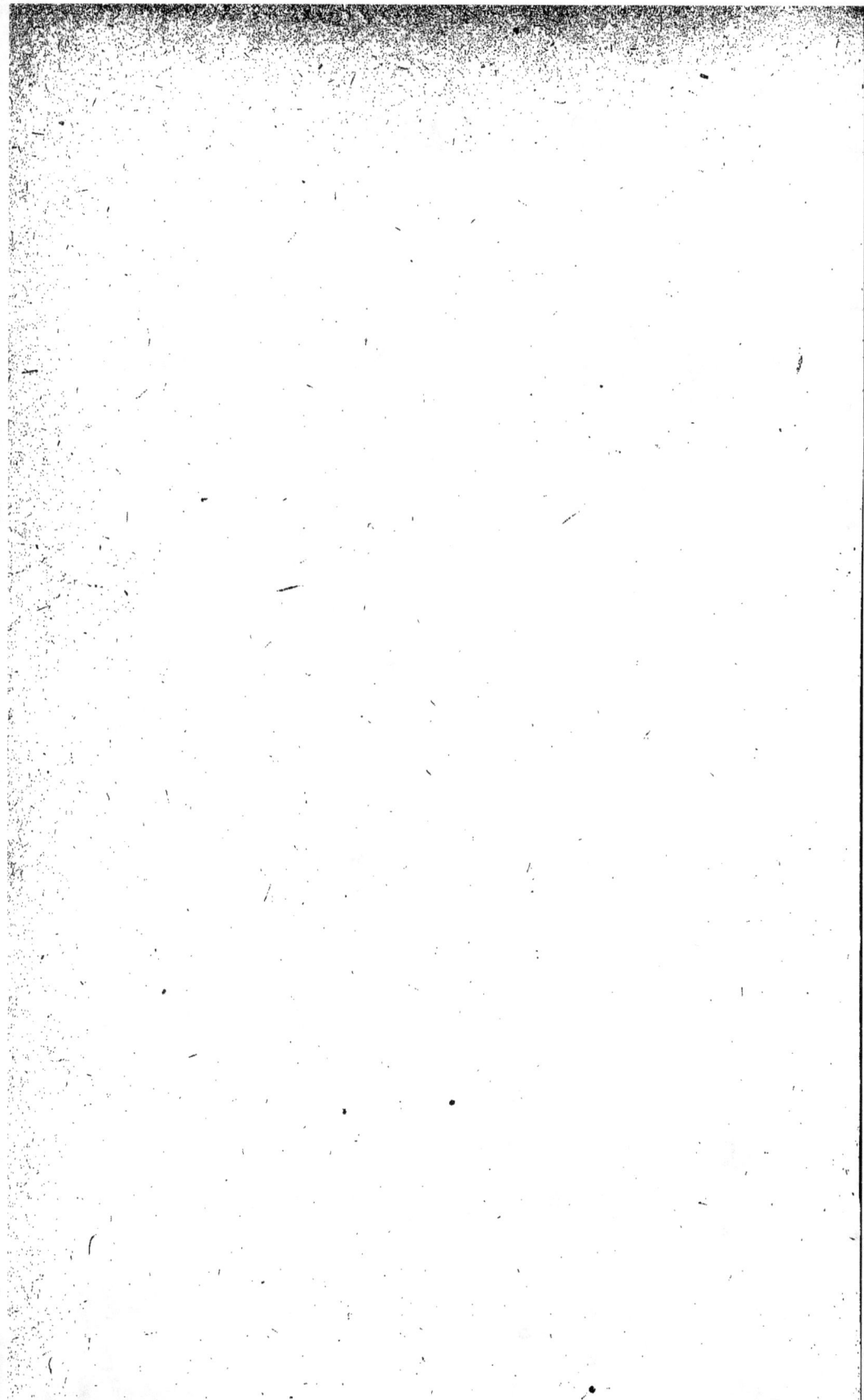

LÉGISLATION

DE LA

GUERRE DE 1914-1915

LOIS, DÉCRETS, ARRÊTÉS MINISTERIELS

ET CIRCULAIRES MINISTÉRIELLES

Avec références au *Recueil Sirey*, au *Journal du Palais* et aux *Pandectes françaises*

2e VOLUME

(15 janvier 1915. — 31 août 1915)

LIBRAIRIE

DE LA SOCIÉTÉ DU

RECUEIL SIREY

Anne Mon LAROSE ET FORCEL

LÉON TENIN, directeur

22, RUE SOUFFLOT, PARIS, 5e arr.

LÉGISLATION

DE LA

GUERRE DE 1914-1915

LOIS, DÉCRETS, ARRÊTÉS MINISTERIELS

ET CIRCULAIRES MINISTÉRIELLES

Avec références au *Recueil Sirey*, au *Journal du Palais* et aux *Pandectes françaises*

2e VOLUME

(15 janvier 1915. — 31 août 1915)

LIBRAIRIE

DE LA SOCIÉTÉ DU

RECUEIL SIREY

Anne Mon LAROSE ET FORCEL

LÉON TENIN, directeur

22, RUE SOUFFLOT, PARIS, 5e arr.

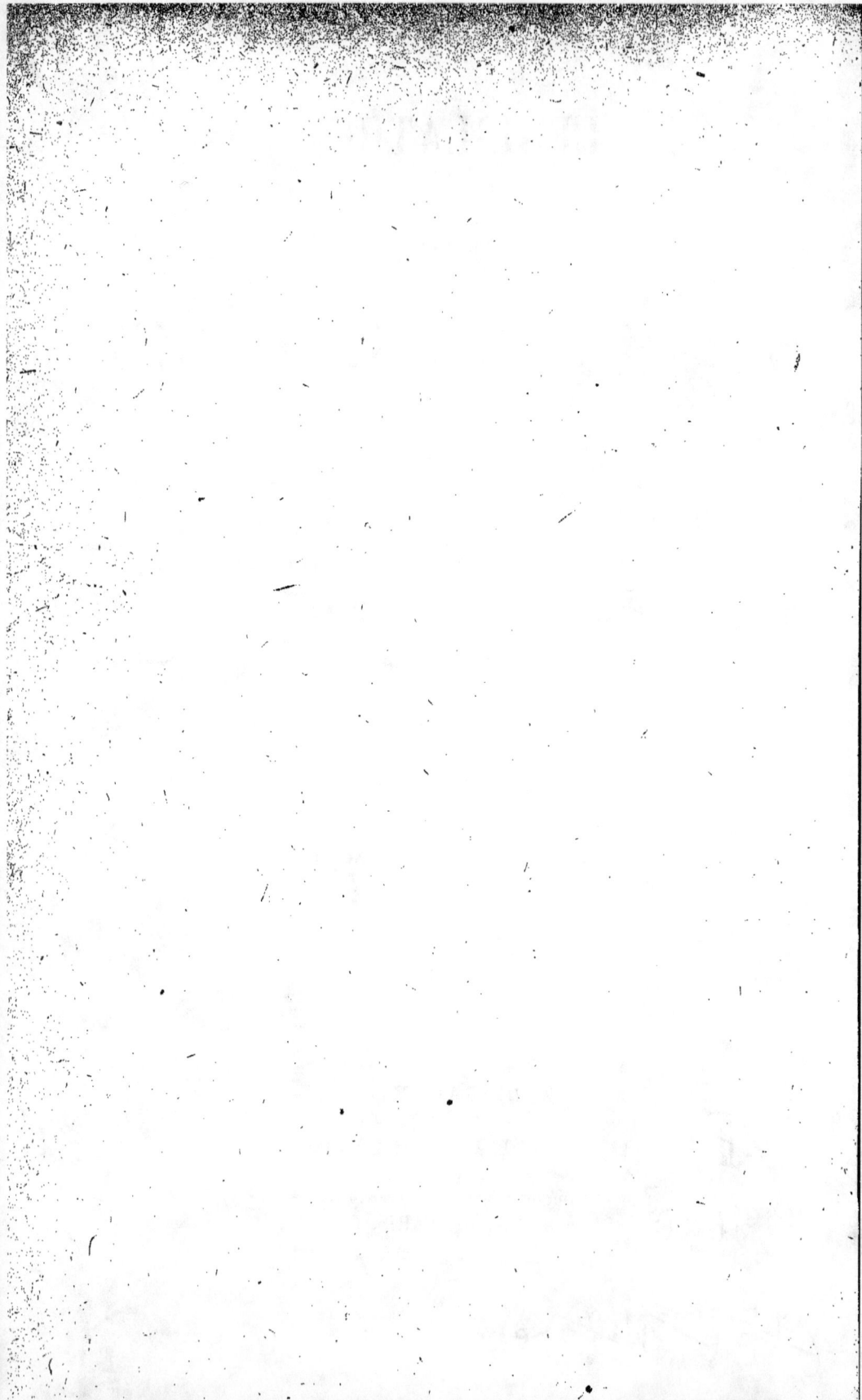

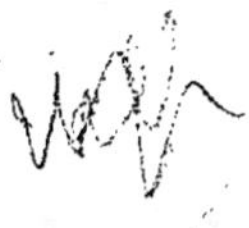

LÉGISLATION

DE LA GUERRE DE 1914

ARMÉE, GUERRE FRANCO-ALLEMANDE, DÉLÉGATIONS DE SOLDE, DÉLÉGATIONS D'OFFICE, FAMILLES DES MILITAIRES SERVANT AU MAROC.

DÉCRET *appliquant aux militaires en service au Maroc le décret du 9 oct.* 1914, *modifié le* 26 *du même mois, organisant l'institution d'office de délégations de solde.*

(16 janvier 1915). — Publ. au *J. off.* du 22 janv.).

LE PRÉSIDENT DE LA RÉPUBLIQUE FRANÇAISE; — Sur le rapport du ministre de la guerre et du ministre des finances; — Vu l'art. 3 de la loi du 25 févr. 1875 (1), sur l'organisation des pouvoirs publics; — Vu le décret du 10 janv. 1912, portant règlement sur la solde et les revues, notamment le chapitre V (tit. 1er); — Vu le décret du 3 janv. 1903, portant règlement sur la solde et les revues des corps de la gendarmerie, et notamment le chapitre V (tit. 1er); — Vu le décret du 26 mai 1904, portant règlement provisoire sur la solde et les revues des troupes coloniales stationnées dans la métropole, et notamment le chapitre IX (tit. 1er); — Vu le décret du 14 mai 1912 (2), fixant les allocations de solde et d'alimentation des troupes en opérations au Maroc, modifié les 11 sept. 1912, les 1er févr. et 21 sept. 1914 (3); — Vu le décret du 9 oct. 1914 (4), organisant l'institution d'office de délégations de solde au profit des femmes, des ascendants ou des descendants des militaires mobilisés, modifié par le décret du 26 oct. 1914 (5); — Vu le décret du 23 nov. 1914 (6), rendant applicables les dispositions du précédent aux femmes, ascendants ou descendants des militaires de la gendarmerie et des troupes coloniales — Vu le décret du 19 nov. 1914 (7) (colonies), organisant l'institution d'office de délégations de solde au profit des femmes, des descendants des militaires mobilisés, en service aux colonies; — Vu le décret du 24 nov. 1914 (8), étendant, aux veuves et aux orphelins non délégataires, ainsi qu'aux veuves et orphelins des militaires n'ayant pas la faculté de déléguer, le bénéfice des dispositions relatives aux avances sur pensions allouées aux veuves et orphelins délégataires; — Le conseil des ministres entendu; — Décrète :

ART. **1er**. Les dispositions des décrets des 9 et 26 oct. 1914 sont applicables aux familles des militaires des troupes métropolitaines, de la gendarmerie et des troupes coloniales en service au Maroc, sous réserve des prescriptions spéciales contenues dans les articles ci-après.

2. Le montant de la délégation d'office, instituée en vertu de l'art. 1er du décret du 9 oct. 1914, est fixé uniformément à la moitié de la solde d'Europe du militaire intéressé (solde nette d'Europe, et, le cas échéant, haute paye journalière d'Europe); la délégation sera calculée, pendant la durée des hostilités, sauf le cas de changement de grade, d'après la solde d'Europe correspondaut à l'échelon du grade possédé par l'intéressé au moment de l'institution de la délégation.

Cette mesure ne fait pas obstacle à la faculté dont peut toujours user le militaire intéressé, de

(1) S. *Lois annotées* de 1875, p. 669. — P. *Lois, décr.*, etc. de 1875, p. 1151.

(2) *J. off.*, 16 mai 1912, p. 4497.

(3) *J. off.*, 30 sept. 1914, p. 8113.

(4) 1er vol., p. 147.

(5) 1er vol., p. 172.

(6) 1er vol., p. 212.

(7) 1er vol., p. 208.

(8) 1er vol., p. 217.

faire opposition à la délégation instituée d'office, et de consentir, dans la limite prévue par le règlement sur la solde, une délégation supérieure à la moitié de la solde d'Europe.

3. Les délégations consenties qui, suivant l'art. 2 du décret du 9 oct. 1914, doivent continuer à être payées aux ayants droit jusqu'à la cessation des hostilités, seront, en cas de décès, disparition ou captivité, et quand elles excéderont la moitié de la solde d'Europe du militaire intéressé, ramenées d'office à la moitié de cette solde, pour compter du jour du décès, de la disparition ou du jour où le militaire aura été fait prisonnier.

4. Les femmes, et, à leur défaut, les descendants des militaires en service au Maroc, décédés sous les drapeaux, qui bénéficieront des dispositions de l'alin. 3, ajouté à l'art. 2 du décret du 9 oct. 1914 par le décret du 26 oct. 1914, ne pourront, en aucun cas, recevoir une somme excédant la moitié des allocations de solde d'Europe de leur ayant cause (solde nette d'Europe et, le cas échéant, haute-paie journalière d'Europe).

5. Le décret du 24 nov. 1914, étendant, aux veuves et aux orphelins non délégataires, ainsi qu'aux veuves et orphelins des militaires n'ayant pas la faculté de déléguer, le bénéfice des dispositions relatives aux avances sur pensions, allouées aux veuves et orphelins délégataires, est applicable aux veuves et orphelins des militaires décédés au Maroc ou aux colonies.

6. Le ministre de la guerre et le ministre des finances sont chargés, etc.

ARMÉE, GUERRE FRANCO-ALLEMANDE, DÉLÉGATIONS DE SOLDE, DÉLÉGATIONS D'OFFICE, FAMILLES DES MILITAIRES SERVANT AU MAROC.

NOTE *relative à l'application aux militaires en service au Maroc de la note du* 29 *oct.* 1914 *et de la circulaire du* 16 *nov.* 1914, *sur les délégations de solde.*

(16 janvier 1915). — (Publ. au *J. off.* du 22 janv.).

Un décret en date du 16 janv. 1915 (1) a étendu aux femmes, ascendants et descendants des militaires mobilisés au Maroc, les dispositions des décrets des 9 (2) et 26 oct. 1914 (3), organisant l'institution d'office de délégations de solde.

Par voie de conséquence, sont rendues applicables, aux militaires mobilisés au Maroc, les dispositions de la note du 29 oct. 1914 (4) et de la circulaire du 16 nov. 1914 (5), relatives aux formalités à remplir pour bénéficier des délégations de solde d'office et au mode de paiement de ces délégations.

Toutefois, toutes les demandes de délégations d'office devront être adressées au chef des bureaux de comptabilité de Casablanca. Après mise en état des dossiers, les délégations, consenties ou instituées d'office, seront notifiées au dépôt des isolés des troupes métropolitaines à Casablanca, ou au dépôt des isolés des troupes coloniales dans la même place, suivant le cas, auquel il appartient de faire parvenir, aux délégataires, les sommes leur revenant. Le dépôt des isolés se fera rembourser, trimestriellement, par chacun des corps intéressés, des sommes avancées pour leur compte.

Ces dispositions sont applicables au paiement des délégations sur la solde des militaires des unités des troupes métropolitaines envoyés en France depuis la mobilisation, et qui continuent à compter à un corps du Maroc. Quant aux unités des troupes coloniales transportées en France, elles ont été rattachées, soit au dépôt des isolés des troupes coloniales à Marseille, soit au 3e rég. d'artillerie coloniale; il appartient à ce dépôt et à ce corps d'instruire les demandes et de payer les délégations portant sur la solde des militaires des unités coloniales du Maroc opérant en France.

ARMÉE, GUERRE FRANCO-ALLEMANDE, RÉSERVE, ARMÉE TERRITORIALE, MILITAIRES SERVANT AU DELA DE LA DURÉE LÉGALE, HAUTES-PAIES.

DÉCRET *allouant la haute-paie aux militaires de la réserve et de l'armée territoriale ayant servi au delà de la durée légale dans l'armée active comme engagés, rengagés ou commissionnés* (6).

(16 janvier 1915). — (Publ. au *J. off.* du 21 janv.).

LE PRÉSIDENT DE LA RÉPUBLIQUE FRANÇAISE;

---

(1) C'est le décret qui précède.

(2) 1er vol., p. 147.

(3) 1er vol., p. 172.

(4) *J. off.*, 1er nov. 1914, p. 8514.

(5) *J. off.*, 17 nov. 1914, p. 8719.

(6) Ce décret est précédé au *J. off.* d'un rapport ainsi conçu :

« En vertu du décret du 18 sept. 1914, qui a modifié ceux du 10 janv. 1912 et du 26 mai 1904, sur la solde et les revues des troupes métropolitaines et des troupes coloniales, les sous-officiers de la réserve et de l'armée territoriale, qui ont accompli dans l'armée active plus de cinq ans de service, ont droit, à la mobilisation, à la solde mensuelle progressive allouée aux sous-officiers restant sous les drapeaux au delà de cette durée, suivant leur ancienneté de services dans l'armée active.

« L'application de cette disposition a montré la nécessité de compléter le texte primitif, de manière à préciser que le service accompli pendant la mobilisation compte comme service actif et vient s'ajouter au service antérieur effectif dans l'armée active pour le droit à la solde mensuelle progressive.

« D'autre part, il paraît logique et équitable de mainte-

— Sur le rapport des ministres de la guerre et des finances; — Vu le décret du 10 janv. 1912, sur la solde et les revues des troupes métropolitaines; — Vu le décret du 18 sept. 1914 (1), modifiant le précédent; — Vu l'art. 55 de la loi du 25 févr. 1901 (2), portant fixation du budget général des dépenses et des recettes de l'exercice 1901; — Décrète :

ART. 1er. Les règles d'allocation relatives à la position 54 du tableau 1 annexé au décret du 10 janv. 1912, modifiées le 18 sept. 1914, sont remplacées par les suivantes :

NUMÉRO D'ORDRE	POSITION	RÈGLES D'ALLOCATIONS
54	Mobilisation..........	Les militaires de tous grades (officiers et hommes de troupe) de la réserve et de l'armée territoriale reçoivent, en principe, les allocations attribuées à l'armée active. Toutefois, dans tous les grades et emplois où il existe une solde progressive, les officiers et sous-officiers ne comptent pour l'obtention de cette solde, que les années de grade et de services passées dans l'armée active (service antérieur effectif dans l'armée active augmenté du service accompli pendant la mobilisation). Les militaires à solde journalière qui, du fait d'un engagement, d'un rengagement ou d'une commission, percevaient une haute-paie au moment où ils ont quitté l'armée active, recouvrent le droit à la haute-paie ainsi acquise et d'après les tarifs du corps auquel ils appartiennent à la mobilisation, le temps passé sous les drapeaux pendant la mobilisation entrant en compte pour l'augmentation possible de la haute-paie. L'indemnité de logement n'est pas due aux militaires mariés de la réserve et de l'armée territoriale.

2. Les sous-officiers de la réserve et de l'armée territoriale, ayant droit à la solde mensuelle progressive dans les conditions définies à l'article précédent, peuvent demander leur rétablissement ou leur maintien à la solde journalière pendant la durée de la guerre; cette demande portera effet à dater du jour de sa présentation.

3. Les dispositions de l'art. 1er du présent décret seront applicables à compter du 2 août 1914.

4. Les ministres de la guerre et des finances sont chargés, etc.

ARMÉE, GUERRE FRANCO-ALLEMANDE, RÉSERVE, ARMÉE TERRITORIALE, MILITAIRES SERVANT AU DELA DE LA DURÉE LÉGALE, HAUTES-PAIES, TROUPES COLONIALES.

DÉCRET *allouant la haute-paie aux militaires de la réserve et de l'armée territoriale ayant servi au delà de la durée légale dans l'armée active comme engagés, rengagés ou commissionnés (troupes coloniales).*

(16 janvier 1915). — (Publ. au *J. off.* du 12 janv.).

LE PRÉSIDENT DE LA RÉPUBLIQUE FRANÇAISE;

---

nir également aux autres sous-officiers, ainsi qu'aux caporaux ou brigadiers et soldats de la réserve et de l'armée territoriale, ayant servi dans l'armée active au delà de la durée légale du fait d'un engagement, d'un rengagement ou d'une commission, et à compter de leur rappel à l'activité, le bénéfice de la haute-paie attachée à leur ancienneté de service dans cette armée. Pour ces militaires comme pour les sous-officiers auxquels s'applique le décret du 18 sept. 1914, le temps passé sous les drapeaux pendant la mobilisation compterait comme service actif, et viendrait s'ajouter au service antérieur effectif dans l'armée active pour le droit à la progression dans la haute-paie.

« En outre, la loi du 5 août 1914 (1er vol., p. 32) a fixé les conditions dans lesquelles les fonctionnaires civils mobilisés peuvent cumuler leur traitement civil d'activité avec une solde militaire; ces conditions diffèrent suivant que les militaires sont à solde journalière ou à solde mensuelle; mais elles ont été établies de manière à maintenir aux intéressés, pendant la mobilisation, la situation pécuniaire qu'ils avaient antérieurement. Or, la réglementation sur le service de la solde comportant le passage automatique de la solde journalière à la solde mensuelle des sous-officiers comptant plus de cinq années de services, il se trouve que l'application combinée de cette règle et des dispositions de la loi du 5 août 1914 a pour effet, dans certains cas, de placer les fonctionnaires civils mobilisés comme sous-officiers, qui comptent plus de cinq années de services, dans une situation moins avantageuse que leurs collègues ayant une ancienneté moindre. Pour éviter ces anomalies et se conformer à l'esprit de la loi du 5 août 1914, il a paru qu'il y avait lieu d'introduire dans le décret une disposition spéciale donnant, dans l'avenir, aux intéressés, la faculté d'opter pour la solde journalière, s'ils y ont avantage ».

(1) *J. off.*, 21 sept. 1914, p. 3021.

(2) S. et P. *Lois annotées* de 1901, p. 40.

— Sur le rapport des ministres de la guerre et des finances; — Vu le décret du 26 mai 1904, portant règlement provisoire sur la solde et les revues des corps des troupes coloniales stationnés dans la métropole; — Vu le décret du 18 sept. 1914 (1), modifiant le précédent; — Vu l'art. 55 de la loi du 25 févr. 1901 (2), portant fixation du budget des dépenses et des recettes de l'exercice 1901; — Décrète :

ART. 1er. Les règles d'allocation relatives à la position 56 du tableau 1 du règlement provisoire du 26 mai 1904, modifié le 18 sept. 1914, sont remplacées par les suivantes :

NUMÉRO D'ORDRE des positions	POSITION	SUBDIVISION DES POSITIONS	RÈGLES D'ALLOCATIONS
56	Mobilisation....	....	Les militaires de tous grades (officiers et hommes de troupe) de la réserve et de l'armée territoriale reçoivent, en principe, les allocations attribuées à l'armée active. Toutefois, dans tous les grades et emplois où il existe une solde progressive, les officiers et sous-officiers ne comptent, pour l'obtention de cette solde, que les années de grade et de services passées dans l'armée active (service antérieur effectif dans l'armée active augmenté du service accompli pendant la mobilisation). Les militaires à solde journalière qui, du fait d'un engagement, d'un rengagement ou d'une commission, percevaient une haute-paie au moment où ils ont quitté l'armée active, recouvrent le droit à la haute-paie ainsi acquise et d'après les tarifs du corps auquel ils appartiennent à la mobilisation, le temps passé sous les drapeaux pendant la mobilisation entrant en compte pour l'augmentation possible de la haute-paie. L'indemnité de logement n'est pas due aux militaires mariés de la réserve et de l'armée territoriale.

2. Les sous-officiers de la réserve et de l'armée territoriale ayant droit à la solde mensuelle progressive dans les conditions définies à l'article précédent, pourront demander leur rétablissement ou leur maintien à la solde journalière, pendant la durée de la guerre.

Cette demande portera effet à dater du jour de sa présentation.

3. Les dispositions de l'art. 1er du présent décret seront applicables à compter du 2 août 1914.

4. Les ministres de la guerre et des finances sont chargés, etc.

ARMÉE, GUERRE FRANCO-ALLEMANDE, TIRAILLEURS SÉNÉGALAIS DU MAROC, NOMBRE DES BATAILLONS, RÉGIMENTS MIXTES, BATAILLONS D'INFANTERIE COLONIALE.

DÉCRET *relatif à la fixation du nombre de bataillons de tirailleurs sénégalais du Maroc et à l'encadrement des unités sénégalaises.*

(16 janvier 1915). — (Publ. au *J. off.* du 21 janv.).

LE PRÉSIDENT DE LA RÉPUBLIQUE FRANÇAISE; — Sur le rapport du ministre de la guerre; — Vu la loi du 7 juill. 1900 (3), portant organisation des troupes coloniales; — Vu le décret du 19 sept. 1903 (4), portant réorganisation de l'infanterie coloniale, modifié par les décrets du 29 mai 1906, du 24 juill. 1906, du 19 janv. 1907 et du 11 nov. 1909 (5); — Décrète :

ART. 1er. A titre temporaire et pour la durée de la guerre, le nombre des bataillons de tirailleurs sénégalais du Maroc sera fixé par décision du ministre de la guerre, suivant les ressources du recrutement.

2. L'encadrement en hommes de troupe européens de ces bataillons pourra, pendant la durée de la guerre, être modifié par décision du ministre de la guerre, suivant l'emploi qui sera fait de ces bataillons.

3. Pourront être créés, à titre temporaire et pour la durée de la guerre, par décision du ministre de la guerre, les bataillons d'infanterie co-

(1) *J. off.*, 21 sept. 1914, p. 3021.

(2) S. et P. *Lois annotées* de 1901, p. 140.

(3) S. et P. *Lois annotées* de 1900, p. 1113; *Pand. pér.*, 1901.3.147.

(4) *J. off.*, 29 sept. 1903, p. 6025; *Pand. pér.*, 1903.3.176.

(5) *Bull. off.*, nouv. série, 21, n. 933.

loniale nécessaires à la formation en régiments mixtes de marche des bataillons de tirailleurs sénégalais du Maroc, envoyés du Maroc en France, ainsi que les états-majors et petits états-majors de ces régiments de marche.

4. Le ministre de la guerre est chargé, etc.

CONTRIBUTIONS INDIRECTES, GUERRE FRANCO-ALLEMANDE, RECETTES BURALISTES, VEUVES ET FILLES DE RECEVEURS MOBILISÉS, OFFICIERS, SOUS-OFFICIERS ET SOLDATS RÉFORMÉS POUR BLESSURES.

DÉCRET *réglementant l'obtention de recettes buralistes.*

(**16 janvier 1915**). — (Publ. au *J. off.* du 17 janv.).

LE PRÉSIDENT DE LA RÉPUBLIQUE FRANÇAISE; — Vu les décrets des 31 janv. 1911 (1) et 11 mai 1911 (2); — Sur la proposition du ministre des finances; — Décrète :

ART. **1er**. L'art. 4 du décret du 31 janv. 1911, modifié par le décret du 11 mai 1911, est remplacé par la disposition suivante :

« Nul ne pourra être nommé aux recettes buralistes laissées à la disposition du ministre des finances par la loi du 21 mars 1905 (3) sur le recrutement de l'armée (tableau E), s'il n'est inscrit sur les listes de candidatures établies par la commission.

« Les trois quarts des postes vacants seront attribués comme suit :

« Seront nommées, par droit de préférence, en remplacement des receveurs buralistes mobilisés, morts au cours des hostilités, les veuves ou les filles célibataires majeures de ces receveurs, qui auront assuré, pendant leur absence, la gestion de leur emploi.

« Seront nommés, par droit de préférence, aux recettes autres que celles désignées à l'alinéa précédent, les officiers, sous-officiers ou soldats réformés par congé n. 1, pour blessures reçues ou maladies contractées devant l'ennemi et hors d'état de reprendre leurs occupations antérieures ».

2. Le ministre des finances est chargé, etc.

TABAC, DÉBITS DE TABAC, VEUVES ET ORPHELINS DE MILITAIRES, FONCTIONNAIRES OU EMPLOYÉS MORTS SOUS LES DRAPEAUX OU DÉCÉDÉS DES SUITES DE LEURS BLESSURES.

DÉCRET *réglementant l'obtention de débits de tabac.*

(**16 janvier 1915**). — (Publ. au *J. off.* du 17 janv.).

LE PRÉSIDENT DE LA RÉPUBLIQUE FRANÇAISE; — Vu les décrets du 29 déc. 1810 (4) et du 12 janv. 1811 (5), attribuant à l'Etat le privilège exclusif de la fabrication et de la vente des tabacs; — Vu les lois des 8 déc. 1814 (6) et 28 avril 1816 (7); — Vu le décret du 25 mars 1852 (8); — Vu les décrets des 28 nov. 1873 (9) et 30 janv. 1884 (10), qui instituent une commission chargée d'établir des listes de candidatures aux débits de tabacs; — Sur la proposition du ministre des finances; — Décrète :

ART. **1er**. Les vacances survenues dans les débits et parts de débits de tabacs seront réservées, à concurrence des trois quarts, aux veuves et orphelins classés des officiers, sous-officiers, soldats, fonctionnaires et employés civils de l'Etat morts sous les drapeaux pendant la durée de la guerre actuelle, ou décédés, soit sous les drapeaux, soit après renvoi dans leurs foyers dans l'année à compter de la cessation des hostilités, de blessures reçues ou de maladies contractées pendant la guerre.

2. Le ministre des finances est chargé, etc.

TIMBRE, QUITTANCES, REÇUS, DÉCHARGE, CHÈQUES DE PLACE EN PLACE, ORDRES DE VIREMENTS, TIMBRE PROPORTIONNEL, TIMBRES MOBILES, CRÉATION.

DÉCRET *portant création de timbres mobiles de quittance.*

(**20 janvier 1915**). — (Publ. au *J. off.* du 24 janv.).

LE PRÉSIDENT DE LA RÉPUBLIQUE FRANÇAISE; — Sur le rapport du ministre des finances; — Vu les art. 18 et s. de la loi du 23 août 1871 (11), relatifs au droit de timbre sur les quittances, reçus et décharges; — Vu l'art. 24 de ladite loi portant : « Un règlement d'administration publique déterminera la forme et les conditions d'emploi des timbres mobiles créés en exécution de la présente loi »; — Vu le règlement d'adminis-

---

(1) *Bull. off.*, nouv. série, 50, n. 2395.
(2) *Bull. off.*, nouv. série, 57, n. 2709.
(3) S. et P. *Lois annotées* de 1906, p. 3; *Pand. pér.*, 1905.3.81.
(4-5) S. 1er vol. des *Lois annotées*, p. 839, 841.
(6) *Bull. off.*, 60, n. 504.
(7) S. 1er vol. des *Lois annotées*, p. 942.
(8) S. *Lois annotées* de 1852, p. 104. — P. *Lois, décr.*, etc. de 1852, p. 180.
(9) S. *Lois annotées* de 1874, p. 490. — P. *Lois, décr.*, etc. de 1874, p. 843.
(10) S. *Lois annotées* de 1885, p. 736. — P. *Lois, décr.*, etc. de 1885, p. 1223.
(11) S. *Lois annotées* de 1871, p. 122. — P. *Lois, décr.*, etc. de 1871, p. 209.

tration publique du 27 nov. 1871 (1), rendu en exécution de ce dernier texte, ensemble les décrets des 1er avril 1880 (2), 29 avril 1881 (3) et 16 janv. 1890 (4), relatifs au type des timbres mobiles de quittance ; — Vu l'art. 8 de la loi du 19 févr. 1874 (5), relatif au droit de timbre des chèques de place à place ; — Vu l'art. 12 de la loi de finances du 30 juill. 1913 (6), relatif au droit de timbre sur les ordres de virement en banque ; — Vu le décret du 12 oct. 1913 (7), autorisant l'emploi de timbres mobiles de quittance pour le timbrage des ordres de virement en banque, donnés aux banquiers ; — Vu l'art. 28 de la loi de finances du 15 juill. 1914 (8), ainsi conçu : « Art. 28. Le droit de timbre de 10 centimes auquel sont soumis, en vertu de l'art. 18 de la loi du 23 août 1871, les titres emportant libération, reçu ou décharge de sommes, est élevé : à 20 centimes pour les sommes supérieures à 200 fr., mais n'excédant pas 500 fr. ; à 30 centimes pour les sommes supérieures à 500 fr., mais n'excédant pas 1.000 fr. ; à 40 centimes pour les sommes supérieures à 1.000 fr., mais n'excédant pas 3.000 fr. ; à 50 centimes pour les sommes supérieures à 3.000 fr ; — Vu l'art. 30 de la même loi, étendant aux ordres de virement en banque donnés aux agents de change les dispositions de l'art. 12 de la loi du 30 juill. 1913, concernant le timbre des ordres de virement en banque donnés aux banquiers ; — Le Conseil d'Etat entendu ; — Décrète :

Art. **1er**. Il est créé une série de timbres mobiles à 10 centimes, 20 centimes, 30 centimes, 40 centimes, 50 centimes, savoir : à 10 centimes pour les titres emportant libération, reçu ou décharge qui restent assujettis à ce tarif en vertu de l'art. 18 de la loi du 23 août 1871, ainsi que pour les ordres de virement donnés aux banquiers et aux agents de change et qui doivent être exécutés sur place où ils ont été donnés. Conformément à l'art. 8 de la loi du 19 févr. 1874, ce timbre peut être utilisé pour compléter le droit applicable aux chèques de place à place, timbrés à l'extraordinaire à 10 centimes ;

A 20 centimes pour les titres emportant libération, reçu ou décharge de sommes supérieures à 200 fr., mais n'excédant pas 500 fr., et pour les ordres de virement donnés aux banquiers et aux agents de change et qui doivent être exécutés sur une place autre que celle d'où ils ont été donnés ;

A 30 centimes pour les titres emportant libération, reçu ou décharge de sommes supérieures à 500 fr., mais n'excédant pas 1.000 fr. ;

A 40 centimes pour les titres emportant libération, reçu ou décharge de sommes supérieures à 1.000 fr., mais n'excédant pas 3.000 fr. ;

A 50 centimes pour les titres emportant libération, reçu ou décharge de sommes supérieures à 3.000 fr.

Ces timbres seront conformes aux modèles annexés au présent décret.

2. Le paiement du droit de timbre dû sur une quittance ou sur un ordre de virement simple ou collectif donné à un banquier ou à un agent de change peut être constaté au moyen de l'apposition d'un ou de plusieurs des timbres mobiles créés par le présent décret.

3. Les timbres mobiles créés par le décret du 29 avril 1881 continueront à être employés dans les conditions fixées par ce décret et par celui du 12 oct. 1913.

4. Les timbres mobiles créés par le présent décret sont oblitérés de la manière indiquée par l'art. 2 du décret du 27 nov. 1871.

Il n'est pas dérogé aux dispositions des autres articles du même décret en ce qui concerne les quittances, reçus et décharges.

5. La couleur de ces timbres peut être modifiée par décision du ministre des finances.

6. L'Administration de l'enregistrement, des domaines et du timbre pourra utiliser les timbres mobiles à 10 centimes de l'ancien modèle ou en effectuer le retrait quand elle le jugera convenable.

7. Dans les cas prévus aux deux articles précédents, le ministre des finances est autorisé à fixer une date au delà de laquelle les timbres retirés de la circulation ne peuvent plus être utilisés. Les anciennes vignettes doivent être échangées par les détenteurs avant cette date.

8. L'Administration de l'enregistrement, des domaines et du timbre fera déposer aux greffes des Cours et tribunaux des spécimens des nouveaux timbres mobiles. Chaque dépôt sera constaté par un procès-verbal dressé sans frais.

9. Le ministre des finances est chargé, etc.

Marine, Guerre franco-allemande, Mécaniciens de la flotte, Avancement.

Décret *relatif aux conditions d'avancement au grade de maître mécanicien.*

(**22 janvier 1915**). — (Publ. au *J. off.* du 25 janv.).

Le Président de la République française ;

---

(1) S. *Lois annotées* de 1871, p. 135. — P. *Lois, décr.*, etc. de 1871, p. 232.

(2) S. *Lois annotées* de 1880, p. 594. — P. *Lois, décr.*, etc. de 1880, p. 1024.

(3) S. *Lois annotées* de 1881, p. 140. — P. *Lois, décr.*, etc. de 1881, p. 235.

(4) *Bull. off.*, 12e série, 1304, n. 21.739.

(5) S. *Lois annotées* de 1874, p. 505. — P. *Lois, décr.*, etc. de 1874, p. 869.

(6) S. et P. *Lois annotées* de 1914, p. 687 ; *Pand. pér.*, *Lois annotées* de 1914, n. 687.

(7) *Bull. off.*, nouv. série, 115, n. 6166.

(8) *J. off.*, 18 juill. 1914, p. 6448.

— Vu le décret du 17 juill. 1908 (1), portant réorganisation du corps des équipages de la flotte, refondu le 15 juill. 1914 (2); — Vu le décret du 4 mars 1912 (3), relatif au même objet; — Sur le rapport du ministre de la marine; — Décrète :

ART. 1er. Pendant la durée des hostilités, les seconds maîtres mécaniciens réunissant vingt ans de services à l'Etat, douze ans de grade et six ans de services à la mer dans le grade, pourront être examinés par les conseils d'avancement au point de vue de l'aptitude au grade supérieur sans avoir à justifier de la possession du brevet supérieur.

2. Les promotions normales au grade de maître mécanicien ne pourront comprendre au maximum qu'un quart de seconds maîtres non brevetés supérieurs, à moins d'épuisement de la liste par ordre de mérite des seconds maîtres brevetés supérieurs.

3. Le ministre de la marine est chargé, etc.

MINISTÈRE DE LA JUSTICE, GUERRE FRANCO-ALLEMANDE, TABLEAU D'AVANCEMENT DE 1914, PROROGATION.

DÉCRET *prorogeant les tableaux d'avancement du personnel de l'administration centrale établis pour l'année 1914 (services judiciaires).*

(22 janvier 1915). — (Publ. au *J. off.* du 23 janv.).

LE PRÉSIDENT DE LA RÉPUBLIQUE FRANÇAISE; — Sur le rapport du garde des sceaux, ministre de la justice; — Vu les art. 15 et 16 du décret du 5 juin 1909 (4), portant organisation de l'administration centrale du ministère de la justice, en ce qui concerne le recrutement, l'avancement et la discipline; — Le Conseil d'Etat entendu; — Décrète :

ART. 1er. Les inscriptions au tableau d'avancement et à la liste d'aptitude établis pour l'année 1914 conformément aux prescriptions des art. 15 et 16 du décret susvisé du 5 juin 1909 demeureront valables jusqu'à la formation d'un nouveau tableau d'avancement et d'une nouvelle liste d'aptitude.

En cas d'épuisement du tableau d'avancement prévu audit art. 15, les avancements de classe pourront, à titre exceptionnel et après avis du conseil d'administration, être attribués dans l'ordre de l'ancienneté aux candidats justifiant d'un an au moins de service dans leur classe.

2. Le garde des sceaux, ministre de la justice, est chargé, etc.

ECOLES DES ARTS ET MÉTIERS, GUERRE FRANCO-ALLEMANDE, CANDIDATS, LIMITE D'AGE, PROROGATION.

DÉCRET *prorogeant, pour 1916, la limite d'âge exigée des candidats au concours pour l'admission aux écoles nationales d'arts et métiers.*

(23 janvier 1915). — (Publ. au *J. off.* du 27 janv.).

LE PRÉSIDENT DE LA RÉPUBLIQUE FRANÇAISE; — Sur le rapport du ministre du commerce, de l'industrie, des postes et des télégraphes; — Vu l'art. 9 du décret du 14 août 1909 (5), modifié par le décret du 25 avril 1913 (6), fixant la limite d'âge des candidats aux concours d'admission dans les écoles nationales d'arts et métiers; — Vu l'arrêté du 5 janv. 1915, supprimant ces concours en 1915; — Décrète :

Par dérogation aux dispositions de l'art. 9 du décret du 14 août 1909, modifié par celui du 25 avril 1913, est prorogée exceptionnellement d'une année, pour 1916, la limite d'âge de dix-huit ans exigée des candidats aux concours d'admission aux écoles nationales d'arts et métiers.

RÉQUISITIONS MILITAIRES, MARINE, NAVIRES RÉQUISITIONNÉS, REMORQUEURS AUXILIAIRES, EQUIPAGES, INDEMNITÉS DE VIVRES.

CIRCULAIRE *relative au mode d'alimentation des équipages commerciaux des remorqueurs auxiliaires des directions des mouvements du port.*

(25 janvier 1915). — (Publ. au *J. off.* du 27 janv.).

Le Ministre de la marine à MM. les vice-amiraux commandant en chef, préfets maritimes.

Des doutes se sont élevés sur la question de savoir quel est le taux de l'indemnité de vivres à payer au personnel de l'équipage commercial des remorqueurs auxiliaires des directions des mouvements du port.

Aux termes de la circulaire du 21 août 1914 (7), les remorqueurs auxiliaires gardent leur organisation commerciale, et leur personnel est rémunéré conformément aux stipulations inscrites au rôle d'équipage commercial. Il s'ensuit que, pour assurer son alimentation, ce personnel continuera à percevoir, comme avant la réquisition, son indemnité pour frais de nourriture, s'il en était prévu une dans ses conventions avec l'armement. Cette indemnité est exclusive de la ration et de tout

---

(1) *Bull. off.*, 12e série, 3041, p. 4449.
(2) *J. off.*, 18 juill. 1914, p. 6553.
(3) *Bull. off.*, nouv. série, 77, n. 3782.
(4) *J. off.*, 6 juin 1909, p. 6033.

(5) S. et P. *Lois annotées* de 1909, p. 959; *Pand. pér.*, *Lois annotées* de 1909, n. 959.
(6) *Bull. off.*, nouv. série, 104, n. 5
(7) 1er vol., p. 68.

traitement de table. Les marins des équipages de la flotte, quand il en sera embarqué en supplément, recevront la même indemnité que les hommes de l'équipage commercial (C. M. 28 nov. 1914) (1).

S'il arrivait que les conventions entre l'équipage et l'armateur du remorqueur ne fixent pas le montant des frais de nourriture et que la réquisition ne prévoie pas que l'armement se chargera de l'entretien du personnel, vous auriez à allouer à tous les hommes de l'équipage commercial l'indemnité représentative de la ration du marin embarqué et vous m'adresseriez, le cas échéant, des propositions pour augmenter cette indemnité en ce qui concerne les gradés, en tenant compte des usages locaux.

Toutes les indemnités payées aux équipages commerciaux des remorqueurs auxiliaires pour assurer leur alimentation sont supportées par le chapitre 19, à qui incombent les frais de la réquisition, tandis que l'indemnité de vivres attribuée aux marins des équipages de la flotte embarqués à bord doit être imputée au chapitre 16, même quand elle sera portée au taux de l'indemnité de nourriture, conformément à la dépêche précitée du 28 nov. 1914.

Armée, Guerre franco-allemande, Indigènes algériens ou tunisiens, Pension proportionnelle, Rappel a l'activité, Engagés volontaires, Engagement expiré, Maintien sous les drapeaux.

Décret *autorisant l'incorporation, pendant la durée de la guerre, dans les régiments de l'armée active recevant des indigènes, des militaires indigènes de l'Afrique du Nord, titulaires d'une pension de retraite proportionnelle.*

(26 janvier 1915). — (Publ. au *J. off.* du 29 janv.).

Le Président de la République française; — Sur le rapport du ministre de la guerre, du ministre des affaires étrangères et du ministre de l'intérieur; — Vu l'art. 92 de la loi du 21 mars 1905 (2), sur le recrutement de l'armée; — Vu l'art. 2 de la loi du 11 juill. 1903 (3), sur les pensions des militaires indigènes des régiments de tirailleurs et de spahis d'Algérie; — Vu l'art. 2 de la loi du 18 juill. 1913 (4), modifiant la loi du 11 juill. 1903, sur les pensions des militaires indigènes, de l'Algérie et de la Tunisie; — Vu le décret du 31 janv. 1912 (5), modifiant les conditions d'engagement et de rengagement des militaires d'Algérie; — Décrète :

Art. 1er. Les militaires indigènes de l'Afrique du Nord titulaires d'une pension proportionnelle de retraite, et ayant quitté le service actif depuis moins de six ans, peuvent être incorporés pendant la durée de la guerre dans les régiments de l'armée active recevant des indigènes, s'ils réunissent les conditions d'aptitude requises.

2. Pendant la durée de la guerre, les militaires indigènes de l'Afrique du Nord arrivant au terme de leur engagement ou rengagement, qui ne demanderaient pas à contracter, soit un rengagement, soit un engagement pour la durée de la guerre, seront maintenus sous les drapeaux jusqu'à la fin des hostilités.

3. Les militaires appelés ou maintenus au service, en exécution des art. 1 et 2 ci-dessus, auront droit aux hautes-paies correspondant à leur ancienneté de services effectifs.

4. Le ministre de la guerre, le ministre des affaires étangères et le ministre de l'intérieur sont chargés, etc.

(1) *J. off.*, 1er déc. 1914, p. 8946.

(2) S. et P. *Lois annotées* de 1906, p. 3; *Pand. pér.*, 1905.3.81.

(3) *Bull. off.*, 12e série, 2467, n. 43.392.

(4) *Bull. off.*, nouv. série, 110, n. 5.809.

(5) *Bull. off.*, nouv. série, 74, n. 3.658.

1° Assurance sur la vie, Guerre franco-allemande, Sociétés étrangères, Dépôts de garantie, Exercice 1915, Évaluation des valeurs. — 2° Sociétés d'épargne et de capitalisation, Guerre franco-allemande, Sociétés étrangères, Dépôts de garantie. Exercice 1915, Évaluation des valeurs.

Décret *modifiant les décrets des 25 juin 1906 et 1er avril 1908, en ce qui concerne le dépôt à effectuer en 1915 par les sociétés étrangères d'assurances sur la vie et de capitalisation.*

(28 janvier 1915). — (Publ. au *J. off.* du 1er févr.).

Le Président de la République française; — Sur le rapport du ministre du travail et de la prévoyance sociale et du ministre des finances; — Vu la loi du 17 mars 1905 (6), relative à la surveillance et au contrôle des sociétés d'assurances sur la vie et de toutes les entreprises dans les opérations desquelles intervient la durée de la vie humaine; — Vu la loi du 19 déc. 1907 (7), relative à la surveillance et au contrôle des sociétés de capitalisation; — Vu le décret du 25 juin 1906 (8), relatif aux dépôts de valeurs à la Caisse des dépôts et consignations par les en-

(6) S. et P. *Lois annotées* de 1905, p. 1041; *Pand. pér.*, 1905.3.65.

(7) S. et P. *Lois annotées* de 1908, p. 647; *Pand. pér.*, *Lois annotées* de 1908, p. 647.

(8) S. et P. *Lois annotées* de 1907, p. 396; *Pand. pér.*, 1906.3.54.

treprises étrangères d'assurances sur la vie; — Vu le décret du 1er avril 1908 (1), relatif aux dépôts de valeurs à la Caisse des dépôts et consignations par les entreprises étrangères de capitalisation; — Vu l'avis du comité consultatif des assurances sur la vie et des entreprises de capitalisation; — Décrète :

ART. **1er**. Dans la déclaration de dépôt qu'elles doivent produire respectivement avant le 31 mai et avant le 1er avril 1915, les entreprises étrangères d'assurances sur la vie et de capitalisation pourront conserver, pour les valeurs mobilières déjà déposées au moment de cette déclaration, l'évaluation qui en aura été faite en dernier lieu.

Le dépôt à effectuer en 1915 pourra ne porter que sur les réserves calculées en tenant compte seulement des primes effectivement encaissées au 31 déc. 1914.

2. Le ministre du travail et de la prévoyance sociale et le ministre des finances sont chargés, etc.

AVIATION, GUERRE FRANCO-ALLEMANDE, AÉROPLANES, AUTORISATION D'EFFECTUER DES VOLS DANS L'INTÉRÊT DE L'ARMÉE.

CIRCULAIRE *ministérielle relative aux conditions dans lesquelles les aéronefs, effectuant des exercices dans l'intérêt de l'armée, pourront être autorisés à accomplir des vols sur aérodrome.*

(28 janvier 1915). — (Publ. au *J. off.* du 30 janv.).

Le décret du 31 juill. 1914 (2), qui a interdit la navigation aérienne dans l'étendue du territoire national, a excepté de cette interdiction les aéronefs de l'Etat.

Doivent être considérés comme assimilés aux aéronefs de l'Etat les appareils accomplissant des exercices dans l'intérêt de l'armée (essais d'appareils nouveaux, formation d'élèves pilotes d'avions).

Pour ces engins, les autorisations de vol seront accordées dans les conditions suivantes :

1° Les essais d'appareils et l'entraînement des pilotes doivent avoir un but militaire nettement caractérisé; ils n'auront lieu qu'après l'autorisation du ministre de la guerre, et ils s'effectueront, dans tous les cas, sous la surveillance de l'autorité militaire;

2° Les vols dont il s'agit ne seront exécutés que sur des aérodromes existants, situés en dehors de la zone des armées, agréés par le ministre de la guerre, et d'un périmètre fixé par lui.

Des autorisations spéciales seront accordées :

1° Aux propriétaires ou locataires d'aérodromes;

2° Aux constructeurs, pour leurs essais;

3° Aux pilotes moniteurs et aux élèves des écoles d'aviation.

Toutes ces autorisations seront accordées par le ministre de la guerre (12° direction), en se conformant aux indications ci-après :

I. — *Aérodromes.* — La demande d'autorisation (modèle n. 1) devra indiquer :

Le nom, le domicile, la situation militaire du demandeur (ou l'indication de la société demanderesse);

L'emplacement de l'aérodrome proprement dit (terrain de départ et d'atterrissage);

Le périmètre demandé pour l'exécution des vols en dehors du terrain précédent;

Les constructeurs ou catégories de personnes qui doivent faire usage de l'aérodrome.

Elle sera adressée au gouverneur militaire de Paris, ou au commandant de région intéressé, qui la transmettront au ministre avec leur avis, au besoin après enquête préalable.

II. — *Constructeurs.* — La demande d'autorisation (modèle n. 1) devra indiquer :

Le nom, le domicile, la situation militaire du demandeur (ou l'indication de la société demanderesse);

L'emplacement de l'aérodrome sur lequel doivent être exécutés les essais;

La nature des appareils à essayer;

Pour chaque pilote, chargé des essais, devra être présentée une demande spéciale (modèle n. 2), donnant : son nom, sa situation militaire, etc..., et à laquelle sera jointe sa photographie, en deux exemplaires, non collés (dimension 4 × 4).

Cette demande devra être visée par le constructeur intéressé et adressée par lui au directeur des fabrications de l'aviation militaire, à Châlais-Meudon, qui la transmettra au ministre (12° direction) avec son avis.

III. — *Pilotes moniteurs et élèves des écoles.* — La demande d'ouverture d'une école (modèle n. 1) devra indiquer :

Le nom, le domicile, la situation militaire du demandeur (ou l'indication de la société demanderesse);

L'emplacement de l'aérodrome sur lequel aura lieu l'entraînement;

La nature des appareils employés par l'école.

Pour chaque pilote moniteur et pour chaque élève devra être présentée une demande spéciale (modèle n. 2), donnant son nom, sa situation militaire, et à laquelle sera jointe sa photograghie, en deux exemplaires, non collés (dimensions 4 × 4); cette demande devra être visée par le directeur de l'école et adressée directement par lui au ministre de la gnerre (12° direction).

Les autorisations accordées aux pilotes chargés

---

(1) S. et P. *Lois annotées* de 1908, p. 655; *Pand. pér., Lois annotées* de 1908, p. 655.

(2) 1er vol., p. 2.

des essais peuvent spécifier que ces mêmes pilotes seront, en même temps, chargés de donner l'instruction dans une école.

Les autorisations accordées aux pilotes et élèves-pilotes seront conformes au modèle n. 3.

Les trois catégories d'autorisations susvisées seront délivrées par le ministre de la guerre (12e division), qui pourra, à tout moment, les suspendre ou les révoquer; elles ne seront valables que pour l'aérodrome indiqué.

Dans chacun des aérodromes autorisés, devra être affichée une carte indiquant nettement, d'une part, le terrain des départs et atterrissages, et, d'autre part, le périmètre autorisé pour les vols. Toute sortie hors de ce périmètre peut entraîner le retrait de l'autorisation accordée.

La liste des pilotes et élèves-pilotes autorisés à voler sur l'aérodrome devra être également affichée.

En aucun cas, il ne pourra être emporté à bord des avions des appareils photographiques et des cartes autres que celles de l'aérodrome.

Le gouverneur militaire, ou le commandant de région intéressé, auquel le ministre de la guerre communiquera la liste des autorisations accordées, est chargé de la surveillance et de l'exécution des prescriptions de la présente circulaire.

(*Suivent au* J. off., *les modèles de demandes d'autorisation*).

Chemins de fer, Guerre franco-allemande, Transport de marchandises, Assurance, Chemin de fer de Ceinture.

Arrêté *relatif à l'établissement d'un régime d'assurances pour le transport des marchandises.*

(29 janvier 1915). — (Publ. au *J. off.* du 4 févr.).

Le Ministre de la guerre et le Ministre des travaux publics; — Vu le décret du 29 oct. 1914 (1), relatif à la responsabilité des compagnies de chemins de fer en ce qui concerne la durée des transports commerciaux; — Vu l'arrêté du 1er nov. 1914 (2), pris en exécution de ce décret; — Vu l'arrêté du 1er déc. 1914 (3), relatif à la responsabilité des compagnies de chemins de fer en matière de transports commerciaux; — Vu les propositions de la commission de réseau des chemins de fer de Ceinture; — Arrêtent :

Art. 1er. Les dispositions de l'arrêté interministériel du 1er déc. 1914, relatif à l'établissement d'un régime d'assurance pour le transport des marchandises, sont applicables au réseau des chemins de fer de Ceinture.

2. Le présent arrêté entrera en vigueur à partir de sa promulgation au *Journal officiel*, et cessera d'être appliqué en même temps que l'arrêté du 1er déc. 1914, susvisé.

Colonies, Guerre franco-allemande, Armée, Délégation de solde, Délégation d'office, Militaires servant aux colonies.

Décret *étendant aux familles des militaires en service dans les colonies les dispositions du décret (guerre), en date du 26 oct. 1914, complétant le décret (guerre) du 9 dudit mois, organisant l'institution d'office de la délégation de solde au profit des familles des militaires mobilisés.*

(29 janvier 1915). — (Publ. au *J. off.* du 3 févr.).

Le Président de la République française; — Sur le rapport des ministres des colonies et des finances; — Décrète :

Art. 1er. Les dispositions du décret (guerre)

(1) 1er vol., p. 179.

(2) 1er vol., p. 181.

(3) Cet arrêté, publié au *J. off.* du 4 déc. 1914, est ainsi conçu :

Le Ministre de la guerre et le Ministre des travaux publics; — Vu le décret du 29 oct. 1914, sur la responsabilité des compagnies de chemins de fer en matière de transports commerciaux ; — Vu l'arrêté du 1er nov. 1914, pris en exécution de ce décret ; — Vu les propositions des commissions de réseau de l'Etat, de l'Orléans, du Paris-Lyon-Méditerranée et du Midi ; — Arrêtent :

Art. 1er. Pour les transports n'empruntant que les lignes des réseaux de l'Etat, du Midi, de l'Orléans et du Paris-Lyon-Méditerranée, ces réseaux ne se prévaudront pas du régime fixé par l'arrêté du 1er nov. 1914, sauf toutefois pour le retard et ses conséquences, si l'expéditeur consent à payer une prime spéciale d'assurance calculée comme suit sur la valeur déclarée :

1. Marchandises en général, non prévues aux §§ 2 et 3 ci-dessous :

0 fr. 05 par fraction indivisible de 100 fr. et de 100 kilomètres, avec minimum de perception de 0 fr. 50;

2. Meubles, fontes moulées, sucres, marbres, porcelaines, faïence, poteries en cadres, glaces, cristaux, verreries, liquides;

0 fr. 10 par fraction indivisible de 100 fr. et de 100 kilomètres, avec minimum de perception de 1 fr.;

3. Chevaux, bestiaux et autres animaux vivants, œufs, poteries en vrac :

0 fr. 15 par fraction indivisible de 100 fr. et de 100 kilomètres, avec minimum de perception de 1 fr. 50.

La valeur déclarée comprend, en outre de la valeur même de la marchandise, l'intérêt qui peut s'attacher à sa livraison.

En cas de perte ou d'avarie, l'ayant droit sera indemnisé du montant du dommage dûment justifié par lui et dans la limite de la valeur déclarée.

Les objets d'art et de collection, ainsi que les bagages, ne sont pas assurés.

Il en sera de même des fourrages en provenance ou à destination des réseaux du Midi et du Paris-Lyon-Méditerranée.

Les dispositions ci-dessus relatives à l'assurance des marchandises seront appliquées, à titre d'essai, pendant une période de trois mois; toutefois, l'application pourra en être suspendue, avec autorisation ministérielle, moyennant un préavis de trois jours.

2. Le présent arrêté entrera en vigueur à partir du 5 déc. 1914.

du 26 oct. 1914 (1), complétant celles du décret du 9 oct. 1914 (2), sont étendues aux « familles des militaires aux colonies », sous la réserve que les allocations doivent toujours être calculées d'après les tarifs d'Europe auxquels ces militaires ont droit quand ils servent en France.

2. Le ministre des colonies et le ministre des finances sont chargés, etc.

ARMÉE, GUERRE FRANCO-ALLEMANDE, ETAT-MAJOR DE L'ARMÉE, COMMISSION DES PORTS MARITIMES, COMMISSIONS DE PORTS.

ARRÊTÉ *créant une commission des ports maritimes.*

(30 janvier 1915). — (Publ. au *J. off.* du 1er févr.).

LES MINISTRES DE LA GUERRE, DE LA MARINE ET DES TRAVAUX PUBLICS; — Arrêtent :

ART. **1er**. Il est créé une « commission des ports maritimes », fonctionnant auprès de l'état-major de l'armée (4e bureau), dans les mêmes conditions que la commission de navigation et ayant des attributions analogues. Elle centralise toutes les questions relatives à l'utilisation des ports maritimes de commerce pour les opérations intéressant les divers services militaires.

2. Lorsque la commission des ports maritimes aura à traiter d'une question se rapportant à un port compris dans la zone des armées, elle devra, avant d'arrêter ses décisions, prendre l'avis du commandant en chef.

Aucun ordre de la commission des ports maritimes ne sera transmis à la commission d'un des ports compris dans la zone des armées, sans passer par l'intermédiaire du général commandant en chef.

3. La commission des ports maritimes comprend :

Comme commissaire militaire : le chef du 4e bureau de l'état-major de l'armée;

Comme commissaire technique : le directeur de la navigation au ministère des travaux publics;

Comme commissaire administratif : un représentant des services administratifs du ministère de la guerre.

Ces trois commissaires peuvent être secondés par un ou plusieurs adjoints.

4. Dans chacun des ports désignés par entente entre les ministres de la guerre, de la marine et des travaux publics, il est institué une commission de port, chargée de régler l'utilisation du port pour les satisfactions de tous les besoins militaires, et fonctionnant dans les mêmes conditions que les sous-commissions de la navigation intérieure.

Les décisions de la commission sont exécutoires, à moins qu'elles ne soient en opposition avec des mesures d'ordre militaire prescrites par le commandant d'armes.

5. La commission de port est, en principe, ainsi composée :

Président.

1° Le commandant d'armes, le gouverneur désigné ou un officier général ou supérieur de l'armée de terre ou de mer, spécialement désigné.

Membres militaires.

2° Un officier supérieur ou subalterne de l'armée de terre appartenant à l'armée active ou à la réserve, et, en outre, dans les ports de la zone des armées, un officier spécialement désigné par le général commandant en chef; un sous-intendant; l'administrateur de l'inscription maritime, et, en outre, s'il y a lieu, un officier de marine spécialement désigné.

Membres militaires éventuels, lorsqu'il y aura lieu de recevoir du matériel ressortissant à ces services.

3° Un représentant du service de l'artillerie; un représentant du service de la cavalerie; un représentant du service du génie; un représentant du service de santé.

Membres techniques.

4° L'ingénieur en chef du service maritime, ou, dans les ports où il n'y a pas d'ingénieur en chef, l'ingénieur chargé de l'exploitation du port; un officier de port; le président de la chambre de commerce ou son délégué.

6. L'exécution des décisions de la commission de port est confiée à une « délégation exécutive », composée de l'officier de l'armée de terre, du sous-intendant militaire, de l'ingénieur en chef ou de l'ingénieur chargé de l'exploitation du port, et, en outre, dans les ports de la zone des armées, de l'officier spécialement désigné par le général commandant en chef.

Cette délégation peut s'adjoindre, le cas échéant, et suivant les besoins, un ou plusieurs membres permanents ou éventuels de la commission.

7. Sous la réserve des droits conférés à la marine en matière de réquisition par le décret du 2 août 1877 (3), modifié par le décret du 31 juill. 1914 (4), l'utilisation ou la réquisition des moyens d'exploitation du port pour les besoins militaires ne peut avoir lieu que sur la proposition de la commission de port.

8. Sous la réserve des dispositions prévues aux

---

(1) 1er vol., p. 172.

(2) 1er vol., p. 147.

(3) S. *Lois annotées* de 1877, p. 255. — P. *Lois, décr.*, etc., de 1877, p. 440.

(4) 1er vol., p. 4.

articles précédents, l'exploitation commerciale continue à s'effectuer sous l'autorité du ministre des travaux publics.

9. Sont supprimées toutes les « commissions de port » antérieurement instituées.

GENDARMERIE, GUERRE FRANCO-ALLEMANDE, AGENTS DE L'ETAT MOBILISÉS, SOLDE MILITAIRE, TRAITEMENT CIVIL, CUMUL.

CIRCULAIRE *relative à la situation des agents de l'Etat mobilisés dans la gendarmerie.*

(30 janvier 1915). — (Publ. au *J. off.* du 9 févr.).

Le Ministre de la marine à MM. les vice-amiraux commandant en chef, préfets maritimes, directeurs des établissements hors des ports.

La question a été posée de savoir si les agents de l'Etat mobilisés comme simples gendarmes peuvent cumuler, avec leur solde militaire, la totalité de leur traitement civil.

Le ministre de la guerre, consulté, a fait connaître qu'il y a lieu de considérer les simples gendarmes comme sous-officiers à solde mensuelle, au sens de la loi du 5 août 1914 (1).

Dans ces conditions, les services ordonnateurs ne doivent mandater, au profit des intéressés, que la partie du traitement civil qui excède la solde mensuelle des gendarmes, quel que soit leur grade.

MARINE, GUERRE FRANCO-ALLEMANDE, ECOLE NAVALE, DURÉE DES ÉTUDES, ABRÉVIATION.

DÉCRET *portant réduction à dix mois de la durée des études à l'Ecole navale.*

(30 janvier 1915). — (Publ. au *J. off.* du 1er févr.).

LE PRÉSIDENT DE LA RÉPUBLIQUE FRANÇAISE; — Vu l'art. 28 de la loi du 10 juin 1896 (2), permettant d'abréger la durée des études de l'École navale en temps de guerre; — Sur le rapport du ministre de la marine; — Décrète :

ART. 1er. La durée des études à l'École navale est réduite à dix mois.

2. Le ministre de la marine est chargé, etc.

RÉQUISITIONS MILITAIRES, NAVIRES RÉQUISITIONNÉS PAR L'AUTORITÉ MILITAIRE, RÈGLEMENT DES INDEMNITÉS.

CIRCULAIRE *relative aux réquisitions de navires opérées pour le compte des départements ministériels autres que la marine, et notamment pour le compte du département de la guerre.*

(30 janvier 1915). — (Publ. au *J. off.* du 3 févr.).

Le Ministre de la marine à MM. les vice-amiraux commandant en chef, préfets maritimes, directeurs de l'inscription maritime, contre-amiral commandant la marine en Algérie, capitaine de vaisseau commandant la marine en Corse.

Aux termes d'une entente intervenue entre les départements de la guerre et de la marine, toutes les réquisitions de navires et de matériel flottant opérées depuis le début de la mobilisation et dans le cours des présentes hostilités, soit directement par les autorités militaires, soit sur leur demande et pour leur compte par les autorités maritimes, seront réglées par le département de la marine, dans la même forme que les réquisitions de navires opérées pour le compte propre de la marine, et sous réserve des régularisations nécessaires d'imputation à effectuer ultérieurement, de ministère à ministère.

Il en sera de même pour les réquisitions qui auraient été opérées éventuellement par les autorités militaires ou maritimes pour le compte d'autres départements ministériels (intérieur, pour transport d'émigrants, affaires étrangères, pour transport de courriers diplomatiques, etc.), qui ne jouissent pas du droit de réquisition.

Je rappelle qu'aux termes de l'art. 72 du décret du 2 août 1877 (3), modifié le 31 juill. 1914 (4), « dans le cas où les indemnités à évaluer se rapportent à des réquisitions de l'autorité militaire relatives à des navires et embarcations et à leurs équipages, la commission (mixte locale d'évaluation) est complétée par l'adjonction d'un fonctionnaire de l'intendance nommé par le ministre de la guerre, ou, sur sa délégation, par le commandant de la région ».

Il y a lieu de convoquer le fonctionnaire de l'intendance militaire, non seulement pour toutes les évaluations de réquisitions opérées de manière certaine, soit par les autorités militaires, soit pour leur compte, mais encore pour celles dont l'origine n'apparaîtrait pas de façon très sûre, au moment de l'examen par la commission, comme relevant du seul département de la marine.

Les procès-verbaux des commissions mixtes devront toujours mentionner, soit que le représentant du département de la guerre assistait à la séance, soit que, convoqué, il n'a pu y assister.

Il est évident que la procédure adoptée pour les réquisitions des navires eux-mêmes s'appli-

---

(1) 1er vol., p. 32.

(2) S. et P. *Lois annotées* de 1896, p. 112; *Pand. pér.*, 1897.3.35.

(3) S. *Lois annotées* de 1877, p. 255. — P. *Lois, décr.*, etc. de 1877, p. 440.

(4) 1er vol., p. 4.

quera également aux frais accessoires, tels que fournitures de charbon, de vivres, salaires, etc..., qui seront acquittés par la marine. Mais, en vue du remboursement ultérieur par le département de la guerre, il est particulièrement indispensable que le compte de chaque navire requisitionné soit tenu avec le plus grand soin par le service qualifié à cet effet, aux termes de l'instruction du 2 oct. 1914 (1), c'est-à-dire, en l'espèce, par la direction de l'intendance (service des approvisionnements de la flotte) du port, chef-lieu de l'arrondissement maritime, dans le territoire duquel a été opérée la réquisition (ou par les directions de l'intendance de Lorient et de Toulon, pour les réquisitions opérées en mer ou à l'étranger) (Circulaire du 24 nov. 1914) (2). Je me réfère notamment à l'exemple cité au troisième alinéa du titre II de l'instruction du 2 oct. 1914, pour les cas où des avances sont consenties aux capitaines au cours d'un voyage. Par analogie, avis sera également donné au service des approvisionnements de la flotte du port militaire chargé de suivre les engagements de dépense, chaque fois qu'une fourniture quelconque, par voie d'achat spécial, par voie de livraison sur les marchés de la marine, par voie de cession, ou par voie de réquisition, sera assurée à un navire réquisitionné, soit par un port militaire, soit par un chef-lieu de sous-arrondissement, soit par un quartier d'inscription maritime. Etant données les modalités diverses des réquisitions des navires, dont l'entretien, suivant les circonstances, est assuré, tantôt par la marine, tantôt par les armateurs, il importe, en effet, qu'aucune opération de l'espèce ne vienne à échapper au chef du service chargé d'ouvrir et de tenir à jour le compte particulier de chaque navire.

Douanes, Guerre franco-allemande, Fonctionnaires et préposés, Avancement, Tableau d'avancement en 1914, Maintien.

Décret *concernant la formation des tableaux d'avancement du personnel des douanes.*

(**31 janvier 1915**). — (Publ. au *J. off.* du 9 févr.).

Le Président de la République française; — Sur le rapport du ministre des finances; — Vu les décrets des 2 févr. 1907 (3), 24 mai 1907 (4), 23 mai 1908 (5), 25 mai 1909 (6), 21 juin 1910 (7), 28 juill. 1911 (8), 19 déc. 1911 (9), 25 oct. 1913 (10), 20 janv. 1914 (11), et 5 déc. 1914, relatifs à l'organisation des services extérieurs de l'Administration des douanes; — Décrète :

Art. **1er**. Les inscriptions aux tableaux d'avancement établis pour l'année 1914, conformément aux dispositions des art. 12 et s. du décret du 25 oct. 1913, demeureront valables jusqu'à la formation de nouveaux tableaux d'avancement.

En cas d'épuisement des listes desdits tableaux relatives aux avancements de classe, ces avancements auront lieu, pour tous les cadres, dans l'ordre de l'ancienneté, le bénéfice des bonifications déjà attribuées restant acquis. A titre exceptionnel, seront considérées comme des avancements de classe les promotions au traitement de 4.500 fr., autres que les nominations aux grades d'inspecteur et de contrôleur principal, ainsi que les élévations aux traitements de 3.100 fr. dans le cadre principal, et de 2.300 fr. dans le cadre secondaire.

2. Le ministre des finances est chargé, etc.

Réquisitions militaires, Guerre franco-allemande, Chevaux, mules et mulets, Voitures, Communes occupées par l'ennemi, Mode de paiement.

Décret *modifiant les règles de mandatement et de paiement des réquisitions effectuées dans les communes où le fonctionnement des services administratifs est suspendu.*

(**31 janvier 1915**). — (Publ. au *J. off.* du 2 févr.).

Le Président de la République française; — Sur le rapport des ministres des finances et de la guerre; — Vu les décrets des 29 sept. (12) et 13 nov. 1914 (13), relatifs au paiement du prix des chevaux, mules, mulets et voitures non automobiles, réquisitionnés dans des communes où le fonctionnement des services administratifs est suspendu en raison de la présence de l'ennemi; — Vu le décret du 6 déc. 1914 (14), relatif au paiement du montant des réquisitions de voitures automobiles; — Vu le décret du 16 déc. 1914 (15), relatif au paiement du montant des réquisitions concernant les services, denrées, marchandises, objets ou animaux; — Décrète :

---

(1) *J. off.*, 3 oct. 1914, p. 8174.
(2) *J. off.*, 27 nov. 1914, p. 8887.
(3) *Bull. off.*, 12e série, 2824, n. 48.911.
(4) *Bull. off.*, 12e série, 2861, n. 49.495.
(5) *Bull. off.*, 12e série, 3030, n. 52.253.
(6) *Bull. off.*, nouv. série, 10, n. 469.
(7) *Bull. off.*, nouv. série, 36, n. 1691.
(8) *Bull. off.*, nouv. série, 62, n. 2978.
(9) *Bull. off.*, nouv. série, 72, n. 3424.
(10) *Bull. off.*, nouv. série, 116, n. 6226.
(11) *J. off.*, 25 janv. 1914, p. 680.
(12) 1er vol., p. 134.
(13) 1er vol., p. 201.
(14) 1er vol., p. 235.
(15) 1er vol., p. 259.

Art. 1er. A l'avenir, les personnes qui ont été l'objet de réquisitions de chevaux, mules, mulets et voitures non automobiles dans des communes où le fonctionnement des services administratifs est suspendu en raison de la présence de l'ennemi ne pourront obtenir le paiement desdites réquisitions qu'après mandatement par le sous-intendant de la 18e région, chargé de ce service.

Ce mandatement sera effectué sur production, par les intéressés, du bulletin de réquisition ou du reçu modèle n. 1 de la mairie.

2. Si les parties visées à l'article précédent sont dans l'impossibilité de représenter le bulletin de réquisition ou le reçu modèle n. 1, il pourra leur être délivré, après enquête, un duplicata par les soins du directeur de l'intendance de la région à laquelle ressortit la commune où a été effectuée la réquisition.

Après centralisation de tous les paiements effectués en conformité des décrets des 29 sept. et 13 nov. 1914, le sous-intendant de la 18e région mandatera, s'il y a lieu, la somme portée au duplicata.

3. Les intéressés pourront, sans attendre la centralisation prévue à l'article précédent, obtenir paiement du montant des duplicata, à la condition de souscrire et de faire accepter par le trésorier général du département de leur résidence l'engagement, garanti par deux cautions solvables, de couvrir le Trésor de tout faux paiement ou de tout paiement par double emploi auquel aurait pu ou pourrait donner lieu la réquisition faisant l'objet du duplicata.

Le paiement sera effectué dans ce cas sans mandatement préalable.

4. Lorsque le directeur de l'intendance chargé de la délivrance d'un duplicata ne pourra, à l'aide des documents en sa possession, déterminer le prix des chevaux, mules, mulets et voitures non automobles réquisitionnés, il sera fait application d'un tarif spécial arrêté par le ministre de la guerre.

Le prix ainsi fixé sera sujet à revision lors du rétablissement des services administratifs dans les communes occupées par l'ennemi, et les différences qui ressortiraient de cette revision seront payées aux intéressés ou reversées par eux.

5. Les dispositions du § 1er de l'art. 2 ci-dessus sont également applicables aux réquisitions de voitures automobiles et de services, denrées, marchandises, objets ou animaux.

Les personnes qui ont été l'objet de réquisitions de cette nature dans des communes où le fonctionnement des services administratifs est suspendu par suite de la présence de l'ennemi, et qui se trouvent dans l'impossibilité de représenter, suivant le cas, le bulletin de réquisition, le reçu de fournitures requises ou le reçu modèle n. 1 de la mairie, peuvent se faire délivrer des duplicata par le directeur de l'intendance de la région à laquelle ressortit la commune où a été opérée la réquisition.

Le paiement est effectué après mandatement par le sous-intendant de la 18e région, dans les conditions prévues par l'instruction ministérielle du 6 déc. 1914 (1) et le décret du 16 déc. 1914.

6. Les ministres des finances et de la guerre sont chargés, etc.

Armée, Guerre franco-allemande, Dépôts territoriaux, Congés de semailles.

Circulaire *relative aux congés accordés à des hommes des dépôts territoriaux pour les semailles de printemps.*

(2 février 1915). — (Publ. au *J. off.* du 6 févr.).

Le Ministre de l'agriculture à MM. les préfets.

M. le ministre de la guerre a bien voulu, sur ma demande, en vue de faciliter les travaux agricoles pendant la période des semailles de printemps, décider que des permissions d'une durée maximum de quinze jours pourraient être accordées aux hommes des dépôts territoriaux, à l'exception des dépôts stationnés dans les places de Dunkerque, Verdun, Toul, Epinal et Belfort.

Les hommes ainsi désignés seront envoyés dans leurs communes, où ils devront procéder aux travaux des champs pour la préparation et l'exécution des semailles, pour la taille de la vigne et les diverses cultures de printemps; ils pourront aussi être utilement employés au battage des céréales, qui devient de plus en plus nécessaire.

Il importe au plus haut degré que les hommes momentanément retirés des dépôts emploient toute leur activité à réaliser le but que s'est proposé le Gouvernement : la préparation des récoltes prochaines.

Il est indispensable que les maires, sous l'autorité desquels vont se trouver ces soldats, s'inspirent de cette idée que la mesure adoptée ne vise pas l'attribution d'une faveur à tel ou tel cultivateur, mais qu'elle est prise en vue de l'intérêt général du pays. Les hommes doivent donc employer tout leur temps disponible aux travaux les plus urgents, et ceux qui, n'ayant qu'une très faible surface à travailler chez eux, termineront leurs ensemencements ou la taille des vignes en quelques jours, s'emploieront, pendant le reste de leur congé, chez les autres cultivateurs du pays, et en premier lieu sur les propriétés des cultivateurs mobilisés et que leur âge aura privés de toute permission.

Cette répartition de la main-d'œuvre ainsi procurée aux communes ne peut se faire que par l'action des maires, qui auront à tenir compte

(1) 1er vol., p. 235.

comme vous l'indiquait ma circulaire du 1er août, des conditions locales pour l'organisation du travail.

Le travail collectif sera organisé autant que possible.

Il incombera aux maires de s'assurer que tous les hommes ainsi renvoyés dans leurs foyers rentrent bien dans les catégories d'agriculteurs prévues dans la circulaire du ministre de la guerre, et que tout leur temps est utilement employé aux travaux des champs.

Les maires, qui auront constaté l'arrivée des permissionnaires et contrôlé leur utilisation aux travaux de semailles, devront, à l'expiration de la permission, surveiller leur départ.

Ils doivent également s'assurer que toutes les surfaces destinées normalement à être emblavées le sont, cette année, de la façon la plus complète Il est inadmissible que des terrains fertiles restent improductifs dans les circonstances présentes. Les maires comprennent certainement la haute portée de leur rôle à ce point de vue, et, si certains de leurs administrés n'utilisaient pas les terres dont ils disposent, il y aurait lieu de les mettre en culture aux risques et périls des défaillants, qui ne peuvent constituer d'ailleurs qu'une très rare exception.

Vous voudrez bien demander aux maires de vous fournir un rapport sur ces opérations, et me transmettre vous-même un résumé de ces rapports, avec votre appréciation sur les résultats obtenus.

Timbre, Quittances, Ordres de virement, Création de timbres a l'extraordinaire.

Décret *portant création de types de timbres à l'extraordinaire.*

(2 février 1915). — (Publ. au *J. off.* du 10 févr.).

Le Président de la République française ; — Sur le rapport du ministre des finances; — Vu les art. 18 et s. de la loi du 23 août 1871 (1), relatifs au droit de timbre sur les quittances, reçus, décharges ou chèques ; — Vu l'art. 4 du décret du 27 nov. 1871 (2) concernant le timbrage à l'extraordinaire des formules pour quittances, reçus et décharges ; — Vu l'art. 8 de la loi du 19 févr. 1874 (3), relatif au droit de timbre des chèques de place à place ; — Vu le décret du 22 mars 1875 (4), créant un type destiné à timbrer les chèques de place à place ; — Vu l'art. 12 de la loi de finances du 30 juill. 1913 (5), relatif au droit de timbre sur les ordres de virement en banque ; — Vu le décret du 8 oct. 1913 (6), qui a créé un nouveau type destiné au timbrage à l'extraordinaire au tarif de 20 centimes des chèques de place à place et des ordres de virement qui doivent être exécutés sur une place autre que celle d'où ils ont été donnés ; — Vu les art. 28 et 30 de la loi de finances du 15 juill. 1914 (7), ainsi conçus : « Art. 28. Le droit de timbre de 10 centimes, auquel sont soumis, en vertu de l'art. 18 de la loi du 23 août 1871, les titres emportant libération, reçu ou décharge de sommes, est élevé : à 20 centimes pour les sommes supérieures à 200 fr., mais n'excédant pas 500 fr. ; à 30 centimes pour les sommes supérieures à 500 fr., mais n'excédant pas 1.000 fr. ; à 40 centimes pour les sommes supérieures à 1.000 fr., mais n'excédant pas 3.000 fr. ; à 50 centimes pour les sommes supérieures à 3.000 fr. — Art. 30. Toutes les dispositions de l'art. 12 de la loi du 30 juill. 1913, relatif au droit de timbre exigible sur l'écrit désigné communément sous le nom d'ordre de virement en banque, par lequel un particulier ou une collectivité donne à un banquier l'ordre de porter une somme au crédit du compte d'un tiers et de le débiter de pareille somme, sont applicables dans le cas où l'ordre de virement est donné à un agent de change » ; — Décrète :

Art. 1er. Il est créé une série de types à 10 centimes, 20 centimes, 30 centimes, 40 centimes et 50 centimes, destinés à timbrer à l'extraordinaire, savoir :

A 10 centimes, les titres emportant libération, reçu ou décharge, qui restent assujettis à ce tarif en vertu de l'art. 18 de la loi du 23 août 1871, ainsi que les ordres de virement donnés aux banquiers et aux agents de change, et qui doivent être exécutés sur la place d'où ils ont été donnés ;

A 20 centimes, les titres emportant libération, reçu ou décharge de sommes supérieures à 200 fr., mais n'excédant pas 500 fr., les chèques de place à place et les ordres de virement donnés aux banquiers ou aux agents de change, et qui doivent être exécutés sur une place autre que celle d'où ils ont été donnés;

A 30 centimes, les titres emportant libération, reçu ou décharge de sommes supérieures à 500 fr., mais n'excédant pas 1.000 fr.;

A 40 centimes, les titres emportant libération, reçu ou décharge de sommes supérieures à 1.000 fr., mais n'excédant pas 3.000 fr. ;

A 50 centimes, les titres emportant libération,

(1) S. *Lois annotées* de 1871, p. 122. — P. *Lois, décr.*, etc. de 1871, p. 209.

(2) S. *Lois annotées* de 1871, p. 135. — P. *Lois, décr.*, etc. de 1871, p. 232.

(3) S. *Lois annotées* de 1874, p. 505. — P. *Lois, décr.*, etc. de 1874, p. 869.

(4) S. *Lois annotées* de 1875, p. 658. — P. *Lois, décr.*, etc. de 1875, p. 1133.

(5) S. et P. *Lois annotées* de 1914, p. 687 ; *Pand. pér.*, *Lois annotées* de 1914, p. 687.

(6) *Bull. off.*, nouv. série, 115, p. 6152.

(7) *off.*, 18 juill. 1914, p. 6648.

reçu ou décharge de sommes supérieures à 3.000 fr.

Ces types seront conformes aux modèles annexés au présent décret.

2. L'Administration de l'enregistrement, des domaines et du timbre fera déposer aux greffes des Cours et tribunaux des empreintes des timbres créés par l'article précédent.

Ce dépôt sera constaté par un procès-verbal dressé sans frais.

3. Le ministre des finances est chargé, etc.

(*Suivent au J. off. les modèles annexés*).

AGRICULTURE, GUERRE FRANCO-ALLEMANDE, RÉCOLTE DU BLÉ, BATTAGES.

CIRCULAIRE MINISTÉRIELLE *relative à l'accélération du battage des blés.*

(4 février 1915). — (Publ. au *J. off.* du 6 févr.).

Les renseignements recueillis par le Gouvernement au cours d'enquêtes successives lui ont permis de constater que les stocks de blé existant chez les cultivateurs étaient abondants et capables d'assurer dans de bonnes conditions la nourriture du pays.

Il résulte également de ces mêmes constatations que les quantités de blé battu tendent à diminuer pour des raisons diverses, dont la principale paraît être que les agriculteurs ont manqué souvent de la main-d'œuvre nécessaire à effectuer ces battages. Si cette situation devait se prolonger, il pourrait en résulter pour l'Administration de la guerre des difficultés à se procurer rapidement, sans troubler la situation économique du pays, les grains dont elle a besoin pour alimenter les armées. Il importe donc que les opérations de battage de blé soient reprises et poursuivies avec le plus d'activité possible.

Vous voudrez bien adresser sans délai à MM. les maires des communes de votre département des instructions pour qu'ils invitent de la façon la plus pressante leurs administrés à reprendre ou à continuer avec activité les battages. Ils devront s'employer à utiliser à tour de rôle, chez les divers propriétaires de la commune, le matériel et la main-d'œuvre qui s'y trouvent. Ils vous rendront compte des difficultés à surmonter et du résultat de leurs efforts.

Pour le cas où les ressources de la commune en main-d'œuvre, en matériel de battage, en moyens de transport, apparaîtraient absolument insuffisantes, vous devrez examiner s'il ne serait pas possible, par une meilleure répartition des moyens d'action existant dans l'ensemble de votre département, d'arriver au but poursuivi. Dans le même esprit qui a inspiré le Gouvernement dans l'attribution des permissions pour semailles, le ministre de la guerre est disposé à accorder des permissions spéciales pour les opérations du battage et à placer en sursis d'appel les entrepreneurs de battage et mécaniciens dans les cas où ces mesures vous apparaîtraient comme indispensables.

Des instructions seront adressées aux commandants de régions de corps d'armée, sous le timbre du ministère de la guerre, pour cette éventualité, et vous aurez à centraliser les demandes de cette nature pour votre département et à les transmettre avec votre avis personnel au commandant de région. Vous ne perdrez pas de vue l'importance qui s'attache au point de vue militaire à limiter ces permissions et ces sursis au strict nécessaire.

Vous ferez connaître à vos administrés que, si ces facilités qui leur sont ainsi données en vue d'assurer les battages dans les conditions les plus favorables pour eux ne les déterminaient pas à les effectuer d'eux-mêmes et sans retard, l'autorité militaire pourrait être conduite à réquisitionner le blé en gerbe et à en assurer le battage par ses propres moyens. Les mesures ainsi imposées au Gouvernement seraient loin de donner aux cultivateurs les mêmes avantages. Il semble donc certain que vous obtiendrez de vos administrés qu'ils procèdent à leurs battages sans attendre l'application de la loi sur les réquisitions militaires.

Vous voudrez bien accuser réception de la présente circulaire à M. le ministre de l'agriculture et lui adresser vos rapports sur l'état d'avancement, dans votre département, des travaux prescrits.

DOUANES, GUERRE FRANCO-ALLEMANDE, INTERDICTION DE SORTIE ET DE RÉEXPORTATION, MARCHANDISES, DENRÉES ET PRODUITS DIVERS.

DÉCRET *prohibant la sortie de divers produits.*

(4 février 1915). — (Publ. au *J. off.* du 5 févr.).

LE PRÉSIDENT DE LA RÉPUBLIQUE FRANÇAISE; — Sur le rapport des ministres du commerce, de l'industrie, des postes et des télégraphes, de l'agriculture, des finances, de la guerre, de la marine, des affaires étrangères et des travaux publics; — Vu l'art. 34 de la loi du 17 déc. 1814 (1); — Décrète :

ART. **1**[er]. Sont prohibées, à dater du 5 févr. 1915, la sortie ainsi que la réexportation en suite d'entrepôt, de dépôt, de transit, de transbordement et d'admission temporaire, des produits et objets énumérés ci-après :

Acide lactique ;

Aciers de toutes sortes ;

Agrès et apparaux d'aéronefs ;

---

(1) S. 1er vol. des *Lois annotées*, p. 914.

Appareils électriques pour la mise de feu.
Appareils et instruments de chirurgie (y compris les drains, tubes, gants en caoutchouc).
Bambous.
Bateaux de rivière.
Bourre de soie en masse ou peignée.
Cachou en masse.
Cartes géographiques ou marines.
Celluloïd brut en masses, plaques, feuilles, joncs, tubes, bâtons, rognures, déchets.
Codéine.
Cyanamide calcique.
Déchets de soie.
Détonateurs.
Digitaline.
Emétine et émétique.
Extrait de quinquina.
Fers et fontes.
Filières diamant de 15/100e de millimètre et au-dessus et dont le poids du diamant excède un quart de carat.
Fromages à pâte ferme.
Fulminate de mercure.
Graphite.
Huiles résiduelles de la distillation de l'alcool.
Huiles végétales et huile de baleine.
Jambons désossés et roulés, jambons cuits.
Lave de volvic.
Légumes frais.
Machines et parties de machine exclusivement propres à la fabrication des munitions et des armes de guerre.
Mélasses.
Minerais de molybdène, de titane, de vanadium.
Morphine.
Oléomargarine et substances similaires.
Outils, emmanchés ou non, en fonte, fer ou acier : bêches, cisailles, haches, pelles, pioches, scies articulées, scies à main, serpes.
Ouvrages en aluminium, autres que la bijouterie.
Paraffine.
Peroxyde de sodium.
Phosphore.
Résines de pin et de sapin.
Salin de betteraves.
Salol.
Sels ammoniacaux.
Sulfate de cuivre et verdets ; bouillies et poudres cupriques.
Terpine.
Terre d'infusoires.
Tissus de coton écrus ou blanchis, armure toile, pesant plus de 22 kilogr. les 100 m. q.
Tissus de jute écrus, armure toile, pesant plus de 30 kilogr. les 100 m. q.
Tissus de lin et de chanvre, écrus ou blanchis, armure toile, pesant plus de 27 kilogr. 500 les 100 m. q.
Trioxyméthylène.
Ventilateurs de 50 à 250 kilogr.
Viandes salées.

Toutefois, des exceptions à ces dispositions pourront être autorisées, sous les conditions qui seront déterminées par le ministre des finances.

2. Les ministres du commerce, de l'industrie, des postes et des télégraphes, de l'agriculture, des finances, de la guerre, de la marine, des affaires étrangères et des travaux publics sont chargés, etc.

GUERRE, GUERRE FRANCO-ALLEMANDE, DOMMAGES DE GUERRE, CONSTATATION, ÉVALUATION, PROCÉDURE, COMMISSION CANTONALE, COMMISSION DÉPARTEMENTALE, COMMISSION SUPÉRIEURE.

DÉCRET *portant règlement d'administration publique relatif à la constatation et à l'évaluation des dommages résultant des faits de guerre.*

(**4 février 1915**). — (Publ. au *J. off.* du 5 févr.).

LE PRÉSIDENT DE LA RÉPUBLIQUE FRANÇAISE ; — Sur le rapport du président du conseil des ministres, du ministre de la justice, du ministre de l'intérieur et du ministre des finances ; — Vu l'art. 12 de la loi du 26 déc. 1914 (1) ; — Vu la loi du 3 juill. 1877 (2), relative aux réquisitions militaires ; le décret du 2 août 1877 (3), pris en exécution de ladite loi ; ensemble, les lois et décrets qui les ont modifiés, notamment le décret du 23 nov. 1886 (4) et celui du 27 déc. 1914 (5), art. 2 ; — Le Conseil d'Etat entendu ; — Décrète :

ART. **1er**. Dans toutes les communes dont les habitants auront, au cours de la guerre, souffert de dommages matériels résultant de faits de guerre, la constatation et l'évaluation de ces dommages auront lieu dans les conditions prévues au présent règlement.

Ne sont pas compris dans les dommages visés au paragraphe précédent les dégâts et dommages occasionnés par les troupes françaises ou alliées dans leurs logements ou cantonnements, et qui sont régis, en ce qui concerne leur constatation et leur réparation, par des dispositions spéciales de lois ou règlements en matière de réquisitions

---

(1) 1er vol., p. 275.

(2) S. *Lois annotées* de 1877, p. 249. — P. *Lois, décr.*, etc. de 1877, p. 428.

(3) S. *Lois annotées* de 1877, p. 255. — P. *Lois, décr.*, etc. de 1877, p. 440.

(4) S. *Lois annotées* de 1887, p. 138. — P. *Lois, décr.*, etc. de 1887, p. 239.

(5) 1er vol., p. 281.

militaires, notamment par la loi du 3 juill. 1877 et les décrets du 2 août 1877, du 23 nov. 1886 et du 27 déc. 1914.

2. Des arrêtés préfectoraux, qui seront affichés dans toutes les communes intéressées, avec le texte du présent règlement, fixeront, suivant les circonstances, la date à partir de laquelle les demandes pourront être déposées ou adressées par pli recommandé à la mairie de la commune dans laquelle s'est produit le dommage.

Il en sera délivré récépissé.

Ce dépôt devra être effectué dans un délai de quinzaine à partir de cette date, sauf empêchement justifié, par les intéressés, ou, en leur nom, par le maire, ou par toute autre personne à laquelle la commission reconnaîtra qualité.

Les demandes seront rédigées sur papier libre et accompagnées de toutes pièces propres à établir la réalité et à permettre l'évaluation du dommage, telles qu'actes de vente ou de succession, baux, décisions judiciaires, polices d'assurances, rapports d'experts, attestations certifiées, etc.

Les intéressés, s'ils ont déjà reçu une indemnité, devront en déclarer la cause et le montant, et, dans le cas contraire, déclarer qu'ils n'ont reçu aucune indemnité.

Les collectivités, sociétés, associations, établissements autres que les établissements publics visés à l'art. 15 du présent décret sont admis, comme les particuliers, à faire la demande prévue ci-dessus. Cette demande sera présentée en leur nom par leur représentant légal, ou par toute autre personne dûment autorisée.

Un arrêté du préfet fixera l'époque où la commission cantonale se réunira pour examiner les demandes qui, pour raisons légitimes, n'auraient pu lui être remises dans le délai prévu ci-dessus.

3. A l'expiration du délai de quinzaine, les maires transmettent lesdites demandes, avec les pièces jointes, au maire du chef-lieu de canton, où se réunit une commission cantonale composée de cinq membres désignés comme suit :

1° Un juge, choisi par le premier président de la Cour d'appel parmi les juges du ressort, ou, à défaut, désigné par le ministre de la justice parmi les juges d'un autre ressort, président;

2° Un délégué désigné par le ministre de l'intérieur;

3° Un délégué désigné par le ministre des finances;

4° Un délégué désigné dans une réunion des maires des communes du canton qui ont subi des dommages; ce délégué ne peut être choisi que parmi les contribuables inscrits au rôle de l'une des quatre contributions directes d'une des communes visées au présent article;

Cette réunion sera tenue au chef-lieu de canton, sous la présidence du maire du chef-lieu, ou, à son défaut, du doyen d'âge, assisté des deux plus jeunes maires présents à l'ouverture de la réunion. Elle aura lieu à la date fixée par l'arrêté préfectoral prévu à l'art. 2, quel que soit le nombre des membres présents;

Un suppléant chargé de remplacer ce délégué en cas d'absence sera élu dans les mêmes conditions;

5° Un délégué désigné par le conseil municipal dans chacune des communes du canton qui ont subi des dommages.

La délibération du conseil municipal prise à la date fixée par le préfet est valable, quel que soit le nombre des conseillers présents. Ce délégué ne peut être choisi que parmi les contribuables inscrits au rôle de l'une des quatre contributions directes de la commune; il ne prend part qu'aux délibérations relatives aux demandes faites dans ladite commune.

Il est élu au scrutin secret et à la majorité absolue. Si, après deux tours de scrutin, il n'y a pas de majorité absolue, l'élection a lieu, au troisième tour, à la majorité relative. En cas d'égalité du nombre des voix, le plus âgé est élu.

Un suppléant de ce délégué, élu dans les mêmes conditions, est chargé de le remplacer en cas d'absence.

4. Au cas où les circonstances ne permettraient l'ouverture de l'enquête que dans la moitié des communes composant un canton, chacune de ces communes serait réunie par l'arrêté préfectoral prévu à l'art. 2 à un canton voisin, sans qu'il soit nécessaire de rattacher toutes ces communes à un même canton. Si l'enquête peut être ouverte dans plus de la moitié des communes, celles-ci constitueront un groupe, assimilé, en ce qui concerne les opérations prévues au présent décret, au canton, et, s'il n'est pas possible d'effectuer les opérations dans le chef-lieu, les maires, en élisant leur délégué à la commission cantonale, désigneront la commune où pourra siéger provisoirement la commission.

5. Ces commissions se réunissent aussitôt que possible après l'expiration du délai de quinzaine prévu à l'art. 2.

Avant de saisir la commission, le président examine si l'état des dossiers permet de délibérer utilement, et peut, au besoin, les faire compléter.

Chacun des intéressés, s'il en fait la demande, où si la commission le juge utile, est entendu par elle au sujet de sa réclamation. La commission peut inviter le postulant à affirmer sous la foi du serment la réalité du dommage qui fait l'objet de cette réclamation.

En cas de fraude, le procès-verbal de la commission est transmis au procureur de la République pour qu'il soit procédé, s'il y a lieu, à des poursuites correctionnelles.

Les maires, s'ils en font la demande, ou s'il paraît opportun à la commission, sont aussi entendus au sujet des réclamations qui concernent leurs communes respectives.

Les commissions peuvent entendre, en outre, toute personne ayant une compétence spéciale pour l'évaluation de certains dommages, notamment les agents du ministère des finances, du ministère de l'agriculture, du ministère des travaux publics, ainsi que les agents des administrations départementales et communales. Ces agents sont tenus de fournir aux commissions tous renseignements utiles.

Les commissions pourront se transporter sur les lieux.

Elles ne peuvent délibérer que si tous leurs membres sont présents.

En cas de partage, la voix du président est prépondérante.

6. Les commissions constatent la réalité des dommages avec une évaluation distincte pour chacun de leurs éléments constitutifs. Elles font connaître les procédés et les taux qu'elles ont adoptés pour cette évaluation. Dans les éléments à évaluer, n'est pas compris le préjudice résultant de l'interruption d'un commerce ou d'une industrie. Elles dressent un état récapitulatif des demandes et des évaluations relatives à chaque commune.

Le président adresse immédiatement une copie de cet état au maire de la commune. Les dossiers sont déposés à la mairie du chef-lieu de canton.

Les travaux des commissions doivent être, sauf empêchement, terminés dans le délai d'un mois après la première séance.

7. Dès que l'état prévu à l'article précédent lui est parvenu, le maire avise le public par voie d'affiches et de publications, conformément aux usages locaux, que : 1° les intéressés peuvent prendre connaissance, à la mairie de la commune, de cet état, et, à la mairie du chef-lieu de canton, du dossier les concernant ; 2° qu'ils sont admis, le cas échéant, à former, dans un délai de quinzaine à partir de l'avis prévu au paragraphe précédent, toute réclamation contre l'évaluation de la commission cantonale devant la commission départementale prévue à l'article suivant.

8. Dans tout département où sont formées des commissions cantonales, il est constitué, au chef-lieu du département, une commission départementale d'évaluation composée de cinq membres désignés comme il suit :

1° Un conseiller à la Cour d'appel du essort, désigné par le premier président de la Cour, ou, à défaut, un conseiller d'un autre ressort désigné par le ministre de la justice, président ;

2° Un délégué désigné par le ministre de l'intérieur ;

3° Un délégué désigné par le ministre des finances ;

4° et 5° Deux délégués nommés par les délégués des maires aux commissions cantonales.

Ces délégués seront désignés dans une réunion tenue au chef-lieu du département, sous la présidence du maire de ce chef-lieu ou, à son défaut, du doyen d'âge, assisté des deux plus jeunes délégués présents à l'ouverture de la séance. Cette réunion aura lieu à la date fixée par l'arrêté préfectoral prévu à l'art. 2, quel que soit le nombre des délégués aux commissions cantonales présents à la séance.

Ces délégués seront élus au scrutin secret et à la majorité absolue des suffrages exprimés. Si, après deux tours de scrutin, il n'y a pas de majorité absolue, l'élection a lieu au troisième tour à la majorité relative. En cas d'égalité du nombre de voix, le plus âgé est élu.

Deux suppléants seront désignés dans les mêmes conditions pour remplacer, en cas d'absence, les délégués titulaires.

Aucun membre de la commission cantonale ne peut faire partie de la commission départementale d'évaluation.

9. La commission départementale d'évaluation, après examen des réclamations des intéressés, revise le travail des commissions cantonales. Elle statue définitivement pour chaque demande individuelle sur la réalité et la consistance des dommages ; elle évalue le préjudice subi par le réclamant, et indique, en outre, l'ordre d'urgence des besoins auxquels ces demandes correspondent.

La commission ne peut délibérer que si tous les membres sont présents. En cas de partage, la voix du président est prépondérante.

10. La commission départementale doit commencer ses opérations huit jours au plus tard après la date à laquelle elle a été saisie des dossiers, et les terminer, autant que possible, dans le délai d'un mois.

11. Le président de la commission adresse au préfet les dossiers avec un état récapitulatif pour chaque commune ; cet état indique, au regard du nom de chaque réclamant, l'évaluation de la commission départementale. Le préfet fait établir une copie de ces états et adresse ensuite à chaque maire, par l'intermédiaire du sous-préfet, la copie de l'état intéressant sa commune. Le maire avise immédiatement, conformément aux usages locaux, les habitants de la commune que cet état est tenu à leur disposition à la mairie.

12. Une commission supérieure, dont la composition sera ultérieurement déterminée par un règlement d'administration publique, est chargée de la revision générale des évaluations des commissions départementales par la comparaison des méthodes et des taux adoptés par les différentes commissions ; elle s'assure que les opérations ont été faites en suivant les règles du présent décret.

13. La délivrance d'acompte n'est pas subordonnée à l'accomplissement de la procédure instituée par le présent règlement en ce qui concerne le fonctionnement de la commission supérieure.

14. Des indemnités de déplacement peuvent être allouées aux membres des commissions, d'après un tarif déterminé dans un arrêté pris d'accord entre le ministre de l'intérieur et le ministre des finances.

15. Les conditions dans lesquelles il sera procédé à l'évaluation des dommages causés aux départements, aux communes et aux établissements publics seront ultérieurement déterminées par un règlement d'administration publique spécial.

16. Le ministre de l'intérieur, le ministre des finances et le ministre de la justice sont chargés, etc.

LYCÉES, COLLÈGES, GUERRE FRANCO-ALLEMANDE, FONCTIONNAIRES MOBILISÉS, FONCTIONNAIRES EMPÊCHÉS DE REJOINDRE LEUR POSTE, CLASSEMENT.

DÉCRET *relatif au classement des fonctionnaires mobilisés des lycées et collèges.*

(**4 février 1915**). — (Publ. au *J. off.* du 6 févr.).

LE PRÉSIDENT DE LA RÉPUBLIQUE FRANÇAISE; — Sur le rapport du ministre de l'instruction publique et des beaux-arts; — Vu la loi du 9 juin 1853, sur les pensions civiles (1); — Vu le décret du 9 nov. 1853 (2); — Vu la loi du 5 août 1914 (3), relative au cumul de la solde militaire avec les traitements civils dans le cas de mobilisation; — Décrète :

ART. **1**er. Les fonctionnaires des lycées et collèges de garçons appelés à de nouvelles fonctions pour le 1er oct. 1914, ainsi que les débutants nommés pour la même date, qui, mobilisés, se sont trouvés dans l'impossibilité de prendre possession de leur poste et qui ne recevront le traitement attaché à leurs nouvelles fonctions qu'à partir du jour de leur installation régulière, bénéficient, à partir du 1er oct. 1914, du classement, de l'ancienneté de service et des droits à l'avancement résultant de leur nomination.

2. Le ministre de l'instruction publique et des beaux-arts est chargé, etc.

ARMÉE, GUERRE FRANCO-ALLEMANDE, DÉLÉGATION DE SOLDES, MILITAIRES DÉCÉDÉS, DÉLÉGATIONS D'OFFICE, FEMMES, ORPHELINS.

CIRCULAIRE *relative à la date de départ du droit à l'allocation de la demi-solde instituée par décret en faveur des femmes et des descendants mineurs des militaires décédés.*

(**5 février 1915**). — (Publ. au *J. off* du 9 févr.).

Des divergences d'interprétation s'étant produites au sujet de la date de départ du droit à l'allocation à la demi-solde, instituée par le décret du 26 oct. 1914 (4) en faveur des femmes et des descendants mineurs, des militaires décédés, le ministre de la guerre a pris, à la date du 22 janv. 1915, la décision suivante :

« En cas de décès, l'allocation de la demi-solde instituée par le décret du 26 oct. 1914, en faveur des femmes et descendants mineurs, court du lendemain du décès du militaire ayant cause.

« En cas de disparition ou de captivité, la délégation d'office, créée par le décret du 9 oct. 1914 (5), a pour point de départ le premier jour du mois au cours duquel la demande a été formulée. Toutefois, s'il est établi ultérieurement que le militaire disparu est décédé, rappel sera fait à sa femme ou à ses descendants mineurs des sommes auxquelles ils peuvent prétendre, à titre de délégation, pour la période comprise entre le lendemain du décès et le point de départ primitivement donné à la délégation ».

Il convient de remarquer, en outre, que l'allocation de la demi-solde aux femmes et aux descendants mineurs des militaires décédés sous les drapeaux est un droit, puisqu'elle tient lieu du paiement des arrérages de pension pendant toute la durée des hostilités; elle doit donc être attribuée, après déduction toutefois des délégations constituées au profit des ascendants, non seulement lorsque les ayants droit en font la demande, mais d'office, quand la délégation consentie à leur profit par leur ayant cause se trouve inférieure à cette demi-solde.

ARMÉE, GUERRE FRANCO-ALLEMANDE, SOUTIENS DE FAMILLES, ALLOCATIONS, COMMISSIONS CANTONALES ET DÉPARTEMENTALES.

CIRCULAIRE *relative au fonctionnement des commissions cantonales et d'appel chargées de statuer sur les demandes d'allocations journalières formées par les familles nécessiteuses des hommes appelés sous les drapeaux.*

(**5 février 1915**).— (Publ. au *J. off.* du 10 mars).

Le Ministre de l'intérieur à MM. les préfets.

---

(1) S. *Lois annotées* de 1853, p. 67. — P. *Lois, décr.*, etc. de 1853, p. 118.

(2) S. *Lois annotées* de 1853, p. 171. — P. *Lois, décr.*, etc. de 1853, p. 295.

(3) 1er vol., p. 32.

(4) 1er vol., p. 172.

(5) 1er vol., p. 147.

La circulaire interministérielle du 22 août 1914 (1), prise en vue de l'application de la loi du 5 (2) du même mois, prévoit, en son art. 17, que les commissions d'appel peuvent, avant d'annuler les décisions des commissions cantonales ayant accordé des allocations journalières, mettre les intéressés à même de présenter leurs observations.

L'expérience a démontré qu'ainsi limitées, les garanties que la circulaire précitée a eu l'intention d'accorder aux familles des mobilisés ne sont pas suffisantes et qu'il est indispensable de les fortifier en donnant aux intéressés un droit de comparution analogue à celui que la loi du 14 juill. 1905 (3) a prévu en faveur des vieillards, des infirmes et des incurables non admis au bénéfice de cette loi.

J'ai décidé, en conséquence, qu'à partir de la notification de la présente circulaire, les familles des mobilisés auraient le droit, sur leur demande, soit personnellement, soit par des mandataires dûment autorisés par elles, mais remplissant cette mission à titre absolument gratuit, de soutenir leur cause devant les commissions cantonale et d'appel avant que l'une ou l'autre de ces commissions ait rendu sa décision.

Cette mesure permettra aux intéressés de compléter oralement les indications parfois sommaires contenues dans leurs demandes et de donner aux membres des commissions tous éclaircissements qu'ils jugeront nécessaires, tant sur leur position avant le départ du mobilisé que sur leur situation actuelle.

D'autre part, elle diminuera certainement le nombre des réclamations qui se sont élevées jusqu'ici sur le bien fondé des décisions des commissions cantonales, puisque ces décisions, qui étaient, jusqu'à présent, rendues sur pièces, ne seront prises, désormais, qu'à la suite des explications, justifications ou autres moyens de défense des parties intéressées.

Vous voudrez bien faire part de cette décision à MM. les présidents des commissions cantonales et d'appel, en appelant spécialement leur attention sur ce point que l'intervention des mandataires doit être rigoureusement gratuite.

Cette disposition, qui est appelée à garantir davantage les droits des intéressés et à diminuer le nombre des réclamations, me paraît devoir être nécessairement suivie d'une autre mesure, qui consisterait à obtenir des commissions cantonales et des commissions d'appel des décisions motivées.

Dans la circulaire du 8 janvier dernier, relative à la constitution des dossiers à soumettre à l'examen de la commission supérieure, j'ai prescrit que la décision de la commission d'appel qui faisait l'objet de la réclamation ou du recours devait être motivée.

Il importe que cette mesure soit généralisée et que les commissions cantonales, au même titre que les commissions d'appel, indiquent les motifs de leurs décisions. Cette tâche leur sera rendue plus facile par suite de la comparution devant elles des parties intéressées; du débat contradictoire qui se produira parfois devant la commission, celle-ci pourra aisément tirer l'argument principal de son arrêt.

L'application de ces mesures ne devra toutefois pas être une cause de retard; s'il n'a été prévu aucun délai pour les décisions des commissions, il n'en reste pas moins entendu que celles-ci doivent être rendues dans le moindre temps possible.

Je vous serai obligé de faire part de ces instructions à vos collaborateurs et de les prier de veiller personnellement à leur stricte application.

JURY-JURÉS (EN MATIÈRE CRIMINELLE), GUERRE FRANCO-ALLEMANDE, LISTE ANNUELLE, MAINTIEN POUR 1915.

LOI *maintenant pour* 1915, *dans certains départements, la liste du jury criminel dressée pour* 1914.

(6 février 1915). — (Publ. au *J. off.* du 7 févr.).

ARTICLE UNIQUE. — Dans les départements où, par suite des circonstances, la liste annuelle du jury criminel n'aura pu être dressée avant le 15 décembre, conformément à l'art. 16 de la loi du 21 nov. 1872 (4), la liste du jury formée pour l'année 1914 continuera à servir au tirage au sort des jurés pour les assises de 1915.

ORGANISATION JUDICIAIRE, GUERRE FRANCO-ALLEMANDE, INTERRUPTION DES COMMUNICATIONS, TRIBUNAUX CIVILS, RATTACHEMENT A UNE AUTRE COUR D'APPEL, JUSTICES DE PAIX, RATTACHEMENT A UN AUTRE RESSORT, TRIBUNAUX DE COMMERCE, CONSEILS DE PRUD'HOMMES, PARTIE DE CIRCONSCRIPTION, RATTACHEMENT A UNE AUTRE CIRCONSCRIPTION, JURIDICTION GRACIEUSE, FEMMES MARIÉES, MINEURS, COMPÉTENCE, TRIBUNAL DE LA RÉSIDENCE, RENONCIATION A SUCCESSION, DÉPÔT D'ACTE DE SOCIÉTÉ, CONSEILS DE FAMILLE, LIEU DE LA RÉSIDENCE, AUTORISATION DU TRIBUNAL.

---

(1) 1er vol., p. 73.

(2) 1er vol., p. 28.

(3) S. et P. *Lois annotées* de 1906, p. 125 ; *Pand. pér.*, 1905.3.198.

(4) S. *Lois annotées* de 1872, p. 301. — P. *Lois, décr.*, etc. de 1872, p. 515.

LOI *autorisant, en cas d'interruption des communications, la modification temporaire : 1° du ressort territorial et du siège des Cours et tribunaux; 2° des conditions de lieu exigées pour l'accomplissement de certains actes en matière civile ou commerciale.*

(**6 février 1915**). — (Publ. au *J. off.* du 7 févr.).

ART. **1er**. Si, par suite de guerre, les communications se trouvent interrompues entre un tribunal de première instance ou un tribunal de commerce et le chef-lieu de la Cour d'appel, ce tribunal peut temporairement être rattaché par décret au ressort d'une autre Cour d'appel.

En cas d'interruption des communications entre une justice de paix ou un conseil de prud'hommes et le chef-lieu du tribunal de première instance, cette justice de paix ou ce conseil peut être, dans les mêmes conditions, rattaché au ressort d'un autre tribunal de première instance.

2. Lorsque les communications sont interrompues entre le siège d'un tribunal de première instance ou de commerce, d'une justice de paix ou d'un conseil de prud'hommes et une partie de sa circonscription, un décret peut, soit rattacher temporairement cette partie de circonscription à une autre juridiction voisine du même ordre, soit transférer le siège du tribunal de première instance et de commerce, de la justice de paix ou du conseil de prud'hommes dans une autre commune de la même circonscription.

3. Si, à raison de l'interruption des communications, une demande ne peut, en matière de juridiction gracieuse, et notamment pour l'autorisation ou l'approbation d'actes intéressant les femmes mariées et les mineurs, être portée devant le tribunal ou devant le président du tribunal compétent pour en connaître d'après la législation en vigueur, elle sera valablement soumise au tribunal ou au président du tribunal de la résidence de l'intéressé.

De même, en matière civile ou commerciale, tout acte, tel que renonciation à succession, dépôt d'acte de société, constitution de conseil de famille, auquel il ne peut être procédé au lieu déterminé par la loi, sera valablement accompli au lieu de la résidence de l'intéressé avec l'autorisation du président du tribunal civil. Dès que les communications normales seront rétablies, l'acte sera réitéré au lieu où il aurait dû être accompli, ou il y sera déposé une expédition, selon ce qui aura été décidé par ce magistrat.

---

(1) C'est la loi qui précède.

(2) *Bull. off.*, 2e série, 337, p. 3472.

(3) S. 2e vol. des *Lois annotées*, p. 859.

ORGANISATION JUDICIAIRE, GUERRE FRANCO-ALLEMANDE, COUR D'APPEL DE DOUAI, TRIBUNAUX DE PREMIÈRE INSTANCE ET TRIBUNAUX DE COMMERCE, RATTACHEMENT A LA COUR D'AMIENS.

DÉCRET *relatif à l'application de la loi du 6 févr. 1915.*

(**9 février 1915**). — (Publ. au *J. off.* du 10 févr.).

LE PRÉSIDENT DE LA RÉPUBLIQUE FRANÇAISE; — Sur le rapport du garde des sceaux, ministre de la justice; — Vu l'art. 1er, § 1er, de la loi du 6 févr. 1915 (1); — Décrète :

ART. **1er**. Sont rattachés provisoirement au ressort de la Cour d'appel d'Amiens : 1° les tribunaux de première instance de Dunkerque et Hazebrouck, le tribunal de commerce de Dunkerque; 2° les tribunaux de première instance d'Arras, de Béthune, Boulogne, Montreuil, Saint-Omer et Saint-Pol, les tribunaux de commerce d'Arras, de Boulogne, Calais et Saint-Omer.

2. Le garde des sceaux, ministre de la justice, est chargé, etc.

POSTES, GUERRE FRANCO-ALLEMANDE, FRANCHISE POSTALE, PRISONNIERS DE GUERRE, COMITÉ INTERDÉPARTEMENTAL D'ANNECY.

DÉCRET *accordant la franchise postale au comité interdépartemental des prisonniers de guerre à Annecy.*

(**9 février 1915**). — (Publ. au *J. off.* du 17 févr.).

LE PRÉSIDENT DE LA RÉPUBLIQUE FRANÇAISE; — Vu l'art. 13 de la loi du 25 frim. an 8 (2); — Vu l'ordonn. du 17 nov. 1844 (3), sur les franchises postales; — Vu le § 4 de l'art. 2 de la convention postale universelle du 26 mai 1906 (4), exemptant de la taxe, dans les relations internationales, les correspondances concernant les prisonniers de guerre, expédiées ou reçues par les bureaux de renseignements établis dans les pays belligérants ou neutres, ainsi que les correspondances expédiées ou reçues par les prisonniers de guerre eux-mêmes; — Vu les art. 14, 15 et 16 de l'annexe à la convention internationale de La Haye du 18 oct. 1907 (5), concernant les lois et coutumes de la guerre; — Sur le rapport du ministre du commerce, de l'industrie, des postes et des télégraphes et après avis favorable du ministre des finances; — Décrète :

---

(4) S. et P. *Lois annotées* de 1909, p. 820; *Pand. pér.*, *Lois annotées* de 1909, p. 820.

(5) S. et P. *Lois annotées* de 1911, p. 139; *Pand. pér.* *Lois annotées* de 1911, p. 139.

Art. 1er. Sont admises à circuler en franchise par la poste, sous pli ouvert ou fermé, les correspondances concernant les prisonniers de guerre, en provenance ou à l'adresse du comité interdépartemental des prisonniers de guerre à Annecy.

Ces correspondances ne doivent pas excéder le poids de 20 grammes. Celles expédiées par le comité doivent porter sur leur suscription, au moyen d'un timbre ou d'une griffe, la mention : « Comité interdépartemental des prisonniers de guerre ».

Les correspondances à l'adresse de l'agence bénéficient de l'exemption de taxe sans condition de contreseing.

2. Le ministre du commerce, de l'industrie, des postes et des télégraphes est chargé, etc.

Prescription, Péremption, Guerre franco-allemande, Suspension, Mandats-poste, Non-application.

Décret *relatif aux délais de prescription en matière de mandats-poste.*

(9 février 1915). — (Publ. au *J. off.* du 10 févr.).

Le Président de la République française ; — Vu l'art. 2 de la loi du 5 août 1914 (1), relative à la prorogation des échéances des valeurs négociables ; — Vu l'art. 1er du décret du 10 août 1914 (2), relatif à la suspension des prescriptions, péremptions et délais en matière civile, commerciale et administrative ; — Sur le rapport du ministre du commerce, de l'industrie, des postes et des télégraphes et du ministre des finances ; — Le conseil des ministres entendu ; — Décrète :

Art. 1er. Les dispositions de l'art. 1er du décret du 10 août 1914, relatives aux péremptions, ne sont pas applicables aux mandats-poste.

2. Le ministre du commerce, de l'industrie, des postes et des télégraphes et le ministre des finances sont chargés, etc.

Dette publique, Guerre franco-allemande, Bons du Trésor, Bons de la défense nationale, Emission, Autorisation.

Loi *élevant à 3.500 millions de francs la limite d'émission des bons du Trésor.*

(10 février 1915). — (Publ. au *J. off.* du 13 févr.).

Article unique. La limite d'émission des bons du Trésor est élevée de deux milliards cinq cents millions de francs à trois milliards cinq cents millions de francs (3.500 millions).

Dette publique, Guerre franco-allemande, Obligations a court terme, Emission, Autorisation.

Loi *autorisant l'émission d'obligations à court terme.*

(10 février 1915). — (Publ. au *J. off.* du 13 févr.).

Article unique. Le ministre des finances est autorisé à émettre, au mieux des intérêts du Trésor, des obligations dont l'échéance ne pourra dépasser 1925.

Ces obligations seront exemptes d'impôts.

Douanes, Guerre franco-allemande, Interdictions de sortie, Dérogation, Grande-Bretagne, Possessions et colonies britanniques, Belgique, Japon, Monténégro, Russie, Serbie, Etats-Unis d'Amérique.

Arrêté *portant dérogation aux prohibitions de sortie.*

(12 février 1915). — (Publ. au *J. off.* du 13 févr.).

Le Ministre des finances ; — Sur le rapport de la commission interministérielle des dérogations aux prohibitions de sortie ; — Vu les décrets des 21 déc. 1914 (3), 9 janv. (4) et 4 févr. 1915 (5) ; — Arrête :

Art. 1er. Par dérogation aux prohibitions de sortie actuellement en vigueur, peuvent être exportés ou réexportés sans autorisation spéciale, lorsque l'envoi a pour destination l'Angleterre, les dominions, les pays de protectorat et colonies britanniques, la Belgique, le Japon, le Monténégro, la Russie, la Serbie (6) ou les Etats de l'Amérique, les produits et objets énumérés ci-après :

Acétone.

Alumine anhydre et hydratée et sels d'alumine.

Aluminium, minerai et métal pur ou allié.

Bambous.

Beurre.

Bourre, bourrette de soie en masse ou peignée et blousses de soie en masse ou peignées, à l'ex-

---

(1) 1er vol., p. 33.

(2) 1er vol., p. 44.

(3) 1er vol., p. 268.

(4) 1er vol., p. 305.

(5) *Supra*, p. 16.

(6) Note du *J. off.* — « Sous réserve, en ce qui concerne la Russie et la Serbie, de la souscription d'un acquit-à-caution à décharger par la douane russe ou serbe ».

ception des tussahs, fils de bourrette, de blousses de soie non teints, tissus de bourrette et de blousses de soie pure non teints, ni imprimés, ni apprêtés.

Brais de résine, résines de pin et de sapin, colophane, essence de térébenthine.

Cacao, chocolat.

Camphre.

Carbure de calcium.

Charbons pour l'électricité.

Cuivre, minerai ou métal pur ou allié, chaudronnerie et tubes de cuivre.

Déchets de fils de coton.

Déchets de soie.

Eau oxygénée.

Ecorces de quinquina.

Etain minerai et métal pur ou allié.

Extraits de quinquina.

Fromages à pâte ferme.

Fruits et graines oléagineux.

Glycérine.

Graines à ensemencer (légumineuses, graminées, fourragères et autres, y compris la jarosse).

Graisses animales autres que de poisson (suif, saindoux, lanoline, margarine, oléo-margarine et substances similaires).

Graphite.

Huile de baleine.

Huiles végétales autres que de ricin et de pulghère.

Jambons désossés et roulés, jambons cuits.

Lait concentré pur ou additionné de sucre.

Légumes frais.

Levures.

Limailles et débris de vieux ouvrages de cuivre, d'étain, de zinc, purs ou alliés.

Machines dynamo-électriques.

Machines et appareils frigorifiques.

Mercure (minerai et métal).

Minerai de chrome, de manganèse, de molybdène, de titane, de tungstène, de vanadium.

Minerai de fer.

Nickel (minerai et métal pur ou allié).

Ouvrages en aluminium autres que la bijouterie.

Paraffine.

Phosphore et phosphates de chaux.

Plombs, minerai et métal pur ou allié, tuyaux de plomb.

Sel marin, sel de saline et sel gemme bruts ou raffinés.

Soufre et pyrites.

Minerai de zinc.

2. Le conseiller d'Etat, directeur général des douanes, est chargé, etc.

BAIL A LOYER, GUERRE FRANCO-ALLEMANDE, MORATORIUM, PROROGATION DE DÉLAIS, DÉLAI DE GRACE, COMPÉTENCE, LOYERS D'AVANCE.

DÉCRET *relatif à la prorogation des délais en matière de loyers* (1).

(**13 février 1915**). — (Publ. au *J. off.* du 16 févr.).

LE PRÉSIDENT DE LA RÉPUBLIQUE FRANÇAISE; — Sur le rapport du président du conseil, du garde des sceaux, ministre de la justice, du ministre du commerce, de l'industrie, des postes et des télégraphes et des ministres de l'intérieur, des finances, du travail et de la prévoyance sociale; — Vu la loi du 5 août 1914 (2), relative à la pro-

---

(1) Ce décret est précédé au *J. off.* d'un rapport ainsi conçu :

« Il a été posé en principe, tant par le décret du 1er sept. 1914 (art. 6) que par les décrets subséquents des 27 oct. (art. 5) et 17 déc. 1914 (art. 6) et 7 janv. 1915 (art. 6), que les contestations, auxquelles pourra donner lieu l'exécution des décrets relatifs au moratorium des loyers seront jugées en premier et dernier ressort, quel que soit le montant du litige, par le juge de paix du canton où est situé l'immeuble loué.

« Les contestations qui se rattachent à l'application de ces décrets sont celles qui concernent : 1° la jouissance des délais prévus par lesdits décrets; 2° la suspension de l'effet des congés et la prorogation des baux prenant fin sans congé; 3° la faculté de sortir des lieux loués; 4° l'ajournement du point de départ des locations nouvelles et leur résiliation; 5° l'ajournement des relocations.

« Il va de soi que la compétence qui est attribuée au juge de paix pour le règlement de ces contestations se combine avec celle qu'il tient du droit commun formulé dans l'art. 3 de la loi du 12 juill. 1905, et que, par suite, il appartient à ce magistrat de connaître des demandes en paiement de loyers ainsi que des expulsions de lieux et de demandes en validité et en nullité ou mainlevée de saisies-gageries pratiquées en vertu des art. 819 et 820 du Code de procédure civile pour les locations n'excédant pas 600 fr. par an.

« Mais a-t-il la même compétence pour les locations dépassant annuellement 600 fr.? Ou son droit, en ce qui touche ces locations, ne consiste-t-il qu'à accorder ou à refuser les délais sollicités par le locataire, le refus de délai ayant uniquement pour effet d'habiliter le propriétaire à recourir aux voies de droit pour obtenir le paiement des loyers sans avoir besoin de l'autorisation préalable du président du tribunal civil prévue par les décrets des 10 août (1er vol., p. 44) et 15 déc. 1914 (1er vol., p. 258)?

« C'est en ce second sens qu'en présence des interprétations divergentes qui se sont manifestées dans la pratique, il nous a paru nécessaire de fixer, par un texte susceptible de couper court à ces controverses, la portée des décrets concernant le moratorium des loyers.

« Tel est l'objet de l'art. 1er du projet de décret que nous avons l'honneur de vous présenter.

« L'art. 2 est destiné à résoudre une autre question d'interprétation qui s'est posée à propos de l'art. 3 du décret du 7 janv. 1915. On s'est demandé si cet article, en se référant au cas des loyers payables d'avance, a entendu viser non seulement les locations dont chaque terme de loyer est payable avant jouissance, mais aussi celles qui comportent, à titre de garantie, le paiement des derniers termes avant prise de possession des lieux, les autres termes étant payables seulement au fur et à mesure de leur échéance.

« L'affirmative était dans la pensée du gouvernement; elle est expressément consacrée par l'art. 2 ».

(2) 1er vol., p. 33.

rogation des échéances des valeurs négociables, et notamment l'art. 2, qui porte que, « pendant la durée de la mobilisation et jusqu'à la cessation des hostilités, le gouvernement est autorisé à prendre, dans l'intérêt général, par décret en conseil des ministres, toutes les mesures nécessaires pour faciliter l'exécution ou suspendre les effets des obligations commerciales ou civiles » ; — Vu les décrets des 14 août (1), 1er (2) et 27 sept. (3), 27 oct. (4) et 17 déc. 1914 (5) et du 7 janv. 1915 (6), relatifs à la prorogation des délais en matière de loyers ; — Le conseil des ministres entendu ; — Décrète :

Art. 1er. En cas de refus des délais demandés par le locataire, si, à raison du prix annuel de la location dépassant 600 fr., le juge de paix n'est pas compétent d'après la loi du 12 juill. 1905 pour connaître de l'action en paiement des loyers, il renvoie le propriétaire à se pourvoir pour ce paiement par les voies de droit.

2. Dans le cas où un locataire a versé au propriétaire, au début de la location, le montant des derniers termes à échoir, les dispositions de l'art. 3 du décret du 7 janv. 1915 seront applicables, jusqu'à concurrence des sommes ainsi payées d'avance, aux termes échus avant le 1er avril prochain.

3. Le président du conseil, le garde des sceaux, ministre de la justice, les ministres du commerce, de l'industrie, des postes et des télégraphes, de l'intérieur, des finances, du travail et de la prévoyance sociale sont chargés, etc.

Dette publique, Guerre franco-allemande, Obligations de la défense nationale.

Décret *relatif à l'émission d'obligations de la défense nationale.*

(13 février 1915). — (Publ. au *J. off.* du 14 févr.).

Le Président de la République française ; — Vu la loi du 10 févr. 1915 (7) ; — Vu l'art. 14 de la loi du 26 déc. 1914 (8), ratifiant le décret du 11 sept. 1914 (9), relatif aux avantages à accorder aux certificats libérés de l'emprunt en rentes 3 1/2 p. 100 amortissables, et le décret du 11 déc. 1914 (10), relatif à la libération des certificats provisoires dudit emprunt ; — Vu le décret du 13 sept. 1914 (11) ; — Sur le rapport du ministre des finances ; — Décrète :

Art. 1er. Les obligations que le ministre des finances a été autorisé à émettre par la loi du 10 févr. 1915 prennent le nom d'obligations de la défense nationale.

Elles sont productives d'un intérêt de 5 p. 100 l'an, calculé sur le capital nominal, et payable par fractions égales et d'avance les 16 février et 16 août de chaque année.

2. Lesdites obligations seront émises à 96.50 p. 100, sous déduction des intérêts correspondant à la période du semestre en cours non écoulée lors de la souscription.

Elles seront remboursables au pair le 16 févr. 1925 ; toutefois, à partir du 16 févr. 1920, le Trésor aura la faculté de les rembourser à toute date et au pair, sauf décompte d'intérêts.

3. Les obligations de la défense nationale sont exemptes d'impôts pour toute leur durée.

Elles sont délivrées, soit au porteur, soit à ordre, avec la faculté de transmission par endossement.

4. Lesdites obligations pourront être échangées contre des titres des emprunts de l'Etat qui seront émis, avant le 1er janv. 1918, au prix d'émission, soit 96,50 p. 100, augmenté de la portion déjà acquise de la prime de remboursement, et sauf déduction des intérêts déjà payés pour la période non écoulée du semestre en cours.

5. Les autres conditions ou modalités relatives à l'émission des obligations de la défense nationale seront fixées par le ministre des finances, notamment en ce qui concerne le lieu et la date des souscriptions, le montant des coupures et le décompte des intérêts relatifs, soit aux obligations elles-mêmes, soit aux rentes 3 1/2 p. 100 amortissables, ou aux bons de la défense nationale admis pour la libération desdites souscriptions.

6. Le ministre des finances est chargé, etc.

Dette publique, Guerre franco-allemande, Obligations de la défense nationale.

Arrêté *relatif à l'émission d'obligations de la défense nationale.*

(13 février 1915). — (Publ. au *J. off.* du 14 févr.).

Le Ministre des finances ; — Vu le décret du 13 févr. 1915 (12) ; — Arrête :

---

(1) 1er vol., p. 54.

(2) 1er vol., p. 94.

(3) 1er vol., p. 126.

(4) 1er vol., p. 173.

(5) 1er vol., p. 263.

(6) 1er vol., p. 299.

(7) *Supra*, p. 23.

(8) 1er vol., p. 275.

(9) 1er vol., p. 111.

(10) 1er vol., p. 252.

(11) 1er vol., p. 112.

(12) C'est le décret qui précède.

ART. 1er. Les obligations de la défense nationale seront émises à partir du 25 février courant, au prix de 96,50 p. 100, sous déduction des intérêts correspondant à la période non écoulée du semestre en cours, lesquels sont payables immédiatement.

Pour le décompte de ces intérêts, les obligations souscrites sont réputées valoir du 1er au 16 de chaque mois, selon que la souscription a lieu dans la 2e quinzaine du mois précédent ou dans la première quinzaine du mois en cours.

Le prix net à payer par les souscripteurs est fixé conformément au barème n° 1 annexé au présent arrêté.

2. La souscription aura lieu au comptant.

Le prix sera payable, soit en numéraire, billets de la Banque de France, mandats de virement sur la Banque de France, billets de la banque de l'Algérie (en Algérie), soit en certificats provisoires des rentes 3 1/2 p. 100 libérés avant le 1er févr. 1915 ou en titres définitifs remis en échange de ces certificats, soit en bons de la défense nationale, soit au moyen de ces différents modes de libération combinés.

Aucune souscription ne peut donner lieu au versement d'une soulte par le Trésor, sauf, le cas échéant, au profit des porteurs de bons d'une valeur nominale totale de 500 fr. au plus, qui désireraient les échanger contre des obligations d'une valeur nominale égale.

3. Les souscriptions sont reçues :

A la caisse centrale du Trésor public, rue de Rivoli, et à la recette centrale des finances de la Seine, 16, place Vendôme, à Paris ;

A la Banque de France et à ses succursales ou bureaux auxiliaires ;

Aux succursales en Algérie de la Banque de l'Algérie ;

A la caisse des receveurs percepteurs de Paris ;

A la caisse des trésoriers-payeurs généraux et des receveurs particuliers des finances ;

A la caisse du trésorier général et des payeurs principaux en Algérie ;

A la caisse du receveur général des finances tunisiennes à Tunis.

Les souscriptions en numéraire sans échange de certificats, de titres ou de bons, sont également reçues :

A la caisse des percepteurs des contributions directes ;

A la caisse des receveurs de l'enregistrement, des douanes, des contributions indirectes ;

A la caisse des receveurs des postes.

5. Les coupures sont de 100 fr., 500 fr. et de 1.000 fr.

Les bons de la défense nationale qui, par application du décret du 13 sept. 1914, seront présentés avec droit de préférence pour la libération des souscriptions, cesseront de porter intérêt à dater du 1er ou du 16 de chaque mois, selon que les souscriptions seront effectuées dans la deuxième quinzaine du mois précédent ou dans la première quinzaine du mois en cours.

Le montant des intérêts payés par anticipation et cessant d'être dus sera déduit du capital nominal des bons, le surplus seul étant imputable sur le prix des obligations, conformément au barème n° 2 annexé au présent arrêté.

6. Les arrérages de rentes 3 1/2 p. 100 amortissables dont les certificats provisoires entièrement libérés avant le 1er févr. 1915 ou les titres nominatifs remis en échange seront présentés pour la libération des souscriptions par application du décret du 11 sept. 1914 ratifié par la loi du 26 déc. 1914, cesseront de courir à dater du 1er ou du 16 de chaque mois, selon que les souscriptions seront effectuées dans la deuxième quinzaine du mois précédent ou dans la première quinzaine du mois en cours.

Le montant des arrérages déjà acquis sur le trimestre en cours s'ajoutera, sauf déduction de l'impôt, au prix d'émission de 91 fr. par 3,50 de rente, la somme imputable sur le prix des obligations étant calculée conformément au barème n° 3 annexé au présent arrêté.

7. Les obligations seront remises aux souscripteurs à une date qui sera portée à la connaissance du public par la voie du *Journal officiel*; il pourra toutefois être remis avant cette date des certificats provisoires au porteur en échange du récépissé ou reçu délivré lors de la souscription.

(*Suivent au* J. off. *les barèmes*).

GUERRE, GUERRE FRANCO-ALLEMANDE, ZONE DES ARMÉES, COMMANDEMENT, RAVITAILLEMENT, CHEMINS DE FER, VOIES NAVIGABLES, TÉLÉGRAPHES, TÉLÉPHONES.

ARRÊTÉ *relatif à la zone des armées.*

(**13 février 1915**). — (Publ. au *J. off.* du 15 févr.).

LE MINISTRE DE LA GUERRE ; — Vu l'art. 2 du décret du 2 déc. 1913, sur le service en campagne ; — Vu le décret du 1er août 1914 (1), prescrivant la mobilisation des armées de terre et de mer ; — Vu l'arrêté du 1er sept. 1914 (2), relatif à la fixation de la zone des armées du Nord-Est, modifié et complété par les arrêtés des 17 (3), 19 (4), 24 nov. 1914 (5) et 4 janv. 1915 (6) ; — Arrête :

---

(1) 1er vol., p. 9.
(2) 1er vol., p. 95.
(3) 1er vol., p. 205.
(4) 1er vol., p. 209.
(5) 1er vol., p. 217.
(6) 1er vol., p. 294.

I. — Les territoires suivants, compris antérieurement dans la zone des armées du Nord-Est, sont rattachés à la zone de l'intérieur, savoir :

Partie de la subdivision de Rouen Sud (3e région) correspondant aux arrondissements de Louviers et des Andelys (département de l'Eure);

Partie des subdivisions de Melun et Fontainebleau (5e région) correspondant aux arrondissements de Melun et de Fontainebleau (département de Seine-et-Marne);

Partie du gouvernement militaire de Paris correspondant à l'arrondissement de Pontoise (département de Seine-et-Oise).

II. Les cinq arrondissements énumérés à l'article précédent cessent de faire partie de la zone de ravitaillement des armées du Nord-Est.

III. Le réseau des chemins de fer et le réseau des voies navigables mis à la disposition du commandant en chef restent définis par les arrêtés des 19 et 24 nov. 1914.

IV. Le réseau télégraphique et téléphonique mis à la disposition du commandant en chef reste défini par l'arrêté du 17 nov. 1914. Toutefois le régime des communications postales, télégraphiques et téléphoniques de la zone de l'intérieur est rétabli dans les arrondissements de Rouen, d'Yvetot et du Havre.

V. Les personnels, matériels et approvisionnements du groupe des armées, et en particulier les dépôts de chevaux malades, stationnés dans les cinq arrondissements rattachés à la zone de l'intérieur par le présent arrêté, continueront à dépendre directement du commandant en chef.

INSTRUCTION PUBLIQUE, GUERRE FRANCO-ALLEMANDE, ÉCOLE NORMALE SUPÉRIEURE, BOURSES DE LICENCE, CONCOURS, SUPPRESSION.

ARRÊTÉ *portant suppression du concours pour l'admission à l'École normale supérieure et l'obtention des bourses de licence en* 1915.

(13 février 1915). — (Publ. au *J. off.* du 14 févr.).

LE MINISTRE DE L'INSTRUCTION PUBLIQUE ET DES BEAUX-ARTS ; — Vu l'avis de la section permanente du conseil supérieur de l'instruction publique ; — Arrête :

Il ne sera pas ouvert de concours pour l'admission à l'École normale supérieure et l'obtention des bourses de licence en 1915.

MARINE, GUERRE FRANCO-ALLEMANDE, OFFICIERS DE LA MARINE MARCHANDE, GRADES TEMPORAIRES.

CIRCULAIRE *relative aux grades attribués aux officiers de la marine de commerce rappelés au service de la flotte.*

(13 février 1915). — (Publ. au *J. off.* du 15 févr.).

Le Ministre de la marine à MM. les vice-amiraux, commandant en chef, préfets maritimes, officiers généraux, supérieurs et autres, commandant à la mer et à terre, commandants de la marine en Indo-Chine, en Corse, à Dakar et à Diégo-Suarez.

Au sujet des grades attribués aux officiers de la marine de commerce rappelés au service de la flotte, mon attention a été attirée sur certaines divergences d'interprétation qui se sont produites au sujet de l'application des dispositions du décret du 31 déc. 1914 (1), prévoyant l'attribution de grades militaires aux officiers de la marine de commerce rappelés au service de la flotte.

J'ai l'honneur de vous faire connaître ci-après les règles qu'il y a lieu de suivre dans les différents cas qui m'ont été soumis.

1° *Marins titulaires du diplôme d'officier de la marine marchande.*

Aux termes du décret du 29 déc. 1901 (2), qui l'a créé, les inscrits titulaires du diplôme d'officier de la marine marchande peuvent, lorsqu'ils remplissent certaines conditions d'âge et de temps de navigation, obtenir sans examen le brevet de maître au cabotage, appellation remplacée, d'après le décret du 12 mars 1909 (3), par celle de capitaine au cabotage.

Il n'y avait pas lieu, par suite, de viser cette catégorie d'officiers de la marine de commerce d'une manière spéciale dans le décret du 31 déc. 1914. Ceux d'entre eux qui réunissent les conditions prévues (soit 24 ans d'âge et 60 mois de navigation) doivent être entièrement assimilés aux capitaines au cabotage et recevoir en conséquence le grade de second maître de manœuvre, les autres étant rappelés avec le grade qu'ils possédaient au moment de leur congédiement.

2° *Maîtres au cabotage ayant obtenu leur brevet avant la mise en vigueur du décret du 12 mars 1909.*

Comme il a été dit plus haut, le décret du

---

(1) 1er vol., p. 288.
(2) *J. off.*, 31 déc. 1901, p. 8199.
(3) *J. off.*, 21 mars 1909, p. 2845.

12 mars 1909 a simplement remplacé le titre de « maître au cabotage », sans modifier aucunement les conditions de délivrance de ce diplôme. Il en résulte que les maîtres au cabotage ayant obtenu leur brevet antérieurement à la mise en vigueur des dispositions du décret susvisé doivent recevoir le grade temporaire de second maître de manœuvre, sans qu'il y ait lieu d'établir à cet égard une distinction entre ceux qui sont titulaires du brevet ordinaire ou du brevet supérieur.

3° *Grade à attribuer aux pilotes et aspirants pilotes.*

En raison des connaissances professionnelles exigées des pilotes et aspirants pilotes, j'ai décidé que les intéressés recevraient, à moins, bien entendu, qu'ils ne soient déjà titulaires d'un grade supérieur, le grade temporaire de quartier-maître de manœuvre, par assimilation avec les maîtres au cabotage.

Dans ces conditions, les indications contenues dans le tableau d'équivalence de grade figurant au décret du 31 déc. 1914 peuvent être utilement complétées comme suit :

Lieutenant au long cours (régimes de 1908 et 1913) : maîtres de manœuvre ;

Maîtres au cabotage (brevet ordinaire ou supérieur) jusqu'au décret du 12 mars 1909 ; capitaines au cabotage (brevet ordinaire ou supérieur) depuis cette date ; officiers de la marine marchande réunissant vingt-quatre ans d'âge et soixante mois de navigation (de 1901 à 1908) : seconds maîtres de manœuvre.

Maître au cabotage (régime de 1913), pilotes et aspirants pilotes : quartiers-maîtres de manœuvre.

Il est bien entendu qu'en dehors des cas nettement spécifiés ci-dessus, les dispositions du décret du 31 déc. 1914 ne sont susceptibles d'aucune extension par voie d'analogie.

Il importe, en particulier, de remarquer qu'elles s'appliquent exclusivement aux marins rappelés au service de la flotte en temps de guerre, c'est-à-dire aux officiers de la marine de commerce qui n'étaient pas présents sous les drapeaux au moment de la mobilisation. Il en est de même en ce qui concerne l'application des dispositions de la circulaire du 20 nov. 1914 (1), relative à l'attribution de grades militaires aux mécaniciens brevetés de la marine marchande.

ARMÉE, GUERRE FRANCO-ALLEMANDE, FRAIS DE DÉPLACEMENT, VEUVES, ORPHELINS ET MÈRES VEUVES DE MILITAIRES DÉCÉDÉS.

DÉCRET *modifiant le décret portant règlement sur le service des frais de déplacement des militaires isolés* (2).

(**14 février 1915**). — (Publ. au *J. off.* du 23 févr.).

LE PRÉSIDENT DE LA RÉPUBLIQUE FRANÇAISE ; — Sur le rapport du ministre de la guerre ; — Vu le décret du 12 juin 1908, portant règlement sur le service des frais de déplacement des militaires isolés, modifié par le décret du 5 nov. 1914 (3) ; — Décrète :

ART. **1er**. Le décret susvisé du 12 juin 1908, modifié par le décret du 5 nov. 1914, est complété par l'adjonction de l'article ci-après :

« Art. 84 *bis*. Par dérogation aux dispositions du dernier alinéa de l'art. 11, à partir de la mobilisation, les veuves, les orphelins mineurs et les mères veuves de tous les hommes de troupe, sans distinction, décédés, ont droit, pour rentrer dans leurs foyers, à l'indemnité kilométrique, à l'indemnité fixe de déménagement et à l'indemnité de transport de mobilier.

« Le bénéfice de cette disposition est étendu aux veuves, orphelins mineurs et mères veuves des militaires décédés de tous grades des réserves et de l'armée territoriale, pour se retirer dans une autre résidence.

« Sur la demande des intéressés, que les militaires chefs de famille appartiennent à l'armée active, à la réserve ou à l'armée territoriale, le transport du mobilier peut être assuré par les soins et aux frais de l'Administration de la guerre, dans les limites de poids fixées par le tarif réglementaire, les indemnités fixes de déménagement

---

(1) *J. off.*, 22 nov. 1914, p. 8794.

(2) Ce décret est précédé au *J. off.* d'un rapport du ministre de la guerre ainsi conçu :

« Aux termes de l'art. 11 du décret du 12 juin 1908, portant règlement sur le service des frais de déplacement des militaires isolés, l'indemnité kilométrique en chemin de fer, l'indemnité fixe de déménagement et l'indemnité de transport de mobilier sont allouées à la veuve d'un militaire décédé en activité de service, mais, en ce qui concerne les sous-officiers, caporaux, brigadiers et soldats, cette disposition n'est applicable qu'aux veuves, enfants et mères veuves de ceux qui servent volontairement au delà de la durée légale du service obligatoire pour tous.

« Il m'a paru cependant qu'il y avait lieu, dans les circonstances actuelles, de tenir compte de la situation, si digne d'intérêt, des veuves, orphelins et mères veuves des hommes de troupe qui ne se trouvent pas dans les conditions sus-indiquées.

« La même considération s'applique aux familles des militaires des réserves et de l'armée territoriale.

« D'autre part, les familles intéressées ne possèdent pas souvent les ressources nécessaires pour faire l'avance des frais de transport de leur mobilier ; j'estime que, dans ce cas, ledit transport peut être assuré par les soins et aux frais de l'Administration de la guerre (les indemnités réglementaires n'étant plus alors allouées) ; d'ailleurs, pour éviter des abus, le droit de statuer dans chaque cas particulier après enquête, s'il y a lieu, sera réservé aux généraux commandant les régions.

« J'ai préparé, en conséquence, le projet de décret ci-joint, complétant, sur les points dont il s'agit, le décret du 12 juin 1908 ».

(3) *J. off.*, 10 nov. 1914, p. 8622.

et de transport de mobilier n'étant pas allouées dans ce cas. Les généraux commandant les régions statuent sur chaque demande, après enquête, s'il y a lieu.

« Les indemnités dues sont allouées, ou la gratuité du transport accordée, à partir du lieu de la dernière garnison des chefs de famille, s'ils appartenaient à l'armée active, et du lieu de leur résidence habituelle, s'ils provenaient des réserves ou de l'armée territoriale ».

2. Le ministre de la guerre est chargé, etc.

Chemins vicinaux, Guerre franco-allemande, Travaux, Ajournement, Décret du 4 déc. 1914, Ratification.

Loi *prorogeant jusqu'au* 31 *déc.* 1915 *le délai d'exécution des travaux de vicinalité compris dans les programmes de* 1912.

(14 février 1915). — (Publ. au *J. off.* du 16 févr.).

Article unique. Le délai d'exécution des travaux de vicinalité compris dans les programmes de 1912 est reporté au 31 déc. 1915.

En conséquence, est ratifié le décret du 4 déc. déc. 1914 (1), relatif à la prorogation dudit délai.

Armée, Guerre franco-allemande, Avancement en temps de guerre, Contrôle de l'administration de l'armée, Vétérinaires militaires, Service de santé militaire, Tableau d'avancement, Suppression, Tableaux de concours, Légion d'honneur, Médaille militaire.

1° Décret *portant application au personnel du corps du contrôle de l'administration de l'armée des dispositions des art.* 18 *et* 19 *de la loi du* 14 *avril* 1832, *sur l'avancement dans l'armée.*

(15 février 1915). — (Publ. au *J. off.* du 16 févr.).

Le Président de la République française; — Sur le rapport du ministre de la guerre; — Vu la loi du 16 mars 1882 (2), sur l'administration de l'armée; — Vu le décret du 28 oct. 1882 (3), portant organisation du corps du contrôle de l'administration de l'armée; — Vu le décret du 30 avril 1906 (4), relatif aux nominations dans le corps du contrôle de l'administration de l'armée; — Vu la loi du 14 avril 1832 (5), sur l'avancement dans l'armée; — Vu l'ordonn. du 16 mars 1838 (6), portant règlement sur la hiérarchie militaire des grades et des fonctions, sur la progression de l'avancement et la nomination aux emplois dans l'armée; — Le Conseil d'État entendu; — Décrète :

Art. **1er**. Les dispositions des art. 18 et 19 de la loi du 14 avril 1832, sur l'avancement dans l'armée, sont applicables au personnel du corps du contrôle.

2. Le ministre de la guerre est chargé, etc.

2° Décret *portant application aux vétérinaires militaires des dispositions des art.* 18 *et* 19 *de la loi du* 14 *avril* 1832, *sur l'avancement dans l'armée.*

(15 février 1915). — (Publ. au *J. off.* du 16 févr.).

Le Président de la République française; — Sur le rapport du ministre de la guerre; — Vu le décret du 30 avril 1875 (7), relatif à l'organisation du corps des vétérinaires militaires; — Vu le décret du 27 juill. 1907 (8), modifiant le décret précédent, en ce qui concerne l'avancement des vétérinaires militaires; — Vu la loi du 13 juin 1913 (9), concernant la réorganisation des cadres des vétérinaires militaires; — Vu la loi du 14 avril 1832 (10), sur l'avancement dans l'armée; — Vu l'ordonn. du 16 mars 1838 (11), portant règlement sur la hiérarchie militaire des grades et des fonctions, sur la progression de l'avancement et la nomination aux emplois dans l'armée; — Le Conseil d'Etat entendu; — Décrète :

Art. **1er**. Les dispositions des art. 18 et 19 de la loi du 14 avril 1832, sur l'avancement dans l'armée, sont applicables aux vétérinaires militaires.

2. Le ministre de la guerre est chargé, etc.

3° Décret *portant règlement d'administration publique et modifiant le décret du* 21 *juin* 1906, *sur l'organisation du corps de l'intendance militaire des troupes coloniales.*

---

(1) 1er vol., p. 228.

(2) S. *Lois annotées* de 1882, p. 348. — P. *Lois, décr.*, etc., p. 566.

(3) S. *Lois annotées* de 1883, p. 424. — P. *Lois, décr.*, etc., p. 695.

(4) *Bull. off.*, 12e série, 2732, n. 47648.

(5) S. 2e vol. des *Lois annotées*, p. 103.

(6) S. 2e vol. des *Lois annotées*, p. 407.

(7) S. *Lois annotées* de 1875, p. 702. — P. *Lois, décr.*, etc. de 1875, p. 1209.

(8) *J. off.*, 7 août 1907, p. 5672.

(9) *Bull. off.*, nouv. série, 107, n. 5681.

(10) S. 2e vol. des *Lois annotées*, p. 103.

(11) S. 2e vol. des *Lois annotées*, p. 407

(**15 février 1915**). — (Publ. au *J. off.* du 16 févr.).

Le Président de la République française; — Sur le rapport des ministres de la guerre et des colonies; — Vu la loi du 7 juill. 1900 (1), portant organisation des troupes coloniales, notamment l'art. 11, § 3; — Vu la loi du 14 avril 1906 (2), relative à la transformation du commissariat des troupes coloniales en intendance des troupes coloniales; — Vu le décret du 21 juin 1906 (3), portant règlement d'administration publique sur l'organisation du corps de l'intendance militaire des troupes coloniales; — Vu la loi du 14 avril 1832 (4), sur l'avancement dans l'armée; — Vu l'ordonn. du 16 mars 1838 (5), portant règlement d'après la hiérarchie des grades et fonctions, sur la progression de l'avancement et la nomination aux emplois dans l'armée, en exécution de la loi du 14 avril 1832; — Le Conseil d'Etat entendu; — Décrète :

Art. **1er**. L'art. 13 du décret précité du 21 juin 1906 est remplacé par le suivant :

« Les art. 18 et 19 de la loi du 14 avril 1832, relatifs à l'avancement en campagne, sont applicables aux fonctionnaires de l'intendance militaire de troupes coloniales.

« Toutefois, sauf en cas de mobilisation générale, pendant la durée des hostilités, nul ne peut être promu au choix sous-intendant militaire de 3e, de 2e ou de 1re classe, s'il n'a accompli dans son grade ou dans le grade immédiatement inférieur une période régulière de séjour aux colonies, après ou avant son admission dans l'intendance ».

2. Les deux derniers paragraphes de l'art. 15 du décret du 21 juin 1906 précité sont remplacés par les suivants :

« Les art. 18 et 19 de la loi du 14 avril 1832, relatifs à l'avancement en campagne, sont applicables aux officiers d'administration du service de l'intendance des troupes coloniales.

« Toutefois, sauf en cas de mobilisation générale, pendant la durée des hostilités, aucun officier d'administration de 2e ou de 1re classe ne peut être promu au choix s'il n'a accompli dans son grade ou dans le grade immédiatement inférieur une période régulière de séjour aux colonies ».

3. Les dispositions générales des titres I, II, III, IV et VIII de l'ordonn. du 16 mars 1838 sont applicables au corps de l'intendance militaire des troupes coloniales, en tant qu'elles peuvent s'appliquer à son organisation spéciale.

4. Pendant la durée de la guerre actuelle ;

1° Il ne sera pas dressé de tableau d'avancement;

2° Les nominations et les promotions d'officiers à titre définitif seront faites sur la proposition du ministre de la guerre, après accord avec le ministre des colonies;

3° Il ne sera pas procédé aux concours prévus par les art. 3, 4 et 5 du décret du 21 juin 1906;

4° Les nominations au grade de sous-intendant militaire de 3e classe des troupes coloniales seront attribuées exclusivement au choix aux adjoints à l'intendance militaire des troupes coloniales remplissant les conditions exigées par les art. 4, § 1, et 13, § 2, combinés du décret du 21 juin 1906, et celles au grade de sous-intendant militaire de 2e classe aux sous-intendants militaires de 3e classe remplissant les conditions exigées par les art. 5, § 1, et 13, § 1, combinés du même décret;

5° Les tableaux de concours pour la Légion d'honneur et la médaille militaire du personnel de l'intendance des troupes coloniales seront établis d'accord entre les ministres de la guerre et des colonies.

5. Les ministres de la guerre et des colonies sont chargés, etc.

4° Décret *portant règlement d'administration publique et modifiant le décret du* 21 *juin* 1906, *sur l'organisation du corps de santé des troupes coloniales.*

(**15 février 1915**). — (Publ. au *J. off.* du 16 févr.).

Le Président de la République française; — Sur le rapport des ministres de la guerre et des colonies; — Vu la loi du 7 juill. 1900 (6), portant organisation des troupes coloniales, notamment l'art. 11, § 3; — Vu le décret du 21 juin 1906 (7), portant règlement d'administration publique sur l'organisation du corps de santé des troupes coloniales; — Vu la loi du 14 avril 1832 (8), sur l'avancement dans l'armée; — Vu l'ordonn. du 16 mars 1838 (9), portant règlement, d'après la hiérarchie des grades et fonctions, sur la progression de l'avancement et la nomination aux emplois dans l'armée, en exécution de la loi du

---

(1) S. et P. *Lois annotées* de 1900, p. 1113; *Pand. pér.*, 1901.3.147.

(2) S. et P. *Lois annotées* de 1907, p. 377; *Pand. pér.*, 1906.3.175.

(3) *J. off.*, 26 juin 1906, p. 4331.

(4) S. 2e vol. *Lois annotées*, p. 103.

(5) S. 2e vol. des *Lois annotées*, p. 407.

(6) S. et P. *Lois annotées* de 1900, p. 1113; *Pand. pér.*, 1901.3.147.

(7) *J. off.*, 26 juin 1906, p. 4333.

(8) S. 2e vol. des *Lois annotées*, p. 103.

(9) S. 2e vol. des *Lois annotées*, p. 407.

14 avril 1832 ; — Le Conseil d'Etat entendu ; — Décrète :

Art. **1**er. L'art. 4 du décret précité du 21 juin 1906 est remplacé par le suivant :

« Les lois sur l'avancement dans l'armée, et notamment les art. 18, 19 de la loi du 14 avril 1832, sont applicables aux officiers du corps de santé des troupes coloniales d'après la correspondance de grade indiquée à l'art. 2 du présent décret ».

Toutefois, sauf en cas de mobilisation générale, pendant la durée des hostilités, nul ne peut être promu au choix médecin ou pharmacien-major de 2e classe ou de 1re classe, ou médecin ou pharmacien principal de 2e ou de 1re classe, s'il n'a accompli, dans son grade ou dans le grade immédiatement inférieur, une période régulière de séjour aux colonies.

2. Les deux derniers paragraphes de l'art. 6 du décret précité du 21 juin 1906 sont remplacés par les suivants.

« Les art. 18, 19 de la loi du 14 avril 1832, relatifs à l'avancement en campagne, sont applicables aux officiers d'administration du service de santé des troupes coloniales.

« Toutefois, et sauf en cas de mobilisation générale, pendant la durée des hostilités, aucun officier d'administration de 2e ou de 1re classe ne peut être promu au choix, s'il n'a accompli dans son grade ou dans le grade immédiatement inférieur, une période régulière de séjour aux colonies.

3. Les dispositions générales des titres Ier, II, III, IV et VIII de l'ordonn. du 16 mars 1838 sont applicables au corps de santé des troupes coloniales, en tant qu'elles peuvent s'appliquer à son organisation spéciale.

4. Pendant la durée de la guerre actuelle :

1° Il ne sera pas dressé de tableau d'avancement ;

2° Les nominations et promotions d'officiers à titre définitif seront faites sur la proposition du ministre de la guerre, après accord avec le ministre des colonies.

3° Les tableaux de concours pour la Légion d'honneur et la médaille militaire du personnel du corps de santé des troupes coloniales sont établis d'accord entre les ministres de la guerre et des colonies.

5. Les ministres de la guerre et des colonies sont chargés, etc.

Marine, Guerre franco-allemande, Inscrits maritimes de moins de vingt ans, Levée.

Décret *autorisant la levée des inscrits maritimes de moins de vingt ans.* (1)

(15 février 1915). — (Publ. au *J. off.* du 18 févr.).

Le Président de la République française ; — Vu l'art. 5 de la loi du 24 déc. 1896 (2), sur l'inscription maritime ; — Sur le rapport du ministre de la marine ; — Décrète :

Art. **1**er. L'appel sous les drapeaux des inscrits maritimes définitifs âgés de moins de vingt ans est autorisé pendant la durée des hostilités.

2. Le ministre de la marine est chargé d'assurer l'exécution du présent décret et de déterminer notamment les dates de levée des marins visés à l'article précédent, ainsi que les conditions dans lesquelles ils pourront être placés en position de sursis d'appel.

Douanes, Guerre franco-allemande, Papier destiné aux journaux, Pate de cellulose, Diminution de droits.

Décret *portant réduction des droits d'entrée sur les papiers destinés à l'impression des journaux et sur les pâtes de cellulose.*

(16 février 1915). — (Publ. au *J. off.* du 17 févr.).

Le Président de la République française ; — Vu l'art. 3, § 8, de la loi du 29 mars 1910 (3) ; — Vu les lois des 11 janv. 1892 (4) et 29 mars 1910 ; — Vu le décret du 1er août 1914 (5), ordon-

---

(1) Ce décret est précédé au *J. off.* d'un rapport ainsi conçu :

« Aux termes de l'art. 5 de la loi du 24 déc. 1896, l'appel des inscrits maritimes définitifs, âgés de moins de vingt ans, ne peut avoir lieu qu'en temps de guerre et en vertu d'un décret.

« La classe 1915 ayant été appelée sous les drapeaux dans l'armée de terre, et la classe 1916 étant susceptible d'être incorporée prochainement à son tour, le principe de l'égalité des charges militaires s'oppose à ce que des jeunes gens appartenant à ces classes par leur âge soient laissés dans leurs foyers pour le seul motif qu'ils exercent dans la vie civile la profession de marin.

« D'autre part, la nécessité de maintenir à la disposition des armateurs les équipages indispensables à la flotte commerciale pour assurer les transports maritimes commande d'apporter certains tempéraments à la levée générale des jeunes marins exerçant une navigation active.

« Le projet de décret ci-joint, que j'ai l'honneur de soumettre à votre haute sanction, a pour objet de permettre d'appliquer la mesure envisagée, en conciliant autant que possible le souci du maintien de l'égalité de tous les Français devant les lois militaires et les exigences de la vie économique du pays ».

(2) S. et P. *Lois annotées* de 1897, p. 209 ; *Pand. pér.*, 1897.3.52.

(3) S. et P. *Lois annotées* de 1910, p. 1068 ; *Pand. pér.*, *Lois annotées* de 1910, p. 1068.

(4) S. et P. *Lois annotées* de 1892, p. 344 ; *Pand. pér.*, 1892.3.81.

(5) 1er vol., p. 9.

nant la mobilisation totale de l'armée; — Le conseil des ministres entendu; — Décrète :

Art. 1er. A partir de la publication du présent décret, sont réduits de 60 p. 100 les droits d'entrée : 1° sur le papier autre que de fantaisie, à la mécanique, pesant plus de 30 grammes le mètre carré, destiné à l'impression des journaux; 2° sur les pâtes de cellulose, mécaniques et chimiques, destinées à la fabrication de ce même papier.

2. Les droits seront rétablis au taux normal par un décret rendu dans la même forme que le présent acte.

Dans ce cas, les chargements qu'on justifiera avoir été expédiés directement pour la France, avant la publication au *Journal officiel* du décret de rétablissement, resteront admissibles au bénéfice du tarif antérieur.

3. Le ministre du commerce, de l'industrie, des postes et des télégraphes et le ministre des finances sont chargés, etc.

Marine, Guerre franco-allemande, Marins mis a la disposition des particuliers et chambres de commerce, Solde et accessoires.

Circulaire *relative aux prêts de main-d'œuvre militaire; allocations à attribuer au personnel et mode de remboursement.*

(17 février 1915). — (Publ. au *J. off.* du 18 févr.).

Le Ministre de la marine à MM. les vice-amiraux commandant en chef, préfets maritimes, officiers généraux, supérieurs et autres commandant à la mer.

Depuis la mobilisation, des marins des équipages de la flotte ont été mis, dans plusieurs centres, à la disposition de particuliers ou de chambres de commerce pour concourir à l'exécution de divers travaux, mais les décisions intervenues dans chaque cas n'ont pas précisé suffisamment les conditions du prêt et les allocations à attribuer au personnel.

Il est donc utile d'adopter, à ce sujet, une règle uniforme et j'ai arrêté, dans ce but, les dispositions suivantes :

Le prêt de main-d'œuvre militaire est fait à charge de remboursement dans les conditions fixées par la circulaire du 4 mars 1912 (*B. O.*, p. 379), c'est-à-dire moyennant une rétribution horaire de 60 centimes, ne pouvant dépasser 6 fr. par journée de travail, et dont, en principe, le quart doit profiter, comme il est dit à l'alin. 3° ci-après, aux marins, à titre d'indemnité de travail, lorsque, comme c'est souvent le cas, la durée du travail excède huit heures par jour. Cette proportion du quart ne peut d'ailleurs être dépassée qu'exceptionnellement et sur décision spéciale du ministre.

Les marins des équipages de la flotte mis à la disposition de particuliers, ou de chambres de commerce, pour concourir à l'exécution de travaux, reçoivent, sur les fonds du budget de la marine :

1° La solde n° 2;

2° L'indemnité journalière de résidence temporaire, prévue par le tarif VI annexé au décret du 11 juill. 1908, et variable suivant que les intéressés sont logés ou non. Toutefois cette indemnité n'est pas allouée au personnel employé dans les ports militaires, ce personnel continuant d'être caserné normalement;

3° Une indemnité de travail déterminée dans les conditions fixées par la circulaire précitée du 4 mars 1912, et qui est imputée au chapitre « Solde »;

4° Eventuellement, des frais de tramway, etc., pour se rendre aux ateliers, etc., et qui sont imputés au chapitre « Frais de déplacement »;

5° La ration, qui, lorsqu'elle ne peut être délivrée en nature, est remplacée par une indemnité journalière uniforme de 1 fr. 50, imputable au chapitre « Vivres ».

Lorsque le personnel dont il s'agit est placé en subsistance dans un corps de troupes, à charge de remboursement par la marine, il reçoit, outre la ration en nature délivrée aux militaires de l'armée de terre, une indemnité journalière de 15 centimes en remplacement de vin, par application de l'art. 63 de l'instruction du 5 août 1914, sur le service des subsistances à la mobilisation. Cette indemnité est également imputable au chapitre « Vivres ».

Qu'ils vivent individuellement au moyen de l'indemnité journalière de vivres ou qu'ils soient en subsistance dans un corps de troupes, les intéressés ont la faculté de consacrer tout ou partie de leur indemnité de travail à l'amélioration de la nourriture.

Le service chargé de l'administration du personnel détaché assure le paiement mensuel des diverses allocations et il fournit à la direction de l'intendance (Service de la solde) du port comptable les éléments nécessaires pour permettre de poursuivre, près de l'emprunteur, le remboursement de la redevance afférente au prêt de main-d'œuvre.

Les ordres de reversement sont établis de façon à assurer la répartition de cette redevance suivant les dispositions édictées par la circulaire précitée du 4 mars 1912, c'est-à-dire au profit :

a) Du chapitre « Solde » pour l'indemnité de travail payée aux marins détachés;

b) Du chapitre « Frais de déplacement, etc. » pour les frais de tramway, etc., alloués éventuellement aux marins pour se rendre aux ateliers, etc.;

c) Du Trésor, produits divers du budget, pour le reste de la redevance.

J'insiste sur ce point que jamais des marins prêtés à des particuliers, aux chambres de commerce, etc., ne doivent être rétribués directement par les emprunteurs.

Les dispositions qui précèdent s'appliqueront rétroactivement du jour de l'emploi du personnel par les emprunteurs en ce qui touche le mode de remboursement de la redevance, et à partir du 1er janv. 1915 pour la modification du taux de l'indemnité de vivres de 2 fr., précédemment allouée au personnel prêté à la chambre de commerce ou à des usines ou chantiers (à Boulogne, au Havre, à Rouen, etc.).

AGRICULTURE, GUERRE FRANCO-ALLEMANDE, INSTITUT NATIONAL AGRONOMIQUE, ECOLES NATIONALES D'AGRICULTURE, ÉCOLE NATIONALE DES INDUSTRIES AGRICOLES DE DOUAI.

ARRÊTÉ *supprimant, pour l'année 1915, les concours d'admission à l'Institut national agronomique, aux écoles nationales d'agriculture, à l'École nationale des industries agricoles de Douai et l'École supérieure ménagère de Grignon.*

(**18 février 1915**). — (Publ. au *J. off.* du 24 févr.).

LE MINISTRE DE L'AGRICULTURE; — Sur la proposition du directeur de l'enseignement et des services agricoles; — Arrête :

ART. **1er**. Les concours d'admission à l'Institut national agronomique, aux écoles nationales d'agriculture, à l'École nationale des industries agricoles de Douai, à l'École supérieure ménagère de Grignon n'auront pas lieu en 1915.

2. Le directeur de l'enseignement et des services agricoles est chargé, etc.

ARMÉE, GUERRE FRANCO-ALLEMANDE, SOUTIENS DE FAMILLE, ALLOCATIONS, COMMISSION SUPÉRIEURE.

DÉCRET *portant à 50 le nombre des membres de la commission supérieure, instituée par la loi du 28 déc. 1914 à l'effet de statuer sur les recours formés contre les décisions rendues par les commissions d'appel en matière d'allocations journalières aux familles nécessiteuses des militaires sous les drapeaux.*

(**18 février 1915**). — (Publ. au *J. off.* du 19 févr.).

LE PRÉSIDENT DE LA RÉPUBLIQUE FRANÇAISE; — Sur le rapport des ministres de la guerre, de la marine, des affaires étrangères, des colonies, des finances et de l'intérieur; — Vu les lois des 21 mars 1905 (1), 7 août 1913 (2), 5 août (3) et 26 déc. 1914 (4); — Vu le décret du 31 déc. 1914 (5), fixant la composition et le fonctionnement de la commission supérieure instituée au ministère de l'intérieur, à l'effet de statuer en dernier ressort sur les recours formés, soit par les intéressés, soit par les préfets et sous-préfets contre les décisions rendues par les commissions d'appel en matière d'allocations journalières; — Décrète :

ART. **1er**. Le nombre des membres de la commission supérieure pourra être porté à 50; celui des sections et des rapporteurs pourra être doublé.

2. Ces modifications auront lieu au fur et à mesure des besoins par arrêté du ministre de l'intérieur.

3. Le ministre de l'intérieur est chargé, etc.

DETTE PUBLIQUE, OBLIGATIONS DU TRÉSOR, OBLIGATIONS DE LA DÉFENSE NATIONALE, EMISSION, COUPURES DE 5.000 ET 10.000 FR.

ARRÊTÉ *modifiant l'arrêté du 13 janv. 1915 fixant les quotités des coupures des obligations de la défense nationale.*

(**18 février 1915**). — (Publ. au *J. off.* du 20 févr.).

LE MINISTRE DES FINANCES; — Arrête :

ARTICLE UNIQUE. Le premier paragraphe de l'art. 5 de l'arrêté du 13 févr. 1915 (6) est complété ainsi qu'il suit : « Les coupures sont de 100 fr., 500 fr. et de 1.000 fr.; des coupures de 5.000 fr., 10.000 fr., et de sommes plus élevées pourront être autorisées ».

DETTE PUBLIQUE, GUERRE FRANCO-ALLEMANDE, OBLIGATIONS DE LA DÉFENSE NATIONALE, CERTIFICATS PROVISOIRES, DÉPÔT AU TRÉSOR.

ARRÊTÉ *autorisant le dépôt au Trésor des obligations de la défense nationale contre remise de certificats de dépôts nominatifs.*

(**19 février 1915**). — (Publ. au *J. off.* du 21 févr.).

LE MINISTRE DES FINANCES; — Arrête :

(1) S. et P. *Lois annotées* de 1906, p. 3; *Pand. pér.*, 1905. 3.81.

(2) S. et P. *Lois annotées* de 1914, p. 561; *Pand. pér.*, *Lois annotées* de 1914, p. 561.

(3) 1er vol., p. 28.

(4) 1er vol., p. 275.

(5) 1er vol., p. 287.

(6) *Supra*, p. 25.

ARTICLE UNIQUE. Les certificats provisoires d'obligations de la défense nationale ou les obligations elles-mêmes pourront être déposés au Trésor contre remise de certificats de dépôt nominatifs. Les libellés de ces certificats pourront contenir toutes modalités relatives aux conditions de négociation ou d'aliénation des titres.

MARINE, GUERRE FRANCO-ALLEMANDE, OFFICIERS DE MARINE RETRAITÉS, RAPPEL A L'ACTIVITÉ.

CIRCULAIRE *relative à la situation des marins de tous grades rappelés à l'activité en qualité de retraités depuis moins de cinq ans.*

(19 février 1915). — (Publ. au *J. off.* du 21 févr.).

Le Ministre de la marine, à MM. les vice-amiraux commandant en chef, préfets maritimes, officiers généraux, supérieurs et autres commandant à la mer et à terre, commandants de la marine en Corse, en Indo-Chine, à Dakar et à Diégo-Suarez.

Des hésitations se sont produites sur le point de savoir si les officiers mariniers, quartiers-maîtres et matelots, rappelés à l'activité en qualité de retraités, par application des art. 4 de la loi du 8 août 1883 (1) ou 7 de la loi du 8 août 1913 (2), pouvaient être considérés comme appartenant à la réserve de l'armée de mer et bénéficier à ce titre, le cas échéant, des avancements susceptibles d'être accordés aux marins réservistes.

J'ai l'honneur de vous faire connaître que cette question doit être résolue par l'affirmative. Les marins rappelés à l'activité dans les conditions ci-dessus indiquées doivent être considérés et traités à tous égards comme des réservistes de l'armée de mer pendant toute la durée de leur présence sous les drapeaux, qu'ils aient ou non dépassé la limite d'âge de l'assujettissement militaire tel qu'il est défini par les lois des 7 (3) et 8 août 1913.

MARINE, OFFICIERS DE MARINE, AVANCEMENT EN TEMPS DE GUERRE.

LOI *relative à l'avancement en temps de guerre dans le corps d'officiers de la marine.*

(19 février 1915). — (Publ. au *J. off.* au 21 févr.).

ART. 1er. Le premier paragraphe de l'art. 40 de la loi du 10 juin 1896 (4), portant organisation du corps des officiers de marine, est complété ainsi qu'il suit :

« Toutefois, les officiers proposés pour l'avancement à raison de faits de guerre peuvent, pendant la durée de la guerre et dans les trois mois qui suivent, pour les intéressés, la cessation du bénéfice de campagne, être promus aux grades supérieurs en dehors des tours d'avancement à l'ancienneté et au choix prévus pour la nomination à ces grades ».

2. Les dispositions de l'art. 40 ainsi modifié sont applicables à tous les corps d'officiers de la marine.

CONSEILS DE FAMILLE, GUERRE FRANCO-ALLEMANDE, ORPHELINS DE MILITAIRES ET MARINS TUÉS A L'ENNEMI, EXEMPTION DE DROITS.

CIRCULAIRE *relative à l'exemption de tous droits, en cas d'indigence, pour les réunions et délibérations des conseils de famille des orphelins mineurs des militaires et marins tués à l'ennemi ou morts de leurs blessures.*

(20 février 1915). — (Publ. au *J. off.* au 22 févr.).

Le Garde des sceaux, ministre de la justice, à M. le procureur général à...

Je crois devoir appeler votre attention d'une façon toute particulière sur l'intérêt qui s'attache à ce que, pour les réunions et délibérations de conseils de famille nécessitées par l'organisation de la tutelle des orphelins mineurs et le règlement de la succession des militaires et marins tués à l'ennemi ou morts de leurs blessures, il soit fait une large application de l'art. 12, § 2, de la loi du 26 janv. 1892 (5), qui porte que « sont affranchis des droits de toute nature les avis de parents de mineurs dont l'indigence est constatée conformément à l'art. 6 et au premier alinéa de l'art. 8 de la loi du 10 déc. 1850 (6) », et que « même dispense est concédée aux actes nécessaires pour la convocation et la constitution des conseils de famille et l'homologation des délibérations prises dans ces conseils dans le cas d'indigence des mineurs ».

Aux termes de l'art. 6 de la loi du 10 déc. 1850, auquel se réfère cet article, le certificat d'indigence sera « délivré par le commissaire de police ou par le maire des communes où il n'existe pas de commissaire de police, sur le vu d'un

(1) S. *Lois annotées* de 1884, p. 654. — P. *Lois, décr.*, etc. de 1884, p. 1083.

(2) S. et P. *Lois annotées* de 1914, p. 664; *Pand. pér.*, *Lois annotées* de 1914, p. 664.

(3) S. et P. *Lois annotées* de 1914, p. 562; *Pand. pér.*, *Lois annotées* de 1914, p. 562.

(4) S. et P. *Lois annotées* de 1896, p. 112; *Pand. pér.*, 1897.3.35.

(5) S. et P. *Lois annotées* de 1892, p. 303; *Pand. pér.*, 1892.3.33.

(6) S. *Lois annotées* de 1850, p. 197. — P. *Lois, décr.*, etc., p. 131.

extrait du rôle des contributions constatant que les parties intéressées payent moins de 10 fr., ou d'un certificat du percepteur de leur commune portant qu'elles ne sont pas imposées. Le certificat d'indigence sera visé et approuvé par le juge de paix du canton. Il sera fait mention dans le visa de l'extrait des rôles ou du certificat négatif du percepteur ».

Le premier alinéa de l'art. 8 de la même loi est ainsi conçu : « le certificat prescrit par l'art. 6 sera délivré en plusieurs originaux, lorsqu'il devra être produit à divers bureaux d'enregistrement. Il sera remis au bureau de l'enregistrement, où les actes, extraits, copies ou expéditions devront être visés pour timbre et enregistrés gratis. Le receveur en fera mention dans le visa pour timbre et dans la relation de l'enregistrement ».

L'exemption est donc accordée pour tous les droits qui pourraient être perçus au profit de l'Etat, tels que droits de timbre, d'enregistrement ou de greffe, et pour tous les émoluments alloués aux officiers publics ou ministériels par les tarifs soit par voie de fixation directe, soit sous forme de vacations, de droits de rôles ou d'écritures.

Elle s'étend aux expéditions délivrées par les greffiers, aux citations décernées par les huissiers pour convoquer les membres des conseils de famille, à la procédure d'homologation, enfin, d'une façon générale à tous les frais de justice auxquels peuvent donner lieu la constitution et le fonctionnement des conseils de famille.

Il importe d'empêcher que, faute par leurs représentants légaux de connaître les dispositions de l'art. 12 de la loi du 26 janv. 1892, les orphelins mineurs des militaires et marins tués à l'ennemi ou morts de leurs blessures soient privés de ces avantages. Vous voudrez bien, en conséquence, inviter les juges de paix à s'assurer, le cas échéant, que les personnes chargées de la défense des intérêts de ces mineurs ont réclamé le bénéfice de ces dispositions ; au besoin, ils leur fourniront toutes indications sur les formalités à remplir à cet effet.

Je connais assez le zèle et le dévouement des juges de paix pour être certain qu'ils répondront avec empressement à votre appel.

Je ne doute pas d'ailleurs que les greffiers de justice de paix ne tiennent, en la circonstance, à seconder l'action de ces magistrats.

ARMÉE, GUERRE FRANCO-ALLEMANDE, RÉSERVE, ARMÉE TERRITORIALE, MILITAIRES SERVANT AU DELA DE LA DURÉE LÉGALE, HAUTES PAIES.

CIRCULAIRE *relative à la solde mensuelle et haute paie des militaires de la réserve et de l'armée territoriale.*

(21 février 1915). — (Publ. au *J. off.* du 22 févr.).

Le Ministre de la guerre, à MM. le général commandant en chef, les généraux commandant les régions, le commissaire résident général au Maroc.

Pour l'application du décret du 16 janv. 1915 (1), allouant la haute paie aux militaires de la réserve et de l'armée territoriale ayant servi au delà de la durée légale dans l'armée active comme engagés, rengagés ou commissionnés, il y a lieu de se conformer aux dispositions suivantes :

I. — *Solde mensuelle.*

Le droit à la solde mensuelle est acquis aux sous-officiers de complément (français ou étrangers) qui ont accompli, à quelque titre et sous quelque régime que ce soit, cinq ans ou plus de cinq ans de services dans l'armée active, et à ceux qui, ayant accompli moins de cinq ans dans l'armée active, réunissent cinq ans de services en totalisant les services antérieurs dans l'armée active et ceux accomplis depuis la mobilisation.

Les services entrant en compte pour la solde mensuelle sont calculés dans les mêmes conditions que pour les sous-officiers rengagés de l'armée active.

La date d'entrée en solde mensuelle est fixée :

a) Pour les sous-officiers de complément qui, au moment de leur rappel à l'activité, réunissaient cinq ans de services donnant droit à la solde mensuelle, du jour de leur mise en route pour rejoindre à la mobilisation, s'ils étaient pourvus à ce moment du grade de sous-officier, ou du jour de leur nomination à ce grade dans le cas contraire ;

b) Pour les sous-officiers de complément qui, au moment de leur rappel à l'activité, ne réunissaient pas cinq ans de services donnant droit à la solde mensuelle, du jour où ils entrent dans leur sixième année de service (compte tenu des services antérieurs dans l'armée active augmentés des services accomplis depuis la mobilisation), s'ils sont pourvus à ce moment du grade de sous-officier, ou du jour de leur nomination ultérieure à ce grade dans le cas contraire.

Le taux de la solde mensuelle acquise dans ces conditions est celui correspondant, d'une part, au temps de service dans l'armée active et depuis la mobilisation (calculé comme il est dit ci-dessus) et, d'autre part, à l'emploi dont les intéressés sont effectivement pourvus.

Les sous-officiers de complément admis à la solde mensuelle reçoivent application, le cas échéant, des tarifs d'indemnités prévus pour les sous-officiers à solde mensuelle de l'armée active d'après leur situation de famille actuelle.

---

(1) *Supra*, p. 2.

II. — *Haute paie.*

Le droit à la haute paie est acquis aux militaires de la réserve et de l'armée territoriale, à solde journalière, français et étrangers, qui, du fait d'un engagement, d'un rengagement, ou d'une commission, ont servi au delà de la durée légale dans l'armée active.

La durée légale du service est celle à laquelle étaient astreints les intéressés en vertu de la loi sous le régime de laquelle ils ont effectué leur service actif.

Il est, d'ailleurs, conforme à l'esprit du décret du 16 janv. 1915, et du rapport qui le précède, d'accorder le droit à la haute paie à ceux qui n'auraient pas perçu cette allocation au cours de leur service actif effectué dans les conditions qui précèdent, ce qui est le cas notamment pour les militaires des troupes métropolitaines engagés pour quatre ou cinq ans avant le 21 mars 1905.

Conformément à l'art. 3 du décret du 16 janv. 1915, la haute paie acquise dans ces conditions est due à compter du jour du rappel à l'activité, sans que cette date puisse être antérieure au 2 août 1914.

Elle est payable d'après le tarif du corps auquel l'ayant droit appartient à la mobilisation, et d'après l'échelon correspondant, d'une part, au temps de services dans l'armée active et depuis la mobilisation (calculé comme il est dit ci-dessus pour la solde mensuelle), et, d'autre part, au grade dont il est effectivement pourvu.

En ce qui concerne les sous-officiers qui, bien que comptant cinq ans de services révolus, sont maintenus à solde journalière, sur leur demande, dans les conditions indiquées au § 3 ci-dessous, il ne peut leur être alloué, quelle que soit leur ancienneté, que la haute paie prévue pour les sous-officiers après deux ans de service, la réglementation ne fixant qu'une haute paie unique pour les sous-officiers servant au delà de la durée légale qui sont à solde journalière.

Les militaires de la réserve et de l'armée territoriale admis à la haute paie bénéficient, le cas échéant, du supplément de haute paie, ainsi que des divers avantages pécuniaires (autres que la prime d'engagement et l'indemnité de logement) réservés aux militaires de l'armée active servant au delà de la durée légale, d'après leur situation de famille actuelle.

III. — *Option entre la solde mensuelle et la solde journalière.*

Les sous-officiers de complément ayant droit à la solde mensuelle dans les conditions indiquées au § 1 ci-dessus sont autorisés, en exécution de l'art. 2 du décret du 16 janv. 1915, à demander leur rétablissement ou leur maintien à la solde journalière pendant la durée de la guerre.

Cette demande sera produite sous forme de déclaration d'option, datée et signée, qui aura effet de plein droit à compter de sa date (sans que cette date puisse être antérieure à celle de la publication du décret susvisé) et pour toute la durée de la guerre.

Le militaire qui aura formulé une déclaration d'option ne sera pas autorisé à revenir ultérieurement sur cette déclaration, quelle que puisse être sa situation.

L'art. 1er du décret du 16 janv. 1915, qui fixe le droit à la solde mensuelle, ayant effet rétroactif à compter du 2 août 1914, et l'art. 2 relatif à l'option n'ayant effet que pour l'avenir, il pourra se produire que des sous-officiers de complément ayant reçu à tort la solde journalière du jour de leur rappel à l'activité, et ayant opté ultérieurement pour cette solde, seront rappelés de la solde mensuelle pour la période antérieure à l'option, et maintenus à solde journalière pour la période postérieure.

Dans ce cas, de nouvelles certifications devront être adressées aux administrations compétentes, en vue des retenues correspondantes à effectuer sur le traitement civil ou la pension des intéressés. Ces certifications porteront la double mention :

1° A été rappelé de la solde mensuelle, au taux de.......... fr. par mois, pour la période du................. 1914 au .... 1915 (application de l'art. 1er du même décret du 16 janv. 1915) ;

2° A été remis à solde journalière à compter du............. 1915 (application de l'art. 2 du même décret).

Il conviendra, d'ailleurs, pour tous les sous-officiers de complément admis rétroactivement à la solde mensuelle ou remis à solde journalière en raison des nouvelles dispositions, d'adresser de nouvelles certifications mentionnant la date d'entrée en solde mensuelle (avec le taux de cette solde) ou en solde journalière, en vue de permettre l'application des règles du cumul de la solde avec un traitement civil ou une pension.

IV. — *Dispositions particulières.*

Les dispositions qui précèdent sont applicables aux militaires libérés de toute obligation militaire et engagés pour la durée de la guerre.

Les militaires de réserve ou de territoriale ayant accompli leur service actif dans les troupes coloniales et versés à la mobilisation dans les troupes métropolitaines reçoivent application des tarifs prévus pour ces dernières troupes.

Des instructions ultérieures régleront la situation des inscrits maritimes versés dans l'armée de terre.

PENSIONS ET TRAITEMENTS, GUERRE FRANCO-ALLEMANDE, LIQUIDATION, PIÈCES JUSTIFICATIVES, PRODUCTION, COMMUNES OCCUPÉES PAR L'ENNEMI.

CIRCULAIRE *relative à l'établissement des droits, vis-à-vis du recrutement ou de l'administration chargée de la liquidation des pensions des habitants des communes actuellement occupées par l'ennemi.*

(22 février 1915). — (Publ. au *J. off.* du 19 mars).

Le Ministre de la guerre à MM. les généraux commandant les régions.

La question a été posée de savoir comment, alors que certaines communes sont actuellement occupées par l'ennemi, pourront être établis, vis-à-vis du recrutement ou de l'administration chargée de la liquidation des pensions, les droits qui doivent être constatés par la production de pièces qu'il n'est possible de se procurer que dans les mairies.

J'ai décidé qu'en pareille circonstance, il pourrait être suppléé aux pièces habituellement exigées, ainsi qu'il est indiqué ci-après :

1° Acte de naissance. — A remplacer, s'il est possible, par une attestation signée de quatre habitants majeurs, évacués de la même commune que l'intéressé. Cette pièce devra être légalisée par le maire de la commune où réside actuellement l'intéressé (à Paris, de l'arrondissement).

A défaut, produire un acte de notoriété délivré dans les conditions fixées par les art. 70 et suivants du Code civil. Cette seconde solution, en raison des frais qu'elle entraîne, n'est à adopter que s'il est absolument impossible de se procurer l'attestation dont il est question ci-dessus.

L'attestation ou l'acte de notoriété n'est exigé des veuves que si elles ne peuvent produire un acte de mariage, un livret militaire du mari ou un livret de mariage indiquant la date et le lieu de leur naissance.

2° Acte de mariage. — A remplacer par tout acte officiel ou authentique établissant l'existence du mariage : livret de mariage, livret militaire ou état des services du mari portant mention du mariage; acte de naissance portant mention du mariage; acte notarié indiquant que telle personne a justifié de son mariage avec le militaire décédé.

En aucun cas, une attestation ou un acte de notoriété ne peut suppléer un acte de mariage.

3° Pièces diverses concernant le service militaire délivrées par les maires. — A remplacer par l'attestation établie dans les conditions indiquées ci-dessus (1°) ou par un acte de notoriété, ou par une attestation revêtue de la signature légalisée de deux hommes mobilisables appartenant à la même commune de recrutement que l'intéressé.

En particulier, l'une de ces pièces suffit pour remplacer le certificat que reçoivent les pères de quatre ou de six enfants, pour constater que ces enfants sont tous vivants ou l'ont été simultanément.

J'ai l'honneur de vous prier d'assurer l'exécution de ces dispositions.

RÉQUISITIONS MILITAIRES, GUERRE FRANCO-ALLEMANDE, NAVIRES RÉQUISITIONNÉS, RÉQUISITIONS DE L'AUTORITÉ CIVILE.

CIRCULAIRE *relative aux réquisitions de navires demandées par le représentant d'un département ministériel autre que celui de la marine.*

(22 février 1915). — (Publ. au *J. off.* du 25 févr.).

Le Ministre de la marine à MM. les vice-amiraux commandant en chef, préfets maritimes, contre-amiral commandant la marine en Algérie, capitaine de vaisseau commandant la marine en Corse, directeurs de l'inscription maritime.

Il m'a été demandé si la marine pouvait légalement donner suite à la réquisition d'un navire de mer, sollicitée par un service civil au cours des hostilités.

Cette question a déjà été tranchée implicitement par ma circulaire du 30 janv. 1915 (1), visant les réquisitions opérées pour le compte de départements ministériels autres que la marine, et notamment pour le compte du département de la guerre.

Il n'est pas douteux, en effet, que la marine peut légalement donner satisfaction à des demandes de réquisitions de navires ou matériel flottant sollicitées par les agents des départements ministériels civils, sous la seule réserve que le service à assurer constitue, à un titre quelconque, *un acte de collaboration à la défense nationale.* Conformément aux art. 5 et 35 de la loi du 3 juill. 1877 (2) sont seules exigibles par réquisition, en effet, les prestations nécessaires aux armées de terre et de mer.

Par exemple, des transports par mer de matériaux d'empierrement destinés à améliorer les routes de la zone des armées, transports qui sont le plus souvent demandés par les ingénieurs des ponts et chaussées, peuvent être assurés par voie de réquisition.

---

(1) *Supra*, p. 12.

(2) S. *Lois annotées* de 1877, p. 240. — P. *Lois, décr.*, etc. de 1877, p. 428.

Sociétés de secours mutuels, Guerre franco-allemande, Versement au fonds de retraites, Maintien des subventions aux sociétés n'ayant pu effectuer leurs versements.

Arrêté *concernant les subventions à accorder aux sociétés de secours mutuels qui, par suite de l'état de guerre, n'ont pu effectuer leurs versements de retraites avant le* 31 *déc.* 1914.

(22 février 1915). — (Publ. au *J. off.* du 23 févr.).

Le Ministre du travail et de la prévoyance sociale; — Vu l'art. 26 de la loi du 1er avril 1898 (1), sur les sociétés de secours mutuels; — Vu l'arrêté du 28 avril 1900, relatif aux subventions à accorder aux sociétés approuvées qui possèdent un fonds commun de retraite et ont effectué des versements à ce fonds; — Vu l'arrêté du 28 avril 1900, relatif aux subventions à accorder aux sociétés approuvées qui constituent des pensions à l'aide des livrets individuels de la Caisse nationale des retraites pour la vieillesse et qui ont effectué des versements sur les livrets; — Vu l'arrêté du 29 mars 1901, relatif aux subventions à accorder aux sociétés approuvées qui n'ont pas effectué dans l'année de versements à leur fonds commun ou sur les livrets individuels de leurs adhérents; — La section permanente du conseil supérieur des sociétés de secours mutuels entendue; — Arrête :

Art. **1er**. Les sociétés de secours mutuels qui, par suite de l'état de guerre, n'ont pu opérer, avant le 31 déc. 1914, leurs versements de retraite et les effectueront en 1915, bénéficieront, pour l'année 1914, des subventions spéciales de capitation prévues par les arrêtés du 28 avril 1900 en faveur des sociétés qui constituent des pensions de retraite, sans toutefois que ces subventions puissent excéder les maxima fixés par lesdits arrêtés.

2. Les maxima des subventions attribuées, pour l'exercice 1915, aux mêmes sociétés seront portés à un chiffre double de celui fixé par les arrêtés du 28 avril 1900, déduction faite des subventions accordées en conformité de l'article précédent.

En aucun cas, le total des subventions allouées pour les années 1914 et 1915 ne pourra être supérieur au montant des versements de retraite effectués en 1915.

(1) S. et P. *Lois annotées* de 1899, p. 729; *Pand. pér.*, 1900.3.17.

(2) *J. off.*, 26 févr. 1914, p. 1795.

(3) S. et P. *Lois annotées* de 1894, p. 774; *Pand. pér.*, 1895.3.3.

(4) S. et P. *Lois annotées* de 1911, p. 1; *Pand. pér.*, *Lois annotées* de 1911, p. 1.

(5) S. et P. *Lois annotées* de 1913, p. 379; *Pand. pér.*, *Lois annotées* de 1913, p. 379.

(6) S. et P. *Lois annotées* de 1913, p. 424; *Pand. pér.*, *Lois annotées* de 1913, p. 424.

Mines, Guerre franco-allemande, Caisses de retraites, Mineurs non participants, Femmes non salariées, Retraites ouvrières et paysannes, Application, Délai d'inscription, Prorogation.

Décret *prorogeant les délais prévues par les art.* 8 *et* 9 *de la loi du* 23 *févr.* 1914, *portant création de la Caisse autonome des ouvriers mineurs.*

(23 février 1915). — (Publ. au *J. off.* du 25 févr.).

Le Président de la République française; — Sur la proposition du ministre du travail et de la prévoyance sociale et du ministre des finances; — Vu les art. 8 et 9 de la loi du 23 févr. 1914 (2), modifiant la loi du 29 juin 1894 (3), et créant une caisse autonome de retraites des ouvriers mineurs; — Vu la loi sur les retraites ouvrières et paysannes (4), ainsi que l'art. 62 de la loi du 27 févr. 1912 (5), modifié par la loi du 11 juill. 1912 (6); — Vu l'art. 2 de la loi du 5 août 1914 (7), relative à la prorogation des échéances et des valeurs négociables et spécialement le § 1er; — Le conseil des ministres entendu; — Décrète :

Article unique. Sont prorogés de six mois à partir de la date qui sera fixée par décret après la cessation des hostilités, les délais prévus aux art. 8 et 9 de la loi du 23 févr. 1914 pour l'inscription, sur les listes d'assurés de la loi des retraites ouvrières et paysannes, des ouvriers et employés des mines et des femmes non salariées des ouvriers mineurs.

1° Sociétés d'assurances, Guerre franco-allemande, Moratorium, Prorogation de délais, Algérie. — 2° Sociétés d'épargne et de capitalisation, Guerre franco-allemande, Moratorium, Prorogation de délais, Algérie.

Décret *relatif aux prorogations de délais pour les contrats d'assurance, de capitalisation et d'épargne* (8).

(7) 1er vol., p. 33.

(8) Ce décret est précédé au *J. off.* d'un rapport ainsi conçu :

« Le projet de décret que nous avons l'honneur de vous soumettre a pour objet de proroger pendant une nouvelle période de soixante jours francs, et sous certaines modifications, les délais déjà accordés aux sociétés d'assurance, de capitalisation et d'épargne par les décrets des 27 sept., 27 oct. et 29 déc. 1914.

« Les raisons qui ont rendu nécessaires ces prorogations successives ont conservé toute leur force. Toutefois, si, pour les assurances contre les accidents de toute nature,

(23 février 1915). — (Publ. au *J. off.* du 25 févr.).

Le Président de la République française; — Sur le rapport du président du conseil, des ministres du travail et de la prévoyance sociale, de la justice, de l'intérieur, de l'agriculture, du commerce, de l'industrie, des postes et des télégraphes; — Vu la loi du 5 août 1914 (1), relative à la prorogation des échéances des valeurs négociables; — Vu le décret du 29 août 1914 (2), relatif à la prorogation des échéances; — Vu les décrets des 27 sept. (3), 27 oct. (4) et 29 déc. 1914 (5), relatifs aux contrats d'assurance, de capitalisation et d'épargne; — Le conseil des ministres entendu; — Décrète :

Art. **1er**. Les délais accordés par les art. 1er et 5 du décret du 27 sept. 1914, pour le paiement des sommes dues par les entreprises d'assurance, de capitalisation et d'épargne, et prorogés par l'art. 1er des décrets des 27 oct. et 29 déc. 1914, sont prorogés dans les conditions ci-après pour une nouvelle période de soixante jours francs, le bénéfice de cette prorogation étant étendu aux contrats à échoir avant le 1er mai 1915, pourvu qu'ils aient été conclus antérieurement au 4 août 1914.

Pendant la durée de cette prorogation, les entreprises seront tenues de payer :

1° En matière d'assurance sur la vie, 20 p. 100 du capital ou du rachat stipulé, jusqu'à concurrence de 10.000 fr., et l'intégralité des rentes viagères;

2° En matière d'assurance contre les accidents du travail, l'intégralité des allocations temporaires et rentes viagères dues en vertu de la loi du 9 avril 1898 (6) et des lois qui l'ont modifiée ou complétée;

3° En matière d'assurance contre les autres accidents de toute nature, l'indemnité temporaire jusqu'à concurrence d'un maximum de 3 fr. par jour et 20 p. 100 du capital ou de toutes autres indemnités dues, avec un maximum de 10.000 fr.;

4° En matière d'assurance contre l'incendie et contre tous risques autres que ceux prévus aux alinéas précédents, l'intégralité des sinistres, avec un maximum de 100.000 fr.;

5° En matière de capitalisation, 20 p. 100 du capital des bons ou titres venus à échéance.

Le bénéfice de ces dispositions ne pourra être invoqué par l'assuré ou l'adhérent qu'à condition que le montant de la prime ait été versé, et, en matière d'assurances contre les accidents et l'incendie, que les déclarations de salaires et de sinistre aient été faites, conformément aux prescriptions du contrat.

Les sommes dues par l'assureur ou par l'assuré porteront désormais intérêt de plein droit au taux de 5 p. 100.

2. Les entreprises d'assurances sur la vie ne pourront se prévaloir des dispositions de l'art. 3 du décret du 15 déc. 1914 (7), relatif aux prescriptions, péremptions et délais, à l'égard de leurs assurés, qu'autant que ceux-ci n'auront pas pris l'engagement de payer à la fin des hostilités leurs primes échues.

3. Sont maintenues toutes les dispositions du décret précité du 27 sept. 1914 qui ne sont pas contraires au présent décret.

4. Les dispositions du présent décret sont applicables à l'Algérie.

5. Le président du conseil, les ministres du travail et de la prévoyance sociale, de la justice de l'intérieur, de l'agriculture, du commerce, de l'industrie, des postes et des télégraphes sont chargés, etc.

COLONIES, PROTECTORAT (PAYS DE), GUERRE FRANCO-ALLEMANDE, DOUANES, AUTORISATION D'EXPORTATION, MARCHANDISES A DESTINATION DE LA FRANCE, DES COLONIES FRANÇAISES, DE L'ANGLETERRE, DES PAYS

---

nous n'avons pas cru pouvoir modifier les dispositions du décret du 29 décembre, à raison des difficultés qu'elles ont continué à éprouver dans le recouvrement de leurs primes, qui représentent la grande partie de leurs ressources, il nous a paru équitable de demander aux autres entreprises un effort plus grand en augmentant encore dans une notable proportion le taux de leurs versements immédiats à leurs assurés ou adhérents.

« D'autre part, les différents décrets de prorogation avaient jusqu'ici imposé comme seule condition essentielle des règlements à effectuer par les entreprises le paiement de la prime; pour éviter certains abus, le projet de décret a dû prévoir en outre, en matière d'assurance contre les accidents et contre l'incendie, la déclaration de salaires et de sinistre, indispensable au fonctionnement des entreprises.

« Quant aux sociétés d'assurances sur la vie, le projet de décret apporte une restriction à la faculté puisée par les compagnies dans l'art. 3 du décret du 15 déc. 1914 de faire lever la suspension des clauses contractuelles de déchéance. Le projet déclare, en effet, qu'elles ne pourront suivre cette procédure qu'autant que leurs assurés n'auront pas pris l'engagement de payer à la fin des hostilités leurs primes échues; un élément nouveau d'appréciation est ainsi fourni au président du tribunal civil saisi de la demande de mainlevée.

« Enfin, tandis que le décret du 27 septembre fixait à 3 p. 100 le taux de l'intérêt dû par l'assureur et l'assuré pour les sommes dont le paiement était prorogé, tout en disposant qu'un taux plus élevé pouvait être demandé à l'assuré s'il était prévu à la police (ce qui est le cas normal), le projet de décret, mettant sur un pied d'égalité l'assureur et l'assuré, fixe pour tous deux un taux uniforme de 5 p. 100 »

(1) 1er vol., p. 33.

(2) 1er vol., p. 89.

(3) 1er vol., p. 128.

(4) 1er vol., p. 175.

(5) 1er vol., p. 284.

(6) S. et P. *Lois annotées* de 1899, p. 761; *Pand. pér.*, 1899.3.49.

(7) 1er vol., p. 258.

DE PROTECTORAT, COLONIES ET DOMINIONS BRITANNIQUES, DE LA BELGIQUE, DU JAPON, DU MONTÉNÉGRO, DE LA SERBIE ET DES ETATS D'AMÉRIQUE.

ARRÊTÉ *relatif aux prohibitions de sortie.*

(**24 février 1915**). — (Publ. au *J. off.* du 26 févr.).

LE MINISTRE DES COLONIES; — Vu l'avis de la commission interministérielle des dérogations aux prohibitions de sortie; — Vu les décrets des 9 (1), 16 (2) et 23 oct. (3), 8 (4), 9 (5) et 13 nov. (6) et 4 déc. 1914 (7), et 2 janv. 1915 (8); — Arrête :

ART. **1er**. Par dérogation aux prohibitions de sortie actuellement en vigueur, peuvent être exportés et réexportés sans autorisation spéciale des colonies et protectorats autres que la Tunisie et le Maroc, lorsque l'envoi a pour destination la France, les colonies françaises, l'Angleterre, les dominions, les pays de protectorat et colonies britanniques, la Belgique, le Japon, le Monténégro, la Russie, la Serbie ou les Etats de l'Amérique, les produits et objets énumérés ci-après :

Acétone.

Alumine anhydre et hydratée et sels d'alumine.

Aluminium, minerai et métal pur ou allié.

Bambous.

Bestiaux.

Bourre, bourrette de soie en masse ou peignée et blousses de soie en masse ou peignées, à l'exception des tussahs, fils de bourrette, de blousses de soie non teints, tissus de bourrette et de blousses de soie pure non teints, ni imprimés, ni apprêtés.

Brais de résine, résines de pin et de sapin, colophane, essence de térébenthine.

Cacao, chocolat.

Camphre.

Carbure de calcium.

Charbons pour l'électricité.

Coton et déchets de coton.

Cuivre, minerai ou métal pur ou allié, chaudronnerie et tubes de cuivre.

Déchets de fils de coton.

Déchets de soie.

Ecorces de quinquina.

Ecorces de palétuviers.

Etain, minerai et métal pur ou allié.

Extraits de quinquina.

Fruits et graines oléagineux.

Glycérine.

Graines à ensemencer (légumineuses, graminées, fourragères et autres).

Graisses animales autres que de poisson.

Graphite.

Huile de baleine.

Huiles végétales autres que de ricin et de pulghère.

Jambons désossés et roulés, jambons cuits.

Limailles et débris de vieux ouvrages de cuivre, d'étain, de zinc, purs ou alliés.

Mercure (minerai et métal).

Minerai de chrome, de manganèse, de molybdène, de titane, de tungstène, de vanadium.

Minerai de fer.

Nickel (minerai et métal pur ou allié).

Ouvrages en aluminium autres que la bijouterie.

Paraffine.

Phosphore et phosphates de chaux.

Plombs, minerai et métal pur ou allié, tuyaux de plomb.

Raphia.

Riz.

Sel marin, sel de saline et sel gemme, bruts ou raffinés.

Son.

Soufre et pyrites.

Tourteaux de graines oléagineuses.

Minerai de zinc.

2. En ce qui concerne la Russie et la Serbie, les produits et objets ci-dessus énumérés ne pourront être exportés ou réexportés que sous réserve de la souscription d'un acquit-à-caution à décharger par la douane russe ou serbe.

3. La souscription d'un acquit-à-caution est obligatoire pour l'exportation ou la réexportation, à destination d'un quelconque des pays indiqués à l'art. 1er du présent arrêté, du minerai de chrome et du nickel (minerai et métal pur ou allié).

RÉQUISITIONS MILITAIRES, MARINE, NAVIRES RÉQUISITIONNÉS, RÈGLEMENT DES INDEMNITÉS.

CIRCULAIRE *concernant les bases générales du règlement des réquisitions des navires.*

(**24 février 1915**). — (Publ. au *J. off.* du 27 févr.).

Le Ministre de la marine à MM. les vice-amiraux commandant en chef, préfets maritimes, directeurs de l'inscription maritime dans les ports secondaires, contre-amiral commandant la marine en Algérie, le capitaine de vaisseau commandant la marine en Corse, le chef du service de l'intendance maritime à Dunkerque et

(1) 1er vol., p. 150.
(2) 1er vol., p. 161.
(3) 1er vol., p. 169.
(4) 1er vol., p. 190.
(5) 1er vol., p. 190.
(6) 1er vol., p. 200.
(7) 1er vol., p. 228.
(8) 1er vol., p. 291.

Marseille, le contrôleur général de 1re classe président de la commission centrale des réquisitions maritimes.

Je vous notifie ci-après les bases que j'ai adoptées en principe pour le règlement des réquisitions de navires et de matériel flottant.

Il y a lieu d'envisager : 1° la détermination de l'indemnité à allouer à l'armement au titre de la privation de jouissance ; 2° la question des frais accessoires.

TITRE Ier

DÉTERMINATION DE L'INDEMNITÉ DE PRIVATION DE JOUISSANCE

Pour l'évaluation de cette indemnité, on envisagera les chefs suivants :

a) L'amortissement du capital initial représenté : 1° par le navire neuf, machines comprises ; 2 par les chaudières, dont l'amortissement doit être plus rapide.

b) L'intérêt du capital non amorti.

c) La participation aux frais généraux d'administration et d'exploitation.

d) Les frais d'entretien et de réparations.

a) Amortissement du capital (1) : 1° coque et machines (chaudières non comprises) ; 2° chaudières.

Coque et machines. — Le département adopte le taux de 5 p. 100 l'an, mais en stipulant qu'il ne constitue, pour les commissions d'évaluation, qu'une simple indication, et qu'elles auront la faculté :

Au cas où la navigation normale pratiquée par le navire en temps de paix lui apparaîtrait comme peu pénible, de proposer un taux moins élevé ;

Dans le cas où, au contraire, cette navigation entraînerait une usure exceptionnellement rapide du navire, de proposer un taux plus fort ;

En motivant, chaque fois, leurs propositions d'une manière précise.

Pour les chaudières, le département adopte le taux d'amortissement de 10 p. 100, sous la même réserve.

b) Intérêt du capital non amorti. — Il sera accordé aux armateurs une allocation de 5 p. 100 du capital non amorti, représentant l'intérêt de ce capital.

Bien que le taux d'amortissement adopté soit aussi rapproché que possible de la réalité (vingt ans pour la coque et les machines, dix ans pour les chaudières), il n'en demeure pas moins que, dans les toutes dernières années de son amortissement, un navire réquisitionné n'aurait plus droit, si l'on s'en tenait à la stricte application des bases posées, qu'à une indemnité excessivement réduite ; après vingt ans, il n'aurait plus droit à aucune indemnité ni du fait de l'amortissement, ni du fait de l'intérêt du capital non amorti.

Il a paru équitable et conforme à la pensée du législateur de décider qu'à partir de la quinzième année révolue pour la coque, de la huitième année révolue pour les chaudières, et sans nouvelle limitation d'âge, l'intérêt du capital non amorti serait calculé d'après la valeur actuelle, sans que cette valeur pût être fixée à plus d'un quart de la valeur initiale dans le premier cas, à plus d'un cinquième dans le second cas.

c) Participation aux frais généraux d'administration et d'exploitation. — La question s'étant posée de savoir si l'indemnité de réquisition devait comporter une participation de ce genre, j'ai décidé, conformément à l'avis de la commission centrale des réquisitions maritimes, qu'il y avait lieu en principe d'adopter la négative.

d) Frais d'entretien et de réparations courantes du navire. — Dépenses de salaires et de nourriture de l'équipage. — Il est de nombreux cas où les armateurs réquisitionnés assurent eux-mêmes les dépenses qui font l'objet du présent titre, soit : 1° qu'ils aient passé avec la marine un contrat dans ce sens ; 2° que, à défaut de contrat, ils y pourvoient eux-mêmes d'office (le cas se présente surtout pour les réquisitions de navires effectuées au compte de la guerre). Dans ces circonstances, il est évidemment nécessaire de leur rembourser leurs débours.

S'il y a contrat, les commissions d'évaluation n'ont pas à intervenir, et le remboursement a lieu dans les conditions fixées par le contrat lui-même.

S'il n'y a pas contrat, les commissions doivent, au contraire, donner leur avis, et il leur appartient, avant de l'émettre, de s'éclairer par tous les moyens en leur pouvoir (production des factures des travaux payés par les armateurs, rôle d'équipage, etc.).

TITRE II

FRAIS ACCESSOIRES

Il convient d'examiner, commes annexes des éléments ci-dessus, la question des frais accessoires ci-après :

a) Primes d'assurance. — La marine a le droit d'exiger l'exécution du contrat d'assurance passé antérieurement à la réquisition, et elle a intérêt d'ailleurs à maintenir ce contrat, qui ne vise généralement que les risques de navigation normaux. Bien entendu, les risques de guerre restent à la charge exclusive de la marine.

Il en résulte que les primes d'assurance, prévues par le contrat maintenu, doivent être remboursées aux armateurs, les compagnies d'assu-

(1) Note du *J. off.* — « Dans tous les cas, le montant de la prime à la construction accordée pour les navires construits en France vient en déduction du prix d'acquisition du navire ».

rances devant corrélativement supporter les risques autres que ceux de guerre.

b) Manque à gagner. — La réquisition militaire est un véritable impôt auquel sont soumis tous les citoyens, y compris les propriétaires et armateurs de navires; elle ne peut devenir pour eux une source de bénéfices. Au surplus, dans maintes circonstances (celles-ci se sont précisément manifestées dès le début de la guerre actuelle), les navires réquisitionnés seraient restés improductifs dans les ports, l'amortissement et l'intérêt du capital non amorti restant de la sorte à la charge de leurs armateurs; on ne saurait établir pratiquement un départ équitable entre ces circonstances et celles où, au contraire, ils pourraient procurer des gains à leurs armateurs. Pour ces divers motifs, le chef de « manque à gagner » est écarté du règlement.

c) Compensation d'armement. — Certains armateurs ont sollicité le paiement de la compensation d'armement. Dans aucun cas, la marine ne consentira à ce paiement, car elle supportera toujours, quelle que soit la forme donnée à la réquisition, les dépenses de salaires et de nourriture de l'équipage, à l'égard desquelles cette compensation a été instituée.

d) Remboursement des avaries, etc. — Le remboursement des avaries, des bris d'appareils, des détériorations dues à des installations spéciales effectuées par la marine, de l'usure des apparaux (autre que l'usure normale) sont de droit commun, et ne peuvent donc donner lieu à aucune instruction spéciale.

e) Dépenses diverses. — Il en est de même au sujet du remboursement des dépenses diverses faites par l'armement pour le navire réquisitionné, telles que le paiement des dépenses de salaires et de nourriture de l'équipage (déjà compris dans les frais d'entretien), les consommations de combustibles, matières grasses, vivres, matières consommables appartenant à l'armement, le remboursement des débours avancés pour pilotage, droits d'entrée.

Il y a lieu d'ajouter les frais de remorquage, de halage, les journaliers pour travaux de propreté, les repas fournis par le bord, etc.

En principe, toutes ces dépenses seront payées sur justifications, ce qui sera facile le plus souvent. Cependant, cette justification pouvant présenter des difficultés pour les frais de nourriture, quand ceux-ci ne résulteront pas explicitement du contrat d'engagement des équipages, j'ai adopté, en principe, les bases ci-après :

Officiers et passagers ayant rang d'officier, 5 fr. par jour.

Maistrance, chauffeurs, soutiers, cuisiniers et passagers n'ayant pas rang d'officier, 2 fr. par jour.

Matelots et novices, 1 fr. 50 par jour.

Enfin aucun chef d'indemnité, non prévu implicitement ou explicitement par la présente circulaire, ne pourra être accepté, sauf exceptions fortement motivées.

MARINE, GUERRE FRANCO-ALLEMANDE, COMMISSARIAT DE LA MARINE, ÉLÈVES COMMISSAIRES, COMMISSAIRES DE 3e CLASSE, PROMOTION AUX GRADES DE COMMISSAIRE DE 3e ET DE 2e CLASSE, STAGE A L'ÉCOLE DU COMMISSARIAT APRÈS LA FIN DE LA GUERRE.

DÉCRET *suspendant l'application des prescriptions de l'art. 2 du décret du 23 avril 1910 à l'égard des élèves commissaires et commissaires de 3e classe de la marine, nommés le 5 oct. 1914.*

(**25 février 1915**). — (Publ. au *J. off.* du 3 mars).

LE PRÉSIDENT DE LA RÉPUBLIQUE FRANÇAISE; — Vu la loi du 19 févr. 1915(1); — Vu le décret du 23 avril 1910 (2), sur le recrutement et l'instruction des officiers du commissariat de la marine, et les décrets modificatifs des 30 avril 1911 (3), 20 mars 1912 (4) et 11 août 1913 (5); — Sur le rapport du ministre de la marine; — Décrète :

ART. 1er. Les élèves commissaires de la marine et les commissaires de 3e classe de la marine nommés le 5 oct. 1914 seront promus, de droit et sans examen, respectivement aux grades de commissaire de 3e classe et de commissaire de 2e classe à la date du 5 oct. 1915.

2. Les intéressés seront tenus, après la cessation des hostilités, d'accomplir dans leur nouveau grade, savoir :

Comme commissaires de 3e classe, la première année d'école;

Comme commissaires de 2e classe, la deuxième année d'école.

Le rang d'ancienneté des intéressés sera rectifié, dans chacun de ces grades, d'après les résultats des examens de fin d'année et de sortie de l'école.

A ceux des intéressés qui seraient reconnus insuffisants à ces examens, il serait fait application des dispositions contenues dans les deux premiers alinéas des art. 3 et 4 du décret du 23 avril 1910.

3. Les élèves commissaires de la marine et

---

(1) *Supra*, p. 34.

(2) *Bull. off.*, nouv. série, 32, n. 1494.

(3) *J. off.*, 5 mai 1911, p. 3555.

(4) *Bull. off.*, nouv. série, 78, n. 3842.

(5) *Bull. off.*, nouv. série, 111, n. 5935.

les commissaires de 3e classe de la marine nommés le 5 oct. 1914 pourront, par application de la loi du 19 févr. 1915, être promus à une date antérieure au 5 oct. 1915, s'ils ont été l'objet de propositions spéciales d'avancement au grade supérieur pour faits de guerre.

Dans ce cas, les dispositions de l'art. 2 du présent décret ne leur en seront pas moins applicables, sauf en ce qui concerne leurs rang et date d'ancienneté, qui leur demeureront acquis.

4. Le ministre de la marine est chargé, etc.

1o PROTÊTS, GUERRE FRANCO-ALLEMANDE, VALEURS NÉGOCIABLES, PROROGATION DES ÉCHÉANCES, MORATORIUM, ALGÉRIE. — 2o VENTE DE MARCHANDISES, GUERRE FRANCO-ALLEMANDE, DÉLAIS DE PAIEMENT, MORATORIUM, ALGÉRIE. — 3o CRÉDIT (OUVERTURE DE), GUERRE FRANCO-ALLEMANDE, MORATORIUM, DÉLAI DE RÉALISATION, ALGÉRIE. — 4o BANQUE-BANQUIER, GUERRE FRANCO-ALLEMANDE, COMPTES COURANTS, AVANCES SUR TITRES, DÉPÔTS, LIMITATION DES RETRAITS, MORATORIUM, ALGÉRIE.

DÉCRET *relatif à la prorogation des échéances et au retrait des dépôts espèces.*

(25 février 1915). — (Publ. au *J. off.* du 26 févr.).

LE PRÉSIDENT DE LA RÉPUBLIQUE FRANÇAISE ; — Sur le rapport du président du conseil, des ministres du commerce, de l'industrie, des postes et des télégraphes, de la justice, des affaires étrangères, de l'intérieur, des finances, du travail et de la prévoyance sociale ; — Vu le Code de commerce ; — Vu la loi du 5 août 1914 (1), relative à la prorogation des échéances des valeurs négociables ; — Vu les décrets des 31 juill. (2), 1er (3), 5 (4), 9 (5) et 29 août (6), 27 sept. (7), 27 oct. (8), 24 nov. (9), et 15 déc. 1914 (10) ; — Le conseil des ministres entendu ; — Décrète :

ART. **1er**. Les délais accordés par les art. 1, 2, 3 et 4 du décret du 29 août 1914 et prorogés par les art. 1er des décrets des 27 sept., 27 oct. et 15 déc. 1914, sont prorogés, sous les mêmes conditions et réserves, pour une nouvelle période de soixante jours francs.

Le bénéfice en est étendu aux valeurs négociables qui viendront à échéance avant le 1er mai 1915, à la condition qu'elles aient été souscrites antérieurement au 4 août 1914.

2. Sont maintenues toutes les dispositions des décrets des 29 août, 27 sept., 27 oct., 15 déc. 1914, qui ne sont pas contraires au présent décret.

Toutefois, l'application des art. 2, §§ 2 et 3, du décret du 27 oct. 1914, concernant le recouvrement des valeurs négociables et des créances à raison de ventes commerciales ou d'avances sur titres, est suspendue jusqu'à l'expiration dudit délai de soixante jours.

3. Le présent décret est applicable à l'Algérie.

4. Les ministres de la justice, du commerce, de l'industrie, des postes et des télégraphes, des finances, de l'intérieur, des affaires étrangères, du travail et de la prévoyance sociale sont chargés, etc.

COLONIES, GUERRE FRANCO-ALLEMANDE, INSPECTEURS DES COLONIES, CONCOURS D'ADMISSION, SUPPRESSION.

DÉCRET *relatif au recrutement de l'inspection des colonies.*

(26 février 1915). — (Publ. au *J. off.* du 28 févr.).

LE PRÉSIDENT DE LA RÉPUBLIQUE FRANÇAISE ; — Sur le rapport du ministre des colonies ; — Vu le décret du 15 sept. 1904 (11), portant règlement d'administration publique sur l'organisation du corps de l'inspection des colonies, ensemble le décret du 14 mai 1913 (12) ; — Le Conseil d'Etat entendu ; — Décrète :

ART. **1er**. Est supprimé le concours pour le grade d'inspecteur adjoint des colonies qui devait avoir lieu au mois de mai 1915, en exécution de l'art. 1er, § 1er, du décret du 15 sept. 1904, modifié par le décret du 14 mai 1913.

La date du concours devant tenir lieu de celui qui est supprimé sera fixée ultérieurement par le ministre des colonies et devra précéder de six mois au moins l'ouverture du concours.

2. La limite d'âge de trente-sept ans, prévue au § 2 de l'art. 1er du décret du 14 mai 1913, ne pourra être opposée aux candidats qui auraient pu prendre part aux épreuves du mois de mai 1915.

3. Le ministre des colonies est chargé, etc.

---

(1) 1er vol., p. 33.
(2) 1er vol., p. 3.
(3) 1er vol., p. 8.
(4) 1er vol., p. 33.
(5) 1er vol., p. 41.
(6) 1er vol., p. 89.
(7) 1er vol., p. 128.
(8) 1er vol., p. 175.
(9) 1er vol., p. 219.
(10) 1er vol., p. 259.
(11) *Bull. off.*, 12e série, 2593, n. 45365.
(12) *Bull. off.*, nouv. série, 105, n. 5519.

Habitations a bon marché, Petite propriété, Guerre franco-allemande, Application de la législation aux successions des militaires décédés.

Circulaire *concernant l'application des lois des 12 avril 1906 et 10 avril 1908 au règlement des successions des militaires tués à l'ennemi.*

(**27 février 1915**). — (Publ. au *J. off.* du 28 févr.).

Le Garde des sceaux, ministre de la justice, à M. le Président de la Cour d'appel de..., à M. le Procureur général près la Cour d'appel de...

La guerre provoque l'ouverture d'un grand nombre de successions, dont le règlement est dans beaucoup de cas susceptible de bénéficier des dispositions formulées dans l'art. 8 de la loi du 12 avril 1906 (1), sur les habitations à bon marché, et étendues par l'art. 1er de la loi du 10 avril 1908 (2) aux champs et jardins ne dépassant pas un hectare.

Il me paraît donc utile d'appeler l'attention des familles sur ces dispositions qui dérogent à celles du Code civil sur les deux points suivants : 1° tandis que l'art. 815 dudit Code pose en principe que nul ne peut être contraint à demeurer dans l'indivision, elle peut, après décès du propriétaire de la maison, du champ ou du jardin, et sous certaines conditions, être maintenue, pour une période plus ou moins longue, sur la demande du conjoint survivant ou de l'un des descendants; 2° même en cas de désaccord entre les héritiers, ou s'il y a parmi eux des mineurs, il peut être mis fin à l'indivision sans observer les prescriptions du Code civil en matière de partage, et par l'attribution, sur estimation et dans des formes très simples, de la maison, du champ ou du jardin au conjoint survivant ou à l'un des cohéritiers.

L'objet essentiel des lois de 1906 et de 1908 est d'empêcher qu'au lendemain de la mort du petit propriétaire, la maison ou la parcelle de terre par lui acquise en vue de la fondation d'un foyer familial ne passe par une vente, peut-être réalisée à vil prix, entre les mains d'un tiers qui bénéficierait des sacrifices que le défunt s'est imposés en faveur des siens ; grâce au maintien de l'indivision, elle restera dans la famille. De plus, par la dispense des formalités ordinaires de partage et de licitation, le législateur a voulu préserver le petit héritage de frais de procédure susceptibles de l'absorber pour une plus ou moins large part.

C'est le juge de paix qui décide du maintien de l'indivision, et c'est également de ce magistrat que dépendent éventuellement les opérations d'attribution sur estimation.

Il est essentiel de constater que le bénéfice des dispositions de l'art. 8 de la loi du 12 avril 1906 n'est pas limité aux habitations « à bon marché » proprement dites ; il s'étend, aux termes du dernier paragraphe de cet article, à toutes les maisons dont la valeur locative ne dépasse pas les maxima prévus à l'art. 5 de la même loi modifié par l'art. 1 de la loi du 29 déc. 1912 (3).

En dépit des avantages incontestables qu'elles offrent aux familles peu fortunées, les lois de 1906 et 1908 ne sont pas encore suffisamment entrés dans les mœurs. Il importe plus que jamais, dans les circonstances actuelles, d'en favoriser l'application.

Vous voudrez bien, en conséquence, inviter les juges de paix à profiter de la réunion des conseils de famille des orphelins des militaires et marins tués à l'ennemi ou morts de leurs blessures pour signaler cette législation aux intéressés.

Toutes les fois que les conditions fixées par le législateur se trouveront réunies, ils inviteront les conseils à délibérer sur le maintien de l'indivision ou sur l'attribution sur estimation au conjoint survivant ou à l'un des cohéritiers des immeubles rentrant dans les prévisions des lois de 1906 et 1908.

Il sera bon d'ailleurs que les procès-verbaux fassent mention de la communication faite à cet égard par le juge de paix et de la suite que le conseil y aura donnée.

Je vous prie de veiller à l'exacte exécution des présentes instructions, auxquelles j'attache un intérêt particulier.

Vous voudrez bien m'en accuser réception.

Colonies, Administrateurs des colonies, Personnel des secrétariats, Personnel secondaire des ports, Personnel auxiliaire de l'administration centrale, Tableau d'avancement, Confection, Délai, Prorogation.

1° Décret *relatif au délai d'établissement des tableaux d'avancement, pour* 1915, *des fonctionnaires et agents des colonies.*

(**28 février 1915**). — (Publ. au *J. off.* du 1er mars).

Le Président de la République française ; — Sur le rapport du ministre des colonies ; — Vu

---

(1) S. et P. *Lois annotées* de 1907, p. 335 ; *Pand. pér.*, 1907.3.66.

(2) S. et P. *Lois annotées* de 1908, p. 725 ; *Pand. pér.* *Lois annotées* de 1908, p. 725.

(3) S. et P. *Lois annotées* de 1913, p. 484 ; *Pand. pér.*, *Lois annotées* de 1913, p. 484.

le sénatus-consulte du 3 mai 1854 (1); — Vu le décret de ce jour (2), portant que le temps passé sous les drapeaux par les fonctionnaires des colonies mobilisés en exécution du décret du 1er août 1914 (3) sera compté, pour l'avancement, comme temps de service accompli aux colonies; — Le Conseil d'Etat entendu; — Décrète :

ART. 1er. Par dérogation aux dispositions qui régissent l'avancement du personnel des administrateurs coloniaux et du personnel du cadre général et des cadres locaux des bureaux des secrétariats généraux des colonies, le délai dans lequel devaient être dressés les tableaux d'avancement de ces personnels, pour l'année 1915, est prorogé jusqu'au 31 mars 1915.

La même prolongation de délai est appliquée à la confection des tableaux d'avancement concernant les fonctionnaires et agents des colonies dont l'avancement est régi par des décrets ou par des arrêtés locaux lorsque, en vertu de ces décrets et arrêtés, les tableaux d'avancement devaient être établis avant le 31 déc. 1914.

2. Pourront seuls être portés sur les tableaux, dressés en conformité des dispositions précédentes, les candidats qui réunissaient au 1er janv. 1915 toutes les conditions exigées pour l'avancement; leur inscription auxdits tableaux portera effet à compter de cette date.

Les nominations de candidats portés aux tableaux susvisés, qui seront faites pour combler des vacances existant au 1er janv. 1915, auront effet à compter de cette date, mais seulement en ce qui concerne la détermination de l'ancienneté de ces fonctionnaires dans leurs nouveaux grades.

3. Les tableaux d'avancement intéressant l'un des personnels visés à l'art. 1er ci-dessus, qui ont été établis pour l'année 1915, avant le 31 déc. 1914, pourront, jusqu'au 31 mars 1915, faire l'objet d'une revision dans les formes prévues pour leur établissement, à l'effet d'y comprendre les fonctionnaires et agents mobilisés qui se seraient trouvés réunir, au 1er janv. 1915, les conditions exigées pour l'avancement, par application des dispositions du décret de ce jour et qui auront été régulièrement proposés.

Si le rang d'inscription au tableau implique l'ordre dans lequel doivent se faire les nominations, les fonctionnaires ainsi ajoutés pourront être intercalés entre ceux qui y sont déjà inscrits, de manière à conserver le rang qui leur aurait été assigné, s'ils avaient été portés sur la liste primitive.

4. Le ministre des colonies est chargé, etc.

---

(1) S. *Lois annotées* de 1854, p. 78. — P. *Lois, décr.*, etc. de 1854, n. 137.

(2) *Infra*, p. 46.

(3) 1er vol., p. 9.

(4) *Bull. off.*, nouv. série, 72, p. 3457.

2° DÉCRET *relatif au délai d'établissement du tableau d'avancement, pour* 1915, *du personnel secondaire du service colonial dans les ports du Havre, de Bordeaux, de Nantes et de Marseille.*

(**28 février 1915**). — (Publ. au *J. off.* du 1er mars).

LE PRÉSIDENT DE LA RÉPUBLIQUE FRANÇAISE; — Sur le rapport du ministre des colonies; — Vu le décret du 23 déc. 1911 (4), portant organisation du personnel secondaire du service colonial dans les ports du Havre, de Nantes, de Bordeaux et de Marseille, en ce qui concerne le recrutement, l'avancement et la discipline; — Vu le décret de ce jour (5), portant règlement d'administration publique sur l'organisation et l'administration centrale du ministère des colonies; — Décrète :

ART. 1er. Par dérogation aux art. 6 et 7 du décret susvisé du 23 déc. 1911, le délai dans lequel devaient être dressés les tableaux d'avancement du personnel secondaire du service colonial dans les ports du Havre, de Nantes, de Bordeaux et de Marseille, pour l'année 1915, est prorogé jusqu'au 31 mars 1915.

2. Pourront seuls être portés sur les tableaux dressés en conformité des dispositions précédentes, les candidats qui réunissaient, au 1er janvier 1915, toutes les conditions exigées pour l'avancement.

Les nominations de candidats portés auxdits tableaux, qui seront faites pour combler des vacances existant au 1er janv. 1915, auront effet à compter de cette date, mais seulement en ce qui concerne la détermination de l'ancienneté de ces fonctionnaires dans leurs nouveaux grades.

3. Le ministre des colonies est chargé, etc.

3° ARRÊTÉ *relatif au délai d'établissement des tableaux d'avancement, pour* 1915, *des commis auxiliaires et dames dactylographes de l'administration centrale au ministère des colonies.*

(**28 février 1915**). — Publ. au *J. off.* du 1er mars).

LE MINISTRE DES COLONIES; — Vu l'art. 5 du décret du 19 août 1910 (6), portant réorganisation de l'administration centrale du ministère des colonies en ce qui concerne le nombre des emplois et les traitements du personnel; — Vu le décret du 28 févr. 1915 (7), portant règlement d'administration publique sur l'organisation de ladite administration centrale; — Vu l'arrêté ministériel du 25 déc. 1911 (8), portant réorganisation

---

(5) *Infra*, p. 46.

(6) *Bull. off.*, nouv. série, 40, p. 1931.

(7) *Infra*, p. 46.

(8) *J. off.*, 1er janv. 1912, p. 77.

du personnel auxiliaire, de l'administration centrale du ministère des colonies ; — Sur le rapport du sous-directeur, chef du service du personnel ; — Arrête :

ART. 1er. Par dérogation à l'art. 9 de l'arrêté ministériel précité du 25 déc. 1911, le délai dans lequel devait être dressé le tableau d'avancement du personnel auxiliaire de l'administration centrale du ministère des colonies, pour l'année 1915, est prorogé jusqu'au 31 mars 1915.

2. Pourront seuls être portés sur le tableau dressé en conformité des dispositions précédentes les candidats qui réunissaient au 1er janv. 1915 toutes les conditions exigées pour l'avancement.

Les nominations des candidats portés audit tableau, qui seront faites pour combler des vacances existant au 1er janv. 1915, auront effet à compter de cette date, mais seulement en ce qui concerne la détermination de l'ancienneté de ces fonctionnaires dans leurs nouveaux grades.

COLONIES, GUERRE FRANCO - ALLEMANDE, FONCTIONNAIRES DE L'ADMINISTRATION CENTRALE, SERVICE AUX COLONIES, SERVICES DE GUERRE, ENTRÉE EN COMPTE, TABLEAU D'AVANCEMENT, CONFECTION, DÉLAI, PROROGATION.

DÉCRET *portant règlement d'administration publique sur l'organisation de l'administration centrale du ministère des colonies.*

(28 février 1915). — (Publ. au *J. off.* du 1er mars).

LE PRÉSIDENT DE LA RÉPUBLIQUE FRANÇAISE ; — Sur le rapport du ministre des colonies ; — Vu le décret du 23 mai 1896 (1), portant règlement d'administration publique sur l'organisation de l'administration centrale du ministère des colonies ; — Vu le décret du 19 août 1910 (2), modifiant l'art. 12 du décret précédent : — Vu le décret du 1er août 1914 (3), prescrivant la mobilisation des armées de terre et de mer en France, en Algérie, dans les autres colonies et dans les pays de protectorat ; — Le Conseil d'Etat entendu ; — Décrète :

ART. 1er. Sera compté dans le calcul des deux ans de service aux colonies ou dans les pays de protectorat, exigés par le décret susvisé du 19 août 1910 pour pouvoir concourir à l'emploi de sous-chef de bureau de l'administration centrale du ministère des colonies, le temps passé sous les drapeaux par les rédacteurs principaux et les rédacteurs de cette administration qui ont été mobilisés en vertu du décret du 1er août 1914, ou qui se sont engagés pour la durée de la guerre.

2. Les rédacteurs principaux et rédacteurs de l'administration centrale, qui auront accompli dix-huit mois au moins de service, soit aux colonies, soit à l'armée, dans les conditions indiquées à l'article précédent, pourront, sur l'avis du conseil prévu à l'art. 7 du décret du 23 mai 1896, être dispensés par le ministre de l'obligation de compléter leur seconde année de service aux colonies ou dans les pays de protectorat.

3. Les rédacteurs principaux et rédacteurs de l'administration centrale, qui, dans l'accomplissement de leur service militaire, auront été atteints de blessures ou d'infirmités graves, pourront, sur l'avis du conseil susmentionné, être dispensés de tout stage hors d'Europe par le ministre des colonies.

4. Par dérogation aux dispositions de l'art. 12 du décret du 23 mai 1896, modifié par le décret du 19 août 1910, susvisé, le délai dans lequel devait être dressé le tableau d'avancement du personnel de l'administration centrale des colonies, pour l'année 1915, est prorogé jusqu'au 31 mars 1915.

5. Pourront seuls être portés sur le tableau dressé en conformité des dispositions précédentes les candidats qui réunissaient, au 1er janv. 1915, toutes les conditions exigées pour l'avancement.

Les nominations de candidats portés audit tableau, qui seront faites pour combler des vacances existant au 1er janv. 1915, auront effet à compter de cette date, mais seulement en ce qui concerne la détermination de l'ancienneté de ces fonctionnaires dans leur nouveaux gardes.

6. Le ministre des colonies est chargé, etc.

COLONIES, GUERRE FRANCO - ALLEMANDE, FONCTIONNAIRES COLONIAUX, SERVICE AUX COLONIES, SERVICES DE GUERRE, ENTRÉE EN COMPTE.

DÉCRET *portant que le temps passé sous les drapeaux par les fonctionnaires des colonies mobilisés en exécution du décret du* 1er *août* 1914 *sera compté comme temps de service accompli aux colonies.*

(28 février 1915). — (Publ. au *J. off.* du 1er mars).

LE PRÉSIDENT DE LA RÉPUBLIQUE FRANÇAISE ; — Sur le rapport des ministres des colonies, de la guerre et des finances ; — Vu le décret du 1er août 1914 (4), prescrivant la mobilisation des

(1) S. et P. *Lois annotées* de 1896, p. 149.
(2) *Bull. off.*, nouv. série, 40, p. 1931.
(3) 1er vol., p. 9.
(4) 1er vol., p. 9.

armées de terre et de mer, en France, en Algérie, dans les autres colonies et dans les pays de protectorat; — Vu le sénatus-consulte du 3 mai 1854 (1); — Le Conseil d'Etat entendu; — Décrète :

ART. 1er. Dans les corps ou services des colonies françaises où une durée minimum de séjour aux colonies, dans le grade, l'emploi ou la classe est exigée pour l'avancement par les décrets et arrêtés en vigueur, le temps passé sous les drapeaux par les fonctionnaires mobilisés en exécution du décret du 1er août 1914 ou engagés pour la durée de la guerre comptera comme temps de présence effective dans la colonie à laquelle ils étaient affectés et dans l'emploi qu'ils occupaient.

2. Les ministres des colonies, de la guerre et des finance, sont chargés, etc.

ARMÉE, GUERRE FRANCO-ALLEMANDE, DÉLÉGATIONS DE SOLDE, DÉLÉGATIONS D'OFFICE, ASCENDANTS DE MILITAIRES DÉCÉDÉS, DISPARUS OU PRISONNIERS DE GUERRE.

DÉCISION *relative aux conditions dans lesquelles les ascendants peuvent obtenir une délégation d'office.*

(**1er mars 1915**). — (Publ. au *J. off.* du 30 mars).

Des doutes se sont élevés sur la question de savoir comment devraient être appliquées les dispositions du décret du 9 oct. 1914 (2), en ce qui concerne les délégations d'office demandées par les ascendants de militaires décédés, disparus ou faits prisonniers de guerre.

Le ministre a pris à ce sujet, à la date du 1er mars 1915, la décision suivante :

1° Si un militaire est décédé, disparu ou fait prisonnier de guerre avant le 11 octobre, les ascendants (sous réserve bien entendu des droits de la veuve et des orphelins) ont droit à la délégation en vertu de l'art. 3 du décret du 9 octobre précité;

2° Si le militaire est décédé après le 11 octobre, les ascendants ont droit à la délégation, s'ils l'ont demandée avant le décès de leur fils, parce que celui-ci est présumé avoir pu révoquer ladite délégation;

3° Les ascendants des militaires prisonniers ou disparus peuvent demander et obtenir la délégation, quelle que soit la date de la disparition ou de la captivité.

MARINE, GUERRE FRANCO-ALLEMANDE, ECOLE NAVALE, CONCOURS DE 1915, SUPPRESSION.

DÉCRET *supprimant le concours d'admission à l'École navale en* 1915.

(**1er mars 1915**). — (Publ. au *J. off.* du 3 mars).

LE PRÉSIDENT DE LA RÉPUBLIQUE FRANÇAISE; — Vu le décret du 20 mars 1910 (3), portant organisation de l'École navale; — Sur le rapport du ministre de la marine; — Décrète :

ART. 1er. Le concours d'admission à l'École navale, prévu par l'art. 5 du décret du 20 mars 1910, n'aura pas lieu en 1915.

2. Le ministre de la marine est chargé, etc. (4).

SOCIÉTÉS DE SECOURS MUTUELS, GUERRE FRANCO-ALLEMANDE, VERSEMENTS AU FONDS DE RETRAITES, SUBVENTIONS.

CIRCULAIRE *relative à l'application de l'arrêté du 22 févr.* 1915, *concernant les subventions à accorder aux sociétés de secours mutuels, qui, par suite de l'état de guerre, n'ont pu effectuer leurs versements de retraites avant le* **31 déc.** 1914.

(**1er mars 1915**). — (Publ. au *J. off.* du 6 mars).

Le Ministre du travail et de la prévoyance sociale à MM. les préfets.

Mon administration s'est préoccupée, malgré certaines difficultés inhérentes à l'état de guerre, d'assurer intégralement aux sociétés de secours mutuels le bénéfice des diverses subventions que l'Etat leur accorde habituellement. La répartition de ces subventions aura lieu cette année comme à l'ordinaire et sur la base des renseignements fournis par les sociétés au sujet de leurs opérations de l'exercice écoulé.

Toutefois, mon attention a été appelée sur ce fait qu'alors que les subventions les plus importantes sont, en principe, réservées aux sociétés qui constituent des retraites, ce sont précisément ces subventions qui, dans les circonstances actuelles, risqueraient d'être les plus réduites, si

(1) S. *Lois annotées* de 1854, p. 78. — P. *Lois, décr.*, etc. de 1854, p. 137.

(2) 1er vol., p. 147.

(3) *Bull. off.*, 30, p. 1344.

(4) Par décision du ministre de la marine, ont été également supprimés, pour 1915, les concours d'admission au cours préparatoire à l'Ecole des élèves officiers de marine et à l'Ecole des élèves officiers mécaniciens.

l'on appliquait strictement le régime défini par les arrêtés-barèmes en vigueur, lequel repose essentiellement sur l'annualité du versement fait par les sociétés.

Vous n'ignorez pas, en effet, que, d'après ce régime, une société de secours mutuels, qui a effectué dans l'année un versement à son service de retraite, reçoit une subvention basée sur le quart de son versement, augmentée des diverses subventions de capitation.

Si, au contraire, la société n'a pas effectué de versement au cours de l'année, l'arrêté du 29 mars 1901 lui donne droit simplement à une subvention, calculée sur la base de 50 centimes seulement par membre participant, — avec maximum de 500 fr., — lorsqu'elle assure à la fois le service de la retraite et celui de la maladie. La société ne touche aucune subvention, si elle n'assure que le service de la retraite, et si ce service n'a reçu aucun versement au cours de l'année.

Il m'a semblé qu'il serait injuste d'appliquer ce traitement de rigueur aux sociétés qui pourraient justifier qu'elles se sont trouvées, par cas de force majeure, dû à l'état de guerre, dans l'impossibilité d'effectuer en temps utile leurs versements de retraite.

Aussi, par un arrêté en date du 22 févr. 1915 (1), publié au *Journal officiel* du 23 du même mois, ai-je décidé que les sociétés qui, pour cette raison, n'ont pu faire de versement en 1914, et voudront l'effectuer en 1915, bénéficieront de subventions équivalentes à celles qu'elles auraient obtenues si leur versement avait été opéré avant le 31 déc. 1914.

Si donc une société, ayant effectué en 1915 un versement à son service de retraites, fournit des justifications établissant qu'il lui a été impossible, par suite de l'état de guerre, d'en effectuer un en 1914, elle recevra, lors de la répartition du budget de 1916, une subvention calculée sur les bases suivantes :

1° Subvention de capitation de 1 fr. ou de 50 centimes — suivant que la société assure le service de la maladie et de la retraite ou le service de la retraite seulement — calculée sur son effectif au 31 déc. 1914 ;

2° Subvention de 1 fr. ou de 50 centimes — suivant que la société assure le service de la retraite et de la maladie ou le service de la retraite seulement — par membre participant âgé de plus de cinquante-cinq ans comptant à l'effectif au 31 déc. 1914 ;

3° Subvention de capitation de 1 fr. ou de 50 centimes — suivant que la société assure le service de la maladie et de la retraite ou le service de la retraite seulement — calculée sur son effectif au 31 déc. 1915 ;

4° Subvention de 1 fr. ou de 50 centimes — suivant que la société assure le service de la retraite et de la maladie ou le service de la retraite seulement — par membre participant âgé de plus de cinquante-cinq ans comptant à l'effectif au 31 déc. 1915 ;

5° Subvention du quart du versement opéré en 1915 au service de retraite (fonds commun de retraite ou livrets individuels de la Caisse nationale des retraites pour la vieillesse).

Pour le calcul de ces subventions, les maxima indiqués par les arrêtés de 1900 doivent nécessairement être doublés ; ils seront fixés ainsi qu'il suit :

Lorsque le nombre des membres participants sera égal ou inférieur à 1.000, la subvention ne pourra excéder 6.000 fr.

Si le nombre des membres est supérieur à 1.000, la subvention ne pourra excéder ce nombre multiplié par 6, sans pouvoir dépasser la somme de 20.000 fr.

En aucun cas, la somme ne pourra être supérieure au chiffre du versement.

La subvention — au maximum de 500 fr. — qui aura pu être accordée sur le budget de 1915 à la société, pour ses opérations de 1914, par application de l'arrêté du 29 mars 1901, sera, bien entendu, déduite du chiffre de la subvention calculée comme il vient d'être exposé.

Il me reste à indiquer dans quelles conditions vous aurez à appliquer les dispositions qui précèdent. A cet égard, il y a lieu de distinguer les sociétés qui assurent le service de la retraite par le fonds commun inaliénable et celles qui emploient le livret de la Caisse nationale des retraites pour la vieillesse.

1° *Sociétés qui assurent des retraites par le fonds commun inaliénable.*

Je vous rappelle que ces sociétés vous adressent, au moment où elles se proposent d'effectuer un versement à leur fonds commun, une demande d'autorisation. C'est à cette occasion qu'elles devront vous faire connaître si elles désirent bénéficier du régime de faveur dont il est question et si le versement qu'elles se proposent d'opérer comprend, en même temps que la somme afférente aux opérations de l'année 1915, une part correspondant à l'année 1914, et dont l'affectation au fonds commun a été retardée. Les circonstances spéciales qui auront empêché la société d'effectuer ce versement en 1914 devront vous être exposées. Tout en vous montrant aussi libéral que possible, vous ne devrez pas perdre de vue que seules peuvent être admises comme justifiant le retard les circonstances qui découlent de l'état de guerre. Seules ces circonstances, il ne faut pas l'oublier, sont susceptibles de motiver l'application du régime de faveur exposé plus haut.

En conséquence, les sociétés qui voudront béné-

(1) *Supra*, p. 38.

ficier de ces dispositions exceptionnelles devront indiquer expressément sur leurs demandes d'autorisation de versement :

1° Que le versement correspond aux opérations des deux années (1914-1915) ;

2° Qu'aucun versement, si minime qu'il soit, n'a été fait en 1914 au fonds commun de retraites de la société ;

3° Par suite de quelles circonstances elles n'ont pu alimenter leur fonds commun en 1914.

Votre approbation d'une demande d'autorisation de versement, ainsi rédigée par une société, lui vaudra le bénéfice des dispositions précisées par la présente circulaire.

Si les explications de la société, en ce qui concerne le retard apporté dans le versement de la somme afférente à l'année 1914, ne sont pas satisfaisantes, cela ne vous empêchera évidemment pas de délivrer, pour la somme totale, indiquée dans la demande, l'autorisation de versement sollicitée ; mais, du moins, vous devrez prévenir en même temps la société qu'elle ne vous paraît pas en droit de profiter du régime exceptionnel qui vient d'être exposé. De la sorte, les intéressés, dûment avertis, pourront, s'ils le jugent opportun, diminuer l'importance de la somme à appliquer au fonds commun de retraites et vous soumettre une nouvelle demande de versement en temps utile, c'est-à-dire avant le 31 déc. 1915.

J'appelle toute votre attention sur la nécessité de répondre, sans le moindre retard, aux demandes d'autorisation de versement faites par les sociétés, surtout lorsqu'elles porteront sur les deux exercices 1914 et 1915.

Enfin, avant le 15 janv. 1916, vous devrez m'adresser une liste de sociétés faisant la retraite par le fonds commun et devant bénéficier des présentes dispositions, à la suite de l'autorisation de versement que vous leur aurez accordée, dans les conditions ci-dessus indiquées.

2° *Sociétés constituant des retraites par le livret de la Caisse nationale des retraites pour la vieillesse.*

La formalité de l'autorisation préalable n'existe que pour les versements au fonds commun ; ce n'est donc qu'au moment d'établir vos propositions de subvention, c'est-à-dire en 1916, que vous aurez à appliquer, le cas échéant, les présentes dispositions aux sociétés qui constituent des retraites par le livret de la Caisse nationale des retraites pour la vieillesse.

La circulaire spéciale qui vous sera adressée dès le début de 1916, pour l'établissement de vos propositions de subventions, basées sur les opérations faites en 1915 par les sociétés qui constituent des retraites par le livret de la Caisse nationale des retraites pour la vieillesse, vous donnera les précisions nécessaires pour l'application de l'arrêté du 22 févr. 1915 aux sociétés de cette catégorie.

Je vous prie de m'accuser réception de cette circulaire, et d'en porter, le plus tôt possible, les dispositions à la connaissance des sociétés de votre département.

Chemins de fer, Guerre franco-allemande, Transport de marchandises, Assurance, Arrêté du 1er déc. 1914, Application, Prorogation.

Arrêté *prorogeant d'un mois le délai fixé par l'arrêté du 1er déc. 1914 en matière de responsabilité des compagnies de chemins de fer.*

(2 mars 1915). — (Publ. au *J. off.* du 4 mars).

Le Ministre de la guerre et le Ministre des travaux publics ; — Vu le décret du 29 oct. 1914 (1), sur la responsabilité des compagnies de chemins de fer en matière de transports commerciaux ; — Vu l'arrêté du 1er nov. 1914 (2), pris en exécution de ce décret ; — Vu les arrêtés des ministres de la guerre et des travaux publics du 1er déc. 1914 (3) et du 29 janv. 1915 (4) ; — Arrêtent :

Art. 1er. Est prorogé d'un mois le délai d'application de l'arrêté interministériel du 1er déc. 1914, relatif à l'établissement d'un tarif d'assurance pour le transport des marchandises.

Toutefois, si le régime institué par ledit arrêté est modifié avant l'expiration de ce délai, la prorogation prescrite par le premier article sera limitée à la date de publication de l'arrêté fixant les conditions du nouveau régime à appliquer.

Armée, Guerre franco-allemande, Officiers prisonniers de guerre, Remplacement dans leur emploi, Avancement a l'ancienneté.

Décret *modifiant les art.* 109 *et* 110 *de l'ordonnance du* 16 *mars* 1838 *sur la progression de l'avancement et la nomination aux emplois dans l'armée* (5).

(1) 1er vol., p. 179.

(2) 1er vol., p. 181.

(3) *Supra*, p. 10, *ad notam*.

(4) *Supra*, p. 10.

(5) Ce décret est précédé au *Journal officiel* d'un rapport ainsi conçu :

« L'art. 110 de l'ordonn. du 16 mars 1838, portant règlement, d'après la hiérarchie militaire des grades et des fonctions, sur la progression de l'avancement et la nomination aux emplois dans l'armée, dispose que les officiers de l'armée active, prisonniers de guerre, depuis le grade de sous-lieutenant jusqu'à celui de colonel inclusivement, qui ont été remplacés pour raisons impérieuses de service et ne retrouvent plus vacant, à leur rentrée de

(3 mars 1915). — (Publ. au *J. off.* du 6 mars).

LE PRÉSIDENT DE LA RÉPUBLIQUE FRANÇAISE ; — Sur le rapport du ministre de la guerre ; — Vu la loi du 14 avril 1832 (1) sur l'avancement dans l'armée et notamment l'art. 17 ; — Vu les art. 7 et 16 de la loi du 19 mai 1834 (2) sur l'état des officiers ; — Vu l'ordonn. du 16 mars 1838 (3), portant règlement, d'après la hiérarchie militaire des grades et des fonctions, sur la progression de l'avancement et la nomination aux emplois dans l'armée, en exécution de la loi du 14 avril 1832, et notamment les art. 108, 109 et 110 ; — Décrète :

ART. **1er**. Les art. 109 et 110, de l'ordonnance susvisée du 16 mars 1838 sont remplacés par les suivants :

« Art. 109. Les officiers prisonniers de guerre ne sont remplacés dans leur emploi que lorsque les besoins du service l'exigent impérieusement, et d'après l'ordre du ministre de la guerre.

« Les officiers prisonniers de guerre conservant leur droit d'ancienneté pour l'avancement au grade immédiatement supérieur à celui dont ils sont pourvus au moment où ils tombent au pouvoir de l'ennemi, tout sous-lieutenant ou lieutenant en situation d'être promu à ce titre est nommé au grade supérieur.

« Si l'emploi auquel il est ainsi pourvu ne peut rester vacant, il y est nommé un autre officier selon l'ordre des tours, et l'officier prisonnier de guerre est inscrit à la suite, avec son nouveau grade, sur les contrôles du corps ou du service auquel il appartenait au premier jour de la mobilisation.

« Tous les officiers prisonniers de guerre, depuis le grade de sous-lieutenant jusqu'à celui de colonel inclusivement, qui sont remplacés dans leur emploi, sont inscrits à la suite, sur les contrôles du corps ou du service auquel ils appartenaient au premier jour de la mobilisation.

« Art. 110. Tous les officiers, depuis le grade de sous-lieutenant jusqu'à celui de colonel inclusivement, qui, après avoir été remplacés dans leur emploi, ne peuvent être réintégrés immédiatement à leur retour de captivité, sont maintenus en activité, à la suite du corps ou du service auquel ils appartenaient à la mobilisation, en attendant qu'ils puissent être replacés.

« Leur réintégration s'effectue conformément aux règles posées par l'art. 7 de la loi du 19 mai 1834, susvisée.

2. Le ministre de la guerre est chargé, etc.

---

captivité, l'emploi qu'ils occupaient avant d'être prisonniers de guerre, ou celui auquel leur ancienneté les a portés pendant leur captivité, sont mis en non-activité, en attendant qu'ils puissent être replacés.

« Dans cette situation de non-activité, ils ne peuvent, d'après les art. 7 et 16 de la loi du 19 mai 1834, sur l'état des officiers, prétendre qu'à la moitié des emplois de leur grade vacants dans leur arme, et à une solde égale à la moitié de la solde d'activité, dégagée de tous accessoires.

« Il serait peu équitable de laisser dans cette situation réduite des officiers, qui sont restés, le plus souvent, au pouvoir de l'ennemi, sur le champ de bataille, après de graves blessures, et qui rentreront de captivité souvent sans avoir pu rétablir leur santé. La mise en non-activité, peut-être admissible à l'époque où l'ordonn. du 16 mars 1838 a été rendue, ne se justifierait pas, à l'heure actuelle, où les officiers, presque toujours mariés et pères de famille, ont, dans leurs garnisons du temps de paix, des installations et des charges auxquelles ils doivent faire face en tout temps.

« J'ai donc pensé qu'au lieu de mettre en non-activité les officiers prisonniers de guerre remplacés dans leur emploi, qui ne pourraient être réintégrés immédiatement à leur rentrée de captivité, il serait juste de les maintenir en activité, en les plaçant à la suite du corps ou service dont ils faisaient partie au moment de la mobilisation. Cette façon d'opérer est d'ailleurs celle prescrite par l'art. 108 de l'ordonn. de 1838 pour les sous-officiers prisonniers de guerre remplacés dans leur corps. Le rattachement au corps ou service d'origine se justifie en outre par les considérations qui m'ont amené à admettre que les officiers de l'armée active conservent pendant la durée des hostilités, comme résidence normale, celle qu'ils avaient au premier jour de la mobilisation et où ils retrouveront, le plus souvent, leur installation et leur famille.

« Il ne peut être, bien entendu, question d'apporter un changement quelconque aux dispositions de l'art. 109 de l'ordonnance susvisée, d'après lesquelles le remplacement des officiers prisonniers de guerre n'est effectué que si les besoins du service l'exigent impérieusement.

« Si vous voulez bien approuver la manière de voir ci-dessus exposée, j'ai l'honneur de vous prier de revêtir de votre signature le projet de décret ci-joint, modifiant, dans l'ordre d'idées indiqué, les art. 109 et 110 de l'ordonn. du 16 mars 1838 ».

(1) S. 2e vol. des *Lois annotées*, p. 103.

(2) S. 2e vol. des *Lois annotées*, p. 238.

(3) S. 2e vol. des *Lois annotées*, p. 407.

DOUANES, GUERRE FRANCO-ALLEMANDE, RAILS, ECLISSES, TRAMWAYS, INSTALLATION OU RÉFECTION DES VOIES, SUSPENSION DES DROITS D'ENTRÉE.

DÉCRET *suspendant les droits d'entrée sur une certaine quantité de rails et éclisses pour voies de tramways.*

(3 mars 1915). — (Publ. au *J. off.* du 4 mars).

LE PRÉSIDENT DE LA RÉPUBLIQUE FRANÇAISE ; — Vu l'art. 3, § 8, de la loi du 29 mars 1910 (4) ; — Vu les lois des 11 janv. 1892 (5) et 29 mars 1910 ; — Vu le décret du 1er août 1914 (6) ordonnant la mobilisation totale de l'armée ; — Le conseil des ministres entendu ; — Décrète :

---

(4) S. et P. *Lois annotées* de 1910, p. 1068 ; *Pand. pér., Lois annotées* de 1910, p. 1068.

(5) S. et P. *Lois annotées* de 1892, p. 334 ; *Pand. pér.*, 1892.3.81.

(6) 1er vol., p. 9.

ART. 1er. A partir de la publication du présent décret et pendant un délai de six mois, sont suspendus les droits d'entrée sur les rails et éclisses pour voies de tramways, jusqu'à concurrence des quantités globales de 5.000 tonnes de rails et de 250 tonnes d'éclisses.

Le bénéfice de l'immunité sera subordonné, pour chaque importation, à la production, par l'entreprise intéressée, d'un certificat du service local du contrôle, constatant que le matériel importé est destiné à l'installation ou à la réfection de voies de tramways.

2. Le ministre du commerce, de l'industrie, des postes et des télégraphes, le ministre des finances et le ministre des travaux publics sont chargés, etc.

DOUANES, GUERRE FRANCO-ALLEMANDE, RAILS, ECLISSES, VOIES DE COMMUNICATION, RÉFECTION, SUSPENSION DES DROITS D'ENTRÉE.

DÉCRET *suspendant les droits d'entrée sur les rails et éclisses destinés à la réfection des voies de communication présentant un intérêt pour la défense nationale.*

(3 mars 1915). — (Publ. au *J. off.* du 4 mars).

LE PRÉSIDENT DE LA RÉPUBLIQUE FRANÇAISE; — Vu l'art. 3, § 8, de la loi du 29 mars 1910 (1); — Vu les lois des 11 janv. 1892 (2) et 29 mars 1910; — Vu le décret du 1er août 1914 (3), ordonnant la mobilisation totale de l'armée; — Le conseil des ministres entendu; — Décrète :

ART. 1er. A partir de la publication du présent décret, sont suspendus les droits d'entrée sur les rails et éclisses destinés à la réfection des voies de communication présentant un intérêt pour la défense nationale. Il sera justifié de cette condition par un certificat de l'Administration des travaux publics.

2. Lesdites taxes seront rétablies par un décret rendu dans la même forme que le présent acte. Dans ce cas, les chargements qu'on justifiera avoir été expédiés directement pour la France avant la publication au *Journal officiel* du décret de rétablissement resteront admissibles au bénéfice du tarif antérieur.

3. Le ministre du commerce, de l'industrie, des postes et des télégraphes, le ministre des finances et le ministre des travaux publics sont chargés, etc.

INSTRUCTION PUBLIQUE, GUERRE FRANCO-ALLEMANDE, CERTIFICAT D'ÉTUDES PRIMAIRES, EXAMEN.

CIRCULAIRE *relative à l'examen du certificat d'études primaires.*

(4 mars 1915). — (Publ. au *J. off.* du 5 mars).

Le Ministre de l'instruction publique et des beaux-arts à M. l'inspecteur d'académie de...

La loi du 11 janv. 1910 (4) exige des candidats au certificat d'études primaires l'âge de douze ans révolus avant le premier jour du mois où ils subissent l'examen. La session étant fixée par le règlement à la fin de l'année scolaire, c'est-à-dire n juillet, seuls les enfants qui ont accompli leur douzième année le 1er juillet peuvent s'y présenter.

S'il avait été appliqué sans atténuation, ce régime aurait lésé les candidats qui atteignent l'âge légal après le 1er juillet et qui sont préparés néanmoins à subir les épreuves. Ils auraient été obligés de recommencer sans grand profit, pendant toute une année, des études déjà faites. Dans l'intérêt de ces enfants, il a été ouvert chaque année, depuis 1910, une session extraordinaire d'octobre, à laquelle ils pouvaient prendre part, à condition d'avoir douze ans accomplis le 1er octobre.

Les circonstances actuelles m'ont paru justifier une dérogation plus profonde aux règlements. Placée au début de l'année scolaire, la seconde session ne va pas sans de graves inconvénients : elle trouble et retarde la reprise des études; elle occasionne aux inspecteurs primaires et aux instituteurs des dérangements et un surcroît de travail; elle suppose d'ailleurs que les candidats ont consacré une partie des grandes vacances à la préparation ou à la revision des matières de l'examen. Or, cette année plus que jamais, de nombreuses familles devront utiliser l'aide de tous leurs membres pour les travaux agricoles. Nos adolescents de la campagne ne seront-ils pas appelés, dans bien des cas, à suppléer leurs aînés tombés ou mutilés sur le champ de bataille?

Pour qu'ils puissent se consacrer entièrement et plus nombreux à cette tâche pressante et en quelque sorte d'intérêt national, j'ai décidé, par mesure exceptionnelle, d'ouvrir l'examen dans sa session normale à tous les enfants qui atteindront l'âge de douze ans au 31 décembre prochain.

DOUANES, GUERRE FRANCO-ALLEMANDE, INTERDICTION DE SORTIE, PEAUX, BOYAUX, AMIDON, FÉCULE DE POMMES DE TERRE, VERRES ET INSTRUMENTS D'OPTIQUE, INSTRUMENTS D'OBSERVATION ET DE GÉODÉSIE.

DÉCRET *prohibant la sortie de divers produits.*

---

(1) S. et P. *Lois annotées* de 1910, p. 1068; *Pand. pér.*, *Lois annotées* de 1910, p. 1068.

(2) S. et P. *Lois annotées* de 1892, p. 334; *Pand. pér.*, 1892.3.81.

(3) 1er vol., p. 9.

(4) S. et P. *Lois annotées* de 1910, p. 1021; *Pand. pér.*, *Lois annotées* de 1910, p. 1021.

(6 mars 1915). — (Publ. au *J. off.* du 7 mars).

Le Président de la République française ; — Sur le rapport des ministres du commerce, de l'industrie, des postes et des télégraphes, de l'agriculture, des finances, de la guerre et de la marine ; — Vu l'art. 34 de la loi du 17 déc. 1814 (1) ; — Décrète :

Art. 1er. Sont prohibées, à partir du 7 mars 1915, la sortie, ainsi que la réexportation en suite d'entrepôt, de dépôt, de transit, de transbordement et d'admission temporaire, des produits et objets énumérés ci-après :

Boyaux frais, secs ou salés ;

Peaux sèches exotiques ;

Amidon ;

Fécules de pommes de terre, maïs et autres ;

Verres de lunette et d'optique ;

Instruments d'observation, de géodésie et d'optique.

Toutefois, des exceptions à ces dispositions pourront être autorisées, sous les conditions qui seront déterminées par le ministre des finances.

2. Les ministres du commerce, de l'industrie, des postes et des télégraphes, de l'agriculture, des finances, de la guerre et de la marine sont chargés, etc.

Mines, Guerre franco-allemande, Ecole nationale supérieure des mines, Ecole nationale des mines de Saint-Etienne, Concours de 1915, Suppression.

Décret *portant suppression, en 1915, du concours d'admission à l'Ecole nationale supérieure des mines et à l'Ecole nationale des mines de Saint-Etienne.*

(7 mars 1915). — (Publ. au *J. off.* du 9 mars).

Le Président de la République française ; — Vu le décret du 25 févr. 1914 (2), portant organisation de l'Ecole nationale supérieure des mines, modifié par décret du 5 janv. 1915 (3), et notamment l'art. 31 ; — Vu le décret du 21 janv. 1909 (4), portant organisation de l'Ecole nationale des mines de Saint-Etienne, modifié par décret du 5 juin 1913 (5), et notamment l'art. 22 : — Le Conseil d'Etat entendu ; — Décrète :

Art. 1er. Les concours annuels d'admission à l'Ecole nationale supérieure des mines et à l'Ecole nationale des mines de Saint-Etienne, prévus par les décrets susvisés, n'auront pas lieu en 1915.

2. Le ministre des travaux publics est chargé, etc.

Ponts et chaussées, Guerre franco-allemande, Ecole nationale des ponts et chaussées, Concours de 1915, Concours d'admission aux cours préparatoires et aux cours spéciaux, Suppression.

Décret *portant suppression, en 1915, du concours d'admission à l'Ecole nationale des ponts et chaussées.*

(7 mars 1915). — (Publ. au *J. off.* du 9 mars).

Le Président de la République française ; — Sur le rapport du ministre des travaux publics ; — Vu le décret du 18 juill. 1890 (6), portant organisation de l'Ecole nationale des ponts et chaussées, modifié par décrets des 20 juill. 1893 (7), 19 déc. 1899 (8), 30 oct. 1900 (9), 2 févr. 1906 (10), 3 avril 1909 (11), 18 juin 1910 (12), 20 oct. 1911 (13), 29 oct. 1913 (14) et 8 juin 1914 (15), et notamment les art. 29 et 30 ; — Décrète :

Art. 1er. Les concours annuels d'admission aux cours préparatoires et aux cours spéciaux de l'Ecole nationale des ponts et chaussées prévus par les décrets susvisés, n'auront pas lieu en 1915.

2. Le ministre des travaux publics est chargé, etc.

Colonies, Guerre franco-allemande, Douanes, Interdiction de sortie, Application.

Décret *rendant applicables aux colonies et pays de protectorat, autres que la Tunisie et le Maroc, les dispositions des décrets des 9 janv. et 4 févr. 1915, prohibant divers produits à la sortie de la métropole.*

(9 mars 1915). — (Publ. au *J. off.* du 11 mars).

Le Président de la République française ; — Sur le rapport du ministre des colonies, du ministre du commerce, de l'industrie, des postes et des télégraphes, du ministre de l'agriculture et du ministre des finances ; — Vu l'art. 34 de la loi

---

(1) S. 1er vol. des *Lois annotées*, p. 914.
(2) *J. off.*, 27 févr. 1914, p. 1.849.
(3) *J. off.*, 9 janv. 1915, p. 149.
(4) *Bull. off.*, nouv. série, 2, n. 59.
(5) *Bull. off.*, nouv. série, 107, n. 5643.
(6) S. et P. *Lois annotées* de 1892, p. 224.
(7) *Bull. off.*, 12e série, 1576, n. 26.935.
(8) *Bull. off.*, 12e série, 2141, n. 37.742.
(9) *Bull. off.*, 12e série, 2276, n. 40.156.
(10) *Bull. off.*, 12e série, 2747, n. 47.839.
(11) *Bull. off.*, nouv. série, 7, n. 331.
(12) *Bull. off.*, nouv. série, 36, n. 1668.
(13) *Bull. off.*, nouv. série, 68, n. 3212.
(14) *Bull. off.*, nouv. série, 116, n. 6233.
(15) *J. off.*, 11 juin 1914, p. 5.155.

du 17 déc. 1814 (1); — Vu le sénatus-consulte du 3 mai 1854 (2); — Décrète :

ART. 1er. Sont rendues applicables aux colonies et pays de protectorat autres que la Tunisie et le Maroc, les dispositions des décrets des 9 janv. (3) et 4 févr. 1915 (4), prohibant divers produits à la sortie de la métropole.

Toutefois, des exceptions à cette disposition pourront être accordées, sous les conditions qui seront déterminées par le ministre des colonies.

2. Le ministre des colonies, le ministre du commerce, de l'industrie, des postes et des télégraphes, le ministre de l'agriculture et le ministre des finances sont chargés, etc.

BAIL A FERME, MÉTAYAGE, GUERRE FRANCO-ALLEMANDE, PROROGATION ET SUSPENSION DES BAUX, MORATORIUM, DÉCLARATIONS, DÉLAI, ALGÉRIE.

DÉCRET *rendant applicables aux baux qui doivent expirer ou entrer en vigueur avant le 1er août 1915, les dispositions des décrets du 19 sept. et du 19 oct. 1914, relatifs à la prorogation et à la suspension des baux des fermiers au des métayers qui ont été mobilisés.*

(11 mars 1915). — (Publ. au *J. off.* du 12 mars).

LE PRÉSIDENT DE LA RÉPUBLIQUE FRANÇAISE; — Sur le rapport des ministres de l'agriculture, de la justice et de l'intérieur; — Vu l'art. 2 de la loi du 5 août 1914 (5), relative à la prorogation des échéances; — Vu les décrets des 19 (6) et 29 sept. (7), 19 (8) et 22 oct. (9), et 11 déc. 1914 (10); — Le conseil des ministres entendu; — Décrète :

ART. 1er. Les dispositions des décrets du 19 sept. et du 19 oct. 1914, relatifs à la prorogation et à la suspension des baux des fermiers ou métayers qui ont été mobilisés, seront applicables aux baux qui doivent prendre fin ou commencer à courir avant le 1er août 1915.

Toutefois, conformément au décret du 11 déc. 1914, les déclarations prévues par les art. 1er et 2 du décret du 19 sept. 1914 devront être faites quinze jours au moins avant l'expiration du bail ou la date fixée pour l'entrée en jouissance. Le juge de paix pourra, en cas de circonstances reconnues exceptionnelles, relever le fermier ou métayer de la déchéance encourue.

2. Le présent décret est applicable à l'Algérie.

(1) S. 1er vol. des *Lois annotées*, p. 914.

(2) S. *Lois annotées* de 1854, p. 78. — P. *Lois, décr.*, etc., de 1854, p. 137.

(3) 1er vol., p. 304.

(4) *Supra*, p. 16.

3. Les ministres de l'agriculture, de la justice et de l'intérieur sont chargés, etc.

MARINE, GUERRE FRANCO-ALLEMANDE, SOUTIENS DE FAMILLE, ALLOCATIONS, INSCRITS MARITIMES VERSÉS DANS L'ARMÉE DE TERRE, MODE DE PAIEMENT.

CIRCULAIRE *sur le paiement des allocations aux familles des inscrits maritimes versés dans les réserves de l'armée de terre.*

(11 mars 1915). — (Publ. au *J. off.* du 13 mars).

Le Ministre de la marine à MM. les vice-amiraux commandant en chef, préfets maritimes, commandants de la marine en Corse et en Algérie, directeurs de l'inscription maritime, préfets des départements.

La question s'est posée de savoir si les allocations aux familles des inscrits maritimes versés dans les réserves de l'armée de terre, par application de l'art. 11 de la loi du 8 août 1913 (11), devaient être payées par la marine, ou si elles devaient être instruites et payées dans la forme adoptée pour l'armée de terre.

J'ai l'honneur de vous faire connaître que, les inscrits susvisés continuant de figurer sur les matricules de l'inscription maritime, les allocations de soutiens de famille les concernant sont à la charge du budget de la marine.

Le ministère de la guerre vient de donner des instructions dans ce sens aux autorités relevant de ce département, en spécifiant, toutefois, qu'en vue d'éviter toute complication dans la comptabilité, le montant des allocations payées antérieurement à ces instructions resteront à la charge du budget de la guerre.

Les autorités maritimes chargées du paiement des allocations prévues par la loi du 5 août 1914 (12) auront en conséquence à prendre les mesures utiles, dès la réception de la présente circulaire, pour assurer à l'avenir, dans les conditions fixées par les règlements en vigueur, le paiement des allocations dues aux familles des inscrits maritimes versés dans les réserves de l'armée de terre. L'attention est appelée sur l'intérêt qui s'attache à ce qu'il ne soit apporté aucun retard au paiement desdites indemnités.

Toutes précautions devront être prises, d'autre part, pour éviter que des doubles paiements se produisent. Avant de payer des allocations concer-

(5 à 10) 1er vol., p. 33, 116, 132, 164, 168, 251.

(11) S. et P. *Lois annotées* de 1914, p. 640; *Pand. pér., Lois annotées* de 1914, p. 640.

(12) 1er vol., p. 28.

nant des inscrits versés dans l'armée de terre, les services de la marine s'assureront notamment auprès des sous-intendances militaires que ces allocations ne sont pas déjà servies par la guerre ou ont cessé de l'être.

PENSIONS ET TRAITEMENTS, GUERRE FRANCO-ALLEMANDE, PENSIONS MILITAIRES, MARINS, AVANCEMENT A TITRE TEMPORAIRE, VEUVE ET ORPHELINS.

CIRCULAIRE *relative aux avancements temporaires accordés aux marins de tous grades par application du décret du* 22 *déc.* 1914.

(**11 mars 1915**). — (Publ. au *J. off.* du 13 mars).

Le Ministre de la marine à MM. les vice-amiraux commandant en chef, préfets maritimes, officiers généraux, supérieurs et autres commandant à la mer et à terre, commandant de la marine en Indo-Chine, en Corse, à Dakar et à Diego-Suarez.

Aux termes du décret du 22 sept. 1914 (1), les marins de tous grades peuvent en temps de guerre être promus au grade supérieur sans qu'il soit tenu compte du classement sur les listes de mérite prévues à l'art. 277 du décret du 17 juill. 1908 (2), refondu le 15 juill. 1914 (3); les avancements ainsi concédés peuvent être l'objet d'une revision à l'issue de la guerre.

La question s'est posée de savoir si, en cas de décès d'un marin ayant bénéficié d'un avancement de l'espèce, le grade dont il n'était titulaire qu'à titre temporaire au moment de son décès doit être pris comme base pour la liquidation de la pension de la veuve ou des orphelins.

J'ai l'honneur de vous faire connaître que cette question doit être résolue par l'affirmative. Le décret du 22 sept. 1914 n'ayant fait qu'ouvrir au ministre la faculté de soumettre à une revision les avancements dont il s'agit, j'ai décidé, en effet, de ne pas user de cette faculté à l'égard des marins qui, titulaires d'un grade temporaire, viendraient à décéder ou seraient réformés avant qu'il soit procédé à la revision prévue par le décret précité.

GUERRE, GUERRE FRANCO-ALLEMANDE, CONTREBANDE DE GUERRE, CONTREBANDE ABSOLUE, CONTREBANDE CONDITIONNELLE.

NOTIFICATION *relative à la contrebande de guerre.*

(Publ. sans date au *J. off.* du 12 mars).

Conformément à la disposition de l'art. 2 du décret du 6 nov. 1914 (4), il est notifié que les additions et modifications suivantes sont apportées aux listes des articles de contrebande de guerre publiées au *Journal officiel* du 2-3 janv. 1915 (5).

I

CONTREBANDE ABSOLUE

Sont ajoutés ou dorénavant classés comme articles de contrebande absolue :

30° La laine brute, les laines peignées ou cardées, les fils de laine peignés ou cardés, les déchets de laine.

31° L'étain, le chlorure d'étain et le minerai d'étain.

32° L'huile de ricin.

33° La cire de paraffine.

34° Le cuivre iodique.

35° Les matières lubréfiantes (antérieurement classées au § 8 de la liste de contrebande conditionnelle).

36° Les peaux de bétail, de buffles et de chevaux, les peaux de veaux, de porcs, de moutons, de chèvres et de daims, le cuir manufacturé ou non, propre à la confection des selles, des harnachements, des chaussures ou des vêtements militaires (antérieurement classés au § 12 de la liste de contrebande conditionnelle, qui est supprimé et remplacé par le § 13).

37° L'ammoniaque et ses sels, simples ou composés, l'ammoniaque liquide, l'urée, l'aniline et leurs composés.

II

CONTREBANDE CONDITIONNELLE

Sont ajoutés :

13° Les matières tannantes de toutes sortes (y compris les extraits servant au tannage).

Il est spécifié en outre que, sous les termes de « vivres » et de « fourrages et matières propres à la nourriture des animaux », qui figurent aux art. 1er et 2 de la liste de contrebande conditionnelle, sont compris les graines, noix et amandes oléagineuses, les huiles et graisses animales ou végétales (autres que l'huile de lin) pouvant servir à la fabrication de la margarine; ainsi que les tourteaux et farines de graines, noix et amandes oléagineuses.

MARCHÉ ADMINISTRATIF OU DE FOURNITURES, GUERRE FRANCO-ALLEMANDE, MARCHÉS DE

---

(1) 1er vol., p. 120.

(2) *Bull. off.*, 12e série, 3041, n. 52.369.

(3) *J. off.*, 18 juill. 1914, p. 6553.

(4-5) 1er vol., p. 187 et 291.

L'ETAT, MARCHÉS SUR FACTURE, TRAVAUX EXÉCUTÉS EN RÉGIE AVEC LA MAIN-D'ŒUVRE DES PRISONNIERS DE GUERRE.

DÉCRET *portant dérogation, pendant la durée de la guerre, aux art. 22 et 23 du décret du 18 nov. 1882, relatif aux adjudications et marchés passés au nom de l'Etat.*

(12 mars 1915). — (Publ. au *J. off.* du 16 mars).

LE PRÉSIDENT DE LA RÉPUBLIQUE FRANÇAISE; — Sur le rapport du ministre des finances et du ministre des travaux publics; — Vu l'art. 12 de la loi du 31 janv. 1833 (1); — Vu les art. 22 et 23 du décret du 18 nov. 1882 (2), relatif au adjudications et marchés passés au nom de l'Etat; — Le Conseil d'Etat entendu; — Décrète :

ART. **1er**. Par dérogation aux art. 22 et 23 du décret du 18 nov. 1882, pendant la durée de la guerre, il peut être suppléé aux marchés écrits par des achats sur simple facture pour les fournitures d'objets qui doivent être livrés immédiatement, dont la valeur n'excède pas 10.000 fr., quand ces fournitures sont nécessaires aux travaux exécutés en régie par l'Administration des ponts et chaussées avec la main-d'œuvre des prisonniers de guerre.

2. Le ministre des finances et le ministre des travaux publics sont chargés, etc.

COLONIES, PROTECTORAT (PAYS DE), GUERRE FRANCO-ALLEMANDE, DOUANES, INTERDICTION DE SORTIE, DÉCRET DU 6 MARS 1915, APPLICATION.

DÉCRET *rendant applicables aux colonies et pays de protectorat autres que la Tunisie et le Maroc les dispositions du décret du 6 mars 1915, prohibant divers produits à la sortie de la métropole.*

(13 mars 1915). — (Publ. au *J. off.* du 16 mars).

LE PRÉSIDENT DE LA RÉPUBLIQUE FRANÇAISE; — Sur le rapport des ministres des colonies, du commerce, de l'industrie, des postes et des télégraphes, de l'agriculture et des finances; — Vu l'art. 34 de la loi du 17 déc. 1814 (3); — Vu le sénatus-consulte du 3 mai 1854 (4); — Décrète :

ART. **1er**. Sont rendues applicables aux colonies et pays de protectorat autres que la Tunisie et le Maroc les dispositions du décret du 6 mars 1915 (5), prohibant divers produits à la sortie de la métropole.

Toutefois, des exceptions à cette disposition pourront être accordées, sous les conditions qui seront déterminées par le ministre des colonies.

2. Les ministres des colonies, du commerce, de l'industrie, des postes et des télégraphes, de l'agriculture et des finances sont chargés, etc.

PRISES MARITIMES, GUERRE FRANCO-ALLEMANDE, GUERRE MARITIME, MARCHANDISES APPARTENANT A DES ALLEMANDS, MARCHANDISES EXPÉDIÉES D'ALLEMAGNE, MARCHANDISES EXPÉDIÉES A L'ALLEMAGNE, SAISIE SUR MER, CHARGEMENT SUR NAVIRES NEUTRES.

DÉCRET *relatif aux mesures prises pour arrêter les marchandises appartenant à des sujets de l'empire d'Allemagne, ou venant d'Allemagne, ou expédiées sur l'Allemagne* (6).

(13 mars 1915). — (Publ. au *J. off.* du 16 mars).

LE PRÉSIDENT DE LA RÉPUBLIQUE FRANÇAISE; — Sur le rapport du ministre des affaires étrangères, du ministre des finances, du ministre de la guerre, du ministre de la marine; — Décrète :

ART. **1er**. Toutes marchandises appartenant à des sujets de l'empire d'Allemagne, ou venant d'Allemagne, ou expédiées sur l'Allemagne, et ayant pris la mer postérieurement à la promulgation du présent décret, seront arrêtées par les croiseurs de la République.

---

(1) S. 2e vol. des *Lois annotées*, p. 152.

(2) S. *Lois annotées* de 1883, p. 438. — P. *Lois, décr.*, etc. de 1883, p. 719.

(3) S. 1er vol. des *Lois annotées*, p. 914.

(4) S. *Lois annotées* de 1854, p. 78. — P. *Lois, décr.*, etc. de 1854, p. 637.

(5) *Supra*, p. 51.

(6) Ce décret est précédé au *J. off.* d'un rapport ainsi conçu :

« Le gouvernement allemand a édicté certaines mesures qui, en violation des usages de la guerre, tendent à déclarer les eaux, qui entourent la France septentrionale et le Royaume-Uni, zone militaire, dans laquelle tous les navires marchands alliés seraient détruits sans égard pour la vie des équipages et des passagers non combattants, et dans laquelle la navigation neutre serait exposée aux mêmes dangers.

« Dans un memorandum accompagnant la publication desdites mesures, les neutres sont avertis de ne pas embarquer de marins, de passagers ou de cargaisons sur des navires alliés.

« De semblables prétentions de la part de l'ennemi donnent aux gouvernements alliés le droit d'y répondre en empêchant toutes espèces de marchandises d'atteindre ou de quitter l'Allemagne. Toutefois, les gouvernements alliés n'entendront jamais suivre leur ennemi dans la voie cruelle et barbare qui lui est habituelle, et les mesures auxquelles ils se voient forcés d'avoir recours ne doivent, dans leur intention, comporter aucun risque pour les navires neutres ou pour la vie des personnes neutres ou non combattantes, et doivent être appliquées en stricte conformité avec les lois de l'humanité.

« C'est dans ces conditions et dans cet esprit qu'a été conçue la déclaration conjointe, ci-après annexée, notifiée par les gouvernements alliés le 1er mars 1915, et qu'est rédigé le projet de décret, que nous avons l'honneur de soumettre ci-après à votre haute approbation ».

Le territoire occupé par les forces armées allemandes est assimilé au territoire allemand.

2. Seront considérés comme marchandises venant d'Allemagne tous articles et marchandises de marque ou de fabrication allemandes ou fabriqués en Allemagne, les produits du sol allemand, ainsi que tous les articles et marchandises de quelque nature que ce soit, dont le lieu d'expédition, directe ou par voie de transit, est en territoire allemand.

Toutefois, la présente disposition ne s'appliquera pas aux articles ou marchandises qu'un national d'un pays neutre justifiera avoir fait entrer de bonne foi en pays neutre avant la promulgation du présent décret, ou dont il justifiera avoir la propriété régulière et de bonne foi antérieurement à ladite promulgation.

3. Seront considérés comme marchandises expédiées sur l'Allemagne, tous articles et marchandises, de quelque nature que ce soit, expédiés directement ou par voie de transit sur l'Allemagne ou sur un pays voisin de l'Allemagne, lorsque les documents qui accompagnent lesdits articles ou marchandises ne fournissent pas la preuve d'une destination finale et sincère en pays neutre.

4. Les navires neutres, à bord desquels seront trouvées les marchandises visées à l'art. 1er, seront déroutés sur un port français ou allié. Lorsque le navire sera conduit dans un port français, les marchandises seront débarquées, s'il n'est statué autrement à leur égard, comme il est dit ci-après. Le navire sera ensuite laissé libre.

Les marchandises qui auront été reconnues appartenant à des sujets allemands seront mises sous séquestre ou vendues, pour le prix en être déposé à la Caisse des dépôts et consignations jusqu'à la signature de la paix, pour le compte de qui de droit.

Les marchandises appartenant à des neutres et venant d'Allemagne seront laissées à la disposition des propriétaires neutres pour être renvoyées à leur port de départ dans le délai qui sera fixé. Passé ce délai, lesdites marchandises seront sujettes à réquisitions ou vendues pour le compte et aux frais et risques des propriétaires.

Les marchandises appartenant à des neutres et expédiées sur l'Allemagne seront laissées à la disposition des propriétaires neutres pour être, soit renvoyées à leur port de départ, soit dirigées sur tel autre port français, allié ou neutre, qui sera autorisé. Dans l'un et l'autre cas, un délai sera fixé, passé lequel les marchandises seront sujettes à réquisition ou vendues pour le compte et aux frais et risques du propriétaire.

5. Exceptionnellement, sur la proposition du ministre des affaires étrangères et sur avis conforme du ministre de la guerre, le ministre de la marine pourra accorder des autorisations de passer, soit à une cargaison déterminée, soit à une certaine catégorie spéciale de marchandises à destination ou en provenance d'un pays neutre déterminé.

Toute marchandise venant d'Allemagne ne pourra bénéficier d'une autorisation de passer que si elle a été embarquée en port neutre après y avoir acquitté les droits de douane du pays neutre.

6. Le présent décret ne porte pas atteinte aux dispositions édictées au regard des marchandises déclarées contrebande de guerre absolue ou conditionnelle.

7. La question de savoir si la marchandise déroutée est une marchandise appartenant à des sujets allemands, ou venant d'Allemagne, ou expédiée sur l'Allemagne, est portée devant le conseil des prises, statuant comme il est dit ci-après.

Dans les deux jours de l'arrivée du navire dérouté, les papiers de bord et autres documents justifiant le déroutement sont envoyés par le service des prises du port, et sous le couvert du ministre de la marine, au commissaire du gouvernement près le conseil des prises, qui en saisit d'urgence le président dudit conseil.

Le président convoque le conseil, qui statue sur pièces dans la huitaine de l'enregistrement du dossier au conseil. Nonobstant ledit délai, il appartiendra toujours au conseil d'ordonner les mesures d'instruction qui lui paraîtraient nécessaires, et d'accorder, s'il y a lieu, aux parties qui le demanderaient les délais suffisants pour faire valoir leurs droits.

La décision du conseil des prises est transmise au ministre de la marine chargé d'en assurer l'exécution.

8. Le ministre des affaires étrangères, le ministre des finances, le ministre de la guerre et le ministre de la marine seront chargés, etc.

ANNEXE

DÉCLARATION

L'Allemagne a déclaré que la Manche (English Channel), les côtes nord et ouest de la France, ainsi que les eaux entourant les Iles Britanniques, sont une « zone de guerre », et elle a officiellement notifié que « tous les navires ennemis rencontrés dans cette zone seront détruits et que les navires neutres pourront y être en danger ». C'est là, en réalité, une prétention de torpiller à vue, sans égard pour la sécurité des équipages et des passagers, tout navire marchand sous tout pavillon. Comme il n'est pas au pouvoir de l'amirauté allemande de maintenir aucun bâtiment de surface dans ces eaux, cette attaque ne peut être pratiquée que par des moyens sous-marins. Le droit des gens et la coutume des nations, en ce qui concerne les attaques contre le commerce, ont toujours présumé que le premier devoir du capteur d'un navire marchand est de l'amener devant une

Cour des prises, où il puisse être jugé, où la régularité de la capture puisse être appréciée, et où les neutres puissent recouvrer leur cargaison. Couler une prise est en soi-même un acte contestable, auquel on peut avoir recours seulement dans des circonstances extraordinaires, et après que des dispositions ont été prises pour assurer la sécurité de tout l'équipage et des passagers, s'il y a des passagers à bord. La responsabilité d'avoir à distinguer entre les navires neutres et les navires ennemis, ainsi qu'entre la cargaison neutre et la cargaison ennemie, incombe manifestement au bâtiment qui attaque, et dont c'est le devoir de vérifier le statut et le caractère du navire et de la cargaison, ainsi que de mettre en sûreté tous les papiers avant de le couler ou même de le capturer. De même, le devoir d'humanité consistant à assurer la sécurité des équipages des navires marchands, qu'ils soient neutres ou ennemis, est une obligation pour tout belligérant. C'est sur cette base que toutes les discussions antérieures sur le droit tendant à réglementer la conduite de la guerre sur mer ont procédé.

Aussi bien, un sous-marin allemand est incapable de remplir aucune de ces obligations. Il n'exerce aucun pouvoir local sur les eaux dans lesquelles il opère, il ne conduit pas ses captures dans le ressort d'une Cour des prises. Il ne porte aucun équipage de prise qu'il puisse mettre à bord d'une prise. Il n'emploie aucun moyen efficace de distinguer entre un navire neutre et un navire ennemi. Il ne reçoit pas à son bord, pour en assurer la sécurité, l'équipage et les passagers du navire qu'il coule. Ses méthodes de guerre sont, en conséquence, entièrement en dehors de l'observation de tous les textes internationaux réglementant les opérations contre le commerce en temps de guerre. La déclaration allemande substitue à la capture réglementée la destruction aveugle.

L'Allemagne adopte ces méthodes contre des commerçants pacifiques et des équipages non-combattants dans le but avoué d'empêcher des marchandises de toute nature (y compris les provisions pour l'alimentation de la population civile) de pénétrer dans les Iles Britanniques et la France septentrionale, ou d'en sortir. Ses adversaires sont, en conséquence, contraints de recourir à des mesures de représailles en vue d'empêcher par réciprocité les marchandises de toute nature de pénétrer en Allemagne ou d'en sortir. Toutefois, ces mesures seront exécutées par les gouvernements français et britannique sans risques, ni pour les navires, ni pour la vie des neutres et des non-combattants, et en stricte conformité avec les principes d'humanité.

En conséquence, le gouvernement français et le gouvernement britannique se considèrent comme libres d'arrêter et de conduire dans leurs ports les navires portant des marchandises présumées de destination, propriété ou provenance ennemies. Ces navires et ces cargaisons ne seront pas confisqués, à moins qu'ils ne soient sujets à être condamnés pour d'autres motifs. Le traitement des navires et des cargaisons qui auraient pris la mer avant cette date ne sera pas modifié.

Pensions et traitements, Guerre franco-allemande, Fonctionnaires, Employés et agents de l'Etat, Service militaire, Blessures et infirmités, Pensions militaires, Option pour les pensions civiles, Veuves et orphelins.

Loi *relative aux droits à pension des fonctionnaires civils de l'Etat qui accomplissent en temps de guerre un service militaire et de leurs veuves et orphelins dans les cas de blessures ou de décès résultant de l'exécution de ce service.*

(14 mars 1915). — (Publ. au *J. off.* du 16 mars).

Art. **1er**. Les fonctionnaires, employés et agents civils de l'Etat régis pour la retraite par les lois des 22 août 1790 (1), 18 avril 1831 (2) et 9 juin 1853 (3), qui, accomplissant en temps de guerre un service militaire, sont atteints, dans l'exécution de ce service, de blessures ou d'infirmités ouvrant droit à une pension militaire, peuvent, en renonçant à demander cette pension, réclamer le bénéfice de leur régime normal de retraites. Dans ce cas, les blessures ou infirmités sont considérées comme reçues ou contractées dans l'exercice des fonctions civiles.

L'option ainsi faite emportera détermination du régime éventuellement applicable à la veuve ou aux orphelins.

2. Peuvent également opter pour le régime de pensions afférent à l'emploi civil les veuves ou orphelins desdits fonctionnaires, employés ou agents civils de l'Etat qui ont été tués dans l'accomplissement d'un service militaire en temps de guerre, ou qui, avant d'avoir usé de la faculté ouverte par l'article précédent, sont morts des suites de blessures.

Dans le cas où la veuve serait en concours avec des enfants d'un autre lit, il sera statué relativement à l'option à exercer, et sur citation délivrée à la requête de la partie la plus diligente, par le tribunal civil du lieu de la succession siégeant en chambre du conseil. Les actes de procédure seront

---

(1) S. 1er vol. des *Lois annotées*, p. 45.
(2) S. 2e vol. des *Lois annotées*, p. 49.

(3) S. *Lois annotées* de 1853, p. 67. — P. *Lois, décr.*, etc. de 1853, p. 118.

exempts des droits de timbre et d'enregistrement.

3. La cause du décès, l'origine et la gravité des blessures ou infirmités seront, même en cas d'option pour le régime des pensions civiles, constatées dans les formes prescrites pour la liquidation des pensions militaires.

4. L'option autorisée par les art. 1 et 2 devra être exercée, ou la citation prévue à l'art. 2 délivrée, dans les délais impartis aux intéressés pour faire valoir leurs droits à la pension militaire.

5. Seront reçues à exercer rétroactivement le droit d'option prévu par les art. 1 et 2, les personnes visées par ces articles, qui auraient formé une demande de pension militaire entre le 2 août 1914 et la promulgation de la présente loi. Il en sera ainsi même si leur demande avait été suivie d'une concession de pension.

Les délais prévus à l'art. 4 auront, dans ces cas, pour point de départ la promulgation de la loi.

6. Pour l'application, en vertu des dispositions qui précèdent, de la loi du 9 juin 1853, les blessures ou le décès résultant d'événement de guerre sont assimilés aux blessures reçues ou au décès survenu dans les circonstances définies aux art. 11-1° ou 14-1° de ladite loi.

RÉQUISITIONS MILITAIRES, MARINE, PAIEMENT, MANDATS DE PAIEMENT, PIÈCES JUSTIFICATIVES.

CIRCULAIRE *relative aux pièces à produire au soutien des mandats de paiement des réquisitions maritimes.*

(**14 mars 1915**). — (Publ. au *J. off.* du 16 mars).

Le Ministre de la marine à MM. les vice-amiraux commandant en chef, préfets maritimes, commandants de la marine en Corse et en Algérie, directeurs de l'inscription maritime, directeurs des établissements hors des ports.

Aucun règlement n'a fixé jusqu'ici de manière précise la nature des justifications à produire au soutien des mandats de paiement des réquisitions maritimes.

Il résulte des dispositions des art. 34 à 55 du décret du 2 août 1877 (1), modifié le 31 juill. 1914 (2), combinées avec celles du règlement financier du 14 janv. 1869, que les mandats de paiement concernant ces réquisitions doivent être appuyés des pièces suivantes :

A. — *Justifications communes à toutes les réquisitions.*

1° Ordre de réquisition ;

2° Reçu délivré par l'autorité maritime ;

3° Certification d'exécution des services requis ou de prise en charge des fournitures ;

4° S'il y a lieu, procès-verbaux de dégâts ou d'estimation ; à défaut, extraits des décisions de l'autorité maritime compétente.

B. — *Justifications des réquisitions effectuées par l'intermédiaire d'un maire.*

(Réquisitions d'objets, matières, chevaux ou services effectuées en application de l'art. 68 du décret du 2 août 1877, modifié le 31 juill. 1914, et classées dans la 1re subdivision du titre 1er de l'instruction [marine] du 19 août 1914).

5° Deux expéditions de l'état (modèle B, annexé au décret du 2 août 1877), établi par le maire en ce qui concerne les allocations acceptées et celles pour lesquelles les intéressés n'ont pas fait de réponse. Cet état est vu, vérifié et arrêté par l'ordonnateur. L'une de ces expéditions est destinée au receveur municipal de la commune. Il est rappelé que, conformément aux dispositions d'un acte de l'instruction précitée du 19 août 1914, l'état B, dont le modèle réglementaire ne s'adapte pas aux réquisitions maritimes, sera dressé comme les états A et A *bis*, avec une contexture appropriée à la nature spéciale des réquisitions de la marine.

C. — *Justifications des réquisitions effectuées sans l'intervention d'un maire.*

a) Mêmes réquisitions que ci-dessus, mais classées à la 2e subdivision du titre 1er de l'instruction du 19 août 1914.

b) Réquisitions relatives aux établissements industriels et réquisitions de navires classées aux titres II et III de la susdite instruction :

5° Demande d'indemnité ;

6° Décision de l'autorité qualifiée pour fixer l'indemnité ;

7° Preuve de l'acceptation ou du silence des intéressés.

Je vous prie de vouloir bien donner des instructions pour que les prescriptions qui font l'objet de cette circulaire soient strictement observées.

ARMÉE, GUERRE FRANCO-ALLEMANDE, PERMISSIONS ET CONGÉS.

CIRCULAIRE *relative aux congés et permissions.*

(**15 mars 1915**). — (Publ. au *J. off.* du 21 mars).

Le Ministre de la guerre à MM. le général gouverneur militaire de Paris, le général commandant la région du Nord, les généraux commandant les

---

(1) S. *Lois annotées* de 1877, p. 255. — P. *Lois, décr.*, etc. de 1877, p. 440.

(2) 1er vol., p. 4.

régions 3 à 18, 20 et 21, le général commandant en chef les forces de terre et de mer de l'Afrique du Nord.

Des hésitations s'étant produites dans l'application des différentes circulaires réglant l'octroi des congés et permissions, j'ai jugé nécessaire de codifier dans un texte unique toutes les dispositions relatives à cette question. Tel est l'objet de la présente circulaire.

I. — Congés.

a) Tous les congés, autres que les congés de convalescence, sont supprimés pendant la durée de la guerre.

b) Les congés de convalescence ne peuvent être accordés qu'aux militaires sortant des hôpitaux-dépôts de convalescents. Ces formations, prévues par la circulaire n. 11718, 1/11 du 15 octobre, modifiée par la circulaire n. 13385, 1/11 du 16 novembre, sont organisées exclusivement dans la zone de l'intérieur; elles sont essentiellement distinctes des autres formations sanitaires, le séjour dans ces dernières ne pouvant, en aucun cas, donner lieu à des propositions pour congé de convalescence.

Le passage par les hôpitaux-dépôts de convalescents est obligatoire pour tous les militaires qui sortent des formations sanitaires de la zone de l'intérieur. Il est également obligatoire pour les militaires sortant des formations sanitaires de la zone des armées et que les médecins chefs de ces formations ne jugent pas aptes à reprendre immédiatement leur service; ces militaires sont toujours dirigés préalablement sur un hôpital-dépôt de convalescents de l'intérieur.

Les congés de convalescence, d'une durée variant de un à trois mois, doivent être considérés comme exceptionnels et ne sont accordés que si la famille du militaire en fait la demande expresse et donne la certitude qu'elle est en mesure d'assurer à l'intéressé les soins que nécessite son état. A défaut de famille pouvant les recevoir, ou sur leur demande, les blessés ou malades justiciables d'un congé de convalescence, les mutilés, les militaires en instance de retraite pour infirmités, seront dirigés par les soins de l'autorité militaire sur les établissements créés par l' « Œuvre d'assistance aux convalescents »; la liste de ces établissements est tenue dans chaque région, par les soins du directeur du service de santé; l'admission des malades et blessés est précédée, dans tous les cas, de la délivrance d'un congé de convalescence régulier.

Les congés sont délivrés par une commission spéciale composée :

Du général commandant la subdivision ou son délégué;

D'un officier;

Du médecin chef de la place.

Les prolongations de congés de convalescence ne peuvent être envisagées qu'en cas d'absolue nécessité; elles sont accordées exclusivement par la commission spéciale de la subdivision de la résidence des intéressés. Ces derniers doivent se présenter en personne; dans le cas où leur état de santé ne leur permet pas de se déplacer, ils doivent adresser une demande de prolongation au commandant de la subdivision de leur résidence, avec attestation d'un médecin et du maire constatant qu'ils ne peuvent se déplacer. La commission spéciale se fait en outre renseigner par la gendarmerie; elle peut donner l'ordre de transporter les militaires intéressés sur une formation sanitaire voisine, si leur état de santé le permet.

Les congés et prolongations de congés de convalescence sont délivrés aux militaires indigènes dans les mêmes conditions qu'aux militaires français. Toutefois, la nécessité de s'assurer que la famille est en état d'héberger et de soigner le militaire en cause est encore plus impérieuse; il est donc indispensable que la demande de la famille soit revêtue de l'avis de l'autorité administrative dont elle relève (maire, administrateur, contrôleur civil ou chef de bureau des affaires indigènes). La demande de la famille ne sera pas exigée pour l'envoi en congé des officiers indigènes et des militaires titulaires d'une pension.

Le chapitre III de la présente circulaire expose dans quelles localités peuvent être autorisés à se rendre les militaires titulaires de congés de convalescence.

II. — Permissions.

A. *Zone des armées.* — Aucune permission ne peut être accordée dans la zone des armées, sauf dans des cas très exceptionnels, sur lesquels le général commandant en chef se réserve de statuer (1).

B. *Zone de l'intérieur.* — Indépendamment des permissions pour faciliter la vie économique du pays, qui ne sont accordées que sur mes ordres, et à des dates déterminées, les permissions que peuvent obtenir les militaires dans la zone de l'intérieur rentrent dans l'une des trois catégories suivantes :

a) Permissions de vingt-quatre heures, accordées les dimanches et jours fériés, dans des proportions très restreintes, et à titre d'encouragement;

b) Dans des cas tout à fait exceptionnels (événements de famille importants, obsèques, etc...), permissions d'une durée strictement limitée à la cause les ayant motivées;

c) Permissions d'une semaine accordées aux mi-

(1) Note du *J. off.* — « Cette disposition modifie la circulaire n. 161-1/11 du 4 janv. 1915 (§ 1er. — Permissionnaires) ».

litaires évacués du front pour blessure ou maladie, à leur sortie des hôpitaux-dépôts de convalescents avant qu'ils ne rejoignent le dépôt de leur corps. Ces permissions, qui ne seront jamais prolongées ni renouvelées avant le départ de leurs bénéficiaires pour le front, doivent être considérées comme un droit, sauf en cas de force majeure ou de punition grave.

Toutefois, aucune permission de cette nature ne peut être accordée aux militaires indigènes de l'Afrique du Nord à leur sortie des hôpitaux-dépôts de convalescents ; ces militaires doivent être dirigés sur le dépôt de passage de leur corps en France (Aix, Arles, Beaucaire et Tarascon) ; de là, ils peuvent être envoyés dans leur pays d'origine dans les conditions qui ont fait l'objet d'instructions spéciales au général commandant la 15e région. A leur arrivée à la portion centrale de leur corps, en Afrique, ils bénéficient de la permission susvisée.

La durée des permissions prévues au paragraphe C, qui comprend le voyage aller et retour, sera prolongée d'un jour par 400 kilomètres de trajet (1).

Le titre de permission, ainsi que les ordres de transport nécessaires : 1° pour le trajet jusqu'au lieu de résidence de la famille ; 2° pour le trajet du lieu de résidence de la famille au dépôt du corps, sont délivrés aux intéressés par le médecin chef de l'hôpital-dépôt de convalescents.

III. — Localités ou peuvent être passés les congés de convalescence et les permissions.

A. — Les permissionnaires de vingt-quatre heures (dimanches et jours fériés) ne peuvent jouir de leur permission que dans la zone de l'intérieur.

B. — Les militaires qui ont obtenu :

1° Des permissions de courte durée pour événements de famille importants ;

2° Des permissions d'une semaine après blessure ou maladie ;

3° Des congés de convalescence,

peuvent en jouir dans toutes les localités du territoire français situées au sud de la limite arrière de la zone des étapes (2). L'interdiction d'envoyer des militaires en congé de convalescence dans les localités situées au Nord de cette limite ne s'applique pas, d'ailleurs, aux militaires proposés pour la réforme n. 1 par une commission spéciale de réforme, qui peuvent être mis en congé de convalescence en attendant leur radiation définitive des contrôles.

C. — Les permissions d'une semaine après blessure ou maladie et les congés de convalescence peuvent être accordés à destination de la Corse et de l'Algérie-Tunisie.

D. — Aucune permission, aucun congé de convalescence ne peuvent être accordés à destination de l'étranger (3), des colonies ou des pays de protectorat autres que la Tunisie.

Les circulaires n. 3583 *bis* D, du 16 octobre, 12.036 1/11 du 20 octobre, 4.182 D du 11 novembre, 5.058 9/11 du 13 novembre, 4.600 D du 22 novembre, 13.788 1/11 du 24 novembre, 4.967 D du 5 décembre, 207 D du 7 janvier et 517 1/11 du 3 février, dont les dispositions sont reproduites ou modifiées par la présente circulaire, sont et demeurent abrogées, ainsi que les dispositions des circulaires n. 11.718 1/11 du 15 octobre contraires aux prescriptions ci-dessus.

La présente circulaire devra être portée à la connaissance de tous les commandants d'armée, de tous les commandants de dépôt et de tous les médecins-chefs des formations sanitaires.

(*Suit au* J. off. *le tableau annexé*).

Armée, Recrutement, Guerre franco-allemande, Classe 1916, Appel sous les drapeaux.

Loi *relative à l'appel sous les drapeaux de la classe 1916.*

(15 mars 1915). — (Publ. au *J. off.* du 16 mars).

Article unique. — L'appel par anticipation de la classe 1916 aura lieu aux dates fixées par un arrêté du ministre de la guerre.

Colonies, Guerre franco-allemande, Agents civils du commissariat, Comptables de matières, Tableaux d'avancement, Ministre de la guerre, Ministre des colonies.

Décret *portant réorganisation des personnels des agents civils du commissariat et des comptables des matières des colonies.*

(15 mars 1915). — (Publ. au *J. off.* du 19 mars).

Le Président de la République française ; — Sur le rapport des ministres de la guerre et des colonies ; — Vu le décret du 28 janv. 1903 (4), portant réorganisation des personnels des agents

(1) Note du *J. off.* — « Pour les militaires qui vont passer leur permission en Corse ou en Algérie-Tunisie, la semaine comptera du jour exclu du débarquement en Corse ou Afrique du Nord au jour exclu du rembarquement ».

(2) Note du *J. off.* — « Le tableau annexé à la présente circulaire définit la limite arrière actuelle de la zone des étapes ».

(3) Note du *J. off.* — « Principauté de Monaco comprise ».

(4) *J. off.*, 3 févr. 1903, p. 633.

civils du commissariat et des comptables des matières des colonies; — Décrète :

Art. 1er. Par dérogation aux dispositions des art. 4 et 9 du décret du 28 janv. 1903, les tableaux d'avancement des personnels des agents civils du commissariat et des comptables des matières des colonies seront dressés, pendant la durée des hostilités, par le ministre de la guerre, après accord avec le ministre des colonies.

2. Les ministres de la guerre et des colonies sont chargés, etc.

Marine, Guerre franco-allemande, Sous-arrondissement du Havre, Commandant de la marine, Contre-amiral.

Décret *organsant un commandement de la marine au Havre.*

(15 mars 1915). — (Publ. au *J. off.* du 17 mars).

Le Président de la République française; — Vu l'ordonn. du 14 juin 1844 (1); — Vu le décret du 15 févr. 1882 (2), portant fixation des limites des arrondissemeuts, sous-arrondissements et quartiers du littoral; — Vu le décret du 18 déc. 1909 (3), portant réorganisation des services administratifs de la marine, modifié le 29 sept. 1913 (4); — Décrète :

Art. 1er. Le sous-arrondissement du Havre est placé sous l'autorité d'un contre-amiral pendant la durée de la guerre.

Cet officier général prend le titre de commandant de la marine, et relève du vice-amiral, commandant en chef, préfet maritime du 1er arrondissement, pour toutes les questions militaires et administratives.

Le commandant du front de mer du Havre relève du commandant de la marine pour les questions pour lesquelles il relevait directement du préfet maritime.

2. Le directeur de l'inscription maritime du Havre continue à relever directement du préfet maritime du 1er arrondissement pour les questions prévues à l'alin. 1 du § 2 de l'art. 21 du décret du 18 déc. 1909, modifié le 29 sept. 1913.

3. Les administrateurs des quartiers du sous-arrondissement du Havre, en tant que suppléants locaux éventuels des directeurs et services du port militaire chef-lieu de l'arrondissement (§ 6 de l'art. 21 précité), sont placés sous l'autorité du commandant de la marine.

4. En cas d'absence ou d'empêchement, le commandant de la marine au Havre est remplacé provisoirement par l'officier de marine, en service au Havre, le plus ancien dans le grade le plus élevé.

5. Le ministre de la marine est chargé, etc.

(1) *Bull. off.*, 9e série, 1159, n. 11687.

(2) *J. off.*, 23 févr. 1882, p. 1001.

(3) *Bull. off.*, nouv. série, 24, n. 1031.

Ministère de la marine, Sous-secrétaire d'Etat de la marine marchande, Attribution.

Arrêté *déterminant les attributions du sous-secrétaire d'Etat de la marine marchande.*

(15 mars 1915). — (Publ. au *J. off.* du 18 mars).

Le Président de la République française; — Vu le décret en date du 29 mars 1913 (5), déterminant les attributions du sous-secrétariat d'Etat de la marine marchande au ministère de la marine; — Arrête :

Art. 1er. Le sous-secrétaire d'Etat de la marine marchande prépare les projets de lois et de décrets relatifs aux services de la marine marchande; il les soumet au contreseing et à la signature du ministre. Il signe toutes décisions, instructions, circulaires et arrêtés nécessaires pour assurer l'exécution des dispositions organiques concernant ces services et leurs personnels; les arrêtés sont préalablement communiqués au ministre, lorsque le règlement des questions spéciales à la marine marchande est de nature à avoir des répercussions directes ou indirectes sur le personnel ou les services de la marine militaire.

En raison des hostilités et pendant leur durée, seront adressées au ministre de la marine, qui les transmettra au sous-secrétariat d'Etat, toutes les correspondances émanant des agents de l'inscription maritime, relatives :

1° Aux obligations militaires des inscrits (mobilisation, incorporation, sursis, etc.);

2° A la réglementation des mouvements des navires de commerce et de pêche;

3° Aux modifications d'itinéraire concernant les services des compagnies subventionnées;

4° Aux réquisitions maritimes.

Tous télégrammes et correspondances relatives aux affaires ci-dessus indiquées seront expédiés par l'intermédiaire du cabinet du ministre.

2. Le sous-secrétaire d'Etat engage et liquide toutes dépenses utiles au fonctionnement des services de la marine marchande dans la limite et suivant les spécifications des crédits ouverts au titre de la marine marchande et des pêches et au budget annexe de l'Etablissement des Invalides; toutefois, la distribution du fonds annuel de secours et des ressources provenant de donations ou legs

(4) *Bull. off.*, nouv. série, 114, n. 6125.

(5) *Bull. off.*, nouv. série, 102, n. 5368.

est faite par le ministre de la marine, sur la proposition du sous-secrétariat d'Etat.

3. Le sous-secrétaire d'Etat approuve les cahiers des charges et les marchés de travaux et de fournitures concernant les services de la marine marchande; il règle les questions administratives, financières et contentieuses relatives à l'exécution de ces contrats.

ABSINTHE, LIQUEURS SIMILAIRES, FABRICATION, VENTE EN GROS ET EN DÉTAIL, CIRCULATION, INTERDICTION, ALGÉRIE, COLONIES.

LOI *relative à l'interdiction de la fabrication, de la vente en gros et au détail ainsi que de la circulation de l'absinthe et des liqueurs similaires* (1).

(**16 mars 1915**). — (Publ. au *J. off.* du 17 mars).

ART. **1er**. Sont interdites la fabrication, la vente en gros et au détail, ainsi que la circulation de l'absinthe et des liqueurs similaires visées par l'art. 15 de la loi du 30 janv. 1907 (2) et l'art. 17 de la loi du 26 déc. 1908 (3).

Les contraventions au § 1er du présent article seront punies de la fermeture de l'établissement et, en outre, à la requête de l'Administration des contributions indirectes, des peines fiscales prévues à l'art. 1er de la loi du 28 févr. 1872 (4) et à l'art. 19 de celle du 30 janv. 1907.

2. La présente loi est applicable à l'Algérie et aux colonies.

CONTRIBUTIONS INDIRECTES, ABSINTHES, DÉBITANTS DE BOISSONS, RESTITUTION DES DROITS PERÇUS.

LOI *relative à la restitution des droits perçus sur les absinthes.*

(**16 mars 1915**). — (Publ. au *J. off.* du 17 mars).

ARTICLE UNIQUE. Est autorisé le remboursement des droits perçus au profit du Trésor et des communes sur les absinthes se trouvant actuellement chez les débitants.

Ce remboursement aura lieu à charge de mise à l'entrepôt ou d'envoi à la rectification.

---

(1) V. le décret du 7 janv. 1915, 1er vol., p. 297.

(2) S. et P. *Lois annotées* de 1907, p. 560; *Pand. pér.*, 1907.3.93.

(3) S. et P. *Lois annotées* de 1909, p. 913; *Pand. pér.*, *Lois annotées* de 1909, p. 913.

(4) S. *Lois annotées* de 1872, p. 185. — P. *Lois, décr.*, etc. de 1872, p. 315.

1° ARMÉE, GUERRE FRANCO-ALLEMANDE, CUMUL DE SOLDE ET TRAITEMENTS ET PENSIONS, VEUVES ET ORPHELINS DES FONCTIONNAIRES ET OUVRIERS DÉCÉDÉS SOUS LES DRAPEAUX, DÉLÉGATIONS D'OFFICE, DÉCRETS, CONVERSION EN LOI. — 2° MARINE, GUERRE FRANCO-ALLEMANDE, CUMUL DE SOLDE ET DE PENSIONS, DÉCRET, CONVERSION EN LOI. — 3° GUERRE, GUERRE FRANCO-ALLEMANDE, RAVITAILLEMENT, AVANCES AUX CHAMBRES DE COMMERCE ET DÉPARTEMENTS, DÉCRETS, CONVERSION EN LOI. — 4° COMMUNES, GUERRE FRANCO-ALLEMANDE, BONS MUNICIPAUX, EMISSION, DÉCRETS, CONVERSION EN LOI. — 5° DÉPARTEMENTS, GUERRE FRANCO-ALLEMANDE, BONS DÉPARTEMENTAUX, EMISSION, DÉCRETS, CONVERSION EN LOI. — 6° RÉQUISITIONS MILITAIRES, GUERRE FRANCO-ALLEMANDE, MODE DE PAIEMENT, DÉCRETS, CONVERSION EN LOI. — 7° PARIS (VILLE DE), GUERRE FRANCO-ALLEMANDE, BONS MUNICIPAUX, EMISSION, BONS DU DÉPARTEMENT ET DES COMMUNES DE LA SEINE, SOUSCRIPTION, DÉCRETS, CONVERSION EN LOI. — 8° TIMBRE, RÔLE D'ÉQUIPAGE, DÉCRET, CONVERSION EN LOI.

LOI *portant conversion en lois de décrets pris en matière financière du* 12 *août au* 16 *déc.* 1914.

(**17 mars 1915**). — (Publ. au *J. off.* du 19 mars).

ARTICLE UNIQUE. Sont ratifiés et convertis en lois :

Le décret du 12 août 1914 (5), relatif au cumul des soldes;

Le décret du 29 août 1914 (6), relatif au cumul des soldes;

Le décret du 30 août 1914 (7), autorisant le ministre des finances à faire des avances de fonds à la chambre de commerce de Marseille;

Le décret du 30 août 1914 (8), relatif au cumul de la solde militaire et des pensions de l'armée de mer;

Le décret du 8 sept. 1914 (9), autorisant le ministre des finances à faire des avances à la chambre de commerce de Nantes;

Le décret du 15 sept. 1914 (10), autorisant le ministre des finances à faire une avance au département de la Marne;

Le décret du 16 sept. 1914 (11), autorisant le

---

(5) 1er vol., p. 48.

(6) 1er vol., p. 88.

(7) *J. off.*, 31 août 1914, p. 7802.

(8) 1er vol., p. 92.

(9) *J. off.*, 9 sept. 1914, p. 7874.

(10) *J. off.*, 16 sept. 1914, p. 7931.

(11) *J. off.*, 17 sept. 1914, p. 7941.

ministre des finances à faire des avances de fonds à la chambre de commerce de Brest;

Le décret du 19 sept. 1914 (1), autorisant le ministre des finances à faire des avances à la chambre de commerce de Bar-le-Duc;

Le décret du 21 sept. 1914 (2), autorisant les bons départementaux et communaux;

Le décret du 29 sept. 1914 (3), relatif au paiement des réquisitions d'animaux dans le cas de suspension des services administratifs en raison de la présence de l'ennemi;

Le décret du 29 sept. 1914 (4), concernant l'assimilation du paiement des animaux et voitures réquisitionnés à celui qui est prévu pour le service des remontes;

Le décret du 1er oct. 1914 (5), autorisant le ministre des finances à faire des avances à la chambre de commerce de Chalon-sur-Saône;

Le décret du 1er oct. 1914 (6), autorisant le ministre des finances à faire des avances à la chambre de commerce de Dunkerque;

Le décret du 24 oct. 1914 (7), accordant aux veuves des fonctionnaires et ouvriers de l'Etat décédés sous les drapeaux la moitié du traitement ou du salaire pendant la durée de la guerre;

Le décret du 7 nov. 1914 (8), autorisant l'émission de bons municipaux de la ville de Paris;

Le décret du 11 nov. 1914 (9), relatif au paiement du montant des réquisitions de chevaux, mules, mulets et voitures non automobiles;

Le décret du 13 nov. 1914 (10), relatif au paiement du prix des chevaux, mules, mulets et voitures non automobiles réquisitionnés dans les communes où le fonctionnement des services administratifs est suspendu en raison de la présence de l'ennemi;

Le décret du 14 nov. 1914 (11), relatif au timbre des rôles d'équipage;

Le décret du 15 nov. 1914 (12), augmentant le total des avances consenties à la chambre de commerce de Bar-le-Duc;

Le décret du 6 déc. 1914 (13), relatif au paiement du montant des réquisitions de voitures automobiles;

Le décret du 14 déc. 1914 (14), relatif à une avance de 4 millions de francs à la chambre de commerce de Nantes;

Le décret du 15 déc. 1914 (15), autorisant la ville de Paris à souscrire aux émissions de bons effectuées par le département de la Seine et les autres communes de ce département et augmentant la somme maximum de bons municipaux de cette ville dont l'émission a été autorisée;

Le décret du 16 déc. 1914 (16), relatif au paiement du montant des réquisitions militaires concernant les services, marchandises, denrées et animaux.

Guerre, Guerre franco-allemande, Interdiction de commerce avec les Allemands et les Austro-Hongrois, Administrateurs séquestres, Rémunération, Procédure a suivre pour l'apurement des comptes, Séquestres généraux ou collectifs.

Circulaire *relative à la rémunération des séquestres des biens de sujets allemands ou austro-hongrois.*

(17 mars 1915). — (Publ. au *J. off.* du 19 mars).

Le garde des sceaux, ministre de la justice, à MM. les premiers présidents des Cours d'appel et procureurs généraux près lesdites Cours (France et Algérie).

Par ma circulaire du 3 novembre dernier (17), j'ai invité MM. les procureurs généraux à me faire connaître : 1° quelles sont les règles suivies dans leurs ressorts respectifs pour la rémunération des administrateurs judiciaires nommés par les tribu-

---

(1) *J. off.*, 20 sept. 1914, p. 7973.

(2) 1er vol., p. 118.

(3) 1er vol., p. 133.

(4) 1er vol., p. 134.

(5) *J. off.*, 2 oct. 1914, p. 8139.

(6) *J. off.*, 2 oct. 1914, p. 8140.

(7) 1er vol., p. 171.

(8) 1er vol., p. 189.

(9) 1er vol., p. 194.

(10) 1er vol., p. 201.

(11) Ce décret est ainsi conçu :

Le Président de la République française; — Vu l'art. 11 de la loi de finances du 21 mars 1885; — Vu le décret du 3 avril 1885; — Vu le décret du 28 janv. 1908; — Sur le rapport du ministre de la marine et du ministre des finances; — Décrète :

Art. 1er. Les dispositions de l'art. 2 du décret du 3 avril 1885, modifié par le décret du 28 janv. 1908, sont modifiées comme suit :

« Le timbre mobile est apposé, en France et dans les colonies, par l'administrateur de l'inscription maritime ou tout autre fonctionnaire qualifié pour en exercer les fonctions, conformément au décret du 31 déc. 1892, et, dans un port étranger, par le consul, au moment de la délivrance des rôles d'équipage aux intéressés.

« Il est collé sur la première page à la partie supérieure de la feuille à gauche.

« Il est oblitéré immédiatement, au moyen de l'inscription manuscrite à l'encre noire usuelle, en travers du timbre, du lieu et de la date de l'oblitération, suivie de la signature du fonctionnaire visé au § 1er du présent décret ».

2. Le ministre de la marine et le ministre des finances sont chargés, etc.

(12) *J. off.*, 16 nov. 1914, p. 8702.

(13) 1er vol., p. 235.

(14) *J. off.*, 15 déc. 1914, p. 9166.

(15) 1er vol., p. 256.

(16) 1er vol., p. 259.

(17) 1er vol., p. 181.

naux civils ou par les présidents de ces tribunaux, et 2° si elles leur paraissaient devoir être appliquées purement et simplement ou sous réserve de certaines modifications aux séquestres des biens d'Allemands, d'Autrichiens ou de Hongrois.

I. — *Mode de rémunération des séquestres.*

Il ressort de l'enquête que j'ai ainsi ouverte auprès des parquets généraux, et dont les résultats centralisés à la Chancellerie y ont été méthodiquement dépouillés, que les conditions de rétribution des administrateurs judiciaires diffèrent d'un ressort de Cour d'appel à l'autre, et même d'un tribunal à l'autre dans le même ressort; en outre, chaque tribunal les fait généralement varier selon la nature des affaires.

Tantôt les administrateurs judiciaires sont rémunérés au moyen de vacations, et tantôt il leur est alloué un pourcentage sur les recettes ou les dépenses, ou tout à la fois sur les unes et les autres; le pourcentage lui-même se prête à des combinaisons diverses, et il peut être strictement proportionnel aux sommes auxquelles il s'applique ou comporter une dégression selon l'importance desdites sommes. Tantôt encore la rétribution des administrateurs judiciaires est fixée à forfait, en tenant compte de différents éléments, tels que les difficultés de la gestion, l'étendue des peines et soins ou de la responsabilité, la durée des opérations.

Tantôt les émoluments touchés par les mandataires de justice, par application de l'un de ces systèmes, représentent le montant cumulé de leurs honoraires et de leurs dépenses d'administration, et tantôt il s'y ajoute le remboursement de tout ou partie des frais par eux exposés.

Il est rationnel que les bases de rémunération diffèrent selon la nature des affaires. Il est, au contraire, difficile de justifier que, pour des affaires semblables, elles soient variables suivant les tribunaux.

On doit donc tendre à l'unification, en substituant aux usages locaux un tarif général qui, s'appliquant à tous les ressorts judiciaires, comportera des modes de taxation différents selon les catégories d'opérations à effectuer, de manière à s'adapter à tous les cas et à proportionner aussi exactement que possible, dans chaque espèce, la rétribution de l'administrateur judiciaire à l'importance de ses travaux et de ses responsabilités. C'est là une œuvre essentielle que j'ai décidé d'entreprendre, et au sujet de laquelle vous recevrez des instructions par circulaire séparée en vue d'un supplément d'instruction; quelques difficultés qu'elle puisse présenter, elle devra être menée à bonne fin dans le plus bref délai.

S'il n'est pas possible d'abroger dès à présent les usages variés, dont l'existence a été constatée par l'enquête que j'ai prescrite, et si, dans certains cas exigeant un règlement d'urgence, on se trouve amené, pendant la période transitoire qui précédera l'institution du tarif, à se référer à ces usages pour la rémunération des séquestres des biens de sujets allemands et austro-hongrois, du moins ne faut-il pas oublier qu'ils ne sont pas légalement obligatoires; par conséquent, dans la pratique, il incombera aux autorités judiciaires d'en corriger les défectuosités et de prévenir les abus auxquels ils pourraient aboutir.

Je fais à cet égard toute confiance aux magistrats du parquet et du siège. Depuis qu'a été entreprise, conformément à mes instructions des 13 (1) et 16 octobre, la mise sous séquestre desdits biens, ils n'ont cessé, dans l'accomplissement de leur mission, de manifester une haute conscience de leur devoir et un vif souci de l'intérêt public. Ils s'inspireront des mêmes sentiments dans cette partie de leur tâche. Tout en assurant aux séquestres la juste et raisonnable rétribution qui leur est due, ils veilleront à ce que la mise en œuvre d'une formule ne conduise en aucun cas à des émoluments excessifs.

Leur attention se portera spécialement sur les conditions d'application des tarifs comportant un pourcentage sur les recettes ou les dépenses. Il convient d'empêcher que ce mode de rétribution n'ait pour conséquence d'inciter les séquestres à étendre plus qu'il ne convient le champ de leurs opérations.

A ce sujet, je dois vous signaler qu'à plusieurs reprises, j'ai été saisi de plaintes à l'occasion de ventes qui auraient été opérées par des séquestres sans nécessité suffisamment démontrée, ou de poursuites en paiement qu'ils auraient inconsidérément engagées contre des débiteurs français.

Il importe que les séquestres se pénètrent bien des instructions, dans lesquelles j'ai défini leur caractère, et notamment des termes de ma circulaire du 14 (2) novembre dernier, qui spécifie qu'ils ne sont pas des liquidateurs.

En ce qui concerne les ventes, cette circulaire a fixé d'une façon précise les limites dans lesquelles elles sont admissibles et qui ne doivent pas être dépassées.

Quant au recouvrement des créances faisant partie de l'actif des maisons allemandes ou austro-hongroises placées sous séquestre, il doit être limité à ce qui est strictement indispensable à l'acquittement des sommes dues aux créanciers français, et il n'y a lieu de le poursuivre qu'avec les ménagements dus aux débiteurs français à raison des circonstances; notamment, il peut arriver que ceux-ci soient hors d'état de s'acquitter parce qu'ils se trouvent eux-mêmes empê-

(1) 1er vol., p. 157.

(2) 1er vol., p. 201.

chés de recouvrer le montant de leurs créances envers des maisons allemandes ou austro-hongroises.

Les parquets et les présidents des tribunaux civils soumettront ces opérations des séquestres à un contrôle particulièrement attentif.

II. — *Procédure à suivre pour la fixation de la rétribution des séquestres et l'apurement de leurs comptes.*

Les séquestres ayant été nommés dans chaque ressort de tribunal civil par ordonnance du président rendue sur réquisitions du procureur de la République, la même procédure devra être suivie, le moment venu, pour la fixation de leur rétribution et l'allocation à leur profit, le cas échéant, d'acomptes sur les sommes pouvant leur revenir.

C'est également cette procédure qui sera employée pour l'apurement des comptes des séquestres.

En conséquence, ceux-ci déposeront leurs demandes, tendant au règlement de leurs frais et honoraires ou de leurs comptes, entre les mains du procureur de la République, qui, après un examen minutieux, à l'occasion duquel il réclamera la production des explications et justifications qui lui paraîtront nécessaires et procédera à toutes vérifications utiles, transmettra lesdites requêtes avec ses conclusions au président qui statuera.

III. — *Imputation de la dépense afférente à la rétribution du séquestre et aux autres frais.*

Il sera fait face à la rétribution des séquestres, et plus généralement à tous frais, comme en matière de faillite, c'est-à-dire par prélèvement sur l'actif disponible, comme il est prévu par l'art. 489, C. comm.

Toutefois, les frais resteraient à la charge du Trésor, qui les supporterait au titre des « frais de justice », au cas où la mesure du séquestre aurait été ordonnée par erreur et devrait être rapportée, comme, par exemple, si les personnes auxquelles elle a été appliquée ont été faussement considérées comme de nationalité allemande ou austro-hongroise.

Mais il en sera différemment, si la mainlevée en est ordonnée à titre exceptionnel et par pure bienveillance au profit de sujets allemands, autrichichiens et hongrois, dans les circonstances indiquées par mes instructions. Les frais, y compris la rémunération du séquestre, donneront lieu, dans cette hypothèse, conformément à la règle générale ci-dessus posée, à prélèvement sur l'actif qui avait été placé sous la main de justice. Les biens ne seront donc remis à la disposition de leurs propriétaires qu'après acquittement des frais faits pour leur conservation et leur gestion.

Tous prélèvements de frais sur des actifs mis sous séquestre devront, bien entendu, être autorisés expressément dans les formes déterminées plus haut, c'est-à-dire par ordonnance du président du tribunal civil rendue sur réquisitions du ministère public.

En ce qui concerne les frais autres que les honoraires proprement dits des séquestres, je ne puis que vous rappeler les recommandations de mes circulaires, qui tendent à obtenir de ces mandataires de justice, dans les opérations qui leur sont confiées, une stricte économie, exclusive de toutes dépenses inutiles ou surabondantes. L'obligation qui s'impose, à cet égard, aux séquestres, trouvera sa sanction lors de l'autorisation des prélèvements pour frais et honoraires.

IV. — *Observations concernant les séquestres généraux ou collectifs.*

Les instructions qui précèdent ne visent que le cas de séquestres individuels, c'est-à-dire ordonnés à l'égard d'individus ou d'établissements de nationalité allemande ou austro-hongroise nominativement désignés; elles ne concernent pas les mesures de séquestre général ou global, requises en vertu de mes circulaires des 27 oct. et 4 nov. 1914 (1), et portant sur l'ensemble des biens de toute nature en dépôt ou en garde dans les banques, chez les officiers publics et ministériels, dans les entrepôts, docks, magasins généraux et gares de chemins de fer.

Ce séquestre collectif a simplement la valeur d'une opposition, et il emporte pour ceux qui en sont chargés interdiction de se dessaisir des biens dont ils sont détenteurs. Les banques, officiers publics et ministériels, entrepôts, docks, magasins généraux et compagnies de chemins de fer conservent, sous l'autorité de la justice, les biens de sujets allemands ou austro-hongrois au titre où les uns et les autres les ont reçus et qui continue à définir leurs droits et leurs obligations; ils ne peuvent donc prétendre, comme séquestres, à aucune rémunération spéciale.

En revanche, ils n'ont pas à pourvoir sur lesdits biens au paiement ou au remboursement des frais occasionnés par l'ordonnance de mise sous séquestre et engagés par le ministère public dans les conditions déterminées, pour toutes poursuites d'office en matière civile, par l'art. 122 du décret du 18 juin 1811 (2).

Je vous prie de porter la présente circulaire à la connaissance de MM. les présidents de tribunaux civils et procureurs de la République, et de m'en accuser réception.

---

(1) 1er vol., p. 183.

(2) *Bull. off.*, 4e série, n. 7035.

HÔTELIERS, WARRANT HÔTELIER, LOI DU 8 AOUT 1913, MODIFICATION, PRIVILÈGE DU WARRANT, CRÉANCIERS HYPOTHÉCAIRES, RANG, PRIVILÈGE DU BAILLEUR, LIMITATION, CONVENTIONS CONTRAIRES A LA LOI, NULLITÉ.

LOI *complétant la loi du 8 août* 1913, *relative au warrant hôtelier.*

(**17 mars 1915**). — (Publ. au *J. off.* du 19 mars).

ART. **1er**. L'art. 1er, premier alinéa, de la loi du 8 août 1913 (1), sur le warrant hôtelier, est modifié comme suit :

« Tout exploitant d'hôtels à voyageurs peut emprunter sur le mobilier commercial, le matériel et l'outillage servant à son exploitation, même devenus immeubles par destination, tout en conservant la garde dans les locaux de l'hôtel ».

2. L'art. 2 de la loi du 8 août 1913 est complété par la disposition suivante, qui en formera le dernier alinéa :

« En cas de conflit entre le privilège du porteur du warrant hôtelier et des créanciers hypothécaires, leur rang est déterminé par les dates respectives de la transcription du premier endossement du warrant et des inscriptions d'hypothèques, sauf l'application des dispositions de l'art. 2135 du Code civil, en ce qui concerne les hypothèques dispensées d'inscriptions ».

3. L'alin. 3 de l'art. 11 de la loi du 8 août 1913 est remplacé par le texte ci-après :

« Toutefois, le bailleur peut toujours exercer son privilège jusqu'à concurrence de six mois de loyers échus, six mois de loyers en cours et six mois de loyers à échoir ».

4. La loi du 8 août 1913 est complétée par la disposition suivante, qui deviendra le deuxième paragraphe de l'art. 16 :

« Seront considérées comme nulles et non avenues toutes conventions contraires aux dispositions de la présente loi, et notamment toutes stipulations qui auraient pour effet de porter atteinte au droit des locataires d'instituer le warrant hôtelier ».

RÉQUISITIONS MILITAIRES, GUERRE FRANCO-ALLEMANDE, MARINE, NAVIRES RÉQUISITIONNÉS, MODE DE PAIEMENT, DÉCRET DU 10 JANV. 1915, CONVERSION EN LOI.

LOI *portant conversion en loi du décret du* 10 *janv.* 1915, *relatif au paiement du montant des réquisitions de navires.*

(**17 mars 1915**). — (Publ. au *J. off.* du 19 mars).

ARTICLE UNIQUE. Est ratifié et converti en loi le décret du 10 janv. 1915 (2), relatif au paiement du montant des réquisitions de navires.

COLONIES, PRESCRIPTION, PÉREMPTION, DÉLAIS, SUSPENSION.

DÉCRET *portant application aux colonies et pays de protectorat autres que la Tunisie et le Maroc des dispositions du décret du* 9 *févr.* 1915, *relatif aux délais de péremption en matière de mandats-poste.*

(**18 mars 1915**). — (Publ. au *J. off.* du 23 mars).

LE PRÉSIDENT DE LA RÉPUBLIQUE FRANÇAISE; — Sur la proposition du ministre des colonies et du ministre des finances; — Vu la loi du 5 août 1914 (3), relative à la prorogation des échéances des valeurs négociables; — Vu le décret du 16 août 1914, rendant applicable aux colonies le décret du 10 août 1914 (4), relatif à la suspension des prescriptions péremptoires et délais en matière civile, commerciale et pénale; — Vu le décret du 9 févr. 1915 (5), modifiant le décret du 10 août 1914; — Le conseil des ministres entendu; — Décrète :

ART. **1er**. Sont rendues applicables aux colonies et pays de protectorat autres que la Tunisie et le Maroc les dispositions du décret du 9 févr. 1915, modifiant le décret du 10 août 1914.

2. Le ministre des colonies est chargé, etc.

DOUANES, GUERRE FRANCO-ALLEMANDE, RÉTABLISSEMENT DE DROITS D'ENTRÉE, IODE, BANDES DE COTON, RIZ, ALGÉRIE.

DÉCRET *rétablissant les droits d'entrée sur divers produits.*

(**18 mars 1915**). — (Publ. au *J. off.* du 20 mars).

LE PRÉSIDENT DE LA RÉPUBLIQUE FRANÇAISE; — Sur le rapport des ministres du commerce, de l'industrie, des postes et des télégraphes, de l'agriculture, des finances et de l'intérieur; — Vu l'art. 3, § 8, de la loi du 29 mars 1910 (6); — Vu les lois des 11 janv. 1892 (7), 21 nov. 1906 (8)

(1) S. et P. *Lois annotées* de 1914, p. 637; *Pand. pér., Lois annotées* de 1914, p. 637.

(2) 1er vol., p. 306.

(3-4) 1er vol., p. 33 et 44.

(5) *Supra*, p. 23.

(6) S. et P. *Lois annotées* de 1910, p. 1068; *Pand. pér., Lois annotées* de 1910, p. 1068.

(7) S. et P. *Lois annotées* de 1892, p. 344; *Pand. pér.*, 1892.3.81.

(8) S. et P. *Lois annotées* de 1907, p. 322; *Pand. pér.*, 1907.3.60.

et 29 mars 1910; — Vu les décrets des 13 (1) et 14 août (2), 25 oct. (3) et 19 nov. 1914 (4), portant suspension ou réduction des droits d'entrée sur l'iode brut ou raffiné, sur certains tissus de coton en bandes, coupons ou pièces pour pansements, sur les riz bruts, les brisures de riz, les riz entiers, farines et semoules; — Le conseil des ministres entendu; — Décrète :

ART. 1er. Sont rétablis au taux normal, en France et en Algérie, à partir du 20 mars 1915, les droits d'entrée sur :

L'iode brut ou raffiné;

Les bandes de coton pur unies, pour pansements, d'une largeur de 15 centimètres et d'une longueur de 10 mètres au plus, pesant plus de 3 kilogr. les 100 mètres carrés, présentant au plus 16 fils en chaînes et en trame dans un carré de 5 millimètres de côté et les coupons de tissu de coton de même nature, de 1 mètre de longueur et au-dessous, empaquetés séparément, écrus ou blanchis, même aseptisés, ainsi que les tissus de coton unis, écrus ou blanchis, pesant moins de 4 kilogr. les 100 mètres carrés, présentant en chaîne et en trame, dans un carré de 5 millimètres de côté, 18 fils au maximum, en pièces ou découpés;

Les riz bruts, les brisures de riz, les riz entiers, farines et semoules.

2. Les chargements qu'on justifiera avoir été expédiés directement pour la France ou l'Algérie, avant la publication du présent décret au *Journal officiel*, resteront admissibles au bénéfice du tarif antérieur.

3. Les ministres du commerce, de l'industrie, des postes et des télégraphes, de l'agriculture, des finances et de l'intérieur sont chargés, etc.

ARMÉE, GUERRE FRANCO-ALLEMANDE, SOCIÉTÉS DE SECOURS AUX BLESSÉS, INSIGNES.

ARRÊTÉ *déterminant les insignes à porter par les personnels féminins appartenant aux sociétés d'assistance aux blessés et malades des armées de terre et de mer.*

(19 mars 1915). — (Publ. au *J. off.* du 22 mars).

LE MINISTRE DE LA GUERRE; — Vu le décret du 2 mai 1913, portant règlement d'administration publique sur le fonctionnement général des sociétés d'assistance aux blessés et malades des armées de terre et de mer, et notamment l'art. 10 (5); — Vu la loi du 24 juill. 1913 (6), portant application des art. 23, 27 et 28 de la convention internationale signée à Genève, le 6 juill. 1906, pour l'amélioration du sort des blessés et malades dans les armées en campagne; — Vu la proposition des sociétés d'assistance reconnues d'utilité publique; — Vu l'avis de la commission supérieure instituée par l'art. 7 du décret susvisé du 2 mai 1913; — Arrête :

ART. 1er. Les personnels féminins des trois sociétés d'assistance reconnues d'utilité publique, énumérées au décret du 2 mai 1913, sont autorisés à porter, dans les formations sanitaires où ils seront employés, les insignes ci-après :

a) Une coiffe et un voile de couleur blanche d'une forme spéciale, dont le modèle est déposé au ministère de la guerre, portant une croix rouge brodée au centre du bandeau.

b) Une croix rouge sur fond blanc, surmontée des initiales de la société, de couleur rouge, brodées sur le corsage de la blouse d'hôpital et sur la cape ou manteau.

Un modèle de ces broderies est également déposé au ministère de la guerre.

2. Le port des insignes ci-dessus décrits est interdit à toute personne n'appartenant pas à une des trois sociétés de la Croix-Rouge reconnues d'utilité publique.

3. Les infractions au présent arrêté sont passibles des peines prévues à l'art. 3 de la loi du 24 juill. 1913, en ce qui concerne l'usage de l'emblème de la Croix-Rouge, et des peines prévues à l'art. 259 du Code pénal, en ce qui concerne le port illégal du costume réglementé à l'art. 1er ci-dessus.

ARMÉE, GUERRE FRANCO-ALLEMANDE, TROUPES COLONIALES, SERVICE DE SANTÉ MILITAIRE, ELÈVES DE L'ÉCOLE D'APPLICATION, RANG, RÉTROACTIVITÉ.

DÉCRET *sur l'admission au bénéfice de la loi du 6 juill. 1912 et le classement des aides-majors élèves en 1914 de l'Ecole d'application du service de santé des troupes coloniales* (7).

(1 à 4) 1er vol., p. 51, 55, 171, 209.

(5) *Bull. off.*, nouv. série, 105, n. 5148.

(6) S. et P. *Lois annotées* de 1915, p. 739; *Pand. pér.*, *Lois annotées* de 1915, p. 739.

(7) Ce décret est précédé au *J. off.* d'un rapport ainsi conçu :

« Aux termes de la loi du 6 juill. 1912, les élèves de l'Ecole d'application du service de santé militaire nommés aides-majors de 2e classe, et qui ont « satisfait aux obligations imposées par la loi de recrutement et aux examens de sortie de l'Ecole d'application, prennent rang dans ce grade, sans rappel de solde, à une date antérieure d'un an à celle de leur nomination ».

« D'autre part, l'art. 3 du décret du 21 juin 1906, portant règlement d'administration publique sur l'organisation du corps de santé des troupes coloniales, dispose que les aides-majors provenant de l'Ecole d'application « prennent rang entre eux dans l'ordre de leur classement aux examens de sortie de l'école ».

« Comme le concours de sortie de l'Ecole d'application de Marseille n'a pu avoir lieu en 1914, en raison de la mobilisation, il en résulte que les élèves de cette école ne se trouvent pas dans les conditions requises pour bénéficier des avantages de la loi du 6 juill. 1912, ni être classés entre eux, comme le prévoit l'art. 3 du décret du 21 juin 1906, précité.

(19 mars 1915). — (Publ. au *J. off.* du 20 mars).

LE PRÉSIDENT DE LA RÉPUBLIQUE FRANÇAISE; — Sur le rapport des ministres de la guerre et des colonies; — Vu la loi du 7 juill. 1900 (1), relative à l'organisation des troupes coloniales; — Vu le décret du 21 juin 1906 (2), portant règlement d'administration publique sur l'organisation du corps de santé des troupes coloniales; — Vu la loi du 6 juill. 1912 (3), étendant le bénéfice de la loi du 17 juill. 1908 (4) aux médecins et pharmaciens aides-majors de 2e classe; — Le Conseil d'Etat entendu; — Décrète :

ART. **1er**. Sont admis au bénéfice de la loi du 6 juill. 1912, susvisée, bien que n'ayant pas subi les examens de sortie de l'Ecole d'application du service de santé des troupes coloniales, les médecins aides-majors de 2e classe qui ont été élèves de cette école en 1914, et qui ont satisfait aux obligations imposées par la loi du recrutement.

Par modification aux dispositions de l'art. 3 du décret du 21 juin 1906, portant règlement d'administration publique sur l'organisation du corps de santé des troupes coloniales, les élèves sortis de cette école en 1914 prendront rang entre eux, d'après leur numéro de classement à l'examen semestriel.

2. Les ministres de la guerre et des colonies sont chargés, etc.

ARMÉE, OFFICIERS, SERVICE DE SANTÉ MILITAIRE, TEMPS DE GUERRE.

DÉCRET *rendant applicables au corps de santé militaire les dispositions de la loi du 14 avril 1832 sur l'avancement dans l'armée* (5).

(19 mars 1915). — (Publ. au *J. off.* du 20 mars).

LE PRÉSIDENT DE LA RÉPUBLIQUE FRANÇAISE; — Sur le rapport du ministre de la guerre; — Vu la loi du 14 avril 1832 (6), sur l'avancement dans l'armée; — Vu l'ordonn. du 16 mars 1838 (7), portant règlement sur la hiérarchie militaire des grades et des fonctions, sur la progression de l'avancement et la nomination aux emplois dans l'armée; — Vu le décret du 23 mars 1852 (8), relatif à l'organisation du corps de santé de l'armée de terre; — Vu la loi du 16 mars 1882 (9), sur l'administration de l'armée; — Le Conseil d'Etat entendu; — Décrète :

ART. **1er**. Les dispositions de l'art. 20 de la loi du 14 avril 1832, sur l'avancement dans l'armée, sont applicables aux officiers du corps de santé militaire suivant la correspondance de leurs grades avec ceux de la hiérarchie militaire.

2. Le ministre de la guerre est chargé, etc.

GUERRE, GUERRE FRANCO-ALLEMANDE, DOMMAGES DE GUERRE, EVALUATION, COMMISSIONS D'ÉVALUATION.

CIRCULAIRE *aux préfets des départements où ont eu lieu des dommages résultant de faits de guerre.*

(19 mars 1915). — (Publ. au *J. off.* du 31 mars).

Le Ministre de l'intérieur à MM. les préfets

---

(1) S. et P. *Lois annotées* de 1900, p. 1113; *Pand. pér.*, 1901.3.147.

(2) *J. off.*, 26 juin 1906, p. 4333.

(3) S. et P. *Lois annotées* de 1912, p. 306; *Pand. pér.*, *Lois annotées* de 1912, p. 306.

(4) S. et P. *Lois annotées* de 1908, p. 781; *Pand. pér.*, *Lois annotées* de 1908, p. 781.

(5) Ce décret est précédé au *J. off.* d'un rapport ainsi conçu :

« La loi du 14 avril 1832, sur l'avancement dans l'armée, a prévu pour le temps de guerre des dispositions qui ont été visées ou reproduites par le décret du 23 mars 1852, relatif à l'organisation du corps de santé de l'armée de terre, sauf celles de l'art. 20 ainsi conçu : « En temps de guerre et dans les corps qui seront en présence de l'ennemi, seront données, savoir : à l'ancienneté, la moitié des grades de lieutenant et de capitaine; au choix du roi, la totalité des grades de chef de bataillon et de chef d'escadron ».

« De par l'origine commune de ses membres, le corps de santé militaire présente une grande homogénéité au point de vue de la valeur technique; mais, en temps de guerre, il est naturel qu'il soit tenu compte dans une mesure plus large qu'en temps de paix des qualités d'énergie et d'initiative, de dévouement et de courage, dont les officiers du corps de santé ont à faire preuve dans les corps de troupe et les formations sanitaires. Nombreuses sont les inscriptions aux tableaux spéciaux de concours pour la Légion d'honneur et les citations à l'ordre de l'armée dont ce corps d'officiers a été l'objet depuis le début de la campagne; les pertes qu'il a subies en tués, blessés, disparus, ne sont pas moins importantes, et il serait d'autant plus équitable de lui donner en temps de guerre les règles d'avancement au choix applicables aux officiers des différentes armes, que cette mesure intéresserait les médecins et pharmaciens-majors de 2e classe et aides-majors de 1re classe, c'est-à-dire, en ce qui concerne les médecins, surtout ceux qui sont en contact immédiat avec les troupes combattantes et les plus exposés au feu de l'ennemi ».

« Afin de remédier à cet état de choses, il est indispensable d'adopter une disposition provisoire permettant de concéder, à ceux qui y ont droit, les avantages de la loi du 6 juill. 1912, et de classer tous les élèves entre eux, bien que n'ayant pas satisfait aux examens de sortie de l'Ecole d'application; le rang de ces aides-majors serait déterminé par leur classement à l'examen semestriel.

« Si vous approuvez cette proposition, nous avons l'honneur de vous prier de vouloir bien revêtir de votre signature le projet de décret ci-joint, qui a été préparé en conséquence, et sur lequel le Conseil d'Etat a été appelé à délibérer ».

(6) S. 2e vol. des *Lois annotées*, p. 103.

(7) S. 2e vol. des *Lois annotées*, p. 407.

(8) S. *Lois annotées* de 1852, p. 92. — P. *Lois, décr.*, etc. de 1852, p. 158.

(9) S. *Lois annotées* de 1882, p. 348. — P. *Lois, décr.*, etc. de 1882, p. 16.

des départements où ont eu lieu des dégâts résultant de faits de guerre.

Aux termes de l'art. 12 de la loi de finances du 26 décembre dernier (1), « une loi spéciale déterminera les conditions dans lesquelles s'exercera le droit à la réparation des dommages matériels résultant des faits de guerre; un premier crédit de 300.000.000 de fr. est ouvert au ministère de l'intérieur pour les besoins les plus urgents; un décret pris en Conseil d'Etat fixera la procédure de la constatation des dommages et le fonctionnement des commissions d'évaluation ».

Le décret prévu audit article a été rendu le 4 février dernier (2).

Je crois devoir appeler votre attention sur quelques-unes des dispositions qu'il contient.

Observations importantes. — I. Tout d'abord, il doit être entendu que les commissions instituées par ce décret sont seulement appelées à *constater et à évaluer les dommages* résultant des faits de guerre; elles ne sauraient être chargées de fixer les indemnités.

Les conditions dans lesquelles s'exercera le droit à la réparation des dommages seront, aux termes de l'art. 12 de la loi du 26 déc. 1914, déterminées ultérieurement par une loi spéciale.

II. En ce qui concerne les contributions de guerre et les réquisitions, la présente enquête ne portera que sur celles qui ont été directement imposées par l'autorité allemande à des habitants pris individuellement. En effet, celles qui ont été imposées à la généralité des habitants d'une commune doivent être considérées comme frappant la « commune » elle-même; elles rentrent donc dans la catégorie de celles dont l'évaluation sera faite conformément à la procédure qui sera instituée ultérieurement, en vertu de l'art. 15 du décret du 4 févr. 1915.

Art. 1er.

L'art. 1er dispose que le décret s'applique à toutes les communes « dont les habitants auront, au cours de la guerre, souffert de dommages matériels résultant de faits de guerre ».

J'appelle votre attention sur ces termes mêmes et sur leur portée :

1° Seront exclus les faits antérieurs à la déclaration de guerre, ou plus exactement, à l'ordre de mobilisation générale, c'est-à-dire au 2 août 1914, ces faits n'ayant pas été accomplis au cours de la guerre.

2° Les dommages matériels sont seuls visés; dès lors, le préjudice moral, le dommage résultant de la perte d'un objet qui n'avait qu'une « valeur de sentiment » non évaluable en argent, ne doivent pas entrer en ligne de compte.

3° Certains dommages ouvrent déjà, en dehors de la loi du 26 décembre dernier, un droit précis et déterminé à réparation : tels sont les dommages et dégâts causés par les troupes françaises ou alliées dans leurs logements et leurs cantonnements.

Le § 2 de l'art. 1er du décret du 4 févr. 1915 rappelle que les dégâts et dommages de cette nature bénéficient des dispositions de la loi du 3 juill. 1877 (3). Mais les réclamations doivent être formulées, sous peine de forclusion possible, dans les délais qui ont été spécialement établis en vue des circonstances actuelles par un décret du 27 déc. 1914 (4). Il y aura lieu d'insérer les dispositions textuelles de ce décret dans votre arrêté d'ouverture d'enquête.

Il est bien entendu que, lorsque ces formalités et délais n'auront pas pu être observés par les intéressés et que ceux-ci n'auront pu user du droit qui leur est conféré par la loi de 1877 et les décrets subséquents, leur réclamation devra être admise au bénéfice de la présente procédure.

4° Enfin, j'ajoute que les dégâts causés par les aéronefs ou par les bombardements effectués par des navires ennemis (Algérie) rentrent incontestablement dans la catégorie de ceux qui sont visés au décret du 4 février dernier.

Art. 2.

§ 1er. Le § 1er de l'art. 2 du décret dispose qu'un arrêté préfectoral annonçant l'ouverture de l'enquête sera affiché dans les communes intéressées; vous aurez à vous concerter préalablement à ce sujet avec l'autorité militaire.

Il conviendra que l'arrêté préfectoral fixe la même date comme point de départ de l'enquête pour toutes les communes d'un même canton dans lesquelles il sera possible de procéder aux opérations au moment où l'arrêté sera pris. En effet, la fixation de dates différentes pour deux ou plusieurs communes rendrait impossible l'observation des délais impartis par les articles suivants pour l'ouverture et la durée des sessions des commissions et pour la transmission des pièces. Mais il va sans dire que, lorsque l'enquête pourra, en raison de la situation militaire, commencer dans un nouveau canton, vous aurez à prendre un nouvel arrêté pour fixer le point de départ de cette enquête dans toutes les communes de ce canton.

Vous remarquerez que le décret prescrit l'insertion dans l'affiche du texte intégral du décret du 4 févr. 1915.

Le même paragraphe stipule que les demandes doivent être déposées à la mairie de la commune dans laquelle s'est produit le dommage allégué; dès lors, les maires des communes du domicile ou de la résidence des réclamants ne devront pas re-

(1) 1er vol., p. 275.
(2) *Supra*, p. 17.
(3) S. *Lois annotées* de 1877, p. 249. — P. *Lois, décr.*, etc. de 1877, p. 428.
(4) 1er vol., p. 281.

cevoir lesdites demandes, si les dommages n'ont pas eu lieu dans ces communes.

Afin de faciliter le travail de classement et d'examen des demandes, j'ai fait établir des formules imprimées; bien que l'Administration ne puisse en exiger l'emploi, le public devra être prévenu par l'arrêté préfectoral que ces formules sont tenues à la disposition des réclamants et que ceux-ci ont intérêt à les utiliser; elles contiennent, en effet, des indications qui permettront aux sinistrés de fournir aux commissions tous les renseignements nécessaires pour une juste évaluation du dommage; dans tous les cas, le réclamant devra faire connaître exactement le montant de la somme à laquelle il estime le préjudice subi par lui.

§ 2. Aux termes de ce paragraphe, il *sera délivré récépissé de la demande;* cette prescription est impérative; les maires ne sauraient donc, sous aucun prétexte, refuser la délivrance du récépissé. Je vous adresserai incessamment un certain nombre d'exemplaires de récépissés imprimés. Vous les répartirez entre les communes au fur et à mesure des demandes qui vous seront adressées par les municipalités.

§ 3. Aux termes du § 3, le dépôt des demandes « devra être effectué dans un délai de quinzaine à partir de cette date (date fixée par l'arrêté préfectoral), *sauf empêchement justifié* ». La réserve que je viens de souligner indique bien que, dans la pensée des rédacteurs du décret, le délai de quinzaine n'est pas prescrit à peine de nullité. Après l'expiration de ce délai, les commissions devront se montrer très faciles pour reconnaître l'*empêchement* qui a pu justifier le retard; elles ne devront en principe refuser d'examiner la déclaration que dans le cas où le retard serait pour ainsi dire frauduleux, par exemple, dans le cas où le réclamant aurait intentionnellement différé le dépôt de sa déclaration pour laisser s'altérer ou se perdre des éléments d'appréciation dont les commissions auraient pu disposer si cette déclaration avait été faite dans le délai prévu à l'art. 2.

La demande peut être faite « par toute personne à laquelle la commission reconnaîtra qualité ». Il résulte de cette disposition que les maires n'auront pas à apprécier si un réclamant est qualifié pour déposer une demande; ils devront, dans tous les cas, recevoir cette demande et la transmettre à la commission cantonale.

Les personnes de nationalité étrangère appartenant à des pays alliés ou neutres, ainsi que les Alsaciens-Lorrains, doivent être admis à faire la déclaration prévue à l'art. 2; mais, ainsi que le mentionne la formule imprimée, elles devront indiquer leur nationalité; à défaut de cette indication ou en cas d'indication inexacte, elles s'exposeraient à perdre leur droit à indemnité. Une copie des déclarations faites par lesdites personnes ou en leur nom devra vous être immédiatement adressée par le maire, et vous aurez soin de me la faire parvenir sous le timbre « Direction de l'administration départementale et communale », dans le plus bref délai possible.

§ 4. L'énumération des pièces justificatives à fournir à l'appui de la demande n'est pas limitative; les réclamants apprécieront eux-mêmes quels sont les documents qui leur paraîtront être de nature à éclairer les commissions sur la réalité et l'importance des dommages éprouvés par eux. Au surplus, les commissions auront la faculté d'inviter les intéressés à donner connaissance de tout document dont la production pourra servir à déterminer le montant du préjudice subi.

Il pourra d'ailleurs arriver que le réclamant soit dans l'impossibilité de produire des pièces de cette nature. En l'absence de documents précis, l'évaluation sera faite d'après les témoignages ou d'après tous autres éléments d'appréciation auxquels la commission croira devoir recourir.

Aucune disposition du décret ne spécifie que ce sont les *originaux* des documents qui doivent être communiqués à la commission; les réclamants seront donc admis à produire des *copies;* mais, pour que la commission puisse en faire état, ces copies devront présenter tous les caractères de sincérité désirables.

§ 5. Tout intéressé qui, contrairement aux prescriptions du § 5, ne déclarerait pas les sommes déjà reçues par lui à titre d'indemnité, s'exposerait à l'application des dispositions de l'art. 5, § 4, du décret et à perdre tout droit à indemnité. Vous devrez donc inviter les maires à signaler aux réclamants l'intérêt qui s'attache à ce que leur requête contienne la déclaration prescrite par le § 5 de l'art. 2.

§ 7. Ce paragraphe stipule qu'un arrêté préfectoral « fixera l'époque où la commission cantonale se réunira pour examiner les demandes qui, pour raisons légitimes, n'auraient pu lui être remises dans le délai prévu ci-dessus ».

Cette disposition vous confère le droit de provoquer des réunions aussi fréquemment que vous le jugerez utile pour que les demandes des sinistrés ne restent pas en souffrance.

Art. 3.

I. Dès que vous aurez décidé l'ouverture de l'enquête dans un canton, vous en informerez directement M. le ministre de la justice, M. le ministre des finances et mon administration, afin qu'il nous soit possible de nommer en temps utile les délégués prévus à l'art. 3. Vous indiquerez à M. le ministre des finances le fonctionnaire relevant de son administration qui pourrait être désigné; vous m'adresserez également vos propositions en vue de la nomination de mon délégué. Celui-ci devra offrir les meilleures garanties de compétence, en ayant égard à la nature dominante des affaires dont devra connaître la commission, et suivant que le canton sera plus particulièrement un pays agricole, industriel ou forestier.

II. Lorsqu'une même ville comprendra plusieurs cantons, on constituera autant de commissions cantonales qu'il y aura de cantons. Le premier président, le ministre de l'intérieur, le ministre des finances et le conseil municipal désigneront chacun leur délégué pour chaque commission; la même personne ne pourra être déléguée pour deux ou plusieurs commissions. Le délégué prévu au § 4 de l'art. 3 sera désigné par le maire de la ville. Les délégués du maire et du conseil municipal devront dans ce cas être contribuables, non seulement dans la commune, mais dans le canton.

Art. 4.

Dans le cas où il y a lieu de rattacher des communes à un canton voisin, vous tiendrez surtout compte des circonstances de fait, telles que facilités de communications, communauté ou similitude d'intérêts, qui sont de nature à justifier ce rattachement, de manière que la plus grande commodité possible soit donnée, soit aux réclamants pour formuler et justifier leurs revendications, soit aux membres de la commission contonale pour procéder à la constatation et à l'évaluation des dommages.

La commune rattachée sera, en ce qui concerne l'exécution du présent décret, entièrement assimilée aux communes du canton auquel elle aura été réunie; notamment, le conseil municipal élira son délégué à la commission cantonale, et le maire participera à l'élection du délégué des maires, dans les conditions prévues à l'art. 3 du décret.

Art. 5.

I. Aux termes du § 3 de l'art. 5, « chacun des intéressés, s'il en fait la demande *ou* si la commission le juge utile, est entendu par elle au sujet de sa réclamation ».

Cette disposition confère aux intéressés le droit, lorsqu'ils le demanderont, d'être admis à présenter leurs observations et à discuter les renseignements, documents et témoignages qui pourraient lui être opposés; mais la commission n'est tenue de les convoquer que s'ils en font la demande expresse et écrite.

La commission, de son côté, peut, toutes les fois qu'elle le juge utile, provoquer la comparution devant elle du réclamant, afin de lui demander les renseignements dont elle aurait besoin pour procéder à l'évaluation des dommages.

L'art. 5 ne confère pas aux victimes du dommage le droit de se faire représenter par un mandataire; toutefois, les commissions doivent admettre les sinistrés à se faire représenter ou accompagner par un parent ou par un habitant sinistré de la commune; dans le cas où la personne qui a subi le dommage ne se présente pas elle-même, le parent ou le sinistré qui la représente doit être muni d'une déclaration ainsi conçue :

« Le sieur X..., qui a formé une demande en réparation du dommage à lui causé par des faits de guerre, donne pouvoir à M. Y... (habitant sinistré de la commune ou parent) de faire valoir tous ses droits à ladite réparation devant la commission cantonale ou départementale (1) d'évaluation de..... Les soussignés déclarent que ce mandat est purement gratuit ».

Il conviendra d'insérer le texte de cette formule dans l'arrêté préfectoral prévu à l'art. 2, en faisant remarquer que : 1° la déclaration doit être revêtue de la signature du mandant et de celle du mandataire; 2° le mandataire ne peut être qu'un parent ou un habitant sinistré de la commune; 3° la preuve d'une rémunération stipulée au profit du mandataire pourrait entraîner la nullité de la réclamation du sinistré.

II. J'appelle votre attention sur le droit conféré à la commission, par les §§ 3 et 4 de l'art. 5, de déférer le serment aux réclamants, et de transmettre, en cas de fraude, le dossier au procureur de la République. Cette disposition du décret devra, en raison de son importance, être soulignée sur l'affiche qui en publiera le texte.

III. Aux termes de l'avant-dernier paragraphe de cet article, la commission « ne peut délibérer que si tous les membres sont présents ». Si le juge, président, ou les délégués du ministre des finances et du ministre de l'intérieur étaient, par suite d'un cas de force majeure, dans l'impossibilité d'assister aux réunions, et si cet empêchement paraissait devoir être d'assez longue durée, vous en référeriez immédiatement au premier président de la Cour d'appel ou à M. le ministre de la justice, à M. le ministre des finances ou à moi-même, suivant le cas.

IV. Au nombre des personnes « ayant une compétence spéciale pour l'évaluation de certains dommages », je vous signale, à toutes fins utiles, et à titre de simple indication, les ingénieurs, sous-ingénieurs, conducteurs, contrôleurs et adjoints techniques des ponts et chaussées et des mines, les directeurs départementaux des services agricoles, les professeurs d'agriculture, les agents forestiers, les inspecteurs du travail, les architectes, les agents voyers, etc.

J'ajoute que, lorsqu'il s'agira de constater et d'évaluer les dommages causés au matériel de la batellerie, les commissions devront être formellement invitées par vos soins à entendre l'ingénieur en chef des services de la navigation.

De même lorsqu'il s'agira de dommages matériels causés aux compagnies, sociétés ou particuliers fonctionnant sous le contrôle de l'Etat, des départements et des communes, mais autres que les concessionnaires de services publics qui sont

(1) *Note du J. off.* — « Le mandat peut être donné, dans la même déclaration, à la fois pour la commission cantonale et pour la commission départementale ».

exclus de la présente enquête (V. *infra*, art. 15), les commissions devront être formellement invitées par vous à entendre, avant de statuer, les chefs de service du contrôle, tels que ingénieurs des ponts et chaussées, des mines, etc.

Les fonctionnaires et agents de l'Etat, des départements et des communes sont « tenus » de fournir toutes indications utiles; vous me signaleriez, le cas échéant, ceux d'entre eux qui n'auraient pas prêté aux commissions le concours qu'on était en droit d'attendre d'eux.

Quant aux particuliers, hommes de l'art ou autres, ils ne sauraient être obligés de renseigner les commissions; ceux qui voudraient bien répondre aux questions qui pourraient leur être adressées ne seraient, dans aucun cas, fondés à demander une rémunération. (V. *infra*, art. 14).

Art. 6.

La commission supérieure prévue à l'art. 12 du décret du 4 févr. 1915 sera incessamment constituée; elle déterminera les méthodes et les taux dont l'usage pourra être recommandé aux commissions, sous réserve de toutes modalités qui pourraient être nécessitées par les conditions locales.

Des instructions seront ultérieurement envoyées à cet égard.

Art. 7.

Les commissions cantonales, après avoir constaté la réalité des dommages et en avoir évalué le montant, dressent par commune un état récapitulatif des demandes et des évaluations. Dans une notice qui contient les instructions à suivre par les commissions, et que je vous adresserai incessamment, vous trouverez les renseignements pour l'établissement des divers états et fiches à remplir par lesdites commissions. L'état récapitulatif, format raisin, prévu par l'art. 6, est sur papier rouge, et porte l'indication : « Etat modèle D. — Etat récapitulatif général par réclamant ». Copie de cet état, qui mentionnera le nom de chaque demandeur, ainsi que le montant des dommages subis par lui, d'après l'estimation de la commission, doit être adressée par le président de la commission au maire de la commune ; le public est avisé que les intéressés peuvent prendre connaissance, à la mairie de la commune, de cet état, et, à la mairie du chef-lieu de canton, du dossier les concernant; cet avis est donné par voie de publication, conformément aux usages locaux; d'autre part, les plus grandes facilités devront être données aux intéressés pour consulter cet état à la mairie, et vous voudrez bien inviter les maires à prendre toutes mesures utiles à cet effet.

Le président de la commission cantonale devra avertir le préfet de la transmission aux maires de l'état récapitulatif et des dossiers.

Art. 8.

Dès que vous aurez été informé de la transmission de l'état et des dossiers aux maires, vous en avertirez le ministre de la justice, le ministre des finances et mon administration, en faisant des propositions pour la désignation des délégués du ministre des finances et du ministre de l'intérieur, ainsi qu'il est indiqué ci-dessus sous l'art. 3.

Art. 9.

Les indications données sous les art. 5, 6 et 7, en ce qui concerne le fonctionnement des commissions cantonales, notamment celles qui sont relatives à la convocation des intéressés, à leur représentation par un parent ou un sinistré de la commune, à la production des pièces justificatives et à la consultation des personnes ayant une compétence spéciale, s'appliquent également aux commissions départementales.

La commission départementale ne pouvant délibérer, ainsi que la commission cantonale, que si tous les membres sont présents, il y aura lieu, comme il a été indiqué plus haut sous l'art. 5, d'informer le plus tôt possible le premier président, le ministre de la justice, le ministre des finances ou le ministre de l'intérieur, suivant le cas, des circonstances qui mettraient un délégué dans l'impossibilité de siéger.

Art. 10.

Pas d'observation.

Art. 11.

L'état récapitulatif dont il est question dans cet article est l'état récapitulatif général par réclamant sur papier rouge, format jésus (modèle D). En ce qui concerne l'avis à donner aux réclamants du dépôt de l'état à la mairie et les facilités à accorder au public pour consulter cet état, je ne puis que me référer à ce que j'ai dit plus haut sous l'art. 7.

Dès que le président de la commission vous aura transmis les dossiers, vous m'en aviserez, et je vous adresserai alors telles instructions utiles pour la continuation de la procédure.

Art. 12.

Pour bien comprendre le rôle de la commission supérieure, il convient de rapprocher les dispositions de cet article de celles de l'art. 9 ; aux termes de ce dernier article, la commission départementale « statue *définitivement*, pour chaque demande individuelle, sur la réalité et la consistance des dommages ». Dès lors, la commission supérieure n'aura plus à apprécier la réalité des dommages ; elle est seulement chargée de la revision générale des évaluations par la comparaison des méthodes et des taux adoptés par les différentes commissions.

Art. 13.

Pas d'observation.

Art. 14.

Je vous transmettrai incessamment l'arrêté interministériel qui déterminera le tarif d'après lequel les indemnités de déplacement pourront être allouées aux membres des commissions d'évaluation, et je vous ferai connaître en même temps les conditions dans lesquelles ces indemnités devront être demandées et seront attribuées.

Mais je crois devoir faire observer que cet article ne prévoit l'allocation d'indemnités qu'aux membres des commissions d'évaluation. Les personnes qui auront fourni des renseignements aux commissions ne seront donc fondées, dans aucun cas, à réclamer une indemnité.

Art. 15.

Un règlement d'administration publique spécial devant déterminer ultérieurement les conditions dans lesquelles il sera procédé à l'évaluation des dommages causés aux départements, aux communes et aux établissements publics, il n'y aura pas lieu d'admettre les représentants de ces établissements à formuler des demandes d'indemnité, même à titre conservatoire, même pour les dommages qui ont pu être occasionnés aux biens de leur domaine privé; cette observation s'applique notamment aux hospices, bureaux de bienfaisance, associations syndicales constituées en vertu de la loi du 21 juin 1865-22 déc. 1888 (1), aux Facultés et écoles d'enseignement supérieur, aux lycées et collèges communaux, aux écoles normales primaires, etc. Mais les établissements simplement reconnus d'utilité publique, tels que les sociétés reconnues en vertu de la loi du 1er juill. 1901 (2), les monts-de-piété, etc., sont soumis aux règles édictées par le décret du 4 février dernier.

Il sera statué ultérieurement en ce qui concerne la constatation des dommages matériels qui auraient pu être causés aux concessionnaires des services publics de l'Etat, des départemenns et des communes.

Pour assurer l'uniformité du travail des commissions, j'ai fait établir des formules de demandes, des états et fiches modèles. J'ai fait en outre préparer une notice qui fournira aux commissions d'évaluation tous renseignements utiles pour rédiger les fiches et établir les états. Je vous adresserai incessamment plusieurs exemplaires de ces différents documents.

Je crois utile en terminant d'appeler toute votre attention sur l'intérêt qui s'attache à ce que les commissions d'évaluation procèdent à leurs opérations, non seulement avec la conscience la plus scrupuleuse et l'impartialité la plus absolue, mais aussi le plus rapidement possible. Il ne faut pas, en effet, laisser se perdre ou s'altérer les éléments d'appréciation qui existent aujourd'hui. Le temps rendrait les constatations plus difficiles et augmenterait les chances d'erreurs. Il vous appartiendra de fournir, le cas échéant, tous renseignements et éclaircissements qui pourraient vous être demandés et qui seraient utiles pour mener à bien la tâche des commissions. Je sais que, pour seconder leurs efforts et pour assurer la réparation d'une manière aussi efficace que possible des dommages matériels éprouvés par les populations qui ont connu les douleurs de l'invasion, je puis compter sur votre dévouement et votre patriotisme.

ARMÉE, GUERRE FRANCO-ALLEMANDE, SOUTIENS DE FAMILLE, ALLOCATIONS, COMMISSION SUPÉRIEURE.

DÉCRET *modifiant les décrets des* 31 *déc.* 1914 *et* 18 *févr.* 1915, *fixant la composition et le fonctionnement de la commission supérieure instituée au ministère de l'intérieur à l'effet de statuer sur les recours formés, soit par les intéressés, soit par les préfets et sous-préfets, contre les décisions des commissions d'appel en matière d'allocations journalières.*

(20 mars 1915). — (Publ. au *J. off.* du 21 mars).

LE PRÉSIDENT DE LA RÉPUBLIQUE FRANÇAISE; — Sur le rapport des ministres de la guerre, de la marine, des affaires étrangères, des colonies, des finances et de l'intérieur; — Vu les lois des 21 mars 1905 (3), 7 août 1913 (4), 5 août 1914 (5) et 26 déc. 1914 (6); — Vu le décret du 31 déc. 1914 (7), modifié par celui du 18 févr. 1915 (8), fixant la composition et le fonctionnement de la commission supérieure instituée au ministère de l'intérieur, à l'effet de statuer en dernier ressort sur les recours formés, soit par les intéressés, soit par les préfets et sous-préfets, contre les décisions rendues par les commissions d'appel en matière d'allocations journalières; — Décrète :

ART. 1er. Les décrets des 31 déc. 1914 et 18 févr. 1915 sont remplacés par les dispositions suivantes :

« Art. 1er. La commission supérieure prévue par l'art. 15 de la loi du 26 déc. 1914 est composée de cent membres, qui sont nommés par arrêté du ministre de l'intérieur.

« 2. Cette commission est divisée en dix sections, comprenant chacune dix membres.

---

(1) S. *Lois annotées* de 1889, p. 566. — P. *Lois, décr.*, etc. de 1889, p. 972.

(2) S. et P. *Lois annotées* de 1902, p. 241; *Pand. pér.*, 1902.3.97.

(3) S. et P. *Lois annotées* de 1906, p. 3; *Pand. pér.*, 1906.3.81.

(4) S. et P. *Lois annotées* de 1914, p. 561; *Pand. pér.*, *Lois annotées* de 1914, p. 561.

(5 à 7) 1er vol., p. 28, 275, 287.

(8) *Supra*, p. 33.

« Chaque section pourra se subdiviser en cinq sous-sections.

« Sous réserve des cas où l'affaire est évoquée devant l'assemblée générale, ou devant la section, soit par le commissaire du gouvernement, soit par la section ou la sous-section elle-même, chaque sous-section statue définitivement sur les recours qui lui sont soumis.

« 3. Le président de la commission supérieure est choisi parmi les membres de cette commission, et nommé par le ministre de l'intérieur; il assure le fonctionnement général; il a voix prépondérante en cas de partage; il préside une de ses sections; il répartit les affaires entre les sections; il désigne les rapporteurs affectés à chaque section.

« 4. Une des sections est présidée par le président de la commission supérieure, et, en cas d'empêchement de sa part, par un membre de la commission spécialement désigné par le ministre; les neuf autres, par des membres également nommés par le ministre de l'intérieur.

« Le président de section, pour chacune des affaires qui sont renvoyées à celle-ci, désigne le rapporteur parmi les rapporteurs prévus à l'art. 6. Le président a voix prépondérante.

« 5. Un commissaire du gouvernement et un commissaire adjoint du gouvernement, nommés par le ministre de l'intérieur, sont attachés à la commission. Le commissaire du gouvernement ou le commissaire adjoint assiste aux séances de l'assemblée générale, des sections et des sous-sections, donne ses conclusions pour les affaires où il le juge utile, ne prend point part à la délibération, mais peut, à tout moment, dans les sections et sous-sections, avant que la décision soit prise, évoquer l'affaire devant la section ou l'assemblée générale.

« Toutefois, le commissaire du gouvernement et le commissaire adjoint pourront se faire suppléer par des personnes agréées par le ministre de l'intérieur.

« 6. Des rapporteurs nommés par le ministre de l'intérieur sont attachés à la commission supérieure.

« Ils assistent aux séances de l'assemblée générale. Pour les affaires qu'ils rapportent devant celle-ci, devant la section ou la sous-section auxquelles ils sont attachés, ils ont voix délibérative; ils ont voix consultative pour les autres affaires.

« Ils suivent devant l'assemblée générale et devant les sections l'affaire qu'ils ont rapportée devant la sous-commission.

« 7. L'assemblée générale et la section délibèrent sur les affaires évoquées devant elles, soit par le commissaire, le commissaire adjoint du gouvernement ou leurs suppléants, soit par la section.

« 8. La présence de cinquante et un membres à l'assemblée générale et de six membres à la section est nécessaire à la validité des décisions; pour la détermination de ce quorum, le rapporteur chargé de l'affaire est compté comme membre de l'assemblée ou de la section.

« 9. Un secrétariat est institué auprès de la commission supérieure; il se compose d'un secrétaire et de secrétaires adjoints, qui sont nommés par arrêté du ministre de l'intérieur et placés sous la direction du président de la commission supérieure, pour tenir les procès-verbaux des séances de l'assemblée générale des sections et des sous-sections, garder les archives et délivrer des expéditions certifiées conformes des décisions rendues.

« 10. A la fin de chaque trimestre, le président adresse au ministre de l'intérieur un rapport sur le fonctionnement de la commission supérieure et l'état des affaires soumises à son examen.

« 11. Les ministres de la guerre, de la marine, des affaires étrangères, des colonies, des finances et de l'intérieur sont chargés, etc. ».

BAIL A LOYER, GUERRE FRANCO-ALLEMANDE, PROROGATION DES DÉLAIS, MORATORIUM, PAIEMENT DES LOYERS, PROROGATION DE PLEIN DROIT, MILITAIRES MOBILISÉS, MILITAIRES DÉCÉDÉS OU DISPARUS, VEUVES ET FEMMES, SOCIÉTÉS EN NOM COLLECTIF OU EN COMMANDITE, GÉRANTS MOBILISÉS, LOCATAIRES NON MOBILISÉS DE LA ZONE DES ARMÉES, PETITS LOYERS, LOYERS DES PATENTÉS, DÉPARTEMENT DE LA SEINE, DÉPARTEMENT DE SEINE-ET-OISE, COMMUNES DE SAINT-CLOUD, SÈVRES ET MEUDON, AUTRES DÉPARTEMENTS, IMPOSSIBILITÉ DE PAYER, PREUVE (CHARGE DE LA), AUTRES LOCATAIRES, DÉCLARATION PRÉALABLE, PREUVE, PROROGATION DES CONGÉS ET DES BAUX, MILITAIRES DÉCÉDÉS, HÉRITIERS, RÉSILIATION, LOYERS PAYABLES D'AVANCE, LOGEMENTS GARNIS, JUGE DE PAIX, COMPÉTENCE, ALSACIENS-LORRAINS, RESSORTISSANTS DES PAYS ALLIÉS OU NEUTRES, TCHÈQUES, POLONAIS, ALGÉRIE.

DÉCRET *relatif à la prorogation des déchéances en matière de loyers* (1).

(1) Ce décret est précédé au *J. off.* d'un rapport ainsi conçu :

« Le délai pendant lequel le décret du 17 décembre dernier a prorogé le paiement des termes de loyers arrive à expiration le 31 mars courant.

« Il nous a paru nécessaire de fixer dès maintenant la situation qui sera faite aux locataires à partir du mois prochain.

« Un examen très complet de la situation nous a conduits à penser qu'il y avait lieu de maintenir, dans l'ensemble, pour une nouvelle période de trois mois, les facilités accordées par les décrets antérieurs.

« En effet, les circonstances en raison desquelles le gouvernement a jugé nécessaire de proroger, pour certaines catégories de locataires, le paiement des termes de loyers, ne se sont pas modifiées au point de rendre possible le retrait de ces mesures.

« A l'égard des locataires présents sous les drapeaux et

(20 mars 1915). — (Publ. au *J. off.* du 21 mars).

LE PRÉSIDENT DE LA RÉPUBLIQUE FRANÇAISE ; — Sur le rapport du président du conseil, des ministres du commerce, de l'industrie, des postes et des télégraphes, des affaires étrangères, de la justice, de l'intérieur, des finances, du travail et de la prévoyance sociale ; — Vu la loi du 5 août 1914 (1) ; — Vu les décrets des 14 août (2), 1er (3) et 27 sept. (4), 27 oct. (5), 17 déc. 1914 (6), 7 janv. (7) et 13 févr. 1915 (8), relatifs à la prorogation des délais en matière de loyers ; — Vu le décret du 14 oct. (9), portant application des décrets des 14 août, 1er et 27 sept. 1914 à l'Algérie ; — Vu les décrets des 8 (10) et 16 oct. 1914 (11) étendant aux Alsaciens-Lorrains, aux Polonais et aux Tchèques, ayant obtenu un permis de séjour en France, le bénéfice des décrets ; — Le conseil des ministres entendu ; — Décrète :

ART. 1er. Il est accordé de plein droit, dans tous les départements, aux locataires présents sous les drapeaux, un délai de trois mois pour le paiement des termes de leur loyer qui, soit par leur échéance normale, soit par leur échéance prorogée par les décrets des 14 août, 1er et 27 sept., 27 oct. et 17 déc. 1914, deviendront exigibles à dater du 1er avril jusqu'au 30 juin 1915 inclusivement.

Ces dispositions sont applicables aux veuves des militaires morts sous les drapeanx depuis le 1er août 1914, aux femmes des militaires disparus depuis la même date ou aux membres de leur famille qui habitaient antérieurement avec eux les lieux loués.

Sont également admises au bénéfice des dispositions prévues au premier alinéa du présent article les sociétés en nom collectif dont tous les associés et les sociétés en commandite dont tous les gérants sont présents sous les drapeaux.

---

des membres de leur famille habitant avec eux les lieux loués, le projet de décret ci-joint accorde, de plein droit, c'est-à-dire sans déclaration ni formalités, et dans tous les départements, un délai de trois mois pour le paiement des termes de loyers, soit pour les termes échus, soit pour ceux qui deviendront exigibles du 1er avril au 30 juin inclusivement.

« Conformément aux dispositions du décret du 7 janvier dernier, cette même prorogation est accordée aux veuves des militaires morts sous les drapeaux depuis le 1er août 1914, ainsi qu'aux femmes des militaires disparus depuis la même date.

« Les locataires d'immeubles à petits loyers, — dont la nomenclature reste la même que dans les décrets antérieurs, — bénéficient également de plein droit, et pour les mêmes termes, d'une prorogation d'égale durée.

« Pour éviter que des locataires en état de s'acquitter ne bénéficient indûment de la prorogation et ne privent les propriétaires de sommes qui constituent parfois leurs seules ressources, le projet de décret ci-joint permet d'exiger le paiement des loyers des locataires en mesure de se libérer. Comme l'avait fait, d'ailleurs, le décret du 17 décembre dernier, le propriétaire est admis à justifier devant le juge de paix que son locataire est en état de payer tout ou partie des termes prorogés. Il n'y a d'exception que pour les locataires d'immeubles d'un loyer annuel ne dépassant pas 600 fr., à Paris, dans le département de la Seine et dans les communes de Saint-Cloud, Sèvres et Meudon (Seine-et-Oise).

« Les locataires dont les immeubles sont situés dans les régions particulièrement éprouvées par les hostilités continuent à bénéficier des avantages admis en leur faveur par les décrets antérieurs.

« Le paiement des termes de leurs loyers, tant échus que venant à échéance du 1er avril au 30 juin inclusivement, est prorogé pour une nouvelle période de trois mois.

« La liste de ces régions reste la même que celle dressée, en exécution de l'art. 2 du décret du 17 déc. 1914.

« Enfin, les commerçants, industriels et autres patentés, ne rentrant pas dans l'une des catégories ci-dessus visées, peuvent obtenir également des délais pour le paiement de leurs termes de loyers tant échus qu'à échoir.

« Pour les termes échus, cette prorogation est de plein droit, avec faculté pour le propriétaire de justifier devant le juge de paix que son locataire est en état de payer tout ou partie des termes prorogés.

« Pour les termes à échoir entre le 1er avril et le 30 juin 1915, la prorogation, — qui ne peut dépasser trois mois, — est subordonnée à l'obligation, par le locataire, de déclarer au greffe de la justice de paix qu'il est hors d'état de payer tout ou partie de ses termes de loyer.

« Le propriétaire peut contester cette déclaration, le locataire doit présenter, éventuellement, toutes preuves de nature à la justifier.

« Quelque étendues que paraissent ces facilités, elles laissent en dehors de leur champ d'application de nombreuses catégories de locataires qui restent soumis au droit commun.

« D'ailleurs, les avantages concédés par le décret ci-joint aux catégories de locataires en faveur desquels il a paru équitable d'édicter des dispositions particulières, sont subordonnés à la condition essentielle que ces locataires soient hors d'état de payer leur loyer.

« Par conséquent, le locataire qui peut se libérer est tenu de le faire sans invoquer le bénéfice des décrets.

« Il doit en être ainsi de tous ceux dont les hostilités n'ont pas diminué les revenus ou les rentes d'une façon telle qu'il leur soit impossible d'acquitter tout ou partie de leurs termes de loyer, et, à plus forte raison, de ceux dont la situation ou les ressources n'ont pas été modifiées, comme c'est généralement le cas des diverses catégories de fonctionnaires, d'employés, d'agents des services publics ou d'ouvriers commissionnés, dont les traitements, appointements ou salaires n'ont pas subi de réduction.

« Il doit en être ainsi également de ceux des industriels ou commerçants dont les établissements sont restés ouverts malgré les hostilités, et dont l'activité ne s'est pas sensiblement ralentie du fait des événements de la guerre.

« Le décret ci-annexé maintient aussi les dispositions édictées, pour les loyers payables d'avance, par les décrets des 7 janv. et 13 févr. 1915.

« De même, les dispositions concernant les congés, les baux prenant fin sans congé, ainsi que les nouvelles locations, sont également prorogées pour un délai de trois mois, conformément aux règles admises par les décrets antérieurs.

« L'ensemble des règles que nous venons d'exposer est applicable aux locataires habitant en garni.

« L'art. 10 du décret en étend, de même que précédemment, le bénéfice à l'Algérie.

« Telles sont les principales dispositions du projet de décret que nous avons l'honneur de soumettre à votre haute approbation.

« Les modifications plus profondes qu'il faudra entreprendre au sujet des loyers ne pourront être réalisées que par la voie législative. Le gouvernement en poursuit dès maintenant l'étude et il en prendra l'initiative devant le Parlement ».

(1 à 7) 1er vol., p. 33, 54, 94, 126, 173, 263, 299.
(8) *Supra*, p. 24.
(9) 1er vol., p. 158.
(10-11) 1er vol., p. 147, 161.

2. Il est accordé aux locataires non présents sous les drapeaux un délai de même durée que celui prévu à l'art. 1er, et pour le paiement des mêmes termes, à la condition qu'ils rentrent dans les catégories ci-après :

1° Dans les portions de territoires énumérées au tableau annexé au présent décret, tous les locataires, quel que soit le montant de leur loyer;

2° A Paris, dans les communes du département de la Seine et dans les communes de Saint-Cloud, Sèvres et Meudon (Seine-et-Oise), les locataires dont les loyers annuels rentrent dans les catégories suivantes :

a) Loyers annuels inférieurs ou égaux à 1.000 fr., que les locataires soient patentés ou non patentés ;

b) Loyers annuels supérieurs à 1.000 fr., mais ne dépassant pas 2.500 fr., lorsque les locataires sont des industriels, commerçants ou autres patentés;

3° Dans les villes de 100.000 habitants et au-dessus, les locataires dont le loyer annuel est inférieur ou égal à 600 fr. ;

4° Dans les villes de moins de 100.000 habitants et de plus de 5.000 habitants, les locataires dont le loyer annuel est inférieur ou égal à 300 fr. ;

5° Dans les autres communes, les locataires dont le loyer annuel est inférieur ou égal à 100 fr.

Toutefois, le propriétaire est admis à justifier, devant le juge de paix, que son locataire est en état de payer tout ou partie des termes ainsi prorogés. Cette faculté ainsi accordée au propriétaire n'est pas admise à l'encontre des locataires visés par le n. 2 du présent article, dont le loyer annuel est inférieur ou égal à 600 fr.

3. En ce qui concerne les locataires non présents sous les drapeaux et ne rentrant dans aucune des catégories visées à l'art. 2 ci-dessus, mais admis par les décrets antérieurs à bénéficier des prorogations de délai, savoir :

1° Les commerçants, industriels et autres patentés, ainsi que les non patentés, locataires dans les territoires énumérés dans la liste annexée au décret du 1er sept. 1914, mais ne figurant plus dans celle annexée au présent décret ;

2° Les commerçants, industriels et autres patentés, locataires dans les territoires autres que ceux figurant dans la liste annexée au décret du 1er sept. 1914 ;

Le paiement des loyers est réglé de la façon suivante ;

a) Pour les termes venant à échéance entre le 1er avril et le 30 juin 1915 inclusivement, une prorogation ne dépassant pas trois mois est accordée sous réserve, par le locataire, de faire une déclaration qu'il est hors d'état de payer tout ou partie desdits termes.

Cette déclaration est faite au greffe de la justice de paix, où elle est consignée sur un registre et il en est délivré récépissé.

Elle doit être effectuée au plus tard la veille du jour où le paiement doit avoir lieu. Le propriétaire en est avisé, par les soins du greffier, au moyen d'une lettre recommandée avec avis de réception.

Au cas où le propriétaire veut contester cette déclaration, il cite le locataire devant le juge de paix. Le locataire doit présenter toutes preuves à l'appui de sa déclaration.

b) Pour les termes échus qui, ayant bénéficié de prorogations, deviendront exigibles entre le 1er avril et le 30 juin 1915 inclusivement, il est accordé une nouvelle prorogation de trois mois.

Toutefois, le propriétaire est admis à justifier, devant le juge de paix, que son locataire est en état de payer tout ou partie des termes ainsi prorogés.

4. En ce qui concerne les locataires visés aux art. 1, 2 et 3 ci-dessus, les congés, les baux prenant fin sans congés, ainsi que les nouvelles locations sont régis par les dispositions suivantes :

1° Est suspendu, pour une période de trois mois, sous les conditions et réserves déterminées par l'art. 3 du décret du 27 sept. 1914, l'effet des congés qui, normalement, ou par suite de prorogations résultant des décrets antérieurs, se produira entre le 1er avril et le 30 juin 1915 inclusivement ;

2° Sont prorogés, pour une période de trois mois, sous les conditions et réserves déterminées par l'art. 3 du décret du 27 sept. 1914, les baux prenant fin sans congés qui, normalement, ou par suite de prorogations résultant des décrets antérieurs, viendront à expiration entre le 1er avril et le 30 juin 1915 inclusivement ;

3° Si les locaux ayant fait l'objet des suspensions de congés ou des prorogations de bail visées aux numéros 1° et 2° ci-dessus sont ou demeurent reloués au profit d'un tiers, le point de départ de cette relocation est ajourné d'une période de trois mois, sauf accord contraire entre les parties ;

4° Lorsqu'un locataire a conclu une nouvelle location, et s'il jouit, pour son ancienne location, de la suspension de congé prévue par le numéro 1° ci-dessus, il ne peut être astreint au paiement de la nouvelle location tant que l'entrée en jouissance n'a pas lieu. Toutefois le propriétaire a la faculté de demander au juge de paix la résiliation de la nouvelle location.

5. En cas de mort sous les drapeaux d'un locataire, ses héritiers ou ayants droit peuvent, si le contrat contient une clause de résiliation en cas de décès ou ne stipule pas expressément la continuation du bail en cas de décès, être autorisés, par le juge de paix, à défaut d'accord avec le propriétaire, à sortir des lieux loués sans avoir à acquitter préalablement les termes, et, le cas échéant, les indemnités dues en vertu du contrat ou de l'usage des lieux. Ce magistrat fixe, dans sa sentence, les délais accordés pour le paiement des sommes ainsi dues au propriétaire.

6. En cas de loyer payable d'avance, le locataire, à défaut de paiement à l'époque fixée par le bail ou par l'usage des lieux, ne peut être cité par le propriétaire devant le juge de paix, comme il est dit aux articles ci-dessus, qu'après que les termes sont échus.

Si le locataire a versé au propriétaire, au début de la location, les derniers termes à échoir, il ne peut, jusqu'à concurrence des sommes ainsi payées d'avance, être cité à raison des termes échus.

Les dispositions du présent article sont applicables seulement dans les portions de territoires énumérées au tableau annexé au décret du 1er sept. 1914.

7. Les règles établies par les articles précédents s'appliquent, sous les mêmes conditions et réserves, aux locataires en garni.

8. Les contestations auxquelles peut donner lieu l'application du présent décret sont de la compétence du juge de paix du canton où est situé l'immeuble loué, et sont régies par les dispositions de l'art. 6 du décret du 1er sept. 1914.

Ce magistrat entend les parties en son cabinet. A défaut de conciliation, il renvoie l'affaire en audience publique pour le prononcé de sa sentence.

En cas de refus des délais demandés par le locataire, si, à raison du prix annuel de la location dépassant 600 fr., le juge de paix n'est pas compétent, d'après la loi du 12 juill. 1905, pour connaître de l'action en paiement des loyers, il renvoie le propriétaire à se pourvoir, pour ce paiement, par les voies de droit.

9. Sont admis à bénéficier du présent décret :

1° Les ressortissants des pays alliés et neutres ;

2° Les Alsaciens-Lorrains, les Polonais et les Tchèques, sujets des empires d'Allemagne et d'Autriche-Hongrie, qui ont obtenu un permis de séjour en France.

10. Les dispositions du présent décret sont applicables à l'Algérie.

11. Sont maintenues les dispositions des décrets antérieurs relatifs à la prorogation des délais en matière de loyers, en ce qu'elles ne sont pas contraires au présent décret.

12. Le président du conseil, les ministres du commerce, de l'industrie, des postes st des télégraphes, des affaires étrangères, de la justice, de l'intérieur, des finances, du travail et de la prévoyance sociale sont chargés, etc.

ANNEXE

TABLEAU DRESSÉ EN EXÉCUTION DE L'ART. 2 DU DÉCRET DU 20 MARS 1915.

Aisne, Ardennes, Marne, Meurthe-et-Moselle, Meuse, Nord, Oise (arrondissements de Compiègne et de Senlis), Pas-de-Calais (arrondissements d'Arras, Béthune et Saint-Pol), Seine-et-Marne (arrondissements de Coulommiers, Meaux, Melun et Provins), Somme (arrondissements d'Amiens, Doullens, Montdidier et Péronne), Territoire de Belfort, Vosges (arrondissements d'Epinal et de Saint-Dié).

TRAITÉ INTERNATIONAL, BELGIQUE, GUERRE FRANCO-ALLEMANDE, CONVENTION FRANCO-BELGE DU 30 JUILL. 1891, SUSPENSION.

DÉCRET *portant promulgation de l'arrangement suspendant l'application de la convention franco-belge du 30 juill.* 1891, *pendant la durée de la guerre, conclu au Havre, entre la France et la Belgique.*

(22 mars 1915). — (Publ. au *J. off.* du 23 mars).

LE PRÉSIDENT DE LA RÉPUBLIQUE FRANÇAISE ; — Sur la proposition du ministre des affaires étrangères, — Décrète :

ART. **1er**. Un arrangement suspendant l'application de la convention franco-belge du 30 juill. 1891 (1), pendant la durée de la guerre, ayant été conclu au Havre le 13 mars 1915, entre la France et la Belgique, et les ratifications de cet acte ayant été échangées au Havre le 22 mars 1915, ledit arrangement, dont la teneur suit, recevra sa pleine et entière exécution.

ARRANGEMENT

SUSPENDANT L'APPLICATION DE LA CONVENTION FRANCO-BELGE DU 30 JUILL. 1891 PENDANT LA DURÉE DE LA GUERRE.

Le Président de la République française et S. M. le roi des Belges, prenant en considération les inconvénients qu'entraîne pour leurs deux pays, dans les circonstances actuelles, l'ajournement du service militaire des jeunes gens visés par la convention du 30 juill. 1891, ont résolu de conclure un arrangement en vue de suspendre, pour la durée de la guerre, l'application de ladite convention, et ont nommé pour leurs plénipotentiaires, savoir, etc.

Lesquels, après s'être communiqué leurs pleins pouvoirs, trouvés en bonne et due forme, sont convenus de ce qui suit :

Est suspendue, pendant la durée de la guerre, l'application de la convention franco-belge du 30 juill. 1891.

En conséquence, les jeunes gens appartenant aux catégories visées par la convention, à l'exception des mineurs nés en France, de parents belges, nés l'un et l'autre hors de France, seront appelés dans l'armée française. Il ne sera toutefois pas procédé à l'incorporation de ceux qui produiront un acte d'engagement dans l'armée belge ou qui manifesteront le désir de servir dans cette armée. Ces jeunes gens seront immédiatement dirigés sur le dépôt belge le plus voisin pour y être incorporés.

Le Gouvernement de la République française prêtera d'ailleurs son concours au Gouvernement de S. M. le roi des Belges pour l'exécution de toute mesure ayant pour but l'assujettissement au service militaire belge des mineurs nés en France de parents belges, nés l'un et l'autre hors de France.

Il est formellement entendu que les questions de nationalité demeurent réservées.

Le présent arrangement sera ratifié et les ratifications en seront échangées dans les quinze jours de sa signature ; il sera exécutoire à partir du jour de la ratification.

En foi de quoi, les plénipotentiaires respectifs l'ont signé et y ont apposé leurs cachets.

Fait en double, au Havre, le 13 mars 1915.

(Suivent les signatures).

2. Le ministre des affaires étrangères est chargé, etc.

---

(1) S. et P. *Lois annotées* de 1892, p. 399.

VALEURS MOBILIÈRES, GUERRE FRANCO-ALLEMANDE, MORATORIUM, PROROGATION DE DÉLAIS, SOCIÉTÉS, DÉPARTEMENTS, VILLES, REMBOURSEMENT DES OBLIGATIONS, AMORTISSEMENT DES ACTIONS, PAIEMENT DES LOTS, PAIEMENT DES COUPONS, DIVIDENDES ET INTÉRÊTS, INTÉRÊTS DES OBLIGATIONS REMBOURSABLES.

DÉCRET *relatif au remboursement des obligations, à la délivrance des lots, à l'amortissement des actions, au paiement des coupons, dividendes et intérêts.*

(23 mars 1915). — (Publ. au *J. off.* du 24 mars).

LE PRÉSIDENT DE LA RÉPUBLIQUE FRANÇAISE; — Sur le rapport des ministres de la justice, des finances, de l'intérieur, du commerce, de l'industrie, des postes et des télégraphes; — Vu l'art. 2 de la loi du 5 août 1914 (1); — Vu les décrets du 29 août (2), 23 (3) et 27 sept. (4), 27 oct. (5) et 21 déc. 1914 (6); — Le conseil des ministres entendu; — Décrète :

ART. **1er**. Les délais accordés par les décrets des 29 août, 27 oct. et 21 déc. 1914 sont étendus, sous les mêmes conditions, au remboursement des obligations, à la délivrance des lots, à l'amortissement des actions, au paiement des coupons, dividendes et intérêts qui viendront à échéance jusqu'à une date qui sera fixée après la cessation des hostilités.

2. Les obligations qui, étant remboursables, avaient cessé de produire intérêt au 1er juill. 1914, porteront de nouveau intérêt, dans les mêmes conditions que précédemment, à partir du jour où la société débitrice, saisie par le porteur d'une demande de remboursement, aura invoqué le bénéfice du délai accordé par l'art. 1er du décret du 29 août 1914, modifié par les décrets des 27 oct. et 21 déc. 1914 et par le présent décret.

3. Les ministres de la justice, des finances, de l'intérieur, du commerce, de l'industrie, des postes et des télégraphes, sont chargés, etc.

ALGÉRIE, GUERRE FRANCO-ALLEMANDE, PHYLLOXÉRA, SYNDICATS DÉPARTEMENTAUX, ÉLECTIONS, AJOURNEMENT.

DÉCRET *ajournant le renouvellement partiel des membres des syndicats départementaux pour la défense contre le phylloxera en Algérie.*

(24 mars 1915). — (Publ. *J. off.* du 27 mars).

LE PRÉSIDENT DE LA RÉPUBLIQUE FRANÇAISE; — Vu la loi organique du 28 juill. 1886 (7), sur les syndicats pour la défense contre le phylloxera en Algérie; — Vu l'arrêté du gouverneur général de l'Algérie du 14 déc. 1886, relatif à l'organisation et au fonctionnement des syndicats départementaux pour la défense contre le phylloxera; — Vu les propositions du gouverneur général de la colonie, en date du 12 janv. 1915; — Sur le rapport du ministre de l'intérieur et du ministre de l'agriculture; — Décrète :

ART. **1er**. Les opérations électorales pour le renouvellement partiel des membres des syndicats départementaux pour la défense contre le phylloxera en Algérie, dont les fonctions expirent en 1915, sont ajournées à une date qui sera fixée ultérieurement.

Les membres des syndicats actuellement en exercice sont maintenus en fonctions jusqu'à ce qu'il ait été procédé aux élections ci-dessus prévues.

2. Le ministre de l'intérieur et le ministre de l'agriculture sont chargés, etc.

GUERRE, DOMMAGES DE GUERRE, COMMISSION SUPÉRIEURE DES ÉVALUATIONS.

DÉCRET *déterminant la composition de la commission supérieure chargée de la revision générale des évaluations des dommages matériels résultant de faits de guerre.*

(24 mars 1915). — (Publ. au *J. off.* du 9 avril).

LE PRÉSIDENT DE LA RÉPUBLIQUE FRANÇAISE; — Sur le rapport du président du conseil des ministres, du ministre de la justice, du ministre de l'intérieur et du ministre des finances; — Vu l'art. 12 du décret du 4 févr. 1915 (8). — Le Conseil d'Etat entendu; — Décrète :

ART. **1er**. La commission prévue à l'art. 12 susvisé est composée ainsi qu'il suit :

1° Deux sénateurs;

2° Trois députés;

3° Deux membres du Conseil d'Etat;

4° Deux conseillers maîtres à la Cour des comptes;

5° Deux représentants du ministère de l'intérieur;

6° Deux représentants du ministère des finances;

7° Deux représentants du ministère de la guerre;

8° Deux représentants du ministère des travaux publics;

9° Deux représentants du ministère du commerce et de l'industrie;

(1 à 6) 1er vol., p. 33, 89, 123, 128, 175, 270.

(7) S. *Lois annotées* de 1887, p. 164. — P. *Lois, décr.*, etc. de 1887, p. 283; *Pand. pér.*, 1886.3.135.

(8) *Supra*, p. 17.

10° Deux représentants du ministère de l'agriculture;

11° Un représentant du ministère de la justice;

12° Un représentant du ministère des affaires étrangères;

13° Un représentant du ministère du travail et de la prévoyance sociale :

14° Deux architectes, membres du conseil général des bâtiments civils;

15° Deux membres de chambres de commerce;

16° Deux membres de sociétés d'agriculture;

17° Quatre membres désignés en dehors des catégories spécifiées ci-dessus.

Les membres de la commission sont nommés par le ministre de l'intérieur. Il désigne, en outre, des rapporteurs attachés à la commission, qui ont voix délibérative dans les affaires dont ils sont rapporteurs.

2. Le ministre nomme le président de la commission. Lorsque le ministre ou le sous-secrétaire d'État assiste à la séance, la présidence lui appartient.

La commission élit deux vice-présidents pris parmi ses membres.

3. Le ministre de l'intérieur et le ministre des finances sont chargés, etc.

PENSIONS ET TRAITEMENTS, PENSIONS MILITAIRES, BLESSURES OU INFIRMITÉS NON INCURABLES, GRATIFICATIONS DE RÉFORME RENOUVELABLES.

DÉCRET *modifiant le décret du 13 févr. 1906, relatif à la réglementation des gratifications de réforme* (1).

(24 mars 1915). — (Publ. au *J. off.* du 28 mars).

LE PRÉSIDENT DE LA RÉPUBLIQUE FRANÇAISE; — Sur le rapport du ministre de la guerre et du ministre des finances; — Vu la décision impériale du 3 janv. 1857, sur les gratifications de réforme; — Vu la loi du 11 avril 1831 (2), sur les pensions

---

(1) Ce décret est précédé au *J. off.* d'un rapport ainsi conçu :

« La loi du 11 avril 1831, sur les pensions militaires, n'a reconnu le droit à pension que dans les cas de blessures à la fois graves et incurables, et la jurisprudence a établi que, pour qu'une blessure fût grave, au sens de cette loi, elle devait entraîner une diminution de 60 p. 100 dans les facultés de travail.

« D'autre part, le décret du 13 févr. 1906 n'a établi la gratification de réforme renouvelable en faveur des militaires non officiers que pour les infirmités déterminant une diminution de 10 à 30 p. 100 dans les facultés de travail.

« Il résulte donc des textes en vigueur :

« 1° Que toute infirmité réputée curable, même amenant l'abolition totale des facultés de travail, ne peut entraîner que l'allocation d'une gratification de réforme égale au plus à celle prévue pour une diminution d'aptitude égale à 30 p. 100;

« 2° Que toute infirmité entraînant une diminution d'aptitude au travail intermédiaire entre 30 et 60 p. 100 ne donne pas lieu à une réparation équitable, même si son incurabilité est établie, puisqu'elle ne peut être rémunérée que par une gratification de réforme destinée à indemniser une diminution d'aptitude égale à 30 p. 100.

« Ces lacunes de la réglementation présentent des inconvénients particulièrement graves en temps de guerre. D'une part, il est injuste de n'accorder à des blessés, atteints d'infirmités sérieuses, que des réparations insuffisantes. D'autre part, il est dangereux d'obliger les médecins, chargés d'examiner les demandes de pension au point de vue technique, à se trouver partagés entre l'application stricte de règles un peu étroites et leurs sentiments bien naturels d'humanité. Un médecin chargé d'examiner un malade atteint de tuberculose pulmonaire, de blessures des articulations ou des nerfs, de troubles fonctionnels graves de nature hystéro-traumatique (cécité, paralysies variées, etc.), consécutifs à une commotion nerveuse, ne peut, en effet, affirmer en toute connaissance de cause, dans les premiers mois qui suivent l'accident, si les infirmités purement fonctionnelles consécutives, qui peuvent aller jusqu'à l'abolition complète des facultés, sont ou non incurables, surtout dans les circonstances présentes, où sont pratiquement impossibles les hospitalisations prolongées, les enquêtes minutieuses, seules susceptibles de l'éclairer complètement. Il se trouve donc en présence de l'alternative, ou d'admettre à la pension irrévocable un malade susceptible de guérison, ou de conclure à indemniser une abolition actuellement totale des facultés par une gratification destinée à rémunérer une diminution d'aptitude de 30 p. 100.

« Pour obvier à ce grave danger, qu'accentue en ce moment le nombre considérable des blessures causées par la guerre, il serait opportun de remanier la réglementation actuellement applicable aux gratifications de réforme à un double point de vue :

« 1° En créant deux nouveaux échelons de gratifications correspondant à des diminutions de 40 et 50 p. 100 dans les facultés de travail, les infirmités comprises dans les deux nouveaux échelons ouvrant droit, comme celles des échelons précédents, à la gratification permanente en cas d'incurabilité constatée;

« 2° En créant des échelons accessoires de gratification allant de 60 p. 100 de diminution d'aptitude au travail jusqu'à l'abolition complète des facultés de travail. Ces gratifications nouvelles, dont les taux seraient calculés d'après ceux des pensions correspondantes, seraient attribuées dans tous les cas où l'infirmité, suffisamment grave pour ouvrir le droit à pension, ne paraîtrait pas incurable. Il est bien entendu que ces allocations ne pourraient jamais devenir permanentes en conservant le caractère de gratification; elles ne pourraient qu'être transformées en pensions viagères, si l'incurabilité de l'infirmité était constatée dans le délai de cinq ans, prévu déjà par le décret du 15 mai 1889 (S. et P. *Lois annotées* de 1891, p. 27), pour la transformation de la gratification renouvelable en pension. La pension concédée serait celle afférente à la classe correspondant, dans l'échelle de gravité des infirmités, au quantum de diminution des facultés de travail du gratifié, au moment de la transformation de la gratification en pension. Passé ce délai de cinq ans, ces gratifications continueraient, mais à titre d'allocations essentiellement renouvelables, et sous réserve de la visite bisannuelle imposée à tous les gratifiés.

« La présente réforme aurait donc pour effet d'apporter un nouvel élément de justice dans l'attribution des gratifications de réforme et de permettre de proportionner véritablement la rémunération au préjudice subi.

« L'augmentation de crédit qu'elle entraînerait serait plus apparente que réelle.

« En effet, elle permettrait de n'accorder, aux lieu et place de pensions, que dans bien des cas les motifs d'humanité auraient fait attribuer à perpétuité d'une façon prématurée, des allocations essentiellement temporaires, qui seraient appelées à diminuer de taux ou même à disparaître, au fur et à mesure des améliorations ou des guérisons complètes ».

(2) S. 2° vol. des *Lois annotées*, p. 42.

de l'armée de terre; — Vu la loi du 18 juill. 1913 (1) sur les pensions des militaires indigènes de l'Algérie et de la Tunisie; — Vu le décret du 25 sept. 1905 (2) portant règlement en exécution de l'art. 20 de la loi du 7 juill. 1900 (3), sur les pensions des militaires indigènes des troupes coloniales; — Vu le décret du 13 févr. 1906 (4), modifiant la réglementation des gratifications de réforme; — Décrète :

ART. 1er. Les art. 1 et 2 du décret du 13 févr. 1906 sont modifiés ainsi qu'il suit :

« Art. 1er. Lorsque des blessures reçues ou des infirmités contractées au service par des militaires non officiers ne rempliront pas les conditions de gravité ou d'incurabilité requises par l'art. 12 de la loi du 11 avril 1831, pour leur donner droit à la pension de retraite, mais qu'elles seront cependant de nature à réduire ou même à abolir temporairement leurs facultés de travail, le ministre de la guerre sera autorisé à concéder à ces militaires des gratifications renouvelables, dont les taux annuels sont fixés, pour chaque grade, dans le tableau annexé au présent décret, selon la gravité de la blessure ou de l'infirmité ainsi calculées.

1re catégorie : abolition totale non incurable des facultés de travail.

2e catégorie : réduction non incurable des facultés de travail évaluée à 80 p. 100.

3e catégorie : réduction non incurable des facultés de travail évaluée à 60 p. 100.

4e catégorie : réduction d'au moins 50 p. 100, incurable ou non incurable.

5e catégorie : réduction d'au moins 40 p. 100, incurable ou non incurable.

6e catégorie : réduction d'au moins 30 p. 100, incurable ou non incurable.

7e catégorie : réduction d'au moins 20 p. 100, incurable ou non incurable.

8e catégorie : réduction d'au moins 10 p. 100, incurable ou non incurable.

« 2. La gratification est accordée en principe pour deux années. Elle peut être renouvelée successivement, par périodes d'égale durée. Les gratifications des trois premières catégories ne peuvent être converties qu'en pension, si, dans un délai de cinq ans au maximum depuis la date de la cessation d'activité, les blessures ou infirmités des gratifiés réunissent les conditions de gravité et d'incurabilité prévues par la loi.

« Les gratifications comprises dans les 4e, 5e, 6e, 7e et 8e catégories peuvent, à toute époque, être converties en gratification permanente, lorsque les infirmités qui ont motivé leur concession sont devenues incurables, ou, dans le délai fixé au paragraphe précédent, et en cas d'aggravation, en pensions viagères.

2. Le ministre de la guerre et le ministre des finances sont chargés, etc.

(Le tableau annexé au décret a été publié au *J. off.* du 30 mars 1915, p. 1722).

CONSERVATOIRE, GUERRE FRANCO-ALLEMANDE, PRIX DIÉMER, CONCOURS DE 1915, SUPPRESSION.

DÉCRET *reportant après la fin des hostilités le concours pour le prix Diémer au Conservatoire national de musique et de déclamation.*

(**25 mars 1915**). — (Publ. au *J. off.* du 31 mars).

LE PRÉSIDENT DE LA RÉPUBLIQUE FRANÇAISE; — Sur le rapport du ministre de l'instruction publique et des beaux-arts; — Vu le décret du 16 juill. 1902 (5), portant acceptation de la fondation Diémer en faveur du Conservatoire national de musique et de déclamation; — Décrète :

ART. 1er. Le concours pour l'attribution du prix Diémer en 1915, entre les lauréats du Conservatoire national ayant obtenu un premier prix de piano dans les dix années précédentes, est reporté après la fin des hostilités.

2. Pourront seuls y prendre part les lauréats ayant obtenu un premier prix de piano au Conservatoire national entre les années 1905 inclusivement et 1914 inclusivement.

3. L'ordre triennal des concours ultérieurs sera rétabli sans tenir compte de l'interruption qui y est apportée en 1915.

4. Le ministre de l'instruction publique et des beaux-arts est chargé, etc.

FRANÇAIS, JOUISSANCE DES DROITS DE CITOYEN, SUJETS OU PROTÉGÉS FRANÇAIS AUTRES QUE LES INDIGÈNES DE L'ALGÉRIE, DE LA TUNISIE ET DU MAROC, RÉSIDENCE EN TERRITOIRE FRANÇAIS AUTRE QUE LE PAYS D'ORIGINE, CONDITIONS, FEMMES, ENFANTS.

LOI *relative à l'acquisition de la qualité de citoyen français par les sujets français non originaires de l'Algérie et les protégés français non originaires de la Tunisie et du Maroc, qui résident en France, en Algérie ou dans une colonie autre que leur pays d'origine.*

---

(1) S. et P. *Lois annotées* de 1914, p. 581; *Pand. pér.*, *Lois annotées* de 1914, p. 581.
(2) *Bull. off.*, nouv. série, 2681, n. 46791.
(3) S. et P. *Lois annotées* de 1900, p. 1113; *Pand. pér.*, 1901.3.147.
(4) *J. off.*, 15 févr. 1906, p. 1002.
(5) *Bull. off.*, 12e série, 2365, n. 41775.

(25 mars 1915). — (Publ. au *J. off.* du 27 mars).

ART. 1er. Peuvent être, après l'âge de vingt et un ans, admis à la jouissance des droits de citoyen français les sujets ou protégés français non originaires de l'Algérie, de la Tunisie ou du Maroc, qui ont fixé leur résidence en France, en Algérie, dans un pays placé sous le protectorat de la République ou dans une colonie autre que leur pays d'origine, et qui ont satisfait à l'une des conditions suivantes :

1° Avoir obtenu la croix de la Légion d'honneur ou l'un des diplômes d'études universitaires ou professionnelles dont la liste sera arrêtée par décret;

2° Avoir rendu des services importants à la colonisation ou aux intérêts de la France;

3° Avoir servi dans l'armée française et y avoir acquis, soit le grade d'officier ou de sous-officier, soit la médaille militaire;

4° Avoir épousé une Française et avoir un an de domicile;

5° Avoir résidé plus de dix ans dans lesdits pays et posséder une connaissance suffisante de la langue française.

2. Le bénéfice de l'admission à la jouissance des droits de citoyen français accordé à un indigène dans l'un des cas ci-dessus énumérés est étendu à sa femme, si elle a déclaré s'associer à la requête de son mari.

Deviennent également citoyens français les enfants mineurs de l'indigène qui obtient cette qualité, à moins que le décret accordant cette faveur au père n'ait formulé une réserve à cet égard.

Les enfants majeurs pourront, s'ils le demandent, obtenir la qualité de citoyen français, sans autre condition, par le décret qui confère cette qualité au père.

3. Il est statué sur la demande des intéressés, après enquête, par décret rendu sur la proposition du garde des sceaux, ministre de la justice, le ministre des colonies consulté.

4. Aucun droit de sceau ne sera perçu pour l'accession des indigènes à la qualité de citoyen français.

RÉQUISITIONS MILITAIRES, MARINE, INTERVENTION DU MAIRE, MODE DE PAIEMENT.

CIRCULAIRE *relative aux réquisitions d'objets ou matières effectuées par application de l'art.* 68 *du décret du* 2 *août* 1877, *modifié par le décret du* 31 *juill.* 1914.

(25 mars 1915). — (Publ. au *J. off.* du 26 mars).

Le Ministre de la marine à MM. les vice-amiraux, commandant en chef, préfets maritimes, directeurs des établissements hors des ports, directeur du service de la surveillance des travaux confiés à l'industrie.

Il arrive fréquemment qu'à la suite d'indications erronées fournies aux intéressés, le département est saisi de demandes de remboursement émanant, soit de particuliers, soit d'administrateurs de maisons ennemies, mises sous séquestre, ayant livré, par voie de réquisition, des matières ou objets, en application de l'art. 68 du décret du 2 août 1877 (1) modifié par le décret du 31 juill. 1914 (2).

A l'avenir, lorsque vous serez saisi de cas de l'espèce, que la réquisition ait été faite avec ou sans l'intervention du maire, il vous appartiendra d'informer les intéressés qu'ils ont à présenter directement leur demande d'indemnité à ce magistrat. Le maire, après avoir réuni les pièces justificatives nécessaires (ordres de réquisition, reçu des fournitures réquisitionnées ou certificat d'exécution du service, etc.), restera chargé de faire parvenir, par l'entremise du préfet, le dossier complet de l'affaire au président de la commission d'évaluation compétente. Cette procédure découle de l'art. 49 du décret du 2 août 1877, et il y a d'autant plus lieu de s'y conformer qu'aux termes de l'art. 27 de la loi du 3 juill. 1877 (3), sur les réquisitions militaires, le montant des allocations doit être mandaté au nom de la commune.

Il demeure entendu que, lorsque la réquisition aura été faite directement aux intéressés, ceux-ci devront être mis en possession du reçu des fournitures réquisitionnées, extrait d'un carnet à souches, ou du certificat d'exécution du service prévu par l'art. 49, précité, et la circulaire ministérielle du 19 août 1914 (intendance).

Cette pièce, qui doit obligatoirement être jointe à la demande d'indemnité, ainsi que l'ordre de réquisition, sera, en principe, délivrée par l'autorité requérante, toutes les fois que celle-ci aura pu contrôler la livraison des objets ou matières ou s'assurer de l'exécution du service. Dans le cas contraire, et tel sera le cas notamment des objets réquisitionnés par le service de la surveillance pour les besoins des ports et établissements, ce soin incombera au service destinataire, que les objets ou matières aient ou non été pris en charge pour ordre par le magasin central, conformément à la circulaire du 4 août 1914 (*B. O.*).

Par ailleurs, il m'a été donné de constater que certaines autorités requérantes ont une tendance à transformer en règle générale l'exception prévue

(1) S. *Lois annotées* de 1877, p. 255. — P. *Lois, décr.*, etc. de 1877, p. 440.

(2) S. 1er vol., p. 4.

(3) S. *Lois annotées* de 1877, p. 249. — P. *Lois, décr.*, etc. de 1877, p. 428.

sous le titre 1er de la circulaire du 19 août 1914, et qui autorise, dans certains cas, à adresser les réquisitions directement aux particuliers sans l'entremise du maire.

J'estime qu'il y a là un abus de nature à frapper d'illégalité l'acte de réquisition lui-même. Aux termes, en effet, de l'art. 19 de la loi du 3 juill. 1877, toute réquisition doit être adressée à la commune et notifiée au maire. Ce n'est que lorsqu'aucun membre de la municipalité ne se trouve au siège de la commune, ou si une réquisition urgente est nécessaire sur un point éloigné, et qu'il soit impossible de la notifier régulièrement, que la réquisition peut être adressée directement par l'autorité maritime aux habitants.

Tel est le sens qu'il convient d'attacher à la dérogation admise par le titre 1er de la circulaire du 19 août 1914. Par ailleurs, l'instruction du 19 août 1914 a rappelé les cas (réquisitions d'établissements industriels, réquisitions de matériel flottant, réquisitions de marchandises déposées dans les entrepôts de douane, les magasins généraux ou en cours de transport par voie ferrée), dans lesquels les réquisitions sont signifiées directement, sans intervention du maire.

Je vous prie de vouloir bien tenir compte à l'avenir des recommandations qui précèdent.

ARMÉE, GUERRE FRANCO-ALLEMANDE, ADJUDANTS-CHEFS, ADJUDANTS D'ADMINISTRATION, OFFICIERS D'ADMINISTRATION, NOMINATION.

DÉCRET *réglant en temps de guerre le recrutement des officiers d'administration de 3e classe du service de l'intendance.*

(26 mars 1915). — (Publ. au *J. off.* du 31 mars).

LE PRÉSIDENT DE LA RÉPUBLIQUE FRANÇAISE; — Sur le rapport du ministre de la guerre; — Vu la loi du 28 avril 1900 (1), modifiant, en ce qui touche les officiers d'administration des services de l'intendance et de santé, les lois des 16 mars 1882 (2) et 1er juill. 1889 (3), sur l'administration de l'armée; — Vu la loi du 17 déc. 1913 (4), relative à la proportion des adjudants d'administration à nommer officiers d'administration de 3e classe; — Vu la loi du 1er août 1913 (5), modifiant la loi du 14 avril 1832, sur l'avancement dans l'armée, en ce qui concerne la nomination aux grades de sous-lieutenant et de lieutenant; — Vu le décret du 24 déc. 1913 (6), fixant au cinquième des promotions annuelles la proportion des adjudants-chefs et adjudants du service de l'intendance à nommer officiers d'administration de 3e classe; — Décrète :

ART. 1er. En temps de guerre, et pendant un délai d'un an à compter de la cessation des hostilités, le nombre des adjudants-chefs et adjudants d'administration, comptant au moins dix ans de service effectif, qui pourront être nommés officiers d'administration de 3e classe de ce service, est fixé aux neuf dixièmes des promotions annuelles à ce grade.

2. Le dixième restant sera attribué aux aspirants des sections de commis et ouvriers d'administration régulièrement proposés par leurs chefs, et aux officiers d'administration de 3e classe de réserve du cadre auxiliaire de l'intendance titularisés en vertu de l'art. 3 de la loi du 1er août 1913. A défaut de candidats de cette dernière catégorie, les vacances seront attribuées aux candidats visés à l'art. 1er.

3. Le ministre de la guerre est chargé, etc.

ARMÉE, RECRUTEMENT, GUERRE FRANCO-ALLEMANDE, CLASSE 1915, CONSCRITS NON TOUCHÉS PAR L'ORDRE D'APPEL.

ARRÊTÉ *relatif aux jeunes gens de la classe 1915 qui n'ont pas été touchés par leur ordre d'appel.*

(26 mars 1915). — (Publ. au *J. off.* du 28 mars).

LE MINISTRE DE LA GUERRE; — Vu l'art. 83 de la loi du 21 mars 1905, sur le recrutement de l'armée (7); — Vu les art. 94 et 230 du Code de justice militaire; — Vu l'instruction du 20 mars 1906, sur l'insoumission; — Vu le décret du 1er août 1914 (8), prescrivant la mobilisation des armées de terre et de mer; — Vu les ordres donnés pour l'appel de la classe 1915; — Arrête :

ART. 1er. Des ordres de route seront notifiés d'urgence aux jeunes soldats de la classe 1915 qui n'ont pas été touchés par leur ordre d'appel.

Ces ordres, conformes au modèle n. 6 annexé à l'instruction du 20 mars 1906, relative à l'insoumission, enjoindront aux intéressés de se mettre immédiatement en route à destination du dépôt de leurs corps d'affectation. L'emplacement actuel de ces dépôts sera indiqué d'une façon précise par les commandants de recrutement, qui fixeront, en

---

(1) *Bull. off.*, 12e série, 2165, n. 38.159.

(2) S. *Lois annotées* de 1882, p. 348. — P. *Lois, décr.*, etc. de 1882, p. 566.

(3) S. *Lois annotées* de 1890, p. 640. — P. *Lois, décr.*, etc. de 1890, p. 1101; *Pand. pér.*, 1890.3.50.

(4) *Bull. off.*, nouv. série, 120, n. 6395.

(5) S. et P. *Lois annotées* de 1914, p. 577; *Pand. pér.*, *Lois annotées* de 1914, p. 577.

(6) *Bull. off.*, nouv. série, 120, n. 6421.

(7) S. et P. *Lois annotées* de 1906, p. 3; *Pand. pér.*, 1905.3.81.

(8) 1er vol., p. 9.

outre, d'après la distance à parcourir et le temps nécessaire pour la notification de l'ordre de route, la date extrême à laquelle le jeune soldat devra avoir rejoint. A partir de cette date commenceront à courir les délais de grâce prévus par l'art. 83 de la loi du 21 mars 1905.

2. Dans le cas où l'intéressé serait absent de son domicile, l'ordre de route sera notifié au maire de la commune dans laquelle l'appelé a été inscrit sur le tableau de recensement.

3. Si, en raison de l'occupation par l'ennemi de la commune dans laquelle il a été inscrit sur le tableau de recensement, l'appelé ne peut recevoir notification de son ordre de route dans les conditions fixées par les art. 1 et 2 ci-dessus, il devra, dans un délai de dix jours, à partir de la publication du présent arrêté au *Journal officiel*, se présenter à l'autorité militaire (gendarmerie ou bureau de recrutement) le plus proche de sa résidence. Cette autorité adressera alors immédiatement tous renseignements utiles au bureau de recrutement auquel ressortit normalement l'appelé, dans les conditions fixées à l'art. 1er ci-dessus.

Pour les jeunes gens qui ne se seraient pas présentés à l'autorité militaire dans le délai de dix jours ci-dessus prévu, le délai de grâce à l'expiration duquel ils seront déclarés insoumis commencera à courir deux jours après l'expiration de cette période de dix jours.

4. Le présent arrêté sera publié au *Journal officiel* de la République française et affiché sans délai dans chaque commune, à la porte de la mairie.

TRÉSORIERS GÉNÉRAUX, RECEVEURS DES FINANCES, GUERRE FRANCO-ALLEMANDE, SOMMES NON RECOUVRÉES NI ADMISES EN NON-VALEURS, EXERCICE 1913, VERSEMENT AU TRÉSOR, SURSIS, PROROGATION.

DÉCRET *prorogeant les délais accordés aux trésoriers-payeurs généraux et aux receveurs des finances pour le solde des rôles de l'année 1913.*

(**26 mars 1915**). — (Publ. au *J. off.* du 30 mars).

LE PRÉSIDENT DE LA RÉPUBLIQUE FRANÇAISE; — Sur le rapport du ministre des finances; — Vu l'ordonn. du 8 déc. 1832 (1), art. 14; — Vu le décret du 31 mai 1862 (2), art. 324; — Vu le décret du 25 nov. 1914 (3); — Décrète :

ART. **1er**. Il est accordé aux trésoriers généraux et aux receveurs des finances un nouveau délai de trois mois, qui partira du 1er avril 1915, pour verser au Trésor, de leurs deniers personnels, les sommes qui n'auraient pas été recouvrées ou admises en non-valeurs sur les rôles des contributions directes et taxes assimilées de l'année 1913.

2. Le ministre des finances est chargé, etc.

DETTE PUBLIQUE, GUERRE FRANCO-ALLEMANDE, BONS DU TRÉSOR, LIMITE D'ÉMISSION, ÉLÉVATION.

LOI *élevant la limite d'émission des bons du Trésor.*

(**27 mars 1915**). — (Publ. au *J. off.* du 31 mars).

ARTICLE UNIQUE. La limite d'émission des bons du Trésor est élevée de trois milliards cinq cents millions de francs à quatre milliards cinq cents millions de francs (4.500.000.000 fr.).

MARCHÉS ADMINISTRATIFS OU DE FOURNITURES, FOURNITURES FAITES A L'ÉTRANGER, AVANCES, ORDONNANCEMENT.

DÉCRET *autorisant les ministres à faire acquitter au moyen d'avances les dépenses effectuées à l'étranger, dont le paiement ne peut être différé jusqu'à la production des pièces justificatives.*

(**27 mars 1915**). — (Publ. au *J. off.* du 28 mars).

LE PRÉSIDENT DE LA RÉPUBLIQUE FRANÇAISE; — Sur le rapport du ministre des finances; — Vu l'art. 152 de la loi du 25 mars 1817 (4); — Vu les art. 42 et 94 du décret du 31 mai 1862 (5); — Décrète :

ART. **1er**. Pendant la durée des hostilités et jusqu'à la clôture de l'exercice au cours duquel elles prendront fin, les ministres pourront, après entente avec le ministre des finances, faire acquitter, au moyen d'avances, dans les conditions prévues aux articles ci-après, les dépenses effectuées à l'étranger dont le paiement ne peut être différé jusqu'à la production des pièces justificatives.

2. Chacun des ministres intéressés désigne un agent centralisateur au nom duquel les avances sont exclusivement ordonnancées, ainsi que des délégués, chargés sur place de l'exécution du service et du règlement des dépenses.

Dans chaque ministère, l'agent centralisateur est placé sous l'autorité d'un directeur ou chef de service désigné d'un commun accord par le ministre intéressé et par le ministre des finances.

---

(1) S. 2e vol. des *Lois annotées*, p. 149.

(2) S. *Lois annotées* de 1862, p. 59. — P. *Lois, décr.*, etc. de 1862, p. 101.

(3) 1er vol., p. 221.

(4) S. 1er vol. des *Lois annotées*, p. 971.

(5) S. *Lois annotées* de 1862, p. 58. — P. *Lois, décr.*, etc. de 1862, p. 101.

3. Les ordonnances d'avances sont émises au fur et à mesure des besoins du service ; elles portent l'indication du chapitre sur lequel la dépense doit être imputée.

A l'appui de chaque ordonnance, il est fourni un état certifié par le ministre ordonnateur et faisant ressortir la nature de la dépense, le décompte ayant servi à son évaluation, le lieu et la date approximative du paiement ainsi que le nom du délégué.

4. L'ordonnance est acquittée par l'agent centralisateur et le montant en est porté au crédit d'un compte ouvert au nom de cet agent dans les écritures du caissier payeur central du Trésor pour être mis à la disposition du délégué.

5. L'agent centralisateur de chaque ministère prend en charge les ordonnances d'avances, tient la comptabilité des paiements effectués, et rapporte au caissier payeur central du Trésor les pièces justificatives pour être rattachées à l'ordonnance d'avance.

Dans le cas où les pièces justificatives ne sont pas produites dans un délai de quatre mois, le caissier payeur central du Trésor en réfère au ministre des finances, qui provoque toutes mesures utiles auprès du ministère ordonnateur.

6. Les délégués à la disposition desquels des fonds ont été mis, et qui ne produisent pas de justifications suffisantes, peuvent être constitués en débet par le ministre ordonnateur.

7. Le ministre des finances et chacun des ministres intéressés sont chargés, etc.

MARCHÉS ADMINISTRATIFS OU DE FOURNITURES, GUERRE FRANCO-ALLEMANDE, PAIEMENT DE SALAIRES, ACHAT DE MATIÈRES PREMIÈRES, AVANCES.

DÉCRET *autorisant des avances aux titulaires des marchés du ministère de la guerre.*

(27 mars 1915). — (Publ. au *J. off.* du 28 mars).

LE PRÉSIDENT DE LA RÉPUBLIQUE FRANÇAISE ; — Sur le rapport des ministres de la guerre et des finances ; — Vu l'art. 13 du décret du 31 mai 1862 (1) ; — Vu les art. 142 et 143 du règlement du 3 avril 1869, sur la comptabilité des dépenses du ministère de la guerre ; — Décrète ;

ART. 1er. Pendant la durée des hostilités, des avances peuvent être consenties aux fournisseurs du ministère de la guerre pour achat de matières premières ou pour paiement de salaires.

Ces avances ne peuvent excéder les cinq sixièmes de la valeur des matières premières nécessaires pour les fabrications ou confections concernant le ministère de la guerre, ou du montant des salaires versés par le fournisseur, pendant le dernier terme de paye, au personnel employé auxdites fabrications ou confections.

En aucun cas, le total des paiements ainsi faits ne doit dépasser les trois cinquièmes du montant total de la commande.

2. Les avances consenties en conformité des dispositions de l'article précédent sont régularisées dans les conditions prévues par l'art. 142 du règlement du 3 avril 1869.

3. Les ministres de la guerre et des finances sont chargés, etc.

1° BUDGET, CRÉDITS SUPPLÉMENTAIRES, ABSINTHE, INTERDICTION, INDEMNITÉS. — 2° ABSINTHE, INTERDICTION, CULTIVATEURS, INDEMNITÉ, DÉCLARATION DES STOCKS, COMMISSIONS D'ÉVALUATION, FABRICANTS.

LOI *portant ouverture au ministère des finances de crédits additionnels aux crédits provisoires de l'exercice* 1915, *pour le remboursement des droits payés par les débitants sur les absinthes actuellement en leur possession et pour le rachat des stocks d'absinthe détenus par les cultivateurs.*

(29 mars 1915). — (Publ. au *J. off.* du 8 avril).

ART. 1er. Il est ouvert au ministre des finances, sur l'exercice 1915, en addition aux crédits provisoires ouverts par la loi du 26 déc. 1914 (2), des crédits s'élevant à la somme totale de quatorze millions huit cent mille francs (14.800.000 fr.), et applicables aux chapitres ci-après :

Chap. 108. — Avances recouvrables par l'Administration des contributions indirectes.	2.800.000
Chap. 125 *septies.* — Indemnités aux cultivateurs de grande et petite absinthe, en représentation des stocks de plantes invendus..............	500.000
Chap. 127. — Remboursements sur produits indirects et divers.......	11.500.000
Total égal.............	14.800.000

2. Pour être indemnisés des stocks invendus de plantes d'absinthe qu'ils détiennent, les cultivateurs feront à la mairie de leur résidence, dans les quinze jours de la promulgation de la présente loi, la déclaration de ces stocks en poids ; ils déposeront, en même temps, à la mairie, les contrats de vente qui les lient aux fabricants.

Des commissions locales, dont le ministre des

---

(1) S. *Lois annotées* de 1862, p. 59. — P. *Lois, décr.,* etc. de 1862, p. 101.

(2) 1er vol., p. 275.

finances fixera la composition, régleront définitivement le montant des indemnités en se basant notamment sur les contrats visés au paragraphe précédent et après vérification du poids des plantes présentées.

A moins que le ministre des finances ne leur donne une destination, les stocks seront détruits avant le 30 juin 1915.

En vue de l'indemnité qui pourra éventuellement leur être accordée par une loi ultérieure, les fabricants déclareront, dans les huit jours de la promulgation de la présente loi, les quantités de plantes de grande et petite absinthe en leur possession.

Budget, Guerre franco-allemande, Exercice 1914, Date de clôture, Prorogation, Services de la guerre et de la marine.

Loi *prorogeant les dates de clôture de l'exercice 1914 en ce qui concerne l'exécution des services de la guerre et de la marine.*

(29 mars 1915). — (Publ. au *J. off.* du 31 mars).

Art. **1**er. Pour l'exécution des services de la guerre et de la marine afférents à l'exercice 1914, les dates de clôture, fixées par l'art. 4 de la loi du 25 janv. 1889 (1) aux 31 mars, 30 avril, 30 juin et 31 juill., sont reportées respectivement aux 31 juill., 31 août, 30 novembre et 31 décembre.

2. Il est apporté les dérogations ci-après aux dispositions des art. 6 et 7 de la loi du 25 janv. 1889 et 51 de la loi du 14 avril 1896 (2) :

1° La présentation du projet de loi de règlement définitif du budget de l'exercice 1914 et la production des comptes des ministres à l'appui devront avoir lieu, au plus tard, le 31 mai 1916 ;

2° La déclaration générale de conformité relative au même exercice devra être remise par la Cour des comptes au ministre des finances avant le 1er oct. 1916 ;

3° La distribution de cette déclaration, avec le rapport qui l'accompagne, sera faite au Sénat et à la Chambre des députés avant le 1er avril 1917.

Les dérogations prévues ci-dessus sont exceptionnelles et ne concernent que l'exercice 1914.

Budget, Guerre franco-allemande, Ratification de décrets, Crédits supplémentaires, Ouverture de crédits.

Loi *concernant la régularisation de décrets au titre du budget général de l'exercice* 1914 *et des budgets annexes.*

(29 mars 1915). — (Publ. au *J. off.* du 31 mars).

Art. **1**er. Sont sanctionnés :

1° Le décret du 13 août 1914 (3), rendu en Conseil d'Etat, en application de la loi du 5 août 1914 (4), modifiant la loi du 14 déc. 1879 (5), et portant :

Ouverture aux ministres des finances, des affaires étrangères, de l'intérieur, de la guerre et de la marine, au titre du budget général de l'exercice 1914, de crédits supplémentaires ou extraordinaires s'élevant à la somme totale de deux milliards sept cent cinquante-trois millions neuf cent cinquante-cinq mille huit cent soixante-six francs (2.753.955.866 fr.) ;

Et autorisation au ministre des finances d'émettre, dans les conditions prévues par l'art. 27 de la loi du 3 juill. 1877 (6), par l'art. 55 du décret du 2 août 1877 (7), et par les art. 1 et 2 du décret du 2 août 1914 (8), des bons du Trésor jusqu'à concurrence de 1 milliard ;

2° Le décret du 29 août 1914 (9), rendu en Conseil d'Etat, en application de la loi du 5 août 1914, modifiant la loi du 14 déc. 1879, et portant ouverture au ministre de la guerre, au titre du budget général de l'exercice 1914, d'un crédit supplémentaire de six mille sept cents francs (6.700 fr.) ;

3° Le décret du 1er sept. 1914 (10), rendu en Conseil d'Etat, en application de la loi du 5 août 1914, modifiant la loi du 14 déc. 1879, et portant :

Ouverture aux ministres de l'intérieur, de la guerre, du travail et des travaux publics, au titre du budget général de l'exercice 1914, de crédits supplémentaires ou extraordinaires, s'élevant à la somme totale de neuf cent vingt-deux millions deux cent cinquante-neuf mille sept cent cinquante francs (922.259.750 fr.) ;

Ouverture au ministre de la guerre, au titre du budget annexe du service des poudres et salpêtres pour l'exercice 1914, de crédits supplémentaires s'élevant à la somme totale de sept millions quatre cent trente mille francs (7.430.000 fr.) ;

Et augmentation, jusqu'à concurrence de 940 millions de francs, du montant des bons du Trésor que le ministre des finances a été autorisé à émettre pour le service de la Trésorerie et les négociations avec la Banque de France par l'art. 75 de la loi de finances du 15 juill. 1914 (11) ;

---

(1) S. *Lois annotées* de 1890, p. 627. — P. *Lois, décr.*, etc. de 1890, p. 1080.

(2) *Bull. off.*, 12e série, 1771, n. 30947.

(3) 1er vol., p. 51.

(4) 1er vol., p. 29.

(5) S. *Lois annotées* de 1880, p. 593. — P. *Lois, décr.*, etc. de 1880, p. 1021.

(6) S. *Lois annotées* de 1877, p. 249. — P. *Lois, décr.*, etc. de 1877, p. 428.

(7) S. *Lois annotées* de 1877, p. 255. — P. *Lois, décr.*, etc. de 1877, p. 440.

(8) 1er vol., p. 16.

(9) *J. off.*, 31 août 1914, p. 7802.

(10) *J. off.*, 2 sept. 1914, p. 7825.

(11) *J. off.*, 18 juill. 1914, p. 6148.

4° Le décret du 26 sept. 1914 rendu en Conseil d'Etat, en application de la loi du 5 août 1914, modifiant la loi du 14 déc. 1879, et portant ouverture au ministre des finances, au titre du budget général de l'exercice 1914, de crédits supplémentaires s'élevant à la somme totale de cent soixante mille francs (160.000 fr.) ;

5° Le décret du 30 sept. 1914, rendu en Conseil d'Etat, en application de la loi du 5 août 1914, modifiant la loi du 14 déc. 1879, et portant ouverture au ministre des finances, au titre du budget général de l'exercice 1914, de crédits extraordinaires s'élevant à la somme totale de vingt-cinq mille francs (25.000 fr.) ;

6° Le décret du 30 sept. 1914 (1), rendu en Conseil d'Etat, en application de la loi du 5 août 1914, modifiant la loi du 14 déc. 1879, et portant ouverture aux ministres de l'intérieur et du commerce, de l'industrie, des postes et télégraphes, au titre du budget général de l'exercice 1914, de crédits extraordinaires s'élevant à la somme totale de cinq millions quatre cent dix-neuf mille francs 5.419.000 fr.) ;

7° Le décret du 4 oct. 1914 (2), rendu en Conseil d'Etat, en application des lois du 14 déc. 1879 et du 5 août 1914, et portant :

Ouverture aux ministres des finances, des affaires étrangères, de l'intérieur, de la guerre, de la marine, de l'instruction publique et des beaux-arts, du commerce, de l'industrie, des postes et des télégraphes et des travaux publics, au titre du budget général de l'exercice 1914, de crédits supplémentaires ou extraordinaires s'élevant à la somme totale de neuf cent cinquante-quatre millions neuf cent cinquante-huit mille quatre cent treize francs (954.958.413 fr.) ;

Ouverture au ministre de la guerre, au titre du budget annexe du service des poudres et salpêtres pour l'exercice 1914, de crédits supplémentaires s'élevant à la somme totale de un million soixante et un mille deux cent vingt-six francs (1.061.226 fr.) ;

Et ouverture au ministre du commerce, de l'industrie, des postes et des télégraphes, au titre du budget annexe de la Caisse nationale d'épargne pour l'exercice 1914, de crédits supplémentaires s'élevant à la somme totale de deux cent soixante-dix-huit mille quatre cents francs (278.400 fr.) ;

8° Le décret du 12 nov. 1914 (3), rendu en Conseil d'Etat, en application des lois du 14 déc. 1879 et du 5 août 1914, et portant :

Ouverture aux ministres, au titre du budget général de l'exercice 1914, de crédits supplémentaires ou extraordinaires s'élevant à la somme totale de neuf cent six millions neuf cent trois mille cent quatre-vingt-deux francs (906.903.182 fr.) ;

Ouverture au ministre des finances, au titre du budget annexe des monnaies et médailles pour l'exercice 1914, de crédits supplémentaires s'élevant à la somme totale de trois mille cinq cent soixante-dix francs (3.570 fr.) ;

Ouverture au ministre de la guerre, au titre du budget annexe du service des poudres et salpêtres pour l'exercice 1914, de crédits supplémentaires s'élevant à la somme totale de trois millions cent soixante-quatre mille quatre cents francs (3.164.400 fr.) ;

Ouverture au ministre du commerce, de l'industrie, des postes et des télégraphes, au titre du budget annexe de la Caisse nationale d'épargne pour l'exercice 1914, d'un crédit supplémentaire s'élevant à la somme de six mille cent francs (6.100 fr.) ;

Et ouverture au ministre de la guerre, au titre du compte spécial : « Occupation militaire du Maroc » pour l'exercice 1914, d'un crédit supplémentaire s'élevant à la somme de dix mille francs (10.000 fr.) ;

9° Le décret du 24 nov. 1914 (4), rendu en Conseil d'Etat en application de la loi du 5 août 1914, modifiant la loi du 14 déc. 1879, et portant ouverture au ministre de l'intérieur, au titre du budget général de l'exercice 1914, d'un crédit extraordinaire s'élevant à la somme de cinq cent mille francs (500.000 fr.) ;

10° Le décret du 3 déc. 1914 (5), rendu en Conseil d'Etat, en application de la loi du 5 août 1914, modifiant la loi du 14 déc. 1879, et portant augmentation jusqu'à concurrence de un milliard quatre cents millions de francs (1.400.000.000 fr.) du montant des bons du Trésor que le ministre des finances a été autorisé à émettre pour le service de la Trésorerie et les négociations avec la Banque de France par l'art. 75 de la loi de finances du 15 juill. 1914 ;

11° Le décret du 8 déc. 1914 (6), rendu en Conseil d'Etat, en application des lois du 14 déc. 1879 et du 5 août 1914, et portant :

Ouverture aux ministres, au titre du budget général de l'exercice 1914, de crédits supplémentaires ou extraordinaires s'élevant à la somme totale de huit cent quatre-vingt-seize millions deux cent quatre-vingt-quinze mille quatre-vingt-dix francs (896.295.090 fr.) ;

Ouverture au ministre des finances, au titre du budget annexe des monnaies et médailles pour l'exercice 1914, de crédits supplémentaires s'élevant à la somme totale de vingt-deux mille cent quarante-cinq francs (22.145 fr.).

Ouverture au ministre de la guerre, au titre du

(1) *J. off.*, 1er oct. 1914, p. 8122.

(2) *J. off.*, 5 oct. 1914, p. 8186.

(3) 1er vol., p. 198.

(4) *J. off.*, 25 nov. 1914, p. 8846.

(5) 1er vol., p. 216.

(6) 1er vol., p. 240.

budget annexe du service des poudres et salpêtres pour l'exercice 1914, de crédits supplémentaires s'élevant à la somme totale de cinq millions cinquante-cinq mille cinq cent quatre-vingt-dix francs (5.055.590 fr.);

Ouverture au ministre du commerce, de l'industrie, des postes et des télégraphes, au titre du budget annexe de la Caisse nationale d'épargne pour l'exercice 1914, de crédits supplémentaires s'élevant à la somme totale de trois cent cinquante-cinq mille quatre cents francs (355.400 fr.);

Et ouverture au ministre de la guerre, au titre du compte spécial : « Occupation militaire du Maroc » pour l'exercice 1914, d'un crédit supplémentaire s'élevant à la somme de dix mille francs (10.000 fr.);

12° Le décret du 8 nov. 1914 (1), rendu en application de la loi du 18 juill. 1892 (2), et portant ouverture au ministre des finances, au titre du budget général de l'exercice 1914, d'un crédit supplémentaire de un million deux cent mille francs (1.200.000 fr.), applicable aux dégrèvements et non-valeurs sur contributions directes et taxes y assimilées, y compris les taxes additionnelles pour fonds de garantie;

13° Le décret du 12 août 1914 rendu en application de la loi du 26 févr. 1887 (3), et portant ouverture au ministre des finances, au titre du budget annexe des monnaies et médailles pour l'exercice 1914, de crédits supplémentaires s'élevant à la somme totale de quatre-vingts millions de francs (80.000.000 fr.);

14° Le décret du 2 août 1914 (4), rendu en application de la loi du 26 juill. 1893 (5), et portant ouverture au ministre des colonies, au titre du budget annexe du chemin de fer et du port de la Réunion pour l'exercice 1914, d'un crédit supplémentaire s'élevant à la somme de cent trente-huit mille neuf cent quarante-deux francs trente et un centimes (138.942 fr. 31).

2. Est sanctionnée la nouvelle nomenclature des chapitres budgétaires sur lesquels ont été imputées les dépenses du ministère de la guerre à dater du 2 août 1914.

Les crédits restant disponibles à cette date sur le budget normal de ce ministère pour l'exercice 1914 seront annulés par une loi ultérieure.

CHAMBRES DE COMMERCE, GUERRE FRANCO-ALLEMANDE, RAVITAILLEMENTS, AVANCES, RATIFICATION DE DÉCRETS, OUVERTURE DE CRÉDITS.

LOI *concernant les avances faites ou à faire aux chambres de commerce.*

(29 mars 1915). — (Publ. au *J. off.* du 31 mars).

ART. 1er. Sont ratifiés et convertis en lois :

Le décret du 21 janv. 1915 (6), autorisant le ministre des finances à faire une avance de 600.000 fr. à la chambre de commerce de Nevers;

Le décret du 9 févr. 1915 (7), autorisant le ministre des finances à faire une avance de 2.500.000 fr. à la chambre de commerce de Saint-Quentin;

Le décret du 9 févr. 1915 (8), autorisant le ministre des finances à faire une avance de 1. million de francs à la chambre de commerce de Lorient;

Le décret du 9 févr. 1915 (9), autorisant le ministre des finances à faire une avance de 900.000 fr. à la chambre de commerce de Toulouse.

2. Le ministre des finances est autorisé à faire aux chambres de commerce ci-après désignées des avances ayant pour objet de faciliter l'achat, l'importation et la répartition des blés, farines et autres denrées nécessaires au ravitaillement de la région pendant la durée des hostilités, savoir :

Chambre de commerce de Nice, jusqu'à concurrence de.................................. 700.000

Chambre de commerce de Limoges, jusqu'à concurrence de......... 600.000

Chambre de commerce de Bayonne, jusqu'à concurrence de............... 3.000.000

Une convention passée entre le ministre du commerce et chacune des chambres de commerce précitées réglera les conditions d'emploi de ces avances et les conditions de leur remboursement.

1° ARMÉE, GUERRE FRANCO-ALLEMANDE, RÉINTÉGRATION DES OFFICIERS DÉMISSIONNAIRES, ENGAGEMENT DES TUNISIENS, COMMUNICATION DU DOSSIER, SUSPENSION, ADMISSION A LA RETRAITE ET DANS LE CADRE DE RÉSERVE DES OFFICIERS GÉNÉRAUX, ELÈVES DE L'ECOLE NATIONALE DES MINES, DE L'ECOLE CENTRALE DES ARTS ET MANUFACTURES ET DE L'ECOLE DES PONTS ET CHAUSSÉES, ELÈVES DE L'ECOLE NORMALE SUPÉRIEURE ET DE L'ECOLE NATIONALE FORESTIÈRE, NOMINATION COMME SOUS-LIEUTENANTS, RÉINTÉGRATION DES ANCIENS SOUS-OFFICIERS, BRIGADIERS ET CAPORAUX, RECENSEMENT ET REVISION DE LA CLASSE 1915, NOUVELLE VISITE DES HOMMES RÉ-

(1) *J. off.*, 10 nov. 1914, p. 8522.

(2) S. et P. *Lois annotées* de 1893, p. 606.

(3) S. *Lois annotées* de 1887, p. 235. — P. *Lois, décr.*, etc. de 1887, p. 404.

(4) *J. off.*, 10 août 1914, p. 731.

(5) S. et P. *Lois annotées* de 1894, p. 721.

(6) *J. off.*, 22 janv. 1915, p. 358.

(7 à 9) *J. off.*, 10 févr. 1915, p. 693.

FORMÉS OU EXEMPTÉS, CONSEILS D'ENQUÊTE, ENGAGEMENT DES MINEURS DE VINGT ANS, AVANCEMENT DES OFFICIERS, CONTRÔLEURS ADJOINTS, VISITE DES HOMMES DU SERVICE AUXILIAIRE, DÉLÉGATIONS DE SOLDE, DÉLÉGATIONS D'OFFICE, LÉGION ÉTRANGÈRE, MILITARISATION DES AGENTS DES POSTES ET TÉLÉGRAPHES, COMPAGNIES DE CANTONNIERS, NOMINATION A TITRE TEMPORAIRE AU GRADE DE SOUS-LIEUTENANT, ADMISSION DES OFFICIERS DE RÉSERVE DANS L'ARMÉE ACTIVE, MÉDECINS AUXILIAIRES, VÉTÉRINAIRES AUXILIAIRES, RECENSEMENT ET REVISION DE LA CLASSE 1916, MAINTIEN DE LA CLASSE 1887 A LA DISPOSITION DU MINISTRE, AVANCEMENT DES BRIGADIERS ET CAPORAUX, INTERPRÈTES STAGIAIRES. — 2° GENDARMERIE, GUERRE FRANCO-ALLEMANDE, RATIFICATION DE DÉCRETS, RÉINTÉGRATION DES BRIGADIERS ET GENDARMES, DÉLÉGATIONS DE SOLDES, DÉLÉGATIONS D'OFFICE. — 3° LÉGION D'HONNEUR, GUERRE FRANCO-ALLEMANDE, RATIFICATION DE DÉCRETS, MILITAIRES, MARINS, CONTINGENT SPÉCIAL, SÉNATEURS, DÉPUTÉS, FAITS DE GUERRE. — 4° DÉCORATIONS, GUERRE FRANCO-ALLEMANDE, MÉDAILLE MILITAIRE, RATIFICATION DE DÉCRETS, MILITAIRES, MARINS, CONTINGENT SPÉCIAL, SÉNATEURS, DÉPUTÉS, FAITS DE GUERRE. — 5° TRIBUNAUX MILITAIRES, GUERRE FRANCO-ALLEMANDE, RATIFICATION DE DÉCRETS, CONSEILS DE GUERRE, FONCTIONNEMENT, TRANSFERT.

LOI *portant ratification de décrets réglant diverses mesures d'organisation militaire.*

(**30 mars 1915**). — (Publ. au *J. off.* du 31 mars).

ART. **1er**. Sont ratifiés, pour leurs dispositions avoir force de loi à dater de leur publication, les décrets ci-après énumérés :

1° Décret du 2 août 1914 (1), relatif à la réintégration dans leur ancien grade d'officiers démissionnaires ;

2° Décret du 10 août 1914 (2), autorisant les engagements pour les sujets tunisiens ;

3° Décret du 13 août 1914 (3), instituant un contingent spécial de décorations (Légion d'honneur et médaille militaire) en faveur des militaires, marins et fonctionnaires civils mobilisés ;

4° Décret du 15 août 1914 (4), portant suspension, pendant la durée de la guerre, de l'application des dispositions de l'art. 65 de la loi de finances du 22 avril 1905 ;

5° Décret du 15 août 1914 (5), modifiant les dispositions réglementaires en vigueur en ce qui concerne l'admission à la retraite et le passage anticipé, dans la section de réserve, des officiers généraux et fonctionnaires de grades correspondants ;

6° Décret du 25 août 1914 (6), relatif à la nomination, au grade de sous-lieutenant de réserve, des élèves de l'Ecole nationale des mines, de l'Ecole centrale des arts et manufactures et de l'Ecole des ponts et chaussées ;

7° Décret du 29 août 1914 (7), concernant la réintégration, dans leur ancien grade, des sous-officiers, brigadiers ou caporaux dégagés de toute obligation militaire et désireux de reprendre du service pendant la durée de la guerre ;

8° Décret du 1er sept. 1914 (8), relatif à la nomination, au grade de sous-lieutenant, des élèves de l'Ecole normale supérieure et des élèves de l'Ecole nationale des eaux et forêts ;

9° Décret du 2 sept. 1914 (9), relatif au recensement et à la revision de la classe 1915 ;

10° Décret du 6 sept. 1914 (10), relatif au fonctionnement des conseils de guerre ;

11° Décret du 9 sept. 1914 (11), convoquant devant les conseils de revision réunis pour examiner le contingent de la classe 1915 les hommes réformés ou exemptés des classes antérieures ;

12° Décret du 9 sept. 1914 (12), suspendant le fonctionnement des conseils d'enquête pendant la durée de la guerre ;

13° Décret du 12 sept. 1914 (13), relatif au transfert des conseils de guerre ;

14° Décret du 16 sept. 1914 (14), relatif à l'engagement des mineurs de vingt ans ;

15° Décret du 20 sept. 1914 (15), relatif à la visite, par les conseils de revision, des inscrits de la classe 1915 ;

16° Décret du 22 sept. 1914 (16), relatif à l'avancement dans l'armée ;

17° Décret du 24 sept. 1914 (17), attribuant aux contrôleurs adjoints, pendant la durée de la guerre, les fonctions de contrôleurs ;

18° Décret du 26 sept. 1914 (18), relatif à la visite des hommes du service auxiliaire ;

(1) 1er vol., p. 11.
(2) 1er vol., p. 42.
(3) 1er vol., p. 52.
(4) 1er vol., p. 59.
(5) 1er vol., p. 57.
(6) 1er vol., p. 81.
(7) 1er vol., p. 87.
(8) 1er vol., p. 93.
(9) 1er vol., p. 96.
(10) 1er vol., p. 102.
(11) 1er vol., p. 106.
(12) 1er vol., p. 105.
(13) 1er vol., p. 112.
(14) 1er vol., p. 115.
(15) 1er vol., p. 116.
(16) 1er vol., p. 120.
(17) *J. off.*, 28 sept. 1914, p. 8070.
(18) 1er vol., p. 124.

19° Décret du 9 oct. 1914 (1), organisant l'institution d'office de délégations de solde au profit des femmes, des descendants ou des ascendants des militaires mobilisés;

20° Décret du 12 oct. 1914 (2), relatif à la création de bataillons dans la légion étrangère;

21° Décret du 26 oct. 1914 (3), modifiant le décret du 9 oct. 1914, organisant l'institution d'office de délégations de solde au profit des femmes, des descendants ou ascendants des militaires mobilisés;

22° Décret du 27 oct. 1914 (4), portant application, aux brigadiers de gendarmerie et aux gendarmes retraités depuis moins de cinq ans des dispositions édictées, en ce qui concerne les sous-officiers, par l'art. 65 dela loi du 21 mars 1905, sur le recrutement;

23° Décret du 6 nov. 1914 (5), relatif aux agents des postes et des télégraphes mis à la disposition du ministre de la guerre en cas de mobilisation;

24° Décret du 7 nov. 1914 (6), portant création de compagnies de cantonniers :

25° Décret du 12 nov. 1914 (7), relatif à la nomination, à titre temporaire, pendant la durée de la guerre, au grade de sous-lieutenant ou assimilé;

26° Décret du 12 nov. 1914 (8), relatif à l'admission des officiers de réserve dans l'armée active;

27° Décret du 18 nov. 1914 (9), suspendant, pendant la durée de la guerre, pour les nominations à l'emploi de médecin auxiliaire, l'obligation d'avoir accompli un an de service actif et d'avoir subi un examen d'aptitude;

28° Décret du 28 nov. 1914 (10), rendant applicables aux femmes, ascendants ou descendants des militaires de la gendarmerie et des troupes coloniales, les dispositions des décrets des 9 et 26 oct. 1914, organisant l'institution d'office des délégations de solde;

29° Décret du 2 déc. 1914 (11), suspendant, pendant la durée de la guerre, pour la nomination au grade de vétérinaire auxiliaire, l'obligation d'avoir accompli un an de service actif et d'avoir subi un examen d'aptitude;

30° Décret du 3 déc. 1914 (12), relatif au recensement et à la revision de la classe 1916;

31° Décret du 3 déc. 1914 (13), relatif au maintien de la classe 1887 à la disposition du ministre pour la durée de la guerre;

32° Décret du 3 déc. 1914 (14), concernant l'avancement des brigadiers et caporaux pendant la durée de la guerre;

33° Décret du 3 déc. 1914 (15), relatif aux nominations à titre temporaire au grade d'interprète stagiaire de complément pendant la durée de la guerre;

34° Décret du 3 déc. 1914 (16), modifiant le décret du 12 nov. 1914, relatif à l'admission des officiers dans l'armée active.

2. Une copie de chacun de ces décrets restera annexée à la présente loi.

3. L'art. 3 de la loi du 18 juill. 1906, disposant que les membres du Parlement ne peuvent être, à quelque titre que soit, l'objet d'une nomination ou promotion dans la Légion d'honneur ou la médaille militaire, ne s'applique pas aux nominations ou promotions dont ces membres peuvent être l'objet à raison de faits de guerre.

Armée, Guerre franco-allemande, Soutiens de famille, Allocation.

Circulaire *interministérielle portant modification à la circulaire interministérielle du 10 oct. 1914.*

(30 mars 1915). — (Publ. au *J. off.* du 31 mars).

A MM. les préfets.

Il a été constaté que l'application littérale de certaines dispositions de la circulaire interministérielle du 10 oct. 1914 (17) a pour effet de placer des familles de mobilisés, dont les soutiens continuent à toucher pendant la guerre les traitements ou salaires dont ils jouissaient avant la mobilisation, dans une situation défavorable par rapport à celle des autres familles.

C'est ainsi notamment que des femmes d'employés de l'Etat, des administrations départementales ou communales ou de simples ouvriers se trouvent recevoir un traitement ou un salaire inférieur au montant des indemnités auxquelles elles peuvent prétendre en vertu de la loi du 5 août (18); il a semblé qu'il était de toute justice de leur accorder un droit d'option.

D'autre part, cette même circulaire n'a pas prévu la situation des hommes renvoyés dans

(1) 1er vol., p. 147.
(2) *J. off.*, 15 oct. 1914, p. 8305.
(3) 1er vol., p. 172.
(4) 1er vol., p. 174.
(5) 1er vol., p. 186.
(6) 1er vol., p. 188.
(7) 1er vol., p. 197.
(8) 1er vol., p. 197.
(9) 1er vol., p. 206.
(10) 1er vol., p. 212.
(11) 1er vol., p. 225.
(12) 1er vol., p. 226.
(13) 1er vol., p. 225.
(14) 1er vol., p. 225.
(15) 1er vol., p. 226.
(16) 1er vol., p. 226.
(17) 1er vol., p. 151.
(18) 1er vol., p. 28.

leurs foyers sous congé de réforme n. 2 ou mis en réforme temporaire.

Sans doute, par une interprétation très libérale des dispositions en vigueur, il a été décidé que les familles de ces militaires continueraient à toucher les allocations et majorations auxquelles elles avaient été admises pendant les huit jours qui suivent le retour de leurs soutiens dans les foyers.

Mais cette mesure est insuffisante, en ce sens qu'elle n'empêche pas, après ce délai, la suppression *ipso facto* des allocations accordées, et il a paru équitable de permettre aux familles dont les soutiens se trouveraient dans l'impossibilité de reprendre pendant un certain temps leurs anciennes occupations de soumettre à nouveau leur situation à l'examen des commissions locales.

Enfin, il a été signalé que des militaires mobilisés, employés dans certaines industries indispensables à la défense ou à la vie nationale sont, en fait, éloignés de leur résidence habituelle, et, par suite, dans l'impossibilité d'envoyer des subsides à leur femme et à leurs enfants.

Nous avons estimé qu'il pouvait y avoir en ce cas une véritable injustice à priver leurs familles des allocations prévues par la loi, et nous avons décidé que leur situation pourrait, comme celle des réformés n. 2 (ou des hommes mis en réforme temporaire), être à nouveau examinée par les commissions.

A cet égard, des ordres ont été donnés par l'Administration de la guerre pour que les directeurs des établissements militaires et des usines de l'industrie privée adressent aux préfets des départements où sont domiciliées les familles de ces militaires, les noms de ceux qu'ils emploient comme ouvriers, avec l'indication des salaires alloués.

Vous voudrez bien communiquer intégralement ces renseignements aux commissions cantonales, afin que celles-ci puissent statuer en toute connaissance de cause sur la convenance de maintenir les indemnités prévues par la loi suivant le taux du salaire du militaire intéressé et suivant qu'il travaille ou non dans la localité habitée par sa famille.

Vous voudrez bien trouver ci-après, en regard des dispositions de la circulaire interministérielle du 10 oct. 1914, le texte des modifications qui y sont apportées. Ces nouvelles dispositions pourront être également invoquées par les familles des militaires dont les allocations ont été supprimées ou les demandes écartées en vertu de la circulaire précitée; elles sont tout à la fois conformes à l'esprit de la loi et à l'équité, et je ne doute pas qu'elles ne reçoivent, auprès des commissions locales et des familles de mobilisés, le meilleur accueil.

L'art. 1er, § 4, alin. 1 et 2, de la circulaire interministérielle du 10 oct. 1914 est modifié ainsi qu'il suit :

TEXTE ANCIEN	TEXTE NOUVEAU
Par contre, ne saurait ouvrir au profit de leurs familles un droit au bénéfice de la loi du 5 août 1914, l'appel sous les drapeaux : 1° Des employés et agents des diverses administrations de l'Etat : des ouvriers des manufactures et arsenaux dépendant également de l'Etat, qui continuent à toucher, pendant la durée de la guerre, les traitements ou salaires dont ils jouissaient avant la mobilisation ; 2° Des employés des administrations départementales et communales au cas où ceux-ci bénéficient, de la part du département ou de la commune, de la même mesure de faveur.	1° Les employés, agents, sous-agents et ouvriers de l'Etat, qui continuent à toucher, pendant la durée de la guerre, les traitements ou salaires dont ils jouissaient avant la mobilisation, pourront opter, au profit de leurs familles, entre ces traitements ou salaires et le montant des indemnités auxquelles elles pourraient prétendre en vertu de la loi du 5 août 1914. 2° La même faculté d'option est accordée aux employés des administrations départementales et communales, au cas où ils continuent à recevoir du département ou de la commune leurs traitements ou leurs salaires. Cette option ne pourra s'exercer qu'après que les commissions auront accordé aux familles des mobilisés dont il s'agit les allocations et majorations prévues par la loi.

L'art. 3, § *a*, est complété ainsi qu'il suit :

2° Le militaire est renvoyé dans ses foyers sous congé de réforme n. 2, ou mis en réforme temporaire.

Dans les quinze jours qui suivent son retour dans ses foyers, sa famille doit, sous peine de se voir supprimer les indemnités dont elle bénéficie, formuler une demande tendant au maintien de ces indemnités. Cette demande devra être transmise d'urgence à la commission cantonale, qui statuera dans le plus bref délai. Jusqu'au jour où interviendra la décision de la commission cantonale, la famille du militaire recevra les allocations et majorations qui lui ont été précédemment accordées.

L'art. 3, § *c*, est modifié et complété ainsi qu'il suit :

TEXTE ANCIEN	TEXTE NOUVEAU
c) Au contraire, les hommes sont renvoyés dans leurs foyers ou placés en sursis d'appel, après avoir été mobilisés et mis, par l'autorité mi-	*c*) Les hommes sont renvoyés dans leurs foyers ou placés en sursis d'appel, après avoir été mobilisés et mis, par l'autorité militaire, à la

itaire, à la disposition de certaines industries indispensables à la défense ou à la vie nationale (fabrication de matériel de guerre, ouvriers boulangers, minotiers, etc...).

Ces hommes touchant leurs salaires, leurs familles ne sauront, dès lors, prétendre au bénéfice de la loi.

Les allocations revivront *ipso facto* lors d'une nouvelle convocation sous les drapeaux des hommes visés aux §§ *b* et *c*.

disposition de certaines industries indispensables à la défense ou à la vie nationale (fabrication de matériel de guerre, ouvriers boulangers, minotiers, etc...).

Dans ce cas, le sous-préfet, informé par l'autorité militaire de la situation du mobilisé, demandera à la commission cantonale de décider si l'allocation et la majoration accordées à la famille du mobilisé doivent ou non lui être maintenues.

La commission appréciera suivant le taux du salaire du militaire intéressé et suivant qu'il travaille ou non dans la localité habitée par sa famille.

Les allocations revivront *ipso facto* lors d'une nouvelle convocation sous les drapeaux des hommes visés aux §§ *b* et *c*.

Douanes, Guerre franco-allemande, Marc de pommes, Interdiction de sortie.

Décret *prohibant la sortie du marc de pommes.*

(30 mars 1915). — (Publ. au *J. off.* du 4 avril).

Le Président de la République française; — Sur le rapport des ministres de l'agriculture, du commerce, de l'industrie, des postes et des télégraphes, et des finances; — Vu l'art. 34 de la loi du 17 déc. 1814 (1); — Décrète :

Art. 1er. Est prohibée, à partir du 4 avril 1915, la sortie du marc de pommes, ainsi que la réexportation de ce produit en suite d'entrepôt, de dépôt, de transit et de transbordement.

Toutefois, des exceptions à cette disposition pourront être autorisées sous les conditions qui seront déterminées par le ministre des finances.

2. Les ministres de l'agriculture, du commerce, de l'industrie, des postes et des télégraphes et des finances sont chargés, etc.

Ecole centrale des arts et manufactures, Concours de 1915, Prorogation de la date d'ouverture.

Décret *modifiant pour* 1915 *l'art.* 14 *du décret réglementaire de l'Ecole centrale des arts et manufactures.*

(30 mars 1915). — (Publ. au *J. off.* du 31 mars).

Le Président de la République française; — Vu le décret du 5 juill. 1907 (2), portant règlement de l'Ecole centrale des arts et manufactures, et notamment l'art. 14; — Sur le rapport du ministre du commerce, de l'industrie, des postes et des télégraphes; — Décrète :

Par dérogation aux dispositions de l'art. 14 du décret du 5 juill. 1907, l'arrêté du ministre fixant l'époque de l'ouverture du concours d'admission à l'Ecole centrale des arts et manufactures pourra, en 1915, être rendu public par la voie du *Journal officiel* à une date postérieure au 1er avril.

Guerre, Guerre franco-allemande, Dommages de guerre, Evaluation.

Circulaire *aux préfets des départements où ont eu lieu des dommages résultant de faits de guerre.*

(30 mars 1915). — (Publ. au *J. off.* du 31 mars).

Le ministre de l'intérieur à MM. les préfets des départements où ont eu lieu des dommages résultant de faits de guerre.

Comme suite à ma circulaire du 19 mars dernier (3), j'ai l'honneur de vous faire connaître qu'un décret qui sera publié incessamment modifie le décret du 4 févr. 1915 (4) sur les points suivants :

Art. 4.

Aux termes de l'ancien art. 4 : « Au cas où les circonstances ne permettraient l'ouverture de l'enquête que dans la moitié des communes composant un canton, chacune de ces communes serait réunie par l'arrêté préfectoral prévu à l'art. 2 à un canton voisin ».

Il résultait de cette disposition que, si la moitié au moins des communes d'un canton n'était pas suffisamment éloignée de la zone de feu pour que les opérations des commissions pussent être effectuées, ces opérations ne pouvaient avoir lieu dans les autres communes de ce canton, alors même que celles-ci se seraient trouvées dans une situa-

---

(1) S. 1er vol. des *Lois annotées*, p. 914.

(2) *J. off.*, 17 juill. 1907, p. 4985.

(3) *Supra*, p. 68.

(4) *Supra*, p. 17.

tion permettant la constatation et l'évaluation des dommages; il est cependant désirable de procéder à cette constatation dans le plus bref délai partout où cela sera possible. Pour ce motif, le nouvel article donne au préfet le pouvoir d'ouvrir l'enquête seulement dans quelques communes d'un même canton; toutefois, dans ce cas, il ne pourra prescrire cette enquête dans chaque commune que lorsque le conseil municipal en aura manifesté expressément le désir.

Art. 6 et 9.

Aux termes de l'ancien art. 9, la commission départementale « indique l'ordre d'urgence des besoins auxquels les demandes correspondent ».

Il a paru préférable, en raison de l'urgence de certains besoins, de transférer de la commission départementale à la commission cantonale le pouvoir de déterminer l'ordre d'urgence.

Le § 1er de l'art. 6 et le § 1er de l'art. 9 ont été modifiés en conséquence.

Art. 13.

L'art. 13 a été modifié en ce sens que la délivrance d'acomptes n'est pas subordonnée à l'accomplissement de la procédure instituée par le règlement, non seulement en ce qui concerne le fonctionnement de la commission supérieure, mais aussi en ce qui concerne le fonctionnement de la commission départementale.

Cette modification est imposée par les mêmes considérations d'urgence.

Vous voudrez bien m'accuser réception de la présente circulaire.

MARINE, GUERRE FRANCO-ALLEMANDE, OFFICIERS ET MARINS DÉCÉDÉS, VEUVES, ORPHELINS, SECOURS D'URGENCE.

CIRCULAIRE MINISTÉRIELLE *relative au paiement des secours d'urgence aux familles des marins de l'Etat, officiers et autres dépendant de la marine, décédés au cours des opérations de guerre.*

(30 mars 1915). — (Publ. au *J. off.* du 2 avril).

Par décision du 24 déc. 1914 (*B. O.* de 1915, p. 57), j'ai fixé le taux des secours d'urgence à accorder sur les fonds de la Caisse des invalides aux familles des marins de l'Etat, officiers, etc., dépendant du département de la marine et décédés au cours des opérations de guerre.

Afin d'activer le paiement de ces secours, j'ai arrêté les dispositions suivantes :

a) En ce qui concerne les familles domiciliées dans le ressort d'un quartier maritime, les secours seront accordés par les directeurs de l'inscription maritime, sur la proposition de l'administrateur du quartier. C'est donc à ce dernier fonctionnaire que les demandes devront être adressées par les familles résidant dans une commune maritime. Ces secours seront payés par les trésoriers des invalides de la marine ou leurs préposés.

b) Les familles domiciliées à Paris ou dans les localités de l'intérieur devront adresser leur demande au ministre de la marine, qui concédera les secours, lesquels seront payés, soit par le trésorier général des Invalides de la marine, soit par les trésoriers-payeurs généraux des départements.

c) Enfin, dans les colonies françaises, les secours en question seront accordés par les gouverneurs généraux ou gouverneurs, sur la proposition des fonctionnaires chargés du service de l'inscription maritime. Les paiements seront effectués par les comptables des finances pour le compte du trésorier général des invalides de la marine.

Les secours payés dans ces conditions (sauf ceux qui auront été concédés par le ministre) seront imputés au compte accessoire de l'établissement des Invalides. « Dépenses à régulariser ». Ils devront faire ensuite l'objet de propositions de régularisation à soumettre au département du 1er au 10 de chaque mois pour les allocations concédées au cours du mois précédent. Les états de propositions de régularisation seront établis sur l'imprimé n° 3696 et devront être accompagnés des bulletins de renseignements indiquant la situation des intéressés. Ces pièces seront ultérieurement retournées aux autorités qui les auront fait établir, avec un extrait de la décision ministérielle autorisant la régularisation de la dépense.

Les secours dont il s'agit seront accordés aux veuves et orphelins, ou, à défaut, aux ascendants au premier degré. Les bénéficiaires doivent se trouver dans une situation nécessiteuse ou momentanément gênée. Les demandes doivent donc donner lieu à l'enquête réglementaire prévue pour les secours ordinaires sur la Caisse des invalides. La pension dont les requérants peuvent être titulaires n'est pas un obstacle à la concession du secours, si l'ensemble de leurs ressources les laisse dans une situation précaire.

MINISTÈRE DES FINANCES, GUERRE FRANCO-ALLEMANDE, INSPECTION DES FINANCES, EXAMEN, SUPPRESSION EN 1915, ADJOINTS A L'INSPECTION, CONDITIONS DE NOMINATION.

DÉCRET *portant modification au décret organique du 1er déc.* 1900 *de l'inspection des finances.*

(30 mars 1915). — (Publ. au *J. off.* du 20 avril).

LE PRÉSIDENT DE LA RÉPUBLIQUE FRANÇAISE; — Sur le rapport du ministre des finances; — Vu le décret du 1er déc. 1900 (1), portant règlement d'administration publique sur l'organisation de l'administration centrale du ministère des finances, notamment les art. 23 et 25; — Le Conseil d'Etat entendu; — Décrète :

Art. 1er. En raison des événements de guerre, l'examen de capacité prévu à l'art. 23 du décret du 1er déc. 1900 n'aura pas lieu en 1915.

2. Pourront prendre part au prochain examen de capacité les candidats qui, admis à se présenter directement audit examen, conformément aux prescriptions de l'art. 25 susvisé du décret du 1er déc. 1900, rempliraient en 1915 les conditions requises pour subir les épreuves.

3. Les adjoints à l'inspection des finances reçus au concours de 1913 sont dispensés, pour être nommés inspecteurs de 4e classe, de remplir les conditions exigées par l'art. 23 du décret du 1er déc. 1900.

4. Le ministre des finances est chargé, etc.

Budget, Budget de 1914, Ouverture et annulation de crédits, Rente 3 1/2 p. 100, Libération, Territoires occupés par l'ennemi.

Loi *concernant : 1° l'ouverture et l'annulation de crédits sur l'exerciee 1914 au titre du budget général; 2° l'ouverture et l'annulation de crédits sur l'exercice 1914 au titre des budgets annexes.*

(**31 mars 1915**). — (Publ. au *J. off.* du 1er avril).

. . . .

Art. **12.** Les certificats provisoires de rentes 3 1/2 p. 100 amortissables, dont les porteurs, à raison de l'occupation par l'ennemi de certaines parties du territoire ou d'autres circonstances de force majeure, n'auront pu se libérer entièrement avant le 1er févr. 1915, bénéficieront néanmoins, dans des conditions à déterminer par le ministre des finances, des avantages réservés aux certificats libérés antérieurement à ladite date, en ce qui concerne leur admission en paiement des sous criptions aux emprunts de l'Etat français.

Chemins de fer, Guerre franco-allemande, Délais, Responsabilité pour perte, avarie et retard, Indemnités, Assurance.

Arrêté *fixant les conditions de délai et de responsabilité des administrations de chemins de fer en matière de transports commerciaux.*

(**31 mars 1915**). — (Publ. au *J. off.* du 3 avril).

Le Ministre de la guerre et le Ministre des travaux publics; — Vu le décret du 29 oct. 1914 (2), sur la responsabilité des administrations de chemins de fer en matière de transports commerciaux; — Vu l'arrêté du ministre de la guerre du 1er nov. 1914 (3), pris en exécution de ce décret; — Vu les arrêtés de MM. les ministres de la guerre et des travaux publics du 1er déc. 1914 (4), du 29 janv. 1915 (5) et du 2 mars 1915 (6); — Arrêtent :

Art. **1er.** Les transports commerciaux par chemins de fer sont exécutés suivant les lois, règlements et tarifs existants, sous la seule réserve des modifications édictées ci-après en vertu du décret du 29 oct. 1914.

Délais.

2. A. En petite vitesse, les délais totaux, camionnage compris, alloués pour les transports taxés, soit aux tarifs généraux, soit aux tarifs spéciaux, sont doublés, et le délai supplémentaire ainsi alloué, en sus de ceux spécifiés dans les conditions des tarifs, est, au minimum, de cinq jours.

Les administrations ne pouvant fournir les wagons que dans la limite où ceux-ci sont laissés disponibles par les transports militaires, le point de départ des délais de transport ci-dessus spécifiés est fixé ainsi qu'il suit :

1° Pour les marchandises manutentionnées par le public, au jour où le chargement du wagon est terminé, à moins que le chemin de fer n'en refuse la prise en charge pour défectuosité dans le chargement;

2° Pour les marchandises dont la manutention incombe au chemin de fer, au jour où, le chargement sur wagon pouvant avoir lieu, le chemin de fer les prend en charge.

Pour les marchandises de cette dernière catégorie, il est tenu, dans chaque gare, un registre spécial, sur lequel seront inscrites, sur la demande des intéressés, et dans leur ordre de présentation, les expéditions qui n'auraient pu être acceptées pour défaut de matériel. Ce registre sera communiqué, sur leur demande, aux expéditeurs dont les envois auront été ajournés.

B. En grande vitesse, il est alloué, en sus des délais réglementaires, une prolongation de délai de vingt-quatre heures pour les transports à une distance inférieure à 300 kilomètres, et de qua-

---

(1) S. et P. *Lois annotées* de 1904, p. 696.

(2) 1er vol., p. 179.

(3) 1er vol., p. 181.

(4) *Supra*, p. 10, *ad notam*.

(5) *Supra*, p. 10.

(6) *Supra*, p. 49.

rante-huit heures pour les distances égales ou supérieures. Cette prolongation est augmentée de vingt-quatre heures en cas de factage à domicile.

C. Le camionnage et le factage au départ et à l'arrivée ne sont pas garantis, sous la réserve que le public en ait été, au préalable, avisé par affiche.

Responsabilité en cas de retard.

3. Les administrations de chemins de fer sont responsables du préjudice justifié qui serait occasionné par l'inobservation des délais fixés à l'article précédent, à moins qu'elles ne prouvent que le retard est dû à des difficultés de circulation ou de livraison qui seraient la conséquence de l'état de guerre.

En ce qui concerne le factage et le camionnage à l'arrivée, elles n'encourent aucune responsabilité pour retard, pourvu qu'elles aient avisé le destinataire de l'arrivée de l'expédition et de l'impossibilité de la livraison à domicile dans les délais fixés à l'art. 2.

Pour les voyageurs et les bagages, les administrations de chemins de fer ne sont pas responsables des retards dus aux correspondances manquées.

Responsabilité en cas de perte ou d'avarie.

4. La responsabilité des administrations de chemins de fer ne s'étend pas :

1° Aux pertes et avaries, dans les cas où ces administrations établiraient que la cause de ces pertes et avaries est une conséquence de l'état de guerre, à moins qu'une assurance contre les risques de cette nature n'ait été contractée dans les conditions prévues à l'art. 6 ci-dessous ;

2° Aux avaries et aux déchets qui, en raison de la nature de la marchandise, seraient la conséquence de la durée du transport, lorsque la marchandise a été livrée dans les délais ci-dessus fixés.

Indemnités.

5. L'indemnité due pour préjudice justifié est limitée : en cas de perte totale ou partielle, à la valeur, aux lieu et jour de l'expédition, de la marchandise perdue ; en cas d'avarie, au montant de la dépréciation subie, calculée d'après cette valeur.

En cas de perte totale, sont ajoutés les frais de douane, de transport et autres qui auraient pu être déboursés.

En cas de perte partielle ou d'avarie, une part proportionnelle de ces frais peut être ajoutée à l'indemnité.

L'indemnité pour retard ne peut dépasser celle qui serait allouée pour perte totale, en tenant compte, s'il y a lieu, des assurances contractées pour la valeur et pour l'intérêt à la livraison.

Dans aucun cas, l'indemnité ne pourra dépasser le maximum fixé par le tarif appliqué, si ce tarif en comporte un.

Assurance.

6. Moyennant le paiement d'une prime d'assurance, fixée à un demi-millime par fraction indivisible de 10 kilomètres et de 10 fr. de la valeur déclarée, les administrations de chemins de fer renoncent à se prévaloir, hors le cas de force majeure dans les termes du droit commun, de l'exonération prévue par le 1° de l'art. 4 ci-dessus.

Pour les fourrages, cette prime d'assurance est fixée à deux millimes et demi (0 fr. 0025) par fraction indivisible de 10 kilomètres et de 10 fr. de la valeur déclarée.

L'expéditeur peut, en outre, faire une déclaration d'intérêt à la livraison pour les marchandises déjà assurées pour leur valeur. Moyennant le paiement d'une seconde prime, fixée à deux millimes et demi (0 fr. 0025) par fraction indivisible de 10 kilomètres et de 10 fr. du montant de la déclaration, il aura droit, en cas de perte ou d'avarie donnant lieu à une indemnité, au paiement de dommages-intérêts, dans la limite de l'intérêt qu'il a déclaré avoir à la livraison, à charge par lui d'établir l'existence et le montant du préjudice.

L'expéditeur doit indiquer séparément la valeur de la marchandise et le montant de l'intérêt à la livraison assurée.

Le minimum de perception est de 50 centimes par expédition.

Les bagages ne sont pas admis au bénéfice de l'assurance.

Notification des réclamations.

7. Les réclamations basées sur les dispositions des articles qui précèdent doivent être notifiées à l'administration du chemin de fer, par acte extrajudiciaire ou par lettre recommandée, dans un délai de trois jours, non compris les jours fériés. Ce délai court :

1° En cas de retard, d'avarie ou de perte partielle, de la livraison de la marchandise ;

2° En cas de perte totale, du 30ᵉ jour qui suit l'expiration des délais fixés à l'art. 3 ci-dessus, l'intéressé étant en droit, à partir de ce jour, de considérer la non-livraison comme équivalant à la perte totale.

Réseaux réglementés.

8. Les dispositions qui précèdent sont applicables aux transports n'empruntant que les réseaux de l'Etat, de l'Orléans, du Paris-Lyon-Méditerranée, du Midi et des Ceintures de Paris, ainsi que les autres réseaux ou parties de réseaux auxquels le régime ci-dessus aurait été rendu applicable par des arrêtés spéciaux.

Pour les transports empruntant, sur une partie de leurs parcours, les réseaux ou parties de réseaux autres que les précédents, le régime applicable de bout en bout est celui du réseau emprunté pour lequel la responsabilité est la moins étendue, à moins qu'il ne soit établi que la perte ou l'avarie est survenue sur l'un des réseaux visés à l'alinéa précédent ; dans ce dernier cas, les conditions de responsabilité sont celles qui sont fixées pour ces derniers réseaux.

Mise en vigueur.

9. Le présent arrêté entrera en vigueur le 6 avril 1915.

Les arrêtés des 1er nov., 1er déc. 1914 et 29 janv. 1915 cesseront d'être appliqués en ce qui concerne les réseaux mentionnés au premier alinéa de l'art. 8 ci-dessus, pour les transports effectués à partir du 6 avril 1915.

Colis postaux.

10. Le présent arrêté n'est pas applicable au transport des colis postaux, qui continueront à être soumis aux dispositions actuellement en vigueur jusqu'à l'intervention d'une réglementation spéciale.

Ministère des travaux publics, Guerre franco-allemande, Tableau d'avancement, Année 1915.

Décret *concernant le tableau d'avancement pour 1915 du personnel de l'administration centrale.*

(31 mars 1915). — (Publ. au *J. off.* du 3 avril).

Le Président de la République française ; — Sur le rapport du ministre des travaux publics ; — Vu le décret du 4 juin 1910 (1), portant réorganisation de l'administration centrale du ministère des travaux publics, en ce qui concerne les conditions de recrutement, d'avancement et de discipline du personnel ; — Vu le décret du 31 mars 1915 (2), portant modification du décret du 4 juin 1910, relatif à l'organisation de l'administration centrale du ministère des travaux publics, en ce qui concerne le nombre des emplois et les traitements du personnel ; — Le Conseil d'Etat entendu ; — Décrète :

Art. **1er**. Par dérogation à l'art. 10 du décret du 4 juin 1910, portant organisation de l'administration centrale du ministère des travaux publics, en ce qui concerne les conditions de recrutement, d'avancement et de discipline du personnel :

Le tableau général d'avancement, pour l'année 1915, sera arrêté par le ministre, après avis du conseil des directeurs, avant le 1er mai 1915, et il sera valable jusqu'au 31 décembre de la même année. Il sera publié au *Journal officiel* avant le 1er juin.

2. Le ministre des travaux publics est chargé, etc.

Algérie, Routes nationales, Classement.

Loi *relative au classement des routes nationales en Algérie.*

(1er avril 1915). — (Publ. au *J. off.* du 3 avril).

Art. **1er**. Sont classées dans le réseau des routes nationales de l'Algérie les lignes ci-après :

Comme prolongement de la route nationale n° 14, dite d'Affreville à Tiaret : la route de Tiaret à Mascara par Frenda, Tagremaret et Cacherou ;

Sous le n° 17, la route de Mostaganem à Mascara par Perrégaux et Saint-Hippolyte ;

Sous le n° 18, la route d'Affreville à Bouïra par Berrouaghia, Souk-el-Khrémis et Bir-Rabalou ;

Sous le n° 19, la route de Ténès à Orléansville par Montenotte et Warnier ;

Sous le n° 20, la route de Bône à Constantine par Guelma et Oued-Zenati ;

Sous le n° 21, la route de Bône à Ghardimaou par Duvivier et Souk-Ahras.

2. Est incorporée dans le tracé de la route nationale n° 3 la partie du chemin de grande communication n° 2 comprise entre Constantine et le pont d'Aumale, par substitution à la section correspondante de la route nationale n° 3 ayant même origine et même extrémité, section qui est et demeure déclassée, sous réserve qu'elle sera remise au département de Constantine afin d'être classée dans le réseau de la grande vicinalité, conformément à l'engagement pris par le conseil général dans sa séance du 20 oct. 1911.

3. Les dépenses de construction, d'amélioration et d'entretien des nouvelles routes seront prélevées sur l'ensemble des ressources du budget spécial de l'Algérie.

Budget, Guerre franco-allemande, Avances aux pays alliés ou amis, Élévation du maximum.

Loi *concernant les avances aux pays alliés ou amis.*

(1er avril 1915). — (Publ. au *J. off.* du 4 avril).

Article unique. Le montant des avances que le ministre des finances est autorisé à faire, au moyen des ressources de la trésorerie, à des pays alliés ou amis, est porté à la somme d'un milliard trois cent cinquante millions de francs (1.350.000.000 fr.).

---

(1) *Bull. off.*, nouv. série, 35, n. 1657.

(2) *J. off.*, 2 avril 1915, p. 1822.

DOUANES, GUERRE FRANCO-ALLEMANDE, MONNAIE DE NICKEL, DE CUIVRE ET DE BILLON, INTERDICTION DE SORTIE.

DÉCRET *prohibant la sortie et la réexportation, sous un régime douanier quelconque, des monnaies de cuivre, de nickel et de billon.*

(1er avril 1915). — (Publ. au *J. off.* du 2 avril).

LE PRÉSIDENT DE LA RÉPUBLIQUE FRANÇAISE; — Sur le rapport du ministre des finances; — Vu l'art. 34 de la loi du 17 déc. 1814 (1); — Décrète :

ART. 1er. Sont prohibées la sortie et la réexportation sous un régime douanier quelconque des monnaies de nickel, de cuivre et de billon.

Toutefois, des exceptions à cette disposition pourront être accordées, sous les conditions qui seront déterminées par le ministre des finances.

2. Le ministre des finances est chargé, etc.

ARMÉE, GUERRE FRANCO-ALLEMANDE, INGÉNIEURS DES AMÉLIORATIONS AGRICOLES, OFFICIERS DE RÉSERVE OU DE L'ARMÉE TERRITORIALE, ASSIMILATION.

DÉCRET *relatif à la nomination, pendant la durée de la guerre, des ingénieurs des améliorations agricoles au grade d'officier.*

(3 avril 1915). — (Publ. au *J. off.* des 5-6-7 avril).

LE PRÉSIDENT DE LA RÉPUBLIQUE FRANÇAISE; — Sur le rapport du ministre de la guerre et du ministre de l'agriculture ; — Vu la loi du 13 mars 1875 (2), sur la constitution des cadres et des effectifs de l'armée, et notamment les art. 45 et 58; — Vu le décret du 12 mai 1910 (3), portant réorganisation du service des améliorations agricoles; — Vu le décret du 12 mars 1912 (4), rattachant les services locaux des améliorations agricoles aux conservations des eaux et forêts, et notamment l'art. 2 fixant les équivalences de grades des agents des eaux et forêts et des ingénieurs des améliorations agricoles ; — Vu le décret du 18 nov. 1890 (5), déterminant, en cas de mobilisation, les affectations des agents ou préposés de l'Administration des forêts ; — Décrète :

ART. 1er. Les ingénieurs des améliorations agricoles, ayant servi dans l'armée active, et faisant partie, soit de la réserve, soit de l'armée territoriale, pourront, pendant la durée de la guerre actuelle, être nommés, sur leur demande et sur la présentation du ministre de l'agriculture, aux grades déterminés par le tableau ci-après :

GRADES dans le corps des ingénieurs des amélioratons agricoles.	POSITION à donner dans l'arme de l'infanterie.
Ingénieur adjoint stagiaire........................	Sous-lieutenant de réserve ou de l'armée territoriale.
Ingénieur adjoint de 2e et de 3e classe.............	Lieutenant de réserve ou de l'armée territoriale.
Ingénieur adjoint de 1re classe et de classe exceptionnelle....................	Capitaine de réserve ou de l'armée territoriale.
Ingénieur et ingénieur principal....................	Chef de bataillon de réserve ou de l'armée territoriale.

2. Lorsque les ingénieurs mobilisés des améliorations agricoles sont mis par le ministre de la guerre à la disposition du ministre de l'agriculture pour remplir des fonctions correspondant à leur situation en temps de paix, les traitements, indemnités et prestations de toute nature auxquelles ils peuvent avoir droit sont entièrement supportés par l'Administration de l'agriculture.

3. Le ministre de la guerre et le ministre de l'agriculture sont chargés, etc.

COMPTABILITÉ PUBLIQUE, GUERRE FRANCO-ALLEMANDE, RECEVEURS DES COMMUNES ET ÉTABLISSEMENTS PUBLICS, FONCTIONNAIRES MOBILISÉS, COMPTE DE GESTION.

DÉCRET *déterminant les conditions dans lesquelles les receveurs mobilisés des communes et des établissements charitables rendront leurs comptes de gestion.*

(3 avril 1915). — (Publ. au *J. off.* des 5-6-7 avril).

LE PRÉSIDENT DE LA RÉPUBLIQUE FRANÇAISE ; — Sur le rapport du ministre des finances ; — Vu l'art. 24 du décret du 31 mai 1862 (6) ; — Décrète :

ART. 1er. Pendant la durée des hostilités, les receveurs mobilisés des communes et des établissements charitables, qui n'ont pas constitué un fondé de pouvoir, sont, à moins de décision con-

(1) S. 1er vol. des *Lois annotées*, p. 914.

(2) S. *Lois annotées* de 1875, p. 693. — P. *Lois, décr.*, etc. de 1875, p. 1192.

(3) *Bull. off.*, nouv. série, 33, n. 1579.

(4) *J. off.*, 17 mars 1912, p. 2661.

(5) S. *Lois annotées* de 1892, p. 247.

(6) S. *Lois annotées* de 1862, p. 59. — P. *Lois, décr.*, etc. de 1862, p. 101.

traire du trésorier général, dispensés de rendre un compte séparé de leurs opérations.

Ces opérations, ainsi que celles concernant la gestion des gérants intérimaires ou titulaires qui leur ont succédé, sont décrites distinctement dans les comptes présentés par les receveurs en fonctions au 31 mars de la seconde année de l'exercice.

Chaque comptable demeure responsable de sa gestion personnelle.

2. Le ministre des finances est chargé, etc.

DOUANES, GUERRE FRANCO-ALLEMANDE, PEAUX, GRAISSES DE POISSON, CAFÉ, ECORCE A TAN, EXTRAITS TANNANTS, AMMONIAQUE, CHRONOMÈTRES, INSTRUMENTS NAUTIQUES, INTERDICTION D'EXPORTATION.

DÉCRET *prohibant la sortie de diverses marchandises.*

(**3 avril 1915**). — (Publ. au *J. off.* du 4 avril).

LE PRÉSIDENT DE LA RÉPUBLIQUE FRANÇAISE; — Sur le rapport des ministres du commerce, de l'industrie, des postes et des télégraphes, de la guerre, de la marine et des finances; — Vu l'art. 34 de la loi du 17 déc. 1814 (1); — Décrète :

ART. **1**er. Sont prohibés, à dater du 4 avril 1915, la sortie ainsi que la réexportation en suite d'entrepôt, de dépôt de transit et de transbordement, des produits désignés ci-après :

Peaux, brutes et préparées, de chevreau.

Graisses de poisson.

Café.

Ecorces à tan et autres matières tannantes de toutes sortes; extraits tannants et sucs tannins.

Ammoniaque.

Chronomètres de bord.

Instruments nautiques divers.

Toutefois, des exceptions à cette disposition pourront être accordées, sous les conditions qui seront déterminées par le ministre des finances.

2. Les ministres du commerce, de l'industrie, des postes et des télégraphes, de la guerre, de la marine et des finances, sont chargés, etc.

FORÊTS, GUERRE FRANCO-ALLEMANDE, ARPENTAGE, BALIVAGE, MARTELAGE, RÉCOLEMENT, BRIGADIERS DES EAUX ET FORÊTS.

DÉCRET *relatif à l'exécution de diverses opérations forestières pendant la durée des hostilités.*

(**3 avril 1915**). — (Publ. au *J. off.* du 10 avril).

LE PRÉSIDENT DE LA RÉPUBLIQUE FRANÇAISE; — Sur le rapport du ministre de l'agriculture; — Vu les art. 36, 37, 74 à 81, 98, 101 et 134 de l'ordonn. du 1er août 1827 (2), pour l'exécution du Code forestier; — Vu les décrets des 30 mars 1886 (3) et 8 juin 1914; — Décrète :

ART. **1**er. Pendant la durée des hostilités, les conservateurs des eaux et forêts pourront, quand ils le jugeront opportun, faire procéder à des opérations d'arpentage, de balivage, de martelage et de récolement, par des brigadiers des eaux et forêts, aux lieu et place des agents des eaux et forêts. Ils désigneront, dans ce cas, pour chaque opération, le brigadier ou les brigadiers qui en seront chargés, et indiqueront la nature des marteaux dont il sera fait usage.

2. Le ministre de l'agriculture est chargé, etc.

POSTES, GUERRE FRANCO-ALLEMANDE, PAQUETS ENVOYÉS AUX MILITAIRES OU MARINS, DÉLAI DE PRESCRIPTION, RÉDUCTION.

LOI *relative à la réduction du délai de prescription des paquets postaux adressés aux militaires et marins.*

(**3 avril 1915**). — (Publ. au *J. off.* du 4 avril).

ARTICLE UNIQUE. Par dérogation aux lois du 21 déc. 1897 (4) (art. 3) et 30 janv. 1907 (5) (art. 31), est réduit à trois mois, à compter du jour du dépôt à la poste, le délai de prescription pour les paquets, recommandés ou non, affranchis au tarif des lettres ou des échantillons et ne contenant pas de billets de banque, monnaies ou objets précieux, qui ont été ou seront expédiés aux militaires ou marins pendant la durée de la guerre, et qui, pour un motif quelconque, n'auront pu être ni distribués aux destinataires, ni retournés aux envoyeurs.

L'Administration des postes est autorisée à remettre au ministre de la guerre, à titre de don pour les troupes en campagne, les paquets atteints par la prescription de trois mois, et, sans aucun délai, ceux qui sont dépourvus d'adresse et de toute indication d'origine, ainsi que les objets isolés provenant d'envois aux militaires.

---

(1) S. 1er vol. des *Lois annotées*, p. 914.

(2) S. 1er vol. des *Lois annotées*, p. 1173.

(3) S. *Lois annotées* de 1886, p. 114. — P. *Lois, décr.*, etc. de 1886, p. 197; *Pand. pér.*, 1886.1.383.

(4) S. et P. *Lois annotées* de 1898, p. 438; *Pand. pér.*, 1898.3.10.

(5) S. et P. *Lois annotées* de 1907, p. 560; *Pand. pér.*, 1907.3.93.

CODE D'INSTRUCTION CRIMINELLE, ART. 621 ET 628, TEMPS DE GUERRE, MOBILISÉS, ACTION D'ÉCLAT, CITATION A L'ORDRE DU JOUR.

LOI *complétant les art.* 621 *et* 628 *du Code d'instruction criminelle, sur la réhabilitation des condamnés.*

(**4 avril 1915**). — (Publ. au *J. off.* des 5-6-7 avril).

ART. **1er**. Il est ajouté à l'art. 621 du Code d'instruction criminelle un cinquième paragraphe ainsi conçu :

« Si le condamné, appelé sous les drapeaux en temps de guerre, a été, pour action d'éclat, l'objet d'une citation à l'ordre de l'armée, du corps d'armée, de la division, de la brigade ou du régiment dont il fait partie, la demande en réhabilitation ne sera soumise à aucune condition de temps ni de résidence. En ce cas, la Cour pourra accorder la réhabilitation même lorsque ni les frais, ni l'amende, ni les dommages-intérêts n'auraient été payés, si le demandeur justifie qu'il est hors d'état de se libérer ».

2. L'art. 628 du Code d'instruction criminelle est complété comme suit :

« Dans le cas prévu par le cinquième paragraphe de l'art. 621, la demande, s'il s'agit de condamnations prononcées pour des infractions militaires, sera admise de droit, sur la simple constatation de la citation à l'ordre.

« Dans les mêmes circonstances, si le condamné a été tué à l'ennemi, ou est mort des suites de ses blessures, la faculté de demander la réhabilitation appartiendra à son conjoint, à ses ascendants, à ses descendants ou au ministre de la guerre ».

GUERRE, GUERRE FRANCO-ALLEMANDE, INTERDICTION DE FAIRE DU COMMERCE AVEC L'ENNEMI, SANCTIONS PÉNALES, COMPLICITÉ, ALGÉRIE, COLONIES, PROTECTORAT (PAYS DE).

LOI *ayant pour objet de donner des sanctions pénales à l'interdiction faite aux Français d'entretenir des relations d'ordre économique avec les sujets d'une puissance ennemie.*

(**4 avril 1915**). — (Publ. au *J. off.* des 5-6-7 avril).

ART. **1er**. Quiconque, en violation des prohibitions qui ont été ou seront édictées, conclura ou tentera de conclure, exécutera ou tentera d'exécuter, soit directement, soit par personne interposée, un acte de commerce ou une convention quelconque, soit avec un sujet d'une puissance ennemie ou avec une personne résidant sur son territoire, soit avec un agent de ce sujet ou de cette personne, sera puni d'un emprisonnement d'un an à cinq ans et d'une amende de cinq cents à vingt mille francs (500 à 20.000 fr.) ou de l'une de ces peines seulement.

Seront réputés complices de l'infraction tous les individus tels que préposés, courtiers, commissionnaires, assureurs, voituriers, armateurs, qui, connaissant la provenance et la destination de la marchandise ou de toute autre valeur ayant fait l'objet de l'acte de commerce ou de la convention, auront participé, à un titre quelconque, pour le compte de l'une des parties contractantes, à l'opération prévue et réprimée par le paragraphe précédent.

En cas de condamnation, les tribunaux pourront prononcer la confiscation de la marchandise ou valeur, ou du prix, ainsi que des chevaux, voitures, bateaux et autres objets ayant servi au transport.

2. Sera passible des mêmes peines quiconque aura détourné ou recelé, fait détourner ou receler des biens appartenant à des sujets d'une puissance ennemie, et placés sous séquestre en vertu d'une décision de justice rendue sur réquisitions du ministère public.

3. Les condamnations prononcées contre les auteurs ou complices des délits prévus par l'art. 1er entraîneront de plein droit privation pendant dix années des droits civils et civiques énumérés en l'art. 42 du Code pénal.

La privation de tout ou partie de ces droits pourra être ordonnée par le tribunal dans le cas prévu par l'art. 2.

4. L'art. 463 du Code pénal est applicable aux cas prévus par la présente loi.

5. La présente loi est applicable de plein droit à l'Algérie, aux colonies et aux pays de protectorat.

MARIAGE, MARIAGE PAR PROCURATION, TEMPS DE GUERRE, MILITAIRES ET MARINS SOUS LES DRAPEAUX, TIMBRE, ENREGISTREMENT, DISPENSE, ALGÉRIE, COLONIES.

LOI *ayant pour objet de permettre en temps de guerre le mariage par procuration des militaires et marins présents sous les drapeaux.*

(**4 avril 1915**). — (Publ. au *J. off.* du 10 avril)

ART. **1er**. En temps de guerre, pour causes graves et sur autorisation du ministre de la justice et du ministre de la guerre, ou du ministre de la marine, il peut être procédé à la célébration du mariage des militaires et des marins, sans que le futur époux, s'il est présent sous les drapeaux, soit obligé de comparaître en personne, et à la condition qu'il soit représenté par un fondé de procuration spéciale.

Dans ce cas, le délai de trente jours francs, prévu par les art. 151 et 154 du Code civil, sera réduit à quinze jours francs.

La procuration, dont il sera fait mention dans l'acte de mariage, sera établie conformément à la loi du 8 juin 1893 (1) et dispensée des droits de timbre et d'enregistrement.

2. La présente loi est applicable à l'Algérie et aux colonies.

VALEURS MOBILIÈRES, GUERRE FRANCO-ALLEMANDE, VOL, PERTE, TITRES AU PORTEUR, OPPOSITION, PROCÉDURE, VALEURS FRANÇAISES, LETTRE RECOMMANDÉE, DÉPÔT DANS UNE BANQUE, PAIEMENT DES DIVIDENDES ET INTÉRÊTS, TITRES NON DÉPOSÉS, TITRES POUR LESQUELS UN RÉCÉPISSÉ N'EST PAS REPRÉSENTÉ, ATTESTATION DU JUGE DE PAIX OU DU PRÉSIDENT DU TRIBUNAL, VALEURS ÉTRANGÈRES, SERVICE DES COUPONS EN FRANCE, DÉCLARATION DE PERTE OU VOL, TITRES NOMINATIFS, CESSATION DES HOSTILITÉS, OPPOSITION NOUVELLE, PUBLICATION AU BULLETIN DES OPPOSITIONS, EFFETS, TIMBRE, ENREGISTREMENT, EXEMPTION, FAUSSE DÉCLARATION, PÉNALITÉ.

Loi tendant à protéger les propriétaires de valeurs mobilières dépossédés par suite de faits de guerre dans des territoires occupés par l'ennemi.

(4 avril 1915). — (Publ. au *J. off.* des 5-6-7 avril).

ART. **1**er. Dans les cas où la faculté de recourir aux lois des 15 juin 1872 (2) et 8 févr. 1902 (3) est ouverte à raison d'un événement de la guerre déclarée par l'Allemagne en août 1914, la procédure est modifiée dans la mesure et sous les conditions de la présente loi.

2. S'il s'agit de valeurs françaises au porteur, le propriétaire doit aviser par lettre recommandée l'établissement débiteur des circonstances qui le mettent dans l'impossibilité de représenter, soit les titres, soit les coupons. Avis de la remise de cette lettre au destinataire doit lui être donné par la poste, et le destinataire doit accuser lui-même réception à l'envoyeur, dans les cinq jours au plus tard de la remise.

Cette lettre contiendra les nom, prénoms, profession, le lieu de résidence actuelle et celui du domicile du déclarant, le nombre, la nature, la valeur nominale, le numéro, et, s'il y a lieu, la série des titres, ainsi que la date d'échéance du plus ancien coupon exigible.

Le déclarant indiquera aussi, s'il est possible :

1° Les circonstances dans lesquelles il est devenu propriétaire des titres et celles dans lesquelles il a été dépossédé ;

2° L'époque et le lieu où il a reçu les derniers dividendes ou intérêts.

Il fera élection de domicile dans la localité du siège de l'établissement débiteur.

La signature du déclarant doit être légalisée par le maire ou par un officier ministériel, ou encore, à Paris, par le commissaire de police. Le lieu de sa résidence et de son domicile seront certifiés par les mêmes personnes, ou établis par toutes pièces et certificats dont l'intéressé a le droit de demander et d'obtenir, sans frais, la délivrance aux autorités compétentes.

La déclaration ainsi faite emporte, pendant la durée des hostilités et les six mois qui suivront leur terme définitif, opposition au paiement tant du capital que des intérêts ou dividendes à toute autre personne que le déclarant. Elle autorise, d'autre part, le déclarant à percevoir de l'établissement débiteur les intérêts ou dividendes exigibles, dans les conditions indiquées par les articles suivants.

Un double de la lettre indiquée ci-dessus, et dans les mêmes conditions, est adressé par le déclarant au syndicat des agents de change de Paris, qui fait, le quinzième jour au plus tard, la publication prévue par l'art. 11 de la loi du 15 juin 1872, modifiée par l'art. 1er de la loi du 8 févr. 1902.

3. 1° S'il s'agit de titres au porteur mis en dépôt dans une banque, représentés par un récépissé de ladite banque dépositaire, le déclarant doit produire à l'établissement débiteur ce récépissé. A défaut de ce récépissé, il doit produire une attestation de la banque dépositaire, établissant d'une manière précise que les titres visés dans la déclaration ont bien fait l'objet d'un dépôt effectué dans ses caisses par le déclarant et que celui-ci ne les a pas retirés ;

2° Sur la remise de cette pièce signée par lui, et après justification, qui pourra être réclamée si besoin est, de l'existence et de l'identité de la banque dépositaire, les dividendes ou intérêts seront payés au déclarant, après trois mois écoulés depuis l'échéance de chaque coupon, si personne ne s'est présenté pendant ce délai comme propriétaire des titres ou coupons ;

3° Les paiements ainsi faits libèrent l'établissement débiteur envers tout tiers qui se présenterait ultérieurement. Si ce tiers porteur établissait que lesdits paiements ont été faits à son préjudice, il n'aurait qu'une action personnelle contre le déclarant et contre la banque dépositaire ;

4° Si, avant le paiement au déclarant par l'établissement débiteur, les titres ou coupons sont présentés par un tiers audit établissement, il doit provisoirement retenir ces titres ou coupons contre

---

(1) S. et P. *Lois annotées* de 1893, p. 565 ; *Pand. pér.*, 1894.3.54.

(2) S. *Lois annotées* de 1872, p. 243. — P. *Lois, décr.*, etc. de 1872, p. 416.

(3) S. et P. *Lois annotées* de 1902, p. 321 ; *Pand. pér.*, 1902.3.81.

récépissé. Ce dernier doit, de plus, avertir le déclarant, par lettre recommandée, de la présentation des titres ou coupons, en lui faisant connaître le nom et l'adresse du tiers porteur. Les effets de la déclaration primitive restent alors suspendus jusqu'à ce qu'une solution amiable ou judiciaire soit intervenue entre le déclarant et le tiers porteur;

5° Si les coupons représentant les dividendes ou intérêts payés au déclarant sont ultérieurement retrouvés, la banque dépositaire et le déclarant seront tenus de les remettre à l'établissement débiteur. S'ils ne sont pas retrouvés, le déclarant devra accomplir les formalités prévues par l'art. 8 de la présente loi pour le cas de dépossession;

6° Dans le cas où les titres auraient été déposés chez un officier public ou ministériel, les dispositions précédentes sont également applicables;

7° Il n'est dérogé en rien aux dispositions des art. 1915 à 1946 du Code civil.

4. Pour les titres qui n'ont pas fait l'objet d'un dépôt, ou pour les titres qui, ayant fait l'objet d'un dépôt, ne sont plus représentés par un récépissé ni par aucune attestation de la banque dépositaire, le déclarant doit produire à l'établissement débiteur une attestation motivée, délivrée par le juge de paix de sa résidence actuelle ou de son domicile, auquel il aura fourni, par les indications mentionnées dans l'art. 2, ou par tous autres moyens, les justifications de son droit de propriété. En cas de refus de cette attestation, le déclarant peut saisir le président du tribunal civil, qui statuera par ordonnance rendue sur simple requête. Ces magistrats peuvent, s'ils le jugent nécessaire, n'accorder leur attestation que moyennant la caution prévue par l'art. 4 de la loi du 15 juin 1872, modifiée par la loi du 8 févr. 1902.

Dans le cas où le montant des coupons à payer s'élève à plus de 300 fr., le président du tribunal civil est seul compétent pour délivrer l'attestation, et il statue comme il est dit au paragraphe précédent.

Sur le vu de l'expédition de cette attestation, qui doit être délivrée sur papier libre et sans frais, les dividendes ou intérêts sont payés au déclarant après trois mois écoulés depuis l'échéance de chaque coupon, si personne ne s'est présenté pendant ce délai comme propriétaire des titres ou coupons.

Les paiements ainsi faits libèrent l'établissement débiteur envers tout tiers qui se présenterait ultérieurement, sauf le recours personnel de ce tiers contre le déclarant, dans les conditions prévues au § 3 de l'article précédent.

Si, avant le paiement au déclarant par l'établissement débiteur, les titres ou coupons sont présentés par un tiers audit établissement, il sera procédé conformément au § 4 du même art. 3.

Le déclarant est tenu de remettre à l'établissement débiteur les coupons représentant les dividendes ou intérêts payés, s'il les retrouve ultérieurement. S'il ne les retrouve pas, il devra justifier de l'accomplissement des formalités requises par l'art. 8 de la présente loi pour le cas de dépossession.

5. S'il s'agit de valeurs étrangères dont le service des titres et coupons est fait en France, la déclaration prévue par l'art. 2 de la présente loi est adressée au siège principal de chacun des établissements chargés de ce service.

Ceux-ci, s'il se présente un tiers porteur des titres et coupons, sont tenus de procéder conformément au § 3 de l'art. 3 de la présente loi.

La déclaration à eux adressée doit être transmise par leurs soins à l'Etat ou à l'établissement étranger qui les a chargés du service des titres et coupons.

6. S'il s'agit de titres nominatifs ou de certificats nominatifs de titres au porteur délivrés par l'établissement débiteur, le propriétaire doit aviser cet établissement par lettre recommandée, conformément aux dispositions de l'art. 2 de la présente loi.

Il sera procédé, pour le paiement des coupons et pour la délivrance des nouveaux titres et certificats, conformément aux règles suivies par l'établissement débiteur.

7. Les dispositions de l'art. 2 de la loi du 8 févr. 1902, relatives à la procédure de mainlevée des titres au porteur, sont applicables dans les cas prévus par la présente loi.

8. 1° Dans les six mois qui suivront la cessation des hostilités, le déclarant qui aura fait usage des dispositions de la présente loi devra, — s'il est dépossédé, — faire, tant au syndicat des agents de change de Paris qu'à l'établissement débiteur, une opposition conforme à la loi du 15 juin 1872, modifiée par la loi du 8 févr. 1902;

2° Dans le mois qui suivra l'expiration du délai ci-dessus, les numéros des titres frappés de cette opposition seront publiés dans un bulletin spécial par le syndicat des agents de change de Paris;

3° Par le fait de cette publication, toute personne qui prétendrait avoir des droits sur ces titres est mise en demeure de les faire valoir;

4° Si, dans le délai de deux ans à partir de la publication du bulletin spécial susvisé, l'opposition n'a pas été contredite, le propriétaire pourra exiger de l'établissement débiteur, soit le paiement du capital du titre devenu exigible, soit la remise d'un titre duplicata;

5° Les titres primitifs seront frappés de déchéance et seront publiés dans le même bulletin spécial. Le titre délivré en duplicata conférera les mêmes droits que le titre primitif, et sera négociable dans les mêmes conditions;

6° Le paiement du capital ou la remise du titre duplicata, effectués dans les conditions ci-dessus prescrites, libèrent l'établissement débiteur, et le tiers qui, après ce paiement ou cette remise, représenterait le titre primitif, n'aura qu'une action personnelle contre l'opposant, au cas où l'opposition aurait été faite sans droit;

7° Si, dans le même délai de deux ans, un tiers présente le titre frappé d'opposition, ce titre sera retenu par les soins de l'établissement débiteur, qui en délivrera récépissé, et avertira l'opposant par lettre recommandée. Les effets de l'opposition resteront alors suspendus jusqu'à ce qu'une solution amiable ou judiciaire intervienne entre le tiers porteur et l'opposant;

8° Si, à l'expiration de ce délai, le tiers porteur ne justifie pas qu'il a fait valoir ses droits, le titre sera remis à l'opposant;

9° Les mêmes formalités seront accomplies pour les valeurs étrangères. L'opposition sera faite, en ce qui les concerne, tant au syndicat des agents de change qu'au siège principal des établissements faisant en France le service des titres et coupons. Ces établissements devront en aviser les Etats ou établissements étrangers qui les ont chargés de ce service, et adresser auxdits Etats ou établissements la publication spéciale ci-dessus prescrite;

10° Le déclarant qui remplira les formalités prévues par le présent article continuera à toucher les dividendes et intérêts dans les conditions indiquées par les articles précédents;

11° Tout propriétaire dépossédé par événement de guerre, qui n'aura pas eu recours à la déclaration visée à l'art. 2, et n'aura pas, quelle que soit la procédure suivie par lui auparavant, rempli, dans les délais prescrits, les formalités indiquées par ce présent art. 8, ne pourra bénéficier de ses dispositions exceptionnelles, et il sera soumis aux règles de la loi du 15 juin 1872, modifiée par celle du 8 févr. 1902.

Un règlement d'administration publique déterminera les conditions d'application du présent article.

9. Les divers actes et formalités prévus par la présente loi sont exempts de tout droit de timbre, d'enregistrement et frais de toute nature, tant de la part du syndicat des agents de change que des officiers ministériels requis à cet effet.

10. Les dispositions de l'article précédent ne sont applicables qu'en ce qui concerne les valeurs mobilières dont les propriétaires avaient leur domicile ou leur résidence dans les pays envahis ou pillés par l'ennemi.

11. Toute personne qui, par une déclaration ou opposition faite ou maintenue de mauvaise foi, aura obtenu ou tenté d'obtenir, soit le paiement des dividendes ou intérêts ou du capital du titre devenu exigible, soit la délivrance d'un titre duplicata, sera punie de la peine portée contre l'escroquerie par l'art. 405 du Code pénal.

L'art. 463 du Code pénal est applicable.

Armée, Guerre franco-allemande, Officiers de réserve et de l'armée territoriale, Radiation des cadres.

Décret *réglant la situation des officiers de réserve et de l'armée territoriale* (1).

---

(1) Ce décret est précédé au *J. off.* d'un rapport ainsi conçu :

« Aux termes des lois et règlements en vigueur, et d'après la jurisprudence constante du Conseil d'Etat, les officiers de l'armée active, qui ont effectué le temps de service exigé pour avoir droit à pension, sont, à partir de ce moment, à l'entière disposition du ministre de la guerre, qui peut les mettre à la retraite, sur leur demande ou d'office, s'il estime cette mesure justifiée.

« Aucune disposition analogue ne figure dans le statut des officiers de complément, tel que ce statut a été fixé par le décret du 31 août 1878, portant règlement sur l'état des officiers de réserve et des officiers de l'armée territoriale; ces officiers, s'ils ont été maintenus dans les cadres après avoir accompli la durée légale du service militaire, ne peuvent plus en être rayés avant d'avoir atteint la limite d'âge prévue par l'art. 56 de la loi du 13 mars 1875, c'est-à-dire soixante ans pour les officiers subalternes, et soixante-cinq ans pour les officiers supérieurs; le ministre n'a point le pouvoir de les rendre à la vie civile, alors même qu'ils ne posséderaient plus l'activité physique ou intellectuelle nécessaire pour remplir leur tâche.

« Une telle situation est évidemment préjudiciable à l'intérêt de l'armée. Il importe d'y remédier, et d'établir le parallélisme de régime entre les officiers de complément et les officiers de l'armée active, en permettant au ministre de la guerre de rayer des cadres, à toute époque, les officiers de complément dégagés, par leur âge, des obligations militaires, comme il peut le faire, dès maintenant, à l'égard des officiers de l'armée active qui sont en possession de droits à pension; pour des motifs identiques, une faculté semblable doit être donnée au ministre en ce qui concerne les officiers retraités de l'armée active, qui, pourvus d'emplois dans l'armée territoriale en exécution de la loi du 22 juin 1878, demeurent pendant cinq ans à la disposition de l'autorité militaire, par application de l'art. 2 de ladite loi, ou sont maintenus dans les cadres de cette armée après l'expiration de cette période.

« Dans le même ordre d'idées, il paraît indispensable de prévoir la possibilité de rayer des cadres, alors même qu'ils n'auraient pas entièrement accompli la durée légale du service militaire, et qu'ils seraient, dès lors, susceptibles d'être ultérieurement réincorporés comme sous-officiers ou soldats, les officiers de complément reconnus inaptes, au point de vue professionnel, à remplir les fonctions correspondant au grade dont ils sont investis. Dans l'état actuel des textes, ce retrait du grade d'officier ne peut avoir lieu que si l'inaptitude se manifeste dans des conditions telles qu'elle puisse être considérée comme équivalente à une faute grave dans le service; le retrait revêt en ce cas, la forme de révocation. Mais c'est là une sanction qui, par sa dénomination même, présente un caractère disciplinaire, et constitue, à l'égard de celui qui en est l'objet, une mesure d'une extrême sévérité. Elle serait, dans bien des circonstances, excessive, et ne saurait d'ailleurs être appliquée aux officiers dont l'insuffisance professionnelle ne trouve sa cause ni dans une faute, ni dans une négligence grave, qui puisse leur être reprochée.

« Il est cependant nécessaire de pouvoir éliminer des cadres les officiers rentrant dans cette catégorie, dont le maintien dans leur grade serait contraire à l'intérêt général; c'est par la radiation des cadres, comme en matière d'incapacité physique, qu'il semble rationnel de modifier leur situation militaire.

« Tel est l'objet du présent projet de décret, qui a été délibéré et adopté par le Conseil d'Etat ».

(5 avril 1915). — (Publ. au *J. off.* des 5-6-7 avril).

LE PRÉSIDENT DE LA RÉPUBLIQUE FRANÇAISE; — Sur le rapport du ministre de la guerre; — Vu la loi du 24 juill. 1873 (1), sur l'organisation de l'armée; — Vu la loi du 13 mars 1875 (2), sur la constitution des cadres des effectifs de l'armée active et de l'armée territoriale, notamment les art. 45 et 58; — Vu l'art. 3 de la loi du 19 juill. 1892 (3), modifiant l'art. 56 de la loi du 13 mars 1875; — Vu le décret du 31 août 1878 (4), portant règlement sur l'état des officiers de réserve et des officiers de l'armée territoriale, modifié et complété par les décrets des 20 mars 1890 (5), 24 août 1904 (6) et 1er juill. 1912 (7); — Le Conseil d'Etat entendu; — Décrète :

ART. **1er**. L'art. 2 du décret du 31 août 1878 est complété par la disposition suivante :

« Les officiers ainsi maintenus peuvent, à toute époque, être rayés des cadres, d'office, sur le rapport du chef de corps ou de service. »

2. L'art. 3 du même décret est complété par la disposition suivante :

« Les officiers retraités, admis ou maintenus dans la réserve ou dans l'armée territoriale, peuvent, à toute époque, être rayés des cadres, d'office, sur le rapport du chef de corps ou de service ».

3. L'art. 5 du décret du 31 août 1878 est remplacé par le suivant :

« Art. 5. La radiation des cadres des officiers de réserve ou des officiers de l'armée territoriale peut encore être prononcée par décret du Président de la République :

« *a*) Sur le vu des certificats des médecins désignés à cet effet par l'autorité militaire, et après avis du comité consultatif de santé :

« 1° Pour tout officier reconnu atteint d'infirmités incurables;

« 2° Pour tout officier placé hors cadres, pour raison de santé, depuis trois ans.

« *b*) Après avis d'un conseil d'enquête, pour tout officier signalé par son chef de corps ou de service et reconnu inapte à remplir les fonctions de son grade ».

4. L'art. 22 du décret du 31 août 1878 est complété comme il suit :

« M... est-il dans le cas d'être rayé des cadres pour inaptitude à remplir les fonctions de son grade? »

5. Le ministre de la guerre est chargé, etc.

ARMÉE, GUERRE FRANCO-ALLEMANDE, CLASSE 1917, RECENSEMENT, REVISION, AJOURNÉS, RÉFORMÉS N° 2, RÉFORMÉS TEMPORAIREMENT, NOUVELLE VISITE.

LOI *relative au recensement et à la revision de la classe* 1917.

(6 avril 1915). — (Publ. au *J. off.* des 5-6-7 avril).

ART. **1er**. Les tableaux de recensement de la classe 1917 seront dressés, publiés et affichés, dans chaque commune, suivant les formes prescrites, de telle manière que l'unique publication qui en sera faite ait lieu, au plus tard, le dimanche 25 avril 1915.

Le délai d'un mois, prévu à l'art. 10 de la loi du 21 mars 1905 (8), modifié par l'art. 6 de la loi du 7 août 1913 (9), est, par exception, réduit à dix jours.

2. Les conseils de revision de la classe 1917 ne seront pas assistés d'un sous-intendant militaire.

En cas de nécessité absolue, le préfet pourra déléguer le sous-préfet pour présider, dans son arrondissement, les opérations du conseil de revision.

3. Les commissions médicales militaires, prévues par l'art. 10 de la loi du 7 août 1913, ne seront pas constituées pour la revision de la classe 1917.

Les décisions des conseils de revision de la classe 1917, à l'égard des hommes classés dans les 3e et 4e catégories (ajournés et exemptés), seront définitives sans l'intervention de la commission spéciale de réforme prévue par l'art. 9 de la loi du 7 août 1913.

4. Les ajournés des classes 1913, 1914 et 1915 seront convoqués devant les conseils de revision de la classe 1917.

5. Les hommes qui ont été réformés par congé n° 2, ou réformés temporairement entre le 1er jour de la mobilisation et le 31 déc. 1914, seront convoqués devant les conseils de revision de la classe 1917, à l'exception de ceux qui auront contracté un engagement volontaire pour la durée de la guerre.

Ceux d'entre eux qui seront reconnus, à la suite de cet examen, aptes au service militaire, seront soumis aux obligations de leur classe.

Ceux qui ne se rendront pas à la convocation seront considérés comme aptes au service armé.

---

(1) S. *Lois annotées* de 1873, p. 438. — P. *Lois, décr.*, etc. de 1873, p. 751.

(2) S. *Lois annotées* de 1875, p. 693. — P. *Lois, décr.*, de 1875, p. 1192.

(3) S. et P. *Lois annotées* de 1893, p. 448; *Pand. pér.*, etc. 1893.3.93.

(4) S. *Lois annotées* de 1879, p. 414. — P. *Lois, décr.*, etc., de 1879, p. 713.

(5) S. *Lois annotées* de 1890, p. 723. — P. *Lois, décr.*, etc. de 1890, p. 1243; *Pand. pér.*, 1890.3.65.

(6) *Bull. off.*, 12e série, 2577, n. 45097.

(7) *Bull. off.*, nouv. série, 85, n. 4282.

(8) S. et P. *Lois annotées* de 1906, p. 3; *Pand. pér.*, 1905.3.81.

(9) S. et P. *Lois annotées* de 1914, p. 561; *Pand. pér.*, *Lois annotées* de 1914, p. 561.

Toutefois, les hommes des catégories susvisées pourront, sur leur demande et sans attendre la réunion des conseils de revision, se présenter devant une commission de réforme, qui statuera aux lieu et place du conseil de revision.

6. Les dates de l'appel sous les drapeaux des ajournés des classes 1913, 1914 et 1915, et des réformés visés à l'art. 5 de la présente loi, seront fixées par le ministre de la guerre.

7. Une loi spéciale fixera la date de l'appel sous les drapeaux de la classe 1917.

DOUANES, GUERRE FRANCO-ALLEMANDE, INTERDICTION DE SORTIE, EXCEPTIONS.

ARRÊTÉ *relatif à des dérogations aux prohibitions de sortie.*

(6 avril 1915). — (Publ. au *J. off.* des 5-6-7 avril).

LE MINISTRE DES FINANCES; — Sur le rapport de la commission interministérielle des dérogations aux prohibitions de sortie; — Vu le décret du 6 mars 1915 (1); — Arrête :

ART. **1er**. — Par dérogation aux prohibitions de sortie actuellement en vigueur, peuvent être exportés ou réexportés sans autorisation spéciale, lorsque l'envoi a pour destination l'Angleterre, les dominions, les pays de protectorat et colonies britanniques, la Belgique, le Japon, le Monténégro, la Russie, la Serbie (2) ou les Etats de l'Amérique, les produits énumérés ci-après :

Boyaux frais, secs ou salés.

Amidon.

Fécules de pommes de terre et autres.

2. Le conseiller d'Etat, directeur général des douanes, est chargé, etc.

GUERRE, GUERRE FRANCO-ALLEMANDE, DOMMAGES DE GUERRE, EVALUATION, DÉCRET DU 4 FÉVR. 1915, MODIFICATION.

DÉCRET *modifiant les art.* 4, 6, 9 *et* 13 *du décret du* 4 *févr.* 1915, *relatif à la constatation et à l'évaluation des dommages résultant des faits de guerre.*

(6 avril 1915). — (Publ. au *J. off.* du 8 avril).

LE PRÉSIDENT DE LA RÉPUBLIQUE FRANÇAISE; — Sur le rapport du président du conseil des ministres, du ministre de la justice, du ministre de l'intérieur et du ministre des finances ; — Vu le décret du 4 févr. 1915 (3), notamment les art. 4, 6, 9 et 13 ; — Le Conseil d'Etat entendu ; — Décrète :

ART. **1er**. L'art. 4 du décret susvisé est modifié ainsi qu'il suit :

« Au cas où les circonstances ne permettraient l'ouverture de l'enquête que dans certaines communes d'un canton, chacune de ces communes pourra, sur la demande du conseil municipal, être réunie, par l'arrêté préfectoral prévu à l'art. 2, à un canton voisin, sans qu'il soit nécessaire de rattacher toutes ces communes à un même canton. Si l'enquête peut être ouverte dans plus de la moitié des communes, celles-ci constitueront un groupe assimilé, en ce qui concerne les opérations prévues au présent décret, au canton, et, s'il n'est pas possible d'effectuer les opérations dans le chef-lieu, les maires, en élisant leur délégué à la commission cantonale, désigneront la commune où pourra siéger provisoirement la commission ».

2. Le § 1er de l'art. 6 du décret susvisé est modifié ainsi qu'il suit :

« Les commissions constatent la réalité des dommages, avec une évaluation distincte pour chacun de leurs éléments constitutifs. Elles font connaître les procédés et les taux qu'elles ont adoptés pour cette évaluation. Dans les éléments à évaluer, n'est pas compris le préjudice résultant de l'interruption d'un commerce ou d'une industrie. Elles dressent un état récapitulatif des demandes et des évaluations relatives à chaque commune; elles indiquent en outre l'ordre d'urgence des besoins auxquels ces demandes correspondent ».

3. Le § 1er de l'art. 9 du décret susvisé est modifié ainsi qu'il suit :

« La commission départementale d'évaluation, après examen des réclamations des intéressés, revise le travail des commissions cantonales. Elle statue définitivement, pour chaque demande individuelle, sur la réalité et la consistance des dommages ; elle évalue le préjudice subi par le réclamant ».

4. L'art. 13 du décret susvisé est modifié ainsi qu'il suit :

« La délivrance d'acomptes n'est pas subordonnée à l'accomplissement de la procédure instituée par le présent règlement en ce qui concerne le fonctionnement de la commission départementale et celui de la commission supérieure ».

5. Le ministre de l'intérieur, le ministre des finances et le ministre de la justice, sont chargés, etc.

---

(1) *Supra*, p. 5.

(2) Note du *J. off.* — « Sous réserve, en ce qui concerne la Russie et la Serbie, de la souscription d'un acquit-à-caution à décharger par la douane russe ou serbe ».

(3) *Supra*, p. 17.

JUSTICES DE PAIX, GUERRE FRANCO-ALLEMANDE, MOBILISATION DU JUGE DE PAIX, RÉUNION DE DEUX CANTONS, SUPPLÉANTS, TRAITEMENT.

LOI *concernant le fonctionnement des justices de paix pendant la guerre.*

(6 avril 1915). — (Publ. au *J. off.* des 5-6-7 avril).

ART. **1er**. Pendant la durée de la guerre, les justices de paix de deux cantons voisins pourront, en l'absence de l'un des juges de paix pour cause de mobilisation, ou en cas de vacance de l'un des sièges par suite de décès, de démission ou de révocation, être temporairement réunies par décret sous la juridiction d'un seul magistrat, qui recevra les indemnités de séjour et de transport prévues par le décret du 1er juin 1899 (1).

2. Les suppléants appelés à remplacer les juges de paix mobilisés pourront, dans la limite des crédits inscrits au budget pour le traitement des juges de paix, recevoir une rémunération dont le taux et les conditions d'allocation seront déterminés par un décret rendu sur la proposition du ministre de la justice et du ministre des finances.

NATURALISATION, GUERRE FRANCO-ALLEMANDE, DÉCHÉANCE DE LA QUALITÉ DE FRANÇAIS, ANCIENS RESSORTISSANTS DES PAYS ENNEMIS, DÉCHÉANCE OBLIGATOIRE, DÉCHÉANCE FACULTATIVE, REVISION DES NATURALISATIONS ACCORDÉES DEPUIS LE 1er JANV. 1913, ALSACIENS-LORRAINS, EFFET RÉTROACTIF, FEMMES, ENFANTS MINEURS, ALGÉRIE, COLONIES.

LOI *autorisant le gouvernement à rapporter les décrets de naturalisation obtenus par d'anciens sujets de puissances en guerre avec la France.*

(7 avril 1915). — (Publ. au *J. off.* du 8 avril).

ART. **1er**. En cas de guerre entre la France et une puissance à laquelle a ressorti un étranger naturalisé, celui-ci pourra être déchu de la naturalisation, lorsqu'il aura conservé la nationalité de son pays d'origine ou du pays dans lequel il a été antérieurement naturalisé.

La déchéance sera obligatoire : si le naturalisé a recouvré une nationalité antérieure ou acquis toute autre nationalité ; s'il a, soit porté les armes contre la France, soit quitté le territoire français pour se soustraire à une obligation d'ordre militaire ; soit, enfin, si, directement ou indirectement, il a prêté ou tenté de prêter contre la France, en vue ou à l'occasion de la guerre, une aide quelconque à une puissance ennemie.

La déchéance sera prononcée par décret rendu après avis du Conseil d'Etat, et sauf recours au contentieux devant cette juridiction. Le décret portant retrait de la nationalité française fixe le point de départ de ses effets, sans toutefois pouvoir les faire remonter au delà de la déclaration de guerre.

2. Seront revisées toutes les naturalisations accordées postérieurement au 1er janv. 1913 à des sujets ou anciens sujets de puissances en guerre avec la France.

Dans un délai de quinzaine à compter de la publication du décret réglant les conditions d'application de la présente loi, un état nominatif de toutes ces naturalisations devra être inséré au *Journal officiel* par les soins du ministre de la justice.

Dans un délai de trois mois à compter de l'expiration de ce premier délai de quinzaine, le ministre de la justice devra, par une publication insérée au *Journal officiel*, faire connaître celles de ces naturalisations jugées dignes d'être maintenues, ainsi que les motifs de cette décision.

Dans le même délai, toutes les autres naturalisations seront rapportées par décrets, insérés au *Journal officiel*.

Le retrait de naturalisation exercé dans cette hypothèse produira de plein droit ses effets à dater de la déclaration de guerre.

Les dispositions du présent article sont sans application aux Alsaciens ou aux Lorrains d'origine nés avant le 20 mai 1871 ou à leurs descendants.

3. En aucun cas, la rétroactivité du retrait de naturalisation ne pourra préjudicier aux droits des tiers de bonne foi, ni faire échec à l'application des lois pénales sous le coup desquelles le naturalisé serait tombé avant le décret de retrait.

4. Le retrait de la nationalité française prononcé en vertu des articles précédents est personnel à l'étranger qui l'a encouru. Toutefois, selon les circonstances, il pourra être étendu à la femme et aux enfants, s'il en est ainsi ordonné, soit par le décret concernant le mari ou le père, soit par un décret ultérieur rendu dans les mêmes formes.

5. La femme pourra décliner la nationalité française dans le délai d'un an à partir de l'insertion au *Journal officiel* du décret portant retrait de la naturalisation à l'égard du mari. Si, lors de cette insertion, elle est mineure, ce délai ne commencera à courir qu'à dater de sa majorité.

La même faculté est reconnue aux enfants dans les mêmes conditions. En outre, le représentant légal des enfants mineurs pourra, dans les conditions prévues par l'art. 9 du Code civil, renoncer pour eux au bénéfice de la nationalité française qu'ils tiennent, soit du décret de naturalisation du père, soit d'une déclaration antérieure de nationalité.

6. Aucune naturalisation nouvelle d'un sujet

---

(1) S. et P. *Lois annotées* de 1900, p. 951 ; *Pand. pér.*, 1900.3.28.

d'une puissance en guerre avec la France ne pourra être accordée avant la signature définitive de la paix.

7. La présente loi cessera d'être exécutoire deux ans après la signature définitive de la paix.

8. La présente loi est applicable à l'Algérie et dans les autres possessions françaises.

9. Un règlement d'administration publique déterminera les conditions d'application de la présente loi.

DÉCORATIONS, GUERRE FRANCO-ALLEMANDE, CROIX DE GUERRE, CITATIONS A L'ORDRE DU JOUR.

LOI *instituant une croix dite « Croix de guerre », destinée à commémorer les citations individuelles pour faits de guerre à l'ordre des armées de terre et de mer, des corps d'armée, des divisions, des brigades et des régiments.*

(8 avril 1915). —(Publ. au *J. off.* du 9 avril).

ARTICLE UNIQUE. Il est créé une croix dite « Croix de guerre », destinée à commémorer, depuis le début de la guerre de 1914-1915, les citations individuelles, pour faits de guerre, à l'ordre des armées de terre et de mer, des corps d'armée, des divisions, des brigades et des régiments.

Jusqu'à la cessation de ladite guerre, cette croix sera attribuée, dans les mêmes conditions que ci-dessus, dans les corps participant à des actions de guerre en dehors du théâtre principal des opérations.

Un décret réglera l'application de la présente loi.

MARIAGE, MARIAGE PAR PROCURATION, TEMPS DE GUERRE, MILITAIRES OU MARINS SOUS LES DRAPEAUX.

CIRCULAIRE *relative à l'application de la loi ayant pour objet de permettre en temps de guerre le mariage par procuration des militaires et marins présents sous les drapeaux.*

(8 avril 1915). — (Publ. au *J. off.* du 10 avril).

Le garde des sceaux, ministre de la justice, à MM. les procureurs généraux près les Cours d'appel.

I. Une loi du 4 de ce mois (1) habilite, pendant la durée de la guerre, les militaires et marins, qui, à raison de leur présence sous les drapeaux, ne peuvent comparaître devant l'officier de l'état civil, à se marier par procuration moyennant l'autorisation préalable du ministre de la justice et du ministre de la guerre ou du ministre de la marine.

Je n'ai pas besoin d'insister sur les raisons de cette mesure, qui était impérieusement commandée par les circonstances.

Il est apparu au Gouvernement, qui a pris l'initiative de la loi, et aux Chambres qui l'ont votée, que le service de la patrie ne devait pas empêcher les citoyens mobilisés de réaliser les projets d'union qu'ils auraient formés avant la guerre, et qu'il y avait là des intérêts légitimes à concilier avec les exigences du devoir militaire.

La faculté de contracter mariage par procuration a été subordonnée à la justification de « causes graves », dont l'appréciation a été laissée au ministre de la justice et au ministre de la guerre ou de la marine, mais il résulte des travaux préparatoires de la loi que cette expression, empruntée à l'art. 164 du Code civil, qui permet au procureur de la République de l'arrondissement dans lequel le mariage sera célébré d'accorder pour « causes graves » la dispense de la publication prévue par les art. 63, 64, 165, 167 et 168 du même Code et de tout délai, doit être interprétée de la manière la plus large.

Il y aura « cause grave », au sens de la loi nouvelle, non seulement s'il existe des enfants à légitimer ou en cas de grossesse de la future épouse, ou encore dans l'hypothèse où, la mort de l'un des futurs époux étant imminente, il s'agira de procéder à un mariage *in extremis*, mais aussi toutes les fois que le futur époux, désireux de donner suite à une promesse de mariage antérieure à la mobilisation, servira comme militaire ou marin à un poste où sa vie est en danger.

Si la loi du 4 avril a fait dépendre le mariage par procuration d'une double autorisation, qui elle-même suppose des « causes graves », c'est pour éviter les abus, et spécialement pour empêcher que cette forme nouvelle du mariage ne favorise des unions inspirées par des calculs intéressés, ce qui se produirait, si des mariages venaient à être conclus entre personnes qui n'avaient formé avant la guerre aucun projet matrimonial, et qui ne s'uniraient par procuration que dans le but d'assurer à la future épouse certains avantages pécuniaires.

La procuration sera établie conformément à la loi du 8 juin 1893 (2), sur les actes dressés aux armées. En conséquence, elle sera reçue par les officiers ou fonctionnaires militaires désignés à l'art. 1er de cette loi, ainsi conçu : « En temps de guerre ou pendant une expédition, les actes de procuration, les actes de consentement à mariage

(1) *Supra*, p. 98.

(2) S. et P. *Lois annotées* de 1893, p. 565 ; *Pand. pér.*, 1894.3.54.

ou à engagement militaire et les déclarations d'autorisation maritale consentis ou passés par les militaires, les marins de l'Etat ou les personnes employées à la suite des armées ou embarquées à bord des bâtiments de l'Etat pourront être dressés par les fonctionnaires de l'intendance ou les officiers du commissariat. A défaut de fonctionnaires de l'intendance ou d'officiers de commissariat, les mêmes actes pourront être dressés : 1° dans les détachements isolés, par l'officier commandant, pour toutes les personnes soumises à son commandement; 2° dans les formations ou établissements sanitaires dépendant des armées, par les officiers d'administration gestionnaires, pour les personnes soignées ou employées dans ces formations ou établissements; 3° à bord des bâtiments qui ne comportent pas d'officier d'administration, par le commandant ou celui qui en remplit les fonctions; 4° dans les hôpitaux maritimes et coloniaux, sédentaires ou ambulants, par le médecin directeur ou son suppléant, pour les personnes soignées ou employées dans ces hôpitaux ».

Elle sera rédigée en brevet, c'est-à-dire que l'original même en sera utilisé par l'intéressé, et que l'officier ou fonctionnaire instrumentaire n'en conservera pas minute; telle est la règle posée par le premier paragraphe de l'art. 4 de la loi du 8 juin 1893. Conformément au second paragraphe du même article, les actes de procuration « seront légalisés par le commissaire aux armements, s'ils ont été dressés à bord d'un bâtiment de l'Etat; par l'officier du commissariat chargé de l'inscription maritime, s'ils ont été dressés sur un bâtiment de commerce; par un fonctionnaire de l'intendance ou par un officier du commissariat, s'ils ont été dressés dans un corps de troupes, et par le médecin chef, s'ils ont été dressés dans un hôpital ou une formation sanitaire militaire ».

Par une dérogation expresse au dernier paragraphe dudit article (1), la loi nouvelle dispose que ces actes seront dispensés des droits de timbre et d'enregistrement; ils seront donc dressés sur papier libre.

Le fondé de procuration choisi par le militaire ou le marin devra, à raison du caractère spécial du mandat dont il est investi et qui l'appelle à participer à un acte de l'état civil, remplir la condition essentielle, qui est exigée des témoins à un tel acte par l'art. 37 du Code civil, c'est-à-dire qu'il devra être âgé de vingt et un ans au moins. Comme il est destiné à représenter la personne du futur époux, ce ne pourra être qu'un homme; de plus, le mandat prévu par la loi nouvelle ne pourra être confié à un parent ou allié de la future épouse à un degré comportant prohibition du mariage. Enfin, il y aura incompatibilité manifeste entre la qualité de fondé de procuration spéciale et celle d'officier de l'état civil appelé à dresser l'acte de mariage ou de témoin à cet acte.

Il n'est pas besoin d'ajouter que les individus frappés de l'incapacité d'être témoins par suite de dégradation civique ou de déchéance prononcée en vertu de l'art. 42 du Code pénal ne pourront davantage être fondés de procuration spéciale pour un mariage.

L'autorisation de mariage par procuration serait refusée, si le mandataire désigné par le militaire ou le marin n'avait pas qualité, d'après ce qui vient d'être dit, pour remplir le rôle dont il a été chargé.

II. Je me suis mis d'accord avec M. le ministre de la guerre pour régler les conditions d'application de la loi du 4 avril de telle façon que les militaires qui voudront se marier par procuration puissent obtenir satisfaction dans le plus bref délai possible.

Nous nous sommes efforcés, dans le cadre fixé par la loi, de réduire le formalisme administratif au strict indispensable; la procédure à suivre sera aussi simple qu'expéditive.

Le militaire, en même temps qu'il se présentera devant l'officier ou le fonctionnaire compétent pour recevoir sa procuration, saisira ses chefs de sa demande d'autorisation.

Cette demande ne sera astreinte à aucune forme particulière; elle pourra être écrite ou verbale.

Si elle est faite par écrit, elle sera rédigée sur papier libre. Si elle est formulée de vive voix, elle sera consignée dans un rapport de l'officier ou du fonctionnaire qui l'aura reçue.

La demande ou le rapport précisera : 1° les motifs pour lesquels le militaire, au lieu d'attendre son retour dans ses foyers, désire se marier par procuration; 2° s'il sollicite la dispense de la publication et de tout délai en vertu de l'art. 169 du Code civil.

En outre, pour tout militaire qui n'est pas âgé de plus de trente ans, la demande ou le rapport fera connaître s'il s'est assuré du consentement de ses parents à son mariage, ou, dans le cas où ce consentement lui aurait été refusé et où il serait majeur, s'il leur a fait notifier son projet de mariage, conformément aux art. 151 et 154 du même Code et à quelle date.

La procuration sera établie d'après le modèle joint à la présente circulaire.

L'officier ou le fonctionnaire militaire qui dressera l'acte aura soin d'appeler d'une façon toute particulière l'attention du militaire sur la néces-

(1) Note du *J. off.* — « Le dernier paragraphe de l'art. 4 de la loi du 8 juin 1893 porte que les actes reçus dans les conditions indiquées en cette loi « ne pourront être valablement utilisées qu'à la condition d'être timbrés et après avoir été enregistrés ».

sité de donner dans la procuration avec la plus stricte exactitude les renseignements relatifs tant à son propre état civil qu'à celui de la future épouse, afin d'éviter les retards qui ne manqueraient pas de se produire au cas où les indications figurant dans la procuration ne concorderaient pas avec celles qui sont portées sur les actes de naissance des futurs époux.

Si les renseignements fournis par le militaire présentent des lacunes ou ne sont pas suffisamment sûrs, ils seront complétés ou vérifiés d'urgence; à cet effet, l'officier ou le fonctionnaire instrumentaire télégraphiera aux maires des communes où sont nés les futurs époux pour obtenir les indications contenues dans les actes de naissance.

La demande, accompagnée de la procuration, sera transmise par la voie hiérarchique au ministre de la guerre (service intérieur, bureau des archives administratives), avec l'avis des chefs du militaire sur la suite à y donner.

Le ministre de la guerre accordera ou refusera l'autorisation, en se plaçant uniquement au point de vue du militaire, et en me laissant, en cas d'autorisation de sa part, le soin d'apprécier la décision définitive à prendre, eu égard à la personnalité de la future épouse et aux « causes graves » invoquées dans la demande.

Ce partage d'attributions permettra d'aboutir promptement à une solution.

Si le ministre de la guerre refuse l'autorisation, la procédure se trouvera close par là même, et mon collègue fera aviser le militaire du rejet de sa demande. S'il accorde l'autorisation en ce qui le concerne, il me transmettra le dossier, auquel sera annexée sa décision favorable.

Selon les résultats de l'enquête à laquelle je ferai procéder par les voies les plus rapides, et, s'il y a lieu, télégraphiquement, j'accorderai à mon tour l'autorisation ou la refuserai; dans l'un et l'autre cas, j'informerai sans retard de ma décision le ministre de la guerre, qui avisera le militaire de la délivrance ou du refus de l'autorisation par lui sollicitée.

La demande, la procuration et les autorisations ministérielles seront adressées par mes soins et ceux du parquet à l'officier de l'état civil, pour être annexées à l'acte de mariage.

La marche à suivre, en ce qui touche le personnel relevant du département de la marine, sera la même. La demande et la procuration, accompagnées de l'avis des chefs de l'intéressé, devront être transmises par la voie hiérarchique au ministre de la marine, sous le timbre du bureau administrateur du personnel auquel appartient le requérant.

III. Il a été expliqué, dans l'exposé des motifs de la loi du 4 avril, que la faculté ouverte pendant la guerre, aux militaires et marins présents sous les drapeaux, de comparaître devant l'officier de l'état civil par procuration est la seule dérogation apportée aux règles du Code civil concernant les formes du mariage; ces prescriptions s'appliqueront intégralement pour le surplus. Il ne sera donc pas porté atteinte à la publicité du mariage et de sa célébration.

Si le militaire ou le marin a sollicité la dispense de la publication et de tout délai, le procureur de la République l'accordera au vu de la double autorisation ministérielle de mariage par procuration.

L'intervention d'un fondé de pouvoir amènera dans la rédaction des actes de mariage certaines modifications de la formule actuellement en vigueur; vous trouverez, joint à la présente circulaire, un modèle rectifié en conséquence.

Dès que l'officier de l'état civil aura procédé à la célébration du mariage, il en avisera par lettre le ministre de la guerre ou le ministre de la marine, pour que celui-ci en informe le militaire ou le marin.

IV. D'après le droit commun, tel qu'il est formulé dans les art. 151 et 154 du Code civil, le futur époux, âgé de vingt et un ans, est, jusqu'à trente ans, tenu, à défaut du consentement de ses parents, de leur faire notifier par un notaire l'union projetée, et ce n'est que trente jours francs après justification de cette notification qu'il peut être passé outre à la célébration du mariage.

La loi nouvelle réduit ce délai à quinze jours francs en cas de mariage par procuration.

L'acte de notification, dit *acte respectueux*, sera visé pour timbre et enregistré gratis. De plus, en vertu de l'art. 4, § 4, de la loi du 10 déc. 1850 (1), modifiée par celle du 20 juin 1896 (2), il sera exempt de tous droits, frais et honoraires à l'égard du notaire qui y procédera, si le futur époux est en mesure de se prévaloir de ces dispositions légales, dont le bénéfice lui sera assuré sur la production d'un certificat d'indigence délivré par le commissaire de police, ou, à défaut, par le maire, au vu d'un extrait du rôle des contributions directes constatant que le militaire ou marin paie moins de 10 fr. ou d'un certificat de non-imposition décerné par le percepteur; le certificat d'indigence doit être visé et approuvé par le juge de paix.

Je suis, d'ailleurs, persuadé que, dans tous les cas dignes de leur sollicitude, les notaires prêteront spontanément leur ministère gratuit aux militaires et marins qui pourront en avoir besoin, sans qu'il soit nécessaire à ceux-ci d'invoquer la loi du 10 déc. 1850.

(1) S. *Lois annotées* de 1850, p. 197. — P. *Lois, décr.*, etc. de 1850, p. 131.

(2) S. et P. *Lois annotées* de 1896, p. 121; *Pand. pér.*, 1896.3.113.

V. Il sera essentiel d'attirer l'attention des futurs époux sur la nécessité de reconnaître, au plus tard dans l'acte de mariage, les enfants naturels qui seraient issus d'eux, s'ils veulent, par leur mariage, assurer à ces enfants le bénéfice de la légitimation, par application de l'art. 331 du Code civil.

Le militaire ou le marin pourra, à cet effet, dans l'acte de procuration dressé en vue de son mariage, donner à son mandataire un pouvoir spécial pour reconnaître en son nom les enfants naturels nés de lui et de la future épouse.

Le modèle de procuration joint à la présente circulaire contient la formule dont il devra être fait usage à cette fin.

Le militaire ou le marin sera d'ailleurs libre, s'il le préfère, au lieu de recourir à l'entremise d'un mandataire pour la reconnaissance de ses enfants naturels, d'y procéder directement, en vertu de l'art. 98 du Code civil, et devant les officiers ou fonctionnaires indiqués par l'art. 93 du même Code.

VI. L'exposé des motifs de la loi du 4 avril a envisagé l'hypothèse où le militaire ou le marin viendrait à mourir entre le moment où sera dressé l'acte de procuration et celui où le mariage sera célébré.

Il est bien certain que, si la nouvelle du décès du militaire ou du marin est parvenue à l'officier de l'état civil, celui-ci ne pourra plus procéder à la célébration du mariage.

Mais, si la mort du futur époux n'était pas encore connue et si cette ignorance a été partagée par la future épouse, le mariage, célébré sous l'empire de cette erreur commune, tout en étant nul, produira, conformément aux principes généraux du droit, tant à l'égard de la femme qu'à celui des enfants, les effets que l'art. 201 du Code civil a attachés au mariage putatif.

C'est ce qui a été proclamé dans l'exposé des motifs, et expressément reconnu au cours des travaux préparatoires devant les deux Chambres (V. notamment les rapports de M. Catalogne au Sénat du 6 mars 1915, et de M. Adrien Veber à la Chambre des députés du 25 du même mois).

Bien que le mariage soit frappé de nullité, la légitimation des enfants reconnus s'ensuivra donc.

Je vous prie de m'accuser réception des présentes instructions, que vous communiquerez aux parquets de votre ressort.

Vous voudrez bien, en outre, vous entendre avec MM. les préfets pour qu'elles soient portées à la connaissance des maires, et pour que, par tous moyens convenables, elles reçoivent la plus large publicité.

(*Suivent au* J. off. *les modèles annexés*).

MARINE, GUERRE FRANCO-ALLEMANDE, OFFICIERS DE RÉSERVE, AVANCEMENT, SERVICE DE SANTÉ.

DÉCRET *modifiant les décrets des* 25 *juill.* 1897 *et* 19 *nov.* 1914, *relatifs à l'organisation et à l'état des officiers de réserve de l'armée de mer* (1).

(8 avril 1915). — (Publ. au *J. off.* du 10 avril).

LE PRÉSIDENT DE LA RÉPUBLIQUE FRANÇAISE; — Sur le rapport du ministre de la marine; — Vu la loi du 27 juill. 1907 (2), portant organisation

(1) Ce décret est précédé au *J. off.* d'un rapport ainsi conçu :

« L'avancement des officiers de réserve du corps de santé de la marine est régi, à l'heure actuelle, par les dispositions de l'art. 5 du décret du 25 juill. 1897, modifié les 13 déc. 1897 (*J. off.*, 17 déc. 1897, p. 7079) et 19 nov. 1914. Ces dispositions sont communes à tous les corps d'officiers naviguant de la marine nationale, à l'exception des officiers mécaniciens ; elles exigent des ayants droit les mêmes conditions d'avancement au grade supérieur que pour les officiers du cadre actif.

« En ce qui concerne les médecins, il y a donc un minimum de temps d'embarquement dans chaque grade, sauf dans les grades de médecins en chef et de médecins généraux.

« Or, cette considération de l'embarquement, qui est, en effet, essentielle pour les officiers de marine, devient secondaire, en logique, pour les officiers du corps de santé.

« En effet, un médecin qui quitte la marine, s'il ne navigue plus (la navigation étant dans la marine une circonstance de son service et non le but de sa profession), n'en continue pas moins, s'il exerce l'art médical, à acquérir de l'expérience et de la valeur professionnelle. Beaucoup de ces médecins acquièrent même dans la vie civile une situation marquante, soit dans les Facultés, soit dans les hôpitaux, qui en font des collaborateurs très précieux pour le corps de santé de la marine quand les circonstances les amènent, comme aujourd'hui, à reprendre leurs places dans nos formations hospitalières du temps de guerre. Il semble donc à la fois choquant et peu équitable de les placer le plus souvent en sous-ordre de jeunes médecins, demeurés dans les cadres, et de les maintenir dans cette situation inférieure, pour la raison qu'ils n'ont pas rempli les conditions de service à la mer citées plus haut. Ceci est d'autant plus vrai que la marine n'embarque pas, en principe, ses médecins de réserve, qu'elle les affecte à ses hôpitaux en remplacement des officiers du cadre actif, appelés, eux, à remplir les postes de leur grade à bord des bâtiments armés.

« Le service du temps de guerre des officiers de réserve du corps de santé de la marine se rapproche donc tout à fait de celui de leurs confrères de l'armée de terre. Or, au département de la guerre, l'avancement des médecins de complément est subordonné seulement à des conditions d'ancienneté dans la réserve. Il en est si bien ainsi que, l'Ecole principale du service de santé de la marine, à Bordeaux, fournissant à la fois les cadres des officiers du corps de santé de la marine et des officiers du corps de santé des troupes coloniales, ceux de ces derniers qui ont quitté le cadre actif se trouvent bénéficier dans la réserve de promotions que ne peuvent pas obtenir leurs camarades passés dans la réserve de l'armée de mer.

« Dans ces conditions, et à la fois pour assurer la formation et le maintien des cadres des officiers de réserve du corps de santé de la marine et pour récompenser les services si appréciés de ces officiers, il m'a paru nécessaire de prévoir pour eux des conditions nouvelles d'avancement dans le décret modificatif ci-joint, que j'ai l'honneur de soumettre à votre haute sanction ».

(2) S. et P. *Lois annotées* de 1908, p. 634 ; *Pand. pér.*, *Lois annotées* de 1908, p. 634.

du corps de santé de la marine; — Vu le décret du 25 juill. 1897 (1), portant règlement sur l'organisation et l'état des officiers de réserve de l'armée de mer; — Le Conseil d'Etat entendu; — Décrète :

ART. 1er. Le § 2 de l'art. 5 du décret du 25 juill. 1897, modifié le 19 nov. 1914 (2), est remplacé par les dispositions suivantes :

« Aucun officier de réserve des corps autres que celui des officiers mécaniciens ne peut recevoir d'avancement en temps de paix qu'à la condition d'être plus ancien que tous les officiers de son grade du cadre d'activité et d'avoir accompli, dans le service actif, les conditions exigées pour l'avancement au grade supérieur. Toutefois, en ce qui concerne le corps de santé, la seule condition imposée à un officier de réserve est d'être plus ancien que tous les officiers de son grade du cadre d'activité ».

2. Le ministre de la marine est chargé, etc.

PENSIONS ET TRAITEMENTS, JUSTICES DE PAIX, GUERRE FRANCO-ALLEMANDE, SERVICES COMME SUPPLÉANTS, ENTRÉE EN COMPTE, VERSEMENT DES RETENUES, PROROGATION DE DÉLAI.

DÉCRET *relatif à la suspension du délai prévu par la loi du 21 juill. 1914.*

(8 avril 1915). — (Publ. au *J. off.* du 9).

LE PRÉSIDENT DE LA RÉPUBLIQUE FRANÇAISE; — Sur le rapport du garde des sceaux, ministre de la justice, et du ministre des finances; — Vu la loi du 21 juill. 1914 (3), admettant au droit à pension les juges suppléants de carrière recrutés antérieurement au décret du 13 févr. 1908 (4), et spécialement l'alin. 3 de son article unique; — Vu l'art. 2 de la loi du 5 août 1914 (5), qui porte que, pendant la durée de la mobilisation et jusqu'à la cessation des hostilités, le Gouvernement est autorisé à prendre, dans l'intérêt général, par décret en conseil des ministres, toutes les mesures nécessaires pour suspendre toutes prescriptions ou péremptions en matière civile, commerciale et administrative, et que cette suspension pourra s'appliquer à tous les actes qui, d'après la loi, doivent être accomplis dans un délai déterminé; — Vu le décret du 10 août 1914 (6), pris en exécution de ladite loi; — Le conseil des ministres entendu; — Décrète :

ART. 1er. Le délai d'un an, prévu par la loi susvisée du 21 juill. 1914, est suspendu pendant la durée de la mobilisation et jusqu'à la cessation des hostilités.

A partir de cette cessation, les magistrats intéressés jouiront d'un délai égal à celui qui restait à courir à leur profit au premier jour de la mobilisation.

2. Le garde des sceaux, ministre de la justice, et le ministre des finances sont chargés, etc.

POSTES, GUERRE FRANCO-ALLEMANDE, RECOUVREMENTS PAR LA POSTE, ÉLÉVATION DU MAXIMUM, ALGÉRIE.

DÉCRET *élevant de* 2.000 *à* 5.000 *fr. le montant maximum des valeurs à recouvrer par la poste.*

(8 avril 1915). — (Publ. au *J. off.* du 14 avril).

LE PRÉSIDENT DE LA RÉPUBLIQUE FRANÇAISE; — Sur le rapport du ministre du commerce, de l'industrie, des postes et des télégraphes et du ministre des finances; — Vu les lois des 5 avril 1879 (7) et 17 juill. 1880 (8), et, notamment, l'art. 10 de la loi du 5 avril 1879, portant que le maximum des valeurs à recouvrer par la poste pourra être élevé par décret inséré au *Bulletin des lois;* l'art. 11 de la loi du 5 avril 1879, autorisant le gouvernement à pourvoir à toutes les mesures nécessaires pour l'exécution de ladite loi; — Vu le décret du 31 mars 1880 (9), étendant à l'Algérie le service du recouvrement des effets de commerce par la poste; — Vu l'art. 1er du décret du 19 juin 1882 (10), élevant à 2.000 fr. le maximum des quittances, factures, billets, traites, et généralement des valeurs commerciales ou autres dont le gouvernement est autorisé à faire effectuer le recouvrement par la poste, en vertu des dispositions des lois des 5 avril 1879 et 17 juill. 1880; — Vu l'art. 2 du décret du 1er juill. 1902 (11), fixant à cinq le nombre des valeurs pouvant être insérées dans une même enveloppe, et à 2.000 fr. le montant maximum de chaque envoi; — Vu le décret du 20 nov. 1902 (12), élevant de cinq à quinze le nombre des valeurs à recouvrer de 6 fr. et au-dessous, pouvant être insérées dans une même enveloppe; — Décrète :

ART. 1er. A partir du 16 avril 1915, et jusqu'à une date qui sera fixée ultérieurement par décret, après la cessation des hostilités, le montant maxi-

---

(1) S. et P. *Lois annotées* de 1899, p. 870.
(2) 1er vol., p. 210.
(3) *J. off.*, 25 juill. 1914, p. 6789.
(4) *J. off.*, 18 févr. 1908, p. 1278.
(5) 1er vol., p. 33.
(6) 1er vol., p. 44.
(7) S. *Lois annotées* de 1879, p. 423. — P. *Lois, décr.*, etc. de 1879, p. 729.

(8) *Bull. off.*, 12e série, 582, n. 10109.
(9) *Bull. off.*, 12e série, 537, n. 9449.
(10) S. *Lois annotées* de 1883, p. 478. — P. *Lois, décr.*, etc. de 1883, p. 786.
(11) S. et P. *Lois annotées* de 1904, p. 712.
(12) *Bull. off.*, 12e série, 2409, n. 42457.

mum de chaque valeur à recouvrer par la poste et le maximum du montant total des valeurs pouvant composer chaque envoi adressé de France ou d'Algérie par un même déposant, au bureau de poste français ou algérien chargé d'en opérer le recouvrement, est porté de 2.000 fr. à 5.000 fr.

2. Le ministre des finances et le ministre du commerce, de l'industrie, des postes et des télégraphes sont chargés, etc.

ARMÉE, GUERRE FRANCO-ALLEMANDE, RECRUTEMENT, CLASSE 1917, RECENSEMENT, REVISION, NOUVELLE VISITE DES AJOURNÉS ET RÉFORMÉS.

ARRÊTÉ *relatif à la formation de la classe* 1917.

(9 avril 1915). — (Publ. au *J. off.* du 12 avril).

I

RECENSEMENT

Les maires dresseront sans délai les tableaux de recensement de la classe 1917, dont il ne sera fait qu'une publication le dimanche 25 avril.

Le délai d'un mois, prévu à l'art. 10 de la loi du 21 mars 1905 (1), modifiée par l'art. 6 de la loi du 7 août 1913 (2), est par exception réduit à dix jours.

Devront être inscrits dans chaque commune :

1° Les jeunes gens français de naissance nés en 1897;

2° Les omis des classes antérieures;

3° Les individus devenus Français depuis la formation de la classe 1916 par voie de naturalisation, de réintégration ou de déclaration;

4° Les fils d'étrangers devenus Français à titre définitif ou susceptibles de le devenir avant le 15 juill. 1915;

5° Tous les jeunes gens visés par la convention franco-belge du 30 juill. 1891 (3), nés avant le 31 déc. 1897 (c'est-à-dire tous ceux qui, par suite du jeu de cette convention, n'ont pas, ayant alors moins de vingt-deux ans, participé à la formation des classes précédentes). Exception est faite pour les mineurs nés en France de parents belges nés l'un et l'autre hors de France (aux termes de l'arrangement conclu le 22 mars 1915 [4] entre les deux gouvernements, l'application de ladite convention est suspendue pour la durée de la guerre); toutefois, il ne sera pas procédé à l'inscription des individus visés au présent article quand ils auront produit un acte d'engagement dans l'armée belge ou justifié de leur inscription sur les contrôles de cette armée;

6° Les créoles soumis aux obligations militaires résidant dans la commune qui, appartenant par leur âge à une classe encore liée au service, n'auraient pas encore été recensés;

7° Les jeunes gens évacués ou réfugiés des régions envahies en résidence momentanée dans la commune.

Au cours du recensement de la classe 1916, un grand nombre de fils d'étranger susceptibles de répudier la qualité de Français au cours de leur vingt-deuxième année ont été inscrits prématurément et par suite revisés et incorporés. Sur la réclamation des ambassadeurs étrangers, ils ont dû être renvoyés dans leurs foyers.

Il importe de ne pas retomber dans de pareils errements, préjudiciables à la fois aux intérêts du Trésor et à ceux des particuliers.

II

REVISION

A. — **Règles générales.**

Les opérations de la revision commenceront 6 mai pour se terminer le 14 juillet suivant.

La séance de clôture sera tenue au chef-lieu de chaque département le 24 juill. 1915. Au cours de cette séance, il devra être statué sur les demandes de sursis, pour valoir à la fin des hostilités, qui auront été produites tardivement par les hommes des classes de 1914 à 1917 incluse.

Les conseils de revision auront la composition prévue par l'arrêté du 7 déc. 1914 (5), relatif à la formation de la classe 1916.

Ils devront se transporter dans tous les cantons du département, mais pourront opérer le même jour dans plusieurs cantons, conformément à l'art. 17 de la loi du 21 mars 1905; ils seront autorisés, à cet effet, à faire usage d'automobiles.

Les séances pourront se poursuivre les dimanches et jours fériés.

Les médecins désignés pour assister les conseils seront choisis parmi ceux ayant leur domicile hors du département, et, autant que possible, dans un département non limitrophe.

Dans le département de la Seine, deux conseils de revision pourront fonctionner simultanément dans deux circonscriptions n'appartenant pas à la même zone de recrutement. En outre, le préfet de la Seine est autorisé à prévoir, avant le 5 mai, la tenue à Paris de séances préliminaires, exclusivement réservées à l'examen des réformés.

Les avis émis par nos représentants à l'égard

(1) S. et P. *Lois annotées* de 1906, p. 3; *Pand. pér.*, 1905.3.81.

(2) S. et P. *Lois annotées* de 1914, p. 561; *Pand. pér.*, *Lois annotées* de 1914, p. 561.

(3) S. et P. *Lois annotées* de 1892, p. 399.

(4) *Supra,* p. 77.

(5) 1er vol., p. 236.

des jeunes gens visités sur place, en raison de leur résidence régulière à l'étranger, seront considérés comme décisions valables, et homologués par les conseils de revision au cours de la séance de clôture.

B. — Examen des inscrits.

Les présidents des conseils de revision rappelleront fréquemment à ces conseils et aux médecins experts que l'examen des jeunes gens de la classe 1917 doit avoir lieu avec le plus grand soin, en raison même de l'âge de ces jeunes gens, dont beaucoup n'ont pas encore atteint le développement physique seul susceptible d'offrir des garanties de résistance à l'épreuve du service militaire. Une sélection sévère devra donc être faite, comme s'il s'agissait de choisir parmi les jeunes gens examinés des engagés volontaires, lesquels doivent présenter les mêmes conditions d'aptitude physique que les appelés d'âge normal.

Les médecins apporteront une attention particulière à la recherche de tous les signes de vigueur fonctionnelle insuffisante de l'organisme, et s'attacheront spécialement à découvrir les symptômes de tuberculose ou même de simple prédisposition à cette maladie. Ils prendront toujours connaissance pour s'éclairer des certificats médicaux présentés par les intéressés.

Ces mêmes règles s'appliquent aux ajournés des classes 1913, 1914, 1915.

Un dossier sanitaire sera constitué pour les réformés pour la première fois du 2 août au 31 déc. 1914; ce dossier comprendra les décisions déjà survenues, telles qu'elles figurent sur le registre matricule, ou sur les livrets matricules du recrutement, ainsi que les certificats médicaux que les intéressés auront en outre jugé utile de produire devant le conseil de revision.

Les commissions médicales et les commissions de réforme, dont le rôle est défini aux art. 9 et 10 de la loi du 7 août 1913, ne fonctionneront pas pour la classe 1917.

C. — Ajournés.

Les ajournés des classes 1913, 1914 et 1915 devront être convoqués devant les conseils de revision de la classe 1917.

D. — Doubles inscriptions.

En raison des circonstances actuelles, le nombre des individus inscrits à la fois sur deux tableaux différents est de plus en plus considérable.

Les préfets à qui les dossiers seront renvoyés sont autorisés à faire régulariser ces situations par les conseils de la classe 1917, qui sont également qualifiés pour se prononcer sur la situation des Français à l'étranger pour lesquels les avis de nos consuls sont parvenus tardivement, sur les demandes de sursis d'incorporation, comme il a été dit plus haut, sur le cas des hommes évacués, réfugiés, etc.

E

Dans les départements envahis, il devra être procédé au recensement et à la revision, comme il a été fait pour les classes précédentes.

III

INSCRIPTION ET REVISION DES HOMMES RÉFORMÉS ENTRE LE 2 AOUT ET LE 31 DÉC. 1914.

A

Tous les hommes placés dans la position de réforme n° 2 ou dans la position de réforme temporaire depuis le 2 août 1914 jusqu'au 31 décembre suivant sont astreints à une nouvelle visite, qu'ils passeront, soit, sur leur demande, devant les commissions spéciales de réforme, ou, pour la Seine, devant le conseil de revision spécial jusqu'au 5 mai, soit devant les conseils de revision de leur canton, après cette date.

Ceux qui passeront devant les conseils de revision seront examinés au début de la séance, avant que commence l'examen des recrues, et la constatation de l'aptitude physique aura lieu à huis clos, conformément aux dispositions de l'art. 39 de l'instruction du 27 déc. 1905 et de la circulaire du 16 nov. 1914.

Il est de la dernière importance de ne pas oublier qu'aux termes de la loi du 6 avril 1915 (1), seuls sont astreints à cette nouvelle visite, les hommes qui, antérieurement au 2 août, n'auront été ni exemptés, ni réformés.

C'est ainsi que ne doivent pas être convoqués les hommes réformés une première fois avant la mobilisation et maintenus dans leur situation par les conseils de revision, ni les anciens réformés engagés volontaires pour la durée de la guerre, qui ont été réformés une deuxième fois, ni les réformés d'avant la guerre, qui, pris bons par les conseils de revision de la classe 1915, ont été incorporés et réformés à nouveau avant le 31 décembre.

Les intéressés sont tenus de faire, dans le délai de quinze jours à partir de l'insertion du présent arrêté au *Journal officiel*, une déclaration de situation militaire à la mairie du lieu de leur résidence actuelle, dans les conditions prévues à l'art. 1er de l'arrêté du 15 sept. 1914 (2), dont toutes les dispositions leur sont d'ailleurs applicables, y compris celles de l'art. 3, aux termes desquelles les hommes atteints des infirmités énumérées dans le tableau annexé sont dispensés de se présenter en personne.

---

(1) *Supra*, p. 102.

(2) 1er vol., p. 113.

B

Les décisions prises à l'égard des réformés qui auront été présentés, sur leur demande, devant les commissions spéciales de réforme, seront notifiées par les commandants de recrutement aux préfets intéressés; ces décisions seront portées de suite sur les listes en regard de chaque nom.

A ces listes sera joint pour chacun des intéressés le dossier sanitaire prévu au paragraphe B du chapitre II du présent arrêté.

C

Les hommes qui n'auront pas fait la déclaration prescrite seront inscrits d'office, soit par les soins des maires, s'ils sont découverts en temps utile, soit par les soins des commandants de recrutement. Ces derniers dresseront pour leur subdivision, comme les maires pour leur commune, la liste des réformés susceptibles d'être visités, et communiqueront sans délai cette liste aux préfets, en vue de permettre à ces hauts fonctionnaires de grouper tous les renseignements utiles.

IV

La date de l'appel sous les drapeaux des ajournés des classes 1913, 1914 et 1915 et des réformés reconnus aptes au service tant par les commissions de réforme que par les conseils de revision sera fixée ultérieurement.

V

En règle générale, il y aura lieu de se reporter pour la marche des opérations à l'arrêté du 7 déc. 1914, relatif à la formation de la classe de 1916.

VI

ENGAGEMENTS VOLONTAIRES

Les engagements volontaires pour la durée de la guerre resteront ouverts pour les jeunes gens de la classe 1917 jusqu'au 15 juillet; jusqu'à nouvel ordre, ces engagements seront reçus dans les conditions fixées par la circulaire du 15 août 1914 (1) et le télégramme n. 13189 1/11 du 12 novembre, c'est-à-dire qu'ils ne seront reçus ni dans le train des équipages (service automobile compris), ni dans les sections, et qu'ils seront suspendus dans les corps d'infanterie, de cavalerie, d'artillerie, du génie et de l'aéronautique, lorsque l'effectif des dépôts atteindra l'effectif de guerre majoré de 20 p. 100.

CHEMINS DE FER, GUERRE FRANCO-ALLEMANDE, CHEMINS DE FER DE L'ETAT, PENSIONS DE RETRAITES, TRAITEMENTS OU SALAIRES, CUMUL, INTERDICTION, SUSPENSION.

DÉCRET *suspendant, pendant la durée des hostilités, certaines dispositions du règlement des retraites du personnel des chemins de fer de l'Etat.*

(9 avril 1915). — (Publ. au *J. off.* du 15 avril).

LE PRÉSIDENT DE LA RÉPUBLIQUE FRANÇAISE; — Sur le rapport du ministre des travaux publics et du ministre des finances; — Vu la loi du 18 mai 1878 (2), relative à l'ancien réseau des chemins de fer de l'Etat; — Vu les décrets en date du 25 mai 1878 (3), concernant l'organisation administrative et financière de ce réseau; — Vu le décret du 10 déc. 1895 (4), portant réorganisation des chemins de fer de l'Etat; — Vu la loi du 13 juill. 1908 (5), concernant le rachat du réseau de la Compagnie des chemins de fer de l'Ouest; — Vu la loi du 18 déc. 1908 (6), réglant les conditions provisoires d'exploitation, après rachat, du réseau de la Compagnie des chemins de fer de l'Ouest, ainsi que les mesures financières nécessitées par le rachat; — Vu la loi du 21 déc. 1909 (7), approuvant le règlement amiable du prix du rachat dû à la Compagnie des chemins de fer de l'Ouest, en exécution de la loi du 13 juill. 1908; — Vu les arrêté et décret des 25 (8) et 26 déc. 1908 (9), concernant l'organisation provisoire du réseau de l'Etat; — Vu la loi du 21 juill. 1909 (10), relative aux conditions de retraite du personnel des grands réseaux de chemins de fer d'intérêt général; — Vu le décret du 13 mai 1911 (11), approuvant le règlement des retraites du personnel du réseau de l'Etat, notamment le dernier paragraphe de l'art. 15 de ce règlement; — Décrète:

ART. 1er. Les effets des dispositions du § 2 de l'art. 15 du règlement concernant les retraites du personnel du réseau de l'Etat, approuvé par décret du 13 mai 1911, seront suspendus pendant

---

(1) 1er vol., p. 58.

(2) S. *Lois annotées* de 1879, p. 361. — P. *Lois, décr.*, etc. de 1879, p. 623.

(3) S. *Lois annotées* de 1879, p. 361. — P. *Lois, décr.*, etc. de 1879, p. 624.

(4) S. et P. *Lois annotées* de 1896, p. 11.

(5) S. et P. *Lois annotées* de 1908, p. 756; *Pand. pér.*, *Lois annotées* de 1908, p. 756.

(6) S. et P. *Lois annotées* de 1909, p. 830; *Pand. pér.*, *Lois annotées* de 1909, p. 830.

(7) S. et P. *Lois annotées* de 1910, p. 1053; *Pand. pér.*, *Lois annotées* de 1910, p. 1053.

(8) *J. off.*, 29 déc. 1908, p. 9110.

(9) S. et P. *Lois annotées* de 1909, p. 832; *Pand. pér.*, *Lois annotées* de 1909, p. 832.

(10) S. et P. *Lois annotées* de 1910, p. 978; *Pand. pér.*, *Lois annotées* de 1910, p. 978.

(11) *Bull. off.*, nouv. série, 57, n. 2725.

toute la durée des hostilités, en ce qui concerne les agents ou ouvriers retraités pouvant être occupés par les chemins de fer de l'Etat, à titre d'auxiliaires.

2. Le ministre des travaux publics est chargé, etc.

DOUANES, GUERRE FRANCO-ALLEMANDE, INTERDICTIONS DE SORTIE, DÉROGATIONS.

ARRÊTÉ *relatif à des dérogations aux prohibitions de sortie.*

(9 avril 1915). — (Publ. au *J. off.* au 13 avril).

LE MINISTRE DES COLONIES; — Vu le décret du 13 mars 1915 (1), portant application aux colonies et pays de protectorat autres que la Tunisie et le Maroc des prohitions de sortie édictées par le décret du 6 (2) du même mois; — Vu l'arrêté du ministre des finances du 6 avril 1915; — Arrête :

Par dérogation aux prohibitions de sortie actuellement en vigueur, peuvent être exportées ou réexportées sans autorisation spéciale, lorsque l'envoi a pour destination l'Angleterre, les dominions, les pays de protectorat et colonies britanniques, la Belgique, le Japon, le Monténégro, la Russie, la Serbie (3), ou les Etats d'Amérique, les produits énumérés ci-après :

Boyaux frais, secs ou salés.

Amidon.

Fécule de pommes de terre et autres.

GUERRE, GUERRE FRANCO-ALLEMANDE, VICTIMES DE LA GUERRE, SOUTIENS DE FAMILLE, FAMILLES NÉCESSITEUSES, ALLOCATIONS JOURNALIÈRES, CIVILS TUÉS PAR L'ENNEMI, PRISONNIERS CIVILS, MARINS DU COMMERCE.

LOI *ayant pour objet : 1° d'étendre aux familles des victimes civiles de la guerre le bénéfice des allocations instituées par la loi du 5 août 1914; 2° de régler la situation des allocataires qui peuvent prétendre à pension.*

(9 avril 1915). — (Publ. au *J. off.* du 10 avril).

ART. 1er. Le bénéfice de la loi du 5 août 1914 (4) est étendu à toute famille nécessiteuse dont le soutien indispensable aura été tué ou emmené en captivité au cours des événements de guerre, ou qui, se trouvant en territoire ennemi au moment des hostilités, aura été retenu comme prisonnier.

Il est également étendu aux familles nécessiteuses des marins du commerce privés de leurs salaires à la suite de la capture ou de la destruction de leur navire, pour la période comprise entre le jour de cette capture ou destruction et celui de leur débarquement dans un port français.

2. Dans le cas de décès, et au cas où ce décès ouvrirait droit à une pension à la charge de l'Etat, des départements, colonies ou pays de protectorat, communes ou établissements publics, au profit des membres de la famille, ceux-ci ne pourront cumuler le bénéfice de ladite pension et celui de l'allocation acquise en vertu, soit de la loi du 5 août 1914, soit de la présente loi.

ASSURANCE MARITIME, GUERRE FRANCO-ALLEMANDE, RISQUES DE GUERRE, ASSURANCE PAR L'ETAT, RATIFICATION DE DÉCRETS.

LOI *portant conversion en lois des décrets des 13 août, 10 oct. et 12 nov. 1914, relatifs à la garantie de l'Etat en matière d'assurances contre les risques de la guerre maritime.*

(10 avril 1915). — (Publ. au *J. off.* du 14 avril).

ART. 1er. Les décrets des 13 août (5), 10 oct. (6), 12 nov. 1914 (7), relatifs à la garantie de l'Etat en matière d'assurances contre les risques de guerre maritime, sont ratifiés dans toutes leurs dispositions qui ne sont pas contraires à la présente loi.

En conséquence, pendant la durée des hostilités, l'Etat français peut garantir contre les risques de guerre, soit les corps des navires, soit les cargaisons, dans les conditions ci-après :

TITRE Ier

CORPS DE NAVIRES

2. La garantie de l'Etat ne s'applique qu'aux corps de navires battant pavillon français et immatriculés dans un port français, à la condition, toutefois, que ces navires soient assurés contre les risques ordinaires de la navigation jusqu'à concurrence de 25 p. 100 au minimum de leur valeur.

3. Cette garantie ne peut excéder 80 p. 100 de la valeur du navire, telle qu'elle est fixée dans la police d'assurance des risques ordinaires.

4. En considération de cette garantie, l'Etat perçoit une prime, dont le montant ne peut excéder 5 p. 100 de la somme garantie.

5. Si le navire quitte le port d'embarquement

(1) *Supra*, p. 54.

(2) *Supra*, p. 51.

(3) Note du *J. off.* — « Sous réserve, en ce qui concerne la Russie et la Serbie, de la souscription d'un acquit-à-caution à décharger par la douane russe ou serbe ».

(4) 1er vol., p. 28.

(5-6-7) 1er vol., p. 50, 153, 198.

ou un port d'escale contrairement aux instructions des autorités maritimes ou consulaires françaises, ou n'observe pas, pour sa conduite à la mer, les ordres desdites autorités, l'Etat sera déchargé de toute obligation, quand le sinistre sera la conséquence de l'infraction commise, et, dans ce cas, la moitié de la prime lui reste acquise.

6. L'Etat n'est pas garant de la prise du navire, s'il est repris et remis à l'armateur dans les six mois qui suivront la date de la prise.

7. Le paiement des sommes dues par l'Etat est effectué dans le délai de six mois à dater de la production des pièces justificatives au ministère des finances.

TITRE II

CARGAISONS

8. La garantie de l'Etat s'applique, tant à l'importation qu'à l'exportation, aux cargaisons transportées par navires battant pavillon français, allié ou neutre.

La garantie s'applique également aux cargaisons transportées par navires battant pavillon français et immatriculés dans un port français au départ et à destination de l'étranger.

Pour l'application des dispositions qui précèdent, les ports des colonies françaises et des pays de protectorat sont assimilés aux ports de la métropole.

Dans tous les cas, les cargaisons doivent être assurées contre les risques ordinaires de la navigation.

9. Cette garantie peut couvrir la valeur totale du chargement, telle qu'elle est fixée dans la police d'assurance des risques ordinaires.

10. En considération de cette garantie, l'Etat perçoit une prime dont le montant ne peut excéder 5 p. 100 de la somme garantie.

TITRE III

DISPOSITIONS GÉNÉRALES

11. Le ministre des finances arrête les conditions particulières à chacun des contrats, sur la proposition de la commission prévue au décret du 11 août 1914 (1).

Toutefois, il peut conférer au président de la commission délégation spéciale pour signer les contrats.

12. A la clôture de la liquidation des opérations d'assurances régies par les articles ci-dessus, le reliquat actif, s'il en existe un, sera divisé en deux parts, savoir : les sommes provenant des primes versées pour l'assurance des navires et celles provenant des primes versées pour l'assurance des cargaisons.

Les premières seront distribuées aux assurés proportionnellement aux primes par eux acquittées ; les secondes seront versées à la Caisse des invalides de la marine.

COLONIES, GUERRE FRANCO-ALLEMANDE, DOUANES, INTERDICTION DE SORTIE, DÉCRETS DES 30 MARS ET 4 AVRIL 1915, APPLICATION.

DÉCRET *portant application aux colonies et pays de protectorat autres que la Tunisie et le Maroc des prohibitions de sortie édictées par les décrets des 30 mars et 4 avril* 1915.

(10 avril 1915). — (Publ. au *J. off.* du 13 avril).

LE PRÉSIDENT DE LA RÉPUBLIQUE FRANÇAISE ; — Sur le rapport des ministres des colonies, du commerce, de l'industrie, des postes et des télégraphes, de la guerre, de la marine et des finances ; — Vu l'art. 34 de la loi du 17 déc. 1814 (2) ; — Vu le sénatus-consulte du 3 mai 1854 (3) ; — Décrète :

ART. **1er**. Sont rendues applicables aux colonies et pays de protectorat autres que la Tunisie et le Maroc les dispositions des décrets des 30 mars (4) et 3 avril 1915 (5) prohibant divers produits à la sortie de la métropole.

Toutefois, des exceptions à cette disposition pourront être accordées, sous les conditions qui seront déterminées par le ministre des colonies.

2. Le ministre des colonies, le ministre du commerce, de l'industrie, des postes et des télégraphes, le ministre de la guerre, le ministre de la marine et le ministre des finances sont chargés, etc.

MARINE, GUERRE FRANCO-ALLEMANDE, DÉLÉGATIONS DE SOLDE, DÉLÉGATIONS D'OFFICE, MARINS, OFFICIERS DE MARINE ET MARINS DÉCÉDÉS, VEUVES.

LOI *portant ratification du décret du* 17 *déc.* 1914 *accordant aux veuves des officiers des différents corps de la marine et des officiers mariniers, quartiers-maîtres et marins des équipages de la flotte décédés sous les drapeaux, la moitié des allocations de solde, et, s'il y a lieu, de haute paie d'ancienneté de leurs maris.*

---

(1) *J. off.*, 12 août 1914, p. 7338.

(2) S. 1er vol. des *Lois annotées*, p. 914.

(3) S. *Lois annotées* de 1854, p. 78. — P. *Lois, décr.*, etc. de 1854, p. 137.

(4) *Supra*, p. 91.

(5) *Supra*, p. 97.

(10 avril 1915). — (Publ. au *J. off.* du 12 avril).

Article unique. Est ratifié et converti en loi le décret du 17 déc. 1914 (1), accordant, jusqu'à la date de la cessation des hostilités, aux veuves des officiers des différents corps de la marine et des officiers mariniers, quartiers-maîtres et marins des équipages de la flotte décédés sous les drapeaux la moitié des allocations de solde, et, s'il y a lieu, de haute paie d'ancienneté de leurs maris.

PRUD'HOMMES, GUERRE FRANCO-ALLEMANDE, ÉLECTIONS, AJOURNEMENT, ALGÉRIE, GUADELOUPE (ILE DE LA), MARTINIQUE (ILE DE LA), RÉUNION (ILE DE LA).

Loi *ayant pour objet la régularisation : 1° du décret du 24 nov. 1914, relatif à l'ajournement des élections des membres des conseils de prud'hommes ; 2° du décret du 9 janv. 1915, relatif à l'ajournement des élections des présidents généraux, présidents et vice-présidents des conseils de prud'hommes.*

(10 avril 1915). — (Publ. au *J. off.* du 13 avril).

Art. 1er. Sont sanctionnés :

1° Le décret du 24 nov. 1914 (2), relatif à l'ajournement des élections des conseils de prud'hommes jusqu'à une date qui sera fixée après la cessation des hostilités ;

2° Le décret du 9 janv. 1915 (3), relatif à l'ajournement des élections des membres des bureaux des conseils de prud'hommes jusqu'à une date qui sera fixée après la cessation des hostilités.

2. Les dispositions des décrets susvisés sont applicables à l'Algérie, à la Guadeloupe, à la Martinique et à la Réunion.

RÉQUISITIONS MILITAIRES, MARINE, RÈGLEMENT DES INDEMNITÉS, OFFICIERS DU COMMISSARIAT, CITATION EN CONCILIATION.

Circulaire *relative au rôle dévolu aux officiers du commissariat de la marine en matière de fixation d'indemnités ou quand ils sont appelés en conciliation devant le juge de paix.*

(11 avril 1915). — (Publ. au *J. off.* du 15 avril).

Le Ministre de la marine à MM. les vice-amiraux commandant en chef, préfets maritimes, contre-amiral commandant la marine en Algérie, capitaine de vaisseau commandant la marine en Corse.

J'ai été consulté sur l'étendue des pouvoirs des officiers du commissariat en matière de fixation des indemnités relatives aux réquisitions maritimes et sur le rôle dévolu à ces mêmes officiers, quand ils sont appelés en conciliation devant le juge de paix à la suite du refus des indemnités fixées par eux.

Aux termes des art. 24 et 25 de la loi du 3 juill. 1877 (4), la commission locale évalue les indemnités dues aux personnes et aux communes qui ont fourni des prestations, et l'autorité militaire fixe, sur la proposition de la commission, l'indemnité qui est allouée à chacun des intéressés. Ces dispositions sont applicables aux réquisitions maritimes, d'après l'art. 35.

Le directeur ou chef du service de l'intendance maritime, chargé de fixer l'indemnité, le fait en toute indépendance, en tenant compte de la valeur respective de chacun des éléments d'appréciation, d'après lesquels les propositions ont été établies par la commission centrale et la commission locale, et en faisant intervenir, au besoin, ceux que la commission locale aurait cru devoir écarter dans son avis définitif.

Il pourra se faire ainsi que l'autorité maritime prenne une décision contraire, soit à l'avis de la commission centrale des réquisitions, soit à l'avis définitif de la commission locale. Dans ce cas, la décision devra être motivée, ainsi que l'a déjà prescrit la circulaire du 5 mars 1915 (*B. O.*).

Quand un prestataire refuse l'indemnité qui lui a été allouée, l'officier du commissariat, qui l'a fixée, est appelé en conciliation devant le juge de paix (art. 26 de la loi).

L'appel en conciliation implique pour cet officier le droit de transiger. Il doit répondre à l'appel en conciliation qui lui est adressé par le juge de paix ou s'y faire représenter (circulaire du 3 déc. 1914, *B. O.*, p. 1006), sans avoir besoin d'y être autorisé spécialement par le ministre.

Mais, quand il s'agira de fournitures importantes, cet officier, qui conserve évidemment la faculté, dans tous les cas, de prendre au préalable les instructions du ministre, agira sagement en usant de cette faculté, si le délai de comparution assigné par le juge de paix le lui permet. Cette procédure est d'ailleurs conforme à celle qui est suivie au département de la guerre (instruction du 10 mai 1894, § 3 *b*).

ARMÉE, RECRUTEMENT, GUERRE FRANCO-AL-

(1) 1er vol., p. 265.

(2) 1er vol., p. 220.

(3) 1er vol., p. 305.

(4) S. *Lois annotées* de 1877, p. 249. — P. *Lois, décr.*, etc. de 1877, p. 428.

LEMANDE, COLONIES, CONTINGENTS CRÉOLES, INCORPORATION.

INSTRUCTION *pour l'incorporation des contingents créoles appelés ou rappelés pendant la mobilisation.*

(12 avril 1915). — (Publ. au *J. off.* du 14 avril).

I. Les jeunes gens créoles des classes 1914, 1915, 1916, reconnus bons pour le service armé, seront incorporés dans les deux compagnies des Antilles, pour ceux des Antilles et de la Guyane, au bataillon européen de Diégo-Suarez, pour ceux de la Réunion.

Cette incorporation, déjà effectuée pour la classe 1914, sera faite pour les deux autres classes, dès que les opérations de la revision seront terminées (1).

Les jeunes gens des classes 1914, 1915, 1916 classés dans le service auxiliaire seront également incorporés dans les corps précités.

II. A partir du 1er avril 1915, les hommes complètement instruits pourront être dirigés sur la métropole. A leur arrivée en France, ils seront répartis dans les dépôts d'infanterie coloniale du Midi. Des cadres de conduite ont été dirigés sur les Antilles en vue de ces transports. L'encadrement des détachements transportés sera constitué à raison de 1 capitaine par 400 hommes, 1 lieutenant par 200 hommes, 1 sergent par 100 hommes, 1 caporal par 50 hommes.

Dans tous les cas, chaque détachement comportera un officier commandant et un médecin convoyeur.

Les cadres de conduite des contingents réunionnais seront fournis par Madagascar.

III. A partir du 1er mai, les recrues des classes 1914, 1915, 1916 du service armé ou du service auxiliaire, non encore dirigées sur la métropole en vertu des dispositions précédentes, seront embarquées pour la France. Des dispositions ultérieures fixeront les moyens de transport.

IV. Les hommes reconnus bons pour le service armé des classes antérieures à la classe 1912 jusqu'à ceux de la classe 1890 inclusivement (2) seront appelés ou rappelés sous les drapeaux. Ils seront incorporés dans les corps mentionnés plus haut, immédiatement après les opérations de la revision et en commençant par les classes les plus jeunes. L'encadrement des deux compagnies des Antilles ne permettant pas d'incorporer tous les contingents, le surplus ne sera appelé que six jours avant la date d'embarquement pour la métropole.

A partir du 1er mai, les hommes des classes dont il s'agit seront dirigés sur la France, suivant les ressources en moyens de transport, et en commençant par les classes les plus jeunes. A leur débarquement, les hommes suivront les obligations de leur classe d'âge; par suite, les réservistes seront affectés aux dépôts d'infanterie coloniale, les territoriaux à ceux d'infanterie métropolitaine (3). L'instruction de ces hommes sera continuée, entièrement faite ou reprise, dans ces dépôts, suivant qu'ils auront, ou non, été déjà instruits aux colonies, ou suivant qu'ils auront déjà servi antérieurement.

Il sera conservé dans les unités des colonies d'origine le personnel jugé strictement indispensable pour la défense et la sécurité de ces colonies. Ce personnel sera prélevé sur les classes les plus anciennes.

Les hommes du service auxiliaire des classes antérieures à la classe 1913 seront appelés dans les conditions suivantes :

1° Jusqu'à la classe 1902 incluse, ils seront incorporés, après le départ pour la France des hommes du service armé, et dirigés sur la métropole par les paquebots quittant la colonie immédiatement après leur incorporation. La date d'incorporation sera déterminée en conséquence (six jours avant l'embarquement).

2° Les hommes des classes antérieures à 1902 resteront dans leurs foyers jusqu'à nouvel ordre, à moins que les besoins militaires à satisfaire dans la colonie ne nécessitent leur incorporation. Dans ce cas, seuls, les hommes des spécialités nécessaires (boulangers, selliers, cordonniers, tailleurs, etc.) seront convoqués, en commençant toujours par les classes les plus jeunes (4).

Le transport en France des contingents qui font l'objet de ce paragraphe sera réglé ainsi qu'il a été indiqué aux §§ 2 et 3.

V. Pour permettre l'incorporation des divers contingents appelés, les deux compagnies d'infanterie coloniale de la Martinique et de la Guyane fonctionneront comme des compagnies de dépôt, et, par suite, pourront compter à leur effectif tous les hommes que leurs ressources en cadres leur permettront de recevoir.

VI. Les hommes tombant sous le coup de l'art. 5 de la loi du 21 mars 1905 (5) seront envoyés :

(1) Note du *J. off.* — « Sans que la date d'incorporation de la classe 1916, aux colonies, puisse être antérieure à celle de l'incorporation de ladite classe en France (8-12 avril) ».

(2) Note du *J. off.* — « Les hommes de la classe 1889 seront recensés et revisés, mais ne seront appelés que lorsque l'ordre en sera donné ».

(3) Note du *J. off.* — « Toutefois les hommes ayant servi antérieurement dans des armes autres que l'infanterie seront affectés à des dépôts de ces armes ».

(4) Note du *J. off.* — « En raison des besoins à satisfaire, une colonie peut arriver à convoquer les cordonniers de la classe 1901, les boulangers de la classe 1900, etc..., tandis que les classes antérieures à la classe 1902 ne sont pas convoquées, pour les hommes n'exerçant pas de spécialité ».

(5) S. et P. *Lois annotées* de 1906, p. 3 ; *Pand. pér.*, 1906.3.81.

1° Ceux des Antilles et de la Guyane, au dépôt du 8e bataillon d'infanterie légère d'Afrique, à Casablanca. Toutefois, les bataillons d'Afrique ne pouvant recevoir que les hommes de l'armée active, les créoles appartenant, par leur âge, à la réserve ou à l'armée territoriale seront dirigés aussi sur Casablanca, mais pour être placés dans le groupe spécial le plus rapproché de cette ville.

2° Ceux de la Réunion, dans un corps de Madagascar désigné par le commandant supérieur; il sera fait application, à ce sujet, des dispositions de la dépêche n° 79 1/8 du 31 oct. 1907.

VII. Il sera appliqué aux divers contingents, avant leur embarquement pour France, les prescriptions de l'annexe 3 de l'instruction du 16 avril 1910 « Visite médicale des jeunes gens affectés aux corps stationnés en Afrique (volume 681) ».

Par suite, tous les jeunes gens subiront, avant leur embarquement, une visite médicale très sévère, tant dans l'intérêt même des créoles, qui pourraient être très éprouvés par le changement de climat, que dans l'intérêt général, d'une part, pour éviter dans les circonstances actuelles l'encombrement des formations sanitaires, d'autre part, pour restreindre les frais de rapatriement, considérables en cas de mise en réforme de ces jeunes gens après leur incorporation.

VIII. Les hommes des classes 1914, 1915, 1916, ceux appartenant aux classes antérieures à la classe 1912 et qui n'ont pas encore servi, pourront prendre part, après leur arrivée en France, à un concours pour E. O. R. dans des conditions qui seront fixées antérieurement.

IX. Les pères de six enfants (vivants ou l'ayant été simultanément) des classes 1890 à 1916 seront uniformément rattachés à la classe 1889, mais ne seront éventuellement convoqués que lorsque la classe 1887 sera, elle-même, appelée dans la métropole; en aucun cas, ils ne seront appelés à servir en dehors de la colonie où ils résident.

Les pères de quatre enfants (vivants ou l'ayant été simultanément) des classes 1900 à 1916 seront uniformément rattachés à la classe 1899 et en suivront le sort; ils seront donc affectés, comme territoriaux, aux troupes métropolitaines.

X. Les effets nécessaires à l'habillement des contingents dirigés sur la métropole seront expédiés aux Antilles et, le cas échéant, à Madagascar. La collection comprendra des effets de laine (chandail, gilet et ceinture de flanelle, caleçon de laine, couverture de campement), dont l'utilisation protégera les créoles contre les brusques variations de température, soit pendant la traversée, soit au cours de leur transport, en France, du port de débarquement au dépôt d'affectation.

Chaque homme recevra une collection complète avant l'embarquement.

(1) 1er vol., p. 275.
(2) 1er vol., p. 111.

Les dépenses d'habillement seront à la charge de l'Etat.

XI. Paiements. — Les paiements seront faits à titre d'avance à régulariser.

Les dépenses d'entretien, soldes, vivres, etc. seront remboursées au département des colonies, sur extrait de feuilles de journées ou production de justifications utiles pour les dépenses non imputables sur revues. Les documents dont il s'agit seront adressés au département de la guerre, sous le timbre de la 8e direction (4e bureau).

XII. Il me sera rendu compte, par câblogramme, après chaque incorporation et après chaque embarquement pour la métropole, de l'effectif incorporé ou embarqué par classe et par service, armé ou auxiliaire.

Rentes sur l'Etat, Rentes 3 1/2 p. 100 amortissables, Libération.

Arrêté *relatif aux certificats provisoires* 3 1/2 *p.* 100 *amortissable, libérés postérieurement au* 31 *janv.* 1915.

(14 avril 1915). — (Publ. au *J. off.* du 15 avril).

Le Ministre des finances; — Vu l'art. 14 de la loi du 26 déc. 1914 (1), ratifiant le décret du 11 sept. 1914 (2), relatif aux avantages à accorder aux certificats libérés de l'emprunt aux rentes 3 1/2 p. 100 amortissables et le décret du 11 déc. 1914 (3), relatif à la libération des certificats provisoires dudit emprunt; — Vu l'art. 12 de la loi du 31 mars 1915 (4); — Arrête :

Art. 1er. Pour bénéficier des dispositions ci-dessus rappelées de l'art. 12 de la loi du 31 mars 1915, les porteurs de certificats provisoires de rentes 3 1/2 p. 100 amortissables libérés à partir du 1er févr. 1915 devront adresser au ministre des finances, par lettre non affranchie, un exposé sur papier libre des circonstances de force majeure qui n'auraient pas permis la libération de ces certificats avant la date ci-dessus.

Cet exposé devra mentionner : les nom et prénoms, le domicile, et, s'il y a lieu, la résidence actuelle de l'intéressé;

Les numéros des certificats provisoires et le montant de la rente qu'ils représentent;

Le comptable à la caisse duquel ils ont été libérés.

Seront produites en même temps toutes pièces justificatives ou certifications des autorités civiles ou militaires dont l'intéressé jugera utile d'appuyer sa requête.

2. Une commission, composée du directeur du mouvement général des fonds, du directeur de la

(3) 1er vol., p. 252.
(4) *Supra*, p. 93.

dette inscrite et du caissier payeur central du Trésor public, est chargée d'instruire les demandes et de présenter au ministre des finances, sur chaque affaire, un avis motivé.

Le ministre statuera définitivement.

Le fait d'avoir été domicilié dans une partie du territoire occupé par l'ennemi, au cours de la période antérieure au 31 janv. 1915, entraînera *ipso facto*, lorsqu'il en aura été suffisamment justifié devant la commission, l'application du bénéfice de l'art. 12 de la loi du 31 mars 1915. Il en sera de même de la présence sous les drapeaux au cours de la même période.

3. La décision du ministre des finances est notifiée aux intéressés par les soins du directeur du mouvement général des fonds. Cette notification, revêtue du timbre de la direction, et dont il est délivré autant d'ampliations qu'il y a de titres libérés, est annexée à chacun de ces titres par l'intéressé, qui doit la produire en même temps que le certificat provisoire, soit pour l'imputation du prix d'émission sur le montant de la souscription à des emprunts de l'Etat français, soit pour la négociation du certificat provisoire ou son échange contre le titre définitif.

La production de ce document vaudra annulation de la mention inscrite sur le certificat provisoire pour constater sa libération tardive. Le titre définitif qui sera remis en échange ne renfermera à cet égard aucune mention spéciale.

4. Dans le cas où les certificats provisoires auraient été déjà échangés contre des titres de rente définitifs, la même procédure sera applicable aux possesseurs de ces titres qui demanderaient l'annulation de la mention constatant leur libération tardive. Ces titres devront être aussitôt renvoyés, accompagnés de la notification de la décision ministérielle, à la direction de la dette inscrite, qui en délivrera de nouveaux extraits d'inscription ne portant pas cette mention.

1° PROTÊTS, GUERRE FRANCO-ALLEMANDE, MORATORIUM, VALEURS NÉGOCIABLES, PROROGATION DE DÉLAIS, ALGÉRIE. — 2° VENTE DE MARCHANDISES, GUERRE FRANCO-ALLEMANDE, MORATORIUM, PROROGATION DE DÉLAIS, AVIS PAR LE TIERS PORTEUR AU DÉBITEUR, INTÉRÊTS, ALGÉRIE. — 3° CRÉDIT (OUVERTURE DE), GUERRE FRANCO-ALLEMANDE, MORATORIUM, PROROGATION DE DÉLAIS, ALGÉRIE. — 4° BANQUE-BANQUIER, GUERRE FRANCO-ALLEMANDE, COMPTES COURANTS, AVANCES SUR TITRES, DÉPÔTS, RETRAITS, PROROGATION DE DÉLAIS, ALGÉRIE.

DÉCRET *relatif à la prorogation des échéances et au retrait des dépôts-espèces* (1).

(**15 avril 1915**). — (Publ. au *J. off.* du 16 avril).

LE PRÉSIDENT DE LA RÉPUBLIQUE FRANÇAISE, — Sur le rapport du président du conseil, des ministres du commerce, de l'industrie, des postes et des télégraphes, de la justice, des affaires étrangères, de l'intérieur, des finances, du travail et de la prévoyance sociale ; — Vu le Code de commerce ; — Vu la loi du 5 août 1914 (2), relative à la prorogation des échéances des valeurs négociables ; — Vu les décrets des 31 juill. (3), 1er (4), 4 (5), 9 (6) et 29 août (7), 27 sept. (8), 27 oct. (9), 24 nov. (10), 15 déc. 1914 (11) et 25 févr. 1915 (12) ; — Le conseil des ministres entendu ; — Décrète :

ART. **1er**. Les délais accordés par les art. 1er, 2, 3 et 4 du décret du 29 août 1914, et prorogés par les art. 1er des décrets des 27 sept., 27 oct., 15 déc. 1914 et 25 févr. 1915, sont prorogés, sous les mêmes conditions et réserves, pour une nouvelle période de quatre-vingt-dix jours francs.

Le bénéfice en est étendu aux valeurs négociables qui viendront à échéance avant le 1er août 1915, à la condition qu'elles aient été souscrites antérieurement au 4 août 1914.

---

(1) Ce décret est précédé au *J. off.* d'un rapport ainsi conçu :

« Le mouvement de reprise qui s'est manifesté dans la vie économique du pays, et que nous vous avons signalé dans notre rapport du 25 février dernier, n'a fait que s'affirmer. Des indications recueillies montrent avec certitude que notre situation commerciale et industrielle a continué à s'améliorer.

« Il n'est pas contestable que l'activité des affaires s'accentue, et de nombreux indices permettent, dès maintenant d'en constater les effets. C'est ainsi que, malgré les prorogations successives accordées pour le paiement des effets de commerce, et dont les débiteurs auraient pu invoquer le bénéfice pour différer leur libération, on constate, au contraire, de leur part, un désir manifeste de s'acquitter. La preuve en est donnée par le montant des rentrées résultant de paiements spontanés, qui, depuis le mois d'octobre dernier, et à la Banque de France seulement, se sont élevées à 1.700 millions.

« Si considérable, dans ces conditions, que soit le retour au droit commun, nous croyons devoir cependant vous proposer, encore une fois, de proroger pour une période de quatre-vingt-dix jours francs l'échéance des valeurs négociables souscrites antérieurement au 4 août 1914.

« Nous ne pouvons pas, en effet, oublier que plusieurs de nos départements sont encore envahis et, d'autre part, nous ne pouvons pas ne pas tenir compte du sentiment qui s'est manifesté dans les propositions soumises à la Chambre des députés et dans les rapports des commissions chargées de leur examen.

« Pendant cette nouvelle prorogation, l'activité économique se rapprochant de plus en plus de son fonctionnement normal, chaque débiteur devra prendre ses dispositions en vue de la cessation, dans la plus large mesure possible, du bénéfice des prorogations successives.

« Il nous a été signalé que des débiteurs, désireux de se libérer, s'en sont trouvés empêchés parce qu'ils ignoraient entre les mains de qui ils pouvaient le faire. Pour faciliter le paiement de ces dettes, nous avons cru devoir obliger le porteur à aviser son débiteur qu'il est en possession de l'effet de commerce souscrit par ce dernier.

« Si le porteur ne remplit pas cette formalité dans des conditions et dans un délai déterminés, les intérêts de 5 p. 100, qui lui sont dus en vertu du décret du 29 août 1914, cesseront de courir à son profit.

« Tel est l'objet du projet de décret que nous avons l'honneur de soumettre à votre haute approbation ».

(2) 1er vol., p. 33.

(3 à 11) 1er vol., p. 3, 8, 23, 40, 89, 128, 175, 219, 260.

(12) *Supra*, p. 43.

2. Le porteur d'un effet de commerce prorogé à nouveau en vertu des dispositions de l'article précédent est tenu d'aviser, avant le 31 mai 1915, le débiteur qu'il est en possession dudit effet, et que le paiement peut en être effectué entre ses mains.

Cet avis pourra être constaté, soit par le visa signé et daté du débiteur sur l'effet de commerce lors de la présentation, soit par une lettre recommandée.

Faute par le porteur d'accomplir ces formalités, les intérêts de 5 p. 100, institués à son profit par le décret du 29 août 1914, cesseront de courir à partir du 31 mai 1915.

Toutefois ces formalités ne sont pas nécessaires, si le porteur peut prouver que le débiteur a été antérieurement avisé.

En ce qui concerne les effets de commerce dont l'échéance normale est postérieure au 30 avril 1915, et qui sont prorogés de quatre-vingt-dix jours en vertu des dispositions du présent décret, la présentation sera faite ou l'avis donné dans les mêmes formes, et sous la même sanction que ci-dessus, dans le délai d'un mois à dater de leur échéance normale.

3. Sont maintenues toutes les dispositions des décrets des 29 août, 27 sept., 27 oct., 15 déc. 1914, 25 févr. 1915 qui ne sont pas contraires au présent décret.

Toutefois, l'application des art. 2, §§ 2 et 3, et 3, § 2, du décret du 27 oct. 1914, concernant le recouvrement des valeurs négociables et des créances à raison de ventes commerciales ou d'avances sur titres, est suspendue jusqu'à l'expiration dudit délai de quatre-vingt-dix jours.

4. Le présent décret est applicable à l'Algérie.

5. Les ministres du commerce, de l'industrie, des postes et des télégraphes, des finances, de la justice, de l'intérieur, des affaires étrangères, du travail et de la prévoyance sociale sont chargés, etc.

COLONIES, GUERRE FRANCO-ALLEMANDE, DOUANES, INTERDICTIONS DE SORTIE, RATIFICATION DE DÉCRETS.

LOI *portant approbation de divers décrets prohibant certains produits à la sortie des colonies et pays de protectorats autres que la Tunisie et le Maroc.*

(16 avril 1915). — (Publ. au *J. off.* du 18 avril).

ARTICLE UNIQUE. Sont ratifiés et convertis en lois :

Le décret, en date du 9 oct. 1914 (1), prohibant en Nouvelle-Calédonie la sortie du nickel et du chrome ;

Le décret, en date du 16 oct. 1914 (2), prohibant la sortie du graphite à Madagascar ;

Le décret, en date du 23 oct. 1914 (3), prohibant la sortie des sucres dans les colonies et pays de protectorat autres que la Tunisie et le Maroc ;

L'arrêté, en date du 23 oct. 1914 (4), autorisant, dans les colonies et pays de protectorat autres que la Tunisie et le Maroc, la sortie des sucres à destination de la métropole ;

Le décret, en date du 8 nov. 1914 (5), prohibant la sortie des écorces de palétuvier et du raphia aux colonies ;

Les deux décrets, en date du 9 nov. 1914 (6), rendant applicables aux colonies et pays de protectorat autres que le Maroc et la Tunisie, d'une part, les prohibitions édictées à la sortie de la métropole dans l'intérêt de la défense nationale, et, d'autre part, les dispositions du décret du 5 nov. 1914 (7), prohibant la sortie des extraits tannants d'origine végétale ;

Le décret, en date du 13 nov. 1914 (8), portant interdiction de l'exportation du numéraire à Madagascar ;

Le décret, en date du 4 déc. 1914 (9), rendant applicables aux colonies et pays de protectorat, autres que le Maroc et la Tunisie, les dispositions du décret du 17 nov. 1914 (10), prohibant la sortie du charbon de bois ;

Le décret, du 2 janv. 1915 (11), rendant applicables aux colonies et pays de protectorat, autres que la Tunisie et le Maroc, les dispositions du décret du 21 déc. 1914 (12), concernant les prohibitions de sortie.

(1 à 6) 1er vol., p. 150, 161, 169, 190.
(7-8-9) 1er vol., p. 185, 200, 228.
(10-11) 1er vol., p. 205, 291.
(12) 1er vol., p. 268.

DOUANES, GUERRE FRANCO-ALLEMANDE, INTERDICTIONS DE SORTIE, DÉROGATIONS, MARC DE POMMES, PEAUX, GRAISSES DE POISSON, CAFÉ, CHRONOMÈTRES ET INSTRUMENTS NAUTIQUES.

ARRÊTÉ *relatif à des dérogations à des prohibitions de sortie.*

(16 avril 1915). — Publ. au *J. off.* du 17 avril).

LE MINISTRE DES FINANCES ; — Sur le rapport de la commission interministérielle des dérogations aux prohibitions de sortie ; — Vu les décrets des 30 mars (13) et 3 avril 1915 (14) ; — Arrête :

ART. 1er. Par dérogation aux prohibitions de sortie actuellement en vigueur, peuvent être exportés ou réexportés sans autorisation spéciale, lorsque l'envoi a pour destination l'Angleterre, les dominions, les pays de protectorat et colonies britanniques, la Belgique, le Japon, le Monténégro, la Russie, la Serbie (15), ou les Etats de l'Amérique, les produits et objets énumérés ci-après :

(13-14) *Supra*, p. 91, 97.
(15) Note du *J. off.* — « Sous réserve, en ce qui concerne la Russie et la Serbie, de la souscription d'un acquit-à-caution à décharger par la douane russe ou serbe ».

Marc de pommes;
Peaux brutes et préparées de chevreau;
Graisses de poisson;
Café;
Chronomètres de bord;
Instruments nautiques divers.

2. Le conseiller d'Etat directeur général des douanes est chargé, etc.

DOUANES, GUERRE FRANCO-ALLEMANDE, INTERDICTIONS DE SORTIE, SUPPRESSION DE DROITS D'ENTRÉE, RATIFICATION DE DÉCRETS.

LOI *portant ratification des décrets ayant pour objet d'établir des prohibitions de sortie ou de suspendre les droits d'entrée sur diverses marchandises.*

(16 avril 1915). — (Publ. au *J. off.* du 18 avril).

ART. 1er. Sont ratifiés et convertis en lois :

Le décret du 31 juill. 1914 (1), portant prohibition de sortie et de réexportation en suite de dépôt, d'entrepôt, de transit, de transbordement et d'admission temporaire, des produits ci-après : aéroplanes et aérostats; agrès et apparaux de navires; armes de guerre de toute sorte; bâtiments à voiles, à vapeur ou à moteur à explosion; benzols; bestiaux; bois de fusil; capsules de poudre fulminante; chevaux, ânes et ânesses, mules et mulets; conserves de viande; déchets de fil de coton; dynamite et explosifs similaires; effets d'habillement, de campement, d'équipement et de harnachement militaires; farineux alimentaires de toute sorte; fourrages, foin, paille; huiles minérales brutes, raffinées, essences et lourdes; machines et parties de machines propres à la navigation, à l'aérostation et à l'aviation; machines et appareils frigorifiques; nitrate de soude; peaux brutes et préparées; plomb; poudres et explosifs assimilés, coton-poudre, coton nitré, nitro-glycérine, fulmicoton, etc.; projectiles et autres munitions de guerre; salpêtre; son; soufre; viandes; voitures automobiles; tracteurs de tous systèmes, pneumatiques, et tous objets bruts ou confectionnés de matériel naval et militaire ou de transport;

Le décret du 31 juill. 1914 (2), portant suspension des droits d'entrée sur les farines de froment, d'épeautre et de méteil et sur le pain;

Le décret du 31 juill. 1914 (3), portant suspension des droits de douane sur le froment, l'épeautre et le méteil en grains;

Le décret du 2 août 1914 (4), portant suspension des droits d'entrée sur les viandes conservées par un procédé frigorifique;

Le décret du 2 août 1914 (5), prohibant la sortie et la réexportation, en suite d'entrepôt, de dépôt, de transit et de transbordement, du sel marin, du sel de saline et du sel gemme, bruts ou raffinés;

Le décret du 3 août 1914 (6), rendant applicables à l'Algérie les décrets du 31 juill. 1914, suspendant les droits sur les farines de froment et les blés en grains;

Le décret du 3 août 1914 (7), suspendant les droits d'entrée sur les pommes de terre;

Le décret du 4 août 1914 (8), suspendant les droits de douane sur les maïs en grains;

Le décret du 4 août 1914 (9), rendant applicable à l'Algérie le décret du 2 août 1914, suspendant les droits d'entrée sur l'orge et l'avoine en grains, ainsi que sur les légumes secs (haricots et lentilles) et sur les viandes salées;

Le décret du 5 août 1914 (10), prohibant la sortie et la réexportation du lait naturel, du lait concentré pur, du lait concentré additionné de sucre, des sucres bruts, sucres raffinés et candis;

Le décret du 12 août 1914 (11), portant suspension des droits d'entrée sur les chevaux, mules et mulets, ânes et ânesses;

Le décret du 13 août 1914 (12), suspendant les droits d'entrée sur les riz bruts, brisures, entiers, farines et semoules, sur le coton hydrophile même imprégné ou pharmaceutique, sur les tourteaux de graines oléagineuses et sur les tourteaux autres;

Le décret du 14 août 1914 (13), suspendant les droits d'entrée sur l'iode brut ou raffiné;

Le décret du 7 sept. 1914 (14), portant suspension des droits d'entrée sur les sacs neufs en tissus de jute, les pochettes-mangeoires en tissu de lin, ainsi que sur les bâches en tissu de lin pour voitures militaires;

Le décret du 10 sept. 1914 (15), portant suspension des droits d'entrée sur les bestiaux, bœufs, vaches, taureaux, bouvillons, taurillons et génisses, veaux, béliers, brebis et moutons, agneaux, boucs et chèvres, chevreaux, porcs, cochons de lait;

Le décret du 22 sept. 1914 (16), prohibant la sortie des tourteaux de graines oléagineuses et drèches pouvant servir à la nourriture du bétail;

Le décret du 30 sept. 1914 (17), prohibant la sortie des betteraves destinées à la fabrication du sucre;

Le décret du 1er oct. 1914 (18), complétant le décret précité du 7 sept. 1914, portant suspension des droits d'entrée sur les sacs neufs en tissu de jute, etc.;

Le décret du 14 oct. 1914 (19), prohibant la sortie des produits ci-après : acétone; acide acétique et ses sels médicamenteux; acides carbonique ou phénique; acide salicylique; alcools méthylique et éthylique; alumine anhydre; aluminium; antipyrine; aspirine; bauxite; bismuth et sels de bismuth; brome et bromure; caféine; caoutchouc, balata et gutta-percha; chloral; chloroforme;

---

(1) 1er vol., p. 3.
(2 à 8) 1er vol., p. 2, 13, 20, 21, 24.
(9 à 19) 1er vol., p. 22, 29, 47, 51, 55, 103, 108, 120, 135, 139, 159.

chlorure de chaux; chutes, ferrailles et débris de vieux ouvrages de fonte, de fer et d'acier; créosote de bois; créosote de houille; crésol et ses dérivés; eau oxygénée; éther sulfurique; ferro-chrome; ferro-nickel; formol; glycérine; goudron minéral; iode; iodures et iodoforme; limailles et battitures de fer; limailles et débris de vieux ouvrages de cuivre, d'étain, de zinc, purs ou alliés; nickel (minerai et métal), pur ou allié; nitrate de soude; potassium, potasse et sels de potasse; pyramidon; soude caustique; sulfonal; théobromine; trioxyméthylène;

Le décret du 15 oct. 1914 (1), suspendant les droits d'entrée sur les viandes fraîches;

Le décret du 16 oct. 1914 (2), prohibant la sortie des œufs de volaille et de gibier;

Le décret du 18 oct. 1914 (3), prohibant l'exportation du coton et des déchets de coton;

Le décret du 20 oct. 1914 (4), prohibant la sortie des huiles de ricin et de pulghère;

Le décret du 23 oct. 1914 (5), prohibant la sortie à destination des pays étrangers de la morue sèche et des poissons pêchés à la côte occidentale d'Afrique et séchés dans des conditions analogues à celles de la morue;

Le décret du 25 oct. 1914 (6), suspendant les droits d'entrée sur les bandes de coton pur, unies, pour pansements, d'une largeur de 15 centimètres et d'une longueur de 10 mètres au plus, pesant plus de 8 kilogr. les 100 mètres carrés, présentant au plus 16 fils en chaîne et en trame dans un carré de 5 millimètres de côté, et les coupons de tissu de coton de même nature de 1 mètre de longueur et au-dessous, empaquetés séparément, écrus ou blanchis, même aseptisés, ainsi que sur les tissus de coton unis, écrus ou blanchis, pesant moins de 4 kilogr. les 100 mètres carrés, présentant en chaîne et en trame, dans un carré de 5 millimètres de côté, 18 fils au maximum, en pièces ou découpés;

Le décret du 26 oct. 1914 (7), prohibant la sortie des fruits de table frais, secs ou tapés;

Le décret du 5 nov. 1914 (8), prohibant la sortie des extraits tannants d'origine végétale (extraits de noix de galle, de sumac, de châtaignier et autres sucs liquides ou concrets, extraits des végétaux);

Le décret du 17 nov. 1914 (9), prohibant la sortie du charbon de bois;

Le décret du 19 nov. 1914 (10), modifiant le décret du 13 août 1914, relatif aux riz bruts, au coton hydrophile, aux tourteaux de graines oléagineuses, aux tourteaux autres, aux brisures de riz et aux riz entiers, farines et semoules;

Le décret du 21 nov. 1914 (11), suspendant les droits d'entrée sur les graines de betteraves décortiquées et non décortiquées;

Le décret du 28 nov. 1914 (12), prohibant la sortie des laines en masses (teintes ou non), des laines peignées ou cardées (teintes ou non), des déchets de laines, des tissus de laine pour habillement (draperie et autres), des couvertures de laine, de la bonneterie de laine (objets autres que la ganterie, que les tissus en pièces et que les articles brodés ou ornés);

Le décret du 28 nov. 1914 (13), prohibant la sortie de l'essence de térébenthine, des colophanes, des brais, des résines de pin et de sapin, de l'hydrate d'alumine, des minerais de chrome, de fer et de cuivre, des déchets de soie naturelle, de la bourre de soie en masse ou peignée, des fils de bourre et de bourrette de soie non teints, des tissus de bourre et de bourrette de soie pure non teints, ni imprimés, ni apprêtés;

Le décret du 30 nov. 1914 (14), suspendant les droits d'entrée sur les ponts et pièces de ponts métalliques destinés à la réfection des voies de communication présentant un intérêt pour la défense nationale;

Le décret du 3 déc. 1914 (15), prohibant la sortie des bois de noyer;

Le décret du 21 déc. 1914 (16), qui maintient ou édicte la prohibition d'exporter et de réexporter en suite d'entrepôt, de dépôt, de transit, de transbordement et d'admission temporaire, les produits et objets ci-après :

Acétone. Acide acétique et ses sels médicamenteux. Acide nitrique. Acide salicylique. Acide sulfurique. Aciers spéciaux. Aéroplanes et aéronefs et pièces détachées. Agrès et apparaux de navires. Alcools amylique, méthylique et éthylique. Alumine anhydre et hydratée et sels d'alumine. Aluminium, minerai et métal pur ou allié. Antimoine, minerai et métal pur ou allié. Antipyrine. Appareils de télégraphie. Armes de guerre de toutes sortes. Aspirine. Atropine. Bâtiments à voiles, à vapeur ou à moteur à explosion. Betteraves destinées à la fabrication du sucre. Bestiaux. Beurres. Bismuth et sels de bismuth. Bois de construction. Bois de fusil. Bois de noyer brut, équarri ou scié. Bonneterie de laine (voir Laine). Bourrette de

---

(1) Ce décret est ainsi conçu :

LE PRÉSIDENT DE LA RÉPUBLIQUE FRANÇAISE; — Sur le rapport des ministres de l'agriculture, du commerce, de l'industrie, des postes et télégraphes et des finances; — Vu l'art. 3, § 8, de la loi du 29 mars 1910; — Vu les lois des 11 janv. 1892, 27 févr. 1894 et 29 mars 1910; — Vu le décret du 1er août 1914, ordonnant la mobilisation totale de l'armée; — Le conseil des ministres entendu; — Décrète :

ART. 1er. A partir du 16 oct. 1914 inclusivement, les droits d'entrée sur les viandes fraîches sont supprimés;

2. Lesdites taxes seront rétablies par un décret rendu dans la même forme que le présent acte.

Dans ce cas, les chargements qu'on justifiera avoir été expédiés directement pour la France, avant la publication au *J. off.* du décret de rétablissement, resteront admissibles au bénéfice du tarif antérieur.

3. Ces dispositions ne sont pas applicables à l'Algérie.

4. Les ministres de l'agriculture, du commerce, de l'industrie, des postes et télégraphes et des finances, sont chargés, etc.

(2 à 16) 1er vol., p. 161, 164, 165, 169, 171, 172, 185, 205, 209, 211, 213, 214, 222, 227, 268.

soie en masse ou peignée et blousses de soie en masses ou peignées, à l'exception des tussahs, fils de bourrette et de blousses de soie non teints, tissus de bourrette et de blousses de soie pure non teinte, ni imprimée, ni apprêtée. Brais de résines, colophanes, essence de térébenthine. Brome et bromures. Cacao, chocolat. Caféine. Camphre. Caoutchouc, balata, gutta-percha, bruts ou refondus en masse, y compris les déchets de caoutchouc et l'ébonite. Carbure de calcium. Charbons de bois. Charbons pour l'électricité. Chevaux, ânes et ânesses, mules et mulets. Chloral. Chlorates et perchlorates. Chloroforme. Chlorure de chaux. Chutes, ferrailles et débris de vieux ouvrages de fonte, de fer et d'acier. Cocaïne. Collodion. Conserves de viandes en boîtes, à l'exception des abats et des mélanges de viandes et d'autres produits. Cotons et déchets de coton. Couvertures de laine (voir Laine). Créosote de bois. Cuivre, minerai et métal pur ou allié, chaudronnerie et tubes en cuivre. Déchets de fils de coton. Eau oxygénée. Ecorce de quinquina. Effets d'habillement, de campement, d'équipement et de harnachement militaires. Etain, minerai et métal pur ou allié. Ethers sulfurique et acétique. Farineux alimentaires de toutes sortes, à l'exception du millet, des marrons, châtaignes et leurs farines, du pain de gluten et des pommes de terre de semence en caissettes. Ferro-chrome, ferro-nickel et tous alliages ferro-métalliques. Fils et câbles isolés pour l'électricité. Fils de laine. Formol. Fourrage, foin, paille. Fruits et graines oléagineux. Glycérine. Goudron minéral et produits chimiques dérivés. Graisses animales autres que de poisson (suif, saindoux, lanoline, margarine). Huiles minérales, brutes, raffinées, essences et lourdes (benzine, benzol, toluène, etc.). Huiles de ricin et de pulghère. Iode, iodures et iodoforme. Jute, fils et sacs. Laines de toute nature, à l'exception des rognures de chiffons neufs et des laines d'effilochage. Laines peignées ou cardées, teintes ou non; déchets de laines; tissus de laine pour habillement (draperies et autres); couvertures de laine; bonneterie de laine (objets autres que la ganterie, que les tissus en pièces et que les articles brodés ou ornés). Lait concentré pur ou additionné de sucre. Levures. Limailles et débris de vieux ouvrages de cuivre, d'étain, de zinc, purs ou alliés. Lorgnettes autres que de luxe. Machines et parties de machines propres à la navigation, à l'aérostation et à l'aviation. Machines dynamo-électriques. Machines et appareils frigorifiques. Magnésium. Mercure (minerai et métal). Minerais de chrome, de manganèse et de tungstène. Minerai de fer. Morue sèche et poissons de la côte occidentale d'Afrique séchés dans des conditions analogues à celles de la morue, à l'exception des morues au-dessous de 1 kilogramme. Nickel, minerai et métal pur ou allié. Nitrates et nitrites. Œufs de volaille. Opium et préparations à base d'opium. Peaux brutes et préparées, à l'exception de celles de chevreau et d'agneau, ainsi que des cuirs secs exotiques. Platine. Plaques et papiers photographiques. Plomb, minerai et métal pur ou allié, tuyaux de plomb. Potassium, potasse et sels de potasse. Poudres et explosifs assimilés (cotons-poudre, coton nitré, nitro-glycérine, fulmi-coton, etc.). Projectiles et autres munitions de guerre. Pyramidon. Quinine et ses sels. Sel marin, sel de saline et sel gemme, bruts ou raffinés. Sels de thorium, de cérium et autres sels de terres rares. Son. Soude caustique. Soufre et pyrites. Sucres bruts, raffinés et candis. Sulfonal. Teintures dérivées du goudron de houille (alizarine, aniline). Théobromine. Tissus propres à la confection des ballons. Tourteaux de graines oléagineuses et drèches pouvant servir à la nourriture du bétail. Viandes fraîches et viandes conservées par un procédé frigorifique. Voitures automobiles, tracteurs de tous systèmes, pneumatiques et tous objets, bruts ou confectionnés, de matériel naval et militaire ou de transport. Zinc, minerai et métal pur ou allié;

Le décret du 9 janv. 1915 (1), qui prohibe la sortie et la réexportation du lin brut, teillé, en étoupes et peigné, lin et fils; du chanvre broyé ou teillé, en étoupes et peigné, chanvre en fils; des graines à ensemencer (légumineuses, graminées fourragères et autres graines, y compris la jarosse).

Toutefois, les prohibitions de sortie établies par les décrets énumérés ci-dessus, antérieurement au décret du 21 déc. 1914, ne sont maintenues que dans la mesure prévue par ce dernier acte.

2. Le régime antérieur sera rétabli par des décrets rendus dans la même forme que ceux dont la ratification est prononcée par la présente loi.

JUSTICES DE PAIX, GUERRE FRANCO-ALLEMANDE, REMPLACEMENT DES JUGES DE PAIX MOBILISÉS, SUPPLÉANTS, RÉMUNÉRATION.

DÉCRET *fixant le taux et les conditions d'allocation de la rémunération prévue par l'art. 2 de la loi du 6 avril 1915 pour les suppléants appelés à remplacer les juges de paix mobilisés.*

(16 avril 1915). — (Publ. au *J. off.* du 17 avril).

LE PRÉSIDENT DE LA RÉPUBLIQUE FRANÇAISE; — Sur le rapport du garde des sceaux, ministre de la justice, et du ministre des finances; — Vu la loi du 6 avril 1915 (2), concernant le fonctionnement des justices de paix pendant la guerre; — Décrète :

ART. **1er**. La rémunération prévue par l'art. 2 de la loi susvisée du 6 avril 1915, pour les suppléants appelés à remplacer les juges de paix

(1) 1er vol., p. 305.

(2) *Supra*, p. 104.

mobilisés est fixée par mois aux chiffres suivants :

Justices de paix hors classe (Paris) et de 1re classe, 210 fr. ;

Justices de paix de 2e classe et de 3e classe, 180 fr.

Justices de paix de 4e classe, 150 fr.

2. La rémunération est allouée par décision du ministre de la justice.

Il ne peut être attribué qu'une rémunération par justice de paix.

3. La décision du ministre de la justice allouant la rémunération pourra avoir effet du 1er janv. 1915 pour les suppléants qui, à cette date, étaient déjà chargés de l'intérim d'une justice de paix.

4. Le garde des sceaux, ministre de la justice, et le ministre des finances sont chargés, etc.

1° Ministère des finances, Guerre franco-allemande, Comptables directs du Trésor, Personnel des administrations financières, Laboratoires du ministère, Conseils de discipline, Délégués, Pouvoirs, Prorogation. — 2° Monnaies, Guerre franco-allemande, Conseils de discipline, Délégués, Pouvoirs, Prorogation.

Décret *relatif à la prorogation du mandat aux conseils de discipline des délégués des administrations financières.*

(**18 avril 1915**). — (Publ. au *J. off.* du 20 avril).

Le Président de la République française ; — Vu les décrets et arrêtés ministériels portant organisation du régime disciplinaire des comptables directs du Trésor, des agents des administrations financières, des agents de l'administration des monnaies et médailles et du service des laboratoires du ministère des finances ; — Sur le rapport du ministre des finances ; — Décrète :

Art. **1er**. Le mandat des délégués aux conseils de discipline du personnel des comptables directs du Trésor, des administrations financières, de l'Administration des monnaies et médailles et du service des laboratoires du ministère des finances, élus conformément aux règlements, et dont les pouvoirs expirent en 1915, est prorogé jusqu'à la fin de la présente année.

2. Le ministre des finances est chargé, etc.

Ecoles de commerce, Ecoles supérieures, Guerre franco-allemande, Année 1915, Dispense d'examens généraux.

Décret *portant dérogation temporaire aux dispositions qui régissent les écoles supérieures de commerce reconnues par l'Etat.*

(**19 avril 1915**). — (Publ. au *J. off.* du 23 avril).

Le Président de la République française ; — Vu les art. 6, 8, 14, § 2, et 15, § 1er, du décret du 30 avril 1906 (1), modifié par les décrets des 30 sept. 1910 (2) et 28 mai 1912 (3), relatifs aux écoles supérieures de commerce reconnues par l'Etat ; — Sur le rapport du ministre du commerce, de l'industrie, des postes et des télégraphes ; — Décrète :

Art. **1er**. Par dérogation temporaire aux dispositions du décret susvisé du 30 avril 1906, sont dispensés de subir, en 1915, les examens généraux de fin d'année les élèves de 1re et de 2e année des écoles supérieures de commerce reconnues par l'Etat, qui, appartenant à la classe 1916, ont été appelés sous les drapeaux.

2. Le diplôme supérieur sera attribué aux élèves de deuxième année visés à l'article précédent, qui auront obtenu, au cours de leur scolarité, une moyenne générale de notes égale ou supérieure à 13 points.

Le certificat d'études sera délivré à ceux qui auront obtenu une moyenne générale au moins égale à 11 et inférieure à 13 points.

3. Seront admis à passer en deuxième année les élèves de première année visés à l'art. 1er du présent décret, qui justifieront d'une moyenne générale de 11 points.

4. Des dispositions spéciales seront prises ultérieurement à l'égard des élèves qui ont rejoint l'armée depuis le début des hostilités, soit comme appelés des classes 1914 ou 1915, soit comme engagés.

Prises maritimes, Guerre franco-allemande, Navires capturés par les forces navales britanniques, Achat par des armateurs français, Garantie de l'Etat.

Loi *déterminant les conditions dans lesquelles la garantie de l'Etat pourra être accordée pour l'achat, en Angleterre, par des armateurs français, de navires à vapeur provenant de prises britanniques.*

(**19 avril 1915**). — (Publ. au *J. off.* du 20 avril).

Art. **1er**. L'Etat français pourra garantir au gouvernement britannique le paiement de la partie non immédiatement exigible du prix de vente des navires à vapeur capturés dont les armateurs français se seront rendus adjudicataires.

---

(1) *Bull. off.*, 12e série, 2732, n. 47647.

(2) *Bull. off.*, nouv. série, 42, n. 2016.

(3) *Bull. off.*, nouv. série, 82, n. 4150.

Cette garantie ne pourra porter que sur 75 p. 100, au maximum, du prix de vente et sur les intérêts, jusqu'aux termes fixés pour le paiement. Elle sera accordée, dans chaque cas particulier, par un arrêté du ministre de la marine, pris après avis du ministre des finances.

2. L'armateur qui voudra être admis à bénéficier des dispositions de l'article précédent devra en faire la demande au ministre de la marine.

Cette demande devra être accompagnée :

1° D'un acte de cautionnement qui s'appliquera au premier tiers de la somme garantie par l'Etat et dont le souscripteur devra être agréé par les ministres de la marine et des finances;

2° De l'engagement, pris par l'armateur, de consentir à l'Etat français une hypothèque de premier rang sur le navire pour sûreté des deux autres tiers de ladite somme, et d'assurer le navire contre tous risques, y compris le risque de guerre, jusqu'à parfait paiement de la somme garantie par l'Etat.

Les sociétés de navigation qui ont constitué un fonds d'assurance pour leurs propres navires pourront être dispensées, par des décisions spéciales, de contracter l'assurance ci-dessus prévue.

3. L'armateur devra, en outre, souscrire un engagement de payer une somme égale au montant du prix d'achat, si, au cours de la présente guerre et pendant une période de cinq années à dater de la signature du traité de paix, il transfère directement ou indirectement à un étranger, à une société étrangère ou à une société française dont le conseil d'administration n'est pas composé conformément à l'art. 1er, § 3, de la loi du 7 avril 1902 (1), soit la propriété, soit l'usufruit du navire acheté, ou s'il hypothèque celui-ci au profit des mêmes personnes ou sociétés.

Cet engagement sera garanti par une caution agréée par les ministres de la marine et des finances.

4. Un arrêté concerté entre les ministères de la marine, des affaires étrangères et des finances déterminera les conditions d'application de la présente loi.

1° ASSURANCE SUR LA VIE, GUERRE FRANCO-ALLEMANDE, FRAIS DE SURVEILLANCE ET DE CONTROLE, RÉPARTITION. — 2° SOCIÉTÉS D'ÉPARGNE ET DE CAPITALISATION, GUERRE FRANCO-ALLEMANDE, FRAIS DE SURVEILLANCE ET DE CONTROLE, RÉPARTITION.

DÉCRET *fixant, pour l'exercice 1914, les bases de la répartition entre les entreprises d'assurance sur la vie et de capitalisation des frais de toute nature résultant de la surveillance et du contrôle desdites entreprises.*

(20 avril 1915). — (Publ. au *J. off.* du 21 avril).

LE PRÉSIDENT DE LA RÉPUBLIQUE FRANÇAISE; — Sur le rapport du président du conseil, des ministres du travail et de la prévoyance sociale et des finances; — Vu les lois des 17 mars 1905 (2) et 19 déc. 1907 (3), relatives à la surveillance et au contrôle des sociétés d'assurances sur la vie et des entreprises de capitalisation, et notamment leur art. 13; — Vu la loi du 5 août 1914 (4), relative à la prorogation des échéances des valeurs négociables, et notamment son art. 2; — Le conseil des ministres entendu; — Décrète :

ART. **1er**. Pour l'exercice 1914, les frais de toute nature résultant de la surveillance et du contrôle des entreprises d'assurances sur la vie et de capitalisation seront répartis entre lesdites entreprises sur les bases arrêtées pour l'exercice 1913.

2. Le président du conseil, les ministres du travail et de la prévoyance sociale et des finances sont chargés, etc.

COLONIES, GUERRE FRANCO-ALLEMANDE, MADAGASCAR, CAISSE DE RÉSERVE, AVANCES REMBOURSABLES AUX COLONS.

DÉCRET *autorisant le gouverneur général de Madagascar et dépendances à consentir, sur les fonds de la caisse de réserve et jusqu'à concurrence de 500.000 fr., des prêts à court terme portant intérêts à 6 p. 100 aux colons français, commerçants, agriculteurs ou propriétaires miniers.*

(20 avril 1915). — (Publ. au *J. off.* du 1er mai).

LE PRÉSIDENT DE LA RÉPUBLIQUE FRANÇAISE; — Sur le rapport du ministre des colonies et du ministre des finances; — Décrète :

ART. **1er**. Par dérogation à l'art. 261 du décret du 30 déc. 1912 (5), le gouverneur général de Madagascar est autorisé, pendant la durée des hostilités, à consentir sur les fonds de la caisse de réserve, et jusqu'à concurrence de la somme de cinq cent mille francs, des avances remboursables aux colons français possédant, en qualité de propriétaires, des stocks de produits destinés à l'exportation et dont la réalisation immédiate ne peut être poursuivie en raison des circonstances présentes, ou des propriétés immobilières agricoles ou minières déjà mises en valeur.

---

(1) S. et P. *Lois annotées* de 1903, p. 460; *Pand. pér.*, 1902.3.113.

(2) S. et P. *Lois annotées* de 1905, p. 1041; *Pand. pér.*, 1905.3.65.

(3) S. et P. *Lois annotées* de 1908, p. 647; *Pand. pér.*, *Lois annotées* de 1908, p. 647.

(4) 1er vol., p. 33.

(5) *Bull. off.*, nouv. série, 96, n. 4967.

2. Les prêts qui seront consentis par décision du gouverneur général en conseil d'administration ne pourront dépasser le quart de la valeur des produits ou, le cas échéant, des propriétés affectées à leur garantie, ni excéder la somme de 20.000 fr. pour chaque emprunteur. Les sommes prêtées porteront intérêt à raison de 6 p. 100 au profit de la colonie.

Le remboursement devra en être effectué au plus tard dans les conditions ci-après : un quart, neuf mois après la cessation des hostilités; un deuxième quart, trois mois après; la deuxième moitié, quinze mois après la cessation des hostilités.

Le paiement des intérêts afférents aux portions du capital remboursé aura lieu en même temps que le remboursement de ces fractions.

3. Les conditions d'attribution de ces avances seront déterminées par arrêté du gouverneur général en conseil d'administration.

4. Le ministre des colonies et le ministre des finances sont chargés, etc.

COLONIES, GUERRE FRANCO-ALLEMANDE, MINES, PERMIS DE RECHERCHES, TITULAIRES, CITOYENS FRANÇAIS, RESSORTISSANTS DES PAYS ALLIÉS, MOBILISATION, PROROGATION, RENOUVELLEMENT, INDO-CHINE, MADAGASCAR, GUYANE, NOUVELLE-CALÉDONIE.

DÉCRET *portant prorogation de délais de recherches minières.*

(20 avril 1915). — (Publ. au *J. off.* du 25 avril).

LE PRÉSIDENT DE LA RÉPUBLIQUE FRANÇAISE; — Vu l'art. 18 du sénatus-consulte du 3 mai 1854 (1); — Vu le décret du 26 janv. 1912 (2), réglementant les mines en Indo-Chine; — Vu le décret du 20 juill. 1897 (3), portant réglementation des mines autres que celles des métaux précieux et des pierres précieuses à Madagascar; — Vu le décret du 23 mai 1907 (4), portant réglementation de l'exploitation de l'or, des métaux précieux et des pierres précieuses à Madagascar; — Vu le décret du 28 janv. 1913 (5), réglementant la recherche et l'exploitation de gîtes naturels de substances minérales existant en Nouvelle-Calédonie et dépendances; — Vu le décret du 10 mars 1906 (6), portant modification à la réglementation minière de la Guyane; — Sur le rapport du ministre des colonies; — Décrète :

ART. 1er. Les permis de recherches minières accordés à des citoyens ou sujets français, ou ressortissants de puissances alliées, sont, pour les titulaires mobilisés, prorogés d'office pour une période égale à celle qui s'écoulera entre, d'une part, la date, soit du présent décret, soit de la mobilisation de l'intéressé, si celle-ci est postérieure à la première, et, d'autre part, la date à laquelle le titulaire cessera d'être mobilisé.

Cette prorogation de validité des permis de recherches ne donnera lieu, à la charge des intéressés, à la perception d'aucune taxe nouvelle.

2. Les permis de recherches minières accordés à des citoyens ou sujets français, ou ressortissants des puissances alliées, et qui viendraient à expiration pendant la période comprise entre la date du présent décret et le 1er janv. 1916, sans pouvoir, aux termes de la réglementation en vigueur, donner lieu à renouvellement, pourront, à titre exceptionnel, être renouvelés pour une dernière période d'un an, aux conditions résultant de la réglementation en vigueur.

3. Les dispositions de détail relatives à l'application du présent décret seront, s'il y a lieu, fixées par arrêtés des gouverneurs.

4. Le présent décret est applicable aux colonies de l'Indo-Chine, de Madagascar, de la Guyane et de la Nouvelle-Calédonie.

5. Le ministre des colonies est chargé, etc.

1° TRIBUNAUX DE PREMIÈRE INSTANCE, GUERRE FRANCO-ALLEMANDE, RATTACHEMENT A UN AUTRE RESSORT. — 2° JUSTICES DE PAIX, GUERRE FRANCO-ALLEMANDE, RATTACHEMENT A UN AUTRE RESSORT.

DÉCRET *relatif à l'application de la loi du 6 févr.* 1915.

(20 avril 1915). — (Publ. au *J. off.* du 21 avril).

LE PRÉSIDENT DE LA RÉPUBLIQUE FRANÇAISE; — Sur le rapport du garde des sceaux, ministre de la justice; — Vu la loi du 6 févr. 1915 (7), art. 1er et 2; — Décrète :

ART. 1er. Les justices de paix d'Albert et de Bray-sur-Somme sont provisoirement rattachées au ressort du tribunal de première instance d'Amiens (loi susvisée, art. 1er, § 2).

2. La partie de la circonscription de la justice de paix de Chaulnes correspondant aux communes de Chuignes, Estrées-Deniécourt, Framerville, Herleville, Proyart, Rainecourt, Vanvillers et Lihons, est provisoirement rattachée au ressort de la justice de paix de Corbie (loi susvisée, art. 2).

---

(1) S. *Lois annotées* de 1854, p. 78. — P. *Lois, décr.*, etc. de 1854, p. 137.

(2) *Bull. off.*, nouv. série, 74, n. 3627.

(3) *J. off.*, 27 juill. 1897, p. 4300.

(4) *J. off.*, 24 mai 1907, p. 3676.

(5) *J. off.*, 29 janv. 1913, p. 931.

(6) *Bull. off.*, nouv. série, 98, n. 5082.

(7) *Supra*, p. 21.

3. La partie de la circonscription judiciaire du tribunal de première instance de Péronne correspondant aux cantons d'Albert et de Bray-sur-Somme et à la partie du canton de Chaulnes visée à l'article précédent est provisoirement rattachée au tribunal de première instance d'Amiens (loi susvisée, art. 2).

4. Le garde des sceaux, ministre de la justice, est chargé, etc.

NOTAIRES, GUERRE FRANCO-ALLEMANDE, CHAMBRES DE DISCIPLINE, ELECTIONS, AJOURNEMENT, POUVOIRS DES MEMBRES DU BUREAU, PROROGATION.

DÉCRET *ajournant les élections pour le renouvellement des membres et du bureau des chambres de discipline des notaires.*

(20 avril 1915). — (Publ. au *J. off.* du 21 avril).

LE PRÉSIDENT DE LA RÉPUBLIQUE FRANÇAISE; — Sur le rapport du garde des sceaux, ministre de la justice; — Vu l'art. 50 de la loi du 25 vent. an 11 (1), prescrivant l'établissement de chambres de discipline des notaires; — Vu l'ordonnance du 4 janv. 1843 (2), relative à l'organisation des chambres de notaires et à la discipline du notariat; — Vu le décret du 30 janv. 1890 (3), complétant cette ordonnance; — Le Conseil d'Etat entendu; — Décrète :

ART. **1er**. Les élections pour le renouvellement des membres et du bureau des chambres de discipline des notaires actuellement en exercice sont ajournées à une date qui sera fixée dès la cessation des hostilités.

2. Les pouvoirs des membres des chambres de discipline et des membres du bureau actuellement en exercice sont prorogés jusqu'à ce qu'il ait pu être procédé auxdites élections.

3. Le garde des sceaux, ministre de la justice, est chargé, etc.

ABSINTHE, INTERDICTION, RACHAT DES PLANTES D'ABSINTHE, FIXATION DES INDEMNITÉS, COMMISSIONS D'ÉVALUATION.

ARRÊTÉ *instituant, dans chacune des communes où auront été faites les déclarations prévues par la loi du 29 mars 1915, une commission chargée de régler le montant des indemnités à allouer aux cultivateurs de grande et de petite absinthe pour le rachat des stocks invendus de ces plantes restant en leur possession.*

(22 avril 1915). — (Publ. au *J. off.* du 23 avril).

LE MINISTRE DES FINANCES; — Vu la loi du 29 mars 1915 (4), portant ouverture au ministère des finances de crédits additionnels aux crédits provisoires de l'exercice 1915 pour le rachat des stocks de plantes d'absinthe détenus par les récoltants; — Vu l'avis du ministre de l'agriculture en date du 10 avril 1915; — Arrête :

ART. **1er**. Dans chacune des communes où auront été faites les déclarations prévues au § 1er de l'art. 2 de la loi du 29 mars 1915, susvisée, est instituée une commission chargée, conformément aux dispositions du § 2 du même article, de régler le montant des indemnités à allouer aux cultivateurs de grande et de petite absinthe pour le rachat des stocks invendus de ces plantes restant en leur possession.

2. Chacune de ces commissions locales se compose :

Du directeur des services agricoles du département, président;

D'un inspecteur des contributions indirectes, désigné par le directeur départemental de cette administration;

Du maire de la commune ou de son délégué.

3. Les commissions instituées par les articles précédents se réuniront, pour procéder à leurs travaux, sur convocation de leur président.

4. Le présent arrêté sera déposé au bureau du contreseing pour être notifié à qui de droit.

ARMÉE, GUERRE FRANCO-ALLEMANDE, ETAT-MAJOR DE L'ARMÉE, COMMISSION DES PORTS MARITIMES, COMMISSIONS DE PORTS.

ARRÊTÉ *relatif aux commissions des ports maritimes.*

(22 avril 1915). — (Publ. au *J. off.* du 26 avril).

LES MINISTRES DE LA GUERRE, DE LA MARINE ET DES TRAVAUX PUBLICS; — Arrêtent :

ART. **1er**. Il est créé une « commission des ports maritimes », fonctionnant auprès de l'état-major de l'armée (4e bureau), dans les mêmes conditions que la commission de navigation, et ayant des attributions analogues. Elle centralise toutes les questions relatives à l'utilisation des ports maritimes de commerce pour les opérations intéressant les divers services militaires.

2. La commission des ports maritimes comprend :

Comme commissaires militaires :

---

(1) S. 1er vol. des *Lois annotées*, p. 623.

(2) S. 2e vol. des *Lois annotées*, p. 739.

(3) S. *Lois annotées* de 1890, p. 790. — P. *Lois, décr.* etc. de 1890, p. 1358; *Pand. pér.*, 1890.3.1.

(4) *Supra*, p. 84.

1° Le chef du 4e bureau de l'état-major de l'armée;

2° L'aide-major général chargé de la direction de l'arrière.

Comme commissaire technique :

Le directeur de la navigation au ministère des travaux publics.

Comme commissaire administratif :

Un représentant des services administratifs du ministère de la guerre.

Ces quatre commissaires peuvent être secondés par un ou plusieurs adjoints.

3. Dans chacun des ports désignés par entente entre les ministres de la guerre, de la marine et des travaux publics, il est institué une « commission de port », chargée de régler l'utilisation du port pour les satisfactions de tous les besoins militaires, et fonctionnant dans les mêmes conditions que les sous-commissions de la navigation intérieure.

Les décisions de la commission sont exécutoires, à moins qu'elles ne soient en opposition avec des mesures d'ordre militaire prescrites par le commandant d'armes.

4. Dans le cas où le ministre de la guerre le jugerait nécessaire pour des questions d'ordre militaire, deux ou plusieurs commissions de port pourront être réunies sous une autorité militaire unique, par l'intermédiaire de laquelle ces commissions de port correspondraient avec la commission des ports maritimes.

5. La commission de port, est, en principe, ainsi composée :

Président.

1° Le commandant d'armes, le gouverneur désigné ou un officier général ou supérieur de l'armée de terre ou de mer spécialement désigné.

Membres militaires.

2° Un officier supérieur ou subalterne de l'armée de terre appartenant à l'armée active, et, en outre, dans les ports de la zone des armées, un officier spécialement désigné par le général commandant en chef;

Un sous-intendant;

L'administrateur de l'inscription maritime, et, en outre, s'il y a lieu, un officier de marine spécialement désigné.

Membres militaires éventuels, lorsqu'il y aura lieu de recevoir du matériel ressortissant à ces services.

3° Un représentant du service de l'artillerie;

Un représentant du service de la cavalerie;

Un représentant du service du génie;

Un représentant du service de santé.

Membres techniques.

4° L'ingénieur en chef du service maritime, ou, dans les ports où il n'y a pas d'ingénieur en chef, l'ingénieur chargé de l'exploitation du port;

L'officier de port;

Le président de la chambre de commerce ou son délégué.

6. L'exécution des décisions de la commission de port est confiée à une « délégation exécutive », composée de l'officier de l'armée de terre, du sous-intendant militaire, de l'ingénieur en chef ou de l'ingénieur chargé de l'exploitation du port, et, en outre, dans les ports de la zone des armées, de l'officier spécialement désigné par le général commandant en chef.

Cette délégation peut s'adjoindre, le cas échéant, et suivant les besoins, un ou plusieurs membres permanents éventuels de la commission.

7. Sous la réserve des droits conférés à la marine en matière de réquisition par le décret du 2 août 1877 (1), modifié par le décret du 31 juill. 1914 (2), l'utilisation ou la réquisition des moyens d'exploitation du port pour les besoins militaires ne peut avoir lieu que sur la proposition de la commission de port.

8. Sous la réserve des dispositions prévues aux articles précédents, l'exploitation commerciale continue à s'effectuer sous l'autorité du ministre des travaux publics.

9. Sont supprimées toutes les « commissions de port » antérieurement instituées.

10. Le présent arrêté annule et remplace l'arrêté interministériel du 30 janv. 1915 (3).

ARMÉE, GUERRE FRANCO-ALLEMANDE, OFFICIERS DE RÉSERVE ET DE L'ARMÉE TERRITORIALE, RADIATION DES CADRES POUR INAPTITUDE.

DÉCRET *relatif à la procédure à suivre, pendant la guerre, pour la radiation des cadres des officiers de réserve et de territoriale, reconnus inaptes à remplir les fonctions de leur grade.*

(22 avril 1915). — (Publ. au *J. off.* du 26 avril).

LE PRÉSIDENT DE LA RÉPUBLIQUE FRANÇAISE; — Sur le rapport du ministre de la guerre; — Vu la loi du 13 mars 1875 (4), sur la constitution des cadres et des effectifs de l'armée, et notamment les art. 45 et 58; — Vu le décret du 31 août 1878 (5), portant règlement sur l'état des officiers de réserve et des officiers de l'armée territoriale, modifié et complété par les décrets du 3 févr.

(1) S. *Lois annotées* de 1877, p. 255. — P. *Lois, décr.*, etc. de 1877, p. 440.

(2) 1er vol., p. 4.

(3) *Supra*, p. 11.

(4) S. *Lois annotées* de 1875, p. 693. — P. *Lois, décr.*, etc. de 1875, p. 1192.

(5) S. *Lois annotées* de 1879, p. 414. — P. *Lois, décr.*, etc. de 1879, p. 713.

1880 (1), du 20 mars 1890 (2), du 1er juill. 1912 (3) et du 5 avril 1915 (4); — Vu le décret du 9 sept. 1914 (5), suspendant le fonctionnement des conseils d'enquête pendant la durée de la guerre, le dit décret ratifié par la loi du 30 mars 1915 (6); — Le Conseil d'Etat entendu; — Décrète :

ART. 1er. Pendant la durée de la guerre, et à raison de la suspension du fonctionnement des conseils d'enquête prescrits par le décret du 9 sept. 1914, ratifié par la loi du 30 mars 1915, la radiation des cadres des officiers de réserve et des officiers de l'armée territoriale, pour inaptitude à remplir les fonctions de leur grade, sera prononcée par décret, sur le rapport du ministre de la guerre, après avis des autorités ci-après désignées :

Pour les officiers qui sont aux armées : le général commandant en chef, ou, par délégation, soit le général commandant le corps d'armée, soit, s'il s'agit de troupes ne faisant pas partie d'un corps d'armée, le général de qui elles relèvent.

Pour les autres officiers : le général commandant la région.

Les décisions prévues au présent article seront prises après qu'auront été provoquées, autant qu'il sera possible, les observations de l'intéressé.

2. Le ministre de la guerre est chargé, etc.

GUERRE, GUERRE FRANCO ALLEMANDE, DOMMAGES DE GUERRE, COMMISSION D'ÉVALUATION, COMPOSITION.

DÉCRET *portant modification du décret du 24 mars 1915, qui a déterminé la composition de la commission supérieure chargée de la revision générale des évaluations dss dommages matériels résultant des faits de guerre.*

(22 avril 1915). — (Publ. au *J. off.* du 24 avril).

LE PRÉSIDENT DE LA RÉPUBLIQUE FRANÇAISE; — Sur le rapport du président du conseil des ministres, du ministre de la justice, du ministre de l'intérieur et du ministre des finances; — Vu l'art. 12 du décret du 4 févr. 1915 (7) et l'art. 1er du décret du 24 mars 1915 (8); — Le Conseil d'Etat entendu; — Décrète :

ART. 1er. L'art. 1er du décret du 24 mars 1915 est modifié ainsi qu'il suit :

La commission prévue à l'art. 12 susvisé est composée de quarante et un membres, savoir :

1° Cinq sénateurs;

2° Sept députés;

. . . .

2. Le ministre de l'intérieur et le ministre des finances sont chargés, etc.

DÉCORATIONS, GUERRE FRANCO-ALLEMANDE, CROIX DE GUERRE.

DÉCRET *relatif à l'application de la loi du 8 avril 1915, instituant une croix de guerre.*

(23 avril 1914). — (Publ. au *J. off.* du 24 avril).

LE PRÉSIDENT DE LA RÉPUBLIQUE FRANÇAISE; — Sur le rapport des ministres de la guerre, de la marine, des colonies et du garde des sceaux, ministre de la justice.

Vu la loi du 8 avril 1915 (9), instituant une croix dite « croix de guerre », pour commémorer les citations individuelles pour faits de guerre à l'ordre des armées de terre et de mer, des corps d'armée, des divisions, des brigades et des régiments; — Décrète :

ART. 1er. La croix de guerre instituée par la loi du 8 avril 1915 est en bronze florentin, du module de 37 millimètres, à quatre branches, avec, entre les branches, deux épées croisées.

Le centre représente, à l'avers, une tête de République au bonnet phrygien, orné d'une couronne de laurier, avec, en exergue « République française ».

Il porte, au revers, l'inscription : 1914-1915.

2. La croix de guerre est portée sur le côté gauche de la poitrine, immédiatement après la Légion d'honneur ou la médaille militaire, suspendue à un ruban vert avec liseré rouge à chaque bord, et comptant cinq bandes rouges de 1m/m 5.

3. La croix de guerre est conférée, de plein droit, aux militaires des armées de terre et de mer, Français ou étrangers, qui auront obtenu pour faits de guerre, pendant la durée de la guerre contre l'Allemagne et ses alliés, une citation à l'ordre d'une armée, d'un corps d'armée, d'une division, d'une brigade, d'un régiment, ou une citation à l'ordre d'une unité correspondante.

4. La croix de guerre est également conférée de plein droit, aux civils et aux membres des divers personnels militarisés, qui auront été l'objet d'une des citations visées à l'article précédent.

5. En ce qui concerne l'armée de mer, les différentes citations à l'ordre du jour, prévues à l'art. 3

---

(1) S. *Lois annotées* de 1880, p. 582. — P. *Lois, décr.*, etc. de 1880, p. 1003.

(2) S. *Lois annotées* de 1890, p. 723. — P. *Lois, décr.*, etc. de 1890, p. 1243; *Pand. pér.*, 1891.3.30.

(3) *Bull. off.*, nouv. série, 85, p. 4282.

(4) *Supra*, p. 101.

(5) 1er vol., p. 105.

(6) *Supra*, p. 87.

(7-8) *Supra*, p. 17, 78.

(9) *Supra*, p. 105.

peuvent être respectivement prononcées par les autorités maritimes ci-après désignées :

Citations d'armée : Vice-amiral commandant en chef l'armée navale. Ministre de la marine (pour les personnels ne relevant pas du commandant en chef de l'armée navale).

Citations de corps d'armée : Vice-amiraux commandant une escadre. Officiers généraux, préfets maritimes.

Citations de la division : Contre-amiral commandant une division indépendante.

Citations de la brigade : Contre-amiraux commandant une division en sous-ordre, contre-amiraux et capitaines de vaisseau majors généraux, commandant les fronts de mer, contre-amiraux et capitaines de vaisseau commandant la marine, capitaines de vaisseau chefs de division, capitaines de vaisseau commandant les sous-marins de l'armée navale.

Citations du régiment : Officiers supérieurs commandant un bâtiment, une force navale autre que celles prévues à l'alinéa précédent, une formation à terre ne relevant pas du département de la guerre en dehors de la métropole.

6. La croix de guerre est conférée, de plein droit, en même temps que la Légion d'honneur ou la médaille militaire, aux militaires ou civils non cités à l'ordre, dont la décoration aura été accompagnée, au *Journal officiel*, de motifs équivalant à une citation à l'ordre de l'armée pour action d'éclat.

7. Les citations à l'ordre se distinguent de la manière suivante :

Armée : palme en bronze en forme de branche de laurier.

Corps d'armée : une étoile en vermeil.

Division : une étoile en argent.

Brigade, régiment ou unité assimilée : une étoile en bronze.

Plusieurs citations, obtenues pour des faits différents, se distingueront par autant d'étoiles correspondant à leur degré, ou de palmes.

8. Les citations accordées par les commandants de région, par les commandants supérieurs des troupes aux colonies, pour faits de guerre accomplis contre les Allemands ou leurs alliés, sont assimilées, suivant le grade et le rang de l'autorité qui les a accordées, à des citations à l'ordre du corps d'armée, de la division, de la brigade, du régiment. Toutefois, leur approbation est soumise, soit au général commandant en chef (zone des armées), soit au ministre de la guerre (zone de l'intérieur et des troupes coloniales), soit au ministre des colonies (personnel relevant de son département).

9. En cas de décès de l'ayant droit, la croix de guerre est remise, à titre de souvenir, et sur leur demande, aux parents du défunt, dans l'ordre suivant :

Le fils aîné (ou, à défaut de fils aîné, la fille aînée), la veuve, le père, la mère, le plus âgé des frères, ou, à défaut d'un frère, la plus âgée des sœurs, et ainsi de suite, dans l'ordre successoral.

10. La croix de guerre n'est pas délivrée à ceux qui, se trouvant dans les conditions stipulées plus haut pour l'obtenir, auraient, pendant leur présence sous les drapeaux et postérieurement à l'obtention de leur citation, encouru des condamnations ou tenu une conduite, qui les rendraient indignes de recevoir cette distinction.

Elle sera, en outre, retirée à tous ceux qui, postérieurement à la citation, subiraient les condamnations prévues par les art. 4 et 5 de la loi du 21 mars 1905 (1), sur le recrutement de l'armée.

Dans l'un et l'autre cas, la décision sera prise par le chef de corps ou de service de l'intéressé, tant qu'il sera sous les drapeaux.

11. Les dispositions disciplinaires des décrets des 16 mars (2) et 24 nov. 1852 (3), 14 avril 1874 (4) (modifié le 19 mai 1896) (5) et 9 mai 1874 (6), sont applicables aux titulaires de la croix de guerre.

12. Une instruction, établie par chaque département ministériel (guerre, marine, colonies) déterminera :

1° Les formations spéciales des armées de terre et de mer, assimilables au régiment, et les autorités qui auront pouvoir de décerner les citations ;

2° Les personnels coloniaux militarisés participant à des actions de guerre, au même titre que des troupes coloniales, qui pourront prétendre à la croix de guerre ;

3° Les conditions dans lesquelles certains militaires français prenant part, soit isolément, soit en troupe, à des opérations de guerre, ne rentrant dans aucune des catégories visées par le présent décret, pourront recevoir la croix de guerre.

13. Les ministres de la guerre, de la marine, des colonies, le garde des sceaux, ministre de la justice, sont chargés, etc.

---

(1) S. et P. *Lois annotées* de 1906, p. 3 ; *Pand. pér.*, 1905.3.81.

(2) S. *Lois annotées* de 1852, p. 76. — P. *Lois, décr.*, etc. de 1852, p. 132.

(3) S. *Lois annotées* de 1852, p. 178. — *P. Lois, décr.*, etc. de 1852, p. 305.

(4) S. *Lois annotées* de 1874, p. 530. — P. *Lois, décr.*, etc. de 1874, p. 911.

(5) S. et P. *Lois annotées* de 1896, p. 144 ; *Pand. pér.*, 1897.3.127.

(6) S. *Lois annotées* de 1874, p. 530. — P. *Lois, décr.*, etc. de 1874, p. 912.

GENDARMERIE, TEMPS DE GUERRE, GENDARMES AUXILIAIRES.

DÉCRET *complétant, en ce qui concerne le recrutement de la gendarmerie en temps de guerre, le décret du 20 mai 1903, portant règlement sur l'organisation et le service de la gendarmerie.*

(23 avril 1915). — (Publ. au *J. off.* du 29 avril).

LE PRÉSIDENT DE LA RÉPUBLIQUE FRANÇAISE; — Sur le rapport du ministre de la guerre; — Vu le décret du 20 mai 1903 (1) portant règlement sur l'organisation et le service de la gendarmerie, modifié par les décrets des 19 juill. 1905, 6 août et 2 sept. 1906 (2), 4 févr. et 1er août 1907; 14 janv. et 19 juin 1908; 17 févr., 22 mai (3) et 16 août 1909 (4); 4 févr., 1er juin, 7 août (5) et 26 sept. 1910; 14 nov. 1913; 21 janv. (6) et 13 mai 1914 (7); — Décrète :

ART. **1er**. Le décret du 20 mai 1903 est complété par un art. 18 *bis* ainsi conçu :

« Art. 18 *bis*. En temps de guerre, des gendarmes auxiliaires peuvent être admis dans l'arme à titre temporaire.

« Les conditions d'admission sont fixées par arrêté ministériel ».

2. Le ministre de la guerre est chargé, etc.

GUERRE, GUERRE MARITIME, BLOCUS DE LA CÔTE DU CAMEROUN.

NOTIFICATION *relative au blocus de la côte du Cameroun (côte ouest et Afrique).*

(Publ. sans date au *J. off.* du 23 avril).

A la date du 20 avril 1915, le commandant des forces navales alliées présentes au Cameroun, agissant en vertu des pouvoirs qui lui appartiennent, a déclaré qu'à partir du vendredi 23 avril 1915, à minuit, temps moyen de Greenwich, la partie de la côte du Cameroun comprise entre les limites ci-dessous indiquées sera tenue en état de blocus par lesdites forces navales :

1° Entre l'embouchure de la rivière Akwayafe, latitude 4°41' Nord, longitude 8°30' Est, et à l'embouchure de Bimbiacreck, latitude 3°58' Nord, longitude 9°18 Est;

2° Entre l'embouchure de la rivière Sanaya, latitude 3°35' Nord, longitude 9°39' Est, et l'embouchure de la rivière Campo, latitude 2°21' Nord, longitude 9°50' Est.

Les longitudes sont comptées à partir du méridien de Greenwich.

Les bâtiments amis ou neutres présents sur la côte bloquée pourront appareiller et auront la liberté de passer jusqu'à dimanche 25 avril 1915 à minuit, temps moyen de Greenwich.

Il sera procédé contre tout bâtiment qui tenterait de violer le blocus conformément au droit international.

Notification de cette déclaration a été régulièrement faite aux autorités allemandes des parties du Cameroun non occupées par les troupes alliées, ainsi qu'au gouverneur général à Fernando-Po.

RÉQUISITIONS MILITAIRES, MARINE, NAVIRES RÉQUISITIONNÉS, MATÉRIEL, EMBARQUEMENT ET DÉBARQUEMENT.

CIRCULAIRE *relative au matériel à réquisitionner en même temps que les navires.*

(23 avril 1915). — (Publ. au *J. off.* du 25 avril).

Le Ministre de la marine à MM. les vice-amiraux commandant en chef, préfets maritimes, contre-amiral commandant la marine en Algérie, capitaine de vaisseau commandant la marine à Saïgon, capitaine de frégate commandant la marine à Dakar.

Il est arrivé à plusieurs reprises que des navires réquisitionnés l'ont été avec tout le matériel qu'ils contenaient, alors même que ce matériel n'était d'aucune utilité pour le service auquel la marine destinait les bâtiments; c'est ainsi que des paquebots ont été réquisitionnés avec les vivres et la cave qui s'y trouvaient à l'usage des passagers.

Cette façon de procéder a pour résultat d'augmenter éventuellement la dépense à la charge de la marine, celle-ci devenant responsable des existants qui figurent ainsi sur les inventaires dressés et signés par ses représentants, et aussi de multiplier les risques de litiges au moment du règlement de la réquisition.

Il conviendrait, en conséquence, de ne réquisitionner à l'avenir que le matériel existant à bord qui est strictement indispensable à l'accomplissement de la mission dévolue au bâtiment réquisitionné. Quant aux objets, denrées, etc., inutiles à la marine, il y a lieu en principe de ne pas les comprendre dans la réquisition et de les faire débarquer par la compagnie, en appliquant les dispositions des §§ 2 et 3 de l'art. 67 du décret du 2 août 1877 (8), modifié le 31 juill. 1914 (9).

(1) S. et P. *Lois annotées* de 1907, p. 353.

(2) S. et P. *Lois annotées* de 1907, p. 372.

(3) *J. off.*, 26 mai 1909, p. 5775.

(4) *Bull. off.*, nouv. série, 16, p. 753.

(5) *Bull. off.*, nouv. série, 39, p. 1916.

(6) *Bull. off.*, nouv. série, 122, p. 6554.

(7) *Bull. off.*, nouv. série, 129, p. 7033.

(8) S. *Lois annotées* de 1877, p. 255. — P. *Lois, décr.*, etc. de 1877, p. 440.

(9) 1er vol., p. 4.

Au cas où les circonstances (appareillage imminent, etc.) ne permettraient pas ce débarquement, le maintien à bord de ces articles devrait être accompagné d'un inventaire spécial, et, si possible, de leur mise sous scellés opérée par l'officier du commissariat qui aura procédé à l'inventaire, ou, à défaut, par le commissaire, ou, suivant le cas, le commandant chargé de l'administration du bâtiment. Procès-verbal sera dressé de cette opération.

D'autre part, il m'a été signalé que les capitaines des navires réquisitionnés ou militarisés manifestaient parfois une certaine tendance à faire exécuter les mouvements d'embarquement et de débarquement de matériel par les dockers habituels de la compagnie propriétaire du bateau, ou par des manœuvres étrangers au bâtiment, au lieu d'y affecter l'équipage du navire, comme le ferait un bâtiment de guerre. De ce fait, le département de la marine doit rembourser, outre des salaires généralement élevés, une majoration pour frais généraux que certaines compagnies estiment à 25 p. 100.

Vous voudrez bien donner à cet égard des instructions aux capitaines des navires réquisitionnés et militarisés placés sous votre autorité, et leur recommander de faire exécuter par le personnel de ces navires les mouvements de matériel, chaque fois que les stipulations de l'engagement de leur équipage ne s'y opposeront pas, ou que l'indemnité à lui payer de ce chef restera inférieure à la somme qu'exigerait la compagnie, si elle se chargeait d'effectuer elle-même lesdits mouvements.

Réquisitions militaires, Marine, Navires réquisitionnés, Règlement des indemnités.

Circulaire *relative aux pièces à fournir par les armateurs de navires réquisitionnés en vue du remboursement des achats de matériel ou au paiement des travaux effectués par leurs soins.*

(23 avril 1913). — (Publ. au *J. off.* du 25 avril).

Le Ministre de la marine à MM. les vice-amiraux commandant en chef, préfets maritimes; commandants de la marine en Algérie, Corse, Dakar, Saïgon.

L'attention du département a été appelée par le contrôle sur les difficultés pratiques qu'éprouvent les commissions locales d'évaluation des réquisitions, lorsqu'elles ont à s'assurer du bien fondé des demandes de remboursement présentées par les armateurs d'un navire réquisitionné, pour le matériel fourni ou les travaux effectués par leurs soins au compte dudit navire.

Les commissions ont alors à rechercher :

1° Si l'achat ou la réparation ont bien été effectués pour le compte du bâtiment;

2° Si la dépense en a été réellement supportée par l'armateur.

Or, à moins de se livrer dans la comptabilité intérieure du bâtiment à des recherches très longues, parfois impraticables (par exemple, si le bâtiment se trouve éloigné des côtes de France), la commission ne possède le plus souvent que des renseignements sommaires, peu précis et qui émanent généralement de l'intéressé lui-même.

Pour obvier, dans la mesure du possible, à cet inconvénient, j'ai décidé qu'à l'avenir, l'armateur devrait présenter en même temps que sa demande d'indemnité :

1° S'il s'agit de fournitures, et suivant le cas :

Ou bien une facture acquittée par le fournisseur réel, au cas où l'achat aurait été effectué chez un particulier;

Ou bien une expédition de l'état appréciatif de cession, délivrée par le service cédant et annotée de la date et du numéro du récépissé de versement au Trésor de la valeur de la cession, s'il s'agit de matériel cédé à titre onéreux par les magasins de la marine.

Ces deux pièces seront apostillées, par le commissaire ou le commandant du bâtiment, de la mention de la prise en charge du matériel dans la comptabilité du bord (date et n° de la pièce justificative).

2° S'il s'agit de travaux effectués, et suivant le cas :

Ou bien la facture acquittée de l'entrepreneur;

Ou bien, s'il s'agit de réparations faites par un arsenal, un double de la formule n° 2290 *bis* (Circulaire du 4 août 1910, *B. O.*, p. 1998), délivré par le service qui a effectué les travaux, et annoté de la date et du numéro du récépissé de versement au Trésor de la valeur de la cession.

Ces deux pièces seront apostillées, par le commissaire ou le commandant du bâtiment, de la certification du travail fait.

Aucune demande de remboursement d'achat ou de cession de matériel ou d'exécution de travaux ne devra à l'avenir être examinée par les commissions locales d'évaluation des réquisitions, si elle n'est appuyée des pièces ci-dessus spécifiées.

Timbre, Timbre à l'extraordinaire, Quittances, Chèques, Ordres de virements en banque.

Décret *relatif à la création de nouveaux types de timbres-quittances.*

(23 avril 1915). — (Publ. au *J. off.* du 30 avril).

Le Président de la République française; — Sur le rapport du ministre des finances; — Vu le décret du 2 févr. 1915 (1), portant création de types à 10 centimes, 20 centimes, 30 centimes, 40 centimes et 50 centimes, pour le timbrage à l'extraordinaire des quittances, reçus, décharges, chèques et ordres de virement en banque; — Décrète :

ART. 1er. Il est créé, en remplacement des types à 20 centimes, 30 centimes et 40 centimes établis par le décret du 2 févr. 1915, trois nouveaux types, aux mêmes tarifs, destinés à timbrer à l'extraordinaire, savoir :

A 20 centimes, les titres emportant libération, reçu ou décharge de sommes supérieures à 200 fr., mais n'excédant pas 500 fr., les chèques de place à place et les ordres de virement donnés aux banquiers et aux agents de change et qui doivent être exécutés sur une place autre que celle d'où ils ont été donnés;

A 30 centimes, les titres emportant libération, reçu ou décharge de sommes supérieures à 500 fr., mais n'excédant pas 1.000 francs;

A 40 centimes les titres emportant libération, reçu ou décharge de sommes supérieures à 1.000 fr., mais n'excédant pas 3.000 francs.

Ces types seront conformes aux modèles annexés au présent décret.

2. Sont maintenus les types à 10 centimes et à 50 centimes créés par le décret du 2 févr. 1915 et destinés à timbrer à l'extraordinaire, savoir :

A 10 centimes, les titres emportant libération, reçu ou décharge qui restent assujettis à ce tarif en vertu de l'art. 18 de la loi du 23 août 1871, les chèques sur place et les ordres de virement donnés aux banquiers et aux agents de change et qui doivent être exécutés sur la place d'où ils ont été donnés;

A 50 centimes, les titres emportant libération, reçu ou décharge de sommes supérieures à 3.000 fr.

3. L'Administration de l'enregistrement, des domaines et du timbre fera déposer aux greffes des Cours et tribunaux des empreintes des timbres créés par l'art. 1er du présent décret.

Ce dépôt sera constaté par un procès-verbal dressé sans frais.

4. Le ministre des finances est chargé, etc.

ARMÉE, OFFICIERS D'ADMINISTRATION, ADJUDANTS-CHEFS ET ADJUDANTS DES SECTIONS DE SECRÉTAIRES D'ÉTAT-MAJOR, TEMPS DE GUERRE, PROMOTION.

DÉCRET *fixant le nombre des vacances d'officier d'administration de 3e classe des services d'état-major et du recrutement, réservées, en temps de guerre, aux adjudants-chefs, adjudants des sections de secrétaires d'état-major et du recrutement et aux aspirants de ces mêmes sections.*

(**24 avril 1915**). — (Publ. au *J. off.* du 29 avril).

LE PRÉSIDENT DE LA RÉPUBLIQUE FRANÇAISE; — Sur le rapport du ministre de la guerre; — Vu la loi du 18 déc. 1905 (2), modifiant les lois des 13 mars 1875 (3), 16 mars 1882 (4), 2 juill. 1900 (5) et 18 févr. 1901 (6), en ce qui concerne les officiers d'administration des services d'état-major et du recrutement, de l'artillerie et du génie; — Vu l'art. 39 de la loi du 31 déc. 1907 (7), portant fixation du budget général des dépenses et des recettes de l'exercice 1908; — Vu la loi du 17 déc. 1913 (8), relative à la proportion des adjudants d'administration à nommer officiers d'administration; — Vu le décret du 27 févr. 1914 (9), concernant la nomination au grade d'officier d'administration de 3e classe des services d'état-major et du recrutement des adjudants-chefs et des adjudants ayant au moins dix années de service militaire effectifs; — Décrète :

ART. 1er. En temps de guerre et pendant un délai d'un an à compter de la cessation des hostilités, le nombre des adjudants-chefs et adjudants des sections de secrétaires d'état-major et du recrutement comptant au moins dix ans de service militaire effectif, qui pourront être nommés officiers d'administration de 3e classe des services d'état-major et du recrutement, est fixé à la moitié des promotions annuelles à ce grade.

2. L'autre moitié sera attribuée aux aspirants des sections de secrétaires d'état-major du recrutement, régulièrement proposés par leurs chefs. A défaut de candidats de cette dernière catégorie, les vacances seront attribués aux candidats visés à l'art. 1er.

3. Les tours de nomination seront attribués dans l'ordre suivant : le premier tour aux aspirants, le deuxième tour aux adjudants-chefs et adjudants.

4. Le ministre de la guerre est chargé, etc.

BUDGET, GUERRE FRANCO-ALLEMANDE, CLÔTURE DE L'EXERCICE 1914, PROROGATION, CAISSE DES INVALIDES DE LA MARINE.

---

(1) *Supra*, p. 15.

(2) S. et P. *Lois annotées* de 1906, p. 180; *Pand. pér.*, 1906.3.29.

(3) S. *Lois annotées* de 1875, p. 693. — P. *Lois, décr.*, etc. de 1875, p. 1192.

(4) S. *Lois annotées* de 1882, p. 348. — P. *Lois, décr.*, etc. de 1882, p. 566.

(5) S. et P. *Lois annotées* de 1901, p. 51.

(6) S. et P. *Lois annotées* de 1902, p. 370; *Pand. pér.*, 1901.3.122.

(7) S. et P. *Lois annotées* de 1908, p. 706; *Pand. pér.*, *Lois annotées* de 1908, p. 706.

(8) S. et P. *Lois annotées* de 1915, p. 811; *Pand. pér.*, *Lois annotées* de 1915, p. 811.

(9) *Bull. off.*, nouv. série, 124, n. 6695.

CIRCULAIRE *relative à la non-application à la Caisse des invalides de la loi du 29 mars* 1915, *prorogeant les dates de clôture de l'exercice* 1914.

(24 avril 1915). — (Publ. au *J. off.* du 1er mai).

Le sous-secrétaire d'Etat de la marine marchande à MM. les directeurs de l'inscription maritime, les administrateurs de l'inscription maritime, le trésorier général et les trésoriers particuliers des invalides de la marine.

Il m'a été demandé si les dispositions de l'art. 1er de la loi du 29 mars 1915 (1), prorogeant les dates de clôture de l'exercice 1914, étaient applicables à la Caisse des invalides.

Cette question doit être résolue par la négative.

En effet, aux termes mêmes de la loi, cette dérogation aux dispositions de la loi de 1889 vise exclusivement l'exécution des services de la guerre et de la marine. Elle a une portée limitative et ne saurait être étendue au budget annexe de la Caisse des invalides.

Les états et autres documents périodiques à fournir par les comptables de l'établissement des invalides devront donc continuer à être transmis à Paris dans les délais et aux dates réglementaires.

GUERRE, GUERRE FRANCO-ALLEMANDE, DOMMAGES DE GUERRE, EVALUATION, BATEAUX DE COMMERCE, NAVIGATION INTÉRIEURE.

DÉCRET *complétant l'art.* 13 *du décret du* 4 *févr.* 1915, *modifié par celui du* 6 *suivant, relatif à la constatation et à l'évaluation des dommages résultant des frais de guerre.*

(24 avril 1915). — (Publ. au *J. off.* du 27 avril).

LE PRÉSIDENT DE LA RÉPUBLIQUE FRANÇAISE; — Sur le rapport du président du conseil des ministres, du garde des sceaux, ministre de la justice, du ministre de l'intérieur et du ministre des finances; — Vu l'avis du ministre des travaux publics du 22 mars 1915; — Vu l'art. 12 de la loi de finances du 26 déc. 1914 (2), ensemble les décrets des 4 févr. (3) et 6 avril 1915 (4); — Le Conseil d'Etat entendu; — Décrète :

ART. **1er**. L'art. 13 du décret du 4 févr. 1915, modifié par celui du 6 avril suivant, est complété ainsi qu'il suit :

« Exceptionnellement, n'est pas subordonnée à l'avis des commissions cantonales d'évaluation la délivrance, par le ministre de l'intérieur, sur la proposition du ministre des travaux publics, d'acomptes ayant pour objet la réparation des bateaux de commerce qui auront subi, sur les voies de navigation intérieure, des dommages résultant de faits de guerre ».

2. Le ministre de l'intérieur, le ministre des finances, le garde des sceaux, ministre de la justice, et le ministre des travaux publics sont chargés, etc.

JUSTICES DE PAIX, GUERRE FRANCO-ALLEMANDE, RÉUNION.

DÉCRETS *relatifs à l'application de la loi du* 6 *avril* 1915.

(24 avril 1915). — (Publ. au *J. off.* du 26 avril).

1er DÉCRET.

LE PRÉSIDENT DE LA RÉPUBLIQUE FRANÇAISE; — Sur le rapport du garde des sceaux, ministre de la justice; — Vu l'art. 1er de la loi du 6 avril 1915 (5), concernant le fonctionnement des justices de paix pendant la guerre; — Vu l'absence, pour cause de mobilisation, des juges de paix des cantons de Eauze (Gers), Bouglon (Lot-et-Garonne), Escarène (Alpes-Maritimes), les Mées, Senez, Turriers (Basses-Alpes), Bouloire, Malicorne (Sarthe), Héricourt (Haute-Saône), la Ferté-sur-Amance, Prauthoy (Haute-Marne), Givry, Saint-Léger-sous-Beuvray (Saône-et-Loire), La Courtine, Grandbourg (Creuse), Izernore, Treffort (Ain), Belpech, Limoux (Aude), Saint-Félicien, Villeneuve-de-Berg (Ardèche), Genolhac, Lédignan (Gard), Estissac (Aube), Sompuis (Marne), Lagny (Seine-et-Marne), Corlay, Evran (Côtes-du-Nord), Châteaulin, Lannilis, Plabennec, Pontcroix (Finistère), Fougères canton Sud, Maure, Sel-de-Bretagne, Tinténiac (Ille-et-Vilaine), Guérande, Moisdon-la-Rivière, Saint-Nicolas-de-Redon (Loire-Inférieure), Saint-Cernin (Cantal), Saint-Dier (Puy-de-Dôme), Saint-Lizier (Ariège), Cadours, Fronton (Haute-Garonne), Saint-Antonin (Tarn-et-Garonne); — Vu les propositions des premiers présidents des Cours d'appel d'Agen, Aix, Angers, Besançon, Dijon, Limoges, Lyon, Montpellier, Nîmes, Paris, Rennes, Riom, Toulouse et des procureurs généraux près lesdites Cours; — Décrète :

ART. **1er**. Sont provisoirement réunies, tant que durera l'absence pour cause de mobilisation des juges de paix des cantons susvisés :

Les justices de paix d'Eauze et de Nogaro (Gers), sous la direction du juge de paix du canton de Nogaro.

---

(1) *Supra*, p. 85.

(2) 1er vol., p. 275.

(3-4) *Supra*, p. 17 et 103.

(5) *Supra*, p. 104.

Les justices de paix de Bouglon et de Marmande (Lot-et-Garonne), sous la juridiction du juge de paix du canton de Marmande.

Les justices de paix de l'Escarène et de Contes (Alpes-Maritimes), sous la juridiction du juge de paix du canton de Contes.

Les justices de paix des Mées et de Digne (Basses-Alpes), sous la juridiction du juge de paix du canton de Digne.

Les justices de paix de Senez et de Saint-André (Basses-Alpes), sous la juridiction du juge de paix du canton de Saint-André.

Les justices de paix de Turriers et de la Motte-du-Caire (Basses-Alpes), sous la juridiction du juge de paix du canton de la Motte-du-Caire.

Les justices de paix de Bouloire et de Vibraye (Sarthe), sous la juridiction du juge de paix du canton de Vibraye.

Les justices de paix de Malicorne et de La Flèche (Sarthe), sous la juridiction du juge de paix du canton de La Flèche.

Les justices de paix d'Héricourt et de Villersexel (Haute-Saône), sous la juridiction du juge de paix du canton de Villersexel.

Les justices de paix de La Ferté-sur-Amance et de Varennes-sur-Amance (Haute-Marne), sous la juridiction du juge de paix du canton de Varennes-sur-Amance.

Les justices de paix de Prauthoy et de Longeau (Haute-Marne), sous la juridiction du juge de paix du canton de Longeau.

Les justices de paix de Givry et de Buxy (Saône-et-Loire), sous la juridiction du juge de paix du canton de Buxy.

Les justices de paix de Saint-Léger-sous-Beuvray et de Lucenay-l'Evêque (Saône-et-Loire), sous la juridiction du juge de paix du canton de Lucenay-l'Evêque.

Les justices de paix de La Courtine et de Felletin (Creuse), sous la juridiction du juge de paix du canton de Felletin.

Les justices de paix de Grandbourg et de la Souterraine (Creuse), sous la juridiction du juge de paix du canton de la Souterraine.

Les justices de paix d'Izernore et de Nantua (Ain), sous la juridiction du juge de paix du canton de Nantua.

Les justices de paix de Treffort et de Coligny (Ain), sous la juridiction du juge de paix du canton de Coligny.

Les justices de paix de Belpech et de Fangeaux (Aude), sous la juridiction du juge de paix du canton de Fangeaux.

Les justices de paix de Limoux et de Couiza (Aude), sous la juridiction du juge de paix du canton de Couiza.

Les justices de paix de Saint-Félicien et de Satillieu (Ardèche), sous la juridiction du juge de paix du canton de Satillieu.

Les justices de paix de Villeneuve-de-Berg et de Viviers (Ardèche), sous la juridiction du juge de paix du canton de Viviers.

Les justices de paix de Génolhac et de la Grand'Combe (Gard), sous la juridiction du juge de paix du canton de la Grand'Combe.

Les justices de paix d'Estissac et d'Aix-en-Othe (Aube), sous la juridiction du juge de paix du canton d'Aix-en-Othe.

Les justices de paix de Sompuis et de Saint-Rémy-en-Bouzemont (Marne), sous la juridiction du juge de paix du canton de Saint-Rémy-en-Bouzemont.

Les justices de paix de Lagny et de Meaux (Seine-et-Marne), sous la juridiction du juge de paix du canton de Meaux.

Les justices de paix de Corlay et de Gouarec (Côtes-du-Nord), sous la juridiction du juge de paix du canton de Gouarec.

Les justices de paix d'Evran et de Dinan (Côtes-du-Nord), sous la juridiction du juge de paix de Dinan.

Les justices de paix de Châteaulin et de Châteauneuf-du-Faou (Finistère), sous la juridiction du juge de paix du canton de Châteauneuf-du-Faou.

Les justices de paix de Lannilis et de Ploudalmézeau (Finistère), sous la juridiction du juge de paix du canton de Ploudalmézeau.

Les justices de paix de Plabennec et Lesneven (Finistère), sous la juridiction du juge de paix du canton de Lesneven.

Les justices de paix de Pontcroix et de Douarnenez (Finistère), sous la juridiction du juge de paix du canton de Douarnenez.

Les justices de paix des cantons Sud et Nord de Fougères (Ille-et-Vilaine), sous la juridiction du juge de paix du canton Nord de cette ville.

Les justices de paix de Maure et de Pipriac (Ille-et-Vilaine), sous la juridiction du juge de paix du canton de Pipriac.

Les justices de paix de Sel-de-Bretagne et de Bain-de-Bretagne (Ille-et-Vilaine), sous la juridiction du juge de paix de Bain-de-Bretagne.

Les justices de paix de Tinténiac et de Combourg (Ille-et-Vilaine), sous la juridiction du juge de paix du canton de Combourg.

Les justices de paix de Guérande et du Croisic (Loire-Inférieure), sous la juridiction du juge de paix du canton du Croisic.

Les justices de paix de Moisdon-la-Rivière et de Châteaubriant (Loire-Inférieure), sous la juridiction du juge de paix du canton de Châteaubriant.

Les justices de paix de Saint-Nicolas-de-Redon et de Guémené-Penfao (Loire-Inférieure), sous la juridiction du juge de paix du canton de Guémené-Penfao.

Les justices de paix de Saint-Cernin et du canton Sud d'Aurillac (Cantal), sous la juridiction du juge de paix du canton Sud d'Aurillac.

Les justices de paix de Saint-Dier et de Billom (Puy-de-Dôme), sous la juridiction du juge de paix du canton de Billom.

Les justices de paix de Saint-Lizier et de Saint-Girons (Ariège), sous la juridiction du juge de paix du canton de Saint-Girons.

Les justices de paix de Cadours et de Grenade (Haute-Garonne), sous la juridiction du juge de paix du canton de Grenade.

Les justices de paix de Fronton et de Villemur (Haute-Garonne), sous la juridiction du juge de paix du canton de Villemur.

Les justices de paix de Saint-Antonin et de Caylus (Tarn-et-Garonne), sous la juridiction du juge de paix du canton de Caylus.

2. Le garde des sceaux, ministre de la justice, est chargé, etc.

2e Décret.

Le Président de la République française; — Sur le rapport du garde des sceaux, ministre de la justice ; — Vu l'art. 1er de la loi du 6 avril 1915 (1), concernant le fonctionnement des justices de paix pendant la guerre; — Vu le décret du 19 juill. 1907 (2), qui, par application de la loi du 25 févr. 1901 (3) (art. 41), a réuni les justices de paix des cantons Ouest et Sud de Dijon sous la juridiction du juge de paix du canton Ouest ; — Vu le décret du 22 nov. 1912, qui, par application de la même loi, a réuni les justices de paix des cantons Est et Nord de Dijon sous la juridiction du juge de paix du canton Est ; — Vu l'absence pour cause de mobilisation du juge de paix des cantons Est et Nord de Dijon ; — Vu les propositions du premier président de la Cour d'appel de Dijon et du procureur général près ladite Cour ; — Décrète :

Art. 1er. La justice de paix du canton Ouest de Dijon et les justices de paix des cantons Est et Nord sont provisoirement réunies sous la juridiction du juge de paix du canton Ouest, tant que durera l'absence pour cause de mobilisation du juge de paix des cantons Est et Nord.

Les réunions précédemment ordonnées continueront à recevoir leur effet dans les conditions déterminées par les décrets susvisés des 19 juill. 1907 et 22 nov. 1912.

2. Le garde des sceaux, ministre de la justice, est chargé, etc.

3e Décret.

Le Président de la République française; — Sur le rapport du garde des sceaux, ministre de la justice ; — Vu l'art. 1er de la loi du 6 avril 1915 (4), concernant le fonctionnement des justices de paix pendant la guerre; — Vu le décès des juges de paix de : la Chartre-sur-le-Loir (Sarthe), Saint-Genest-Malifaux (Loire), Vallon (Ardèche), Daoulas (Finistère), Gourin (Morbihan), Pleine-Fougères (Ille-et-Vilaine) ; — Vu les décrets portant acceptation de la démission des juges de paix des cantons : des Martigues (Bouches-du-Rhône), Selongey (Côte-d'Or), Saint-Gildas (Loire-Inférieure) ; — Vu les propositions des premiers présidents des Cours d'appel d'Aix, Angers, Dijon, Lyon, Nîmes, Rennes, et des procureurs généraux près lesdites Cours ; — Décrète :

Art. 1er. Sont provisoirement réunies :

Les justices de paix des Martigues et de Berre (Bouches-du-Rhône), sous la juridiction du juge de paix du canton de Berre.

Les justices de paix de La Chartre-sur-le-Loir et de Château-du-Loir (Sarthe), sous la juridiction du juge de paix du canton de Château-du-Loir.

Les justices de paix de Selongey et d'Is-sur-Tille (Côte-d'Or), sous la juridiction du juge de paix du canton d'Is-sur-Tille.

Les justices de paix de Saint-Genest-Malifaux et de Bourg-Argental (Loire), sous la juridiction du juge de paix du canton de Bourg-Argental.

Les justices de paix de Vallon et de Largentière (Ardèche), sous la juridiction du juge de paix du canton de Largentière.

Les justices de paix de Daoulas et de Ploudiry (Finistère), sous la juridiction du juge de paix du canton de Ploudiry.

Les justices de paix de Pleine-Fougères (Ille-et-Vilaine) et de Dol, sous la juridiction du juge de paix du canton de Dol.

Les justices de paix de Saint-Gildas et de Pont-Château (Loire-Inférieure), sous la juridiction du juge de paix du canton de Pont-Château.

Les justices de paix de Gourin et du Faouët (Morbihan), sous la juridiction du juge de paix du canton du Faouët.

2. Le garde des sceaux, ministre de la justice, est chargé, etc.

Naturalisation, Guerre franco-allemande, Retrait, Sujets des puissances en guerre avec la France, Loi du 7 avril 1915, Application, Projet de décret, Notification, Observations de l'intéressé, Présentation, Délai, Publication du décret, Etat des naturalisations a reviser, Femmes, Enfants mineurs.

Décret *portant règlement d'administration publique pour l'exécution de la loi du 7 avril* 1915,

---

(1) *Supra*, p. 104.

(2) *Bull. off.*, 12e série, 2866, n. 49635.

(3) S. et P. *Lois annotées* de 1901, p. 140; *Pand. pér.*, 1902.3.33.

(4) *Supra*, p. 104.

autorisant le gouvernement à rapporter les décrets de naturalisation obtenus par d'anciens sujets de puissances en guerre avec la France.

(24 avril 1915). — (Publ. au *J. off.* du 26 avril).

LE PRÉSIDENT DE LA RÉPUBLIQUE FRANÇAISE; — Sur le rapport du garde des sceaux, ministre de la justice, du ministre des affaires étrangères, du ministre de l'intérieur et du ministre des colonies; — Vu la loi du 7 avril 1915 (1), autorisant le Gouvernement à rapporter les décrets de naturalisation obtenus par d'anciens sujets de puissances en guerre avec la France, et notamment l'art. 9 ainsi conçu : « Un règlement d'administration publique déterminera les conditions d'application de la présente loi »; — Vu les art. 8 et s. du Code civil, concernant la naturalisation des étrangers; — Vu la loi du 26 juin 1889 (2), sur la nationalité, ensemble le décret du 13 août suivant (3), portant règlement d'administration publique pour l'exécution de ladite loi; — Vu le sénatus-consulte du 14 juill. 1865 (4) et les autres dispositions spéciales à la naturalisation en Algérie; — Vu les dispositions régissant les naturalisations dans les colonies et pays de protectorat, notamment le décret portant règlement d'administration publique en date du 7 févr. 1897 (5); — Vu l'art. 3 de la loi du 5 août 1914 (6), relative à l'admission des Alsaciens-Lorrains dans l'armée française; — Le Conseil d'Etat entendu; — Décrète :

ART. **1er**. L'étranger naturalisé ayant ressorti à une puissance en guerre avec la France, qui, d'après les renseignements recueillis par le ministre de la justice, rentre dans un des cas prévus par l'art. 1er de la loi du 7 avril 1915, est prévenu par une notification en la forme administrative que le ministre se propose de provoquer le retrait de sa naturalisation.

La notification énonce les motifs invoqués, et indique, le cas échéant, si le retrait projeté doit s'étendre à la femme et aux enfants du naturalisé.

Elle est faite, soit à la personne, soit au domicile ou à la résidence actuelle du naturalisé.

Si l'Administration ne connaît ni le domicile, ni la résidence du naturalisé, ou s'il est domicilié ou réside sur le territoire d'une puissance en guerre avec la France, la notification est remplacée par un avis inséré au *Journal officiel* de la République française.

Lorsque le naturalisé, dont l'Administration ne connaît ni le domicile ni la résidence, a eu son dernier domicile ou sa dernière résidence dans une colonie française ou un pays de protectorat français, l'avis est, en outre, inséré dans le *Bulletin* ou *Recueil officiel* de la colonie ou du protectorat.

Dans les quinze jours qui suivent la notification ou l'insertion, l'intéressé peut présenter par écrit ses observations. Il les adresse au ministre de la justice, par lettre recommandée, ou les dépose contre récépissé au ministère de la justice.

2. Le naturalisé, qui réside dans une colonie française, un pays de protectorat français ou un pays étranger, et à qui est faite une notification en vertu de l'article précédent, peut remettre ses observations écrites, selon les cas, au secrétaire général de la colonie, à l'administrateur, au contrôleur civil, au résident ou à l'agent diplomatique ou consulaire le plus rapproché du lieu de sa résidence.

Ce fonctionnaire adresse aussitôt lesdites observations au gouverneur général ou gouverneur, au résident général ou au chef de la circonscription diplomatique, qui en fait part immédiatement par voie télégraphique au ministre de la justice, par l'intermédiaire du ministre des colonies ou du ministre des affaires étrangères. Le texte de ces observations est, en outre, envoyé sans délai.

3. A l'expiration du délai de quinzaine, le projet de décret est transmis avec le dossier au Conseil d'Etat. Dans les trois mois qui suivent cette transmission, il est statué, soit par un décret prononçant le retrait de naturalisation, soit par une décision du ministre de la justice portant qu'il n'y a lieu de donner suite au projet de décret.

4. Tout décret portant retrait de naturalisation est publié au *Journal officiel* de la République française, et inséré au *Bulletin des lois*, et, s'il y a lieu, au *Bulletin* ou *Recueil officiel* de la colonie ou du protectorat.

Le décret est, de plus, notifié administrativement à l'intéressé, s'il a été fait une notification à celui-ci en vertu de l'art. 1er du présent décret.

La décision du ministre de la justice portant qu'il n'y a lieu de suivre est notifiée ou publiée dans les formes prescrites par cet article, selon que, par application du même article, la procédure tendant au retrait de la naturalisation a fait l'objet d'une notification ou d'une publication.

5. L'état nominatif, à insérer au *Journal officiel* de la République française, des naturalisations qui devront être revisées par application de l'art. 2 de la loi du 7 avril 1915, sera établi en présentant distinctement, pour chacune des puissances en guerre avec la France, les naturalisations accordées à des sujets ou anciens sujets de

(1) *Supra*, p. 104.

(2) S. *Lois annotées* de 1889, p. 577. — P. *Lois, décr.*, etc. de 1889, p. 992; *Pand. pér.*, 1889.3.17.

(3) S. *Lois annotées* de 1889, p. 587. — P. *Lois, décr.*, etc. de 1889, p. 1009; *Pand. pér.*, 1889.3.53.

(4) S. *Lois annotées* de 1865, p. 86. — P. *Lois, décr.*, etc. de 1865, p. 148.

(5) S. et P. *Lois annotées* de 1897, p. 92; *Pand. pér.*, 1897.3.55.

(6) 1er vol., p. 30.

ces puissances, conformément aux dispositions du Code civil et de la loi du 26 juin 1889, et celles qui l'ont été en vertu des dispositions exceptionnelles de l'art. 3 de la loi susvisée du 5 août 1914 ou des dispositions spéciales à l'Algérie, aux colonies et pays de protectorat.

Dans les quinze jours qui suivent cette publication, les intéressés peuvent présenter des observations dans les formes déterminées par l'art. 1er du présent décret.

Ce délai est porté à six semaines pour les intéressés qui résident dans les colonies françaises autres que l'Algérie ou dans les pays de protectorat français, s'ils y résidaient déjà lors de leur naturalisation.

6. Le retrait de la nationalité française, prononcé en vertu des art. 1er et 2 de la loi du 7 avril 1915, ne peut être étendu, par application de l'art. 4 de ladite loi, à la femme et aux enfants du naturalisé qu'après l'accomplissement à leur égard des formalités prescrites par l'art. 1er du présent décret, et sous réserve de la faculté pour les intéressés de produire toutes observations utiles dans le délai de quinzaine.

Les notifications concernant les enfants mineurs sont faites à leur représentant légal, qui a qualité pour présenter des observations en leur nom.

7. Les déclarations souscrites en vertu de l'art. 5 de la loi du 7 avril 1915 pour décliner la nationalité française sont soumises aux formes déterminées par le règlement d'administration publique du 13 août 1889 ou par les dispositions spéciales à l'Algérie et aux autres possessions françaises.

8. Si l'étranger naturalisé a son domicile ou sa résidence dans une colonie française, un pays de protectorat français ou un pays étranger, les notifications prescrites par les articles précédents sont faites par les soins, soit du ministre des colonies, soit du ministre des affaires étrangères, sur la demande du ministre de la justice.

9. Le garde des sceaux, ministre de la justice, le ministre des affaires étrangères, le ministre de l'intérieur et le ministre des colonies sont chargés, etc.

1° Sociétés d'assurances, Guerre franco-allemande, Moratorium, Prorogation de délais, Contrats en cours, Versement d'acomptes, Algérie. — 2° Sociétés d'épargne et de capitalisation, Guerre franco-allemande, Moratorium, Prorogation de délais, Contrats en cours, Versements d'acomptes, Algérie.

Décret *relatif aux contrats d'assurance, de capitalisation et d'épargne.* (**24 avril 1915**). — (Publ. au *J. off.* du 28 avril).

Le Président de la République française ; — Sur le rapport du président du conseil, des ministres du travail et de la prévoyance sociale, de la justice, de l'intérieur, de l'agriculture, du commerce, de l'industrie, des postes et des télégraphes ; — Vu la loi du 5 août 1914 (1), relative à la prorogation des échéances des valeurs négociables ; — Vu le décret du 29 août 1914 (2), relatif à la prorogation des échéances ; — Vu les décrets des 27 sept. (3), 27 oct. (4), 29 déc. 1914 (5) et 23 févr. 1915 (6), relatifs aux contrats d'assurance, de capitalisation et d'épargne ; — Le conseil des ministres entendu ; — Décrète :

Art. **1er**. Les délais accordés par les art. 1er et 5 du décret du 27 sept. 1914 pour le paiement des sommes dues par les entreprises d'assurance, de capitalisation et d'épargne, et prorogés par l'art. 1er des décrets des 27 oct., 29 déc. 1914 et 23 févr. 1915, sont prorogés dans les conditions ci-après pour une nouvelle période de soixante jours francs, le bénéfice de cette prorogation étant étendu aux contrats à échoir avant le 1er juill. 1915, pourvu qu'ils aient été conclus antérieurement au 4 août 1914.

Pendant la durée de cette prorogation, les entreprises seront tenues de payer :

1° En matière d'assurance sur la vie, 40 p. 100 du capital ou du rachat stipulé, jusqu'à concurrence de 20.000 fr., et l'intégralité des rentes viagères ;

2° En matière d'assurance contre les accidents du travail, l'intégralité des allocations temporaires et rentes viagères dues en vertu de la loi du 9 avril 1898 (7) et des lois qui l'ont modifiée ou complétée ;

3° En matière d'assurance contre les autres accidents de toute nature, l'indemnité temporaire jusqu'à concurrence d'un maximum de 3 fr. par jour et 40 fr. p. 100 du capital ou de toutes autres indemnités dues, avec un maximum de 20.000 fr. ;

4° En matière d'assurance contre l'incendie et contre tous risques autres que ceux prévus aux alinéas précédents, l'intégralité des sinistres ;

5° En matière de capitalisation, 40 p. 100 du capital des bons ou titres venus à échéance.

Le bénéfice de ces dispositions ne pourra être invoqué par l'assuré ou l'adhérent qu'à condition que le montant de la prime ait été versé, et, en matière d'assurances contre les accidents et l'incendie, que les déclarations de salaires et de sinistre aient été faites conformément aux prescriptions du contrat.

Les sommes dues par l'assureur ou par l'assuré portent intérêt de plein droit au taux de 5 p. 100.

(1-5) 1er vol., p. 33, 89, 129, 175, 284.
(6) *Supra*, p. 38.

(7) S. et P. *Lois annotées* de 1899, p. 761 ; *Pand. pér.*, 1899.3.49.

2. Sont maintenues toutes les dispositions du décret précité du 27 sept. 1914 qui ne sont pas contraires au présent décret, ainsi que celles de l'art. 2 du décret du 23 févr. 1915.

3. Les dispositions du présent décret sont applicables à l'Algérie.

4. Le président du conseil, les ministres du travail et de la prévoyance sociale, de la justice, de l'intérieur, de l'agriculture, du commerce, de l'industrie, des postes et des télégraphes, sont chargés, etc.

ARMÉE, GUERRE FRANCO-ALLEMANDE, ENGAGEMENTS POUR LA DURÉE DE LA GUERRE, TIRAILLEURS SÉNÉGALAIS, INDIGÈNES ORIGINAIRES DES QUATRE COMMUNES DE PLEIN EXERCICE DU SÉNÉGAL.

DÉCRET *autorisant les indigènes originaires des quatre communes de plein exercice du Sénégal à s'engager pour la durée de la guerre dans les corps sénégalais de l'Afrique occidentale française.*

(26 avril 1915). — (Publ. au *J. off.* du 4 mai).

LE PRÉSIDENT DE LA RÉPUBLIQUE FRANÇAISE; — Sur le rapport des ministres des colonies et de la guerre; — Vu les lois du 21 mars 1905 (1) et du 7 août 1913 (2), sur le recrutement de l'armée; — Vu les art. 16 et 18 de la loi du 7 juill. 1900 (3), portant organisation des troupes coloniales; — Vu les décrets du 19 sept. 1903 (4), portant réorganisation de l'infanterie et de l'artillerie coloniales; — Vu les décrets du 29 mai 1906 (5) et du 11 nov. 1909 (6), modifiant l'organisation des troupes de l'Afrique occidentale française; — Vu les décrets du 14 nov. 1904 (7) et 7 févr. 1912 (8), organisant le recrutement et les réserves indigènes dans l'Afrique occidentale française; — Vu le décret du 1er août 1914 (9), ordonnant la mobilisation des armées françaises de terre et de mer; — Vu le décret du 10 oct. 1914 (10), autorisant les anciens tirailleurs sénégalais à s'engager pendant la durée de la guerre; — Décrète :

ART. 1er. Les indigènes originaires des quatre communes de plein exercice du Sénégal, qui seront reconnus aptes au service armé, sont autorisés à s'engager, pour la durée de la guerre, dans les corps sénégalais de l'Afrique occidentale française.

2. Les ministres des colonies et de la guerre sont, chacun en ce qui le concerne, chargés, etc.

DOUANES, GUERRE FRANCO - ALLEMANDE, PLOMB, INTERDICTION DE SORTIE, DÉROGATIONS, ARRÊTÉ DU 12 FÉVR. 1915, RETRAIT.

ARRÊTÉ *rapportant les dispositions de l'arrêté du 12 févr. 1915, autorisant, sans formalités spéciales, la sortie du minerai de plomb à destination de certains pays.*

(28 avril 1915). — (Publ. au *J. off.* du 29 avril).

LE MINISTRE DES FINANCES; — Sur le rapport de la commission interministérielle des dérogations aux prohibitions de sortie; — Vu le décret du 21 déc. 1914 (11); — Vu l'arrêté du 12 févr. 1915 (12); — Arrête :

ART. 1er. Les dispositions de l'arrêté du 15 févr. 1915, autorisant, sans formalités spéciales, la sortie du minerai de plomb, à destination de l'Angleterre, des dominions, des pays de protectorat et colonies britanniques, de la Belgique, du Japon, du Monténégro, de la Russie, de la Serbie et des Etats de l'Amérique, sont rapportées.

2. Le conseiller d'Etat, directeur général des douanes, est chargé, etc.

PENSIONS, GUERRE FRANCO-ALLEMANDE, PENSIONS MILITAIRES, CONSTITUTION DES DOSSIERS, ACTE DE NOTORIÉTÉ REMPLAÇANT L'ACTE DE NAISSANCE, INDICATIONS DU LIVRET MILITAIRE.

CIRCULAIRE *relative à la constitution des dossiers de pensions ou de gratifications accordées à des militaires.*

(28 avril 1915). — (Publ. au *J. off.* du 11 mai).

Le ministre de la guerre à MM. le gouverneur militaire de Paris, le général commandant la région du Nord, les généraux commandant les régions 3 à 18, 20 et 21, le général commandant en chef les forces de terre et de mer de l'Afrique du Nord à Alger.

La constitution de certains dossiers de pension

---

(1) S. et P. *Lois annotées* de 1906, p. 3; *Pand. pér.*, 1905.3.81.

(2) S. et P. *Lois annotées* de 1914, p. 561; *Pand. pér.*, *Lois annotées* de 1914, p. 561.

(3) S. et P. *Lois annotées* de 1900, p. 1113; *Pand. pér.*, 1901.3.147.

(4) *J. off.*, 20 sept. 1903, p. 6026 et 6035.

(5) *J. off.*, 3 juin 1906, p. 3879.

(6) *Bull. off.*, nouv. série, 21, n. 933.

(7) *J. off.*, 23 nov. 1904, p. 6934.

(8) *Bull. off.*, nouv. série, 75, n. 3676.

(9) 1er vol., p. 9.

(10) 1er vol., p. 151.

(11) 1er vol., p. 268.

(12) *Supra*, p. 23.

ou de gratification accordées à des militaires peut subir quelque retard, par suite des difficultés éprouvées pour obtenir les attestations ou actes de notoriété, destinés, d'après la circulaire du 22 févr. 1915 (1), à suppléer les actes de naissance, quand le pays d'origine des intéressés est occupé par l'ennemi.

Dans le but de hâter l'établissement des dossiers de cette nature concernant les militaires originaires de communes envahies, j'ai décidé que leur acte de naissance serait remplacé par un duplicata de la page de leur livret matricule contenant les indications relatives à l'état civil.

La production de ce duplicata devra être corroborée par un acte de notoriété établi par le commandant d'unité et certifié par sept militaires déclarant connaître l'intéressé.

J'ai l'honneur de vous prier d'assurer l'exécution de ces dispositions.

JUSTICES DE PAIX, GUERRE FRANCO-ALLEMANDE, RÉUNION, RATTACHEMENT.

DÉCRET *relatif à l'application de la loi du 6 févr. 1915.*

(29 avril 1915). — (Publ. au *J. off.* du 2 mai).

LE PRÉSIDENT DE LA RÉPUBLIQUE FRANÇAISE; — Sur le rapport du garde des sceaux, ministre de la justice; — Vu la loi du 6 févr. 1915 (2), art. 2; — Décrète :

ART. 1er. La partie de la circonscription de la justice de paix de Thiaucourt correspondant aux communes de Limey, Flirey, Seicheprey, Lironville, Fey-en-Haye et Régniéville est provisoirement rattachée au ressort de la justice de paix de Domèvre-en-Haye.

La partie de la circonscription de la justice de paix d'Arracourt correspondant aux communes d'Athienville, Bathelémont-lès-Bauzemont et Bures est provisoirement rattachée au ressort de la justice de paix de Lunéville, canton Nord.

La partie de la circonscription de la justice de paix de Blamont correspondant aux communes de Buriville, Domjevin, Fréménil, Herbéviller, Ogéviller, Réclonville et Saint-Martin est provisoirement rattachée au ressort de la justice de paix de Baccarat.

La partie de la circonscription de la justice de paix d'Etain correspondant aux communes de Châtillon-sous-les-Côtes, Eix, Moranville et Moulainville est provisoirement rattachée au ressort de la justice de paix de Verdun.

La partie de la circonscription de la justice de paix de Fresnes-en-Voëvre correspondant aux communes d'Haudiomont, Ronvaux, Watronville est provisoirement rattachée au ressort de la justice de paix de Verdun.

La partie de la circonscription de la justice de paix de Varennes-en-Argonne correspondant aux communes d'Avocourt, Bethincourt, Esnes et Malancourt est provisoirement rattachée au ressort de la justice de paix de Clermont-en-Argonne.

La partie de la circonscription de la justice de paix de Senones correspondant aux communes de Moyenmoutier, Saint-Jean-d'Ormont, Denipaire et Hurbache est provisoirement rattachée au ressort de la justice de paix de Saint-Dié.

2. Le garde des sceaux, ministre de la justice, est chargé, etc.

JUSTICES DE PAIX, GUERRE FRANCO-ALLEMANDE, RÉUNION, RATTACHEMENT.

DÉCRETS *portant réunion temporaire de justices de paix.*

(29 avril 1915). — (Publ. au *J. off.* du 2 mai).

1er DÉCRET.

LE PRÉSIDENT DE LA RÉPUBLIQUE FRANÇAISE; — Sur le rapport du garde des sceaux, ministre de la justice; — Vu l'art. 1er de la loi du 6 avril 1915 (3), concernant le fonctionnement des justices de paix pendant la guerre; — Vu l'absence pour cause de mobilisation des juges de paix des cantons de Luzy (Nièvre), Saint-Benin-d'Azy (Nièvre), Canisy (Manche), Nocé (Orne), Aspres-sur-Büech (Hautes-Alpes), Heyrieux (Isère), Saint-Etienne-de-Saint-Geoirs (Isère), Vienne, canton Sud (Isère), Bonnieux (Vaucluse), Neung-sur-Beuvron (Loir-et-Cher), Labrit (Landes), Montauban (Ille-et-Vilaine), Bacqueville (Seine-Inférieure); — Vu les propositions des premiers présidents des Cours d'appel de Bourges, Caen, Grenoble, Nîmes, Orléans, Pau, Rennes, Rouen, et des procureurs généraux près lesdites Cours; — Décrète :

ART. 1er. Sont provisoirement réunies, tant que durera l'absence pour cause de mobilisation des juges de paix des cantons susvisés :

Les justices de paix de Luzy et de Moulins-Engilbert (Nièvre), sous la juridiction du juge de paix du canton de Moulins-Engilbert.

Les justices de paix de Saint-Benin-d'Azy et de Saint-Saulge (Nièvre), sous la juridiction du juge de paix du canton de Saint-Saulge.

Les justices de paix de Canisy et de Marigny (Manche), sous la juridiction du juge de paix du canton de Marigny.

(1) *Supra*, p. 37.
(2) *Supra*, p. 21.
(3) *Supra*, p. 104.

Les justices de paix de Nocé et de Bellême (Orne), sous la juridiction du juge de paix du canton de Bellême.

Les justices de paix d'Aspres-sur-Büech et de Veynes (Hautes-Alpes), sous la juridiction du juge de paix du canton de Veynes.

Les justices de paix d'Heyrieux et de Meyzieux (Isère), sous la juridiction du juge de paix du canton de Meyzieux.

Les justices de paix de Saint-Etienne-de-Saint-Geoirs et de Rives (Isère), sous la juridiction du juge de paix du canton de Rives.

Les justices de paix des cantons sud et nord de Vienne (Isère), sous la juridiction du juge de paix du canton nord de cette ville.

Les justices de paix de Bonnieux et d'Apt (Vaucluse), sous la juridiction du juge de paix du canton d'Apt.

Les justices de paix de Neung-sur-Beuvron et de la Motte-Beuvron (Loir-et-Cher), sous la juridiction du juge de paix du canton de la Motte-Beuvron.

Les justices de paix de Labrit et de Sore (Landes), sous la juridiction du juge de paix du canton de Sore.

Les justices de paix de Montauban et de Montfort (Ille-et-Vilaine), sous la juridiction du juge de paix du canton de Montfort.

Les justices de paix de Bacqueville et d'Offranville (Seine-Inférieure), sous la juridiction du juge de paix du canton d'Offranville.

2. Le garde des sceaux, ministre de la justice, est chargé, etc.

2e Décret.

Le Président de la République française; — Sur le rapport du garde des sceaux, ministre de la justice; — Vu l'art. 1er de la loi du 6 avril 1915 (1), concernant le fonctionnement des justices de paix pendant la guerre; — Vu les décès des juges de paix de : Le Merlerault (Orne), Saint-Malo-de-la-Lande (Manche), Grenoble, canton Est (Isère), Savines (Hautes-Alpes), Saint-Paul-Trois-Châteaux (Drôme); — Vu les propositions des premiers présidents des Cours d'appel de Caen, Grenoble et des procureurs généraux près lesdites Cours; — Décrète :

Art. **1er**. Sont provisoirement réunies :

Les justices de paix de Le Merlerault et de Courtomer (Orne), sous la juridiction du juge de paix du canton de Courtomer.

Les justices de paix de Saint-Malo-de-la-Lande et de Coutances (Manche), sous la juridiction du juge de paix du canton de Coutances.

Les justices de paix des cantons Est et Nord de Grenoble (Isère), sous la juridiction du juge de paix du canton Nord de cette ville.

Les justices de paix de Savines et d'Embrun (Hautes-Alpes), sous la juridiction du juge de paix du canton d'Embrun.

Les justices de paix de Saint-Paul-Trois-Châteaux et de Pierrelatte (Drôme), sous la juridiction du juge de paix du canton de Pierrelatte.

2. Le garde des sceaux, ministre de la justice, est chargé, etc.

Colonies, Protectorat (pays de), Guerre franco-allemande, Monnaies de cuivre, de nickel et de billon, Interdiction de sortie, Pouvoirs des gouverneurs.

Décret *autorisant les gouverneurs généraux et gouverneurs des colonies à prohiber la sortie des monnaies de nickel, de cuivre et de billon.*

(**1er mai 1915**). — (Publ. au *J. off.* du 4 mai).

Le Président de la République française; — Sur le rapport du ministre des colonies; — Vu l'art. 34 de la loi du 17 déc. 1814 (2); — Vu le sénatus-consulte du 3 mai 1854 (3); — Décrète :

Art. **1er**. Les gouverneurs généraux et gouverneurs des colonies et pays de protectorat autres que la Tunisie et le Maroc sont autorisés, s'ils le jugent opportun, à prohiber la sortie des monnaies de cuivre, de nickel et de billon.

2. Le ministre des colonies est chargé, etc.

Colonies, Protectorat (pays de), Guerre franco-allemande, Or, Interdiction de sortie.

Décret *prohibant l'exportation de l'or à la sortie des colonies.*

(**1er mai 1915**). — (Publ. au *J. off.* du 4 mai).

Le Président de la République française; — Sur le rapport du ministre des colonies; — Vu l'art. 34 de la loi du 17 déc. 1814 (4); — Vu le sénatus-consulte du 3 mai 1854 (5); — Décrète :

Art. **1er**. La sortie de l'or est prohibée dans les colonies et pays de protectorat autres que la Tunisie et le Maroc.

Toutefois, des exceptions à cette disposition pourront être accordées, sous les conditions qui seront déterminées par le ministre des colonies.

2. Le ministre des colonies est chargé, etc.

---

(1) *Supra*, p. 104.

(2) S. 1er vol. des *Lois annotées*, p. 914.

(3) S. *Lois annotées* de 1854, p. 78. — P. *Lois, décr.*, etc. de 1854, p. 137.

(4) S. 1er vol. des *Lois annotées*, p. 914.

(5) S. *Lois annotées* de 1854, p. 78. — P. *Lois, décr.*, etc. de 1854, p. 137.

PRISES MARITIMES, GUERRE FRANCO-ALLEMANDE, PRISES BRITANNIQUES, NAVIRES CAPTURÉS, ACHAT PAR LES ARMATEURS FRANÇAIS, GARANTIE DE L'ETAT.

ARRÊTÉ INTERMINISTÉRIEL *pour l'application de la loi du* 19 *avril* 1915, *déterminant les conditions dans lesquelles la garantie de l'Etat pourra être accordée pour l'achat en Angleterre, par des armateurs français, de navires à vapeur provenant de prises britanniques.*

(2 mai **1915**). — (Publ. au *J. off.* du 4 mai).

LE MINISTRE DE LA MARINE; LE MINISTRE DES AFFAIRES ÉTRANGÈRES; LE MINISTRE DES FINANCES; — Vu l'art. 4 de la loi du 19 avril 1915 (1); — Arrêtent :

ART. **1**er. Les armateurs français qui veulent participer en Angleterre aux enchères de navires à vapeur capturés, et désirent obtenir auprès de l'Amirauté britannique la garantie de l'Etat, dans les conditions prévues par la loi du 19 avril 1915, doivent, pour chaque opération, adresser une demande au sous-secrétaire d'Etat de la marine marchande.

Cette demande doit mentionner à quelle date et en quel endroit ont lieu les enchères, et reproduire la désignation du navire dont l'acquisition est projetée, les indications d'âge et de tonnage, la description des machines, appareils, accessoires et approvisionnements, conformément aux inventaires ou aux données imprimées visées dans les conditions de vente de l'Amirauté.

2. Le premier quart du prix d'achat, ainsi que tous les frais accessoires de la vente, doivent être payés comptant par l'armateur. La garantie de l'Etat ne peut s'appliquer qu'aux trois derniers quarts dudit prix d'achat. Elle ne peut être accordée que sous les conditions ci-après :

1° L'armateur doit présenter à l'agrément du sous-secrétaire d'Etat de la marine marchande et du ministre des finances une caution solvable, qui s'engage solidairement avec lui au paiement du premier tiers de la somme garantie par l'Etat et des intérêts, jusqu'aux termes fixés pour le paiement. Un acte constatant l'engagement de cette caution doit être joint à la demande visée à l'art. 1er.

2° L'armateur doit consentir à l'Etat une hypothèque de premier rang sur le navire, pour sûreté des deux autres tiers de la somme garantie et des intérêts jusqu'aux termes fixés pour le paiement. Il doit assurer, jusqu'à concurrence des sommes restant dues, à une compagnie solvable, le navire, ainsi que les appareils ou accessoires faisant l'objet de l'acquisition, contre tous risques, y compris les risques de guerre, jusqu'à parfait paiement du prix d'achat. Une soumission de l'armateur, constatant ce double engagement, doit être produite à l'appui de la demande visée à l'art. 1er.

Toutefois, les sociétés de navigation, qui assurent elles-mêmes leurs propres navires et ont constitué un fonds spécial à cet effet, peuvent obtenir, par décision particulière dans chaque cas, la dispense de contracter l'assurance ci-dessus prévue.

3. L'armateur doit également joindre à sa demande l'engagement prévu à l'art. 3 de la loi, et présenter à l'agrément du sous-secrétaire d'Etat de la marine marchande et du ministre des finances une caution solvable pour garantie dudit engagement.

4. Les demandes sont instruites par le sous-secrétaire d'Etat de la marine marchande, qui les communique au ministre des finances, et, après avis de ce dernier, statue par arrêté.

Cet arrêté est notifié à l'armateur intéressé, et porté à la connaissance du gouvernement britannique par la voie diplomatique.

Une ampliation est en outre adressée par le sous-secrétaire d'Etat de la marine marchande au consul de France dans la circonscription duquel la vente a lieu.

5. Il appartient au consul de France d'intervenir à la vente, s'il y a lieu, et de faire mentionner dans les formes requises ladite garantie; de faire dresser sans délai l'acte constitutif d'hypothèque au profit de l'Etat français; de faire inscrire en temps voulu cette hypothèque sur le congé provisoire de navigation, dans les conditions prévues par l'art. 33, § 3, de la loi du 10 juill. 1885 (2); de recevoir la déclaration faisant connaître le port d'attache; de veiller à ce que le navire ne soit expédié qu'après accomplissement des formalités réglementaires et qu'après justification que l'assurance prévue par l'art. 2 de la loi a été contractée.

Le résultat des enchères, le montant du prix, les termes fixés pour le paiement, sont notifiés au sous-secrétaire d'Etat de la marine marchande par les soins du consul de France, qui lui rend compte également de l'accomplissement des diverses formalités spécifiées au présent article, et lui fait parvenir l'acte constitutif d'hypothèque consenti par l'armateur.

6. Le sous-secrétaire d'Etat de la marine marchande adresse aux autorités maritimes du port où l'immatriculation du navire doit avoir lieu les documents et les instructions nécessaires pour que soit requis, conformément à l'art. 33, § 4, de la loi du 10 juill. 1885, le report sur le registre du receveur des douanes de l'hypothèque inscrite sur le congé provisoire de navigation.

(1) *Supra*, p. 123.

(2) S. *Lois annotées* de 1886, p. 9. — P. *Lois, décr.*, etc., de 1886, p. 15; *Pand. pér.*, 1886.3.14.

7. Le sous-secrétaire d'Etat de la marine marchande donne également aux autorités maritimes de chaque port les instructions nécessaires pour assurer l'exécution, avant le départ de chaque navire, de l'engagement pris par l'armateur d'assurer son navire dans les conditions prévues à l'art. 2, § 4, de la loi.

8. L'armateur doit rapporter au sous-secrétariat d'Etat de la marine marchande, dans le délai de dix jours de chaque échéance, la justification des versements effectués par lui à l'Amirauté britannique en exécution de son contrat et aux époques qui y sont prévues.

Ces versements sont suivis à un compte ouvert pour chaque achat de navire par l'Administration du sous-secrétariat d'Etat, et dans lequel sont mentionnés :

1° Le prix du navire;

2° Les termes de libération;

3° Le montant des paiements sur lesquels porte la garantie de l'Etat et la date à laquelle ils doivent être effectués;

4° Les sûretés fournies par l'armateur;

5° Eventuellement, les sommes avancées par l'Etat en conséquence de sa garantie.

ARMÉE, GUERRE FRANCO-ALLEMANDE, INSCRITS MARITIMES, RÉSERVISTES VERSÉS DANS L'ARMÉE DE TERRE, HAUTES PAYES.

CIRCULAIRE *réglant la situation des hommes des réserves de l'armée de mer versés dans l'armée de terre.*

(3 mai 1915). — (Publ. au *J. off.* du 4 mai).

Le Ministre de la guerre à MM. le général commandant en chef, les généraux commandant les régions, le commissaire résident général de France au Maroc.

La circulaire du 21 févr. 1915 (1), pour l'application du décret du 16 janv. 1915 (2), allouant la haute paie aux militaires de la réserve et de l'armée territoriale ayant servi au delà de la durée légale dans l'armée active, a annoncé que des instructions ultérieures régleraient la situation des hommes des réserves de l'armée de mer, versés dans l'armée de terre.

Ces instructions sont les suivantes :

I. — *Inscrits maritimes.* — Les inscrits maritimes incorporés dans l'armée de terre reçoivent la solde mensuelle et la haute paie, dans les conditions prévues par la circulaire du 21 févr. 1915 pour les militaires des réserves de l'armée de terre, et d'après le temps de service effectif accompli dans l'armée de mer, sans qu'il y ait lieu de se préoccuper de l'existence d'un contrat d'engagement ou de rengagement.

Toutefois, ceux d'entre eux qui ont accompli moins de quarante mois de services effectifs, dans un corps militaire de la marine, seront traités comme les militaires de l'armée de terre qui ne sont restés sous les drapeaux que pendant la période d'assujettissement légal.

II. — *Militaires des réserves de l'armée de mer ne provenant pas des inscrits maritimes* (Engagés volontaires, engagés à long terme, rengagés, hommes du contingent). — Le temps du service effectif accompli par eux dans un corps militaire de la marine entre dans le décompte des services donnant droit à la solde mensuelle et à la haute paie.

Toutefois, celle-ci ne leur est acquise qu'autant qu'ils ont servi effectivement dans un corps militaire de la marine, pendant une durée supérieure à la période d'assujettissement légal de leur classe dans l'armée de terre.

III. — *Dispositions générales.* — La solde mensuelle et la haute paie sont attribuées aux hommes des réserves de l'armée de mer, d'après leur grade dans l'armée de terre et sur le taux applicable à l'arme ou au corps dans lequel ils ont été versés.

ARMÉE, GUERRE FRANCO-ALLEMANDE, OFFICIERS, AVANCEMENT, GRADES TEMPORAIRES, CORPS EXPÉDITIONNAIRE D'ORIENT.

DÉCRET *portant application au corps expéditionnaire d'Orient des dispositions du décret du 2 janv. 1915, relatif à l'avancement pendant la durée de la guerre.*

(3 mai 1915). — (Publ. au *J. off.* du 4 mai).

LE PRÉSIDENT DE LA RÉPUBLIQUE FRANÇAISE; — Sur le rapport du ministre de la guerre; — Vu la loi du 14 avril 1832 (3), sur l'avancement dans l'armée; — Vu les art. 106 et 107 de l'ordonnance du 16 mars 1838 (4), portant règlement, d'après la hiérarchie militaire des grades et des fonctions, sur la progression de l'avancement et la nomination aux emplois dans l'armée, en exécution de la loi du 14 avril 1832; — Vu les art. 45 et 58 de la loi du 13 mars 1875 (5) et le décret du 31 août 1878 (6); — Vu le décret du 2 janv. 1915 (7), relatif à l'avancement dans l'armée, pendant la durée de la guerre; — Décrète :

---

(1) *Supra*, p. 35.

(2) *Supra*, p. 2.

(3-4) S. 1er vol. des *Lois annotées*, p. 103 et 407.

(5) S. *Lois annotées* de 1875, p. 693. — P. *Lois, décr.*, etc. de 1875, p. 1192.

(6) S. *Lois annotées* de 1879, p. 414. — P. *Lois, décr.*, etc. de 1879, p. 713.

(7) 1er vol., p. 290.

ART. 1er. Le général commandant le corps expéditionnaire d'Orient jouira, en ce qui concerne les nominations à titre temporaire nécessaires pour pourvoir à l'encadrement des troupes et services placés sous ses ordres jusqu'au grade inclus de lieutenant-colonel ou assimilé, des pouvoirs attribués au général commandant en chef les armées du Nord-Est, par le décret du 2 janv. 1915, susvisé.

En conséquence, les dispositions de ce décret sont applicables à ces troupes et services.

2. Le ministre de la guerre est chargé, etc.

ARMÉE, GUERRE FRANCO-ALLEMANDE, RECRUTEMENT, CLASSE 1917, SURSIS D'INCORPORATION.

CIRCULAIRE *relative aux sursis d'incorporation pour les engagés de la classe* 1917.

(3 mai 1915). — (Publ. au *J. off.* du 6 mai).

Le Ministre de la guerre à MM. le gouverneur militaire de Paris, le général commandant la région du Nord, les généraux commandant les régions 3 à 18-20 et 21, le général commandant en chef les forces de terre et de mer de l'Afrique du Nord, les préfets des départements.

L'arrêté du 9 avril (1), relatif à la formation de la classe 1917, a prévu que les jeunes gens de cette classe pourraient contracter un engagement pour la durée de la guerre jusqu'au 15 juill. 1915.

J'ai décidé que les jeunes gens de la classe 1917 qui useront de cette faculté pourraient, par application de l'art. 21 de la loi du 21 mars 1905 (2), demander des sursis d'incorporation dont l'effet demeurera suspendu jusqu'à la fin des hostilités.

Les demandes de cette nature seront soumises aux conseils de revision, qui statueront dans les conditions fixées par les arrêtés des 7 déc. 1914 (3) et 9 avril 1915.

GUERRE, GUERRE FRANCO-ALLEMANDE, CONSERVATION DE LA TRADITION ORALE, ENQUÊTES PAR LES INSTITUTEURS.

CIRCULAIRE *relative à la conservation de la tradition orale pendant la présente guerre.*

(3 mai 1915). — (Publ. au *J. off.* du 11 mai).

Le Ministre de l'instruction publique et des beaux-arts à MM. le président de la société..., le président du comité départemental d'histoire économique de la Révolution, le recteur de l'Académie de..., le membre non résidant du comité des travaux historiques et scientifiques, le correspondant du ministère de l'instruction publique.

Par une circulaire en date du 18 septembre dernier, j'ai adressé à MM. les recteurs de l'académie des instructions en vue d'inviter les instituteurs de leurs ressorts à prendre des notes sur les événements auxquels ils assistent présentement.

A titre d'indication, je leur communiquais les instructions données, le 17 août 1914, à ses collaborateurs directs par M. le recteur de l'académie de Grenoble, qui leur signalait, en particulier, les ordres de faits auxquels les instituteurs pouvaient d'abord songer, savoir :

a) Mobilisation; comment elle s'est effectuée; esprit public; paroles caractéristiques qu'on a pu recueillir.

b) Comment s'est reconstituée l'administration du village, après le départ de certains membres de la municipalité. Rôle de l'instituteur et de l'institutrice.

c) L'ordre public. — Comment on assure la sécurité. — Etude civique. — Recrudescence ou diminution des délits ordinaires. — Faits avérés d'espionnage (se méfier des faux bruits).

d) Vie économique. — Agriculture; la moisson, le battage, la mouture, etc. — Industrie; efforts contre le chômage. — Commerce local; ravitaillement, prix. — Le crédit. — Les banques. — Comment est accepté le moratorium.

e) Assistance. — Paupérisme. — Allocations de l'Etat et des municipalités. — Solidarité privée.

f) Enfants. — Garderies.

g) Hôpitaux et ambulances. — Service médical et pharmaceutique, etc.

D'autres rubriques pourront évidemment être ajoutées.

Recommandez expressément :

1° De n'accueillir que des renseignements rigoureusement contrôlés. Il ne s'agit pas de laisser s'établir des légendes, ni des « mots historiques » inventés.

. . . .

Le comité des travaux historiques et scientifiques vient d'attirer mon attention sur l'intérêt qu'il y aurait à généraliser cette enquête et à demander aux personnalités particulièrement qualifiées par la nature de leurs travaux et l'habitude qu'elles ont de la méthode historique de vouloir bien participer à une œuvre qui promet d'être si utile.

Le programme si intéressant qu'a tracé M. le recteur de l'académie de Grenoble pourrait convenir au dessein du comité. Il ne devrait être, lui semble-t-il, ni impératif, ni limitatif. On pourrait certes y ajouter ou y retrancher; mais il offre

(1) *Supra*, p. 110.

(2) S. et P. *Lois annotées* de 1906, p. 3; *Pand. pér.*, 1905.3.81.

(3) 1er vol., p. 236.

d'utiles indications pour aider à choisir dans la masse des faits dont la tradition orale peut se trouver dépositaire ceux dont il importe vraiment de conserver le souvenir.

Il est plus difficile d'indiquer les modes de cette conservation, les procédés simples et pratiques pour faire utilement de telles enquêtes historiques locales, pour cueillir à temps, si on peut dire, ces fruits de la tradition orale qui se gâtent si vite, qui tombent si vite.

J'ai pensé, avec le comité, qu'il y avait lieu tout d'abord, et résolument, d'écarter l'idée de tout ce qui ressemblerait à une enquête administrative, et qu'il conviendrait bien plutôt de proposer l'idée dont il s'agit aux réflexions et à la bonne volonté de personnes et de sociétés qui s'occupent plus particulièrement d'études historiques, et dont l'évident désintéressement rassurerait toutes les timidités. Les témoins interrogés se sentiraient à l'aise pour répondre en des conversations familières à des historiens qui n'auraient en vue que l'utilité de l'histoire.

C'est pour cette raison que le comité a estimé que cette enquête historique pourrait être tout naturellement confiée ou plutôt proposée aux diverses sociétés savantes, aux comités départementaux de l'histoire économique de la Révolution française, à ses membres non résidants, aux correspondants et aux correspondants honoraires du ministère de l'instruction publique, aux professeurs d'histoire des universités.

A ces personnes et à ces sociétés si autorisées serait laissé le soin d'organiser leurs enquêtes comme elles l'entendraient, d'en fixer le programme, de les étendre à tout un département ou de les borner à quelques régions d'un département, de choisir les témoins à questionner.

Evidemment, quelque intérêt que présente la tradition orale dans les villes, c'est surtout dans la campagne, où cette tradition est presque l'unique dépositaire du passé, que de telles enquêtes seront riches en résultats utiles. En particulier, le témoignage de l'instituteur sera heureusement invoqué dans l'enquête projetée. Mais d'autres personnes connaissent, à d'autres points de vue, la vie spirituelle d'une commune, d'autres connaissent sa vie économique, et le comité ne doute pas qu'elles ne se refuseront pas à répondre à des questions que leur poseront des historiens dans l'unique intérêt de l'histoire. On pourra également interroger, avec le même soin, les témoins qui sont de simples particuliers et consulter aussi avec fruit, non seulement les lettres émanées de nos soldats, mais toutes les correspondances privées qui offrent de l'intérêt pour l'histoire de l'esprit public en France pendant la présente guerre.

Ce qui importerait, aux yeux du comité, c'est que cette œuvre de préservation et de conservation de la tradition orale pût être entreprise sans aucun retard, pendant que les souvenirs sont encore dans leur fraîcheur et leur vérité. L'expérience montre combien est rapide la déformation de ces souvenirs. Plus on se hâtera de les solliciter, de les exprimer, de les fixer, plus on rendra service aux études historiques.

Telle est la pensée du comité des travaux historiques et scientifiques; je m'y associe pleinement et n'ai rien à y ajouter.

Pourtant je crois devoir aussi appeler l'attention des travailleurs qui seraient disposés à coopérer à ces recherches sur l'intérêt qu'il y aurait à ne pas attendre, pour nous le communiquer, que leur travail fût achevé.

J'estime qu'il ne serait pas, au contraire, sans utilité que l'on voulût bien nous adresser dans le plus bref délai quelques notes, sans lien entre elles, prises au hasard et qui seraient comme le type, dans les divers sens où elle serait poussée, de l'enquête à laquelle chacun se proposerait de procéder. L'examen de ces essais pourrait peut-être, comme le signalait si justement dans sa circulaire M. le recteur de l'académie de Grenoble, suggérer des conseils, qui, s'il y avait lieu, feraient l'objet d'une nouvelle circulaire.

J'attacherais du prix à ce que l'envoi de toutes les communications relatives à cette enquête me fût fait sous le timbre de la direction de l'enseignement supérieur, bureau du comité des travaux historiques et scientifiques.

MARINE, GUERRE FRANCO-ALLEMANDE, LOI DU 5 AOUT 1914, APPLICATION, SOUTIENS DE FAMILLE, ALLOCATIONS JOURNALIÈRES, MARINS DU COMMERCE, NAVIRES CAPTURÉS OU DÉTRUITS, FAMILLES NÉCESSITEUSES.

CIRCULAIRE *relative à l'application de la loi du 9 avril* 1915 *(allocations aux familles nécessiteuses des marins du commerce dont le navire a été capturé ou détruit par l'ennemi).*

(3 mai 1915). — (Publ. au *J. off.* du 4 mai).

Le Ministre de la marine à MM. les vice-amiraux commandant en chef, préfets maritimes, commandants de la marine en Corse et en Algérie, directeurs de l'inscription maritime, préfets des départements, agents diplomatiques et consulaires de France, gouverneurs généraux, gouverneurs et lieutenants-gouverneurs des colonies.

Aux termes de l'art. 1er de la loi du 9 avril 1915 (1), le bénéfice de la loi du 5 août 1914 (2)

(1) *Supra*, p. 113.

(2) 1er vol., p. 28.

est étendu aux familles nécessiteuses des marins du commerce privés de leurs salaires à la suite de la capture ou de la destruction de leur navire, pour la période comprise entre le jour de cette capture ou destruction et celui de leur débarquement dans un port français.

En vue de faciliter l'application des dispositions de cette loi, j'ai décidé que les dépenses résultant de la concession du bénéfice de la loi du 5 août 1914 aux familles nécessiteuses des marins du commerce dont le navire a été capturé ou détruit seraient imputées sur les mêmes crédits que les allocations aux inscrits maritimes soutiens de famille appelés ou rappelés sous les drapeaux, c'est-à-dire sur les crédits du chapitre 39, 1re section du budget de l'exercice courant.

D'autre part, toutes les dispositions qui régissent actuellement les allocations aux inscrits appelés ou mobilisés, soutiens de famille, seront applicables, tant en ce qui concerne l'obtention que le paiement de ces indemnités, aux allocations nouvelles accordées par la loi du 9 avril 1915 précitée.

Les seules dispositions particulières auxquelles il y aura lieu de se conformer sont les suivantes :

1° L'administrateur de l'inscription maritime du port d'armement du navire capturé ou détruit délivrera aux familles des marins de ce navire qui lui en feront la demande, soit directement, soit par l'intermédiaire d'une autorité maritime ou civile, un certificat attestant la capture ou la destruction du navire, avec indication de la date et du lieu de l'événement. Ce certificat, qui mentionnera en outre tous renseignements utiles sur l'identité du marin intéressé (nom, prénoms, date et lieu de naissance, fonctions à bord, montant des salaires, s'il y a lieu, quartier et numéro d'inscription, etc.) sera annexé à la demande d'allocation à remettre par les familles au maire de leur résidence.

2° Dès la réception d'extraits de procès-verbaux concernant la concession d'allocations accordées en vertu de la loi du 9 avril 1915, l'autorité maritime chargée du contrôle des allocations prendra les mesures nécessaires pour en assurer sans retard le paiement, puis donnera avis de la concession de ces allocations au port d'armement du navire capturé ou détruit. Un enregistrement sommaire de ces avis sera tenu par le port d'armement, afin de lui permettre de prévenir ultérieurement l'autorité maritime chargée du contrôle des allocations du débarquement des marins intéressés dans un port français.

3° Au vu des avis de débarquement qui lui seront adressés par le port d'armement, l'autorité maritime chargée du contrôle des allocations procédera immédiatement à la radiation des familles intéressées de la liste des bénéficiaires des allocations.

4° Les quartiers d'inscription maritime dans lesquels débarqueront des marins du commerce provenant de navires capturés ou détruits feront toute diligence pour signaler ces débarquements aux ports d'armement desdits navires. L'attention est appelée sur l'intérêt qui s'attache à ce que cette prescription ne soit en aucun cas perdue de vue. Ce n'est en effet que par sa stricte observation que les ports d'armement auront la possibilité de notifier en temps opportun aux services chargés du paiement des allocations les radiations à opérer.

5° Les familles des marins du commerce admises au bénéfice de la loi du 9 avril 1915, qui résideront dans les quartiers d'inscription maritime où il est fait application des dispositions de la circulaire du 7 oct. 1914 pour le paiement des allocations aux inscrits soutiens de famille levés ou mobilisés, pourront également recevoir le montant de leurs allocations sur la Caisse des invalides de la marine et dans les mêmes conditions. Il appartiendra dans ce cas aux administrateurs de ces quartiers de signaler aux ports d'armement des navires capturés ou détruits les bénéficiaires des indemnités dont ils assureront le paiement. Par suite, c'est auxdits quartiers, et non aux ports militaires, que les ports d'armement devront notifier les avis de débarquement.

GUERRE, GUERRE FRANCO-ALLEMANDE, DOCUMENTS, RÉUNION PAR LES MAIRES.

CIRCULAIRE *invitant les maires à faire réunir les documents relatifs à la guerre.*

(**4 mai 1915**). — (Publ. au *J. off.* du 11 mai).

Le Ministre de l'instruction publique et des beaux-arts à M. le maire de...

Je crois devoir appeler votre attention sur l'intérêt qu'il y a dès maintenant à réunir les documents de tout ordre relatifs à la guerre actuelle, ceux dont l'importance est manifeste, ceux aussi que l'on serait tenté de négliger aujourd'hui et qui auront cependant plus tard une signification particulière.

De ces documents, chaque jour voit naître un très grand nombre; mais combien ont été imprimés sur de mauvais papier, qui seraient voués à une destruction rapide s'ils n'étaient mis en bonne place. Combien ont paru à une heure où, les soucis se succédant rapidement, on n'a point pensé à les sauvegarder! Les exigences du dépôt légal devraient en assurer la conservation; mais on sait qu'il n'est pas de formalités plus souvent méconnues. Quelle peine n'éprouvera-t-on point, quand on voudra, même dans un avenir prochain, retrouver telle pièce que ses possesseurs actuels auront considérée comme sans valeur, alors que peut-être des amateurs étrangers l'auront recherchée avec une ardente curiosité ?

Je sais que je puis compter, pour recueillir les documents imprimés que j'ai, en ce moment, seulement en vue, sur le zèle des bibliothécaires; je serais surpris que certains d'entre eux n'eussent pas eu déjà des intentions conformes à mes désirs; mais il importe qu'ils soient dûment autorisés et soutenus dans leur travail de recherche, et guidés aussi dans leur choix par les conseils que je vous prie de leur transmettre.

Qu'ils ne cèdent pas à la tentation de constituer une « bibliothèque » complète de la guerre; qu'ils négligent les documents d'histoire générale; ceux-là sont conservés par les journaux officiels, par les archives départementales ou municipales, par les bureaux des administrations qui sont en correspondance avec le pouvoir central. Ils doivent, dans cette chasse à la menue documentation, rechercher uniquement les documents régionaux, je veux dire : 1° les documents relatifs à la vie du département, de l'arrondissement, de la commune, ville ou village; 2° les documents imprimés dans la région, et qui, destinés à une autre région, ne se retrouveront peut-être pas facilement dans le centre où ils ont été mis en circulation. C'est un fait trop souvent constaté : les documents régionaux — même officiels — ne sont pas conservés avec assez de sollicitude; les grands dépôts parisiens, qui, pour notre histoire, devraient en posséder une collection complète, sont loin de réunir tout ce qui a paru : pour une raison ou pour une autre, ils n'ont pas reçu ce qu'ils auraient dû recevoir; ils n'ont pas connu ou recherché en temps utile ce qui leur manquait; la difficulté de loger des séries encombrantes amène insensiblement les conservateurs à ne pas se préoccuper toujours assez vite des lacunes existantes. Je n'ai pas besoin d'en dire davantage pour vous faire mesurer le service que rendraient les bibliothécaires de province, s'ils s'assuraient avec un soin jaloux que leur parviennent bien régulièrement tous les comptes rendus imprimés des séances des assemblées départementales ou communales, tous les actes imprimés des autorités publiques de leur région.

Mais ce n'est pas tout : on aurait le plus grand tort de ne pas colliger les journaux. Si, dans les pays où la presse est très florissante, les bibliothécaires sont excusables en temps ordinaire de ne pas tenir la main à ce que tous les journaux locaux leur soient remis, ils ne le seraient pas, dans la crise actuelle, de négliger les moindres manifestations de l'esprit public, les traces mêmes de l'émotion ou de la sérénité, selon le cas, avec laquelle ont été accueillies telles mesures administratives, telles nouvelles venues, soit de France, soit de l'étranger; la presse est le miroir où se reflètent les sentiments successifs du pays. A une heure si importante de notre histoire nationale, ce pays a montré une attitude qui l'honore trop profondément pour que l'on ne s'efforce pas d'en conserver des témoignages, pris sur le vif au jour le jour, que la postérité ne pourra pas récuser. A ce titre, c'est véritablement toute la production contemporaine qu'il est essentiel de sauver de l'oubli; rien ne doit être dédaigné, et c'est seulement pour bien faire entendre ma pensée que j'énumère ici, après les journaux et les revues :

Les affiches publiques ou privées;

Les circulaires privées;

Les documents répandus par des œuvres sociales ou religieuses;

Les prospectus commerciaux ou industriels, les prix courants;

Les horaires;

Les listes de souscription, d'adhésion, etc.;

Les convocations des sociétés;

Les chansons, cantiques, documents musicaux, etc.;

Les documents figurés, tels qu'affiches illustrées, journaux artistiques et leurs numéros spéciaux, portraits, photographies, caricatures, cartes postales;

Les valeurs en papier-monnaie émises sur certains points du territoire.

La liste pourrait être plus longue : l'initiative individuelle trouvera sans doute dans les circonstances locales des raisons de la compléter.

Pour réunir tous ces documents, dont je voudrais avoir suffisamment fait sentir, plus que l'intérêt actuel, la portée lointaine, que faudra-t-il à MM. les bibliothécaires ? Peu d'argent sans doute, car les crédits ordinaires du dépôt qui leur est confié pourvoient facilement à ces dépenses le plus souvent très modiques; s'il en était besoin, je ne doute pas que les municipalités ne mettent volontiers à leur disposition les ressources supplémentaires qui seraient jugées utiles.

Mais, par contre, je me reprocherais de ne pas priser assez l'effort demandé à leur bonne volonté; il leur faudra du temps et de la patience, il leur faudra aussi une certaine autorité qu'ils ne peuvent tenir que de vous, pour obtenir des sociétés ou des personnes qui ont publié les documents en question qu'elles en recherchent et en retrouvent des exemplaires au profit des bibliothèques publiques; ces personnes, ces sociétés, auront parfois besoin sans doute qu'on leur montre le légitime intérêt d'amour-propre qu'elles peuvent avoir à laisser un témoignage durable de l'activité qu'elles ont déployée à l'heure où chacun se devait à tous. MM. les bibliothécaires sauront mettre dans leurs demandes tout à la fois la discrétion et l'insistance nécessaires. Aussi bien, dans leur recherche, peuvent-ils compter certainement, comme sur votre appui personnel, sur le concours des fonctionnaires, des professeurs de tout ordre, des instituteurs, des élèves des écoles normales, etc.; les uns et les autres probablement ont déjà mis de côté telle pièce intéressante, dont ils ne refuseront pas de se dessaisir, si c'est pour la faire entrer dans un ensemble où elle prendra toute sa valeur; l'œuvre collective, qui ne le sentirait, doit primer l'œuvre particulière.

Malgré toutes ces difficultés, dont je n'entrevois peut-être qu'une partie, il est à présumer que le produit de la récolte sera considérable, du moins dans quelques grandes villes; la question du local se pose donc. Partout où la chose sera possible, une salle spéciale de la bibliothèque serait le lieu le plus commode pour la réception et le tri des documents recueillis; en cas d'objection, c'est dans les bâtiments de l'hôtel de ville ou dans une école que le travail pourra se poursuivre. Je suis assuré que, vous inspirant des circonstances, vous saurez prendre les mesures les plus convenables.

Mais, pour que cette enquête, qu'il faut souhaiter prochainement ouverte, soit aisée à consulter et même à compléter, un certain ordre devra être dès l'abord établi; M. le bibliothécaire est le meilleur juge en pareille matière. Il ne saurait être question, semble-t-il, d'un classement définitif et scientifique, puisque la masse des documents, selon l'apport des jours et des mois prochains, pourra exiger des séries nouvelles, puisque tel bibliothécaire croira peut-être avantageux de partager la besogne avec un de ses collègues, l'un et l'autre s'attachant particulièrement à une catégorie de pièces, de manière à ne pas constituer dans deux villes voisines deux collections semblables. Il paraît bien que, en attendant le moment où il sera possible de rédiger d'après les règles un catalogue parfait, un numérotage provisoire suffirait, surtout s'il était accompagné d'un répertoire-index, où seraient régulièrement enregistrées toutes les acquisitions successives.

Sur ce point encore, je m'en remets avec confiance aux bibliothécaires, aidés par les membres des comités d'inspection : leur esprit d'initiative et d'ingéniosité saura mener à bien une tâche à laquelle ils voudront se donner activement, j'en suis sûr, quand ils y auront vu leur contribution personnelle au service de la patrie.

Cautionnement de titulaires ou de comptables, Guerre franco-allemande, Trésoriers-payeurs généraux, Receveurs des finances, Nomination a un autre poste, Supplément de cautionnement, Réalisation, Sursis.

Décret *relatif à la réalisation des suppléments de cautionnements des trésoriers généraux et des receveurs de finances.*

(5 mai 1915). — (Publ. au *J. off.* du 7 mai).

Le Président de la République française; — Vu l'art. 20 du décret du 31 mai 1862, portant règlement général sur la comptabilité publique (1); — Sur le rapport du ministre des finances; — Décrète :

Art. **1**er. Pendant la période des hostilités, les trésoriers-payeurs généraux et les receveurs particuliers des finances, nommés aux mêmes fonctions dans un autre département ou dans un autre arrondissement, peuvent être autorisés à différer la réalisation du supplément de cautionnement afférent à la nouvelle gestion jusqu'à une date qui sera ultérieurement fixée par une décision du ministre des finances.

2. Le ministre des finances est chargé, etc.

Vers a soie, Déclaration des éducateurs, Délai, Prorogation.

Décret *reportant du* 15 *mai au* 15 *octobre la date extrême fixée par l'art.* 1er *du décret du* 28 *janv.* 1911, *pour la déclaration que les éducateurs de vers à soie doivent faire à la mairie de leur commune en vue de l'obtention de la prime.*

(5 mai 1915). — (Publ. au *J. off.* du 9 mai).

Le Président de la République française; — Vu la loi du 11 juin 1909 (2), relative aux encouragements spéciaux à donner à la sériciculture et à la filature de la soie et notamment le § 3 de l'art. 2; — Vu le décret en date du 28 janv. 1911 (3), rendu pour l'application de la loi susvisée; — Sur le rapport du ministre de l'agriculture; — Décrète :

Art. **1**er. A partir de l'exercice 1915, la date extrême du 15 mai, fixée par l'art. 1er du décret du 28 janv. 1911, pour la déclaration que les éducateurs de vers à soie doivent faire à la mairie de leur commune, est reportée au 15 octobre.

2. Le ministre de l'agriculture et le ministre des finances sont chargés, etc.

Assurance sur la vie, Guerre franco-allemande, Risques de guerre, Prorogation de délai.

Circulaire *complémentaire relative aux assurances sur la vie souscrites par des militaires ou assimilés.*

(7 mai 1915). — (Publ. au *J. off.* du 10 mai).

A la date du 24 août 1914 (4), le ministre a

---

(1) S. *Lois annotées* de 1862, p. 59. — P. *Lois, décr.*, etc. de 1862, p. 101.

(2) S. et P. *Lois annotées* de 1911, p. 900; *Pand. pér.*, *Lois annotées* de 1911, p. 900.

(3) *Bull. off.*, nouv. série, 50, n. 2387.

(4) 1er vol., p. 83.

adressé à tous les chefs de corps et de service une circulaire relative aux assurances sur la vie souscrites par des militaires ou assimilés. Sur la demande du ministre du travail et de la prévoyance sociale, les compagnies d'assurances qui ont appliqué à leurs assurés la circulaire du 24 août 1914 ont consenti à rouvrir, du 1er mai au 10 juin 1915 inclus, le délai pour la souscription de l'assurance de guerre.

Cette prolongation, qui ne pourra plus être renouvelée, est accordée aux conditions suivantes :

1° Chaque demande devra être accompagnée, soit d'un certificat de validité émanant du chef de corps ou de service, conformément à la circulaire du 24 août 1914, soit, à défaut, d'un certificat délivré par un médecin militaire ou civil, et établissant le bon état de santé de l'assuré.

2° Les surprimes devront être préalablement acquittées, avec, d'ailleurs, toutes les facilités de paiement accordées par les compagnies et visées par la circulaire du 24 août 1914.

3° Toute prime ou portion de prime venue à échéance entre le commencement des hostilités et la date du nouvel avenant suivra le sort de la surprime afférente à cet avenant, c'est-à-dire devra être acquittée préalablement, avec, d'ailleurs, toutes les facilités de paiement accordées par les compagnies.

4° Sous ces trois conditions, et pendant la durée du délai ci-dessus, les compagnies renonceront à se prévaloir de la forclusion résultant du retard apporté par le mobilisé dans sa demande d'avenant de surprime de guerre, et ce, jusqu'à concurrence d'un capital de 10.000 fr. par tête assurée, ce capital représentant du reste le capital moyen assuré par contrats.

Les chefs de corps ou de service, tant dans la zone des armées qu'à l'intérieur, sont invités, en conséquence, à porter d'urgence ces dispositions nouvelles à la connaissance de tout le personnel militaire ou civil sous leurs ordres, le délai accordé par les compagnies expirant le 10 juin.

MARINE, GUERRE FRANCO-ALLEMANDE, ADMINISTRATEURS DE L'INSCRIPTION MARITIME, ÉLÈVES ADMINISTRATEURS, ADMINISTRATEURS DE 3e CLASSE, PROMOTION, SUPPRESSION DE L'EXAMEN EN 1915.

DÉCRET *modifiant le décret du 6 avril 1912, relatif au recrutement et à l'instruction du corps des administrateurs de l'inscription maritime.*

(8 mai 1915). — (Publ. au *J. off.* des 14-15 mai).

LE PRÉSIDENT DE LA RÉPUBLIQUE FRANÇAISE; — Vu la loi du 19 févr. 1915 (1); — Vu le décret du 6 avril 1912 (2), sur le recrutement et l'instruction du corps des administrateurs de l'inscription maritime; — Sur le rapport du ministre de la marine; — Décrète :

ART. **1er.** Les élèves administrateurs et les administrateurs de 3e classe de l'inscription maritime nommés le 5 oct. 1914 seront promus, de droit et sans examen, respectivement aux grades d'administrateurs de 3e classe et d'administrateurs de 2e classe à la date du 5 oct. 1915.

2. Les intéressés seront tenus, après la cessation des hostilités, d'accomplir dans leur nouveau grade, savoir :

Comme administrateur de 3e classe, la première année d'école;

Comme administrateur de 2e classe, la deuxième année d'école.

Le rang d'ancienneté des intéressés sera rectifié, dans chacun de ces grades, d'après les résultats des examens de fin d'année et de sortie de l'école.

A ceux des intéressés qui seraient reconnus insuffisants à ces examens, il serait fait application des dispositions contenues dans les art. 3 et 4 du décret du 6 avril 1912.

3. Les élèves administrateurs et les administrateurs de 3e classe de l'inscription maritime nommés le 5 oct. 1914 pourront, par application de la loi du 18 févr. 1915, être promus à une date antérieure au 5 oct. 1915, s'ils ont été l'objet de propositions spéciales d'avancement au grade supérieur pour faits de guerre.

Dans ce cas, les dispositions de l'art. 2 du présent décret ne leur en seront pas moins applicables, sauf en ce qui concerne leurs rangs et date d'ancienneté, qui leur demeureront acquis.

4. Le ministre de la marine est chargé, etc.

ARMÉE, GUERRE FRANCO-ALLEMANDE, SERVICE DE SANTÉ MILITAIRE, MÉDECINS AUXILIAIRES, ÉTUDIANTS POSSÉDANT HUIT INSCRIPTIONS.

DÉCRET *abaissant de douze à huit le nombre des inscriptions exigées pour la nomination au grade de médecin auxiliaire.*

(10 mai 1915). — (Publ. au *J. off.* du 13 mai).

LE PRÉSIDENT DE LA RÉPUBLIQUE FRANÇAISE; — Sur le rapport du ministre de la guerre; — Vu le décret du 3 mars 1902, réglant l'organisation d'un cadre de médecins auxiliaires pour le cadre de mobilisation; — Vu la loi du 7 août 1913 (3), sur le recrutement de l'armée; — Décrète :

(1) *Supra*, p. 34.
(2) *Bull. off.*, nouv. série, 79, n. 3942.

(3) S. et P. *Lois annotées* de 1914, p. 561; *Pand. pér.*, *Lois annotées* de 1914, p. 561.

ART. 1er. Pendant la durée de la guerre, les étudiants en médecine possédant huit inscriptions de doctorat peuvent être nommés à l'emploi de médecin auxiliaire, tant dans les corps de troupes que dans les formations sanitaires de campagne ou les établissements hospitaliers.

2. Le ministre de la guerre est chargé, etc.

HARAS, GUERRE FRANCO-ALLEMANDE, JUMENTS PLEINES MISES EN DÉPÔT CHEZ LES ÉLEVEURS, MAINTIEN PENDANT UNE ANNÉE.

1° INSTRUCTION *concernant la prolongation de la mise en dépôt des juments pleines confiées aux éleveurs depuis la mobilisation et la vente ultérieure de ces juments aux éleveurs.*

(10 mai 1915). — (Publ. au *J. off.* du 12 mai).

Les juments pleines, mises en dépôt chez les éleveurs depuis la mobilisation, et qui devraient régulièrement être reprises après le sevrage de 1915, seront exceptionnellement maintenues en dépôt pendant une deuxième année, pour continuer leurs fonctions de poulinière, chez leurs détenteurs actuels. Ceux-ci toutefois n'en pourront conserver qu'une; les autres seront, autant que possible, confiées à des éleveurs de leurs régions d'origine dès le sevrage de 1915.

Après le sevrage des produits à naître en 1916, ces juments seront vendues dans les centres d'élevage où elles se trouveront, pour y être définitivement employées à la reproduction; cette vente aura lieu aux enchères restreintes, entre éleveurs agréés, le dépositaire ayant le privilège de l'option au prix atteint par l'adjudication.

Afin d'assurer l'exécution de ces dispositions, on se conformera aux prescriptions ci-dessous :

ART. 1er. Les dépositaires actuels devront faire saillir, en 1915, les juments qu'ils détiennent par un étalon national, approuvé ou autorisé, dans les conditions les plus favorables à leur fécondation. Faute de se conformer à ces instructions, l'éleveur encourra le retrait de toutes les prérogatives accordées aux éleveurs agréés et du droit de participer aux concours de majoration et autres concours organisés par l'Etat (guerre ou agriculture), pendant un temps égal à celui pendant lequel la jument aura été distraite de son rôle de poulinière. Seule, la carte de saillie, régulièrement établie, dégagera la responsabilité de l'éleveur sur ce point.

2. En automne 1915, sur la présentation de la jument en bon état d'entretien, accompagnée de la carte de saillie régulière de 1915, le contrat de mise en dépôt sera prorogé pour un an, à la condition expresse que le dépositaire prendra l'engagement de faire saillir, à nouveau, la jument en 1916 dans les conditions indiquées à l'art. 1er.

Les éleveurs dépositaires de plusieurs juments ne pourront proroger le contrat de mise en dépôt que pour l'une d'elles à leur choix; les autres leur seront retirées après le sevrage de 1915, pour être attribuées à d'autres éleveurs à raison de une par partie prenante. Quoique ces juments ne doivent pas rester entre leurs mains, les détenteurs actuels de ces juments en excédent devront en faire assurer la saillie en 1915, dans les conditions précitées. Le prix de saillie, déterminé d'après la mention portée sur la carte, leur sera remboursé, au moment de la reprise, par les éleveurs chez lesquels elles seront mises en dépôt en automne 1915, sans que la somme à leur payer puisse d'ailleurs jamais dépasser 25 fr.

3. En 1916, toutes les juments ainsi détenues, à raison de une pour un éleveur, devront être saillies à nouveau dans les conditions indiquées à l'art. 1er; si le détenteur ne se conforme pas à cette prescription, il sera passible, en outre du retrait des privilèges énumérés à l'art. 1er, d'une pénalité qui pourra s'élever à 100 fr.

4. Après le sevrage de 1916, les juments seront vendues dans les centres principaux d'élevage de la région où elles se trouveront. Les éleveurs qui les auront prises en dépôt s'engageront, en conséquence, à les conduire, sur l'ordre qui leur en sera donné en automne 1916, sur le point où aura lieu la vente, et à remettre à l'autorité chargée de la vente la carte de saillie de 1916, sous peine des sanctions énumérées à l'art. 3.

5. La vente sera faite aux enchères, auxquelles seront seuls admis les éleveurs de la région, agréés par le service des remontes, mais le détenteur de 1916 aura le privilège d'option au prix atteint par l'adjudication; la carte de saillie suivra la jument.

6. Les éleveurs qui ne désireraient pas bénéficier de la prorogation de la mise en dépôt en informeront le commandant du dépôt, qui fera opérer, dès le sevrage de 1915, la reprise de la jument et sa remise à un autre éleveur. Ce dernier remboursera au premier dépositaire, dans les limites indiquées par l'art. 2, le prix de la saillie exécutée en 1915.

7. Des instructions ultérieures règleront les détails de la prorogation de la mise en dépôt chez les éleveurs et ceux de la reprise des juments en excédent en 1915, ainsi que les opérations de la vente de toutes les juments en 1916.

Les conditions exposées ci-dessus paraissent suffisantes pour fixer, dès maintenant, les éleveurs sur les avantages d'une mesure qui tend à leur assurer la possession de deux produits et à faire rentrer définitivement dans l'effectif des poulinières de carrière des juments sur lesquelles ils conservent le privilège de l'option, au moment de la vente sur enchères.

Dès à présent, les chefs de corps et les commandants de dépôts de remonte, qui ont procédé à la livraison de juments pleines aux éleveurs, leur adresseront un exemplaire de la présente instruction, en ayant soin d'exiger de chacun d'eux un reçu; ils feront établir en temps utile, pour chacune des juments confiées à nouveau, un contrat de modèle ci-joint, portant déclaration que les détenteurs se conformeront aux dispositions ci-dessus indiquées.

Les chefs de corps et les commandants des dépôts de remonte adresseront d'urgence au ministre (2e direction. — Bureau des remontes) les demandes d'exemplaires de la présente instruction et de contrats qui leur seront nécessaires pour en pourvoir tous les dépositaires des juments.

(*Suit au* J. off. *le modèle annexé*).

2° ADDENDUM *à l'instruction du* 10 *mai* 1915, *concernant la prolongation de la mise en dépôt des juments pleines, confiées aux éleveurs depuis la mobilisation, et la vente ultérieure de ces juments aux éleveurs.*

(Publ. au *J. off.* du 20 mai 1915).

L'instruction du 10 mai 1915, concernant la prolongation de la mise en dépôt des juments pleines, confiées aux éleveurs depuis la mobilisation, et la vente ultérieure de ces juments aux éleveurs, n'est pas applicable dans la zone des armées.

Les juments pleines, que le général commandant en chef, par dérogation aux instructions ordonnant leur retour sur l'intérieur, a autorisé à mettre en dépôt sur place, lorsque leur état le commandait, seront reprises par l'armée après avortement ou après sevrage du poulain.

1° ACTIONS EN JUSTICE, GUERRE FRANCO-ALLEMANDE, MORATORIUM, SUSPENSION, INSTANCES EN COURS, CONTINUATION, AUTORISATION, ORDONNANCE DU PRÉSIDENT. — 2° EXÉCUTION DES ACTES ET JUGEMENTS, GUERRE FRANCO-ALLEMANDE, MORATORIUM, SUSPENSION, AUTORISATION D'EXÉCUTION, ORDONNANCE DU PRÉSIDENT. — 3° PRESCRIPTION, PÉREMPTION, GUERRE FRANCO-ALLEMANDE, MORATORIUM, DÉLAIS, SUSPENSION, CESSATION, ORDONNANCE DU PRÉSIDENT. — 4° DÉLAIS, GUERRE FRANCO-ALLEMANDE, SUSPENSION, MORATORIUM, CESSATION, ORDONNANCE DU PRÉSIDENT. — 5° OBLIGATION (EN GÉNÉRAL), GUERRE FRANCO-ALLEMANDE, CLAUSES RÉSOLUTOIRES, DÉCHÉANCES, SUSPENSION, CESSATION, ORDONNANCE DU PRÉSIDENT.

DÉCRET *modifiant les décrets des* 10 *août et* 15 *déc.* 1914, *relatifs à la suspension des prescriptions, péremptions et délais en matière civile, commerciale et administrative.*

(**11 mai 1914**). — (Publ. au *J. off.* au 12 mai).

LE PRÉSIDENT DE LA RÉPUBLIQUE FRANÇAISE; — Sur le rapport du garde des sceaux, ministre de la justice, du ministre de l'intérieur, du ministre des finances et du ministre du commerce, de l'industrie, des postes et des télégraphes; — Vu l'art. 2 de la loi du 5 août 1914 (1), relative à la prorogation des échéances des valeurs négociables; — Vu le décret du 10 août 1914 (2), relatif à la suspension des prescriptions, péremptions et délais en matière civile, commerciale et administrative; — Vu le décret modificatif du 15 déc. 1914 (3), ensemble le décret du 21 (4) même mois, déterminant les circonscriptions judiciaires dans lesquelles ce décret n'est pas quant à présent applicable; — Le conseil des ministres entendu; — Décrète :

ART. **1er**. L'art. 3 du décret susvisé du 10 août 1914 est modifié comme suit :

« Par dérogation à la règle posée en l'art. 1er, la continuation, jusqu'à décision définitive, des instances engagées avant ou depuis la mobilisation pourra être autorisée, pour des motifs exceptionnels, par ordonnance du président du tribunal saisi, qui statuera sans frais, le défendeur appelé au moyen d'un simple avertissement, que le greffier lui notifiera par lettre recommandée, avec avis de réception.

« A défaut d'avis de réception, le président pourra, avant de statuer, ordonner que le défendeur sera cité, aux jour et heure qu'il fixera, par exploit d'huissier commis à cet effet.

« Son ordonnance ne sera susceptible ni d'opposition ni d'appel.

« Sous les mêmes conditions et dans les mêmes formes, l'exécution de toute décision devenue définitive pourra être autorisée par le président du tribunal civil.

« L'autorisation, à laquelle l'exécution des jugements est subordonnée par le paragraphe précédent, est également nécessaire pour celle des actes assimilés aux jugements, quant à la force exécutoire, par les art. 545 et s. du Code de procédure civile ».

2. Les dispositions des §§ 2 et 3 de l'art. 1er du décret susvisé du 15 déc. 1914 sont remplacées par les suivantes :

« A défaut d'avis de réception de la lettre recommandée portant convocation sous forme d'avertissement, le président pourra, avant de statuer, ordonner que les intéressés seront cités, aux jour et heure qu'il fixera, par exploit d'huissier commis à cet effet.

« Son ordonnance leur sera, en outre, signifiée par huissier commis, s'ils n'ont pas comparu.

» Elle ne sera susceptible ni d'opposition ni d'appel.

« A dater de l'ordonnance ou de la significa-

(1 à 4) 1er vol., p. 33, 44, 258 et 270.

tion, selon que les intéressés dûment convoqués ou cités auront ou non comparu, un nouveau délai égal au délai ordinaire courra pour les différents actes de recours devant les tribunaux judiciaires. Exceptionnellement, si le délai qui a été suspendu était supérieur à deux mois, le nouveau délai sera limité à la moitié de ce délai, sans toutefois pouvoir être inférieur à deux mois, ni au délai qui restait à courir au premier jour de la mobilisation.

« En ce qui concerne les actes autres que les actes de recours devant les tribunaux judiciaires, il sera, dans tous les cas, accordé, à partir de l'ordonnance ou de sa signification selon la distinction établie plus haut, un délai égal à celui qui restait à courir au premier jour de la mobilisation ».

3. Le garde des sceaux, ministre de la justice, le ministre de l'intérieur, le ministre des finances et le ministre du commerce, de l'industrie, des postes et des télégraphes, sont chargés, etc.

Banque de France, Guerre franco-allemande, Billets de banque, Chiffre des émissions, Elévation.

Décret *élevant le chiffre des émissions de la Banque de France.*

(11 mai 1915). — Publ. au *J. off.* du 12 mai).

Le Président de la République française; — Sur le rapport du ministre des finances; — Vu l'art. 1er de la loi du 5 août 1914 (1), ainsi conçu : « Le chiffre des émissions de billets de la Banque de France et de ses succursales, fixé au maximum de six milliards huit cents millions de francs (6 milliards 800.000.000 fr.) (loi du 29 déc. 1911) (2), est élevé provisoirement à 12 milliards. Il pourra être porté au delà de cette limite par décret rendu en Conseil d'Etat, sur la proposition du ministre des finances ». — Le Conseil d'Etat entendu; — Décrète :

Art. 1er. Le chiffre des émissions de billets de la Banque de France et de ses succursales, élevé provisoirement à 12 milliards par l'art. 1er de la loi du 5 août 1914, est porté à 15 milliards.

2. Le ministre des finances est chargé, etc.

Marchés administratifs ou de fournitures, Guerre franco-allemande, Marchés antérieurs a la mobilisation, Délai, Indemnités.

Circulaire *concernant l'application de la circulaire du 24 nov. 1914, relative à la validité des marchés de fournitures en temps de guerre, à la concession éventuelle d'indemnités, etc.*

(11 mai 1915). — (Publ. au *J. off.* des 14-15 mai).

Le Ministre de la marine à MM. les vice-amiraux commandant en chef préfets maritimes, contre-amiral commandant la marine en Algérie; capitaine de vaisseau commandant la marine en Indo-Chine, directeurs des établissements de la marine hors des ports.

La circulaire du 24 nov. 1914 (3), relative à la validité des marchés de fournitures en temps de guerre, stipule, entre autres dispositions, la faculté pour les titulaires des contrats conclus avant la mobilisation de solliciter :

Soit des délais supplémentaires de livraison, par application des dispositions de l'art. 44 des conditions générales du 18 juin 1910 (4).

Soit même une indemnité à débattre, à moins qu'il n'ait été spécifié d'avance que le marché serait exécutoire en temps de guerre.

Dans le second cas, si l'accord a pu être réalisé avec le fournisseur, l'indemnité devra, de préférence, faire l'objet d'un acte additionnel modifiant le prix du contrat. Les livraisons seront alors liquidées sur les bases fixées par cet acte. Si le département est en présence d'un marché de longue durée et pour la fourniture d'objets et matières sujets à fluctuations importantes et ne pouvant être appréciées d'avance, la décision accordant l'indemnité ne pourra être prise qu'à l'expiration du contrat ou à la fin de la guerre.

Il m'a paru qu'il était opportun d'appeler l'attention sur les points suivants :

Si, pour certains marchés de longue durée, les fournisseurs étaient astreints à attendre l'expiration du contrat pour déposer leur demande de relèvement de prix, en même temps que l'ensemble de leurs justifications, il en résulterait, dans bien des cas, une grande complexité pour certaines vérifications qui auraient pu être effectuées facilement par l'Administration en leur temps. D'autre part, si le délai maximum de huit jours, dans lequel les fournisseurs doivent obligatoirement aviser l'Administration des événements de force majeure qui ont pu retarder l'exécution de leurs engagements (art. 44 des conditions générales du 18 juin 1910; circulaire du 2 févr. 1913) (5), convient parfaitement lorsqu'il s'agit d'événements bien caractérisés, il est difficile d'imposer un délai impératif aussi réduit pour la présentation de justifications qui résulteront parfois de circonstances mal définies ou dont la

(1) 1er vol., p. 29.

(2) S. et P. *Lois annotées* de 1912, p. 269; *Pand. pér.*, *Lois annotées* de 1912, p. 269.

(3) 1er vol., p. 217.

(4) *J. off.*, 19 juin 1910, p. 5252.

(5) *J. off.*, 7 févr. 1913, p. 1261.

répercussion n'aura pas été prévue dès le premier moment.

J'ai pris, en conséquence, la décision suivante :

Lorsque, au cours de l'exécution de sa fourniture, le titulaire d'un traité conclu avant l'ouverture des hostilités prévoiera un retard ayant pour cause l'état de guerre, il en avisera, dans le moindre délai possible, le chef de service intéressé ou l'officier chargé de la surveillance. Il fera connaître l'importance présumée du retard, en même temps qu'il produira toutes justifications utiles. L'affaire suivra alors son cours dans les conditions prévues à l'art. 44 des conditions générales précitées.

De même, chaque fois qu'au cours de l'exécution de sa fourniture, le titulaire d'un traité conclu avant l'ouverture des hostilités se trouvera en présence d'une élévation de prix, non prévue par lui au moment de la soumission, et de nature à motiver à ses yeux un relèvement de ces prix par la Marine, il devra, dans son propre intérêt, et pour faciliter les enquêtes à effectuer par le département, signaler cette élévation dans le plus court délai possible, après les faits qui auront motivé ces demandes, au chef du service qui a passé le marché ou à l'officier chargé du service de la surveillance des travaux confiés à l'industrie, suivant le cas. Sa réclamation sera accompagnée de toutes les justifications permettant au service intéressé d'en vérifier le bien fondé.

Il demeure entendu que la Marine n'est pas obligée de statuer immédiatement sur les demandes d'indemnités correspondantes, puisque, sauf les cas d'actes additionnels stipulant le relèvement immédiat des prix, la circulaire du 24 nov. 1914 a prévu, ainsi qu'il est dit plus haut, que, pour les marchés de longue durée, les concessions d'indemnités pourraient n'être accordées qu'à la fin de ces marchés, ou à la fin de la guerre, sous réserve du paiement, tout à fait exceptionnel, d'acomptes.

RÉQUISITIONS MILITAIRES, GUERRE FRANCO-ALLEMANDE, MARINE, NAVIRES RÉQUISITIONNÉS, PERTE, INDEMNITÉ, INDEMNITÉ POUR PRIVATION DE JOUISSANCE.

CIRCULAIRE *concernant les indemnités à allouer en cas de perte d'un navire réquisitionné.*

(**11 mai 1915**). — (Publ. au *J. off.* des 14-15 mai).

Le Ministre de la marine à MM. les vice-amiraux commandant en chef, préfets maritimes, contre-amiral commandant la marine en Algérie, capitaine de vaisseau commandant la marine en Corse, directeurs de l'inscription maritime dans les ports secondaires, chefs de service de l'intendance à Dunkerque et à Marseille.

J'ai été consulté sur la question de savoir si, en cas de perte d'un navire réquisitionné, l'indemnité pour perte du navire est exclusive de l'indemnité pour privation de jouissance due jusqu'au jour de la perte.

Certaines commissions mixtes d'évaluation l'ont pensé, en se basant sur l'art. 73, alin. 6, du décret du 31 juill. 1914 (1), aux termes duquel « l'indemnité est fixée en tenant compte, soit de la valeur intégrale de l'objet, s'il est définitivement conservé par l'Administration ou s'il périt à son service, soit, lorsqu'il est restitué, de la privation de jouissance du propriétaire et de la dépréciation de l'objet, s'il y a lieu ».

Cette interprétation doit être écartée.

Les deux termes alternatifs (*soit... soit...*) ont simplement pour objet, en effet, d'énumérer deux hypothèses différentes, mais non exclusives l'une de l'autre.

La solution opposée conduirait à des résultats inadmissibles ; elle aboutirait, notamment, à attribuer la même indemnité à deux bâtiments identiques qui se perdraient l'un le jour même de la réquisition, et l'autre six mois seulement après la réquisition. Or, il est bien évident que, pendant ces six mois, l'armateur a subi une privation de jouissance se traduisant pour lui par une perte entièrement distincte de la perte même du navire, et dont il y a lieu de lui tenir compte. Ce sont là deux ordres de faits qu'il convient de régler distinctement.

En conséquence, il y aura lieu, en cas de perte d'un navire réquisitionné, de déterminer à la fois l'indemnité pour perte du navire, et, éventuellement, l'indemnité pour privation de jouissance.

ARMÉE, GUERRE FRANCO-ALLEMANDE, TROUPES COLONIALES, OFFICIERS D'ADMINISTRATION D'ARTILLERIE COLONIALE, SOUS-OFFICIERS, EMPLOYÉS MILITAIRES, CONDITIONS DE NOMINATION.

DÉCRET *réglant en temps de guerre le recrutement des officiers d'administration de 3e classe du service de l'artillerie coloniale.*

(**13 mai 1915**). — (Publ. au *J. off.* du 16 mai).

LE PRÉSIDENT DE LA RÉPUBLIQUE FRANÇAISE; — Sur le rapport du ministre de la guerre; — Vu la loi du 2 juill. 1900 (2), réglant et unifiant la situation des personnels militaires ci-après : archivistes des bureaux d'état-major, gardes d'artillerie, adjoints du génie, officiers d'administration des divers services; — Vu le décret du

(1) 1er vol., p. 4.

(2) S. et P. *Lois annotées* de 1901, p. 51.

7 déc. 1900 (1), rendant applicable aux gardes d'artillerie de marine la loi du 2 juill. 1900, et fixant pour ces employés militaires les conditions de recrutement, d'avancement et de limite d'âge; — Vu la loi du 7 juill. 1900 (2), portant organisation des troupes coloniales; — Vu le décret du 3 févr. 1906 (3), portant organisation du personnel des stagiaires officiers d'administration de l'artillerie coloniale; — Vu le décret du 28 août 1908 (4), portant organisation de l'Ecole d'administration militaire; — Vu le décret du 14 sept. 1911 (5), relatif à l'organisation du service de l'armurerie des troupes coloniales; — Vu la loi du 17 déc. 1913 (6), relative à la proportion des adjudants d'administration à nommer directement officiers d'administration de 3e classe; — Vu le décret du 4 avril 1914 (7), relatif à la proportion des sous-officiers des troupes coloniales à nommer directement officiers d'administration de 3e classe du service de l'artillerie coloniale; — Vu l'avis du ministre des colonies; — Décrète :

Art. 1er. En temps de guerre, et pendant un délai d'un an à compter de la cessation des hostilités, pourront être nommés au grade d'officier d'administration de 3e classe d'artillerie coloniale les employés militaires et sous-officiers des troupes coloniales ci-après désignés, ayant au moins dix ans de service militaire effectif, régulièrement proposés par leurs chefs hiérarchiques, savoir :

1° Dans la section des comptables : les stagiaires officiers d'administration de 1re classe comptables;

2° Dans la section des artificiers : les adjudants-chefs, adjudants, stagiaires officiers d'administration (comptables et conducteurs de travaux) et aspirants, possesseurs du certificat d'aptitude professionnelle exigé des candidats au grade d'officier d'administration de 3e classe (artificiers) ou provenant des chefs artificiers de régiment qui auront été employés au service des munitions dans un établissement d'artillerie en France ou aux colonies pendant deux ans au moins;

3° Dans la section des ouvriers d'Etat : les adjudants-chefs, adjudants, stagiaires officiers d'administration (comptables et conducteurs de travaux) et aspirants, possesseurs du certificat d'aptitude professionnelle exigé des candidats au grade d'officier d'administration de 3e classe (ouvriers d'Etat) ou ayant occupé l'emploi de chef mécanicien de régiment pendant au moins deux ans et ayant appartenu comme sous-officier, pendant le même laps de temps, à une compagnie d'ouvriers d'artillerie coloniale;

4° Dans la section des conducteurs de travaux : les stagiaires officiers d'administration de 1re classe conducteurs de travaux;

5° Dans la section des contrôleurs d'armes : les chefs armuriers de 1re classe.

2. Le ministre de la guerre est chargé, etc.

Armée, Guerre franco-allemande, Troupes coloniales, Officiers d'administration du service de l'intendance et du service de santé, Adjudants chefs et adjudants des sections de commis et ouvriers d'administration ou d'infirmiers.

Décret *réglant, en temps de guerre, le recrutement des officiers d'administration de 3e classe des services de l'intendance et du service de santé des troupes coloniales.*

(13 mai 1915). — (Publ. au *J. off.* du 29 mai).

Le Président de la République française; — Sur le rapport du ministre de la guerre et du ministre des colonies; — Vu la loi du 7 juill. 1900 (8), portant organisation des troupes coloniales; — Vu le décret du 11 juin 1901 (9), portant règlement d'administration publique sur l'administration des troupes coloniales; — Vu le décret du 28 janv. 1903 (10), portant réorganisation des personnels des agents civils du commissariat et des comptables des matières des colonies non compris dans les formations militaires du décret du 11 juin 1901; — Vu les règlements d'administration publique du 21 juin 1906 (11), sur l'organisation des corps de l'intendance et de santé des troupes coloniales; — Vu la loi du 17 déc. 1913 (12), relative à la proportion des adjudants d'administration à nommer directement officiers d'administration de 3e classe; — Vu le décret du 28 avril 1914 (13), rendu en exécution de l'art. 2 de la loi du 17 déc. 1913; — Décrète :

Art. 1er. En temps de guerre et pendant un délai d'un an à compter de la cessation des hostilités, le nombre des adjudants chefs et adjudants de sections de commis et ouvriers militaires d'administration ou d'infirmiers militaires des troupes coloniales, comptant au moins dix ans de service effectif, régulièrement proposés par leurs chefs hiérarchiques, qui pourront être nommés respectivement officiers d'administration de 3e classe du

(1) *J. off.*, 18 déc. 1900, p. 8322.

(2) S. et P. *Lois annotées* de 1900, p. 1113; *Pand. pér.*, 1901.3.147.

(3) *J. off.*, 21 févr. 1900, p. 1184.

(4) *J. off.*, 2 sept. 1908, p. 6158.

(5) *Bull. off.*, nouv. série, 65, n. 3128.

(6) S. et P. *Lois annotées* de 1915, p. 811; *Pand. pér.*, *Lois annotées* de 1915, p. 811.

(7) *Bull. off.*, nouv. série, 127, n. 6876.

(8) S. et P. *Lois annotées* de 1900, p. 1113; *Pand. pér.*, 1901.3.147.

(9) *Bull. off.*, 12e série, 2299, n. 40571.

(10) *J. off.*, 3 févr. 1903, p. 633.

(11) *J. off.*, 26 juin 1906, p. 4330.

(12) S. et P. *Lois annotées* de 1915, p. 811; *Pand. pér.*, *Lois annotées* de 1915, p. 811.

(13) *Bull. off.*, nouv. série, 121, n. 6494.

service de l'intendance ou du service de santé des troupes coloniales, est fixé aux huit dixièmes des promotions annuelles à ce grade.

2. Un des deux dixièmes restants sera attribué aux aspirants des mêmes sections, régulièrement proposés par leurs chefs hiérarchiques. L'autre dixième sera, tant en ce qui concerne le corps des officiers d'administration de l'intendance que celui des officiers d'administration du service de santé des troupes coloniales, réservé aux commis et magasiniers du corps des agents civils du commissariat et des comptables des matières des colonies ayant subi avec succès les épreuves du concours institué en exécution de l'art. 28 du décret du 11 juin 1901 et de l'art. 20 du décret du 28 janv. 1903.

A défaut de candidats des catégories indiquées au présent article, les vacances seront attribuées aux candidats visés à l'art. 1er.

3. Le ministre de la guerre et le ministre des colonies sont chargés, etc.

DÉCORATIONS, GUERRE FRANCO-ALLEMANDE, CROIX DE GUERRE, RÉGLEMENTATION.

INSTRUCTION *pour l'application du décret du 23 avril 1915 sur la croix de guerre.*

(13 mai 1915). — (Publ. au *J. off.* du 6 juin).

La présente instruction précise les conditions d'application du décret du 23 avril 1915 (1), sur la croix de guerre.

I. — GROUPE DES ARMÉES DU NORD-EST.

Citations assimilables aux citations à l'ordre du régiment.

UNITÉS OU FORMATIONS.	AUTORITÉS ayant qualité pour accorder les citations assimilables aux citations à l'ordre du régiment.
Infanterie.	
Bataillon formant corps	Commandant du bataillon.
Artillerie.	
Artillerie lourde	Commandant l'artillerie de l'armée, ou, à défaut, officier supérieur exerçant le commandement de l'artillerie lourde de l'armée.
Grand parc	Commandant du grand parc.
Parc d'artillerie de corps d'armée	Commandant du parc.
Aéronautique.	
Aviation et aérostation	Chef d'état-major de l'armée.
Groupes de bombardement, ports d'attache, équipages de dirigeables	Chef du service aéronautique du G. Q. G.
Génie.	
Parc du génie d'armée	D. E. S. de l'armée.
Compagnies de C. A.; équipages de pont de C. A.; parc du génie de corps d'armée; sections de projecteurs	Commandant du génie du C. A.
Génie d'une division isolée	Officier supérieur commandant.
Génie d'une division encadrée	Général commandant la division.
Sapeurs télégraphistes d'armée	Chef d'état-major de l'armée.
Sapeurs télégraphistes de C. A.	Chef d'état-major du C. A.
Sapeurs télégraphistes de division	Chef d'état-major de la division.
Section de télégraphie de 2e ligne	Chef d'état-major du D. E. S.
Troupes de chemins de fer	Directeur des chemins de fer.
Service de santé.	
Organes d'armée	Chef supérieur du service de santé.
Organes de corps d'armée et de division encadrée	Directeur du S. S. du C. A.
Organes de division isolée	Médecin divisionnaire.
Intendance.	
Organes d'armée	Intendant de l'armée.
Organes de C. A. et de division encadrée	Directeur de l'intendance.
Organes de division isolée	Sous-intendant de la division.

(1) *Supra*, p. 128.

UNITÉS OU FORMATIONS	AUTORITÉS ayant qualité pour accorder les citations assimilables aux citations à l'ordre du régiment.
Etat-major.	
Armée	Chef d'état-major de l'armée.
C. A. et division encadrée	Chef d'état-major du C. A.
Division isolée	Chef d'état-major de la division.
Troupes d'étapes (y compris tous les personnels des services relevant du D. E. S.).	Chef de corps pour les régiments territoriaux ; D. E. S. dans les autres cas.
Unités isolées.	
Troupes des Q. G.; chasseurs forestiers, douaniers, automobilistes, sections et groupes d'autos-canons et autos-mitrailleuses, etc.	Chef d'état-major ou général dont ces troupes dépendent directement.
Personnel des missions françaises près des armées alliées	Chef de la mission.
Éléments de l'arrière non rattachés à une armée	Directeur de l'arrière.
Marine.	
Batteries de canonniers marins	Commandant de l'artillerie de l'armée, ou, à défaut, officier supérieur exerçant le commandement de l'artillerie lourde de l'armée.
Batteries de canonnières fluviales	Commandant de l'artillerie de l'armée, ou, à défaut, officier supérieur exerçant le commandement de l'artillerie lourde de l'armée.
Groupes d'autos-canons et d'autos-projecteurs	Chef d'état-major du général dont ces groupes dépendent directement.
Marins isolés dans les unités de la guerre	Commandant du corps de troupes où sont détachés les marins.

II. — PLACES DE GUERRE.

Les citations, dans les quatre grandes places de guerre du Nord-Est, sont accordées dans les mêmes conditions.

La citation accordée par le gouverneur de l'une de ces places est équivalente à celle du corps d'armée; la citation à l'ordre de l'armée est accordée par le commandant de l'armée d'opérations, si la place est rattachée à une armée, et par le général commandant en chef dans le cas contraire.

III. — CORPS EXPÉDITIONNAIRES.

Dans les corps expéditionnaires, les citations sont accordées par les diverses autorités hiérarchiques, dans les mêmes conditions qu'aux armées.

Les colonnes comprenant trois bataillons, ou moins, sont assimilées au régiment. Les citations à l'ordre de la colonne sont accordées par le commandant de la colonne, s'il est officier supérieur, et par l'autorité dont dépend le commandant de la colonne, si celui-ci est officier subalterne.

Les citations qu'un commandant de colonne ou de corps expéditionnaire ne pourrait pas, normalement, accorder lui-même, en raison de son grade et de l'importance des troupes placées sous son commandement (citations à l'ordre du corps d'armée, par exemple, lorsque le corps expéditionnaire ne comporte qu'une division), sont accordées par le ministre, sur la proposition du commandant expéditionnaire ou du commandant supérieur des troupes aux colonies.

IV. — MILITAIRES ET CIVILS NE RENTRANT DANS AUCUNE DES CATÉGORIES PRÉCÉDEMMENT VISÉES.

Les citations donnant droit à la croix de guerre seront accordées aux militaires français prenant part, soit isolément, soit en troupe, à des opérations de guerre, et ne rentrant dans aucune des catégories visées par le décret du 23 avril 1915 ou par la présente instruction, par le général en chef dans la zone des armées, et par le ministre de l'intérieur ou aux colonies.

Pourront également recevoir des citations ouvrant droit à la croix de guerre, en outre des militaires appartenant à des missions françaises près des armées alliées, les militaires français de tout grade, autorisés à servir dans une armée alliée, et qui seront cités à l'ordre d'une unité de cette armée. La correspondance de ces citations avec les citations françaises sera établie, soit par le chef de la mission française, soit par l'attaché militaire en tenant lieu.

Les citations conférant la croix de guerre aux civils et aux membres des divers personnels militarisés par l'application de l'art. 4 du décret seront soumises à l'approbation du général en chef, qui indiquera la nature de la citation accordée définitivement.

V. — DISPOSITIONS PARTICULIÈRES.

a) *Délivrance de la croix de guerre aux mili-*

taires décorés pour action d'éclat. — A l'avenir, il ne sera fait application des dispositions de l'art. 6 du décret du 23 avril 1915 (concession de la croix de guerre aux militaires dont la décoration aura été accompagnée d'une citation équivalant à une action d'éclat) qu'à ceux d'entre eux dont la mention de décoration sera suivie de l'indication « croix de guerre » sur les états fournis par le général en chef.

Une revision des décorations déjà accordées sera effectuée par les soins du général en chef, qui établira la liste de celles donnant droit à la croix de guerre.

b) *Citations accordées à divers échelons pour le même fait.* — Plusieurs citations, accordées à divers échelons pour le même fait, ne donnent droit qu'à une seule croix de guerre, avec marque distinctive de la citation la plus élevée.

c) *Disposition, sur le ruban, des marques distinctives de citations.* — Les titulaires de plusieurs citations porteront, sur le ruban de la croix de guerre, autant de palmes et d'étoiles que de citations.

Les étoiles seront réparties sur une, deux ou trois lignes, de manière à former, suivant leur nombre, soit une ligne (2), soit un triangle (3), soit un losange (4 ou 5). L'étoile distinctive de la citation la plus élevée sera la plus rapprochée du milieu de la poitrine.

La palme (ou les palmes) surmontera les étoiles.

En cas de citation unique, l'étoile ou la palme tiendra le centre du ruban.

d) *Citations collectives.* — Les militaires désignés nominativement dans les citations collectives auront droit à la croix de guerre. Cette croix sera, en outre, décernée à l'unité citée. Elle sera conservée par le chef de corps ou le commandant de l'unité, pour être déposée, à la fin des hostilités, soit dans les quartiers généraux ou états-majors, soit dans la salle d'honneur du corps de troupes, avec indication de l'unité qui mérita la citation et copie du texte de cette dernière.

VI. — DÉLIVRANCE DE LA CROIX DE GUERRE.

1° *Dispositions communes à tous les ayants droit.* — Les brevets de la croix de guerre ne seront délivrés qu'à la fin des hostilités. Jusqu'à ce moment, l'extrait de l'ordre du jour, certifié conforme par l'autorité qui aura prononcé la citation, tiendra lieu de brevet.

2° *Dispositions applicables aux militaires qui se trouvent aux armées.* — La remise de la croix de guerre aux militaires cités à l'ordre du jour devra suivre, d'aussi près que possible, la notification de la citation.

Le 10 de chaque mois, le commandant en chef du groupe des armées du Nord-Est, les commandants des corps expéditionnaires, les commandants supérieurs de troupes aux colonies, les chefs de mission près des armées alliées, non soumis à l'autorité du général commandant en chef, et, d'une manière générale, les autorités relevant directement du ministre, adresseront à l'administration centrale (cabinet — 2e bureau — croix de guerre) un état récapitulatif, par catégories de citations (armée, corps d'armée, division, etc.), des militaires qui auront reçu la croix de guerre dans le mois précédent.

Cet état, adressé dans l'ordre alphabétique des noms de famille des intéressés, comportera les nom, prénoms, grade, position (corps de troupes ou service), ainsi que les numéros et dates des ordres accordant les citations.

3° *Dispositions applicables aux militaires, anciens militaires en résidence à l'intérieur, et civils.* — La croix de guerre sera remise, sur leur demande, aux militaires, anciens militaires et civils en résidence à l'intérieur, par le commandant de la subdivision sur le territoire de laquelle ils se trouvent, sur présentation de l'extrait de l'ordre du jour les concernant, certifié conforme par le chef de corps ou l'autorité militaire qui a accordé la citation, et justification de l'identité de l'ayant droit.

Pour les citations à l'ordre de l'armée, le *Journal officiel* ou le *Bulletin des armées de la République* tiendront lieu d'extrait conforme, sous réserve de la preuve de l'identité de l'ayant droit.

Le 10 de chaque mois, MM. les généraux commandant les régions adresseront à l'administration centrale, et sous la forme prévue au paragraphe ci-dessus, l'état récapitulatif des croix de guerre distribuées.

4° *Dispositions applicables aux militaires, anciens militaires et civils, en résidence dans la zone des armées.* — Les dispositions du paragraphe 3° sont applicables, le commandant de la région se substituant au commandant de la subdivision.

5° *Dispositions spéciales à la remise de la croix de guerre aux parents des militaires décédés.* — Les parents des militaires décédés, désireux de bénéficier des dispositions de l'art. 9 du décret du 23 avril 1915, auront à s'adresser, à cet effet, au commandant de la subdivision (de la région dans la zone des armées) sur le territoire de laquelle ils sont domiciliés, en fournissant à l'appui de leur demande une copie, certifiée conforme par le maire ou le commissaire de police, de l'extrait de l'ordre concernant le décédé, ainsi que la justification de leur degré de parenté (art. 9 du décret du 23 avril 1915).

Les noms, prénoms, grade, etc., des militaires dont la croix de guerre est remise, dans ces conditions, à des parents, sont portés sur l'état récapitulatif prévu au paragraphe 3°.

6° *Croix de guerre mises à la disposition des autorités diverses.* — Un certain nombre de croix de guerre seront remises au commandant en chef, aux commandants des corps expéditionnaires, aux commandants de région, aux commandants des troupes aux colonies, aux attachés militaires près les armées alliées ou chefs de missions françaises près d'armées alliées ne relevant pas du général en chef, selon leurs demandes.

Le contingent initial sera recomplété, chaque mois, par l'administration centrale (cabinet — 2e bureau — croix de guerre), suivant le nombre des distributions faites au cours du mois précédent.

RÉQUISITIONS MILITAIRES, GUERRE FRANCO-ALLEMANDE, MARINE, NAVIRES RÉQUISITIONNÉS, PAIEMENT D'ACOMPTES.

CIRCULAIRE *relative aux acomptes à payer aux armateurs ou propriétaires des navires en cours de réquisition.*

(13 mai 1915). — (Publ. au *J. off.* du 20 mai).

Le Ministre de la marine à MM. les vice-amiraux commandant en chef, préfets maritimes, directeurs de l'inscription maritime dans les ports secondaires, contre-amiral commandant la marine en Algérie, capitaine de vaisseau commandant la marine en Corse.

En raison des délais que nécessite le règlement définitif des réquisitions de navires au compte de la marine (chap. 19) ou du département de la guerre, ou d'un autre département ministériel, j'ai décidé de faire payer aux armateurs ou propriétaires des navires en cours de réquisition des acomptes aussi importants que possible à valoir sur leurs indemnités, savoir :

1° Pour tous les navires réquisitionnés, qu'ils soient militarisés ou non ;

a) Au début de la réquisition, le remboursement des matières consommables réquisitionnées avec le navire;

b) Tous les mois et à terme échu, un acompte égal à 1/20e de l'indemnité annuelle de location ou de privation de jouissance;

2° Pour les navires armés commercialement, et dont l'armateur ou propriétaire, tout en refusant de conclure un contrat mixte pour leur gérance, a cependant consenti à assurer tout ou partie de cette gérance :

a) Au début de la réquisition, une avance de 45 jours sur la partie des frais de gérance dont l'armateur s'est chargé;

b) Tous les mois, le remboursement intégral des débours réels de l'armateur pour les frais de gérance;

3° Pour les navires militarisés, le remboursement de leurs primes d'assurances, de leurs fournitures de matériel et de rechanges, au fur et à mesure de la production de leurs mémoires justificatifs.

L'acompte 1°, § *a*, ci-dessus, remplacera l'acompte des cinq sixièmes, prévu à la circulaire du 21 oct. 1914 (1). Il portera sur le charbon, l'eau douce, les matières de graissage et les matières consommables (mais non le matériel non consommable ni les rechanges) réquisitionnés avec le navire, et inscrits sur l'inventaire contradictoire dressé conformément à l'art. 67 du décret du 2 août 1877 (2)-31 juill. 1914 (3). Leur évaluation sera faite au prix d'achat, augmenté, s'il y a lieu, des frais de mise à bord.

L'indemnité provisoire de location ou de privation de jouissance, sur laquelle on payera l'acompte 1°, § *b*, comprend l'amortissement de la valeur initiale et de l'intérêt à 5 p. 100 de la valeur non encore amortie. L'amortissement se compte comme il est dit à la circulaire du 24 févr. 1915 (4) (modifiée le 29 mars 1915 [5] pour les embarcations à moteurs). L'intérêt à 5 p. 100 s'applique à la valeur restant à amortir, c'est-à-dire à la valeur initiale diminuée des amortissements antérieurs. J'admets d'ailleurs que, pour les vieilles unités et les vieilles chaudières, la valeur sur laquelle on calculera provisoirement l'intérêt à 5 p. 100 sera toujours au moins égale au quart de la valeur initiale pour le navire, au cinquième de cette valeur pour les chaudières. Enfin, pour les paquebots postaux des lignes subventionnées autres que celles de la côte occidentale d'Afrique, l'acompte de 1/20e portera s'il y a lieu sur le prix de location prévu au chapitre « Cas de guerre » du cahier des charges de la compagnie intéressée.

---

(1) 1er vol., p. 163.

(2) S. *Lois annotées* de 1877, p. 255. — P. *Lois, décr.*, etc. de 1877, p. 440.

(3) 1er vol., p. 4.

(4) *Supra*, p. 40.

(5) La circulaire du 29 mars 1915 est ainsi conçue :

« Le Ministre de la marine à MM. les vice-amiraux commandant en chef, préfets maritimes; directeurs de l'inscription maritime dans les ports secondaires; contre-amiral commandant la marine en Algérie; capitaine de vaisseau commandant la marine en Corse; chefs de service de l'intendance maritime à Dunkerque et à Marseille; contrôleur général de 1re classe, président de la commission centrale des réquisitions maritimes.

« Il y a lieu d'ajouter au titre 1er de la circulaire du 24 févr. 1915, *in fine*, le paragraphe ci-après :

« Cas particuliers des embarcations à moteur, vedettes et canots automobiles.

« En ce qui concerne les embarcations à moteurs, vedettes et canots automobiles, et par dérogation aux règles générales du titre 1er ci-dessus, les indemnités afférentes à l'amortissement et à l'intérêt du capital seront calculés comme il suit :

« Amortissement (coque, machine, etc.), 10 p. 100 de la valeur initiale pendant dix années.

« Intérêt du capital : jusqu'à la septième année incluse, à 5 p. 100 du capital non encore amorti; après la septième année, intérêt à 5 p. 100 de la valeur actuelle, sans que cette valeur puisse être supérieure aux trois dixièmes de la valeur initiale ».

Les frais de gérance, qui donnent lieu à l'avance 2°, § *a*, et à l'acompte mensuel 2°, § *b*, englobent :

Les salaires de l'état-major et de l'équipage, décomptés d'après les stipulations du rôle d'équipage commercial ;

Les frais de nourriture de l'équipage et des passagers, dans la limite des allocations prévues pour chaque catégorie du personnel par la circulaire du 24 févr. 1915 ;

Les primes d'assurance contre les risques de navigation ;

Le montant, au prix d'achat, augmenté, s'il y a lieu, des frais de mise à bord, du charbon, des matières consommables, des rechanges et du matériel non consommable fournis par les armateurs pour l'entretien du navire et le fonctionnement de ses appareils moteurs ou autres ;

Les droits de port et autres avancés par le capitaine ou les armateurs.

Bien entendu, les débours réels de frais de gérance ne sont remboursés qu'après déduction des avances qui auront pu être faites au capitaine, soit en France, par les ports ou les quartiers de l'inscription maritime, soit à l'étranger, par les consuls ou les commandants des bâtiments de l'Etat.

Le paiement des acomptes mensuels continuera tant que la réquisition ne sera pas levée. Quand la levée de la réquisition sera connue, ou quand l'armateur cessera la gérance, les derniers acomptes de frais de gérance ne devront être payés que s'ils dépassent le montant de l'avance de quarante-cinq jours payée au début. Il importe, en effet, d'éviter que l'armateur ne soit en dette envers l'État.

Il est entendu que l'acceptation des acomptes et avances qui font l'objet de la présente décision n'entraîne pas, pour les armateurs ou propriétaires, l'obligation de l'adhésion au mode actuel de décompte des indemnités de réquisition, en ce qui concerne, soit la privation de jouissance, soit la participation dans les soins de gérance du navire.

Les avances et acomptes prévus à la présente circulaire seront liquidés par le service des approvisionnements de la flotte du port, chargé, aux termes de la circulaire du 2 oct. 1914 (1) (*B. O.*, p. 584), de suivre le compte ouvert à chaque navire réquisitionné.

Ce service devra s'entendre immédiatement avec les armateurs ou propriétaires intéressés pour constater, si ce n'est déjà fait, la part que ceux-ci consentent à prendre dans la gérance de leurs navires (gérance complète pour les navires non militarisés, gérance limitée pour les autres à l'assurance et à la fourniture des rechanges et du matériel spécial) et pour fixer avec eux le mode de justification de leurs débours mensuels et, s'il y a lieu, le montant de l'avance initiale de gérance.

Pour la liquidation des acomptes, le service des approvisionnements de la flotte ne dispose actuellement d'aucun élément d'information autre que l'état statistique dressé en exécution des circulaires des 19 août et 2 oct. 1914.

A l'avenir, il sera adressé au port chef-lieu (service des approvisionnements de la flotte) une copie des états descriptifs et des procès-verbaux d'inventaires, établis conformément à l'art. 67 du décret du 2 août 1877 (rédaction du 31 juill. 1914).

De plus, — et vous donnerez, dans ce sens, toutes les instructions utiles aux administrateurs de l'inscription maritime, — les états descriptifs devront indiquer, à l'avenir, d'après les indications vérifiées de l'armateur ou d'après tous autres renseignements qui auront pu être recueillis, l'âge du navire et de ses chaudières, leur valeur initiale et leur valeur actuelle. L'autorité maritime du lieu de réquisition s'efforcera, le cas échéant, de suppléer, par tous moyens et même par expertise, et au moins partiellement, à l'insuffisance de renseignements fournis par l'armement ou ses agents.

Pour les navires déjà réquisitionnés, il conviendra de demander à l'administrateur du quartier de réquisition (qui consultera, s'il n'en a conservé copie, l'exemplaire de l'inventaire remis à l'armement) le relevé des matières réquisitionnées en même temps que le navire, et dont le remboursement est prévu par la présente circulaire.

En ce qui concerne les éléments provisoires de l'indemnité de location, ils figurent, en principe, au dossier de réquisition de chaque navire, pour ceux du moins qui ont un dossier ouvert.

Comme celui-ci peut se trouver entre les mains, soit de la commission locale, soit de la commission centrale, soit du département, le service des approvisionnements de la flotte devra, dès la réception de la présente circulaire, et pour chacun des navires réquisitionnés dans l'étendue de votre arrondissement, adresser à la fois aux commissions locales intéressées, à la commission centrale et au département (bureau des approvisionnements), une note demandant, d'après le dossier :

La date de construction du navire ;

La date du dernier remplacement des chaudières ;

La valeur initiale du navire et de ses machines ;

La valeur initiale des chaudières ;

L'origine des renseignements fournis.

Le service des approvisionnements de la flotte fera, s'il y a lieu, vérifier ces données, soit par le service de la surveillance des travaux confiés à l'industrie, soit par un expert du port d'immatriculation du navire, dont le concours devra être demandé par l'intermédiaire de l'administrateur

(1) *J. off.*, 3 oct. 1914, p. 8174.

de l'inscription maritime, la dépense d'expertise étant imputable au chapitre 19 du budget.

En l'absence de dossier, ou si les dossiers ne contiennent pas les renseignements nécessaires, et que les intéressés, invités à les fournir, s'y refusent, la valeur respective de la coque et des chaudières devra être évaluée provisoirement, soit par le service de la surveillance, soit par expertise, comme il est dit ci-dessus.

Il ne faut pas perdre de vue que, en l'absence de contrat mixte de gérance, tous les paiements faits en exécution de la présente circulaire constituent des acomptes à valoir sur les indemnités de réquisition des navires. En conséquence, les pièces justificatives produites en vue du paiement de l'avance sur les matières réquisitionnées avec le navire ou du remboursement des débours mensuels des armateurs doivent être adressées, après liquidation de l'avance ou de l'acompte, au département (bureau des approvisionnements) pour être jointes au dossier du navire, et servir plus tard tant aux commissions locale et centrale qu'au département d'éléments d'appréciation pour le règlement définitif de l'indemnité de la réquisition. Elles seront d'ailleurs retournées au port avec tout le dossier au moment du règlement.

MARCHÉS ADMINISTRATIFS OU DE FOURNITURES, GUERRE FRANCO-ALLEMANDE, MINISTÈRE DE LA GUERRE, FOURNITURES D'OUTRE-MER, MODE DE PAIEMENT.

DÉCRET *relatif aux contrats conclus pendant la durée des hostilités.*

(**14 mai 1915**). — (Publ. au *J. off.* du 21 mai).

LE PRÉSIDENT DE LA RÉPUBLIQUE FRANÇAISE; — Sur le rapport du ministre de la guerre et du ministre des finances; — Vu les art. 88 et 91 du décret du 31 mai 1862 (1), portant règlement général sur la comptabilité publique; — Décrète :

ART. 1er. Par dérogation aux art. 88 et 91 du décret du 31 mai 1862, lorsque, en exécution de marchés passés par le ministère de la guerre, des fournitures provenant d'outre-mer sont payables sur présentation de documents, il peut être procédé au paiement moyennant la production d'un extrait du connaissement susceptible d'être rapproché du marché et de la facture et d'un certificat de l'ordonnateur portant engagement de rapporter, dans le moindre délai possible, avec le connaissement et la police d'assurance, la preuve de la prise en charge des marchandises.

2. Les dispositions qui précèdent ne sont applicables qu'aux contrats conclu pendant la durée des hostilités.

3. Le ministre de la guerre et le ministre des finances sont chargés, etc.

PONTS ET CHAUSSÉES, GUERRE FRANCO-ALLEMANDE, AGENTS TECHNIQUES DE 3e CLASSE DES TRAVAUX HYDRAULIQUES, SUSPENSION DU CONCOURS, MODE DE NOMINATION.

ARRÊTÉ *relatif au recrutement des agents techniques des travaux hydrauliques.*

(**17 mai 1915**). — (Publ. au *J. off.* du 18 mai).

LE MINISTRE DE LA MARINE; — Vu l'arrêté du 24 oct. 1910 (2), fixant les conditions de recrutement des agents techniques des travaux hydrauliques; — Arrête :

ART. 1er. Pendant la durée de la guerre et jusqu'à ce que les circonstances aient permis de former une liste d'admissibilité, après concours, pour l'emploi d'agent technique de 3e classe des travaux hydrauliques, les nominations à faire dans cet emploi aux tours du concours seront réservées. Les vacances revenant à l'une des listes de choix seront seules comblées.

2. Les dispositions de l'art. 12 de l'arrêté du 24 oct. 1910, qui seraient contraires aux mesures énoncées ci-dessus, seront momentanément suspendues.

ARMÉE, GUERRE FRANCO-ALLEMANDE, OFFICIERS D'ADMINISTRATION CONTRÔLEURS D'ARMES, ADJUDANTS MAITRES ARMURIERS, CHEFS ARMURIERS, NOMINATION.

DÉCRET *relatif à la nomination des officiers d'administration contrôleurs d'armes de 3e classe.*

(**18 mai 1915**). — (Publ. au *J. off.* des 24-25-26 mai).

LE PRÉSIDENT DE LA RÉPUBLIQUE FRANÇAISE; — Sur le rapport du ministre de la guerre; — Vu la loi du 2 juill. 1900 (3), réglant et unifiant la situation des personnels militaires ci-après : archivistes des bureaux d'état-major; gardes d'artillerie; adjoints du génie; officiers d'administration des divers services; — Vu la loi du 7 mars 1902 (4), réglant la situation des contrôleurs d'armes; — Vu le décret du 28 sept. 1902 (5), portant règlement pour le recrutement, l'avancement et les limites d'âge des officiers d'adminis-

(1) S. *Lois annotées* de 1862, p. 59. — P. *Lois, décr.*, etc. de 1862, p. 101.

(2) *J. off.*, 27 oct. 1910, p. 8838.

(3) S. et P. *Lois annotées* de 1901, p. 51.

(4) S. et P. *Lois annotées* de 1903, p. 525.

(5) *J. off.*, 4 oct. 1902, p. 6543.

tration contrôleurs d'armes, modifié le 14 mai 1909; — Vu la loi du 17 déc. 1913 (1), relative à la proportion des adjudants d'administration à nommer officiers d'administration de 3e classe; — Vu le décret du 8 janv. 1914 (2), concernant la nomination au grade d'officier d'administration contrôleur d'armes de 3e classe des adjudants maîtres armuriers de 1re classe et des chefs armuriers de 1re classe ayant au moins dix ans de service militaire effectif; — Décrète :

ART. 1er. Les dispositions du décret susvisé du 8 janv. 1914 sont applicables en temps de guerre.

2. Le ministre de la guerre est chargé, etc.

ARMÉE, GUERRE FRANCO-ALLEMANDE, OFFICIERS D'ADMINISTRATION DE 3e CLASSE DU SERVICE DE L'ARTILLERIE, MODE DE NOMINATION.

DÉCRET *relatif à la nomination des officiers d'administration de 3e classe du service de l'artillerie* (3).

(**18 mai 1915**). — (Publ. au *J. off.* du 22 mai).

LE PRÉSIDENT DE LA RÉPUBLIQUE FRANÇAISE; — Sur le rapport du ministre de la guerre; — Vu la loi du 28 avril 1900 (4), modifiant, en ce qui concerne les officiers d'administration des services de l'intendance et de santé, les lois des 16 mars 1882 (5) et 1er juill. 1889 (6), sur l'administration de l'armée; — Vu la loi du 2 juill. 1900 (7), réglant et unifiant la situation des personnels militaires ci-après : archivistes des bureaux d'état-major, gardes d'artillerie, adjoints du génie, officiers d'administration des divers services; — Vu le décret du 19 sept. 1900 (8), portant règlement pour le recrutement, l'avancement et les limites d'âge des officiers d'administration du service de l'artillerie; — Vu la loi du 18 déc. 1905 (9), modifiant les lois du 13 mars 1875 (10), 16 mars 1882, 2 juill. 1900 et 18 févr. 1901 (11), en ce qui concerne les officiers d'administration des services d'état-major et du recrutement, de l'artillerie et du génie; — Vu la loi du 17 déc. 1913 (12), relative à la proportion des adjudants d'administration à nommer officiers d'administration de 3e classe; — Vu le décret du 8 janv. 1914 (13), concernant la nomination au grade d'officier d'administration de 3e classe du service de l'artillerie des adjudants-chefs, des adjudants et employés militaires de l'artillerie assimilés ayant au moins dix années de service militaire effectif; — Décrète :

ART. 1er. Les dispositions du décret susvisé du 8 janv. 1914 sont applicables en temps de guerre.

2. Le ministre de la guerre est chargé, etc.

DETTE PUBLIQUE, GUERRE FRANCO-ALLEMANDE, BONS DU TRÉSOR, BONS DE LA DÉFENSE NATIONALE, LIMITE D'ÉMISSION, ÉLÉVATION.

LOI *augmentant la limite d'émission des bons ordinaires du Trésor et des bons de a défense nationale.*

(**18 mai 1915**). — (Publ. au *J. off.* du 19 mai).

ART. 1er. La limite d'émission des bons ordinaires du Trésor et des bons de la défense nationale est élevée à six milliards de francs (6.000.000.000 fr.).

Ne sera pas compris dans cette somme le montant des bons que le ministre des finances a été ou sera autorisé à remettre à la Banque de France pour être escomptés au profit des pays alliés ou amis.

2. Le ministre des finances est autorisé à créer des bons du Trésor à échéance de six mois au plus pour être escomptés par le gouvernement

---

(1) S. et P. *Lois annotées* de 1915, p. 811; *Pand. pér.*, *Lois annotées* de 1915, p. 811.

(2) *Bull. off.*, nouv. série, 121, n. 6794.

(3) Ce décret est précédé au *J. off.* d'un rapport ainsi conçu :

« Monsieur le Président,

« Aux termes de la loi du 17 déc. 1913, les officiers d'administration de 3e classe peuvent être recrutés parmi les adjudants-chefs, les adjudants et les employés militaires du service intéressé, comptant au moins dix ans de service militaire effectif, dans une proportion qui doit être fixée par décret.

« En exécution de cette loi, un décret, en date du 8 janv. 1914, a fixé, pour le service de l'artillerie, pour le temps de paix, au cinquième des nominations annuelles à ce grade, le nombre maximum des adjudants-chefs, des adjudants et des employés militaires de l'artillerie assimilés, du cadre actif, pouvant être nommés officiers d'administration de 3e classe.

« J'estime que, pour ne pas priver les sous-officiers susvisés d'un avancement auquel ils pouvaient légitimement prétendre en temps de paix, et pour lequel les circonstances de guerre ont pu leur créer de nouveaux titres, il convient d'étendre au temps de guerre les dispositions du décret du 8 janv. 1914.

« Si vous approuvez cette manière de voir, j'ai l'honneur de vous demander de vouloir bien revêtir de votre signature le projet de décret ci-joint ».

(4) *Bull. off.*, 12e série, 2165, n. 38159.

(5) S. *Lois annotées* de 1882, p. 343. — P. *Lois, décr.*, etc. de 1882, p. 566.

(6) S. *Lois annotées* de 1890, p. 640. — P. *Lois, décr.*, etc. de 1890, p. 1101; *Pand. pér.*, 1890.3.50.

(7) S. et P. *Lois annotées* de 1901, p. 51.

(8) *J. off.*, 26 sept. 1900, p. 6361.

(9) S. et P. *Lois annotées* de 1906, p. 180; *Pand. pér.*, 1906.3.29.

(10) S. *Lois annotées* de 1875, p. 693. — P. *Lois, décr.*, etc. de 1875, p. 1192.

(11) S. et P. *Lois annotées* de 1902, p. 370; *Pand. pér.*, 1901.3.122.

(12) S. et P. *Lois annotées* de 1915, p. 811; *Pand. pér.*, *Lois annotées* de 1915, p. 811.

(13) *Bull. off.*, nouv. série, 121, n. 6494.

britannique, à concurrence d'une somme maxima de un milliard cinquante-neuf millions cinq cent mille francs (42 millions de livres sterling).

Ces bons seront renouvelables à leur échéance et devront être remboursés un an au plus tard après la conclusion de la paix.

FRANÇAIS, SUJETS FRANÇAIS NON ORIGINAIRES D'ALGÉRIE, PROTÉGÉS FRANÇAIS NON ORIGINAIRES DE TUNISIE ET DU MAROC, RÉSIDENCE EN FRANCE, EN ALGÉRIE OU DANS UNE COLONIE AUTRE QUE LE PAYS D'ORIGINE, ACQUISITION DE LA QUALITÉ DE FRANÇAIS, DIPLÔMES UNIVERSITAIRES.

DÉCRET *portant énumération des diplômes d'études universitaires ou professionnelles donnant des titres à l'acquisition de la qualité de citoyen français pour certains indigènes de nos colonies.*

(18 mai 1915). — (Publ. au *J. off.* du 22 mai).

LE PRÉSIDENT DE LA RÉPUBLIQUE FRANÇAISE; — Sur le rapport du ministre des colonies et du garde des sceaux, ministre de la justice; — Vu l'art. 1er de la loi du 25 mars 1915 (1), relative à l'acquisition de la qualité de citoyen français par les sujets français non originaires de l'Algérie et les protégés français non originaires de la Tunisie et du Maroc qui résident en France, en Algérie ou dans une colonie autre que leur pays d'origine; — Décrète :

ART. **1er**. Les diplômes d'études universitaires ou professionnelles donnant des titres à l'acquisition de la qualité de citoyen aux sujets français ou protégés français non originaires de l'Algérie, de la Tunisie ou du Maroc, âgés de plus de vingt et un ans, et qui ont fixé leur résidence en France, en Algérie ou dans un pays placé sous le protectorat de la République ou dans une colonie autre que leur pays d'origine, sont les suivants :

Le diplôme de docteur ou de licencié ès lettres, ès sciences ou en droit, de docteur en médecine, de pharmacien, ou le titre d'interne des hôpitaux nommé au concours dans une ville où il existe une Faculté de médecine;

Le diplôme d'élève de l'Ecole coloniale;

Le diplôme délivré par l'Ecole centrale des arts et manufactures, le diplôme supérieur délivré aux élèves externes par l'Ecole des ponts et chaussées, l'Ecole supérieure des mines, l'Ecole du génie maritime, l'Ecole nationale des mines de Saint-Etienne, par les écoles nationales d'arts et métiers;

Le diplôme supérieur délivré par l'Institut agronomique, l'Ecole du haras du Pin, les écoles nationales d'agriculture de Grignon, Montpellier et Rennes, l'Ecole nationale des eaux et forêts, l'Ecole nationale supérieure d'agriculture coloniale;

Le diplôme délivré par l'Ecole libre des sciences politiques, l'Ecole des hautes études commerciales et les écoles supérieures de commerce reconnues par l'Etat;

Un prix ou une médaille d'Etat dans l'un des concours annuels de l'Ecole nationale des beaux-arts, du Conservatoire de musique et de l'Ecole nationale des arts décoratifs.

Les élèves des différentes Facultés ou écoles ci-dessus énumérées devront justifier du temps de scolarité effectif, nécessaire pour l'obtention des diplômes, prix ou médailles précités.

2. Le ministre des colonies est chargé, etc.

MINISTÈRE DE LA GUERRE, GUERRE FRANCO-ALLEMANDE, SOUS-SECRÉTAIRE D'ETAT, DIRECTION DE L'ARTILLERIE.

DÉCRET *nommant un sous-secrétaire d'Etat au ministère de la guerre, et le plaçant, en cette qualité, à la tête de la direction de l'artillerie et des équipages militaires* (2).

(18 mai 1915). — (Publ. au *J. off.* du 20 mai).

LE PRÉSIDENT DE LA RÉPUBLIQUE FRANÇAISE; — Sur le rapport du ministre de la guerre; — Décrète :

ART. **1er**. M. Albert Thomas, député, est nommé sous-secrétaire d'Etat au ministère de la guerre.

Il est placé, en cette qualité, à la tête de la 3e direction du ministère de la guerre (artillerie et équipages militaires).

2. Le ministre de la guerre est chargé, etc.

---

(1) *Supra*, p. 80.

(2) Ce décret est précédé au *J. off.* d'un rapport ainsi conçu :

« Monsieur le Président,

« L'importance des services dépendant de la 3e direction du ministère de la guerre (artillerie), la multiplicité des fabrications tant de l'industrie privée que des établissements de l'Etat qui en dépendent, m'ont amené à considérer que, tout en maintenant ces services sous les ordres d'un seul chef, responsable vis-à-vis de moi, il était expédient d'en mettre chacune des branches essentielles sous l'autorité particulière d'un technicien. L'orientation générale comme la surveillance détaillée de l'exécution des ordres ministériels continueraient d'être assurées par la personnalité unique placée à la tête de la direction de l'artillerie.

« J'ai pu, depuis huit mois, apprécier chaque jour le dévouement, le zèle et la compétence de M. le député Albert Thomas, qui a exercé, d'accord avec moi et avec mon administration, sur toutes les branches des fabrications de l'artillerie, le contrôle officieux le plus minutieux et le plus utile. L'autorité qu'il s'est ainsi acquise, tant à l'armée qu'à l'intérieur, près de tous ceux qui l'ont vu à l'œuvre, désigne M. Albert Thomas pour continuer à la direction même de l'artillerie la tâche si heureusement entreprise par lui depuis le début des hostilités.

« L'amplitude des services qu'il aura à diriger, comme sa qualité de membre du Parlement, conduisent naturellement à lui donner le rang et le titre de sous-secrétaire d'Etat ».

CADASTRE, MUTATIONS, NOTAIRES, GREFFIERS, ACTES ET JUGEMENTS TRANSLATIFS EN MATIÈRE IMMOBILIÈRE, EXTRAITS, DÉPÔT AU BUREAU DE L'ENREGISTREMENT.

LOI *relative au relevé des actes translatifs ou attributifs de propriété immobilière pour le service des mutations cadastrales.*

(20 mai 1915). — (Publ. au *J. off.* du 23 mai).

ARTICLE UNIQUE. En vue de la constatation des mutations cadastrales et de leur application régulière dans les rôles de la contribution foncière, les notaires sont tenus de déposer au bureau de l'enregistrement, au moment où ils soumettent la minute des actes passés devant eux à la formalité de l'enregistrement, un extrait sommaire de ceux de ces actes qui portent, à un titre quelconque, translation ou attribution de propriété immobilière.

La même obligation existe pour les greffiers en ce qui concerne les actes judiciaires de la même nature que ceux visés au paragraphe précédent.

Les extraits dont il s'agit sont établis sur des cadres fournis gratuitement par l'Administration des finances.

Un décret fixera les honoraires auxquels pourra donner droit la rédaction de ces extraits.

1° CODE PÉNAL, ART. 58, 380, 460 ET 461, RECEL EN MATIÈRE CRIMINELLE, PÉNALITÉS, RÉCIDIVE. — 2° RELÉGATION, COMPTE DES CONDAMNATIONS, RECEL. — 3° CODE D'INSTRUCTION CRIMINELLE, ART. 227, CONNEXITÉ, RECEL. — 4° RECEL-RECELÉ (EN MATIÈRE CRIMINELLE), INCAPACITÉS.

LOI *sur le recel.*

(22 mai 1915). — (Publ. au *J. off.* du 23 mai).

ART. **1er**. Les dispositions de l'art. 462 du Code pénal seront insérées à la place et sous le numéro de l'art. 459 du Code pénal.

2. Les art. 460 et 461 (nouveaux) seront rédigés ainsi qu'il suit, sous la rubrique : « Du recel ».

« Art. 460 (nouveau). Ceux qui, sciemment, auront recélé, en tout ou en partie, des choses enlevées, détournées ou obtenues à l'aide d'un crime ou d'un délit, seront punis des peines prévues par l'art. 401.

« L'amende pourra même être élevée au delà de 500 fr., jusqu'à la moitié de la valeur des objets recélés.

« Le tout sans préjudice de plus fortes peines, s'il y échet, en cas de complicité de crime, conformément aux art. 59, 60 et 61.

« Art. 461 (nouveau). Dans le cas où une peine afflictive et infamante est applicable au fait qui a procuré les choses recélées, le recéleur sera puni de la peine attachée par la loi au crime et aux circonstances du crime dont il aura eu connaissance au temps du recélé. Néanmoins, la peine de mort sera remplacée à l'égard des recéleurs par celle des travaux forcés à perpétuité. L'amende prévue par l'article précédent pourra toujours être prononcée ».

3. Il est ajouté à l'art. 58 du Code pénal le paragraphe suivant :

« Le recel sera considéré, au point de vue de la récidive, comme le délit qui a procuré les choses recélées ».

4. Le § 2 de l'art. 4 de la loi du 27 mai 1885 (1) est ainsi complété :

« ... Une des condamnations énoncées au paragraphe précédent, et deux condamnations, soit à l'emprisonnement pour faits qualifiés crimes, soit à plus de trois mois d'emprisonnement pour vol, escroquerie, abus de confiance, recel de choses obtenues à l'aide d'un vol, d'une escroquerie ou d'un abus de confiance, outrage public à la pudeur... (la suite conforme) ».

5. L'art. 380, § 2, du Code pénal est modifié ainsi qu'il suit :

« A l'égard de tous autres individus qui auraient recélé ou appliqué à leur profit tout ou partie des objets volés, ils seront punis comme coupables de recel, conformément aux art. 460 et 461 ».

6. L'art. 227 du Code d'instruction criminelle est ainsi complété :

« Les délits sont connexes, soit lorsqu'ils ont été commis en même temps par plusieurs personnes réunies, soit lorsqu'ils ont été commis par différentes personnes, même en différents temps et en divers lieux, mais par suite d'un concert formé à l'avance entre elles, soit lorsque les coupables ont commis les uns pour se procurer les moyens de commettre les autres, pour en faciliter, pour en consommer l'exécution ou pour en assurer l'impunité, soit lorsque des choses enlevées, détournées ou obtenues à l'aide d'un crime ou d'un délit ont été, en tout ou en partie, recélées ».

7. Lorsque les lois édictent des incapacités, ou lorsqu'elles autorisent les tribunaux à les prononcer, contre les individus condamnés pour vol, escroquerie, abus de confiance, soustraction commise par des dépositaires publics, leurs dispositions sont applicables aux individus condamnés pour avoir sciemment recélé, en tout ou en partie, des choses obtenues à l'aide de ces délits.

8. Les art. 62, 63 du Code pénal sont abrogés.

1° PENSIONS, PENSIONS MILITAIRES, RÉFORME DE LA LÉGISLATION, NOMINATION D'UNE

(1) S. *Lois annotées* de 1885, p. 819. — P. *Lois, décr.*, etc. de 1885, p. 1363 ; *Pand. pér.*, 1886.3.18.

COMMISSION. — 2° GUERRE, GUERRE FRANCO-ALLEMANDE, VICTIMES DE LA GUERRE, DOMMAGES, RÉPARATION, NOMINATION D'UNE COMMISSION.

DÉCRET *instituant une commission chargée de procéder à une étude d'ensemble des modifications qu'il conviendrait d'apporter au régime des pensions militaires ainsi que des réparations à allouer aux victimes civiles de la guerre* (1).

(25 mai 1915). — (Publ. au *J. off.* des 24-25-26 mai 1915).

LE PRÉSIDENT DE LA RÉPUBLIQUE FRANÇAISE; — Sur le rapport du ministre des finances, du ministre de la guerre, du ministre de la marine, du ministre de l'intérieur et du ministre des colonies; — Décrète :

ART. 1er. Une commission est instituée, sous la présidence du ministre des finances, en vue de procéder à une étude d'ensemble des modifications qu'il conviendrait d'apporter au régime des pensions militaires, ainsi que des réparations à allouer aux victimes civiles de la guerre.

2. Sont nommés membres de cette commission : (*Suivent les noms*).

3. La commission élira parmi ses membres deux vice-présidents.

M. ..., chef du bureau des pensions au ministère des finances, et M. ..., sous-chef du bureau des pensions au ministère de la guerre, rempliront les fonctions de secrétaires.

4. Des maîtres des requêtes et des auditeurs au Conseil d'Etat, des conseillers référendaires et des auditeurs à la Cour des comptes pourront être adjoints à la commission pour remplir les fonctions de rapporteurs.

5. Les ministres des finances, de la guerre, de la marine, de l'intérieur et des colonies sont chargés, etc.

DOUANES, GUERRE FRANCO-ALLEMANDE, INTERDICTIONS DE SORTIE, CASÉINE, GRAINES VÉGÉTALES, OLÉINE, ROTINS.

DÉCRET *prohibant la sortie de divers produits.*

(26 mai 1915). — (Publ. au *J. off.* du 27 mai).

LE PRÉSIDENT DE LA RÉPUBLIQUE FRANÇAISE; — Sur le rapport des ministres du commerce, de l'industrie, des postes et des télégraphes, de l'agri-

---

(1) Ce décret est précédé au *Journal offficiel* d'un rapport ainsi conçu :

« Monsieur le Président,

« Au cours des dernières années, diverses propositions d'initiative parlementaire avaient été déposées, en vue, soit de modifier sur des points particuliers, soit de réformer entièrement la législation des pensions militaires. La guerre actuelle en a provoqué de nouvelles, en assez grand nombre, embrassant toutes les parties essentielles de cette législation.

« La plupart d'entre elles se réfèrent naturellement au mode et à l'importance de la réparation des accidents.

« Pour les victimes elles-mêmes, on propose de distinguer entre les militaires de carrière et les citoyens qui se bornent à accomplir dans l'armée active ou dans les réserves les obligations légales : le mode actuel de réparation ne serait maintenu que pour les premiers, et l'on appliquerait aux seconds, soit la loi du 9 avril 1898 (S. et P. *Lois annotées* de 1899, p. 761; *Pand. pér.*, 1899.3.49), sur les accidents du travail, soit un régime analogue. D'autre part, le mode de tarification des blessures ou infirmités, déterminé par les lois des 11 ou 18 avril 1831 (S. 2e vol. des *Lois annotées*, p. 43 et 49) et 25 juin 1861 (S. *Lois annotées* de 1861, p. 81. — P. *Lois, décr.*, etc. de 1861, p. 136), ne paraît plus répondre à la notion qu'on se fait aujourd'hui de la gravité respective des lésions.

« Quant aux ayants cause des victimes, on propose d'en élargir le cadre en y faisant entrer les ascendants, à défaut de veuves ou d'orphelins mineurs; on envisage aussi et surtout une majoration de la pension pour la veuve qui a des enfants à sa charge. Par ailleurs, on critique la distinction actuellement faite entre les veuves, pour la fixation du taux de la pension, suivant que le mari est mort par suite d'événements de guerre ou simplement dans l'exécution d'un service commandé; il semble que, le droit à pension étant reconnu en faveur de la veuve, les circonstances du décès doivent n'avoir aucune influence sur le quantum de l'allocation.

« Une autre des propositions actuelles vise d'une façon générale le relèvement du taux des pensions, qui seraient désormais calculées en fonction de la solde, avec laquelle elles n'ont aujourd'hui aucune relation mathématique.

« En dehors des questions présentement soumises au Parlement, il en est d'autres, d'intérêt plus limité, mais en revanche fort délicates, que les circonstances obligent à résoudre. Comment s'opérera la revision des pensions accordées avant la guerre aux officiers retraités qui viennent d'être rappelés à l'activité, dans le cas où ces officiers occupent, au titre de la réserve ou de l'armée territoriale, un grade supérieur à celui dont ils étaient pourvus en dernier lieu dans l'armée active, dans le cas aussi où le tarif des pensions a été relevé depuis leur mise à la retraite? Les grades conférés à titre temporaire pour la durée de la guerre pourront-ils être invoqués pour la liquidation de la pension? On sait que les pensions militaires proportionnelles sont réservées aux sous-officiers et soldats : cela étant, les titulaires des pensions proportionnelles qui auront repris du service à l'occasion de la guerre comme officiers, ou qui sont devenus officiers au cours de la campagne, pourront-ils faire reviser leur pension, en invoquant leurs nouveaux services, et, dans l'affirmative, sur la base de quel grade?

« Enfin, il y a lieu de rechercher de quelle sanction pratique est susceptible le vote émis par la Chambre le 2 avril dernier, et qui pose le principe d'un droit à pension pour les victimes civiles de la guerre.

« Sur tous ces points, ou sur presque tous, les mesures envisagées sont de nature à augmenter les charges de la dette viagère. Or, les pensions de la guerre doivent déjà, par le seul fait de l'application des lois en vigueur, accroître brusquement ces charges dans une proportion énorme, et ces pensions ne s'éteindront que fort lentement, étant donné l'âge des bénéficiaires. Elles grèveront les budgets successifs pendant plus d'un demi-siècle. On ne saurait donc poursuivre aucune amélioration du régime ou des tarifs actuels — si justifiée qu'elle paraisse — sans se préoccuper de ses conséquences financières.

« Cette obligation, d'une part, la technicité, d'autre part, de certaines des questions à résoudre, la convenance enfin de s'inspirer dans l'élaboration du projet gouvernemental des vues actuelles des Chambres, nous amènent à vous proposer de confier les travaux préparatoires à une commission qui comprendrait, avec plusieurs membres du Parlement, des représentants du Conseil d'Etat et des ministères intéressés ».

culture, de la guerre et des finances; — Vu l'art. 34 de la loi du 17 déc. 1814 (1); — Décrète :

ART. 1er. Sont prohibés, à dater du 27 mai 1915, la sortie, ainsi que la réexportation en suite d'entrepôt, de dépôt, de transit et de transbordement, des produits énumérés ci-après :

Caséine;

Graisses végétales alimentaires;

Oléine;

Rotins, bruts et décortiqués.

Toutefois, des exceptions à ces dispositions pourront être autorisées, sous les conditions qui seront déterminées par le ministre des finances.

2. Les ministres du commerce, de l'industrie, des postes et des télégraphes, de l'agriculture, de la guerre et des finances sont chargés, etc.

FORÊTS, GUERRE FRANCO-ALLEMANDE, INTÉRIMS, CIRCONSCRIPTIONS TERRITORIALES, COMPOSITION, CONSERVATEURS DES EAUX ET FORÊTS.

DÉCRET *chargeant les conservateurs des eaux et forêts de fixer, pendant la durée des hostilités, les circonscriptions à affecter aux agents et aux préposés sous leurs ordres en service administratif.*

(26 mai 1915). — (Publ. au *J. off.* du 5 juin).

LE PRÉSIDENT DE LA RÉPUBLIQUE FRANÇAISE; — Sur le rapport du ministre de l'agriculture; — Vu l'art. 10 de l'ordonnance réglementaire du 1er août 1827 (2), pour l'exécution du Code forestier; — Décrète :

ART. 1er. Pendant la durée des hostilités, les conservateurs des eaux et forêts auront qualité pour régler les intérims et fixer la composition territoriale des circonscriptions dont ils jugeront opportun de charger les agents et préposés des eaux et forêts sous leurs ordres.

2. Le ministre de l'agriculture est chargé, etc.

MARINE, GUERRE FRANCO-ALLEMANDE, OFFICIERS MARINIERS, ECOLE DES OFFICIERS DE MARINE, ADMISSION EN 1914, PROMOTION AU GRADE DE PREMIER MAITRE ÉLÈVE-OFFICIER.

LOI *portant nomination immédiate au grade de premier maître élève-officier des officiers mariniers admis en 1914 à l'Ecole des élèves officiers.*

(26 mai 1915). — (Publ. au *J. off.* du 28 mai).

ARTICLE UNIQUE. A titre exceptionnel, et par dérogation à l'art. 24 de la loi du 10 juin 1896 (3), seront promus premiers maîtres élèves-officiers, dès la promulgation de la présente loi, les officiers mariniers admis à l'Ecole des officiers de marine en 1914 à la suite des examens de sortie du cours préparatoire.

ARMÉE, GUERRE FRANCO-ALLEMANDE, CONDUCTEURS, SOUS-INGÉNIEURS ET INGÉNIEURS DES PONTS ET CHAUSSÉES, OFFICIERS D'ADMINISTRATION DU SERVICE DU GÉNIE, ARMÉE TERRITORIALE.

DÉCRET *modifiant le décret du 9 avril 1904, en ce qui concerne les grades à attribuer, dans la hiérarchie des officiers d'administration du service du génie de l'armée territoriale, aux ingénieurs, sous-ingénieurs et conducteurs des ponts et chaussées.*

(27 mai 1915). — (Publ. au *J. off.* du 29 mai).

LE PRÉSIDENT DE LA RÉPUBLIQUE FRANÇAISE; — Sur le rapport du ministre de la guerre et du ministre des travaux publics; — Vu le décret du 9 avril 1904 (4), fixant les grades à attribuer, dans la hiérarchie des officiers d'administration du service du génie de l'armée territoriale, aux conducteurs des ponts et chaussées, modifié par le décret du 21 août 1914 (5); — Vu les décrets des 28 mars 1904 (6), 8 juill. 1912 (7) et 7 mars 1915 (8), modifiant la classification des agents des ponts et chaussées; — Décrète :

ART. 1er. L'art. 2 du décret du 9 avril 1904 est remplacé par le suivant :

Art. 2. Les grades à attribuer, dans la hiérarchie des officiers d'administration du service du génie de l'armée territoriale, aux ingénieurs des ponts et chaussées du cadre spécial, aux sous-ingénieurs et aux conducteurs des ponts et chaussées, nommés officiers d'administration dans les conditions visées à l'article précédent, sont déterminés par le tableau ci-après :

---

(1) S. 1er vol. des *Lois annotées*, p. 914.

(2) S. 1er vol. des *Lois annotées*, p. 1173.

(3) S. et P. *Lois annotées* de 1896, p. 112; *Pand. pér.* 1897.3.35.

(4) *Bull. off.*, 12e série, 2535, n. 44509.

(5) *J. off.*, 25 août 1914, p. 7661.

(6) *Bull. off.*, 12e série, 2551, n. 44731.

(7) *Bull. off.*, nouv. série, 85, n. 4312.

(8) *J. off.*, 9 mars 1915, p. 1222.

NOUVELLE CLASSIFICATION dans le corps des ponts et chaussées.	GRADES A ATTRIBUER dans la hiérarchie des officiers d'administration du service du génie de l'armée territoriale.
Conducteurs de 3e et 4e classe..........	Officier d'administration de 3e classe.
Conducteurs de 2e classe..........	Officier d'administration de 2e classe.
Conducteurs de 1re classe et sous-ingénieurs de 2e classe et sous-ingénieurs de 1re classe promus sous-ingénieurs depuis le 8 juill. 1912 (1)..........	Officier d'administration de 1re classe.
Sous-ingénieurs de 1re classe promus sous-ingénieurs antérieurement au 8 juill. 1912, sous-ingénieurs principaux, sous-ingénieurs principaux de classe exceptionnelle et ingénieurs des ponts et chaussées du cadre spécial..........	Officier d'administration principal.

(1) Décret du 8 juill. 1912, modifiant la classification des sous-ingénieurs et conducteurs et supprimant le grade de conducteur principal.

2. Le ministre de la guerre et le ministre des travaux publics sont chargés, etc.

ARMÉE, GUERRE FRANCO-ALLEMANDE, CONTRÔLEURS, SOUS-INGÉNIEURS ET INGÉNIEURS DES MINES, OFFICIERS D'ADMINISTRATION DU SERVICE DU GÉNIE, ARMÉE TERRITORIALE.

DÉCRET *modifiant le décret du* 12 *avril* 1907, *en ce qui concerne les grades à attribuer, dans la hiérarchie des officiers d'administration du service de l'artillerie de l'armée territoriale, aux ingénieurs, sous-ingénieurs et contrôleurs des mines.*

(**27 mai 1915**). — (Publ. au *J. off.* du 29 mai).

LE PRÉSIDENT DE LA RÉPUBLIQUE FRANÇAISE; — Sur le rapport du ministre de la guerre et du ministre des travaux publics; — Vu le décret du 12 avril 1907 (1), fixant les grades à attribuer, dans la hiérarchie des officiers d'administration du service de l'artillerie de l'armée territoriale, aux ingénieurs auxiliaires, sous-ingénieurs et contrôleurs des mines; — Décrète :

ART. **1er**. L'art. 2 du décret du 12 avril 1907 est remplacé par le suivant :

Art. 2. Les grades à attribuer, dans la hiérarchie des officiers d'administration du service de l'artillerie de l'armée territoriale, aux ingénieurs des mines du cadre spécial, aux sous-ingénieurs et aux contrôleurs des mines, nommés officiers d'administration dans les conditions visées à l'article précédent, sont déterminés par le tableau ci-après :

NOUVELLE CLASSIFICATION dans le corps des mines.	GRADES A ATTRIBUER dans la hiérarchie des officiers d'administration du service de l'artillerie de l'armée territoriale.
Contrôleurs de 3e et 4e classe..........	Officier d'administration de 3e classe.
Contrôleurs de 2e classe..........	Officier d'administration de 2e classe.
Contrôleurs de 1re classe et sous-ingénieurs de 2e classe et sous-ingénieurs de 1re classe promus sous-ingénieurs depuis le 8 juill. 1912 (1)..........	Officier d'administration de 1re classe.
Sous-ingénieurs de 1re classe promus sous-ingénieurs antérieurement au 8 juill. 1912, sous-ingénieurs principaux, sous-ingénieurs principaux de classe exceptionnelle et ingénieurs des mines du cadre spécial..........	Officier d'administration principal.

(1) Décret du 8 juill. 1912, modifiant la classification des sous-ingénieurs et contrôleurs et supprimant le grade de contrôleur principal.

2. Le ministre de la guerre et le ministre des travaux publics sont chargés, etc.

---

(1) *J. off.*, 24 avril 1907, p. 3090.

ARMÉE, GUERRE FRANCO-ALLEMANDE, SECOURS AUX BLESSÉS, SOCIÉTÉS D'ASSISTANCE, LIVRET INDIVIDUEL.

ARRÊTÉ *portant création d'un livret individuel obligatoire pour tout le personnel de la Croix-Rouge française.*

(27 mai 1915). — (Publ. au *J. off.* du 29 mai).

Le Ministre de la guerre; — Vu le décret du 2 mai 1913 (1), portant règlement d'administration publique sur le fonctionnement général des sociétés d'assistance aux blessés et malades des armées de terre et de mer, et notamment l'art. 10; — Vu la proposition des sociétés d'assistance reconnues d'utilité publique; — Vu l'avis de la commission supérieure instituée par l'art. 7 du décret susvisé du 2 mai 1913; — Arrête :

Art. **1**er. Les sociétés d'assistance aux blessés établissent, en outre de la carte nominative d'identité prévue par l'art. 9 du décret du 2 mai 1913, un livret individuel et une fiche individuelle pour chacun des membres du personnel actif, du personnel hospitalier et du personnel administratif, à l'exclusion des employés subalternes rétribués. Le livret individuel est remis au sociétaire et la fiche individuelle est conservée par la société.

Les affectations successives du sociétaire sont inscrites sur les deux documents, ainsi que son passage éventuel d'une société à une autre.

Avant sa délivrance, le livret est obligatoirement transmis au ministre de la guerre (7e direction) pour être authentiqué par un cachet.

2. Les membres des sociétés d'assistance visés à l'art. 1er ne peuvent être employés que par la société à laquelle ils appartiennent, et avec l'affectation indiquée sur leur livret.

3. Dans le cas de faute grave contre la discipline ou contre l'honneur, le retrait du livret et de la carte d'identité peut être prononcé par le ministre de la guerre ou l'autorité qu'il aura déléguée, après avis d'un conseil de discipline, constitué comme il est dit ci-après. Ce retrait entraîne la suppression de toute fonction dans l'une ou l'autre société, et l'interdiction du port des insignes.

4. Le conseil de discipline comprend quatre membres : les commissaires militaires des trois sociétés d'assistance, et le commissaire civil de la société intéressée.

La présidence du conseil de discipline est dévolue au plus ancien des commissaires militaires. Le commissaire militaire le moins ancien de grade remplit les fonctions de rapporteur.

Le conseil de discipline se réunit au ministère de la guerre, sur la convocation du président de la commission supérieure consultative, soit en vertu d'un ordre du ministre, soit à la requête de la société.

Après l'audition du rapport et des explications de la personne incriminée ou de son représentant, à qui le président sera tenu de faire connaître en séance tous les griefs contenus au dossier, le conseil procède à un vote à scrutin ouvert sur le maintien ou le retrait du livret et de la carte d'identité.

Le président vote le dernier, et, en cas de partage des voix, la sienne est prépondérante.

Le président du conseil de discipline établit un procès-verbal de la séance, en y mentionnant tous les détails jugés utiles pour l'entière connaissance des faits.

Il adresse l'ensemble du dossier, les résultats du vote et la proposition qui en découle au ministre de la guerre ou à son délégué, qui prononce, s'il y a lieu, le retrait du livret et de la carte d'identité du sociétaire intéressé.

5. Les noms des membres auxquels ont été retirés le livret et la carte d'identité sont portés par bulletin à la connaissance de chaque société, et signalés au ministre, qui en fait tenir un contrôle à l'administration centrale.

Armée, Guerre franco-allemande, Zone des armées, Chemins de fer.

Arrêté *relatif au réseau des armées.*

(27 mai 1915). — (Publ. au *J. off.* du 29 mai).

Le Ministre de la guerre; — Vu le décret du 1er août 1914 (2), prescrivant la mobilisation des armées de terre et de mer; — Vu l'art. 1er du règlement sur les transports stratégiques par chemin de fer, annexé au décret du 8 déc. 1913; — Vu l'arrêté du 19 nov. 1914 (3), relatif au réseau des armées du Nord-Est; — Arrête :

Art. **1**er. Par modification à l'arrêté du 19 nov. 1914, le réseau des chemins de fer mis à la disposition du commandant en chef, dit « réseau des armées du Nord-Est », est limité au Sud par la ligne suivante incluse :

Le Havre, Rouen (y compris les gares de Rouen et celle de Sotteville), Serqueux, Gisors, Pontoise, Achères, Versailles, Juvisy, Villeneuve-Saint-Georges, Corbeil, Melun, Montereau, Laroche, Dijon, Dôle, Arc-Senans, Besançon, Montbéliard, Morvillars, Delle.

2. Les dispositions de l'art. 1er ci-dessus entreront en vigueur à partir du 1er juin 1915.

Pêche maritime, Guerre franco-allemande, Afrique équatoriale française, Pêche a la baleine, Concessionnaires, Utilisation industrielle des résidus, Délai, Prolongation.

Décret *ajournant pour l'Afrique équatoriale française l'application de l'art. 13 du décret du 12 avril 1914, portant réglementation de la pêche et de l'exploitation industrielle de la baleine en Afrique équatoriale française.*

---

(1) *J. off.*, 9 mai 1913, p. 4011.

(2-3) 1er vol., p. 9 et 209.

(**27 mai 1915**). — (Publ. au *J. off.* du 8 juin).

Le Président de la République française; — Vu le décret du 12 avril 1914 (1), portant réglementation de la pêche et de l'exploitation industrielle de la baleine dans les colonies françaises; — Sur le rapport du ministre des colonies; — Décrète :

Art. **1er**. Est ajournée, pour la prochaine campagne de pêche, la mise à exécution en Afrique équatoriale française des dispositions de l'art. 13 du décret du 12 avril 1914, aux termes desquelles tout concessionnaire de pêche à la baleine devra utiliser industriellement, dès la seconde année d'exploitation, la totalité (squelette, chair, viscères, peau, etc...) des corps des animaux capturés, soit dans une usine lui appartenant en propre, soit dans une usine commune à plusieurs concessionnaires.

2. Le ministre des colonies est chargé, etc.

Propriété industrielle, Guerre franco-allemande, Ressortissants de l'Allemagne et de l'Autriche-Hongrie, Brevets d'invention, Marques de fabrique, Usage, Interdiction, Effet rétroactif, Cession de brevets, Licences d'exploitation, Cession de marques de fabriques, Français, Protégés français, Ressortissants des pays alliés ou neutres, Maintien, Exécution des obligations, Suspension, Invention présentant un intérêt public ou intéressant la défense nationale, Exploitation par l'Etat, Concession a des particuliers, Suspension des délais en matière de brevets d'invention et de dessins et modèles, Conditions d'application aux ressortissants étrangers, Conservation en pays ennemi, par des Français ou protégés français, des droits de propriété industrielle, Délais de priorité, Prorogation, Dérogations a l'application de la loi, Algérie, Guadeloupe (ile de la), Martinique (ile de la), Réunion (ile de la).

Loi *établissant des règles temporaires en matière de propriété industrielle, notamment en ce qui concerne les brevets d'invention appartenant aux ressortissants des empires d'Allemagne et d'Autriche-Hongrie.*

(**27 mai 1915**). — (Publ. au *J. off.* du 29 mai).

Art. **1er**. A raison de l'état de guerre, et dans l'intérêt de la défense nationale, l'exploitation en France de toute invention brevetée ou l'usage de toute marque de fabrique par des sujets ou des ressortissants des empires d'Allemagne et d'Autriche-Hongrie, ou par toute autre personne pour le compte des susdits sujets ou ressortissants, sont et demeurent interdits.

Cette interdiction a pour point de départ la date du 4 août pour l'Allemagne et celle du 13 août pour l'Autriche-Hongrie; elle produira effet pendant toute la durée des hostilités, et jusqu'à une date qui sera ultérieurement fixée par décret.

2. Les cessions de brevets et les concessions de licences, ainsi que les transferts de marques de fabrique, régulièrement faits par des sujets ou des ressortissants des empires d'Allemagne et d'Autriche-Hongrie à des Français, protégés français et ressortissants des pays alliés ou neutres, produiront leurs pleins effets, à condition que les cessions aient acquis date certaine antérieurement à la déclaration de l'état de guerre, ou qu'il soit dûment prouvé que les concessions de licences et les transferts de marques de fabrique ont été réellement effectués avant ladite déclaration.

Toutefois, l'exécution, au profit des sujets ou ressortissants des empires d'Allemagne et d'Autriche-Hongrie, des obligations pécuniaires résultant de ces cessions de brevets, concessions de licences ou transferts de marques, est interdite pendant la période visée à l'art. 1er, et déclarée nulle comme contraire à l'ordre public.

3. Si l'une des inventions brevetées, dont l'exploitation est interdite aux termes de l'art. 1er, présente un intérêt public ou est reconnue utile pour la défense nationale, son exploitation peut être, en tout ou en partie et pour une durée déterminée, suivant les conditions et formes fixées à l'art. 4 ci-après, soit réservée à l'Etat, soit concédée à une ou plusieurs personnes de nationalité française ou protégés français ou ressortissants des pays alliés ou neutres qui justifieront pouvoir se livrer à cette exploitation.

4. L'exploitation par l'Etat de l'invention brevetée est confiée au service public compétent, par arrêté concerté entre le ministre du commerce, de l'industrie, des postes et des télégraphes, le ministre des finances et le ministre intéressé.

L'exploitation par les particuliers est concédée par un décret rendu sur la proposition du ministre du commerce, de l'industrie, des postes et des télégraphes, aux clauses et conditions d'un cahier des charges y annexé.

Les décrets et arrêtés ne peuvent être pris qu'après avis conforme d'une commission ainsi composée :

1 conseiller d'Etat, président;

2 représentants du ministère du commerce, de l'industrie, des postes et des télégraphes;

1 représentant du ministère de la justice;

(1) *J. off.*, 18 avril 1914, p. 3574.

1 représentant du ministère de la guerre;

1 représentant du ministère de la marine;

1 représentant du ministère des affaires étrangères;

4 membres choisis parmi les membres du comité consultatif des arts et manufactures, de la commission technique de l'Office national de la propriété industrielle, du tribunal de commerce de la Seine et de la chambre de commerce de Paris;

4 membres représentant les syndicats professionnels, patronaux et ouvriers.

Le directeur de l'Office national de la propriété industrielle remplit les fonctions de rapporteur général, avec voix délibérative.

Des rapporteurs techniques peuvent être adjoints à la commission par arrêté ministériel, avec voix consultative.

Le transfert de la concession à un tiers est nul et de nul effet, s'il n'a pas été autorisé dans la forme ci-dessus prescrite.

5. Les dispositions du décret du 14 août 1914 (1), suspendant, à dater du 1er août, les délais en matière de brevets d'invention et de dessins et modèles, ne bénéficient aux sujets et ressortissants des pays étrangers qu'autant que ces pays ont concédé ou concéderont, par réciprocité, des avantages équivalents aux Francais et aux protégés français.

6. Les Français ou protégés français peuvent, en pays ennemi, soit directement, soit par mandataire, de même que les sujets et ressortissants des pays ennemis en France, sous condition de complète réciprocité, remplir toutes formalités et exécuter toutes obligations en vue de la conservation ou de l'obtention des droits de propriété industrielle.

Toutefois, jusqu'à ce qu'il en soit autrement ordonné, sera suspendue la délivrance des brevets d'invention et certificats d'addition dont la demande aura été effectuée en France par des sujets ou ressortissants de l'empire d'Allemagne à partir du 4 août 1914, ou par des sujets ou ressortissants de l'empire d'Autriche-Hongrie à partir du 13 août 1914.

7. Les délais de priorité prévus par l'art. 4, modifié, de la convention d'Union internationale de 1883 sont suspendus à dater du 1er août 1914 pour la durée des hostilités et jusqu'à des dates qui sont ultérieurement fixées per décret.

Le bénéfice de cette suspension ne pourra être revendiqué que par les ressortissants de l'Union dont le pays a accordé ou accordera le même avantage aux Français et protégés français.

8. Des sujets des empires d'Allemagne et d'Autriche-Hongrie pourront, soit à raison de leur origine ou de leurs liens de famille, soit à raison des services qu'ils ont rendus à la France, être exceptés de l'application des dispositions de la présente loi.

(1) 1er vol., p. 54.

Un décret déterminera les conditions de cette exception, qui sera prononcée par ordonnance du tribunal civil, rendue sur réquisitions du ministère public.

9. Les dispositions de la présente loi sont applicables à l'Algérie et aux colonies de la Réunion, de la Guadeloupe et de la Martinique.

Il sera statué par décrets spéciaux en ce qui concerne les autres colonies et les pays de protectorat.

COLONIES, MARTINIQUE (ILE DE LA), SUPPRESSION DE CANTONS, CRÉATION D'UN NOUVEAU CANTON.

LOI *portant suppression à la Martinique des deux cantons de Saint-Pierre-Fort et Saint-Pierre-Mouillage, et création d'un nouveau canton, ayant pour chef-lieu le Carbet.*

(28 mai 1915). — (Publ. au *J. off.* du 1er juin).

ART. **1er.** Les circonscriptions cantonales de Saint-Pierre-Fort et de Saint-Pierre-Mouillage sont supprimées.

2. Les communes du Carbet, de Case-Pilote, de Fond-Saint-Denis, de Morne-Rouge et du Prêcheur formeront un nouveau canton, dont le chef-lieu sera placé au Carbet, et portera la dénomination de canton du Carbet.

CONTRIBUTIONS DIRECTES, IMPÔT FONCIER, PROPRIÉTÉS NON BATIES, GUERRE FRANCO-ALLEMANDE, NATURE DE CULTURE, CLASSEMENT, DÉLAIS DE RÉCLAMATION, PROLONGATION.

LOI *tendant à modifier les délais de réclamation accordés par l'art. 15 de la loi du 29 mars 1914 relative à l'impôt sur la propriété non bâtie.*

(28 mai 1915). — (Publ. au *J. off.* du 1er juin).

ARTICLE UNIQUE. Le délai accordé aux propriétaires, par application de l'art. 15 de la loi du 29 mars 1914 (2), relative à la contribution foncière, pour contester la nature de culture et le classement assignés à leurs propriétés non bâties, est porté, en ce qui concerne l'année 1916, de trois mois à six mois à partir de la publication du rôle de ladite année. Un délai de trois mois leur sera ouvert, en outre, pour le même objet, à partir de la publication du rôle de 1917.

EXPROPRIATION POUR UTILITÉ PUBLIQUE, GUERRE FRANCO-ALLEMANDE, URGENCE,

(2) *J. off.*, 31 mars 1914, p. 2967.

TRAVAUX PUBLICS EXÉCUTÉS PENDANT LA GUERRE, LOI DU 3 MAI 1841, ART. 76, APPLICATION.

LOI *tendant à faciliter l'exécution des travaux publics pendant la durée des hostilités.*

(28 mai 1915). — (Publ. au *J. off.* du 30 mai).

ART. 1er. Pendant la durée des hostilités, l'application de l'art. 76 de la loi du 3 mai 1841 (1) est étendue, sous les réserves suivantes, à tous les travaux publics urgents, que ces travaux ne soient pas encore commencés ou qu'ils soient déjà en cours. Toutefois, les formalités postérieures à la prise de possession ne seront effectuées qu'après la cessation des hostilités. Un décret ultérieur fixera la date de la reprise d'instance.

2. La déclaration d'utilité publique sera faite conformément à la loi du 27 juill. 1870 (2). La déclaration d'urgence aura lieu par décret. La loi du 5 août 1914 (3) ne s'appliquera pas au délai des diverses formalités précédant l'exécution du travail public.

3. Pour l'application de la présente loi :

a) Sont doublés les délais prévus par la loi du 30 mars 1831 (4);

b) Le dernier alinéa de l'art. 7 de la même loi est ainsi modifié :

« Ces diverses opérations auront lieu contradictoirement avec l'agent de l'Administration des domaines et l'expert nommé par le préfet; avec les parties intéressées, si elles sont présentes, ou avec l'expert qu'elles auront désigné. Si elles sont absentes et qu'elles n'aient point nommé d'expert, ou si elles n'ont point le libre exercice de leurs droits, le juge-commissaire désignera, pour les représenter, un expert qu'il choisira, pour chaque commune, sur une liste de trois noms présentée par le conseil municipal; à défaut de présentation par le conseil ou d'acceptation par l'expert, le juge désignera un expert d'office ».

GUERRE, GUERRE FRANCO-ALLEMANDE, CONTREBANDE DE GUERRE, CONTREBANDE ABSOLUE, CONTREBANDE CONDITIONNELLE.

NOTIFICATION *relative à la contrebande de guerre* (Publ. sans date au *J. off.* du 29 mai).

Conformément à la disposition de l'art. 2 du décret du 6 nov. 1914 (5), il est notifié que les modifications et additions suivantes sont apportées aux listes des articles de contrebande de guerre publiées dans les numéros du *Journal officiel* du 2-3 janv. (6) et du 12 mars 1915 (7).

I. — *Contrebande absolue.*

Sont supprimés au § 4 les mots : « et tous autres acétates métalliques ».

Sont ajoutés :

38° Le toluol et les mélanges de toluol, dérivés du goudron, du pétrole ou de toute autre source;

39° Les tours et autres machines ou machines-outils pouvant servir à la fabrication des munitions de guerre;

40° Les cartes et plans de toute partie du territoire des pays belligérants ou compris dans la zone des opérations militaires, à toute échelle plus grande que un deux cent cinquante millième, ainsi que les reproductions à toute échelle de ces cartes ou plans par la photographie ou tout autre procédé.

II. — *Contrebande conditionnelle.*

Sont ajoutés : 14° l'huile de lin.

MARINE, GUERRE FRANCO-ALLEMANDE, ETUDIANTS EN MÉDECINE ET EN PHARMACIE AYANT HUIT INSCRIPTIONS, ELÈVES DE L'ECOLE DU SERVICE DE SANTÉ, NOMINATION COMME MÉDECIN OU PHARMACIEN AUXILIAIRE.

DÉCRET *autorisant la nomination à l'emploi de médecin auxiliaire, pour la durée de la guerre, des étudiants en médecine ayant huit inscriptions.*

(29 mai 1915). — (Publ. au *J. off.* du 1er juin).

LE PRÉSIDENT DE LA RÉPUBLIQUE FRANÇAISE; — Vu le décret du 6 mai 1904; — Vu le décret du 28 oct. 1914 (8); — Vu le décret du 7 janv. 1915 (9); — Sur le rapport du ministre de la marine; — Décrète :

ART. 1er. Pendant la durée de la guerre, les étudiants en médecine, titulaires de huit inscriptions valables pour le doctorat, et les étudiants en pharmacie, possédant quatre inscriptions validées, qui sont élèves de l'Ecole du service de santé de Bordeaux ou qui servent actuellement en qualité de matelots infirmiers, peuvent être nommés aux emplois de médecins et de pharmaciens auxiliaires de la marine.

2. Les directeurs du service de santé et les médecins chefs des formations sanitaires de campagne

---

(1) S. 2e vol. des *Lois annotées*, p. 634.

(2) S. *Lois annotées* de 1870, p. 494. — P. *Lois, décr.*, etc. de 1870, p. 848.

(3) 1er vol., p. 33.

(4) S. 2e vol. des *Lois annotées*, p. 39.

(5) 1er vol., p. 186.

(6) 1er vol., p. 291.

(7) *Supra*, p. 54.

(8) *J. off.*, 31 oct. 1914, p. 8499.

(9) 1er vol., p. 300.

établissent la liste de ces étudiants en fournissant sur chacun d'eux des dates et des appréciations. Ces listes sont adressées au ministre de la marine, qui, après examen, procède à des nominations s'il y a lieu.

3. Les médecins et pharmaciens auxiliaires de la marine sont soumis aux règles de subordination, de discipline, de compétence juridictionnelle, d'allocation de solde et d'indemnités diverses applicables aux premiers maîtres des équipages de la flotte.

4. Les dispositions des décrets des 6 mai 1904, concernant les élèves de l'Ecole de Bordeaux, 28 oct. 1914 et 7 janv. 1915, sont abrogées en ce qu'elles ont de contraire à celles du présent décret.

5. Le ministre de la marine est chargé, etc.

MARINE MARCHANDE, GUERRE FRANCO-ALLEMANDE, NAVIGATION ENTRE LA FRANCE ET L'ALGÉRIE, MONOPOLE DU PAVILLON, SUSPENSION, PRODUITS ALGÉRIENS, IMPORTATION, CERTIFICAT D'ORIGINE.

DÉCRET *relatif à la suspension du monopole du pavillon.*

(29 mai 1915). — (Publ. au *J. off.* du 31 mai).

LE PRÉSIDENT DE LA RÉPUBLIQUE FRANÇAISE; — Vu la loi du 2 avril 1889 (1); — Vu la loi du 22 juill. 1909 (2); — Le conseil des ministres entendu; — Décrète :

ART. **1**er. Pendant la durée des hostilités, est suspendue l'application de la loi du 2 avril 1889.

2. Pendant la même période, seront admis exceptionnellement au bénéfice de leur origine les produits algériens ou français qui ne pourraient être importés en France ou en Algérie dans les conditions réglementaires.

Le bénéfice de ce régime est réservé aux seuls produits qui sont accompagnés d'un certificat d'origine, dans les conditions fixées par l'Administration des douanes.

Le retour au régime normal sera prononcé par un décret rendu dans la même forme que le présent acte.

Resteront admises au bénéfice de leur origine les marchandises qui seront justifiées avoir été expédiées avant la publication dudit décret au *Journal officiel.*

3. Les ministres de l'intérieur, de la marine, des finances, du commerce, de l'industrie et des postes et télégraphes sont chargés, etc.

TRIBUNAUX MILITAIRES, CONSEILS DE GUERRE MARITIMES, CONSEILS DE REVISION MARITIMES, TUNISIE, BIZERTE.

DÉCRET *modifiant l'art. 4 du décret du 10 juill. 1914, relatif à l'organisation de la justice maritime en Tunisie* (3).

(30 mai 1915). — (Publ. au *J. off.* du 2 juin).

LE PRÉSIDENT DE LA RÉPUBLIQUE FRANÇAISE; — Vu le Code de justice militaire pour l'armée de mer, du 4 juin 1858, modifié par les lois des 18 mai (4) et 31 déc. 1875 (5) et 9 avril 1895 (6); — Vu le décret du 8 juill. 1905 (7), portant règlement d'administration publique pour l'application aux colonies du Code de justice militaire pour l'armée de mer; — Vu le décret du 30 oct. 1913 (8), portant organisation de l'arrondissement maritime algéro-tunisien; — Vu le décret du 10 juill. 1914 (9), relatif à l'organisation et au fonctionnement de la justice maritime en Tunisie; — Décrète :

ART. **1**er. L'art. 4 du décret du 10 juill. 1914 est complété par le paragraphe suivant :

---

(1) S. *Lois annotées* de 1890, p. 609. — P. *Lois, décr.*, etc. de 1890, p. 1048.

(2) S. et P. *Lois annotées* de 1910, p. 986; *Pand. pér.*, *Lois annotées* de 1910, p. 986.

(3) Ce décret est précédé au *Journal officiel* d'un rapport du ministre de la marine ainsi conçu :

« Aux termes de l'art. 4 du décret du 10 juill. 1914, sur l'organisation de la justice maritime dans l'arrondissement algéro-tunisien, les conseils de guerre et de revision maritimes qu'il y a lieu de réunir à Bizerte sont composés, comme le sont, en vertu d'un décret du 8 juill. 1905, les juridictions similaires des colonies françaises, d'officiers de marine et d'officiers mariniers embarqués sur les bâtiments de l'Etats présents sur les lieux. Si ces officiers et officiers mariniers ne se trouvent pas en nombre suffisant, les officiers de l'armée de terre sont appelés à siéger.

« Aux colonies, les officiers de marine en service à terre sont en nombre très restreint; aussi, leur emploi dans les conseils de guerre et de revision maritimes n'a-t-il pas été prévu par le décret précité du 8 juill. 1905, qui en réfère exclusivement aux officiers embarqués.

« En Tunisie, la situation est toute différente. Le port de Bizerte, chef-lieu de l'arrondissement maritime algéro-tunisien, comprend, en effet, les mêmes services qu'un de nos ports militaires de la métropole, et un nombre assez considérable d'officiers de marine et d'officiers mariniers y sont en service.

« Il paraît logique que ce personnel employé à terre concoure, avec le personnel des bâtiments de passage, à la formation des conseils de guerre et de revision maritimes de Bizerte, et soit appelé à siéger dans ces juridictions de préférence aux officiers de l'armée de terre en garnison dans la place.

« De concert avec M. le ministre des affaires étrangères, j'ai préparé le projet de décret ci-joint, qui modifie dans ce sens l'art. **4** du décret de 1914, et j'ai l'honneur d'en soumettre le texte à votre haute sanction ».

(4) S. *Lois annotées* de 1875, p. 681. — P. *Lois, décr.*, etc. de 1875, p. 1171.

(5) S. *Lois annotées* de 1876, p. 148. — P. *Lois, décr.*, etc. de 1876, p. 255.

(6) S. et P. *Lois annotées* de 1895, p. 1067.

(7) *Bull. off.*, 12e série, 2648, n. 46334.

(8) *Bull. off.*, nouv. série, 116, n. 6240.

(9) *J. off.*, 17 juill. 1914, p. 6421.

« Toutefois, les officiers de marine et les officiers mariniers en service à terre et présents sur les lieux concourent, avec les officiers de marine et les officiers mariniers embarqués, pour la formation desdits conseils de guerre et de revision ».

2. Le ministre de la marine et le ministre des affaires étrangères sont chargés, etc.

JUSTICES DE PAIX, GUERRE FRANCO-ALLEMANDE, RÉUNION.

1° DÉCRET *portant réunion temporaire de justices de paix.*

(**31 mai 1915**). — (Publ. au *J. off.* du 6 juin).

LE PRÉSIDENT DE LA RÉPUBLIQUE FRANÇAISE; — Sur le rapport du garde des sceaux, ministre de la justice; — Vu l'art. 1er de la loi du 6 avril 1915 (1), concernant le fonctionnement des justices de paix pendant la guerre; — Vu les décès des juges de paix de Castellane (Basses-Alpes), Barcillonnette (Hautes-Alpes) et de Camarès (Aveyron); — Vu les propositions des premiers présidents des Cours d'appel d'Aix, Grenoble et Montpellier et des procureurs généraux près lesdites Cours; — Décrète :

ART. **1er**. Sont provisoirement réunies :

Les justices de paix de Castellane et d'Annot (Basses-Alpes), sous la juridiction du juge de paix du canton d'Annot;

Les justices de paix de Barcillonnette et de Tallard (Hautes-Alpes), sous la juridiction du juge de paix du canton de Tallard;

Les justices de paix de Camarès et de Belmont (Aveyron), sous la juridiction du juge de paix du canton de Belmont.

2. Le garde des sceaux, ministre de la justice, est chargé, etc.

2° DÉCRET *portant réunion temporaire de justices de paix.*

(**31 mai 1915**). — (Publ. au *J. off.* du 6 juin).

LE PRÉSIDENT DE LA RÉPUBLIQUE FRANÇAISE; — Sur le rapport du garde des sceaux, ministre de la justice; — Vu le décret du 29 avril 1915 (2), réunissant, en raison du décès du juge de paix de Saint-Malo-de-la-Lande, les justices de paix de Saint-Malo-de-la-Lande et de Coutances (Manche), sous la juridiction du juge de paix de Coutances; — Vu les nouvelles propositions, en date du 27 mai 1915, du premier président de la Cour d'appel de Caen et du procureur général près la même Cour; — Décrète :

ART. **1er**. Sont provisoirement réunies :

Les justices de paix de Saint-Malo-de-la-Lande et de Saint-Sauveur-Landelin (Manche), sous la juridiction du juge de paix de Saint-Sauveur-Landelin.

2. Est rapporté le décret susvisé, en date du 29 avril 1915.

3. Le garde des sceaux, ministre de la justice, est chargé, etc.

3° DÉCRET *portant réunion temporaire de justices de paix.*

(**31 mai 1915**). — (Publ. au *J. off.* du 6 juin).

LE PRÉSIDENT DE LA RÉPUBLIQUE FRANÇAISE; — Sur le rapport du garde des sceaux, ministre de la justice; — Vu l'art. 1er de la loi du 6 avril 1915 (3), concernant le fonctionnement des justices de paix pendant la guerre; — Vu l'absence pour cause de mobilisation des juges de paix des cantons de Grand-Lucé (Sarthe), Saint-Chaptes (Gard) et de Suippes (Marne); — Vu les propositions des premiers présidents des Cours d'appel d'Angers, Nîmes et Paris et des procureurs généraux près lesdites Cours; — Décrète :

ART. **1er**. Sont provisoirement réunies, tant que durera l'absence pour cause de mobilisation des juges de paix des cantons susvisés :

Les justices de paix de Grand-Lucé et d'Ecommoy (Sarthe), sous la juridiction du juge de paix du canton d'Ecommoy;

Les justices de paix de Saint-Chaptes et de Saint-Mamert (Gard), sous la juridiction du juge de paix du canton de Saint-Mamert;

Les justices de paix de Suippes et de Châlons-sur-Marne (Marne), sous la juridiction du juge de paix du canton de Châlons-sur-Marne.

2. Le garde des sceaux, ministre de la justice, est chargé, etc.

4° DÉCRET *portant réunion temporaire de justices de paix.*

(**31 mai 1915**). — (Publ. au *J. off.* du 6 juin).

LE PRÉSIDENT DE LA RÉPUBLIQUE FRANÇAISE; — Sur le rapport du garde des sceaux, ministre de la justice, — Vu l'art. 1er de la loi du 6 avril 1915 (4), concernant le fonctionnement des justices de paix pendant la guerre; — Vu le décret du 19 nov. 1902 (5), qui, par application de la loi du 25 févr. 1901 (6) (art. 41), a réuni les justices

(1) *Supra*, p. 104.

(2) *Supra*, p. 140.

(3-4) *Supra*, p. 104.

(5) *Bull. off.*, 12e série, 2406, n. 42389.

(6) S. et P. *Lois annotées* de 1901, p. 150.

de paix des 1er et 3e cantons de Reims sous la juridiction du juge de paix du 3e canton; — Vu l'absence pour cause de mobilisation du juge de paix du 2e canton; — Vu les propositions du premier président de la Cour d'appel de Paris et du procureur général près ladite Cour; — Décrète :

Art. **1er**. La justice de paix du 2e canton de Reims et la justice du paix du 3e canton de ladite ville sont provisoirement réunies sous la juridiction du juge de paix du 3e canton tant que durera l'absence du juge de paix du 2e canton. La réunion précédemment ordonnée des 1er et 3e cantons continuera à recevoir son effet dans les conditions déterminées par le décret du 16 nov. 1902.

2. Le garde des sceaux, ministre de la justice, est chargé, etc.

Retraites ouvrières et paysannes, Guerre franco-allemande, Liquidation des pensions, Constitution des dossiers, Réfugiés des départements envahis.

Circulaire *relative aux conditions dans lesquelles les assurés de la loi des retraites, originaires ou réfugiés des départements envahis, peuvent obtenir la liquidation de leur pension ou le paiement de leurs arrérages.*

(31 mai 1915). — (Publ. au *J. off.* du 2 juin).

Le Ministre du travail et de la prévoyance sociale à MM. les Préfets.

Des difficultés se sont produites, en raison de l'état de guerre, pour la constitution des dossiers de liquidation de pension des assurés de la loi sur les retraites ouvrières et paysannes réfugiés des départements envahis, ou simplement originaires de ces départements, ainsi que pour le paiement des arrérages de leur pension, notamment en ce qui concerne ceux dus par des caisses d'assurance ayant leur siège dans des régions actuellement occupées par l'ennemi.

Pour remédier à ces difficultés et pour permettre d'assurer, dans la mesure du possible, le paiement des allocations ou bonifications de l'Etat, mon administration, d'accord avec celle des finances et avec la Caisse des dépôts et consignations, a dû prendre diverses mesures d'un caractère temporaire, qui font l'objet de la présente circulaire.

I. — *Constitution des dossiers de demandes de liquidation de pension.*

Les assurés des régions envahies résidant provisoirement dans les départements autres que ceux dans lesquels ils sont domiciliés, ainsi que les assurés originaires desdites régions, se trouvent fréquemment dans l'impossibilité d'obtenir la liquidation de leur pension, parce qu'ils ne possèdent pas ou ne peuvent se procurer les pièces qui doivent être jointes à leur demande, conformément aux dispositions de l'art. 135 du décret réglementaire du 25 mars 1911 (1) - 6 août 1912 (2).

Les mesures indiquées ci-après permettront aux intéressés et aux préfectures de procéder à la constitution des dossiers de liquidation de pension des assurés susvisés.

Il va sans dire que ces mesures, tout à fait exceptionnelles, ne sauraient être étendues en aucun cas aux autres assurés, qui peuvent réunir dans les conditions normales les pièces les concernant.

1° *Demande de liquidation.* — Cette pièce peut toujours être produite, puisque chaque mairie possède les imprimés nécessaires, et qu'au surplus la carte d'identité signée de l'intéressé en tient lieu.

2° *Acte de naissance.* — Si l'assuré ne peut fournir un extrait de son acte de naissance, un autre document en original ou en copie certifiée conforme faisant mention de son état civil et offrant un caractère suffisant d'authenticité (dernière carte annuelle de l'assuré, livret de famille, acte de mariage, livret militaire, carte d'électeur, etc.) pourra être admis à l'appui de sa demande de liquidation, sous réserve de la production ultérieure d'un acte de naissance régulier. Mais la caisse d'assurance conservera toute latitude pour apprécier la valeur du document produit, notamment s'il présentait des différences avec les indications essentielles des autres pièces du dossier.

D'autre part, en ce qui concerne la bonification spéciale du dixième (enfants), en raison de l'importance moindre des sommes en cause, et de l'impossibilité dans laquelle se trouveront le plus souvent les assurés de réunir les pièces nécessaires, il m'a paru préférable pour l'assuré de différer en ce cas, la liquidation de ladite bonification. Les intéressés conservent le droit de réclamer ultérieurement le bénéfice de la bonification du dixième, en formant à cet effet une demande de revision accompagnée des pièces nécessaires.

3° *Carte d'identité, carte annuelle, relevé récapitulatif.* — Si l'assuré est muni de sa carte d'identité et de sa dernière carte annuelle, le préfet de sa résidence actuelle, informé par lui de la caisse d'assurance ou de chacune des caisses d'assurance successives auxquelles il a adhéré, demande auxdites caisses un relevé certifié exact du montant des versements portés à son compte. Chacun de ces relevés devra mentionner, en outre, la nationalité de l'assuré, la catégorie à laquelle il appartient, la date de délivrance et d'échange

---

(1) *Bull. off.*, nouv. série, 54, n. 2575.

(2) *J. off.*, 8 août 1912, p. 7199.

la nature de chaque carte annuelle, en un mot, toutes les mentions qui, se trouvant portées au relevé récapitulatif de l'assuré, permettent de constituer un duplicata dudit relevé. Il est d'ailleurs bien entendu qu'il n'y aura lieu de recourir aux caisses d'assurance que lorsque la préfecture d'origine ne pourra fournir la copie du relevé récapitulatif.

Si l'assuré, muni de sa carte d'identité, ne possède pas sa dernière carte annuelle, les mêmes renseignements que ci-dessus devront être recueillis par la préfecture. En outre, l'intéressé devra effectuer, tout au moins jusqu'à l'âge de soixante ans, le versement de la totalité de sa contribution personnelle pour la dernière année d'assurance sur une carte annuelle nouvelle que vous lui délivrerez et que vous transmettrez dans les conditions habituelles à la caisse choisie par lui. Au cas où l'assuré pourrait ultérieurement produire sa dernière carte, les versements y figurant seraient attribués à son compte et un nouveau titre de pension lui serait délivré par sa caisse.

Si l'assuré ne pouvait produire sa carte d'identité, sa demande de liquidation de pension ne saurait être accueillie, sauf le cas où un duplicata du relevé récapitulatif pourrait être fourni par la préfecture du département d'origine. Il serait en effet impossible, à défaut de carte d'identité ou de relevé récapitulatif, d'être renseigné sur ses droits au bénéfice du régime transitoire.

Il en serait de même des demandes formées par des assurés adhérents à des caisses d'assurance qui, ayant leur siège dans les départements envahis, se trouvent dans l'impossibilité de fournir les renseignements que ne peuvent donner les préfectures.

Vous voudrez bien recommander à vos services d'apporter la plus grande attention dans l'établissement des dossiers en question, en raison des chances d'erreur qu'ils comportent, et afin d'éviter des rectifications ultérieures et l'attribution d'allocations ou de majorations à des assurés qui n'y auraient aucun droit.

En outre, en me transmettant ces dossiers, vous mentionnerez de façon très apparente qu'ils concernent des assurés réfugiés ou originaires des régions envahies, et vous indiquerez, pour les premiers de ces intéressés, leur adresse habituelle, ainsi que leur résidence momentanée.

II. — *Paiement des arrérages de pension aux assurés en possession de leur extrait d'inscription.*

Pour vous permettre, le cas échéant, de fournir les renseignements qui vous seraient demandés par les intéressés, je crois devoir vous signaler les différentes mesures qui ont été prises en vue d'assurer aussi régulièrement que possible le paiement aux retraités de la loi sur les retraites ouvrières et paysannes des arrérages de leur pension.

1° *Arrérages dus par les caisses d'assurance dont le siège ne se trouve pas dans les régions envahies.* — La Caisse nationale des retraites pour la vieillesse a donné à ses préposés, lors de chaque échéance trimestrielle, depuis le mois de septembre dernier, des instructions en ce qui concerne les paiements à effectuer aux assurés réfugiés des régions envahies et titulaires d'extraits d'inscription délivrés par elle. Les intéressés peuvent donc obtenir des comptables du Trésor (trésoriers-payeurs, receveurs des finances et percepteurs) tous renseignements utiles sur les formalités à remplir, et toucher, dans le délai le plus court, les arrérages de leur pension.

Les paiements d'arrérages aux assurés affiliés aux caisses d'assurance dont le siège ne se trouve pas dans les régions envahies continueront à être effectués dans des conditions normales, puisque ces organismes peuvent communiquer avec leurs adhérents.

2° *Arrérages dus par les caisses d'assurance dont le siège est situé dans les régions envahies.* — Je vous rappelle qu'aux termes de la circulaire du 29 déc. 1914, il a été décidé, après entente avec le ministère des finances, que les comptables du Trésor paieraient, jusqu'à nouvel ordre, les arrérages de retraites ouvrières dus par les caisses d'assurance dont le siège est situé dans les régions envahies, et qui, par suite des circonstances, se trouvent dans l'impossibilité de faire face à leurs engagements.

Ces caisses sont au nombre de cinq :

La Caisse départementale du Nord, à Lille ;

La Caisse syndicale du commerce et de l'industrie textiles de Tourcoing et de ses cantons ;

L'Union régionale des sociétés de secours mutuels du Nord, à Roubaix ;

L'Union mutualiste pour le service des retraites ouvrières et paysannes dans le Nord de la France, à Lille ;

L'Union départementale des sociétés de secours mutuels et de prévoyance du département des Ardennes, à Charleville.

Les paiements sont effectués à vue, sur la simple présentation de l'extrait d'inscription et du certificat de vie, mais ils ne peuvent porter, en aucun cas, sur les arrérages venus à échéance avant le 1er nov. 1914.

III. — *Paiement des arrérages de pensions aux assurés qui ne sont pas en possession de leur extrait d'inscription.*

Je vous rappelle que duplicata des titres, qui sont établis par les caisses d'assurance, s'il s'agit d'un extrait d'inscription de pension, et par le ministre du travail, s'il s'agit d'un titre spécial, peut être délivré sur la production d'une déclaration spéciale souscrite par le titulaire, en présence de deux témoins, devant le maire de la commune où il réside.

1° *Assurés affiliés à des caisses d'assurance situées dans des départements non envahis.* — Aucune difficulté ne se présente dans ce cas spécial. Les intéressés peuvent se faire délivrer un duplicata de leur titre, ou une autorisation de paiement, en se conformant aux prescriptions de l'art. 153 du décret réglementaire du 25 mars 1911 - 6 août 1912, ci-dessus rappelé.

Toutefois certaines caisses n'ayant pu, par suite de circonstances exceptionnelles, assurer la délivrance immédiate de duplicata d'extraits d'inscription aux retraités actuellement évacués ou dont le pays a été momentanément envahi, il a été admis, après entente avec M. le ministre du commerce, de l'industrie, des postes et des télégraphes, que, par dérogation exceptionnelle aux dispositions de l'arrêté interministériel du 24 juin 1913, relatif aux paiements d'arrérages par mandats-retraite, l'Administration des postes pourrait consentir provisoirement ces paiements, sur production par les bénéficiaires, aux lieu et place de leur extrait d'inscription, de la déclaration suivante, établie par la caisse d'assurance et sous sa responsabilité :

Je soussigné, directeur de la caisse....., prie M. le receveur des postes du bureau de... de bien vouloir, *sous la responsabilité de la caisse d'assurance ci-dessus désignée*, payer à monsieur (ou madame)..... (nom et adresse du retraité)....., sans présentation de l'extrait d'inscription n° ....., qui a été perdu et ne peut être remplacé pour le moment, le mandat-retraite n° ....., de ..... francs ..... centimes, émis au bureau de ....., le .....

Le directeur de la caisse,
(Signature.)

Timbre de la caisse.

2° *Assurés affiliés à des caisses d'assurance des régions envahies.* — Dans cette catégorie sont compris en premier lieu les titulaires de pensions délivrées par les caisses d'assurance énumérées ci-dessus, et qui ne sont plus en possession de leur extrait d'inscription. Il y a lieu d'y comprendre également les assurés adhérents aux mêmes caisses dont la demande de liquidation de pension a été déposée et l'allocation de l'Etat liquidée, mais qui n'ont pu être saisis jusqu'à ce jour de leur extrait d'inscription.

En vue de remédier à la situation dans laquelle se trouvent ces assurés par suite de l'interruption des communications avec les caisses d'assurance auxquelles ils ont adhéré, j'ai décidé, après accord avec M. le ministre des finances, de leur délivrer, sur demande adressée au ministre, soit directement, soit par l'intermédiaire des administrations locales, des extraits d'inscription provisoires sur lesquels ils pourront toucher les arrérages des allocations ou bonifications qui forment la partie la plus importante de leur pension. Les paiements seront effectués par les agents du Trésor sur la présentation dudit extrait établi par les soins de mon administration, et d'un certificat de vie. Ces titres cesseront d'être valables dès que les régions envahies auront été évacuées par l'ennemi.

J'attache le plus grand prix à ce que vos services se conforment strictement aux prescriptions susvisées, soit pour la préparation des dossiers de demandes de liquidation de pension, soit pour la transmission à mon administration des demandes de titres provisoires qui seraient déposées à votre préfecture par les assurés qui n'ont pu, jusqu'ici, obtenir la liquidation de leur pension, la délivrance de leur titre de rente, ou le paiement des arrérages auxquels ils ont droit. En me transmettant d'urgence les demandes des intéressés, vous voudrez bien me fournir tous les renseignements qui seraient indispensables à mon administration pour instruire ces demandes et les résoudre rapidement.

Je vous prie de m'accuser réception de la présente circulaire et de la porter d'urgence à la connaissance des maires de votre département.

RÉQUISITIONS MILITAIRES, GUERRE FRANCO-ALLEMANDE, MARINE, NAVIRES RÉQUISITIONNÉS, INDEMNITÉS, AVANCES ET ACOMPTES.

CIRCULAIRE *relative aux acomptes provisoires à payer aux armateurs des navires réquisitionnés comme transports auxiliaires.*

(1er juin 1915). — (Publ. au *J. off.* du 5 juin).

Le Ministre de la marine à MM. les vice-amiraux commandant en chef, préfets maritimes, commandants de la marine en Corse et en Algérie, directeurs de l'inscription maritime, directeurs des établissements hors des ports.

Conformément à la proposition émise par la direction de l'intendance maritime du port de Toulon, j'ai décidé de compléter la circulaire du 14 mars dernier (1), relative aux pièces à produire au soutien des mandats de paiement des réquisitions maritimes, des dispositions suivantes :

Lorsque, par suite du refus d'acceptation du chiffre de l'indemnité allouée, l'affaire a nécessité l'intervention des tribunaux (art. 26 de la loi du 2 juill. 1877 et 56 du décret du 2 août 1877) (2), l'indemnité résultant du procès-verbal de conciliation ou du jugement est réglée, sans nouveaux

(1) *Supra*, p. 58.

(2) S. *Lois annotées* de 1877, p. 249 et 255. — P. *Lois, décr.*, etc. de 1877, p. 428 et 440.

délais, par un mandat direct au nom de l'intéressé, même si la réquisition a été effectuée par l'intermédiaire d'un maire. Dans ce dernier cas, il est donné avis à la mairie par l'ordonnateur secondaire du mode de règlement survenu.

Le mandatement direct au profit de l'intéressé comporte les justifications ci-après :

1° Ordre de réquisition;

2° Reçu délivré par l'autorité maritime;

3° Certification d'exécution des services requis ou de prise en charge des fournitures;

4° S'il y a lieu, procès-verbaux de dégâts ou d'estimation; à défaut, extraits des décisions de l'autorité maritime compétente;

5° Expédition du procès-verbal de conciliation ou extrait du jugement.

Il sera pris note de ces dispositions additionnelles en marge de la circulaire du 14 mars dernier.

COLONIES, GUERRE FRANCO-ALLEMANDE, ARMÉE, SOUTIENS DE FAMILLE, FAMILLES NÉCESSITEUSES, ALLOCATIONS, RECTIFICATION DE DÉCRETS.

LOI *portant extension aux colonies françaises de la loi du* 5 *août* 1914, *accordant, pendant la durée de la guerre, des allocations aux familles nécessiteuses dont le soutien serait appelé ou rappelé sous les drapeaux.*

(**2 juin 1915**). — (Publ. au *J. off.* du 4 juin).

ARTICLE UNIQUE. Sont approuvées les dispositions du décret du 15 sept. 1914 (1), accordant pendant la guerre des allocations aux familles nécessiteuses dont le soutien serait appelé ou rappelé sous les drapeaux.

COLONIES, GUERRE FRANCO-ALLEMANDE, PERSONNEL DE L'ADMINISTRATION DES COLONIES, SOLDE, RATIFICATION DE DÉCRET.

LOI *portant réglementation de la situation, au point de vue de la solde, du personnel relevant de l'Administration des colonies, pendant la durée des opérations militaires.*

(**2 juin 1915**). — (Publ. au *J. off.* du 4 juin).

ARTICLE UNIQUE. Sont approuvées les dispositions du décret du 17 août 1914 (2), réglementant, au point de vue de la solde, la situation du personnel relevant de l'Administration des colonies pendant la durée des hostilités.

COLONIES, PROTECTORAT (PAYS DE), GUERRE FRANCO-ALLEMANDE, FONCTIONS PUBLIQUES, CUMUL DE SOLDES MILITAIRES, DE TRAITEMENTS CIVILS ET PENSIONS MILITAIRES, RATIFICATION DE DÉCRETS.

LOI *portant application aux colonies de la loi du* 5 *août* 1914 *et des décrets des* 12 *et* 17 *du même mois, sur le cumul de la solde militaire avec les traitements civils et les pensions militaires.*

2 juin 1915). — (Publ. au *J. off.* du 4 juin).

ARTICLE UNIQUE. Sont approuvées les dispositions du décret du 17 sept. 1914 (3), concernant l'extension aux colonies de la loi du 5 août 1914 (4) et des décrets des 12 (5) et 17 août (6), concernant le cumul de la solde militaire avec les traitements civils et les pensions militaires.

MARINE, GUERRE FRANCO-ALLEMANDE, CAISSE

---

(1) 1er vol., p. 114.

(2) Ce décret, qui est publié au *Journal officiel* du 19 août 1914, est ainsi conçu :

LE PRÉSIDENT DE LA RÉPUBLIQUE FRANÇAISE; — Sur le rapport des ministres des finances et des colonies; — Vu la loi du 5 août 1914, relative au cumul de la solde militaire avec les traitements civils dans le cas de mobilisation; — Vu le décret du 2 mars 1910, portant règlement sur la solde et les allocations accessoires des fonctionnaires, employés et agents des services coloniaux ou locaux; — Vu le décret du 12 juin 1911, modifiant celui du 2 mars 1910; — Décrète :

ART. 1er. Les dispositions de la loi du 5 août 1914 précitée sont étendues aux fonctionnaires, employés et agents rétribués sur les budgets généraux, locaux ou spéciaux des colonies et pays de protectorat français relevant du ministère des colonies.

Le traitement des intéressés servant de base à la limitation de cumul établie par l'art. 2 de cette loi est celui qu'ils reçoivent sur le pied d'Europe.

Ce traitement est toutefois calculé dans les conditions déterminées par l'art. 35, § 3, et l'art. 69, § 2, du décret du 2 mars 1910 pour les agents visés par ces articles.

2. Le personnel des services coloniaux ou locaux des colonies actuellement en France, en Algérie ou en Tunisie, dans une position administrative lui donnant droit à une solde quelconque (congé, permission, mission, etc.), et qui n'est pas touché par la mobilisation de l'armée, sera, à l'époque où cette position prendra régulièrement fin, maintenu d'office, par mesure générale, dans ses foyers jusqu'au moment où il sera possible de lui faire suivre sa destination coloniale. Sans qu'il soit besoin d'une décision quelconque, il conservera dans cette nouvelle situation, jusqu'au jour exclu de son arrivée au port d'embarquement pour rallier son poste aux colonies (c'est-à-dire jusqu'à la veille de son départ), la jouissance de la solde dont il bénéficiait à l'expiration de la position qu'il occupait avant son maintien d'office dans ses foyers, y compris, s'il y a lieu, l'indemnité complémentaire prévue aux art. 35 et 55 du décret du 2 mars 1910.

Le même personnel se trouvant dans une situation qui ne donne droit à aucun traitement (disponibilité, congé hors cadres et sans solde) sera également, par mesure générale, maintenu d'office, jusqu'à nouvel ordre, dans cette situation.

3. Le ministre des colonies et le minisire des finances sont chargés, etc.

(3) 1er vol., p. 115.

(4-5) 1er vol., p. 32 et 48.

(6) *Supra* note 2.

DES INVALIDES DE LA MARINE, AVANCES SUR PENSIONS, VEUVES, ORPHELINS.

CIRCULAIRE *concernant les avances aux veuves ou orphelins de tous marins laissant des droits à pension.*

(2 juin 1915). — (Publ. au *J. off.* du 4 juin).

Le ministre de la marine à MM. les vice-amiraux commandant en chef, préfets maritimes, commandants de la marine en Corse et en Algérie, directeurs des établissements de la marine hors des ports.

Aux termes de l'instruction du 10 nov. 1886 (*B. O.*, p. 705), des avances sur arrérages de pensions peuvent être consenties par la Caisse des invalides de la marine :

1° Sur simple demande, s'il s'agit de veuves ou orphelins dont les maris ou pères seraient décédés titulaires de pension ou réunissant vingt-cinq ans de services;

2° A la suite d'une autorisation ministérielle spéciale à chaque espèce, s'il s'agit d'ayants droit dont les auteurs sont décédés d'accidents survenus en service ou de maladies endémiques ou contagieuses. Ne peuvent en tous cas recevoir des avances que les veuves ou orphelins ayant demandé à toucher les arrérages de la pension ou du secours définitif à la caisse du trésorier des invalides de leur résidence.

En raison des circonstances actuelles, j'ai décidé de donner une plus large extension à ces dispositions bienveillantes.

En conséquence, les autorisations spéciales réservées au ministre par la circulaire susvisée du 10 nov. 1886, dans le cas de décès résultant de blessures à l'ennemi, d'accidents de service ou de maladies endémiques ou contagieuses, seront désormais accordées par les préfets maritimes, les commandants de la marine en Corse et en Algérie, et les directeurs des établissements hors des ports. Cette autorisation ne sera donnée qu'après examen suffisant du dossier par les autorités chargées de la préparation du mémoire de proposition de pension, et en reconnaissance du droit à pension.

L'importance des avances demeure fixée aux deux tiers de la pension, et rien n'est modifié quant au mode de paiement de ces avances aux veuves et aux orphelins qui en peuvent toucher le montant à la caisse d'un trésorier des invalides.

En ce qui concerne les bénéficiaires qui ne peuvent s'adresser aux comptables de l'établissement des invalides, les mesures suivantes ont été adoptées :

Les ordonnateurs secondaires des six ports militaires, des établissements hors des ports et les chefs du service de l'intendance maritime en Corse et en Algérie seront exclusivement chargés du mandatement des avances payables en dehors du ressort d'une trésorerie des invalides.

A cet effet, ils recevront de l'autorité qui aura procédé à l'instruction de la demande de pension :

1° S'il s'agit d'une pension tirée de l'ancienneté de services, un certificat indiquant : les noms, prénoms, domicile des pétitionnaires, le montant de la pension et la date d'entrée en jouissance;

2° S'il s'agit d'une pension dérivant de blessures, maladies endémiques ou contagieuses, le certificat prévu ci-dessus, accompagné de l'autorisation spéciale nécessaire dans ce cas.

Pour les veuves ou orphelins des officiers, agents, commis, ouvriers, l'ordonnateur compétent sera celui du port d'attache ou d'immatriculation de l'ayant cause. Pour les veuves ou orphelins des officiers mariniers, quartiers-maîtres et matelots appartenant au recrutement ou à l'inscription maritime, l'ordonnateur compétent sera celui du port chef-lieu de l'arrondissement maritime dont dépend le port d'immatriculation ou le quartier d'inscription du décédé.

Le mandatement aura lieu mensuellement et à terme échu sur les fonds du chapitre 38 (art. 7) du budget de la marine, 1re section.

Les mandats de l'espèce pourront être acquittés dans les localités désignées par les bénéficiaires, dans les conditions indiquées par la circulaire du 14 janv. 1908 (*B. O.*, p. 11).

Le décret de pension une fois intervenu, le port qui aura fait les avances recevra du département de la marine le certificat d'inscription de la pension. Il transmettra cette pièce, accompagnée d'un ordre de reversement du montant des avances perçues par le titulaire dudit certificat au trésorier-payeur général du département sur la caisse duquel la pension aura été assignée.

Le récépissé constatant l'encaissement au compte « reversement de fonds sur les dépenses des ministères » du montant des avances ainsi récupérées sera adressé par le trésorier-payeur général à l'ordonnateur qui a mandaté l'avance pour être compris dans le plus prochain travail de reversement de fonds à envoyer au ministère.

Les avances sur pensions étant exclusives des allocations de soldes instituées par le décret du 17 déc. 1914 (1), le premier paiement ne pourra en être effectué qu'au vu d'un certificat de cessation de paiement de ces dernières, délivré par l'autorité chargée de leur mandatement.

Ainsi que l'indique la circulaire du 14 mars 1915 (*B. O.*, p. 261), les dossiers de proposition de pension concernant les veuves recevant la demi-solde devront être constitués, instruits et acheminés sur Paris selon les formes habituelles. Les pensions seront normalement liquidées, mais, afin d'éviter

(1) 1er vol., p. 265.

des doubles emplois, les certificats d'inscription seront conservés par le bureau des pensions jusqu'à la fin des hostilités. Ce n'est qu'après avoir été annotés de la date effective d'entrée en jouissance qu'ils seront ensuite transmis aux intéressés.

Guerre, Guerre austro-italienne, Blocus des côtes de l'Autriche-Hongrie.

Notification *par le gouvernement royal italien du blocus des côtes de l'Autriche-Hongrie et de l'Albanie.*

(Publ. sans date au *J. off.* du 3 juin 1915).

Le Gouvernement de la République a reçu le 26 mai 1915 du gouvernement royal italien la notification suivante :

« Le gouvernement royal italien, vu l'état de guerre existant entre l'Italie et l'Autriche-Hongrie, considérant que les autorités navales austro-hongroises font usage de quelques ports de la côte albanaise pour le ravitaillement clandestin de leur flottille de guerre, déclare qu'à partir du 26 mai courant :

« 1° Le littoral austro-hongrois, s'étendant de la frontière italienne, au Nord, jusqu'à la frontière monténégrine, au Sud, avec tous ses ports, îles, havres, rades, criques ;

« 2° Le littoral de l'Albanie, s'étendant de la frontière monténégrine, au Nord, jusqu'au cap Kiephali y compris, au Sud, seront tenus en état de blocus effectif par les forces navales italiennes.

« Les limites géographiques des territoires bloqués sont les suivantes :

« Pour le littoral austro-hongrois : limite Nord, 45° 42' 50" de latitude Nord et 13° 15' 10" de longitude Est (Greenwich); limite Sud, 12° 06'25" de latitude Nord et 19° 05' 30" de longitude Est (Greenwich).

« Les bâtiments des puissances amies ou neutres auront un délai qui sera fixé par le commandant en chef des forces navales italiennes, à partir de la date de la déclaration du blocus, pour sortir librement de la zone bloquée.

« Il sera procédé contre tout bâtiment qui, en violation du blocus, tentera de traverser ou aura traversé la ligne de barrement constituée entre le cap d'Otrante et le cap Kiephali, conformément aux règles du droit international et aux traités en vigueur ».

Le 30 mai 1915, le gouvernement royal italien a notifié à l'ambassade de France à Rome que la limite Sud du blocus du littoral de l'Albanie a été fixée à la pointe de Aspri Ruga (Strande Blanche). Par suite de cette disposition, les limites géographiques du territoire albanais bloqué sont les suivantes : limite Nord, 41°52' de latitude Nord et 19°22'40" de longitude Est (Greenwich) ; limite Sud, 40°9'36" de latitude Nord et 19°35'45" de longitude Est (Greenwich). La nouvelle ligne de barrement constituée entre le cap d'Otrante et Aspri Ruga formera la ligne du blocus à tous les effets de la déclaration du 26 mai 1915.

Le terme concédé aux navires des puissances amies ou neutres pour sortir de la zone bloquée a été fixé, par le commandant en chef des forces navales italiennes, à dix jours, à partir de la date de la déclaration du blocus.

Marine, Matériel photo-électrique des fronts de mer, Cession par le département de la guerre a celui de la marine.

Décret *relatif à la cession à titre gratuit, au département de la marine, du matériel photo-électrique du département de la guerre.*

(3 juin 1915). — (Publ. au *J. off.* du 12 juin).

Le Président de la République française ; — Sur le rapport du ministre de la guerre et de la marine ; — Vu le décret du 3 avril 1869, portant règlement sur la comptabilité des dépenses du département de la guerre ; — Décrète :

Art. **1er**. Par dérogation aux prescriptions de l'art. 26 du décret du 3 avril 1869, le matériel photo-électrique des fronts de mer des places, chefs-lieux d'arrondissement maritime, appartenant au département de la guerre, sera cédé à titre gratuit à celui de la marine.

Cette cession comprendra :

a) Le matériel de toute espèce existant dans les postes ;

b) Les lignes du réseau du tir qui relient entre eux les postes photo-électriques et celles qui les font communiquer avec les postes de commandement de groupes ;

c) Les rechanges, accessoires, approvisionnements divers qui peuvent exister dans les magasins centraux des parcs d'artillerie des places susvisées, tant pour le matériel des groupes électrogènes que pour les projecteurs ;

d) Les archives diverses intéressant les postes remis.

2. Les ministres de la guerre et de la marine sont chargés, etc.

Réquisitions militaires, Guerre franco-allemande, Marine, Mandats de paiement, Justifications.

Circulaire *portant addition à la circulaire du 14 mars 1915, relative aux pièces à produire au soutien des mandats de paiement des réquisitions maritimes.*

(3 juin 1915). — (Publ. au *J. off.* du 5 juin).

Le Ministre de la marine à MM. les vice-amiraux commandant en chef, préfets maritimes, directeurs de l'inscription maritime dans les ports secondaires, contre-amiral commandant la marine en Algérie, capitaine de vaisseau commandant la marine en Corse, chefs du service de l'intendance maritime à Dunkerque et à Marseille.

Mon attention a été appelée sur les délais qu'exigera pour certains navires la mise en application de la circulaire du 13 mai 1915 (1), relative aux acomptes et avances à payer aux armateurs ou propriétaires des navires en cours de réquisition.

Comme il importe de ne pas retarder le paiement des sommes nécessaires aux armateurs des transports auxiliaires pour assurer la gérance de leurs navires, j'ai décidé que ceux de ces armateurs, qui n'ont pas de contrat mixte, recevront chaque mois, en attendant que le service des approvisionnements de la flotte soit en mesure de leur payer régulièrement les avances et acomptes prévus par la circulaire du 13 mai, un acompte provisoire calculé sur la base de 3 fr. 60 par tonne de portée en lourd, ou bien de 5 fr. par tonne de jauge brute du navire. Le taux de 3 fr. 60 par tonne de portée en lourd s'appliquera aux charbonniers, et celui de 5 fr. par tonne de jauge aux navires à passagers qui ont peu de portée en lourd. Pour les navires intermédiaires, il conviendra de prendre le taux le plus avantageux pour l'armement.

En plus de l'acompte provisoire, la marine remboursera aux armateurs, quand ils en auront fait l'avance, les heures supplémentaires et les majorations de salaires de l'équipage, le charbon, les droits de ports, etc. Les armateurs auront, bien entendu, à supporter les frais d'entretien du navire et de son équipage et ceux de l'assurance contre les risques ordinaires de navigation.

COLONIES, GUERRE FRANCO-ALLEMANDE, FONCTIONNAIRES MOBILISÉS, LIBÉRATION, CONGÉS EN COURS AU MOMENT DE LA MOBILISATION, CONGÉS DE CONVALESCENCE.

DÉCRET *réglant la situation des fonctionnaires des services coloniaux et locaux des colonies, mobilisés, après leur libération du service militaire.*

(4 juin 1915). — (Publ. au *J. off.* du 9 juin).

LE PRÉSIDENT DE LA RÉPUBLIQUE FRANÇAISE ; — Vu le décret du 2 mars 1910 (2), portant règlement sur la solde et les allocations accessoires du personnel colonial, modifié par le décret du 12 juin 1911 (3) ; — Vu la loi du 5 août 1914 (4), relative au cumul de la solde militaire avec les traitements civils dans le cas de mobilisation ; — Vu le décret du 17 août 1914, portant règlement de la situation, au point de vue de la solde, du personnel relevant de l'Administration des colonies pendant la durée des opérations militaires, approuvé par la loi du 2 juin 1915 (5) ; — Vu le décret du 17 sept. 1914 (6), portant application aux colonies, de la loi du 5 août 1914 et du décret du 17 du même mois, approuvé par la loi du 2 juin 1915 (7) ; — Sur le rapport du ministre des colonies ; — Décrète :

ART. **1er**. Les fonctionnaires, employés et agents des services coloniaux et locaux, visés par la loi du 5 août 1914, par l'art. 1er du décret du 17 du même mois et par le décret du 17 septembre suivant, qui, au moment de leur mobilisation, étaient titulaires d'un congé administratif, seront à titre exceptionnel, autorisés, à leur libération et sur leur demande, à reprendre la jouissance de la portion dudit congé dont l'incorporation sous les drapeaux les a empêchés de bénéficier. Le point de départ de cette nouvelle concession sera fixé, pour chaque ayant droit, au lendemain du jour de sa libération du service militaire.

2. Les fonctionnaires, employés et agents des services coloniaux et locaux visés par la loi du 5 août 1914 et par l'art. 1er du décret du 17 du même mois seront, à leur libération du service militaire, soumis à l'examen des autorités médicales mentionnées à l'art. 59, § 2, du décret du 2 mars 1910, et dans les formes prévues par cet article et par l'art. 60 du même acte, à l'effet, soit d'être autorisés à rejoindre leur poste outre-mer soit d'obtenir des congés de convalescence qui prendront leur point de départ le lendemain du jour de la libération des intéressés du service militaire. Lesdits congés seront susceptibles de prolongations, dans les conditions prescrites par les art. 44 et s. du décret susvisé du 2 mars 1910, la date fixée plus haut tenant lieu, dans l'application, de date de débarquement.

3. Le ministre des colonies est chargé, etc.

MARCHÉS ADMINISTRATIFS ET DE FOURNITURES, GUERRE FRANCO-ALLEMANDE, MARINE, APPROBATION DES MARCHÉS.

CIRCULAIRE *par laquelle les règles du temps de paix, relatives à l'approbation des marchés passés*

---

(1) *Supra*, p. 157.

(2) *Bull. off.*, nouv. série, 29, n. 1286.

(3) *Bull. off.*, nouv. série, 59, n. 2828.

(4) 1er vol., p. 32.

(5) *Supra*, p. 175.

(6) 1er vol., p. 115.

(7) *Supra*, p. 175.

par adjudication publique ou de gré à gré ou par correspondance, sont remises en vigueur.

(4 juin 1915). — (Publ. au *J. off.* du 6 juin).

Le Ministre de la marine à MM. les vice-amiraux commandant en chef, préfets maritimes, capitaine de vaisseau commandant la marine en Indo-Chine, directeurs des établissements de la marine hors des ports, commandants de la marine à Marseille, Le Havre et Dunkerque.

Depuis la mobilisation, et conformément aux dispositions du § 2 de l'art. 12 de l'instruction n° 1 du 22 mars 1912, les directeurs des différents services des ports ont pu approuver eux-mêmes et sans limite « les cahiers des charges, projets de marchés de gré à gré, marchés passés par adjudication et marchés passés de gré à gré ».

Aujourd'hui que les contrats à passer revêtent pour la plupart un moindre degré d'urgence, que les ressources du pays se précisent et se développent, il m'a paru utile de revenir, au moins partiellement, sur une faculté que la situation militaire et industrielle ne justifie plus complètement.

J'ai décidé en conséquence que les règles du temps de paix, relatives à l'approbation des marchés passés, soit par adjudication, soit de gré à gré, ainsi qu'à l'autorisation de traiter par correspondance, seront désormais remises en vigueur, en un mot, qu'il y aura lieu de revenir à l'application régulière des art. 10 et 11 de l'instruction précitée.

Il ne vous échappera pas, du reste, que, conformément au § 1er de l'art. 12 de la même instruction, les marchés de gré à gré — et on ne doit pas aujourd'hui recourir, sauf circonstances exceptionnelles, à l'adjudication publique — peuvent toujours, lorsqu'il y a extrême urgence et sans limitation de conditions ou d'importance, être approuvés localement, sauf à m'en rendre compte immédiatement.

Dans les mêmes cas d'urgence, et par extension des dispositions de l'art. 14 de l'instruction, les commandants de la marine à Marseille, au Havre et à Dunkerque pourront également approuver les marchés de gré à gré passés dans leur circonscription par le service de la surveillance ou par celui de l'intendance, à condition d'en rendre compte, sans délai, au préfet de l'arrondissement maritime, et, par lui, au ministre.

ASSURANCES (CAISSES D'), LIVRET D'ASSURANCES SOCIALES, CRÉATION, CAISSE DES DÉPÔTS ET CONSIGNATIONS, CAISSE NATIONALE DES RETRAITES POUR LA VIEILLESSE, CAISSE NATIONALE D'ASSURANCE EN CAS DE DÉCÈS, VERSEMENTS, MINIMUM, PRIMES D'ASSURANCES, FRACTIONNEMENT, LOI DU 11 JUILL. 1868, ART. 3, 4 ET 5, MODIFICATION, DÉCÈS DE L'ASSURÉ, DÉLAI DE DEUX ANS, CAUSES DE DÉCÈS EXCLUES PAR LES POLICES D'ASSURANCES, DÉCHÉANCES, RESTITUTION DES VERSEMENTS, EMPLOI DES SOMMES ASSURÉES, SOCIÉTÉS D'HABITATIONS A BON MARCHÉ OU DE CRÉDIT IMMOBILIER, CAISSES D'ÉPARGNE, CAISSES DE CRÉDIT AGRICOLE, CAISSES D'ASSURANCES PRÉVUES PAR LA LOI DU 5 AVRIL 1910, CAISSES DE CRÉDIT POPULAIRE, MINIMUM ET MAXIMUM DE L'AGE DES ASSURÉS, ASSURANCES A CAPITAL DIFFÉRÉ, ADMINISTRATIONS DE L'ETAT, DES DÉPARTEMENTS ET DES COMMUNES, ETABLISSEMENTS PUBLICS, ETABLISSEMENTS D'UTILITÉ PUBLIQUE, EMPLOYÉS, CONJOINTS.

LOI *portant création d'un livret d'assurances sociales et modification de la législation de la Caisse nationale d'assurances en cas de décès.*

(5 juin 1915). — (Publ. au *J. off.* du 11 juin).

ART. 1er. Il est créé un livret spécial, dit « livret d'assurances sociales », en faveur de toute personne qui en fait la demande à la Caisse des dépôts et consignations, en vue de contracter à la fois une assurance de rente à la Caisse nationale des retraites pour la vieillesse et une assurance de capitaux à la Caisse nationale d'assurance en cas de décès, suivant une ou plusieurs des modalités admises par cette caisse.

La Caisse des dépôts et consignations remplit les formalités de souscription auprès des deux institutions visées au paragraphe précédent, et reçoit les versements effectués sur le livret d'assurances sociales.

Ce livret est remis à chaque déposant par la Caisse des dépôts et consignations, qui y inscrit les versements. Il contient, en outre, les conditions de chacun des contrats souscrits aux caisses nationales des retraites pour la vieillesse et d'assurance en cas de décès.

Par dérogation aux dispositions en vigueur, les rentes constituées au profit des titulaires d'un livret d'assurances sociales et les assurances de capitaux souscrites à leur nom ne donnent pas lieu, pour la Caisse nationale des retraites pour la vieillesse et pour la Caisse nationale d'assurance en cas de décès, à l'émission de livrets.

Les versements effectués sur les livrets d'assurances sociales sont d'une quotité annuelle constante égale à douze francs ou à un multiple de cette somme pour chacune des assurances entrant dans la combinaison employée. Un décret désignera les agents de l'Etat par l'intermédiaire desquels seront reçus les versements.

Les dispositions du § 5 de l'art. 11 de la loi du 24 déc. 1896 (1) sont applicables à tous les versements effectués à la Caisse nationale des

(1) S. et P. *Lois annotées* de 1897, p. 314.

retraites pour la vieillesse, pour le compte des titulaires d'un livret d'assurances sociales.

2. Les primes annuelles prévues par l'art. 2 de la loi du 11 juill. 1868 (1) pour les assurances en cas de décès peuvent être payées par fractions semestrielles, trimestrielles ou mensuelles.

Lorsque la prime annuelle d'une assurance sur la vie entière ou d'une assurance mixte est payable par fractions, le délai d'une année prévu à l'art. 6 de la loi du 11 juill. 1868 est compté à partir de l'échéance de la dernière fraction impayée. Ce délai est réduit de moitié, s'il n'a pas été payé au moins une prime semestrielle, ou deux primes trimestrielles, ou six primes mensuelles.

3. L'art. 3 de la loi du 11 juill. 1868 est modifié ainsi qu'il suit :

« Toute assurance faite moins de deux ans avant le décès de l'assuré demeure sans effet, sauf dans le cas de mort violente résultant d'un accident corporel.

« L'assurance demeure également sans effet, quand le décès de l'assuré, quelle qu'en soit l'époque, résulte de causes exceptionnelles qui seront définies dans les polices d'assurances.

« Lorsque l'assurance demeure sans effet, les versements effectués sont restitués sans intérêts aux ayants droit.

« En aucun cas, le montant du remboursement ne pourra excéder la somme garantie au décès.

« Le délai de deux ans prévu au § 1er du présent article est réduit de moitié, lorsque le total des sommes assurées en cas de décès est inférieur à 500 fr. ».

4. L'art. 4 de la loi du 11 juill. 1868 est complété comme suit :

« Toutefois, les sommes assurées peuvent être affectées en totalité au remboursement des sommes dues à une société d'habitations à bon marché ou de crédit immobilier, à une caisse d'épargne, à une caisse de crédit agricole, à une des caisses d'assurances prévues par la loi du 5 avril 1910 (2) ou à tout établissement autorisé à fonctionner comme organisme de crédit populaire ».

5. L'art. 5 de la loi du 11 juill. 1868 est modifié ainsi qu'il suit :

« Nul ne peut s'assurer, s'il n'est âgé de douze ans au moins et de soixante ans au plus ».

6. Les souscripteurs d'assurances mixtes ont la faculté de demander l'application de l'art. 3 de la loi du 11 juill. 1868, modifié par la présente loi.

7. Les dispositions de l'art. 3 de la loi du 9 mars 1910 (3), relative aux assurances de capital différé, sont applicables aux assurances souscrites par les administrations publiques de l'Etat, des départements et des communes, au profit de leurs agents non admis au bénéfice de la loi du 9 juin 1853, sur les pensions civiles, ainsi que de leurs conjoints, même si, contrairement aux prescriptions dudit article, ces assurances ne sont pas souscrites en vue de l'exécution d'une loi ou d'un décret comportant la fixation de conditions de retraites ou d'allocations au décès.

Il en est de même en ce qui concerne les établissements publics, et en ce qui concerne les établissements d'utilité publique, qui, par analogie, seront admis audit bénéfice par la commission supérieure des caisses nationales d'assurances en cas de décès ou en cas d'accidents.

8. Un règlement d'administration publique déterminera les conditions d'application de la présente loi.

CONSEILS MUNICIPAUX, GUERRE FRANCO-ALLEMANDE, FONCTIONNEMENT, CONSEILLERS MOBILISÉS, QUORUM.

LOI *assurant, pendant la durée de la guerre, le fonctionnement des conseils municipaux.*

(5 juin 1915). — (Publ. au *J. off.* du 6 juin).

ART. **1er.** L'art. 36 de la loi du 5 avril 1884 (4) est complété par la disposition suivante :

« § 2. Toutefois, en cas de mobilisation générale, ces dispositions ne sont pas applicables au dernier alinéa de l'art. 31 ».

2. L'art. 50 de la loi du 5 avril 1884 est complété par les dispositions suivantes :

« § 3. En cas de mobilisation générale, le conseil municipal délibère valablement après une seule convocation, lorsque la majorité de ses membres non mobilisés assiste à la séance.

« § 4. Toutefois, lorsque, du fait de la mobilisation, le conseil municipal est réduit au tiers de ses membres en exercice, les délibérations par lesquelles il statue définitivement ne sont exécutoires que si, dans le délai d'un mois, à partir du dépôt qui en est fait à la préfecture ou à la sous-préfecture, le préfet n'en a pas suspendu l'exécution par un arrêté motivé. En cas d'urgence, le préfet peut en autoriser l'exécution immédiate ».

GUERRE, GUERRE FRANCO-ALLEMANDE, ZONE DES ARMÉES, GARES RÉGULATRICES, COMMANDEMENTS D'ÉTAPES.

ARRÊTÉ *relatif à la zone des armées.*

(5 juin 1915). — (Publ. au *J. off.* du 6 juin).

LE MINISTRE DE LA GUERRE ; — Vu l'art. 2 du

---

(1) S. *Lois annotées* de 1868, p. 336. — P. *Lois, décr.*, etc. de 1868, p. 572.

(2) S. et P. *Lois annotées* de 1911, p. 1 ; *Pand. pér.*, *Lois annotées* de 1911, p. 1.

(3) S. et P. *Lois annotées* de 1910, p. 1043 ; *Pand. pér.*, *Lois annotées* de 1910, p. 1043.

(4) S. *Lois annotées* de 1884, p. 553. — P. *Lois, décr.*, etc. de 1884, p. 894.

décret du 2 déc. 1913, sur le service en campagne; — Vu le décret du 1er août 1914 (1), prescrivant la mobilisation des armées de terre et de mer; — Vu l'arrêté du 1er sept. 1914 (2), relatif à la fixation de la zone des armées du Nord-Est, modifié et complété par les arrêtés des 17 (3), 19 (4) et 24 nov. 1914 (5), 4 janv. (6) et 13 févr. 1915 (7); — Arrête :

Les territoires des commandements d'étapes des gares régulatrices du Bourget, de Noisy-le-Sec et d'Is-sur-Tille forment enclave de la zone des armées dans la zone de l'intérieur.

Ces dispositions portent effet à compter du 1er mai.

MARIAGE, MARINS SOUS LES DRAPEAUX, MARIAGE PAR PROCURATION.

CIRCULAIRE *relative à l'établissement des demandes de mariage par procuration.*

(5 juin 1915). — (Publ. au *J. off.* du 6 juin).

Le Ministre de la marine à MM. les vice-amiraux commandant en chef, préfets maritimes, officiers généraux, supérieurs et autres commandant à la mer et à terre.

Les dossiers des demandes de mariage par procuration adressés au département, en exécution des dispositions de la loi du 8 avril 1915 (8), ne permettent pas toujours de se rendre compte du lien au service des intéressés; or, les dispositions spéciales aux mariages de l'espèce n'ont pas infirmé les prescriptions réglementaires relatives aux autorisations que les conseils d'administration ou les commandants chargés de l'administration doivent délivrer aux marins réadmis ou rengagés et aux officiers mariniers faisant partie du cadre de maistrance.

Il est donc indispensable que les demandes de mariage par procuration, transmises au département, indiquent, ou bien que les intéressés se trouvent dans leur premier lien, ou ont été rappelés comme réservistes et peuvent, par suite, se marier sans autorisation (décret du 30 déc. 1914) (9), ou bien, dans tous les autres cas, qu'ils ont obtenu l'autorisation prévue à l'art. 650 de l'arrêté du 30 juill. 1910.

GUERRE, GUERRE FRANCO-ALLEMANDE, GOUVERNEMENT BRITANNIQUE, GOUVERNEMENT FRANÇAIS, BLOCUS DE LA CÔTE D'ASIE MINEURE, DARDANELLES.

NOTIFICATION *par le gouvernement de Sa Majesté Britannique et par le gouvernement de la République française du blocus de la côte d'Asie Mineure.*

(Publ. sans date au *J. off.* du 6 juin).

Le gouvernement de Sa Majesté Britannique a fait connaître, le 1er juin 1915, sa décision de déclarer le blocus, à partir du 2 juin 1915, de la côte d'Asie Mineure s'étendant entre le 37° 35' de latitude Nord et le 40° 5' de latitude Nord, y compris l'entrée des Dardanelles. Soixante-douze heures de grâce, à dater du commencement du blocus, ont été accordées aux navires neutres pour sortir de la zone bloquée.

Le gouvernement de la République notifie par la présente que ledit blocus est également maintenu par les forces navales françaises.

PRISES MARITIMES, GUERRE FRANCO-ALLEMANDE, PRISES BRITANNIQUES, ACHAT PAR DES ARMATEURS FRANÇAIS.

CIRCULAIRE *faisant connaître les instructions pour l'achat de prises britanniques.*

(6 juin 1915). — (Publ. au *J. off.* du 8 juin).

Le sous-secrétaire d'Etat de la marine marchande à MM. les directeurs de l'inscription maritime et à MM. les consuls de France dans le Royaume-Uni de Grande-Bretagne et d'Irlande.

Le *Journal officiel* du 4 mai a publié l'arrêté interministériel du 2 mai 1915 (10), pris en exécution de la loi du 19 avril 1915 (11), relative à l'achat de navires provenant de prises britanniques.

Pour vous permettre de renseigner les intéressés sur la procédure à suivre, je crois devoir préciser les diverses phases de l'instruction d'une demande de garantie.

Qu'il ait ou non l'intention de faire appel à la garantie de l'Etat, un armateur qui désire être admis à prendre part aux adjudications de prises britanniques doit adresser au sous-secrétaire d'Etat de la marine marchande les pièces suivantes établies sur papier timbré :

1° Une demande rédigée conformément à la formule A;

2° Une déclaration de non-intérêt dans les entreprises ennemies ou étrangères (formule B, s'il s'agit d'un acheteur individuel, formule C, s'il s'agit d'une société).

Au reçu de ces documents, le sous-secrétariat d'Etat fera diligence pour obtenir du gouvernement anglais une décision qu'il s'empressera de porter à la connaissance du pétitionnaire.

En même temps que la demande d'admission à

(1 à 6) 1er vol., p. 9, 95, 205, 209, 217, 294.

(7) *Supra*, p. 26.

(8) *Supra*, p. 105.

(9) 1er vol., p. 286.

(10) *Supra*, p. 141.

(11) *Supra*, p. 123.

la vente, l'armateur qui a l'intention de bénéficier des dispositions de la loi du 19 avril 1915 m'adressera les pièces suivantes, établies également sur papier timbré :

1° Une demande en vue d'obtenir la garantie de l'Etat pour la somme restant due sur le prix d'achat (formule D);

2° Un engagement d'hypothéquer et d'assurer le navire acheté et de payer une somme égale au montant du prix d'achat, si le navire était revendu dans les conditions interdites par l'art. 3 de la loi (formule E);

3° Un engagement de caution pour le paiement du premier tiers de la somme restant due sur le prix d'achat (formule F);

4° Un autre engagement de caution pour le paiement de la somme égale au montant du prix d'achat en cas de revente irrégulière (formule G).

Il m'a été signalé que les compagnies d'armement seraient disposées à verser, au moment de l'acquisition, non pas le quart, mais la moitié du prix d'achat. Dans ce cas, l'engagement de caution visé au n. 3 ci-dessus serait remplacé par une déclaration rédigée conformément à la formule H.

Après instruction, le dossier ainsi constitué sera communiqué au ministère des finances pour avis; au vu de cet avis, je déciderai s'il y a lieu d'accorder ou de refuser la garantie, et j'en informerai l'intéressé.

Une fois l'acquisition effectuée, et en vue de me permettre de prendre l'arrêté concédant la garantie de l'Etat, qui doit être porté à la connaissance du gouvernement britannique, l'acheteur devra me faire parvenir de suite le récépissé de versement de la somme payée comptant par lui, et, s'il n'a acquitté que 25 p. 100 du prix d'achat, un engagement définitif de caution pour le paiement du premier tiers restant dû (formule I).

J'attire spécialement l'attention des consuls de France dans les ports britanniques sur les obligations qui leur incombent du chef de l'art. 5 de l'arrêté du 2 mai 1915.

Francisation. — Les navires achetés à l'étranger pour être francisés peuvent être autorisés par nos consuls à porter provisoirement le pavillon français, après constatation de la réalité de l'acquisition. A cet effet, les consuls délivrent aux capitaines des congés qui confèrent aux bâtiments le bénéfice du traitement national à l'arrivée en France. Les navires peuvent, d'ailleurs, être expédiés du lieu d'achat, soit pour un port français, avec faculté de faire escale dans les ports étrangers situés sur leur route, soit pour un pays étranger. Dans le premier cas, les droits d'importation doivent être acquittés en France; dans le second cas, les armateurs sont tenus de remettre au consul qui délivre le congé le montant présumé des droits, d'après le tonnage déclaré des navires, avec une soumission portant engagement de payer en France, à l'arrivée des bâtiments, le complément des droits qui serait reconnu exigible.

Les navires achetés par des Français pour être francisés sont passibles d'un droit de mutation fixe de 3 fr., perçu par l'Administration de l'enregistrement. Lorsque les bâtiments sont achetés à l'étranger et ne doivent pas être conduits directement en France, le montant du droit de mutation doit être versé entre les mains du consul français, comme le montant du droit d'importation.

Les droits d'importation et de francisation inscrits aux consignations sont acquis au Trésor, en vertu de la prescription établie par la loi du 22 août 1791 (1), lorsque la consignation n'a pas été régularisée dans le délai de deux ans.

Hypothèques maritimes. — Aux termes des §§ 3 et 4 de l'art. 33 de la loi du 10 juill. 1885 (2), les hypothèques constituées sur un navire acheté à l'étranger sont valables, pourvu qu'elles soient régulièrement inscrites par le consul français sur le congé provisoire de navigation, et reportées, à la requête du créancier, sur le registre du receveur des douanes du lieu où le navire est immatriculé.

Pour opérer l'inscription d'une hypothèque sur un congé provisoire, l'autorité consulaire doit exiger la présentation de l'acte d'hypothèque lui-même ou d'une expédition de cet acte, ainsi que le dépôt d'un bordereau établi dans la forme prescrite par l'art. 8 de la loi du 10 juill. 1885.

Valable à l'égard des tiers, alors seulement qu'elle a été reportée sur le registre d'inscription du bureau principal d'immatricule, l'hypothèque n'est reportée sur ledit registre que sur la réquisition du créancier, qui doit produire à l'appui le bordereau prescrit par l'art. 8 de la loi du 10 juill. 1885, susvisée, ainsi que l'acte constitutif d'hypothèque.

Dans ces conditions, c'est au receveur des douanes qu'il appartient exclusivement de percevoir les droits exigibles, et l'autorité consulaire n'a pas, dès lors, à réclamer aux intéressés une soumission garantissant le paiement des droits.

L'autorité maritime ou consulaire de tout port où touchera le navire acquis dans les conditions indiquées ci-dessus ne devra jamais le laisser partir sans avoir vérifié l'existence de contrats d'assurance le couvrant pour le voyage à entreprendre contre les risques ordinaires de la navigation et contre les risques de guerre.

Les difficultés qui pourraient s'élever pour l'exécution des présentes instructions me seront signalées d'urgence; dans la plupart des cas, il y aura intérêt à employer à cet effet la voie télégraphique.

(*Suivent au* J. off. *les formules annexées*).

(1) S. 1er vol. des *Lois annotées*, p. 136.

(2) S. *Lois annotées* de 1886, p. 9. — P. *Lois, décr.*, etc. de 1886, p. 15.

CHEMINS DE FER, GUERRE FRANCO-ALLEMANDE, DÉLAIS DE TRANSPORT, RESPONSABILITÉ POUR PERTE, AVARIE ET RETARD, INDEMNITÉS, ASSURANCE, CHEMINS DE FER DE L'EST ET DU NORD, SURTAXES.

ARRÊTÉ *fixant les conditions de délai et de responsabilité des administrations des chemins de fer du Nord et de l'Est en matière de transports commerciaux.*

(7 juin 1915). — (Publ. au *J. off.* du 9 juin).

LES MINISTRES DE LA GUERRE ET DES TRAVAUX PUBLICS; — Vu la loi du 13 mars 1875 (1), relative à la constitution des cadres et effectifs de l'armée active et de l'armée territoriale, modifiée par la loi du 28 déc. 1888 (2), et notamment l'art. 22 et l'art. 23, §§ 1 et 2 ; — Vu le règlement sur les transports stratégiques, approuvé par décret du 8 déc. 1913 ; — Vu le décret du 29 oct. 1914 (3), relatif aux conditions de délai et de responsabilité dans lesquelles sont effectués, en temps de guerre, les transports commerciaux par chemins de fer ; — Vu l'arrêté interministériel en date du 31 mars 1915 (4), rendu en exécution du décret précité du 29 oct. 1914 ; — Vu la dépêche du général en chef, en date du 28 mai 1915, faisant connaître les lignes, énumérées à l'art. 1er ci-dessous, des réseaux du Nord et de l'Est, qui font partie du réseau des armées, auxquelles le présent arrêté peut être appliqué ; — Vu les propositions des commissions de réseau de l'Est et du Nord ; — Arrêtent :

ART. **1er**. Les dispositions de l'arrêté susvisé du 31 mars 1915 sont étendues :

a) Aux lignes du réseau de l'Est ouvertes au service commercial, conformément à l'art. 30 du règlement sur les transports stratégiques, telles qu'elles sont énumérées par les affiches spéciales apposées dans les gares et par l'insertion au *Journal officiel*;

b) Aux lignes du réseau du Nord comprises dans la zone limitée par la ligne d'Amiens à Rouen au Nord, par la ligne d'Amiens à Pierrefitte et le chemin de fer de Grande-Ceinture à l'Est, non compris les gares des lignes d'Amiens à Rouen et à Pierrefitte, et y compris les gares de jonction avec la Grande-Ceinture.

2. En raison des frais spéciaux de surveillance et de manutention résultant pour les réseaux du Nord et de l'Est de l'état de guerre, il sera perçu, à titre de frais accessoires s'ajoutant aux frais accessoires actuels et aux taxes résultant des tarifs généraux ou spéciaux, pour tout transport empruntant les lignes de ces réseaux désignées à l'article précédent, et n'empruntant aucune des lignes sur lesquelles les transports sont effectués sans conditions de délai et sans responsabilité, ainsi qu'il est dit à l'art. 3 ci-dessous :

a) Par expédition en grande ou en petite vitesse : jusqu'à 1.000 kilogr. inclusivement, 10 centimes ;

Au-dessus de 1.000 kilogr. jusqu'à 5.000 kilogr. inclusivement, 15 centimes ;

Au-dessus de 5.000 kilogr., 20 centimes.

Exceptionnellement, les expéditions dont la taxe, frais accessoires compris, ne dépasse pas 1 fr. 50, sont exonérées de toute taxe additionnelle ;

b) Par enregistrement de bagages, 10 centimes.

3. Les expéditions empruntant, en vertu d'autorisations spéciales, les lignes du réseau de l'Est qui ne sont pas ouvertes au service commercial, et les expéditions de toute nature empruntant les lignes du réseau du Nord autres que celles qui sont énumérées à l'art. 1er, § *b*, ci-dessus, continuent à être transportées sans paiement des frais accessoires ci-dessus, sans conditions de délai, et sans responsabilité d'aucune sorte pour les réseaux du Nord et de l'Est.

4. Le présent arrêté entrera en vigueur le 16 juin 1915.

RÉQUISITIONS MILITAIRES, MARINE, NAVIRES RÉQUISITIONNÉS, COMMISSIONS D'ÉVALUATION, COMPOSITION.

CIRCULAIRE *relative à l'abstention éventuelle d'un membre militaire des commissions mixtes d'évaluation des réquisitions maritimes.*

(7 juin 1915). — (Publ. au *J. off.* du 9 juin).

Le Ministre de la marine à MM. les vice-amiraux commandant en chef, préfets maritimes, directeurs de l'inscription maritime dans les ports secondaires, présidents des commissions mixtes locales d'évaluation des réquisitions maritimes.

L'art. 72 du décret du 2 août 1877 (5), modifié le 31 juill. 1914 (6), portant règlement d'administration publique pour l'exécution de la loi sur les réquisitions militaires, stipule que, dans le cas où les indemnités à évaluer par les commissions mixtes des réquisitions maritimes se rapportent à des réquisitions de l'autorité militaire relatives à des navires et embarcations et à leurs équipages, la commission est complétée par l'adjonction d'un fonctionnaire de l'intendance militaire. Cette adjonction ayant pour effet d'égaliser au sein de la

(1) S. *Lois annotées* de 1875, p. 693. — P. *Lois, décr.*, etc. de 1875, p. 1192.

(2) S. *Lois annotées* de 1889, p. 481. — P. *Lois, décr.*, etc. de 1889, p. 827.

(3) 1er vol., p. 179.

(4) *Supra*, p. 93.

(5) S. *Lois annotées* de 1877, p. 255. — P. *Lois, décr.*, etc. de 1877, p. 440.

(6) 1er vol., p. 4.

commission le nombre des membres civils et celui des membres militaires, l'art. 72, précité, ajoute qu'en cas de partage, la voix du président est prépondérante.

Certaines des commissions mixtes d'évaluation des réquisitions maritimes étant présidées par un membre militaire, l'application de l'art. 72 aboutirait à donner, contrairement aux intentions de l'art. 24 de la loi du 3 juill. 1877 (1), la prédominance à l'élément militaire. J'ai donc décidé que, lorsque le cas envisagé ci-dessus viendrait à se produire, l'un des membres militaires s'abstiendrait de prendre part aux votes émis par la commission mixte. Le membre abstentionniste sera, en principe, et lorsque la commission en comprend un, l'officier du commissariat de la marine représentant de l'intendance maritime. Dans le cas contraire, l'officier de la marine du grade le moins élevé, ou le moins ancien en grade, s'abstiendra de prendre part aux votes.

MARINE, GUERRE FRANCO-ALLEMANDE, OFFICIERS DE MARINE, INGÉNIEURS HYDROGRAPHES, COMMISSION DE CLASSEMENT, COMPOSITION.

DÉCRET *modifiant l'art. 2 du décret du 14 juin 1913, relatif à l'avancement au choix des officiers des corps navigants.*

(8 juin 1915). — (Publ. au *J. off.* du 10 juin).

LE PRÉSIDENT DE LA RÉPUBLIQUE FRANÇAISE ; — Vu l'art. 2 du décret du 14 juin 1913 (2), relatif à l'avancement au choix des officiers des corps navigants ; — Sur le rapport du ministre de la marine ; — Décrète :

ART. **1**er. L'art. 2 du décret du 14 juin 1913, relatif à l'avancement au choix des officiers des corps navigants est complété comme suit :

« § 2, alinéa 3 (nouveau). Lorsqu'en dehors du chef d'état-major général et des directeurs militaires, il n'y a aucun autre vice-amiral en service à Paris, le directeur militaire des services de travaux peut être appelé à faire partie de la commission de classement du corps des officiers de marine et de celle du corps des ingénieurs hydrographes ».

2. Le ministre de la marine est chargé, etc.

ARMÉE, GUERRE FRANCO-ALLEMANDE, TROUPES COLONIALES, SOUS-OFFICIERS, CAPORAUX, BRIGADIERS, MODE DE NOMINATION, TABLEAUX D'AVANCEMENT, SUPPRESSION TEMPORAIRE.

DÉCRET *relatif à l'avancement et à la nomination aux grades et emplois d'hommes de troupes dans les troupes coloniales pendant la durée de la guerre* (3).

(9 juin 1915). — (Publ. au *J. off.* du 17 juin).

LE PRÉSIDENT DE LA RÉPUBLIQUE FRANÇAISE ; — Sur le rapport du ministre de la guerre ; — Vu la loi du 14 avril 1832 (4), sur l'avancement dans l'armée ; — Vu l'ordonnance du 16 mars 1838 (5), portant règlement sur la progression de l'avancement et la nomination aux emplois dans l'armée ; — Vu le décret du 3 févr. 1906 (6), portant organisation du personnel des stagiaires officiers d'administration d'artillerie coloniale ; — Vu le décret du 5 juill. 1907 (7), sur l'avancement et la nomination aux emplois du grade de sous-officier dans les troupes coloniales ; — Vu le décret du 14 sept. 1911 (8), relatif à l'organisation du service de l'armurerie des troupes coloniales ; — Vu le décret du 20 juill. 1914 (9), relatif à l'avancement au grade de caporal ou brigadier dans les sections

---

(1) S. *Lois annotées* de 1877, p. 241. — P. *Lois, décr.*, etc. de 1877, p. 428.

(2) *Bull. off.*, nouv. série, 107, n. 5690.

(3) Ce décret est précédé au *J. off.* d'un rapport ainsi conçu :

« Aux termes du décret du 5 juill. 1907, modifié par le décret du 20 juill. 1914, les nominations, dans les troupes coloniales, aux emplois du grade de sous-officier, et, d'autre part, au grade de caporal ou brigadier dans certains emplois spécialisés, sont faites par le ministre de la guerre, qui choisit parmi les candidats portés sur les tableaux d'avancement, dressés sur l'ensemble de l'arme, et arrêtés par ses soins.

« Ces dispositions ne peuvent demeurer en vigueur pendant la durée de la guerre. D'une part, en effet, il est légitime, ainsi que l'a prévu l'ordonnance du 16 mars 1838, de donner les vacances qui se produisent dans les troupes en campagne aux militaires des corps qui éprouvent des pertes par le feu, et il est du plus grand intérêt que les vacances soient comblées immédiatement ; d'un autre côté, il est nécessaire, par suite de la suppression de la relève coloniale, de permettre à nos corps stationnés outre-mer d'organiser l'encadrement de leurs effectifs.

« En ce qui concerne les sections annexes, il ne paraît pas utile de modifier les règles en vigueur, en raison de l'organisation particulière de ces formations, sous réserve toutefois de supprimer les tableaux d'avancement, conformément à l'art. 102 de l'ordonnance du 16 mars 1838.

« La dissémination, dans les zones de l'avant, de l'arrière et de l'intérieur, de ces personnels, qui continuent à compter à leurs corps stationnés dans la zone de l'intérieur, ne permettrait pas, en effet, de leur appliquer sans inconvénient les mesures prévues pour les corps de troupe.

« D'ailleurs, ces mesures, qui sont basées sur les besoins du commandement, n'offrent pas le même intérêt à l'égard de ces militaires, en raison des fonctions spéciales qu'ils remplissent.

« Enfin, il semble nécessaire de maintenir au ministre de la guerre le droit de nomination aux emplois étroitement spécialisés de chefs et sous-chefs de fanfare, chefs et sous-chefs armuriers et stagiaires officiers d'administration d'artillerie coloniale ».

(4) S. 2e vol. des *Lois annotées*, p. 102.

(5) S. 2e vol. des *Lois annotées*, p. 407.

(6) *J. off.*, 21 févr. 1906, p. 1184.

(7) *J. off.*, 9 juill. 1907, p. 4746.

(8) S. et P. *Lois annotées* de 1912, p. 190 ; *Pand. pér.*, *Lois annotées* de 1912, p. 190.

(9) *J. off.*, 22 août 1914, p. 7568

annexes des troupes coloniales, dans les compagnies d'ouvriers d'artillerie coloniale et dans les emplois spécialisés des petits états-majors et des unités hors rang des corps d'infanterie et d'artillerie coloniales; — Décrète :

ART. 1er. L'application des décrets des 5 juill. 1907 et 20 juill. 1914, réglant les conditions d'avancement des hommes de troupe des troupes coloniales, est suspendue pendant la durée de la guerre, sauf en ce qui concerne l'avancement aux grades et emplois de : chefs et sous-chefs de fanfare, stagiaires officiers d'administration d'artillerie coloniale, chefs et sous-chefs armuriers, caporal et sous-officier des sections annexes (secrétaires d'état-major, télégraphistes, infirmiers, commis et ouvriers militaires d'administration) des troupes coloniales.

2. Les chefs et sous-chefs de fanfare, les stagiaires officiers d'administration d'artillerie coloniale, les chefs et sous-chefs armuriers, les sous-officiers et caporaux des sections annexes seront nommés par le ministre, sur proposition de leurs chefs de corps et dans les conditions générales fixées par les dispositions spéciales réglementaires qui régissent ces personnels. Il ne sera pas dressé de tableaux d'avancement pendant la durée de la guerre.

L'avancement aux grades et emplois d'hommes de troupes coloniales autres que ceux visés au précédent alinéa sera régi par les règles générales de l'ordonnance du 16 mars 1838.

3. Une instruction du ministre de la guerre fixera les conditions d'application du présent décret.

4. Les dispositions du présent décret porteront effet à dater du 28 août 1914 pour les militaires de la zone des armées, à dater du 5 sept. 1914 pour ceux de la zone de l'intérieur, et du 13 sept. 1914 pour ceux en service outre-mer.

En conséquence, sont confirmées les nominations aux grades et emplois d'hommes de troupe faites par les chefs de corps et de service depuis les dates indiquées à l'alinéa précédent jusqu'à ce jour.

5. Le ministre de la guerre est chargé, etc.

AVOCATS, GUERRE FRANCO-ALLEMANDE, CONSEILS DE DISCIPLINE, BATONNIERS, ÉLECTIONS, ANNÉE 1915-1916, SUSPENSION, POUVOIRS, PROROGATION.

DÉCRET *ajournant les élections des conseils de discipline et des bâtonniers des avocats près les Cours et les tribunaux.*

(9 juin 1915). — (Publ. au *J. off.* du 11 juin).

LE PRÉSIDENT DE LA RÉPUBLIQUE FRANÇAISE; — Sur le rapport du garde des sceaux, ministre de la justice; — Vu l'ordonn. du 20 nov. 1822 (1), sur l'exercice de la profession d'avocat et la discipline du barreau; — Vu l'ordonn. du 27 août 1830 (2), sur l'exercice de la profession d'avocat; — Vu le décret du 22 mars 1852 (3), relatif aux élections du barreau; — Vu le décret du 16 oct. 1914 (4), ajournant les élections des conseils de discipline près les Cours et les tribunaux pour l'année judiciaire 1914-1915; — Décrète :

ART. 1er. Pendant la durée des hostilités, et jusqu'à une date qui sera ultérieurement fixée par décret, il sera sursis aux élections des conseils de discipline des avocats près les Cours et tribunaux pour l'année judiciaire 1915-1916.

Il en sera de même en ce qui concerne l'élection des bâtonniers.

2. Les conseils de discipline et les bâtonniers en exercice conserveront leurs fonctions jusqu'à une date qui sera fixée par le décret prévu à l'art. 1er.

3. Le garde des sceaux, ministre de la justice, est chargé, etc.

COLONIES, GUERRE FRANCO-ALLEMANDE, INDO-CHINE, ARMES ET MUNITIONS, INFRACTIONS.

DÉCRET *modifiant l'art. 8 du décret du 2 avril 1910, sur le commerce des armes et des munitions dans les pays de protectorat de l'Indo-Chine* (5).

(9 juin 1915). — (Publ. au *J. off.* du 20 juin).

LE PRÉSIDENT DE LA RÉPUBLIQUE FRANÇAISE; — Vu l'art. 18 du sénatus-consulte du 3 mai 1854; — Vu le décret du 2 avril 1910 (6), réglementant

---

(1) S. 1er vol. des *Lois annotées*, p. 1082.

(2) S. 1er vol. des *Lois annotées*, p. 1239.

(3) S. *Lois annotées* de 1852, p. 90. — P. *Lois, décr.*, etc. de 1852, p. 156.

(4) 1er vol., p. 160.

(5) Ce décret est précédé au *Journal officiel* d'un rapport du ministre des colonies ainsi conçu :

« Mon département a entrepris, de concert avec le gouvernement général de l'Indo-Chine, la codification des règles en vigueur dans nos possessions d'Extrême-Orient sur la fabrication, la possession, la détention et le port des armes.

« Les dispositions du nouveau règlement devaient notamment se substituer aux prescriptions d'un décret, en date du 2 avril 1910, sur le commerce des armes et munitions dans le pays de protectorat de l'Indo-Chine.

« Ce dernier décret stipule en son art. 8 que ses prescriptions, en tant qu'elles concernent les armes de chasse, n'auront d'effet que pendant cinq ans à compter du jour de sa promulgation.

« Les circonstances n'ayant pas permis, avant l'expiration de ce délai, d'achever la préparation du nouveau règlement dont il vient d'être question, j'ai l'honneur de soumettre à votre haute sanction le projet de décret ci-joint, qui tend à abroger la disposition de l'art. 8, susvisé, du décret du 2 avril 1910, et à maintenir en conséquence en vigueur, à titre provisoire, les prescriptions de cet acte relatives aux armes de chasse ».

(6) *Bull. off.*, nouv. série, 31, n. 1417.

le commerce des armes et munitions dans les pays de protectorat de l'Indo-Chine ; — Sur le rapport du ministre des colonies ; — Décrète :

ART. 1er. L'art. 8 du décret du 2 avril 1910, réglementant le commerce des armes et munitions dans les pays de protectorat de l'Indo-Chine est modifié ainsi qu'il suit :

« Art. 8. Les infractions au présent décret seront punies des peines portées aux art. 314 et 315, C. pén., sans préjudice de la confiscation des armes et munitions ».

2. Le ministre des colonies est chargé, etc.

MARINE, GUERRE FRANCO-ALLEMANDE, SOUTIENS DE FAMILLE, ALLOCATIONS JOURNALIÈRES, MARINS RENVOYÉS DANS LEURS FOYERS.

CIRCULAIRE *relative aux renseignements à fournir aux autorités maritimes et militaires et aux préfets des départements sur les marins renvoyés dans leurs foyers en sursis d'appel ou en congé de réforme n° 2.*

(9 juin 1915). — (Publ. au *J. off.* du 10 juin).

Le Ministre de la marine à MM. les vice-amiraux commandant en chef, préfets maritimes.

La circulaire interministérielle du 10 oct. 1914 (1) prescrit que les allocations et majorations dues aux familles nécessiteuses dont les soutiens sont sous les drapeaux seront suspendues ou supprimées dans certains cas, lorsque les hommes mobilisés seront renvoyés dans leurs foyers.

Pour permettre l'exécution de ces dispositions, les maires sont invités à faire connaître aux préfets et sous-préfets la date du retour des intéressés dans leurs foyers.

L'expérience montre que les maires éprouvent des difficultés pour faire ces communications avec régularité et que les renseignements fournis par eux sont souvent inexacts ou incomplets.

En conséquence, j'ai arrêté les dispositions suivantes, qui devront être appliquées à tous les marins visés aux paragraphes *a*, *b* et *c* de l'art. 3 de la circulaire susvisée du 10 oct. 1914.

I. — Au moment de leur renvoi dans leurs foyers, un avis est adressé à l'administrateur de leur quartier d'inscription maritime, s'il s'agit d'inscrits maritimes, à leur dépôt d'immatriculation et au commandant de leur bureau de recrutement, s'il s'agit de marins soumis à la loi de recrutement. Cet avis mentionne le motif du congédiement et la résidence de l'intéressé.

II. — En même temps que cet avis, l'autorité maritime qui procède au renvoi de l'homme dans ses foyers établit un bulletin individuel contenant les renseignements suivants :

1° Nom et prénoms du marin ;
2° Grade et corps d'affectation ;
3° Date et lieu de naissance ;
4° Commune où réside sa famille ;
5° Date du renvoi dans ses foyers ;
6° Motif du renvoi dans ses foyers (en congé de réforme n° 1 ; susceptible de recevoir un nouvel appel ; en sursis d'appel à la disposition de services intéressant la défense nationale ou indispensables à la vie économique du pays).

Les marins en activité de service, qui ont été placés en congé sans solde et mis à la disposition de l'industrie privée, doivent être mentionnés comme « en sursis d'appel », afin d'éviter toute confusion dans l'esprit des autorités chargées du contrôle des allocations.

Le bulletin ainsi rédigé est adressé au préfet du département où réside la famille de l'homme.

Les prescriptions contenues dans la présente circulaire devront être applicables à tous les marins antérieurement renvoyés dans leurs foyers dans les conditions susindiquées et qui s'y trouvent encore actuellement.

(1) 1er vol., p. 151.

ARMÉE, GUERRE FRANCO-ALLEMANDE, ENGAGÉS VOLONTAIRES, CLASSE 1917, EXAMENS DU BACCALAURÉAT ET DE L'ENSEIGNEMENT SUPÉRIEUR.

CIRCULAIRE *autorisant les jeunes gens de la classe 1917 à se présenter à la session de juillet 1915 du baccalauréat et des autres examens d'enseignement supérieur.*

(11 juin 1915). — (Publ. au *J. off.* du 15 juin).

Le Ministre de la guerre à MM. les gouverneurs militaires de Paris et de Lyon, MM. les généraux commandant les régions.

Par analogie avec les dispositions adoptées le 22 févr. 1915 (circulaire n. 1912 K) à l'égard des engagés volontaires de la classe 1916 désireux de se présenter à la session exceptionnelle de baccalauréat de mars 1915, j'ai l'honneur de vous prier de vouloir bien donner des ordres pour que les engagés volontaires de la classe 1917, incorporés avant le 1er juill. 1915, soient autorisés à s'absenter de leur corps, pour subir les épreuves du baccalauréat (1re et 2e partie) et des autres examens d'enseignement supérieur, à la session de juill. 1915.

NOTAIRES, ACTES TRANSLATIFS OU ATTRIBUTIFS DE PROPRIÉTÉ IMMOBILIÈRE, MUTATIONS CADASTRALES, EXTRAITS, DÉLIVRANCE, HONORAIRES.

DÉCRET *fixant les honoraires des notaires pour l'application de la loi du 20 mai 1915.*

(11 juin 1915). — (Publ. au *J. off.* du 15 juin).

LE PRÉSIDENT DE LA RÉPUBLIQUE FRANÇAISE ;

— Sur le rapport du garde des sceaux, ministre de la justice; — Vu la loi du 20 mai 1915 (1), relative au relevé des actes translatifs ou attributifs de propriété immobilière pour le service des mutations cadastrales; — Vu le § 4 de l'article unique de ladite loi, aux termes duquel un décret fixera les honoraires auxquels pourra donner lieu, pour les notaires, la rédaction des extraits des actes translatifs ou attributifs de propriété; — Décrète :

Art. 1er. Il est alloué aux notaires, pour la rédaction des extraits prévus par la loi du 20 mai 1915 : par extrait, 7 centimes.

2. Le garde des sceaux, ministre de la justice, est chargé de l'exécution du présent décret.

Pensions et traitements, Pensions militaires, Marine, Blessures ou infirmités non incurables, Gratifications renouvelables.

Décret *modifiant le décret du* 29 *sept.* 1913, *sur les gratifications renouvelables, et portant modification aux art.* 24, 35 *et* 36 *de l'instruction de même date* (2).

(12 juin 1915) — (Publ. au *J. off.* du 20 juin).

Le Président de la République française; — Vu le décret du 29 sept. 1913 (3), réglementant les gratifications accordées au personnel non officier de l'armée de mer, à titre d'infirmités ayant entraîné ou non la mise en réforme; — Vu le décret du 24 mars 1915 (4), modifiant le régime des gratifications pour le département de la guerre; — Sur le rapport du ministre de la marine et du ministre des finances; — Décrète :

Art. 1er. Les dispositions de l'art. 3 du décret du 29 sept. 1913 sont remplacées par les suivantes :

« 1. La gratification renouvelable est, en principe, concédée pour une période de deux années. Toutefois, en ce qui concerne les réformés à titre temporaire, elle n'est accordée que pour un an, et cesse d'être payée lors du rappel de l'homme à l'activité.

« 2. A l'expiration de chaque période de jouissance, la gratification renouvelable peut être, sous les conditions qui seront fixées par une instruction ministérielle ;

« Soit supprimée pour cause de guérison ou d'amélioration ramenant à moins de 10 p. 100 le degré de l'incapacité de travail;

« Soit prorogée (à un taux inférieur, égal ou supérieur au taux primitif) pour une nouvelle période de deux années ;

« Soit (s'il s'agit des gratifications de l'une des 4e, 5e, 6e, 7e et 8e catégories prévues à l'art. 2 ci-après), convertie en gratification permanente.

« 3. Les gratifications des trois premières catégories prévues par l'art. 2 ci-après ne peuvent être converties en gratifications permanentes ».

2. Les dispositions de l'art. 4 du décret du 29 sept. 1913 sont remplacées par les suivantes :

« Le taux annuel des gratifications est fixé selon le grade et le degré d'incapacité de travail du titulaire, conformément au tarif ci-après :

CLASSIFICATION DES GRATIFICATIONS				GRADES				
Nature de la gratification.	Nature de l'infirmité.	Degré d'incapacité de travail.	Catégories de gratification.	Premier maître et assimilé.	Maître et assimilé.	Second maître et assimilé.	Quartier-maître et assimilé.	Matelot, et assimilé, apprentis-marins, mousses.
Gratifications renouvelables exclusivement.	Infirmités non incurables.	Abolition totale des facultés de travail.	1re catégorie.	1.690	1.560	1.430	1.170	975
		Diminution de la faculté de travail au moins égale à 80 %.	2e catégorie.	1.300	1.200	1.100	900	750
		Diminution de 60 %.	3e catégorie.	1.000	900	800	700	600
Gratifications renouvelables ou gratifications permanentes.	Infirmités incurables ou non incurables.	Diminution de 50 %.	4e catégorie.	832	750	666	582	500
		Diminution de 40 %.	5e catégorie.	666	600	533	466	400
		Diminution de 30 %.	6e catégorie.	500	450	400	250	300
		Diminution de 20 %.	7e catégorie.	334	300	268	234	200
		Diminution de 10 %.	8e catégorie.	168	150	134	118	100

(1) *Supra*, p. 162.

(2) Ce décret est précédé au *Journal officiel* d'un rapport ainsi conçu :

« Un décret du 24 mars 1915 vient de modifier, en ce qui concerne le département de la guerre, le régime des gratifications accordées, à titre renouvelable et pour cause d'infirmités, au personnel militaire non officier.

« Le département de la marine a toujours appliqué en cette matière les mêmes tarifs que le département de la guerre; aussi nous avons l'honneur de soumettre à votre haute sanction le projet ci-joint de décret, qui a pour objet d'étendre au personnel de la marine les avantages récemment consentis à celui de la guerre, et, à cet effet, apporte les retouches nécessaires aux art. 3 et 4 du décret du 29 sept. 1913 ».

(3) *Bull. off.*, nouv. série, 114, n. 6126.

(4) *Supra*, p. 79.

3. Le ministre de la marine et le ministre des finances sont chargés, etc.

POSTES, COLIS POSTAUX, COLIS AGRICOLES, RÉCÉPISSÉS, TIMBRE, TARIF RÉDUIT, CORSE, EXTENSION TEMPORAIRE, PROROGATION.

DÉCRET *relatif à la prorogation de la durée d'application du tarif réduit accordé aux récépissés, de colis agricoles dont le poids n'excède pas* 40 *kilogrammes, en provenance ou à destination de la Corse.*

(12 juin 1915). — (Publ. au *J. off.* du 19 juin).

LE PRÉSIDENT DE LA RÉPUBLIQUE FRANÇAISE; — Sur le rapport des ministres des finances et des travaux publics; — Vu l'art. 10 de la loi de finances du 26 déc. 1908 (1); — Vu les décrets des 27 oct. (2) et 28 déc. 1911 (3), rendus en exécution de cette disposition; — Vu le décret du 1er avril 1914, qui étend, à titre temporaire et d'essai, à partir du 1er juill. 1914 jusqu'au 30 juin 1915, le bénéfice du tarif réduit édicté pour le timbre des colis postaux aux récépissés de colis agricoles en provenance ou à destination de la Corse; — Vu les décisions du ministre des travaux publics, en date des 28 mars 1914 et 12 mai 1915, approuvant le tarif spécial commun établi, à titre temporaire et d'essai, pour le transport des colis agricoles dont le poids n'excède pas 40 kilogr., en provenance ou à destination de la Corse, expédiés d'une gare quelconque à une gare quelconque des réseaux de l'Est, de l'Etat, du Midi, du Nord, d'Orléans, de Paris-Lyon-Méditerranée, des Ceintures de Paris et du réseau corse des chemins de fer départementaux, ou transportés par la Compagnie marseillaise de navigation à vapeur; — Décrète :

ART. **1er**. Est prorogée jusqu'au 30 juin 1916 la durée d'application des dispositions du décret du 1er avril 1914, qui a étendu, à titre temporaire et d'essai, à partir du 1er juill. 1914 jusqu'au 30 juin 1915, le bénéfice du tarif réduit édicté pour le timbre des colis postaux aux récépissés de colis agricoles, dont le poids n'excède pas 40 kilogrammes, en provenance ou à destination de la Corse.

2. Les ministres des finances et des travaux publics sont chargés, etc.

ARMÉE, GUERRE FRANCO-ALLEMANDE, CONGÉS DE CONVALESCENCE, PERMISSIONS.

CIRCULAIRE *ministérielle portant modification à la circulaire du 15 mars 1915, relative aux congés et permissions, modifiée par les circulaires des 14, 22 et 23 avril 1915.*

(14 juin 1915). — (Publ. au *J. off.* du 18 juin).

Les §§ B 1 et B 2 du chapitre 111 : « Localités où peuvent être passés les congés de convalescence et les permissions », sont remplacés par le texte suivant :

B 1. Les militaires qui ont obtenu des permissions de courte durée pour événements de famille importants peuvent en jouir dans toutes les localités du territoire français situées en deçà de la limite arrière de la zone des étapes. Le tableau I, annexé à la présente circulaire, définit la limite actuelle de la zone des étapes.

B 2. Les militaires qui ont obtenu un congé de convalescence et ceux qui ont obtenu une permission d'une semaine après blessure ou maladie peuvent en jouir dans toutes les localités du territoire français situées en deçà de la limite des arrondissements et cantons énumérés au tableau II, annexé à la présente circulaire. Le bénéfice de ces dispositions est étendu aux G. V. C. relevés de leur service de gardes-voies, et qui ont droit à une permission de huit jours avant de rentrer d'une façon définitive dans leurs dépôts.

Le reste sans changement.

Le paragraphe C du chapitre 3 est remplacé et complété par le texte suivant :

Les permissions accordées dans des cas tout à fait exceptionnels (pour événements de famille importants, obsèques, etc...), les permissions d'une semaine après blessures ou maladies, et les congés de convalescence, peuvent être concédés à destination de la Corse et de l'Algérie-Tunisie.

Les militaires français et indigènes des corps d'Algérie-Tunisie, en permission ou en congé de convalescence dans la colonie ou le protectorat, rejoindront, à l'expiration de leurs congés ou permissions, les portions centrales de leur corps en Algérie ou en Tunisie, et non les dépôts de passage de France.

(*Suivent au J. off. les tableaux annexés*).

ALGÉRIE, GUERRE FRANCO-ALLEMANDE, CUMUL DE SOLDE ET DE PENSIONS ET TRAITEMENTS OU SALAIRES, VEUVES, ORPHELINS, FONCTIONNAIRES OU OUVRIERS DÉCÉDÉS SOUS LES DRAPEAUX, DÉLÉGATION DE SOLDES, TRAITEMENTS OU SALAIRES, DÉLÉGATIONS D'OFFICE.

DÉCRET *rendant applicables à l'Algérie les dispositions de la loi du 5 août 1914, sur le cumul de la*

(1) S. et P. *Lois annotées* de 1909, p. 913; *Pand. pér.*, *Lois annotées* de 1909, p. 913.

(2) *Bull. off.*, nouv. série, 68, n. 3236.
(3) *Bull. off.*, nouv. série, 72, n. 3172.

solde militaire et des traitements civils en cas de mobilisation.

(17 juin 1915). — (Publ. au *J. off.* du 23 juin).

LE PRÉSIDENT DE LA RÉPUBLIQUE FRANÇAISE; — Sur le rapport des ministres de l'intérieur et des finances; — Vu la loi du 24 avril 1833, art. 25 (1); — Vu l'ordonn. du 22 juill. 1834, art. 4 (2); — Vu le décret du 23 août 1898 (3), sur le gouvernement et la haute administration de l'Algérie; — Vu le décret du 13 févr. 1912, sur les attributions du contrôle des dépenses engagées du gouvernement général de l'Algérie et des territoires du Sud; — Vu la loi du 5 août 1914 (4), relative au cumul de la solde militaire avec les traitements civils dans le cas de mobilisation; — Vu le décret du 19 août 1914 (5), relatif au cumul de la solde militaire avec les salaires des agents, sous-agents et ouvriers attachés au service de l'Etat; — Vu le décret du 12 août 1914 (6), portant suspension, pendant la durée de la mobilisation, des prescriptions relatives au cumul d'une solde militaire et d'une pension militaire; — Vu le décret du 29 août 1914 (7), complétant les dispositions du décret du 12 août 1914, relatif au cumul des soldes; — Vu le décret du 24 oct. 1914 (8), accordant aux veuves, et, à défaut, aux orphelins des fonctionnaires, agents, sous-agents et ouvriers de l'Etat décédés sous les drapeaux, la moitié du traitement ou du salaire pendant la durée de la guerre; — Décrète :

ART. 1er. Les dispositions de la loi du 5 août 1914, ainsi que les dispositions des décrets des 12 et 29 août 1914, sont applicables en Algérie à tous les fonctionnaires et agents rétribués sur les fonds du budget spécial de la colonie ou des territoires du Sud, sous les réserves formulées dans l'art. 2 ci-après.

2. Les allocations servant de base à la détermination du droit au cumul de la solde militaire et du traitement civil, tel qu'il est fixé par l'art. 2 de la loi du 5 août 1914, sont calculées sur la masse formée du traitement proprement dit, du quart colonial, ou, pour les magistrats, de l'indemnité qui en tient lieu, et de l'indemnité pour charges de famille, à l'exclusion de toutes autres indemnités, de quelque nature qu'elles soient.

3. Le bénéfice des dispositions du décret du 19 août 1914, relatif au cumul de la solde militaire avec les salaires des agents, sous-agents et ouvriers et attachés au service de l'Etat, est étendu, en Algérie, aux agents, sous-agents et ouvriers attachés au service de la colonie et rétribués directement sur les fonds du budget spécial de l'Algérie ou des territoires du Sud.

4. Les femmes, et, à défaut, les orphelins des fonctionnaires et agents coloniaux, des agents, sous-agents et ouvriers désignés dans les art. 2 et 3 ci-dessus, décédés sous les drapeaux, recevront, sur les fonds du budget de la colonie ou des territoires du Sud, jusqu'à la cessation des hostilités, l'allocation prévue par le décret du 24 oct. 1914, qui est rendu applicable en Algérie sous la même réserve que celle indiquée dans l'art. 2 ci-dessus.

5. Les détails d'application, dans la colonie, des dispositions qui précèdent, seront réglés par arrêtés du gouverneur général de l'Algérie, rendus en conseil de gouvernement, et après visa de l'inspecteur des finances contrôleur des dépenses engagées.

6. Le présent décret aura effet à partir du 16 août 1914.

7. Le ministre de l'intérieur et le ministre des finances sont chargés, etc.

BAIL A LOYER, GUERRE FRANCO-ALLEMANDE, MORATORIUM, PROROGATION DE DÉLAIS, MOBILISÉS, VEUVES OU FEMMES DE MILITAIRES MORTS OU DISPARUS, SOCIÉTÉS EN NOM COLLECTIF OU EN COMMANDITE, ASSOCIÉS OU GÉRANTS SOUS LES DRAPEAUX, LOCATAIRES NON MOBILISÉS, RÉGIONS ENVAHIES, PETITS LOYERS, PROPRIÉTAIRES, PREUVE CONTRAIRE, JUGE DE PAIX, AUTRES LOCATAIRES, DÉCLARATION, CONTESTATION, PREUVE PAR LE LOCATAIRE, CONGÉS, BAUX VENANT A EXPIRATION, HÉRITIERS D'UN MILITAIRE DÉCÉDÉ, RÉSILIATION, LOYERS PAYABLES D'AVANCE, LOGEMENTS GARNIS, COMPÉTENCE DU JUGE DE PAIX, RESSORTISSANTS DES PAYS ALLIÉS OU NEUTRES, ALSACIENS-LORRAINS, POLONAIS, TCHÈQUES, PERMIS DE SÉJOUR, ALGÉRIE.

DÉCRET *relatif à la prorogation des délais en matière de loyers* (9).

(1) S. 2e vol. des *Lois annotées*, p. 164.

(2) S. 2e vol. des *Lois annotées*, p. 242.

(3) S. et P. *Lois annotées* de 1900, p. 1010; *Pand. pér.*, 1899.3.72.

(4-5) 1er vol., p. 32 et 64.

(6-7-8) 1er vol., p. 48, 88 et 171.

(9) Ce décret est précédé au *Journal officiel* d'un rapport ainsi conçu :

« Les effets du décret du 20 mars dernier, qui a prorogé, pour une nouvelle période de trois mois, les dispositions prises antérieurement en faveur de certaines catégories de locataires, prendront fin le 1er juillet prochain.

« Etant donné l'intérêt qui s'attache à ce que les locataires puissent être fixés suffisamment d'avance sur la situation qui leur sera faite à partir de cette date, tant en ce qui concerne la prorogation de paiement des loyers qu'à l'égard des congés ou des baux prenant fin sans congé, il nous a semblé qu'il était nécessaire de déterminer, dès maintenant, les règles qui seront applicables à partir du 1er juillet.

« Les considérations qui ont conduit le gouvernement à proposer, dans le décret du 20 mars 1915, le maintien

(17 juin 1915). — (Publ. au *J. off.* du 18 juin).

LE PRÉSIDENT DE LA RÉPUBLIQUE FRANÇAISE ; — Sur le rapport du président du conseil, des ministres du commerce, de l'industrie, des postes et des télégraphes, des affaires étrangères, de la justice, de l'intérieur, des finances, du travail et de la prévoyance sociale ; — Vu la loi du 5 août 1914 (1) ; — Vu les décrets des 14 août (2), 1er (3) et 27 sept. (4), 27 oct. (5), 17 déc. 1914 (6), 7 janv. (7), 18 févr. (8) et 20 mars 1915 (9), relatifs à la prorogation des délais en matière de loyers ; — Vu le décret du 14 oct. (10), portant application des décrets des 14 août, 1er et 27 sept. 1914 à l'Algérie ; — Vu les décrets des 8 (11) et 16 oct. 1914 (12), étendant aux Alsaciens-Lorrains, aux Polonais et aux Tchèques ayant obtenu un permis de séjour en France le bénéfice des décrets ; — Le conseil des ministres entendu ; — Décrète :

ART. **1er**. Il est accordé de plein droit, dans tous les départements, aux locataires présents sous les drapeaux, un délai de trois mois pour le paiement des termes de leur loyer qui, soit par leur échéance normale, soit par leur échéance prorogée par les décrets des 14 août, 1er et 27 sept., 27 oct., 17 déc. 1914 et 20 mars 1915, deviendront exigibles à dater du 1er juill. jusqu'au 30 sept. 1915 inclusivement.

Ces dispositions sont applicables aux veuves des militaires morts sous les drapeaux depuis le 1er août 1914, aux femmes des militaires disparus depuis la même date, ou aux membres de leur famille qui habitaient antérieurement avec eux les lieux loués.

Sont également admises au bénéfice des dispositions prévues au premier alinéa du présent article les sociétés en nom collectif dont tous les associés et les sociétés en commandite dont tous les gérants sont présents sous les drapeaux.

2. Il est accordé aux locataires non présents sous les drapeaux un délai de même durée que celui prévu à l'art. 1er, et pour le paiement des mêmes termes, à la condition qu'ils rentrent dans les catégories ci-après :

1° Dans les portions de territoires énumérées au tableau annexé au présent décret, tous les locataires, quel que soit le montant de leur loyer ;

2° A Paris, dans les communes du département de la Seine et dans les communes de Saint-Cloud, Sèvres et Meudon (Seine-et-Oise), les locataires dont les loyers annuels rentrent dans les catégories suivantes :

a) Loyers annuels inférieurs ou égaux à 1.000 fr., que les locataires soient patentés ou non patentés ;

b) Loyers annuels supérieurs à 1.000 fr., mais ne dépassant pas 2.500 fr., lorsque les locataires sont des industriels, commerçants ou autres patentés ;

3° Dans les villes de 100.000 habitants et au-dessus, les locataires dont le loyer annuel est inférieur ou égal à 600 fr. ;

4° Dans les villes de moins de 100.000 habitants et de plus de 5.000 habitants, les locataires dont le loyer annuel est inférieur ou égal à 300 fr. ;

5° Dans les autres communes, les locataires dont le loyer annuel est inférieur ou égal à 100 fr.

Toutefois, le propriétaire est admis à justifier, devant le juge de paix, que son locataire est en état de payer tout ou partie des termes ainsi prorogés. Cette faculté ainsi accordée au propriétaire n'est pas admise à l'encontre des locataires visés par le n° 2 du présent article, dont le loyer annuel est inférieur ou égal à 600 fr.

3. En ce qui concerne les locataires non présents sous les drapeaux et ne rentrant dans aucune des catégories visées à l'art. 2 ci-dessus, mais admis par les décrets antérieurs à bénéficier des prorogations de délai, savoir :

1° Les commerçants, industriels et autres pa-

des facilités antérieurement accordées, subsistent intégralement. Dans ces conditions, nous avons pensé qu'il convenait de ne pas modifier la situation créée par les décrets antérieurs.

« Les locataires pourront continuer à bénéficier des prorogations établies en ce qui concerne le paiement des loyers pour le trimestre s'étendant du 1er juillet au 30 septembre, et sous les conditions et réserves établies par le décret du 20 mars dernier.

« Cette prorogation de paiement est de droit, lorsque le locataire est présent sous les drapeaux, ou à raison de la région dans laquelle les locaux sont situés, ou encore à cause du taux modique de loyer. Elle n'est, dans d'autres cas, accordée qu'autant que le locataire est hors d'état de payer. Toutefois, selon les situations, il appartient au propriétaire de faire la preuve du contraire, ou c'est le locataire qui a la charge de la preuve.

« D'ailleurs, comme l'indiquait le rapport que nous avons eu l'honneur de vous adresser le 20 mars dernier, les avantages, consentis à certaines catégories de locataires en faveur desquelles il a paru équitable d'édicter des dispositions particulières, sont subordonnés à la condition essentielle que ces locataires n'aient pas le moyen de s'acquitter.

« Par conséquent, le locataire qui peut se libérer est tenu de le faire sans invoquer le bénéfice des décrets. C'est ainsi qu'on ne saurait admettre que ceux dont les traitements, appointements ou salaires n'ont subi aucune réduction, comme c'est le cas des diverses catégories de fonctionnaires, d'employés, d'agents des services publics et d'ouvriers commissionnés, n'acquittent pas le montant de leur loyer.

« Les mesures plus profondes qui doivent contribuer à régler la situation créée entre locataires et propriétaires ne peuvent être réalisées que par la voie législative.

« C'est ainsi que le gouvernement a récemment déposé un projet de loi déterminant les cas dans lesquels les locataires pourront obtenir la résiliation des baux en cours, en raison des événements résultant des hostilités.

« Un autre projet de loi, qui sera, dans un très court délai, soumis aux délibérations du Parlement, fixera les conditions dans lesquelles se règleront les difficultés relatives aux loyers, créées par la guerre ».

(1 à 7) 1er vol., p. 33, 54, 94, 126, 173, 263, 299.

(8-9) *Supra*, p. 24 et 74.

(10) 1er vol., p. 158.

(11-12) 1er vol., p. 146 et 160.

tentés, ainsi que les non-patentés, locataires dans les territoires énumérés dans la liste annexée au décret du 1er sept. 1914, mais ne figurant plus dans celle annexée au présent décret.

2° Les commerçants, industriels et autres patentés, locataires dans les territoires autres que ceux figurant dans la liste annexée au décret du 1er sept. 1914.

Le paiement des loyers est réglé de la façon suivante :

a) Pour les termes venant à échéance entre le 1er juill. et le 30 sept. 1915 inclusivement, une prorogation ne dépassant pas trois mois est accordée, sous réserve, par le locataire, de faire une déclaration qu'il est hors d'état de payer tout ou partie desdits termes.

Cette déclaration est faite au greffe de la justice de paix, où elle est consignée sur un registre, et il en est délivré récépissé.

Elle doit être effectuée au plus tard la veille du jour où le paiement doit avoir lieu. Le propriétaire en est avisé, par les soins du greffier, au moyen d'une lettre recommandée avec avis de réception.

Au cas où le propriétaire veut contester cette déclaration, il cite le locataire devant le juge de paix. Le locataire doit présenter toutes preuves à l'appui de sa déclaration.

b) Pour les termes échus qui, ayant bénéficié de prorogations, deviendront exigibles entre le 1er juill. et le 30 sept. 1915 inclusivement, il est accordé une nouvelle prorogation de trois mois.

Toutefois, le propriétaire est admis à justifier, devant le juge de paix, que son locataire est en état de payer tout ou partie des termes ainsi prorogés.

4. En ce qui concerne les locataires visés aux art. 1, 2 et 3 ci-dessus, les congés, les baux prenant fin sans congés, ainsi que les nouvelles locations, sont régis par les dispositions suivantes :

1° Est suspendu, pour une période de trois mois, sous les conditions et réserves déterminées par l'art. 3 du décret du 27 sept. 1914, l'effet des congés qui, normalement, ou par suite de prorogations résultant des décrets antérieurs, se produira entre le 1er juill. et le 30 sept. 1915 inclusivement;

2° Sont prorogés, pour une période de trois mois, sous les conditions et réserves déterminées par l'art. 3 du décret du 27 sept. 1914, les baux prenant fin sans congés, qui, normalement, ou par suite de prorogations résultant des décrets antérieurs, viendront à expiration entre le 1er juill. et le 30 sept. 1915 inclusivement;

3° Si les locaux ayant fait l'objet des suspensions de congés ou des prorogations de bail visées aux numéros 1° et 2° ci-dessus sont ou demeurent reloués au profit d'un tiers, le point de départ de cette relocation est ajourné d'une période de trois mois, sauf accord contraire entre les parties;

4° Lorsqu'un locataire a conclu une nouvelle location, et s'il jouit, pour son ancienne location, de la suspension de congé prévue par le numéro 1° ci-dessus, il ne peut être astreint au paiement de la nouvelle location tant que l'entrée en jouissance n'a pas lieu. Toutefois, le propriétaire a la faculté de demander au juge de paix la résiliation de la nouvelle location.

5. En cas de mort sous les drapeaux d'un locataire, ses héritiers ou ayants droit peuvent, si le contrat contient une clause de résiliation en cas de décès, ou ne stipule pas expressément la continuation du bail en cas de décès, être autorisés, par le juge de paix, à défaut d'accord avec le propriétaire, à sortir des lieux loués sans avoir à acquitter préalablement les termes, et, le cas échéant, les indemnités dues en vertu du contrat ou de l'usage des lieux. Ce magistrat fixe, dans sa sentence, les délais accordés pour le paiement des sommes ainsi dues au propriétaire.

6. En cas de loyer payable d'avance, le locataire, à défaut de paiement à l'époque fixée par le bail ou par l'usage des lieux, ne peut être cité par le propriétaire devant le juge de paix, comme il est dit aux articles ci-dessus, qu'après que les termes sont échus.

Si le locataire a versé au propriétaire, au début de la location, les derniers termes à échoir, il ne peut, jusqu'à concurrence des sommes ainsi payées d'avance, être cité à raison des termes échus.

Les dispositions du présent article sont applicables seulement dans les portions de territoires énumérées au tableau annexé au décret du 1er sept. 1914.

7. Les règles établies par les articles précédents s'appliquent, sous les mêmes conditions et réserves, aux locataires en garni.

8. Les contestations auxquelles peut donner lieu l'application du présent décret sont de la compétence du juge de paix du canton où est situé l'immeuble loué, et sont régies par les dispositions de l'art. 6 du décret du 1er sept. 1914. Ce magistrat entend les parties en son cabinet. A défaut de conciliation, il renvoie l'affaire en audience publique pour le prononcé de sa sentence.

En cas de refus des délais demandés par le locataire, si, à raison du prix annuel de la location, dépassant 600 fr., le juge de paix n'est pas compétent, d'après la loi du 12 juill. 1905 (1), pour connaître de l'action en paiement des loyers, il renvoie le propriétaire à se pourvoir, pour ce paiement, par les voies de droit.

9. Sont admis à bénéficier du présent décret :

1° Les ressortissants des pays alliés et neutres;

2° Les Alsaciens-Lorrains, les Polonais et les

---

(1) S. et P. *Lois annotées* de 1905, p. 983; *Pand. pér.*, 1905.3.227.

Tchèques, sujets des empires d'Allemagne et d'Autriche-Hongrie, qui ont obtenu un permis de séjour en France.

10. Les dispositions du présent décret sont applicables à l'Algérie.

11. Sont maintenues les dispositions des décrets antérieurs relatifs à la prorogation des délais en matière de loyers, en ce qu'elles ne sont pas contraires au présent décret.

12. Le président du conseil, les ministres du commerce, de l'industrie, des postes et des télégraphes, des affaires étrangères, de la justice, de l'intérieur, des finances, du travail et de la prévoyance sociale sont chargés, etc.

COLONIES, GUERRE FRANCO-ALLEMANDE, BONS DU TRÉSOR LOCAL, EMISSION.

DÉCRET *autorisant la Nouvelle-Calédonie à émettre des bons du Trésor local jusqu'à concurrence de 750.000 fr.*

(17 juin 1915). — (Publ. au *J. off.* du 20 juin).

LE PRÉSIDENT DE LA RÉPUBLIQUE FRANÇAISE; — Sur le rapport du ministre des colonies; — Vu l'art. 78 de la loi de finances du 13 avril 1898 (1), relatif aux emprunts des colonies; — Vu l'art. 127 de la loi de finances du 18 juill. 1911 (2); — Vu la délibération du conseil général de la Nouvelle-Calédonie, en date du 4 janv. 1915; — Le Conseil d'Etat entendu; — Décrète :

ART. **1er.** La colonie de la Nouvelle-Calédonie est autorisée à émettre des bons du trésor local de 100, 500 et 1.000 fr., jusqu'à concurrence d'une somme maximum de 750.000 fr.

2. Cette émission aura lieu au fur et à mesure des besoins, et le montant en sera exclusivement affecté :

1° A assurer l'équilibre du budget local;

2° Pour le surplus, à l'exécution des travaux de la route de Moindou à Bourail.

3. Ces bons seront productifs d'un intérêt ne dépassant pas 6 p. 100 l'an.

Ils seront remboursés, à raison d'un cinquième chaque année, par voie de tirage au sort, le remboursement des bons sortis au premier tirage devant être effectué douze mois après la cessation des hostilités.

4. Le remboursement et l'intérêt des bons seront inscrits au budget de la colonie parmi les dépenses obligatoires.

5. Le ministre des colonies est chargé, etc.

---

(1) S. et P. *Lois annotées* de 1898, p. 606.

(2) S. et P. *Lois annotées* de 1912, p. 202; *Pand. pér., Lois annotées* de 1912, p. 202.

HYGIÈNE ET SANTÉ PUBLIQUES, LOI DU 15 FÉVR. 1902, MODIFICATION, VILLES, IMMEUBLES INSALUBRES, ACQUISITION PAR VOIE D'EXPROPRIATION, FORMALITÉS, DÉLIBÉRATION DU CONSEIL MUNICIPAL, AVIS DE LA COMMISSION SANITAIRE, DÉLIBÉRATION DU CONSEIL DÉPARTEMENTAL D'HYGIÈNE ET DU COMITÉ DE PATRONAGE DES HABITATIONS A BON MARCHÉ, ENQUÊTE, EXPERTISE, ARRÊTÉ DE CESSIBILITÉ, FIXATION DE L'INDEMNITÉ, PROPRIÉTAIRE, VALEUR VÉNALE, DÉDUCTION POUR CAUSE D'INSALUBRITÉ ET DES TRAVAUX NÉCESSAIRES A LA FAIRE CESSER, LOCATAIRES PATENTÉS, RÉDUCTION POUR CAUSE SPÉCIALE D'INSALUBRITÉ, LOCATAIRES NON PATENTÉS, INDEMNITÉ FORFAITAIRE, DÉCISION DU JURY, POURVOI EN CASSATION, DÉLAISSÉS, REVENTE AUX ENCHÈRES, PRÉEMPTION (DROIT DE), SUPPRESSION, IMMEUBLES INSALUBRES COMPRIS DANS UNE EXPROPRIATION, IMMEUBLES NON INSALUBRES COMPRIS DANS UNE EXPROPRIATION POUR INSALUBRITÉ, COMMUNES, QUALITÉ POUR DEMANDER L'EXPROPRIATION, RÉSILIATION DES BAUX, INDEMNITÉ (ABSENCE D').

LOI *modifiant la loi du 15 févr. 1902, sur la protection de la santé publique, en ce qui concerne l'expropriation pour cause d'insalubrité.*

(17 juin 1915). — (Publ. au *J. off.* du 19 juin).

ART. **1er.** L'art. 18 de la loi du 15 févr. 1902 (3), relative à la santé publique, est remplacé par les dispositions suivantes :

« Art. 18. Les communes peuvent, en vue de l'assainissement, requérir l'expropriation des groupes d'immeubles ou quartiers reconnus insalubres.

« L'insalubrité est dénoncée par délibération du conseil municipal, appuyée d'un avant-projet sommaire des travaux d'assainissement, avec plan parcellaire des terrains à exproprier, et indication des noms des propriétaires tels qu'ils figurent à la matrice des rôles.

« Après avis de la commission sanitaire, du conseil départemental d'hygiène et du comité de patronage des habitations à bon marché, le préfet, s'il prend en considération la délibération du conseil, prescrit, dans les formes indiquées aux art. 1er à 4 de l'ordonnance du 23 août 1835 (4), une enquête portant à la fois sur l'utilité des travaux et sur les parcelles sujettes, en totalité ou en partie, à expropriation.

« Sur l'invitation du préfet, le président du tribunal convoque, par simple lettre, à huit jours francs au moins et quinze jours au plus, le pro-

---

(3) S. et P. *Lois annotées* de 1904, p. 345; *Pand. pér.*, 1903.3.20.

(4) S. 2e vol. des *Lois annotées*, p. 276.

priétaire de ces parcelles et le maire, à l'effet de lui désigner chacun un expert, auxquels le président en adjoindra un troisième de son choix. Faute de cette désignation, le président nomme d'office les trois experts.

« Ceux-ci, dispensés du serment, procèdent, en présence des parties, ou elles dûment appelées, à l'estimation :

« 1° De la valeur vénale de chaque immeuble à acquérir, abstraction faite de ses conditions d'insalubrité;

« 2° De la dépense qu'exigeraient les travaux à faire à l'immeuble, et jugés nécessaires par la commission sanitaire pour le rendre salubre;

« 3° Dans le cas où l'immeuble devrait être frappé d'interdiction totale, de la valeur actuelle des terrains supposés nus et de celle des matériaux à provenir des démolitions.

« Les frais de cette expertise sont à la charge de la commune et sont liquidés comme en matière d'instance, devant le conseil de préfecture.

« Art. 18 *bis*. Au vu de ces enquête et expertise, le préfet prend, s'il y a lieu, un arrêté, par lequel, en même temps qu'il déclare l'utilité publique, il détermine les propriétés particulières auxquelles l'expropriation sera applicable. Il y règle de même le mode d'utilisation des parcelles non incorporées aux ouvrages publics ou les conditions auxquelles la revente de ces parcelles sera subordonnée.

« Cet arrêté peut, dans les dix jours de sa publication, et sans préjudice du recours pour excès de pouvoir, selon le droit commun, être, de la part de tout intéressé, l'objet d'un recours au ministre de l'intérieur, qui statue, après avis du conseil supérieur d'hygiène.

« Art. 18 *ter*. La procédure d'expropriation est alors suivie conformément aux titres 3 à 6 de la loi du 3 mai 1841 (1), sauf les dérogations ci-après :

« 1° Pour déterminer l'indemnité à allouer au propriétaire d'un immeuble, le jury fixe d'abord, par délibération spéciale, la valeur vénale de cet immeuble, abstraction faite de ses conditions d'insalubrité. Il en défalque ensuite, obligatoirement, le montant des travaux qui seraient nécessaires pour le rendre salubre. L'indemnité due est égale à la différence de ces deux éléments, sans pouvoir être inférieure à la valeur du terrain rendu nu, et sans qu'il puisse non plus en être alloué aucune autre, notamment à raison du fait de dépossession.

« 2° A l'égard des locataires qui exploitent dans les locaux expropriés un commerce ou une industrie donnant lieu à patente, l'indemnité d'éviction à allouer suivant la loi du 3 mai 1841 est soumise à réduction, si le commerce ou l'industrie ont comporté, du fait de l'exploitant, une cause spéciale d'insalubrité. Le taux de cette réduction égale celui des bénéfices d'exploitation obtenus au détriment de la santé publique. Le jury prononce, par délibérations distinctes, sur l'existence du commerce ou de l'industrie, le chiffre de l'indemnité qui serait normalement due, l'éventualité d'une réduction et le taux de celle-ci, puis enfin sur le chiffre de l'indemnité à allouer définitivement.

« A l'égard des autres locataires, l'indemnité est fixée forfaitairement à un trimestre de loyer, sans toutefois que la somme à allouer puisse être inférieure à trente francs (30 fr.) ou supérieure à trois cents francs (300 fr.), et sans qu'il soit admis aucune opposition sur cette somme pour paiement de loyers arriérés.

« 3° La décision du jury et l'ordonnance du magistrat directeur peuvent être attaquées par voie de recours en cassation, en cas de violation des règles posées aux §§ 1er et 2 qui précèdent.

« 4° Les portions de propriétés, qui, après assainissement opéré, resteraient en dehors des alignements arrêtés pour les nouvelles constructions, pourront être revendues aux enchères publiques, sans que les anciens propriétaires ou leurs ayants droit puissent réclamer l'application des art. 60 et 61 de la loi du 3 mai 1841.

« Art. 18 *quater*. Lorsqu'un immeuble, ayant fait, conformément aux art. 12 et s., l'objet d'un arrêté prescrivant, soit des travaux, soit l'interdiction d'habitation, se trouve compris dans une expropriation pour cause d'utilité publique, et que les délais impartis au propriétaire sont expirés au moment où intervient le jugement d'expropriation, l'indemnité est déterminée suivant les règles de l'article précédent.

« Inversement, lorsque, dans un groupe d'immeubles ou un quartier exproprié pour cause d'insalubrité, se trouve un immeuble sur la valeur vénale duquel, d'après la déclaration du jury, il n'y a pas de déduction à opérer pour cause d'assainissement, l'indemnité est fixée, à l'égard de tous les locataires, conformément à la loi du 3 mai 1841 ».

2. L'art. 14, § 1er, de la même loi du 15 févr. 1902 est complété comme suit :

« A l'expiration du même délai, si elle le juge préférable, la commune pourra réclamer l'expropriation de l'immeuble dans les conditions fixées à l'art. 18 ci-après, et, dans ce cas, la prise en considération de sa demande sera de droit ».

3. L'art. 17 de la même loi est modifié comme suit :

« Lorsque, par suite de l'application des art. 11 à 16 inclus de la présente loi, il y aura lieu à résiliation des baux, cette résiliation n'emportera, en faveur des locataires, aucuns dommages-intérêts ».

4. Un règlement d'administration publique dé-

(1) S. 2e vol. des *Lois annotées*, p. 634.

terminera les conditions d'application de la présente loi à l'Algérie, ainsi qu'aux colonies de la Martinique, de la Guadeloupe et de la Réunion.

ARMÉE, GUERRE FRANCO-ALLEMANDE, POUDRES ET EXPLOSIFS, AGENTS COMPTABLES, MODE DE RECRUTEMENT.

DÉCRET *relatif au recrutement, pour le temps de guerre, des agents comptables de 3e classe du service des poudres.*

(18 juin 1915). — (Publ. au *J. off.* du 24 juin).

LE PRÉSIDENT DE LA RÉPUBLIQUE FRANÇAISE; — Sur le rapport du ministre de la guerre; — Vu la loi du 25 mars 1914 (1), relative à la création d'un corps d'ingénieurs militaires et de corps d'agents et de sous-agents militaires des poudres, et plus spécialement les art. 8, 18, 23 et 31; — — Vu la loi du 17 déc. 1913 (2), relative à la proportion des adjudants d'administration à nommer officiers d'administration de 3e classe; — Décrète :

ART. 1er. Pendant la durée de la guerre et une période d'un an après la cessation des hostilités, pour assurer la formation progressive du corps des agents comptables des poudres, prévue par la loi du 25 mars 1914, susvisée, ces agents pourront être recrutés parmi les sous-agents techniques du service, comptant au moins dix ans de services effectifs dans un établissement des poudres, et régulièrement proposés à cet effet.

2. Le ministre de la guerre est chargé, etc.

BUDGET, AVANCES REMBOURSABLES AU BUDGET ANNEXE DE L'ÉCOLE CENTRALE DES ARTS ET MANUFACTURES.

LOI *accordant des avances remboursables au budget annexe de l'École centrale des arts et manufactures, et portant ouverture, sur l'exercice 1915, d'un crédit de 250.000 fr., applicable à cet objet.*

(18 juin 1915). — (Publ. au *J. off.* du 20 juin).

ART. 1er. Il est ouvert au ministre du commerce, de l'industrie, des postes et des télégraphes, sur l'exercice 1915, en addition aux crédits provisoires ouverts par la loi du 26 déc. 1914 (3), un crédit de deux cent cinquante mille francs (250.000 fr.), applicable à un chapitre nouveau 19 *bis* : « Avances remboursables au budget annexe de l'École centrale des arts et manufactures ».

2. Le montant de ces avances sera porté en recette au budget annexe de l'École centrale des arts et manufactures. Le taux d'intérêt de ces avances sera fixé par le ministre des finances.

MINISTÈRE DE LA MARINE, ADMINISTRATION CENTRALE, COMMIS EN SURNOMBRE.

LOI *autorisant l'incorporation en surnombre, dans les cadres des commis de l'administration centrale, de trois employés en service au ministère de la marine.*

(18 juin 1915). — (Publ. au *J. off.* du 20 juin).

ARTICLE UNIQUE. Le ministre de la marine est autorisé à incorporer, en surnombre, dans les cadres des commis de l'administration centrale, les trois employés en service au ministère de la marine, qui avaient été inscrits sur la liste d'admissibilité à l'emploi de commis de l'administration centrale, par application de l'art. 84 de la loi du 15 juill. 1889 (4).

Ces trois employés seront désormais soumis aux statuts du personnel de l'administration centrale, et prendront rang à la suite des commis inscrits dans la classe dont le traitement est immédiatement inférieur au montant actuel de leurs émoluments.

SOCIÉTÉS D'ASSURANCES, GUERRE FRANCO-ALLEMANDE, SERVICE DU CONTRÔLE, VÉRIFICATEURS, AIDES-VÉRIFICATEURS, AVANCEMENT DE CLASSE, ANCIENNETÉ.

DÉCRET *portant dérogation au décret organique du 28 avril 1912, en ce qui concerne l'avancement des vérificateurs et aides-vérificateurs du contrôle des assurances privées.*

(18 juin 1915). — (Publ. au *J. off.* du 20 juin).

LE PRÉSIDENT DE LA RÉPUBLIQUE FRANÇAISE; — Vu le décret du 28 avril 1912 (5), relatif à l'organisation du service du contrôle des assurances privées; — Sur le rapport du ministre du travail et de la prévoyance sociale et du ministre des finances; — Décrète :

ART. 1er. Par dérogation à l'art. 7 du décret du 28 avril 1912, et jusqu'à une date qui sera fixée par arrêté après la cessation des hostilités, l'avan-

---

(1) S. et P. *Lois annotées* de 1915, p. 862; *Pand. pér.*, *Lois annotées* de 1915, p. 862.
(2) S. et P. *Lois annotées* de 1915, p. 811; *Pand. pér.*, *Lois annotées* de 1915, p. 811.

(3) 1er vol., p. 275.
(4) S. *Lois annotées* de 1890, p. 652. — P. *Lois, décr.*, etc. de 1890, p. 1122; *Pand. pér.*, 1889.3.25.
(5) *J. off.*, 25 avril 1912, p. 4001.

cement de classe des vérificateurs et aides-vérificateurs du contrôle des assurances privées aura lieu exclusivement à l'ancienneté. A cet effet, le ministre du travail dressera un tableau d'avancement sur lequel seront inscrits, par ordre d'ancienneté, tous les fonctionnaires de ces catégories qui, au cours de l'année 1915, atteindront le temps de service réglementaire prévu par l'art. 7 du décret précité.

2. Le ministre du travail et de la prévoyance sociale est chargé, etc.

CHEMINS DE FER, GUERRE FRANCO-ALLEMANDE, TRANSPORT DE MATIÈRES DANGEREUSES OU INFECTES.

ARRÊTÉ *portant modification des art. 50 et 51 du règlement du 12 nov. 1897, pour le transport des matières dangereuses.*

(19 juin 1915). — (Publ. au *J. off.* du 24 juin).

LE MINISTRE DE LA GUERRE; — Vu la loi du 28 déc. 1888 (1), sur le service militaire des chemins de fer; — Vu le décret du 5 févr. 1889, portant organisation du service militaire des chemins de fer; — Vu le règlement du 12 nov. 1897, pour le transport par chemin de fer des matières dangereuses et des matières infectes; — Arrête :

ART. **1er**. Pendant la durée de la guerre, et par modification aux art. 50 et 51 du règlement du 12 nov. 1897, pour le transport des matières dangereuses ou infectes, les chlorates, à l'exception des agglomérés (ou pastilles) de chlorate de potasse, peuvent être emballés, pour leur transport en chemin de fer, dans des récipients constituant des réservoirs absolument étanches en tôles de 0m003 d'épaisseur assemblées par des rivets.

Ces récipients peuvent être transportés sur des wagons plats, à la condition d'être soigneusement calés, de telle sorte qu'un coup de tampon ne puisse les déplacer.

2. Le présent arrêté sera notifié aux administrations de chemins de fer.

ARMÉE, GUERRE FRANCO-ALLEMANDE, AUTOMOBILISTES, BREVET D'APTITUDE.

DÉCRET *créant pour la durée de la guerre un brevet spécial en faveur des militaires pour la conduite des automobiles.*

(20 juin 1915). — (Publ. au *J. off.* du 23 juin).

LE PRÉSIDENT DE LA RÉPUBLIQUE FRANÇAISE; — Vu le décret du 10 mars 1899 (2), portant règlement de la circulation des automobiles; — Sur le rapport des ministres des travaux publics, des finances et de la guerre; — Décrète :

ART. **1er**. Il est créé pour la durée de la guerre, en faveur des engagés volontaires et des hommes déjà mobilisés, appelés à servir comme automobilistes, et non pourvus du certificat de capacité institué par l'art. 11 du décret du 10 mars 1899, un brevet spécial constatant leur aptitude à conduire les voitures automobiles.

2. Ce brevet, soumis aux mêmes épreuves techniques que le certificat de capacité ordinaire, sera délivré gratuitement, soit par les préfets, après examen passé devant le service des mines, soit par l'autorité militaire, après examen passé devant des commissions spéciales, dont la composition sera arrêtée d'un commun accord entre les deux administrations de la guerre et des travaux publics. Il ne sera valable que pour le temps de présence sous les drapeaux et pour la conduite exclusive des voitures de l'armée.

3. Ledit brevet pourra, toutefois, être converti ultérieurement, sur la demande des intéressés, en un certificat de capacité ordinaire (c'est-à-dire donnant droit à la conduite de toute voiture automobile), moyennant l'acquittement de la taxe prévue par l'art. 13 de la loi de finances du 31 déc. 1907 (3) pour l'obtention de ce dernier certificat.

4. Les ministres des travaux publics, des finances et de la guerre sont chargés, etc.

COLONIES, GUERRE FRANCO-ALLEMANDE, DOUANES, INTERDICTION DE SORTIE, DÉCRET DU 26 MAI 1915, APPLICATION.

DÉCRET *rendant applicables aux colonies et pays de protectorat autres que la Tunisie et le Maroc, les dispositions du décret du 26 mai 1915, prohibant divers produits à la sortie de la métropole.*

(20 juin 1915). — (Publ. au *J. off.* du 24 juin).

LE PRÉSIDENT DE LA RÉPUBLIQUE FRANÇAISE; — Sur le rapport des ministres des colonies, du commerce, de l'industrie, des postes et des télégraphes, de l'agriculture, de la guerre et des finances; — Vu l'art. 34 de la loi du 17 déc. 1814 (4); — Vu le sénatus-consulte du 3 mai 1854 (5); — Décrète :

---

(1) S. *Lois annotées* de 1889, p. 481. — P. *Lois, décr.*, etc. de 1889, p. 827.

(2) S. et P. *Lois annotées* de 1900, p. 946; *Pand. pér.*, 1899.3.112.

(3) S. et P. *Lois annotées* de 1908, p. 706; *Pand. pér.*, *Lois annotées* de 1908, p. 706.

(4) S. 1er vol. des *Lois annotées*, p. 914.

(5) S. *Lois annotées* de 1854, p. 78. — P. *Lois, décr.*, etc de 1854, p. 137.

ART. 1er. Sont rendues applicables aux colonies et pays de protectorat, autres que la Tunisie et le Maroc, les dispositions du décret du 26 mai 1915 (1), prohibant divers produits à la sortie de la métropole.

Toutefois, des exceptions à ces dispositions pourront être accordées, sous les conditions qui seront déterminées par le ministre des colonies.

2. Les ministres des colonies, du commerce, de l'industrie, des postes et des télégraphes, de l'agriculture, de la guerre et des finances sont chargés, etc.

ETABLISSEMENTS DANGEREUX, INSALUBRES OU INCOMMODES, NOMENCLATURE, MODIFICATION, DÉPÔTS DE PIÈCES D'ARTIFICES, DÉPÔTS ET FABRIQUES DE CARTOUCHES DE GUERRE DESTINÉS A L'EXPORTATION.

DÉCRET *modifiant la nomenclature des établissements dangereux, insalubres ou incommodes.*

(20 juin 1915). — (Publ. au *J. off.* du 24 juin).

LE PRÉSIDENT DE LA RÉPUBLIQUE FRANÇAISE; — Sur le rapport du ministre du commerce, de l'industrie, des postes et des télégraphes; — Vu le décret du 15 oct. 1810 (2), l'ordonnance du 14 janv. 1815 (3) et le décret du 25 mars 1852 (4), sur la décentralisation administrative; — Vu le décret du 3 mai 1886 (5), déterminant la nomenclature et la division en trois classes des établissements dangereux, insalubres ou incommodes; — Vu les décrets des 5 mai 1888 (6), 15 mars 1890 (7), 26 janv. 1892 (8), 13 avril 1894 (9), 6 juill. 1896 (10), 24 juin 1897 (11), 17 août 1897 (12), 29 juill. 1898 (13), 19 juill. 1899 (14), 18 sept. 1899 (15), 22 déc. 1900 (16), 26 déc. 1901 (17), 27 nov. 1903 (18), 31 août 1905 (19), 19 juin 1909 (20), 22 juill. 1911 (21) et 3 sept. 1913 (22), qui ont modifié cette nomenclature; — Vu l'avis du comité consultatif des arts et manufactures; — Vu l'avis du conseil supérieur d'hygiène publique de France; — Le Conseil d'Etat entendu; — Décrète :

ART. 1er. La nomenclature des établissements dangereux, insalubres ou incommodes, contenue dans les tableaux annexés aux décrets des 3 mai 1886, 5 mai 1888, 15 mars 1890, 26 janv. 1892, 13 avril 1894, 6 juill. 1896, 24 juin 1897, 17 août 1897, 29 juill. 1898, 18 juill. 1899, 18 sept. 1899, 22 déc. 1900, 25 déc. 1901, 27 nov. 1903, 31 août 1905, 19 juin 1909, 22 juill. 1911 et 3 sept. 1913, est modifiée conformément aux tableaux annexés au présent décret.

2. Le présent décret entrera en application le 1er juill. 1915.

3. Le ministre du commerce, de l'industrie, des postes et des télégraphes est chargé, etc.

(*Suivent au J. off. les tableaux annexés*).

JUSTICES DE PAIX, GUERRE FRANCO-ALLEMANDE, JUGES DE PAIX MOBILISÉS OU DÉCÉDÉS, RÉUNION DE JUSTICES DE PAIX.

1° DÉCRET *portant réunion temporaire de justices de paix.*

(20 juin 1915). — (Publ. au *J. off.* du 23 juin).

LE PRÉSIDENT DE LA RÉPUBLIQUE FRANÇAISE; — Sur le rapport du garde des sceaux, ministre de la justice; — Vu l'art. 1er de la loi du 6 avril 1915 (23), concernant le fonctionnement des justices de paix pendant la guerre; — Vu l'absence pour cause de mobilisation des juges de paix de Dunkerque (Nord), canton Ouest, Levet (Cher) et de Meyrueis (Lozère); — Vu les propositions des premiers présidents des Cours d'appel d'Amiens, Bourges et Nîmes et des procureurs généraux près lesdites Cours; — Décrète :

ART. 1er. Sont provisoirement réunies, tant que durera l'absence pour cause de mobilisation des juges de paix des cantons susvisés :

Les justices de paix des cantons Ouest et Est de Dunkerque (Nord), sous la juridiction du juge de paix du canton Est de cette ville.

---

(1) *Supra*, p. 163.
(2) S. 1er vol. des *Lois annotées*, p. 834.
(3) S. 1er vol. des *Lois annotées*, p. 918.
(4) S. *Lois annotées* de 1852, p. 104. — P. *Lois, décr.*, etc. de 1852, p. 180.
(5) S. *Lois annotées* de 1886, p. 74. — P. *Lois, décr.*, etc. de 1886, p. 127; *Pand. pér.*, 1886.3.87.
(6) S. *Lois annotées* de 1888, p. 305. — P. *Lois, décr.*, etc. de 1888, p. 527; *Pand. pér.*, 1888.3.40.
(7) *Bull. off.*, 12e série, 1325, n. 22169.
(8) S. et P. *Lois annotées* de 1893, p. 582; *Pand. pér.*, 1893.3.88.
(9) S. et P. *Lois annotées* de 1895, p. 962; *Pand. pér.*, 1895.3.56.
(10) S. et P. *Lois annotées* de 1896, p. 165; *Pand. pér.*, 1897.3.40.
(11) S. et P. *Lois annotées* de 1898, p. 460; *Pand. pér.*, 1898.3.92.
(12) S. et P. *Lois annotées* de 1898, p. 568; *Pand. pér.*, 1898.3.106.
(13) S. et P. *Lois annotées* de 1900, p. 1046; *Pand. pér.*, 1899.3.30.
(14) S. et P. *Lois annotées* de 1900, p. 1046.
(15) S. et P. *Lois annotées* de 1900, p. 1047; *Pand. pér.*, 1900.3.63.
(16) S. et P. *Lois annotées* de 1902, p. 326; *Pand. pér.*, 1901.3.68.
(17) S. et P. *Lois annotées* de 1902, p. 326.
(18) *J. off.*, 8 déc. 1903, p. 7358.
(19) *J. off.*, 24 sept. 1905, p. 5710.
(20) *Bull. off.*, nouv. série, 12, n. 536.
(21) *Bull. off.*, nouv. série, 62, n. 2958.
(22) *Bull. off.*, nouv. série, 113, n. 6024.
(23) *Supra*, p. 104.

Les justices de paix de Levet et de Bourges (Cher), sous la juridiction du juge de paix du canton de Bourges.

Les justices de paix de Meyrueis et de Florac (Lozère), sous la juridiction du juge de paix du canton de Florac.

2. Le garde des sceaux, ministre de la justice, est chargé, etc.

2° DÉCRET *portant réunion temporaire de justices de paix.*

(20 juin 1915). — (Publ. au *J. off.* du 23 juin).

LE PRÉSIDENT DE LA RÉPUBLIQUE FRANÇAISE; — Sur le rapport du garde des sceaux, ministre de la justice; — Vu l'art. 1er de la loi du 6 avril 1915 (1), concernant le fonctionnement des justices de paix pendant la guerre; — Vu l'absence pour cause de mobilisation des juges de paix de Quimper (Finistère); — Vu les propositions du premier président de la Cour d'appel de Rennes et du procureur général près ladite Cour; — Décrète :

ART. **1er**. Sont provisoirement réunies, tant que durera l'absence pour cause de mobilisation du juge de paix de Quimper (Finistère) :

Les justices de paix de Quimper et de Briec (Finistère), sous la juridiction du juge de paix de Briec.

2. Le garde des sceaux, ministre de la justice, est chargé, etc.

3° DÉCRET *portant réunion temporaire de justices de paix.*

(20 juin 1915). — (Publ. au *J. off.* du 23 juin).

LE PRÉSIDENT DE LA RÉPUBLIQUE FRANÇAISE; — Sur le rapport du garde des sceaux, ministre de la justice; — Vu l'art. 1er de la loi du 6 avril 1915 (2), concernant le fonctionnement des justices de paix pendant la guerre; — Vu les décès des juges de paix de Nangis (Seine-et-Marne) et de Saint-Pol-de-Léon (Finistère); — Vu les propositions des premiers présidents des Cours d'appel de Paris et de Rennes et des procureurs généraux près lesdites Cours; — Décrète :

ART. **1er**. Sont provisoirement réunies :

Les justices de paix de Nangis et de Provins (Seine-et-Marne), sous la juridiction du juge de paix du canton de Provins.

Les justices de paix de Saint-Pol-de-Léon et de Morlaix (Finistère), sous la juridiction du juge de paix du canton de Morlaix.

2. Le garde des sceaux, ministre de la justice, est chargé, etc.

(1) *Supra*, p. 104.

(2) *Supra*, p. 104.

4° DÉCRET *portant réunion temporaire de justices de paix.*

(20 juin 1915). — (Publ. au *J. off.* du 23 juin).

LE PRÉSIDENT DE LA RÉPUBLIQUE FRANÇAISE; — Sur le rapport du garde des sceaux, ministre de la justice; — Vu l'art. 1er de la loi du 6 avril 1915 (3), concernant le fonctionnement des justices de paix pendant la guerre; — Vu les décès des juges de paix de Gennes (Maine-et-Loire) et du canton Sud d'Avignon (Vaucluse); — Vu les propositions des premiers présidents des Cours d'appel d'Angers et de Nîmes et des procureurs généraux près lesdites Cours; — Décrète :

ART. **1er**. Sont provisoirement réunies :

Les justices de paix de Gennes et de Doué-la-Fontaine (Maine-et-Loire), sous la juridiction du juge de paix du canton de Doué-la-Fontaine.

Les justices de paix d'Avignon (Vaucluse), canton Sud, et d'Avignon, canton Nord, sous la juridiction du juge de paix du canton Nord de cette ville.

2. Le garde des sceaux, ministre de la justice, est chargé, etc.

MARINE, GUERRE FRANCO-ALLEMANDE, MARINS DISPARUS OU PRISONNIERS, INDEMNITÉ DE LOGEMENT, HAUTE PAYE D'ANCIENNETÉ.

CIRCULAIRE *relative aux conditions de paiement de la haute paye d'ancienneté et de l'indemnité de logement aux familles de marins disparus ou prisonniers.*

(20 juin 1915). — (Publié au *J. off.* du 23 juin).

Le Ministre de la marine à MM. les vice-amiraux commandant en chef, préfets maritimes.

Il m'a été demandé s'il y avait lieu de payer aux familles des marins disparus ou prisonniers de guerre l'indemnité de logement et la haute paye d'ancienneté, concurremment avec tout ou partie de la solde du marin, et dans les mêmes proportions où la solde est payée aux familles.

Vous trouverez ci-après, sous forme de demandes et de réponses, les solutions que comporte dans les divers cas la question générale qui m'a été posée.

A. — *Prisonniers de guerre, ou disparus présumés tels provisoirement.*

Demande. — Y a-t-il lieu de payer aux femmes, descendants ou ascendants des marins la moitié de la haute paye d'ancienneté et la moitié de l'indemnité de logement, lorsque le marin pri-

(3) *Supra*, p. 104.

sonnier ou disparu présumé tel a droit à des accessoires de la solde?

Réponse. — Oui, la haute paye d'ancienneté et l'indemnité de logement étant dues dans toutes les positions où une solde est due au marin, et constituant dès lors, en quelque sorte, des compléments de solde.

B. — *Disparus dont les familles ont été admises au bénéfice des dispositions des art.* 95 *du décret du* 7 *janv.* 1908 *et* 101 *du décret du* 11 *juill.* 1908 (1).

Demande. — Y a-t-il lieu de payer aux femmes, descendants ou ascendants des marins disparus la totalité de la haute paye d'ancienneté et de l'indemnité de logement lorsque le marin avait droit à ces allocations avant sa disparition?

Réponse. — Oui, le marin étant administrativement considéré comme présent, et continuant dès lors à avoir droit à ces allocations, lorsqu'il les percevait avant sa disparition.

A remarquer qu'il devra être fait application, le cas échéant, de la circulaire du 11 oct. 1913 (*B. O.*, p. 1392), aux termes de laquelle les officiers, marins et autres disparus peuvent bénéficier d'avancements en grade, en classe ou en solde pendant la durée de leur maintien sur un rôle d'équipage.

Il est bien entendu que les familles des marins décédés sous les drapeaux, ou disparus depuis plus de six mois, ne doivent recevoir que les allocations qui sont limitativement déterminées par le décret du 17 déc. 1914 (2), modifié le 20 avril 1915 (3).

POUDRES ET EXPLOSIFS, DYNAMITE, EXPLOSIFS A BASE DE NITROGLYCÉRINE, CONSERVATION, DÉPÔTS, VENTE, IMPORTATION, RÉGLEMENTATION.

DÉCRET *portant règlement d'administration publique sur la conservation, la vente et l'importation des dynamites et autres explosifs à base de nitroglycérine,*

(20 juin 1915). — (Publ. au *J. off.* du 24 juin).

LE PRÉSIDENT DE LA RÉPUBLIQUE FRANÇAISE; — Sur les rapports des ministres du commerce, de l'industrie, des postes et des télégraphes, de l'intérieur, des travaux publics, de la guerre et des finances; — Vu la loi du 8 mars 1875 (4), relative à la poudre dynamite, et notamment l'art. 4; — Vu le décret du 24 août 1875 (5), modifié par les décrets des 20 avril 1904 (6), 19 mai 1905 (7) et 2 juin 1908 (8), portant règlement d'administration publique pour l'exécution de la loi du 8 mars 1875, relative à la poudre dynamite; — Vu le décret du 28 oct. 1882 (9), modifié par le décret du 14 févr. 1906 (10), concernant la vente et le transport de la dynamite; — Vu le décret du 23 déc. 1901 (11), relatif à la conservation des explosifs dans les exploitations souterraines; — Vu le décret du 26 mai 1910 (12), relatif à l'autorisation de dépôts de dynamite pour une durée limitée, en vue de l'exécution d'entreprises de travaux déterminés; — Vu les décrets du 26 juill. 1890 (13) et du 7 juin 1907 (14), relatifs à la vente des cartouches de dynamite; — Vu l'art. 8 de la loi du 19 juin 1871 (15), modifié par la loi du 18 déc. 1893 (16), sur la fabrication et la détention d'explosifs;

Le Conseil d'État entendu; — Décrète :

ART. 1er. Aucun particulier ne peut établir ou exploiter un dépôt ou un débit de dynamite et autres explosifs à base d nitroglycérine, ni vendre, acheter ou importer ces substances, s'il n'y a été, au préalable, autorisé.

TITRE Ier

Conservation.

CHAPITRE Ier

Dispositions générales.

2. L'autorisation d'établir et d'exploiter un dépôt est accordée par le préfet du département dans lequel ce dépôt doit être situé; elle est accordée par le préfet de police, à Paris et dans les communes soumises à son autorité; par le préfet du Rhône, dans le département du Rhône et dans les autres communes de l'agglomération lyonnaise.

3. Des arrêtés du ministre des travaux publics, rendus après avis de la commission des substances explosives, détermineront, en tenant compte notamment de la nature et des quantités de substances

---

(1) *Bull. off.*, nouv. série, 3040, n. 52368.

(2) 1er vol., p. 265.

(3) *J. off.*, 28 avril 1915, p. 2676.

(4) S. *Lois annotées* de 1875, p. 705. — P. *Lois, décr.*, etc. de 1875, p. 1214.

(5) S. *Lois annotées* de 1875, p. 744. — P. *Lois, décr.*, etc. de 1875, p. 1281.

(6) S. et P. *Lois annotées* de 1905, p. 920; *Pand. pér.*, 1904.3.67.

(7) *Bull. off.*, 12e série, 2638, n. 46151.

(8) S. et P. *Lois annotées* de 1909, p. 880; *Pand. pér.*, *Lois annotées* de 1909, p. 880.

(9) S. *Lois annotées* de 1883, p. 441. — P. *Lois, décr.*, etc. de 1883, p. 724.

(10) *Bull. off.*, 12e série, 2711, n. 47276.

(11) S. *Lois annotées* de 1905, p. 919. — P. *Lois, décr.*, etc. de 1905, p. 919.

(12) *Bull. off.*, nouv. série, 34, n. 1616.

(13) *Bull. off.*, 12e série, 1343, n. 22507.

(14) *J. off.*, 14 juin 1907, p. 4139.

(15) S. *Lois annotées* de 1871, p. 57. — P. *Lois, décr.*, etc. de 1871, p. 97.

(16) S. et P. *Lois annotées* de 1894, p. 656; *Pand. pér.*, 1895.3.53.

explosives à emmagasiner, les conditions techniques générales auxquelles l'établissement et l'exploitation des dépôts sont à tout moment soumis.

4. Les dépôts peuvent être permanents ou temporaires.

Est considéré comme permanent, tout dépôt qui a été autorisé sans limitation de durée, et dont l'approvisionnement peut être renouvelé sans autorisation nouvelle.

Est considéré comme temporaire, tout dépôt dont l'établissement a été autorisé pour une durée limitée, et dont l'approvisionnement ne peut être renouvelé.

Est assimilé à un dépôt permanent l'approvisionnement des substances explosives dans un débit.

CHAPITRE II

Dépôts permanents.

5. Les dépôts permanents sont divisés en trois catégories, suivant les quantités de substances explosives qu'ils peuvent recevoir.

Sont rangés dans la première catégorie, les dépôts de plus de 100 kilogrammes de dynamite gomme; dans la deuxième catégorie, ceux de 10 à 100 kilogrammes de dynamite gomme; dans la troisième catégorie, ceux de moins de 10 kilogrammes de dynamite gomme.

Un arrêté du ministre des travaux publics, rendu après avis de la commission des substances explosives, déterminera, pour les diverses substances explosives, d'après leurs coefficients d'équivalence par rapport à la dynamite gomme, les quantités maxima qui peuvent être contenues dans les dépôts de chaque catégorie; cet arrêté désignera, parmi ces substances, celles dont la réunion dans un même dépôt ne peut être autorisée.

6. Pour les dépôts de première catégorie, la demande est adressée au préfet; elle est rédigée en trois exemplaires, accompagnés chacun :

1° D'une carte d'état-major au 1/80000e, indiquant l'emplacement projeté;

2° D'un plan, à l'échelle de 1/1000e, des abords de l'établissement dans un rayon de 500 mètres;

3° De plans et de coupes, à l'échelle de 1/100e, figurant les dispositions de l'établissement.

Le pétitionnaire doit faire connaître dans sa demande ses nom, profession, domicile et nationalité; il indique l'emplacement du dépôt, sa catégorie, la nature et les quantités maxima des substances explosibles qui seront entreposées et l'usage auquel ces substances sont destinées.

Le préfet transmet un exemplaire de la demande et des documents qui l'accompagnent à l'ingénieur en chef des mines de l'arrondissement minéralogique et au directeur de la poudrerie de la région.

La demande est soumise par les soins du préfet à une enquête *de commodo et incommodo*, aux frais du pétitionnaire, dans les communes situées à 5 kilomètres de rayon. Cette enquête est annoncée huit jours à l'avance par voie d'affiche, et a une durée de quinze jours. Avis en est donné par le préfet à l'autorité militaire ou maritime, s'il existe dans ce rayon un ouvrage ou un établissement de la guerre ou de la marine.

Le préfet désigne un commissaire enquêteur, qui recueille les dires, et invite le pétitionnaire à en prendre connaissance et à produire, dans un délai de huit jours, ses observations.

Dans les huit jours qui suivent l'expiration de ce délai, le commissaire enquêteur transmet le dossier, avec son avis motivé, au préfet.

Le dossier complet est examiné en une conférence dans laquelle sont présents ou représentés :

Le préfet, président;

L'ingénieur en chef des mines de l'arrondissement minéralogique;

Le directeur de la poudrerie de la région;

Et, en outre, s'il s'agit d'un débit, le directeur départemental des contributions indirectes.

Le préfet statue sur le vu des avis formulés dans cette conférence.

7. Pour les dépôts de deuxième catégorie, la demande est adressée au préfet; elle est rédigée en deux exemplaires, accompagnés chacun :

1° D'une carte d'état-major au 1/80000e, indiquant l'emplacement projeté;

2° D'un plan, à l'échelle de 1/1000e, des abords de l'établissement dans un rayon de 250 mètres;

3° De plans et de coupes, à l'échelle de 1/100e, figurant les dispositions de l'établissement.

Le pétitionnaire doit faire connaître dans sa demande ses nom, profession, domicile et nationalité; il indique l'emplacement du dépôt, sa catégorie, la nature et les quantités maxima des substances explosives qui seront entreposées, et l'usage auquel ces substances sont destinées.

Le préfet transmet un exemplaire de la demande et des documents qui l'accompagnent à l'ingénieur en chef des mines de l'arrondissement minéralogique ou à un ingénieur ordinaire délégué par lui.

La demande est soumise par les soins du préfet à une enquête *de commodo et incommodo* dans la commune où doit être situé le dépôt. Cette enquête est annoncée huit jours à l'avance par un avis apposé à la porte de la mairie; elle a une durée de huit jours.

Le préfet désigne un commissaire enquêteur, qui recueille les dires, et invite le pétitionnaire à en prendre connaissance et à produire, dans un délai de huit jours, ses observations.

Dans les quatre jours qui suivent l'expiration de ce délai, le commissaire enquêteur transmet le dossier, avec son avis motivé, au préfet, qui statue, après avis de l'ingénieur en chef des mines de l'arrondissement minéralogique ou de l'ingénieur délégué à cet effet, et, en outre, s'il s'agit d'un débit, après avis du directeur départemental des contributions indirectes.

8. Pour les dépôts de troisième catégorie, la demande est adressée au préfet. Le pétitionnaire mentionne dans sa demande ses nom, profession, domicile et nationalité; il indique l'emplacement du dépôt, sa catégorie, la nature et les quantités maxima des substances explosives qui seront entreposées et l'usage auquel ces substances sont destinées.

Le préfet statue, après avis de l'ingénieur en chef des mines de l'arrondissement minéralogique ou de son délégué, et, en outre, s'il s'agit d'un débit, après avis du directeur départemental des contributions indirectes.

9. L'arrêté d'autorisation fixe la nature et les quantités maxima des substances explosives que le permissionnaire peut conserver dans son dépôt; il détermine les mesures particulières que doit prendre le permissionnaire en vue d'assurer la sécurité et de prévenir les vols d'explosifs, et, s'il y a lieu, les conditions spéciales auxquelles doit satisfaire chaque dépôt, indépendamment des conditions générales fixées par les arrêtés du ministre des travaux publics prévus par l'art. 4, et auxquelles chaque permissionnaire est tenu de se soumettre à tout moment.

Le préfet peut toujours, postérieurement à l'autorisation, prescrire les dispositions spéciales complémentaires dont l'expérience révélerait la nécessité.

10. Notification de l'arrêté d'autorisation est faite :

1° Au permissionnaire;

2° Au maire de la commune sur le territoire de laquelle doit être situé le dépôt;

3° A l'ingénieur en chef des mines de l'arrondissement minéralogique;

4° Au directeur des contributions indirectes du département;

5° Au commandant de corps d'armée;

6° Au directeur des douanes, si l'établissement se trouve dans la ligne des douanes.

11. En cas de refus d'autorisation d'un dépôt, le pétitionnaire peut, dans le délai de deux mois à dater de la notification qui lui en est faite, demander un nouvel examen par le ministre des travaux publics, qui statue définitivement.

En ce qui concerne les dépôts de première et deuxième catégorie, la décision du ministre ne peut intervenir qu'après avis formulés dans une conférence à laquelle prennent part :

Un membre du comité consultatif des arts et manufactures élu par cette assemblée;

Le directeur des mines au ministère des travaux publics;

Le directeur des poudres et salpêtres au ministère de la guerre;

Le directeur de la sûreté générale au ministère de l'intérieur;

Et, s'il s'agit d'un débit :

Le directeur général des contributions indirectes au ministère des finances.

Les directeurs ont la faculté, en cas d'empêchement, de se faire remplacer par un délégué.

Des rapporteurs techniques peuvent être adjoints à la conférence, à titre consultatif.

12. L'autorisation accordée pour l'installation d'un dépôt est considérée comme nulle et non avenue, si l'installation n'est pas réalisée dans un délai fixé respectivement, à compter du jour de la notification de l'autorisation, à trois mois, six mois ou un an, suivant qu'il s'agit d'un dépôt de troisième, deuxième ou première catégorie.

13. Lorsqu'un dépôt est resté inexploité pendant plus d'un an, il ne peut être remis en service sans une nouvelle autorisation, qui ne peut être accordée que dans les conditions fixées par les art. 6, 7 ou 8.

14. L'autorisation est personnelle, et n'est valable que pour celui à qui elle a été délivrée. Tout nouvel exploitant est tenu, dans le délai d'un mois, de solliciter la prorogation de l'autorisation, qui peut être accordée sans nouvelle enquête, après avis du service des mines, et, en outre, s'il s'agit d'un débit, après avis du directeur départemental des contributions indirectes.

15. Lorsque, pour l'établissement ou l'exploitation d'un dépôt, le permissionnaire ne se conforme pas aux conditions imposées, soit par les lois et règlements, soit par l'arrêté d'autorisation, soit par des arrêtés ultérieurs pris en exécution de l'art. 9, l'autorisation accordée peut, après mise en demeure, être suspendue par le préfet, sur l'avis de l'ingénieur en chef des mines, jusqu'à ce qu'il ait été satisfait à ces conditions. En outre, s'il s'agit d'un débit, l'autorisation peut être suspendue ou retirée par le préfet, sur la demande du directeur départemental des contributions indirectes.

16. Dans le cas où, pour des motifs de sécurité publique, le gouvernement juge nécessaire de supprimer un dépôt, la suppression est prononcée par arrêté du ministre des travaux publics, dans les conditions et suivant les formes prévues à l'art. 9 de la loi du 8 mars 1875.

En cas d'urgence, le préfet peut, pour les mêmes motifs, suspendre provisoirement l'exploitation d'un dépôt, à charge d'en rendre compte immédiatement au ministre des travaux publics, qui statue suivant les formes indiquées ci-dessus.

17. L'exploitant d'un dépôt doit tenir un registre d'entrées et de sorties, indiquant les quantités de substances explosives introduites, avec leurs dates de réception et leur provenance, ainsi que les quantités sorties, avec leurs dates de livraison, et les noms des personnes auxquelles elles ont été remises.

L'exploitant est tenu de donner, en tout temps libre accès de son dépôt aux agents des contributions indirectes et à tous autres fonctionnaires désignés par le préfet ; il doit, à toute réquisition, communiquer à ces fonctionnaires ou agents le registre dont la tenue lui est prescrite par le paragraphe qui précède.

Les dépôts sont soumis, en outre, à la surveillance technique du service des mines, agissant sous l'autorité du ministre des travaux publics.

CHAPITRE III

Dépôts temporaires.

18. L'autorisation d'établir un dépôt temporaire ne peut être accordée qu'à des personnes qui, à raison de l'exercice de leur profession ou de circonstances spéciales, ont besoin de substances explosives pour l'exécution d'un travail déterminé.

19. La demande est adressée au préfet du lieu où doit être exécuté le travail. Le pétitionnaire mentionne dans sa demande ses nom, profession, domicile et nationalité ; il indique l'emplacement du dépôt, la durée pour laquelle il en demande l'établissement, la nature et les quantités de substances explosives dont il a besoin, l'usage auquel ces substances sont destinées, et précise le lieu où elles doivent être employées.

La demande, visée par le commissaire de police (ou par le maire) du domicile du pétitionnaire et par celui du lieu d'emploi, est adressée au préfet, qui statue dans un délai de dix jours. La décision du préfet est immédiatement et directement notifiée au pétitionnaire et au maire du lieu d'emploi.

20. L'arrêté d'autorisation fixe la nature et les quantités de substances explosives que le permissionnaire peut introduire et conserver dans son dépôt. Ces quantités ne peuvent, en aucun cas, dépasser les maxima prévus pour un dépôt permanent de 3e catégorie.

L'arrêté d'autorisation fixe en outre la durée maximum d'existence du dépôt temporaire. Cette durée ne peut jamais excéder trente jours, qui sont comptés à partir de la date fixée par l'arrêté d'autorisation. L'autorisation est périmée, lorsque les substances explosives ont été entièrement employées, ou lorsque le travail dont l'exécution nécessitait l'emploi de substances explosives est achevé, et, au plus tard, à la fin du délai fixé, ainsi qu'il est dit ci-dessus.

21. Lorsque l'autorisation est périmée, le permissionnaire doit remettre, contre récépissé, l'arrêté d'autorisation aux agents désignés par le préfet pour exercer le contrôle.

Ces agents s'assurent que les substances explosives introduites dans le dépôt ont été entièrement employées, ou qu'elles ont été transportées dans un autre dépôt régulièrement autorisé.

22. Le dépôt temporaire dont l'autorisation est périmée ne peut être remis en exploitation qu'en vertu d'une nouvelle autorisation, accordée suivant les formes prescrites au présent chapitre.

TITRE II

Vente et importation.

23. La vente et l'importation, dans les cas où celle-ci est autorisée par la loi, des dynamites et autres substances explosives à base de nitroglycérine, ne peuvent avoir lieu que dans les conditions et sous les autorisations déterminées au présent titre.

24. Les dynamites et autres explosifs à base de nitroglycérine ne peuvent être vendus que par :

1° Les fabricants desdits explosifs ;

2° Les industriels autorisés à faire subir à ces explosifs un complément de main-d'œuvre, notamment les encartoucheurs et fabricants de cartouches et de mèches de sûreté ;

3° Les entreposeurs des contributions indirectes ;

4° Les débitants commissionnés à cet effet par le préfet, sur la proposition du directeur départemental des contributions indirectes.

25. Il est interdit d'expédier, vendre ou mettre en vente des substances explosives, dont la composition, et, s'il y a lieu, le mode d'encartouchage n'ont pas été agréés par le ministre de la guerre, après avis des ministres des finances et des travaux publics, la commission des substances explosives entendue.

26. Les fabricants ou autres industriels doivent livrer es substances explosives dans des caisses ou récipients portant les indications suivantes :

a) Nom de la fabrique ou de l'usine ;

b) Nom de la substance explosive ;

c) Désignations commerciale et administrative ;

d) Date de la fabrication ou de l'encartouchage ;

e) Nature et dosage des substances entrant dans la composition.

Ces indications doivent être reproduites sur les enveloppes extérieures des explosifs encartouchés.

Il est interdit aux fabricants et autres industriels de livrer des substances explosives qui seraient altérées, ou dont la composition ne concorderait pas avec les indications portées sur les caisses, récipients et enveloppes de cartouches.

27. Les entreposeurs et débitants ne doivent ouvrir les caisses ou récipients des substances explosives qu'au fur et à mesure des besoins de la vente au détail. Il leur est interdit, soit de modifier les inscriptions, soit de changer les enveloppes des explosifs en cartouches, soit de vendre des substances explosives qui présenteraient des traces apparentes d'altération, ou qui auraient été reconnues altérées ou falsifiées.

28. Nul ne peut obtenir la livraison de substances explosives, s'il n'est autorisé à exploiter un dépôt permanent ou temporaire, et s'il ne produit pas les justifications ci-après déterminées :

L'exploitant d'un dépôt permanent doit produire à cet effet un certificat, ayant au plus un an de date, établi par le préfet, et conforme à un modèle arrêté par le ministre des travaux publics.

L'exploitant d'un dépôt temporaire doit produire l'acte d'autorisation de ce dépôt.

Il est interdit de livrer au permissionnaire des substances explosives qui ne seraient pas désignées par le certificat, s'il s'agit d'un dépôt permanent, ou par l'acte d'autorisation, s'il s'agit d'un dépôt temporaire.

La quantité de substances livrées dans une même journée ne peut, s'il s'agit d'un dépôt permanent, dépasser le maximum pour lequel le dépôt est autorisé. S'il s'agit d'un dépôt temporaire, les quantités livrées ne peuvent être supérieures à celles fixées dans l'acte d'autorisation.

En aucun cas, il ne peut être livré de substances explosives après la période de validité du certificat, s'il s'agit d'un dépôt permanent, ou à l'expiration de la durée de l'autorisation fixée par l'acte, s'il s'agit d'un dépôt temporaire.

L'acte d'autorisation du dépôt temporaire est annoté par le débitant, qui indique les quantités livrées.

29. Les substances explosives dont l'importation n'est pas interdite ne peuvent être introduites en France que dans les conditions suivantes :

Les demandes en autorisation d'importer des substances explosives sont adressées au préfet du département dans lequel réside le destinataire, au préfet de police, à Paris et dans les communes soumises à son autorité, au préfet du Rhône, dans le département du Rhône et dans les autres communes de l'agglomération lyonnaise.

Elles font connaître :

1° Les nom, domicile, nationalité et profession de l'expéditeur;

2° Les nom, domicile et nationalité de l'importateur;

3° Les nom, domicile et nationalité du destinataire;

4° Le lieu de provenance et le lieu de destination;

5° La désignation et la quantité des substances explosives à importer et l'usage qu'on se propose de faire de ces substances;

6° Le point ou les points de la frontière par lesquels l'importation aura lieu.

Le préfet transmet la demande, avec les avis de l'ingénieur en chef des mines et du directeur départemental des contributions indirectes, au ministre des finances, qui statue après avis du ministre des travaux publics, s'il s'agit de dynamites, ou du ministre de la guerre, la commission des substances explosives entendue, s'il s'agit d'autres explosifs.

L'autorisation ne peut être accordée qu'à des fabricants ou à des personnes qui ont obtenu l'autorisation d'établir et d'exploiter des dépôts permanents d'explosifs dans les conditions fixées par le présent décret.

Copie de l'acte d'autorisation est renvoyée au maire du lieu où les substances entreposées sont emmagasinées.

Le ministre des finances donne avis au ministre de l'intérieur des autorisations accordées.

Les frais de toute nature que peuvent occasionner à l'Etat l'introduction en France, le transport des substances explosives, tels que les frais d'escorte, de vérification et tous autres relatifs au contrôle et à la surveillance, sont à la charge de l'expéditeur, du transporteur ou du destinataire pour le compte desquels ils auront été effectués. Ils seront réglés dans chaque cas par le ministre des finances.

30. Les quantités de dynamite expédiées des fabriques ou importées doivent être accompagnées d'un acquit-à-caution, qui devra être, soit apuré par l'exportation, soit remis par le destinataire au service des contributions indirectes de sa résidence, dans le délai d'un mois à dater de l'expiration des délais de transport. Cet acquit contiendra l'engagement de payer, par kilogramme, une amende égale au droit, en cas de non-rapport de l'acquit dûment déchargé dans les délais prescrits.

Les quantités de dynamite libérées des droits et expédiées d'autres lieux que les fabriques circulent librement dans la limite de 2 kilogrammes. Pour les quantités excédant cette limite, la circulation est régularisée au moyen de factures, que l'expéditeur détache lui-même d'un registre à souches et timbré, fourni par la Régie. Les factures doivent être représentées par les destinataires, à la demande du service des contributions indirectes.

TITRE III

Dispositions diverses.

31. La vérification de la composition du mode d'encartouchage et de l'état de conservation des substances explosives, dans les débits et dépôts, ainsi que dans les ateliers d'encartouchage, est assurée, sous l'autorité du ministre des travaux publics, par les ingénieurs des mines, concurremment avec les ingénieurs des poudres et salpêtres désignés par le ministre de la guerre.

Le ministre des travaux publics, pour les dépôts, et le ministre des finances, pour les débits, peuvent ordonner la destruction, aux frais du détenteur et sans indemnités, des substances explosives qui présenteraient des dangers pour la sécurité publique.

32. Les dépôts de substances explosives existant actuellement sont placés sous le régime du présent décret.

Les exploitants de ceux de ces dépôts qui ne justifieront pas d'un titre régulier d'autorisation, délivré en application de la réglementation antérieure, devront se mettre en instance, avant la date de la mise en exécution du présent décret, à l'effet d'obtenir, conformément aux dispositions qui précèdent, les autorisations nécessaires.

33. Des arrêtés du ministre des travaux publics détermineront toutes les mesures destinées à assurer l'exécution du présent décret, et fixeront notamment les conditions dans lesquelles les substances explosives provenant des dépôts permanents ou temporaires régulièrement autorisés pourront être placées momentanément à proximité des chantiers où elles doivent être utilisées.

34. Les dépôts de dynamite et autres explosifs à base de nitroglycérine, annexés aux fabriques, sont soumis aux dispositions réglementaires concernant ces fabriques.

35. Les fabriques, magasins et entrepôts de l'Etat sont soumis aux règles édictées par les ministres sous l'autorité desquels ils sont placés.

36. Sont abrogés les art. 10, 11, 13, 14, 16, 17, 18 et 19 du décret du 24 août 1875;

Le décret du 28 oct. 1882;

Le décret du 23 déc. 1901;

Le décret du 26 mai 1910;

Les décrets des 26 juill. 1890 et 7 juin 1907, et toutes dispositions contraires au présent décret.

37. Le présent décret entrera en application le 1er juill. 1915.

38. Les ministres du commerce, de l'industrie, des postes et des télégraphes, de l'intérieur, des travaux publics, de la guerre et des finances sont chargés, etc.

POUDRES ET EXPLOSIFS, SUBSTANCES EXPLOSIVES, MATIÈRES FULMINANTES, CONSERVATION, VENTE, IMPORTATION, POUDRES DE CHASSE ET DE GUERRE, ARTIFICES, FUSÉES, BOMBES PARAGRÊLES, MÈCHES DE SURETÉ, CAPSULES ET AMORCES FULMINANTES.

DÉCRET *portant règlement d'administration publique sur la conservation, la vente et l'importation des dynamites et autres explosifs à base de nitroglycérine.*

(**20 juin 1915**). — (Publ. au *J. off.* du 24 juin).

LE PRÉSIDENT DE LA RÉPUBLIQUE FRANÇAISE; — Sur les rapports des ministres du commerce, de l'industrie, des postes et des télégraphes, de l'intérieur, des travaux publics, de la guerre et des finances; — Vu la loi du 13 fruct. an 5 (1), relative à la fabrication et à la vente des poudres et salpêtres; — Vu l'ordonn. du 25 juin 1823 (2), sur la fabrication et le débit des différentes poudres et matières fulminantes; — Vu la loi du 24 mai 1834 (3), sur les détenteurs d'armes ou de munitions de guerre; — Vu l'art. 3 de la loi du 19 juin 1871 (4), modifié par la loi du 18 déc. 1893 (5), sur la fabrication et la détention d'explosifs; — Vu le décret portant règlement d'administration publique, en date du 20 juin 1915 (6), sur la conservation, la vente et l'importation des dynamites et autres explosifs à base de nitroglycérine; — Vu le décret en date du 20 juin 1915 (7), modifiant la nomenclature des établissements dangereux, insalubres ou incommodes; — Le Conseil d'Etat entendu; — Décrète :

ART. 1er. La conservation, la vente et l'importation des poudres, matières fulminantes et toutes substances explosives, à l'exclusion des poudres de chasse et de guerre, des artifices, des fusées et bombes paragrêles, des mèches de sûreté et des capsules et amorces fulminantes autres que les détonateurs, sont soumises aux règles édictées par le décret portant règlement d'administration publique, en date du 20 juin 1915, sur la conservation, la vente et l'importation des dynamites et autres explosifs à base de nitroglycérine.

2. Des arrêtés, rendus par le ministre des finances, après avis de la commission des substances explosives, détermineront le régime spécial applicable aux poudres de chasse et de guerre.

Des arrêtés, rendus par le ministre de l'intérieur, après avis du ministre des finances, la commission des substances explosives entendue, détermineront le régime spécial applicable aux artifices, aux fusées et bombes paragrêles, aux mèches de sûreté, aux capsules et amorces fulminantes autres que les détonateurs.

3. Sont abrogées toutes les dispositions contraires au présent décret.

4. Le présent décret entrera en application le 1er juill. 1915.

5. Les ministres du commerce, de l'industrie, des postes et des télégraphes, de l'intérieur, des travaux publics, de la guerre et des finances sont chargés, etc.

MINISTÈRE DE L'AGRICULTURE, GUERRE FRANCO-ALLEMANDE, VIANDES FRIGORIFIÉES, IMPORTATION ET VENTE, CONSERVATION ET TRANSPORT PAR LE FROID DES DENRÉES AGRICOLES, COMMISSION, CRÉATION.

ARRÊTÉ *créant une commission permanente, chargée de donner son avis sur les questions qui lui*

---

(1) S. 1er vol. des *Lois annotées*, p. 423.

(2) S. 1er vol. des *Lois annotées*, p. 1094.

(3) S. 2e vol. des *Lois annotées*, p. 239.

(4) S. *Lois annotées* de 1871, p. 57. — P. *Lois, décr.*, etc. de 1871, p. 97.

(5) S. et P. *Lois annotées* de 1894, p. 656; *Pand. pér.*, 1895.3.53.

(6) C'est le décret qui précède.

(7) *Supra*, p. 196.

seront soumises par le ministre, en ce qui concerne l'importation et la vente des viandes frigorifiées, ainsi que les diverses applications du froid au transport, à la conservation et à la vente des denrées agricoles, et fixant la composition de cette commission.

(21 juin 1915). — (Publ. au *J. off.* du 1er juill.).

Le Ministre de l'agriculture; — Vu la décision du 20 févr. 1915 (1), instituant au ministère de l'agriculture une commission chargée d'étudier les conditions d'utilisation de la viande frigorifiée les plus propres à ménager le cheptel français pendant la guerre; — Considérant qu'il importe de donner un caractère permanent aux travaux de cette commission, et de les étendre aux diverses applications du froid intéressant le transport, la conservation et la vente des denrées agricoles; — Sur le rapport du directeur de l'enseignement et des services agricoles; — Arrête :

Art. **1er**. Il est créé au ministère de l'agriculture une commission permanente, chargée de donner son avis sur les questions qui lui sont soumises par le ministre en ce qui concerne l'importation et la vente des viandes frigorifiées, ainsi que les diverses applications du froid au transport, à la conservation et à la vente des denrées agricoles.

2. Cette commission est ainsi composée : ... (Suivent les noms au *J. off.*).

3. Les membres de la commission sont nommés pour trois ans.

Au début de chaque période triennale, la commission élit le président, les vice-présidents et le secrétaire composant son bureau. Un ou plusieurs fonctionnaires de l'administration centrale du ministère de l'agriculture, désignés par le ministre, sont attachés à la commission, avec voix consultative, en qualité de secrétaires adjoints.

4. Le directeur de l'enseignement et des services agricoles est chargé, etc.

Budget, Guerre franco-allemande, Ouverture et annulation de crédits, Ministère de la guerre et de la marine, Maroc.

Loi *concernant : 1° l'ouverture de crédits sur l'exercice 1914, au titre des budgets de la guerre et de la marine; 2° l'ouverture et l'annulation de crédits sur l'exercice 1914, au titre du compte spécial « Occupation militaire du Maroc ».*

(22 juin 1915). — (Publ. au *J. off.* du 23 juin).

TITRE Ier

BUDGET GÉNÉRAL DE 1914

Art. **1er**. Il est ouvert aux ministres de la guerre et de la marine, en addition aux crédits alloués par la loi de finances du 15 juill. 1914 (2) et par des lois spéciales, des crédits supplémentaires ou extraordinaires s'élevant à la somme totale de quatre cent quatre-vingt-neuf millions trois cent trente et un mille vingt francs (489.331.020 fr.).

Ces crédits demeurent répartis, par ministère et par chapitre, conformément à l'état A annexé à la présente loi.

Il sera pourvu aux crédits ci-dessus au moyen des ressources générales du budget de l'exercice 1914.

TITRE II

SERVICES SPÉCIAUX DU TRÉSOR

2. Il est ouvert au ministre de la guerre, au titre du compte spécial « Occupation militaire du Maroc », prévu par l'art. 48 de la loi de finances du 15 juill. 1914, en addition aux crédits alloués par ladite loi et par des lois spéciales pour l'exercice 1914, des crédits supplémentaires s'élevant à la somme totale de huit millions cinq cent trente et un mille trois cent quatre-vingt-dix francs (8.531.390 fr.).

Ces crédits demeurent répartis par chapitre, conformément à l'état B annexé à la présente loi.

3. Sur les crédits ouverts au ministre de la guerre, au titre de l'exercice 1914, par la loi de finances du 15 juill. 1914 et par des lois spéciales, pour les dépenses du compte spécial « Occupation militaire du Maroc », prévu par l'art. 48 de ladite loi, une somme de trois millions de francs (3.000.000 fr.) est et demeure annulée sur le chapitre 20 ci-après :

Chap. 20. Etablissements du génie... 3.000.000 fr.

(*Suivent au* J. off. *les états annexés*).

Postes, Guerre franco-allemande, Envois postaux, Mobilisés, Gratuité, Bénéficiaires de l'allocation journalière, Familles de 4 enfants vivants.

Loi *accordant la gratuité d'envois postaux aux bénéficiaires de l'allocation prévue par la loi du 5 août 1914.*

(22 juin 1915). — (Publ. au *J. off.* du 23 juin).

Art. **1er**. Les bénéficiaires de l'allocation prévue par la loi du 5 août 1914 (3) ont droit à l'envoi gratuit, par poste, une fois par mois, aux

---

(1) *J. off.*, 2 mars 1915, p. 1087.

(2) *J. off.*, 18 juill. 1914, p. 6448.

(3) 1er vol., p. 28.

membres de leur famille présents sous les drapeaux, d'un colis recommandé, dont le poids ne devra pas excéder un kilogramme.

Cette disposition sera également applicable aux familles des mobilisés comptant au moins quatre enfants vivants.

2. Un décret déterminera les conditions d'application de la présente loi, qui devra être mise en vigueur dans le mois qui suivra sa promulgation.

ALGÉRIE, GUERRE FRANCO-ALLEMANDE, DOUANES, HOUILLE, COKE, INTERDICTION DE SORTIE.

DÉCRET *prohibant la sortie de l'Algérie de la houille crue et de la houille carbonisée (coke).*

(23 juin 1915). — (Publ. au *J. off.* du 24 juin).

LE PRÉSIDENT DE LA RÉPUBLIQUE FRANÇAISE ; — Sur le rapport des ministres des travaux publics, de l'intérieur, de la guerre et des finances; — Vu l'art. 34 de la loi du 17 déc. 1814 (1); — Décrète :

ART. 1er. Sont prohibées, à dater du 30 juin 1915, la sortie de l'Algérie, ainsi que la réexportation en suite d'entrepôt, de transit et de transbordement, des produits énumérés ci-après :

Houille crue ;

Houille carbonisée (coke).

Toutefois, des exceptions à ces dispositions pourront être autorisées, sous les conditions qui seront déterminées par le ministre des finances.

2. Les ministres des travaux publics, de l'intérieur, de la guerre et des finances sont chargés, etc.

BUDGET, CRÉDITS SUPPLÉMENTAIRES, SOUS-SECRÉTARIAT DE LA MARINE MARCHANDE.

LOI *portant ouverture au ministre de la marine de crédits additionnels aux crédits provisoires de l'exercice* 1915, *pour le sous-secrétaire d'Etat de la marine marchande.*

(23 juin 1915). — (Publ. au *J. off.* du 25 juin).

ARTICLE UNIQUE. Il est ouvert au ministre de la marine, sur l'exercice 1915, en addition aux crédits provisoires ouverts par la loi du 26 déc. 1914 (2), des crédits s'élevant à la somme de onze mille cent francs (11.100 fr.), et applicables aux chapitres ci-après de la 2e section du budget :

Chap. 1er. Traitement du sous-secrétaire d'Etat et du personnel de l'administration centrale	7.500 fr.
Chap. 2. Gratifications du personnel de l'administration centrale	3.600
Total égal.	11.100 fr.

DÉCORATIONS, GUERRE FRANCO-ALLEMANDE, CROIX DE GUERRE.

CIRCULAIRE *relative à l'application de l'art.* 6 *du décret du* 23 *avril* 1915, *sur la croix de guerre.*

(23 juin 1915). — (Publ. au *J. off.* du 28 juin).

Le Ministre de la guerre à MM. les gouverneurs militaires de Paris et de Lyon; MM. les généraux commandant les régions; M. le général commandant les forces de terre et de mer dans l'Afrique du Nord; M. le commissaire résident général de France au Maroc; M. le général commandant le corps expéditionnaire d'Orient.

Aux termes du titre V de l'instruction du 13 mai 1915 (3), pour l'application de l'art. 6 du décret du 23 avril précédent (4), la délivrance de la croix de guerre avec palme aux militaires, officiers et hommes de troupe décorés pour faits de guerre, depuis le début des hostilités jusqu'à l'apparition de ladite instruction, est subordonnée à la revision des motifs pour lesquels les décorations ont été concédées.

Cette revision est actuellement en cours pour toutes les décorations, faisant l'objet des arrêtés ministériels ci-après, qui n'ont pas été conférées directement par le général en chef, savoir :

Arrêté du 20 nov. 1914 (*Journal officiel* du 22 nov.).

Arrêté du 21 nov. 1914 (*Journal officiel* du 25 nov.).

Arrêté du 20 nov. 1914 (*Journal officiel* du 23 nov.).

Arrêté du 3 janv. 1915 (*Journal officiel* du 5 janv.).

Arrêté du 20 janv. 1915 (*Journal officiel* du 21 janv.).

Arrêté du 31 janv. 1915 (*Journal officiel* du 2 févr.).

Arrêté du 10 janv. 1915 (*Journal officiel* du 1er févr.).

Arrêté du 8 févr. 1915 (*Journal officiel* du 9 févr.).

Arrêté du 9 févr. 1915 (*Journal officiel* du 10 févr.).

Arrêté du 17 févr. 1915 (*Journal officiel* du 18 févr.).

(1) 1er vol. des *Lois annotées*, p. 914.
(2) 1er vol., p. 275.

(3) *Supra*, p. 154.
(4) *Supra*, p. 128.

Arrêté du 26 févr. 1915 (*Journal officiel* du 27 févr.).

Arrêté du 10 avril 1915 (*Journal officiel* du 11 avril).

Arrêté du 10 avril 1915 (*Journal officiel* du 13 avril).

Arrêté du 10 avril 1915 (*Journal officiel* du 27 avril).

Arrêté du 27 avril 1915 (*Journal officiel* du 28 avril).

Il y a donc lieu de surseoir, jusqu'à nouvel ordre, à la délivrance de la croix de guerre aux titulaires des décorations figurant dans les arrêtés dont il s'agit. Ceux qui, après cette revision, auront des droits acquis à la croix de guerre, seront avisés par les soins de leur dépôt.

Quant aux officiers et hommes de troupe qui ont été décorés ou médaillés par les soins du général en chef pour faits de guerre parus au *Journal officiel* depuis le début des hostilités, dans des arrêtés autres que ceux précités, et qui en justifient par la production d'un extrait de l'ordre D, ils ont droit à la croix de guerre avec palme; elle peut leur être remise immédiatement.

Je vous prie, en conséquence, de prendre toutes dispositions utiles pour donner satisfaction aux demandes de croix de guerre avec palme qui vous seraient présentées, soit par les militaires décorés et médaillés pour faits de guerre, dans les conditions du paragraphe précédent, en résidence sur le territoire de la région, soit par les familles des militaires décédés.

MARINE, GUERRE FRANCO-ALLEMANDE, MARINS RÉSERVISTES, PERMISSIONS AGRICOLES.

CIRCULAIRE *relative aux permissions pour les travaux agricoles à concéder aux réservistes de la flotte.*

(23 juin 1915). — (Publ. au *J. off.* du 25 juin).

Le Ministre de la marine à MM. les vice-amiraux commandant en chef, préfets maritimes.

J'ai l'honneur de vous informer que j'ai décidé d'étendre, dans les conditions ci-après, aux marins des équipages de la flotte exerçant des professions agricoles ou des professions dont l'exercice est justifié par les besoins de l'agriculture (maréchaux ferrants), les dispositions prises dans l'armée de terre pour la concession de permissions de quinze jours, en vue d'assurer la main-d'œuvre nécessaire aux travaux agricoles.

Etant donné que, d'une part, la marine n'a incorporé aucun homme de l'armée territoriale ou de sa réserve, et que, d'autre part, les inscrits maritimes, dont la navigation commerciale doit être le principal moyen d'existence, ne sauraient être considérés comme exerçant une profession agricole, les permissions dont il s'agit ne pourront être concédées qu'aux réservistes reconnus utilisables à terre seulement, exception faite, bien entendu, des hommes de cette catégorie affectés aux formations militaires de la marine à terre.

Vous aurez, pour toutes les mesures de détail à prendre, à vous référer aux notes publiées par le ministre de l'agriculture, et insérées au *J. off.* du 17 mai 1915 (p. 3150) et du 10 juin 1915 (p. 3783).

COLONIES, GUERRE FRANCO-ALLEMANDE, MADAGASCAR, MARIAGE, CONSENTEMENT DES ASCENDANTS, ACTE DE NAISSANCE, MILITAIRES.

DÉCRET *concernant le mariage des Français à Madagascar pendant la durée des hostilités.*

(24 juin 1915). — (Publ. au *J. off.* du 27 juin).

LE PRÉSIDENT DE LA RÉPUBLIQUE FRANÇAISE; — Sur le rapport du ministre des colonies et du garde des sceaux, ministre de la justice; — Vu l'art. 18 du sénatus-consulte du 3 mai 1854 (1); — Vu l'art. 4 du décret du 1er déc. 1858 (2), réglant la situation de la magistrature coloniale; — Vu le décret du 30 juillet 1897 (3), instituant un gouverneur général de la colonie de Madagascar et dépendances; — Vu le décret du 12 nov. 1902 (4), fixant l'organisation, la composition et la compétence du conseil d'administration de la colonie de Madagascar et dépendances; — Vu les art. 70, 147 et 151 du Code civil; — Décrète :

ART. 1er. Toute personne résidant sur le territoire de la colonie de Madagascar et de ses dépendances, et soumise aux dispositions de l'art. 151 du Code civil, qui voudra contracter mariage, pourra, sous les réserves indiquées à l'art. 5 du présent décret, lorsque ses ascendants auront leur domicile hors de la colonie, être dispensée de l'obligation imposée par ledit article, par décision du gouverneur général, prise après avis conforme du conseil d'administration de la colonie.

2. Le gouverneur général pourra également, sur avis conforme du conseil d'administration, dispenser les futurs époux non originaires de la colonie de la production, prescrite par l'art. 70 du Code civil, de leur acte de naissance, pourvu que

---

(1) S. *Lois annotées* de 1854, p. 78. — P. *Lois, décr.*, etc. de 1854, p. 137.

(2) S. *Lois annotées* de 1859, p. 19. — P. *Lois, décr.*, etc. de 1859, p. 36.

(3) S. et P. *Lois annotées* de 1899, p. 727.

(4) *J. off.*, 15 nov. 1902, p. 7428.

l'identité et l'âge paraissent suffisamment établis par des pièces et documents de toute nature, dont le conseil appréciera la valeur et l'authenticité.

3. Dans le cas où l'un des futurs époux aurait antérieurement contracté mariage, s'il est établi par les documents produits que ce mariage a été dissous légalement ou par la mort de l'autre conjoint, le conjoint survivant, lorsque le jugement ou l'acte de décès établissant la dissolution de sa première union aura été rendu ou dressé hors de la colonie, pourra, dans la forme prescrite par les articles précédents, être dispensé de leur production.

4. Les décisions prises en exécution du présent décret devront être motivées, et faire mention des pièces produites, lesquelles, ainsi que les décisions elles-mêmes, seront annexées aux actes de mariage, pour tenir lieu des justifications exigées par le Code civil.

5. Le présent décret n'aura d'effet que pendant la durée des hostilités actuellement engagées contre l'Allemagne et l'Autriche-Hongrie, et ses dispositions ne pourront être invoquées que par les citoyens français appelés sous les drapeaux dans le service armé.

6. Le ministre des colonies et le garde des sceaux, ministre de la justice, sont chargés, etc.

1° Protêts, Guerre franco-allemande, Moratorium, Valeurs négociables, Prorogation de délais, Tiers porteur, Avis au débiteur, Action en paiement, Décret du 21 oct. 1914, art. 2, §§ 2 et 3, Application, Suspension, Algérie. — 2° Vente de marchandises, Guerre franco-allemande, Moratorium, Prorogation de délais, Action en paiement, Décret du 27 oct. 1914, Application, Suspension, Algérie. — 3° Crédit (ouverture de), Guerre franco-allemande, Moratorium, Prorogation de délais, Avances sur titres, Action en paiement, Décret du 27 oct. 1914, art. 3, § 2, Application, Suspension, Algérie. — 4° Banque-Banquier, Guerre franco-allemande, Moratorium, Dépôts, Comptes courants, Retraits, Prorogation de paiement, Algérie.

Décret *relatif à la prorogation des échéances et au retrait des dépôts espèces* (1).

(24 juin 1915). — (Publ. au *J. off.* du 25 juin).

Le Président de la République française; — Sur le rapport du président du conseil, des ministres du commerce, de l'industrie, des postes et des télégraphes, de la justice, des affaires étrangères, de l'intérieur, des finances, du travail et de la prévoyance sociale; — Vu le Code de commerce; — Vu la loi du 5 août 1914 (2), relative à la prorogation des échéances des valeurs négociables; — Vu les décrets des 31 juill. (3), 1er (4), 4 (5), 9 (6) et 29 août (7), 27 sept. (8), 27 oct. (9), 24 nov. (10), 15 déc. 1914 (11), 25 févr. (12) et 15 avril 1915 (13); — Le conseil des ministres entendu; — Décrète :

Art. **1er**. Les délais accordés par les art. 1, 2, 3 et 4 du décret du 29 août 1914, et prorogés par les art. 1er des décrets des 27 sept., 17 oct., 15 déc. 1914, 25 févr. et 15 avril 1915, sont prorogés, sous les mêmes conditions et réserves, pour une nouvelle période de quatre-vingt-dix jours francs.

Le bénéfice en est étendu aux valeurs négociables qui viendront à échéance avant le 1er nov. 1915, à la condition qu'elles aient été souscrites antérieurement au 4 août 1914.

2. Le porteur d'un effet de commerce, appelé à bénéficier pour la première fois d'une prorogation d'échéance, est tenu d'aviser le débiteur qu'il est en possession dudit effet et que le paiement peut en être effectué entre ses mains.

Cet avis pourra être constaté, soit par le visa, signé et daté du débiteur, sur l'effet de commerce,

---

(1) Ce décret est précédé au *J. off.* d'un rapport ainsi conçu : « En soumettant à votre signature le décret du 15 avril dernier, qui a prorogé pour une période de quatre-vingt-dix jours francs les délais antérieurement accordés pour l'acquittement des valeurs négociables, il a été indiqué qu'au cours de ce nouveau délai, chaque débiteur devrait prendre ses dispositions en vue de la cessation, dans la plus large mesure possible, du bénéfice des prorogations successives.

« Afin d'enlever aux débiteurs toute raison de ne pas s'acquitter, le décret du 15 avril a d'ailleurs obligé les porteurs, qui n'avaient pas, jusque-là, présenté leurs effets à l'encaissement, à aviser les débiteurs, avant le 31 mai 1915, que le paiement de ces effets pourrait en être effectué entre leurs mains.

« Des efforts sérieux ont été faits par la plupart des débiteurs pour se libérer.

« C'est ainsi que, depuis le 1er avril dernier, les rentrées d'effets de commerce, dont l'échéance avait été antérieurement prorogée, n'ont pas été inférieures, en moyenne, à 45 millions de francs par semaine.

« Dans cet état de choses, il nous a paru qu'il n'était pas urgent de recourir, pour rendre plus rapide l'acquittement des effets ayant bénéficié d'une prorogation, à des mesures d'ordre général, qui, en s'appliquant à des cas extrêmement différents, pourraient jeter un certain trouble dans une situation à laquelle il importe de ne toucher qu'avec prudence.

« Le projet de décret ci-joint maintient l'ensemble des dispositions adoptées par les décrets antérieurs. Toutefois, il soumet à la formalité de la présentation, telle qu'elle avait été prévue au décret du 15 avril dernier, les effets de commerce appelés à bénéficier pour la première fois d'une prorogation d'échéance.

« Bien que les raisons qui, au début des hostilités, ont empêché les porteurs de présenter les effets au recouvrement, n'existent plus aujourd'hui, il a paru, néanmoins, que l'obligation ci-dessus indiquée était nécessaire pour maintenir la règle établie au décret du 15 avril 1915 ».

(2) 1er vol., p. 33.

(3 à 11) 1er vol., p. 3, 8, 23, 40, 89, 128, 175, 219, 259.

(12-13) *Supra*, p. 43 et 113.

lors de la présentation, soit par une lettre recommandée.

Faute par le porteur d'accomplir ces formalités dans le délai d'un mois à dater de l'échéance normale de l'effet, les intérêts de 5 p. 100, institués à son profit par le décret du 29 août 1914, cesseront de courir à partir de l'expiration de ce délai.

Toutefois, ces formalités ne sont pas nécessaires, si le porteur peut prouver que le débiteur a été antérieurement avisé.

3. Sont maintenues toutes les dispositions des décrets des 29 août, 27 sept., 27 oct., 15 déc. 1914, 25 févr. et 15 avril 1915, qui ne sont pas contraires au présent décret.

Toutefois, l'application des art. 2, §§ 2 et 3, et 3, § 2, du décret du 27 oct. 1914, concernant le recouvrement des valeurs négociables et des créances à raison de ventes commerciales ou d'avances sur titres, est suspendue jusqu'à l'expiration dudit délai de quatre-vingt-dix jours.

4. Le présent décret est applicable à l'Algérie.

5. Les ministres du commerce, de l'industrie, des postes et des télégraphes, des finances, de la justice, de l'intérieur, des affaires étrangères, du travail et de la prévoyance sociale sont chargés, etc.

POSTES, GUERRE FRANCO-ALLEMANDE, MOBILISÉS, ENVOIS POSTAUX, GRATUITÉ, BÉNÉFICIAIRES D'ALLOCATIONS, FAMILLES NOMBREUSES.

DÉCRET *déterminant les conditions d'application de la loi du 22 juin* 1915, *accordant la gratuité d'envois postaux aux bénéficiaires de l'allocation prévue par la loi du 5 août* 1914.

(25 juin 1915). — (Publ. au *J. off.* du 30 juin).

LE PRÉSIDENT DE LA RÉPUBLIQUE FRANÇAISE; — Vu la loi du 22 juin 1915 (1), accordant la gratuité d'envois postaux aux bénéficiaires des allocations militaires et aux familles nombreuses, et dont l'art. 2 est ainsi conçu : « Un décret déterminera les conditions d'application de la présente loi, qui devra être mise en vigueur dans le mois qui suivra sa promulgation » ; — Sur le rapport du ministre du commerce, de l'industrie, des postes et des télégraphes et du ministre de la guerre; — Décrète :

ART. **1er**. Les personnes désignées dans l'art. 1er de la loi du 22 juin 1915 doivent, pour user de la franchise qui leur est concédée, se procurer, au bureau de poste où elles font habituellement leurs opérations, une feuille d'expédition, qui est valable pour les envois successifs de paquets postaux du même expéditeur au même destinataire.

2. Cette feuille est remise :

1° Aux bénéficiaires des allocations militaires sur la production du certificat d'admission à l'allocation, délivré par le préfet ou le sous-préfet;

2° Aux familles des mobilisés comptant au moins quatre enfants vivants, sur la production du livret de famille, ou, à défaut, d'un certificat du maire de la résidence, attestant la coexistence d'au moins quatre enfants.

3. Le receveur des postes qui délivre une feuille d'expédition doit en remplir les indications et faire mention de la remise sur le certificat ou le livret présenté par l'intéressé.

4. Il ne peut être délivré qu'une seule feuille d'expédition à une même famille.

S'il s'agit d'une famille jouissant d'une allocation militaire, la feuille indique respectivement, comme expéditeur et destinataire des envois, le bénéficiaire de l'allocation et le militaire soutien de famille, tous deux désignés sur le certificat d'allocation.

S'il s'agit d'une famille comptant au moins quatre enfants vivants, la feuille indique comme expéditeur le membre de la famille qui en requiert la remise, et, comme destinataire, celui des membres de la famille qui est désigné par le requérant.

5. Chaque paquet à expédier doit être déposé au guichet d'un bureau de poste, avec la feuille d'expédition et le document au vu duquel cette feuille a été délivrée.

6. Les envois sont affranchis gratuitement, au moyen de timbres-poste, par les receveurs des postes, soit au tarif des lettres, soit à celui des échantillons, suivant leur poids et leur conditionnement. Ils sont enregistrés dans les mêmes conditions que les objets recommandés de même catégorie.

Le receveur des postes inscrit sur la feuille d'expédition, dans la case et sur le coupon du mois en cours, le numéro d'enregistrement et le montant de l'affranchissement de chaque paquet. Le coupon est aussitôt détaché par le receveur pour justifier dans ses comptes le dégrèvement et la valeur nette des timbres-poste employés.

7. L'apposition du timbre à date du bureau de dépôt, dans la case mensuelle de la feuille d'expédition, tient lieu de récépissé.

8. Les paquets expédiés gratuitement en vertu de la loi du 22 juin 1915 sont acheminés et distribués dans les mêmes conditions que les objets recommandés de la catégorie à laquelle ils appartiennent et donnent lieu aux mêmes garanties de responsabilité.

Cependant, si le dépôt simultané de ces paquets produisait un encombrement dans le service postal militaire, le ministre du commerce, de l'industrie, des postes et des télégraphes et le ministre de la guerre pourraient, par arrêté, fixer l'échelonnement des dépôts en vue de remédier à cet encombrement.

---

(1) *Supra*, p. 204.

9. Il n'est pas permis aux titulaires d'une feuille d'expédition de reporter leur envoi d'un mois à l'autre; les coupons cessent d'être valables à l'expiration du mois pour lequel ils ont été établis.

10. Le titulaire d'une feuille d'expédition égarée ou détruite peut en obtenir le remplacement au bureau qui l'a délivrée, en produisant une déclaration de perte.

Le receveur inscrit sur la feuille la mention : « duplicata délivré le....., en remplacement de la première feuille déclarée perdue (ou détruite) ». Cette mention est reproduite sur la pièce qui a justifié la délivrance de la feuille. Toute feuille remplacée par un duplicata est définitivement prescrite.

11. Dans le cas où le bénéficiaire d'une allocation se trouve exceptionnellement dans l'impossibilité de produire le certificat du préfet ou du sous-préfet, une feuille d'expédition peut lui être remise au vu d'une attestation du percepteur. Pour les envois postaux, cette attestation devra toujours être produite aux lieu et place du certificat d'allocation.

12. Le droit au bénéfice de la loi, que les familles habitant les régions envahies ne peuvent momentanément exercer, est délégué, sur la demande de leur membre mobilisé, à une tierce personne désignée par ce dernier, et agréée par l'Administration.

La demande doit être adressée, par l'intermédiaire du chef de corps, au directeur des postes et des télégraphes du département où réside la tierce personne désignée.

Cette demande indique :

1° Le nom, l'adresse et la situation de la famille restée dans la région envahie;

2° Le nom et l'adresse de la personne qui doit bénéficier des dispositions de la loi en remplacement de cette famille.

Le directeur des postes et des télégraphes examine la demande, et fait délivrer, s'il y a lieu, une feuille d'expédition en franchise à la personne désignée par le militaire. L'autorisation du directeur est annexée à la feuille d'expédition, et doit être présentée à chaque envoi.

13. Les dispositions qui précèdent sont applicables à partir du 5 juill. 1915.

14. Le ministre du commerce, de l'industrie, des postes et des télégraphes et le ministre de la guerre sont chargés, etc.

TRÉSORIERS-PAYEURS GÉNÉRAUX, RECEVEURS DES FINANCES, GUERRE FRANCO-ALLEMANDE, SOMMES NON RECOUVRÉES NI ADMISES EN NON-VALEURS, EXERCICE 1913, VERSEMENT AU TRÉSOR, SURSIS, PROROGATION.

DÉCRET *prorogeant les délais accordés aux trésoriers généraux et aux receveurs particuliers des finances pour le solde des rôles de l'année* 1913.

(**25 juin 1915**). — (Publ. au *J. off.* du 27 juin).

LE PRÉSIDENT DE LA RÉPUBLIQUE FRANÇAISE; — Sur le rapport du ministre des finances; — Vu l'ordonn. du 8 déc. 1832 (1), art. 14; — Vu le décret du 31 mai 1862 (2), art. 324; — Vu les décrets du 25 nov. 1914 (3) et du 26 mars 1915 (4); — Décrète :

ART. 1er. Il est accordé aux trésoriers généraux et aux receveurs des finances un nouveau délai de trois mois, qui partira du 1er juill. 1915, pour verser au Trésor, de leurs deniers personnels, les sommes qui n'auraient pas été recouvrées ou admises en non-valeurs sur les rôles des contributions directes et taxes assimilées de l'année 1913.

2. Le ministre des finances est chargé, etc.

1° SOCIÉTÉS D'ASSURANCES, GUERRE FRANCO-ALLEMANDE, MORATORIUM, PROROGATION DE DÉLAI, REMBOURSEMENTS, MAXIMUM, ALGÉRIE. — 2° SOCIÉTÉS D'ÉPARGNE ET DE CAPITALISATION, GUERRE FRANCO-ALLEMANDE, MORATORIUM, PROROGATION DE DÉLAIS, REMBOURSEMENTS, MAXIMUM, ALGÉRIE.

DÉCRET *relatif aux contrats d'assurance, de capitalisation et d'épargne* (5).

---

(1) S. 2e vol. des *Lois annotées*, p. 149.

(2) S. *Lois annotées* de 1862, p. 59. — P. *Lois, décr.*, etc. de 1862, p. 101.

(3) 1er vol., p. 221.

(4) *Supra*, p. 83.

(5) Ce décret est précédé au *J. off.* d'un rapport ainsi conçu :

« Le projet de décret que nous avons l'honneur de vous soumettre a pour objet de proroger, pendant une nouvelle période de soixante jours francs, et sous certaines modifications, les délais déjà accordés aux sociétés d'assurances, de capitalisation et d'épargne par les décrets des 27 sept., 27 oct., 29 déc. 1914, 23 févr. et 24 avril 1915.

« Le montant des indemnités que les sociétés d'assurances sur la vie, de capitalisation et d'assurances contre les accidents de toute nature autres que les accidents du travail sont tenues désormais de payer est porté à 50 p. 100, avec le maximum de 25.000 fr.

« Quant aux sociétés d'épargne, pour lesquelles la prorogation des délais de paiement était restée jusqu'ici absolue, il demeure nécessaire de ne pas leur imposer, dans l'intérêt même des participants, la réalisation des valeurs composant le portefeuille des séries arrivées à échéance. Toutefois, il a semblé qu'on pouvait, sans inconvénients, leur demander de verser aux intéressés 20 p. 100 du capital leur revenant, soit par suite de l'échéance des séries ou participations, soit par suite de décès. Cette obligation n'existerait d'ailleurs que pour les sociétés visées au titre II de la loi du 3 juill. 1913, c'est-à-dire celles qui, constituant

(26 juin 1915). — (Publ. au *J. off.* du 27 juin).

LE PRÉSIDENT DE LA RÉPUBLIQUE FRANÇAISE; — Sur le rapport du président du conseil, des ministres du travail et de la prévoyance sociale, de la justice, de l'intérieur, de l'agriculture, du commerce, de l'industrie, des postes et des télégraphes; — Vu la loi du 5 août 1914 (1), relative à la prorogation des échéances des valeurs négociables; — Vu le décret du 29 août 1914 (2), relatif à la prorogation des échéances; — Vu les décrets des 27 sept. (3), 27 oct. (4), 29 déc. 1914 (5), 23 févr. (6) et 24 avril 1915 (7), relatifs aux contrats d'assurance, de capitalisation et d'épargne; — Le conseil des ministres entendu; — Décrète :

ART. **1er**. Les délais accordés par les art. 1er et 5 du décret du 27 sept. 1914, pour le paiement des sommes dues par les entreprises d'assurance, de capitalisation et d'épargne, et prorogés par l'art. 1er des décrets des 27 oct., 29 déc. 1914, 23 févr. et 24 avril 1915, sont prorogés, dans les conditions ci-après, pour une nouvelle période de soixante jours francs, le bénéfice de cette prorogation étant étendu aux contrats à échoir avant le 1er sept. 1915, pourvu qu'ils aient été conclus antérieurement au 4 août 1914.

Pendant la durée de cette prorogation, les entreprises seront tenues de payer :

1° En matière d'assurance sur la vie, 50 p. 100 du capital ou du rachat stipulé, jusqu'à concurrence de 25.000 fr., et l'intégralité des rentes viagères;

2° En matière d'assurance contre les accidents du travail, l'intégralité des allocations temporaires et rentes viagères dues en vertu de la loi du 9 avril 1898 et des lois qui l'ont modifiée et complétée;

3° En matière d'assurance contre les autres accidents de toute nature, l'indemnité temporaire, jusqu'à concurrence d'un maximum de 3 fr. par jour, et 50 p. 100 du capital ou de toutes autres indemnités dues, avec un maximum de 25.000 fr.;

4° En matière d'assurance contre l'incendie et contre tous risques autres que ceux prévus aux alinéas précédents, l'intégralité des sinistres;

5° En matière de capitalisation, 50 p. 100 du capital des bons ou titres venus à échéance;

6° En matière d'épargne, et seulement en ce qui concerne les sociétés visées au titre II de la loi du 3 juill. 1913 (8), 20 p. 100 du capital revenant aux intéressés par suite de l'échéance de leurs séries ou participations ou par suite de décès.

Le bénéfice de ces dispositions ne pourra être invoqué par l'assuré ou l'adhérent qu'à condition que le montant de la prime ait été versé, et, en matière d'assurances contre les accidents et l'incendie, que les déclarations de salaires et de sinistres aient été faites conformément aux prescriptions du contrat.

Les sommes dues par l'assureur ou par l'assuré portent intérêt de plein droit au taux de 5 p. 100.

2. Sont maintenues toutes les dispositions du décret précité du 27 sept. 1914 qui ne sont pas contraires au présent décret, ainsi que celles de l'art. 2 du décret du 23 févr. 1915.

3. Les dispositions du présent décret sont applicables à l'Algérie.

4. Le président du conseil, les ministres du travail et de la prévoyance sociale, de la justice, de l'intérieur, de l'agriculture, du commerce, de l'industrie, des postes et des télégraphes sont chargés, etc.

DOUANES, GUERRE FRANCO-ALLEMANDE, INTERDICTION DE SORTIE, DÉROGATION.

ARRÊTÉ *relatif aux prohibitions de sortie.*

(28 juin 1915). — (Publ. au *J. off.* du 29 juin).

LE MINISTRE DES COLONIES; — Vu le décret du 20 juin 1915 (9), portant application aux colonies et pays de protectorat autres que la Tunisie et le Maroc des prohibitions de sortie édictées par le décret du 26 mai 1915 (10); — Vu l'arrêté du ministre des finances du 31 mai 1915 (11); — Arrête :

Par dérogation aux prohibitions de sortie actuellement en vigueur, peuvent être exportés ou réexportés sans autorisation spéciale, lorsque l'envoi a pour destination l'Angleterre, les dominions, les pays de protectorat et colonies britanniques, la Belgique, le Japon, le Monténégro, la Russie (12), la Serbie (13) ou les Etats de l'Amérique, les produits et objets énumérés ci-après :

Caséine.

Graisses végétales alimentaires.

Oléine.

Rotins, bruts et décortiqués.

---

des entreprises financières, sont assujetties à l'enregistrement préalable et au contrôle du ministre du travail. Il ne paraît pas expédient de modifier la situation en ce qui concerne les sociétés familiales d'épargne, dont, pour la plupart, la totalité des adhérents sont mobilisés.

« Si vous voulez bien approuver ces dispositions, nous avons l'honneur de vous prier de revêtir de votre signature le projet de décret ci-annexé ».

(1 à 5) 1er vol., p. 33, 89, 128, 175, 284.

(6-7) *Supra*, p. 38 et 137.

(8) S. et P. *Lois annotées* de 1913, p. 552; *Pand. pér.*, *Lois annotées* de 1913, p. 552.

(9) *Supra*, p. 195.

(10) *Supra*, p. 163.

(11) *J. off.*, 1er juin 1915, p. 3502.

(12-13) Note du *J. off.* — « Sous réserve, en ce qui concerne la Russie et la Serbie, de la souscription d'un acquit-à-caution à décharger par la douane russe ou serbe ».

ASSISTANCE JUDICIAIRE, GUERRE FRANCO-ALLEMANDE, MILITAIRES ET MARINS MORTS SOUS LES DRAPEAUX, SUCCESSIONS.

CIRCULAIRE *relative à l'application de l'assistance judiciaire au règlement des successions des militaires et marins tués à l'ennemi ou décédés des suites de blessures reçues ou de maladies contractées sous les drapeaux.*

(29 juin 1915). — (Publ. au *J. off.* du 1er juill.).

Le garde des sceaux, ministre de la justice, à MM. les premiers présidents des Cours d'appel et procureurs généraux près lesdites Cours.

Par mes circulaires des 20 (1) et 27 févr. (2) de cette année, insérées au *J. off.* des 22 et 28 du même mois, j'ai appelé l'attention des magistrats sur des dispositions législatives, dont il m'a paru désirable de favoriser, et, en quelque sorte, de vulgariser l'application, en vue de faciliter et de rendre aussi peu onéreux que possible le règlement des successions de militaires et marins tués à l'ennemi ou décédés des suites de leurs blessures ou de maladies contractées sous les drapeaux.

La première de ces circulaires a trait aux réunions et délibérations des conseils de familles nécessitées par ce règlement, et elle tend à faire bénéficier dans la plus large mesure les orphelins mineurs des avantages prévus par l'art. 12, § 2, de la loi du 26 janv. 1892 (3), qui porte que « sont affranchis des droits de toute nature les avis de parents de mineurs dont l'indigence est constatée conformément à l'art. 6 et au premier alinéa de l'art. 8 de la loi du 10 déc. 1850 (4) » et que « même dispense est concédée aux actes nécessaires pour la convocation et la constitution des conseils de famille et l'homologation des délibérations prises dans ces conseils, dans le cas d'indigence des mineurs ».

Par la seconde des circulaires susvisées, j'ai préconisé, toutes les fois que les circonstances le permettent, le recours au régime exceptionnel institué par l'art. 8 de la loi du 12 avril 1906 (5), sur les habitations à bon marché, et étendu par l'art. 1er de la loi du 10 avril 1908 (6) aux champs et jardins ne dépassant pas 1 hectare; il est éminemment souhaitable, à l'occasion des successions dont la guerre provoque l'ouverture, de voir enfin entrer dans la pratique ces lois tutélaires, qui, pour les immeubles qu'elles visent, permettent, par dérogation au Code civil, de maintenir l'indivision ou d'en sortir sans les formalités longues et dispendieuses prescrites par ce Code, au moyen d'une simple attribution sur estimation au conjoint survivant ou à l'un des cohéritiers.

Les facilités offertes tant par les lois des 12 avril 1906 et 10 avril 1908 que par celle du 26 janv. 1892 ne sont pas les seules que fournisse la législation en vigueur pour le règlement des successions des militaires et marins ou de toutes autres personnes décédées par suite de faits de guerre; l'assistance judiciaire, telle qu'elle a été organisée en dernier lieu par la loi du 10 juill. 1901 (7), vient s'y ajouter.

Elle n'est plus limitée depuis cette loi aux affaires contentieuses; elle s'étend, même en dehors de tout litige, aux « actes de juridiction gracieuse » et aux « actes conservatoires ».

Par conséquent, elle peut être accordée, non seulement pour les instances en partage, lorsqu'il y a lieu à partage judiciaire, parce que des mineurs ou des interdits sont en cause ou qu'il y a désaccord entre les héritiers majeurs et maîtres de leurs droits, et pour toutes opérations s'y rattachant (inventaire, liquidation, partage en nature ou licitation d'immeuble), mais encore pour divers actes que comporte le règlement amiable d'une succession, et qui peuvent être considérés comme rentrant, soit dans la catégorie des « actes de juridiction gracieuse » comme le dépôt d'un testament olographe, l'envoi en possession, l'apposition et la levée de scellés, soit dans celle des « actes conservatoires ».

Il n'est pas douteux, au surplus, que, s'il est pourvu au règlement d'une succession, non pas en vertu des dispositions de droit commun contenues dans le Code civil, mais au moyen des règles exceptionnelles posées par la loi du 12 avril 1906, l'exonération des frais, d'ailleurs limités, qu'entraînent les opérations prévues par cette loi, peut être obtenue, le cas échéant, grâce à l'assistance judiciaire.

La loi du 10 juill. 1901 a étendu notablement le champ d'application de cette assistance, aussi bien quant aux personnes que quant aux actes.

L'assistance judiciaire n'est plus réservée, comme sous l'empire de la loi du 22 janv. 1851 (8), aux seuls indigents; elle est actuellement accessible à toutes personnes que l'insuffisance de leurs ressources met dans l'impossibilité d'exercer leurs droits.

Les bureaux d'assistance judiciaire sont souve-

(1-2) *Supra*, p. 34 et 44.

(3) S. et P. *Lois annotées* de 1892, p. 303; *Pand. pér.*, 1892.3.33.

(4) S. *Lois annotées* de 1850, p. 197. — P. *Lois, décr.*, etc. de 1850, p. 131.

(5) S. et P. *Lois annotées* de 1907, p. 335; *Pand. pér.*, 1907.3.66.

(6) S. et P. *Lois annotées* de 1908, p. 725; *Pand. pér.*, *Lois annotées* de 1908, p. 725.

(7) S. et P. *Lois annotées* de 1901, p. 209; *Pand. pér.*, 1902.3.129.

(8) S. *Lois, annotées* de 1851, p. 10. — P. *Lois, décr.*, etc. de 1851, p. 14.

rains pour apprécier cette insuffisance de ressources, qui a un caractère tout relatif, et ils n'hésiteront pas à interpréter à cet égard la loi avec une particulière bienveillance et dans l'esprit le plus libéral, surtout lorsqu'ils se trouveront en présence de demandes formées par des veuves ou des orphelins. Ils tiendront, dans l'estimation des ressources des demandeurs, le plus large compte des circonstances actuelles, dont la répercussion sur les moyens d'existence de personnes, qui n'auraient pas droit en temps normal à l'assistance judiciaire, est de nature à la leur faire octroyer.

Ils feront dépendre leur décision de la situation présente des intéressés, et non du plus ou moins d'importance de la succession ou de la part successorale que ceux-ci sont appelés à recueillir : il suffit, en effet, pour que les héritiers obtiennent l'assistance, qu'ils n'aient pas les moyens de faire valoir leurs droits.

Je vous prie d'adresser des instructions en ce sens aux bureaux d'assistance judiciaire.

Je connais assez le zèle et l'activité que déploient ces bureaux dans l'accomplissement de leur mission pour être sûr qu'ils examineront dans le plus bref délai les demandes de ce genre. Si, contre mon attente, il se produisait dans certains cas des retards, il appartiendrait aux procureurs de la République d'intervenir pour y parer; ils sont d'autant plus qualifiés à cet effet qu'aux termes de l'art. 6 de la loi du 22 janv. 1851, tel qu'il a été modifié par celle du 10 juill. 1901, ils ont le droit, dans les cas d'extrême urgence, de convoquer les bureaux d'assistance judiciaire.

Ils se tiendront en contact étroit et permanent avec ces bureaux, et ils s'assureront qu'aucune demande, susceptible, d'après les présentes instructions, d'être accueillie, n'a été écartée. Ils ne manqueraient pas de déférer au bureau établi près la Cour d'appel les refus d'assistance qui ne leur sembleraient pas justifiés.

L'application, dans les conditions que je viens d'indiquer, de la législation sur l'assistance judiciaire aidera de la façon la plus efficace au règlement des successions échues aux veuves et orphelins de la guerre.

Sans doute, elle imposera un surcroît de charges aux officiers publics et ministériels, mais le sentiment de la solidarité nationale le leur fera accepter volontiers.

BUDGET, BUDGET DE 1914, CRÉDITS ADDITIONNELS, OUVERTURE, ANNULATION DE CRÉDITS, DÉPENSES DES EXERCICES 1910 ET 1911, CHAPITRES NOUVEAUX.

LOI *concernant l'ouverture et l'annulation de crédits sur l'exercice 1914 au titre du budget général.*

29 juin 1915). — (Publ. au *J. off.* du 30 juin).

ART. **1er**. Il est ouvert aux ministres, en addition aux crédits alloués par la loi de finances du 15 juill. 1914 (1) et par des lois spéciales, pour les dépenses du budget général de l'exercice 1914, des crédits supplémentaires et extraordinaires s'élevant à la somme totale de 11.509.740 fr.

Ces crédits demeurent répartis, par ministère et par chapitre, conformément à l'état A annexé à la présente loi.

Il sera pourvu aux crédits ci-dessus au moyen des ressources générales du budget de l'exercice 1914.

2. Sur les crédits ouverts aux ministres par la loi de finances du 15 juill. 1914 et par des lois spéciales, pour les dépenses du budget général de l'exercice 1914, une somme de 12.756.131 fr. est et demeure annulée, conformément à l'état B annexé à la présente loi.

3. En vue d'assurer l'application des dispositions de l'art. 70 de la loi de finances du 15 juill. 1914, un chapitre libellé : « Dépenses des exercices 1910 et 1911 », est ouvert, avec la mention « Mémoire », dans la nomenclature des chapitres de chacun des ministères et de chacun des budgets annexes pour l'exercice 1914.

(*Suivent au* J. off. *les états annexés*).

BUDGET, GUERRE FRANCO-ALLEMANDE, EXERCICE 1915, CRÉDITS PROVISOIRES, TROISIÈME TRIMESTRE. — I. BUDGET GÉNÉRAL — OUVERTURE DE CRÉDITS, AUTORISATION DE PERCEVOIR (art. 1er à 4). — ENREGISTREMENT : ALGÉRIE, ACTES DE SOCIÉTÉ, APPORTS D'IMMEUBLES SITUÉS EN FRANCE, APPORTS D'IMMEUBLES SITUÉS EN ALGÉRIE, TRANSCRIPTION (DROIT DE) (art. 5). — POSTES : CAISSE AUTONOME DE RETRAITES DES OUVRIERS MINEURS, FRANCHISE POSTALE, TARIFS POSTAUX DES RETRAITES OUVRIÈRES (art. 6 et 7). — CHEMINS DE FER DE L'ÉTAT, OBLIGATIONS AMORTISSABLES, EMISSION (art. 8). — II. DISPOSITIONS SPÉCIALES. — CRÉANCES SUR L'ETAT, RÉGIONS OCCUPÉES PAR L'ENNEMI, FONCTIONNAIRES MOBILISÉS, LIQUIDATION, ORDONNANCEMENT, DETTES DES DÉPARTEMENTS, COMMUNES ET ÉTABLISSEMENTS PUBLICS (art. 9). — POUDRES ET EXPLOSIFS, FONDS D'APPROVISIONNEMENTS GÉNÉRAUX, AUGMENTATION (art. 10). — III. MOYENS DE SERVICE ET DISPOSITIONS SPÉCIALES (art. 11 à 19).

1° LOI *portant : 1° ouverture sur l'exercice 1915 des crédits provisoires applicables au troisième trimestre de 1915 ; 2° autorisation de percevoir, pendant la même période, les impôts et revenus publics.*

(**29 juin 1915**). — (Publ. au *J. off.* du 30 juin).

(1) *J. off.*, 18 juill. 1914, p. 6443.

TITRE Ier.

BUDGET GÉNÉRAL ET BUDGETS ANNEXES RATTACHÉS POUR ORDRE AU BUDGET GÉNÉRAL

§ 1er. — *Crédits accordés.*

ART. **1er.** Il est ouvert aux ministres, au titre du budget général de l'exercice 1915, des crédits provisoires, s'élevant à la somme totale de 5.623.626.973 fr., et applicables au troisième trimestre de 1915.

2. Il est ouvert aux ministres, au titre des budgets annexes rattachés pour ordre aux budgets de leurs départements respectifs, pour l'exercice 1915, des crédits provisoires, s'élevant à la somme totale de 334.380.357 fr., et applicables au troisième trimestre de 1915.

3. Les crédits ouverts par les art. 1er et 2 ci-dessus seront répartis, par ministères et par chapitres, au moyen d'un décret du Président de la République.

Ils se confondront, d'ailleurs, avec les crédits qui seront accordés pour l'année entière par la loi de finances de l'exercice 1915.

§ 2. — *Impôts et revenus autorisés.*

4. La perception des impôts indirects et des produits et revenus publics continuera d'être opérée jusqu'au 1er oct. 1915, conformément aux lois en vigueur.

Continuera d'être faite, pendant le troisième trimestre de 1915, la perception, conformément aux lois existantes, des divers droits, produits et revenus, au profit des départements, des communes, des établissements publics et des communautés d'habitants dûment autorisées.

Continuera également d'être faite, pendant la même période, la perception, conformément aux lois existantes, des divers produits et revenus affectés aux budgets annexes rattachés pour ordre au budget général.

5. En cas d'enregistrement en Algérie d'un acte de société constatant l'apport d'immeubles situés en France, et ne donnant pas ouverture, à raison de cet apport, au droit de mutation entre vifs à titre onéreux, le droit de transcription de 1 fr. 50 p. 100, augmenté de 2 décimes et demi exigible sur la valeur en capital dudit apport, en vertu de l'art. 8 de la loi du 13 juill. 1911 (1), sera perçu par le receveur de la colonie pour le compte du budget général de la métropole.

Réciproquement, en cas d'enregistrement en France d'un acte de société constatant l'apport d'immeubles situés en Algérie et ne donnant pas ouverture, à raison de cet apport, au droit de mutation entre vifs à titre onéreux, le droit de transcription de 1 p. 100, sans addition de décime, exigible sur la valeur en capital dudit apport, en vertu de l'art. 1er du décret du 13 déc. 1912 (2) et de l'art. 6 du décret du 23 déc. 1914 (3), sera perçu par le receveur de la métropole pour le compte du budget spécial de la colonie.

6. Est admise à circuler en franchise par la poste, sous enveloppe ouverte ou fermée, la correspondance de service expédiée sous le contreseing du président de la caisse autonome de retraites des ouvriers mineurs, à l'adresse des préfets, des inspecteurs généraux et inspecteurs des finances, des ingénieurs en chef des mines, des trésoriers-payeurs généraux et du receveur central des finances de la Seine.

7. Les correspondances expédiées ou reçues par la caisse autonome de retraites des ouvriers mineurs, pour le service des retraites de ces ouvriers, bénéficieront, dans des conditions qui seront déterminées par décret, des tarifs postaux prévus par l'art. 22 de la loi du 5 avril 1910 (4), sur les retraites ouvrières et paysannes, en faveur des correspondances adressées ou reçues pour l'exécution de la loi par la Caisse nationale des retraites.

8. Le ministre des finances est autorisé, pour subvenir, pendant le troisième trimestre de 1915, aux dépenses de la 2e section des budgets annexes des chemins de fer de l'Etat, à émettre, dans les conditions déterminées par l'art. 44 de la loi de finances du 13 juill. 1911, des obligations amortissables, dont le montant ne pourra excéder la somme de 6.220.900 fr. pour le réseau ancien des chemins de fer de l'Etat, et celle de 25.416.200 fr. pour le réseau racheté de la compagnie de l'Ouest.

TITRE II

DISPOSITIONS SPÉCIALES

9. Les créances sur l'Etat afférentes à l'exercice 1914, qui, par suite de l'occupation de certaines régions par l'ennemi, n'ont pu être liquidées, ordonnancées et payées avant la clôture de l'exercice, seront acquittées sur les crédits de l'exercice courant, au vu de certificats délivrés par l'ordonnateur et relatant les circonstances ayant fait obstacle au paiement. Ces dépenses seront ultérieurement transportées au chapitre spécial ouvert au titre des exercices clos, où elles recevront leur imputation régulière.

Il en sera de même des traitements afférents à l'exercice 1914, et non encore payés par l'Etat aux fonctionnaires mobilisés.

Des décrets, rendus sur la proposition du ministre de l'intérieur et du ministre des finances, détermineront les mesures analogues applicables aux créanciers des départements, des communes et des établissements publics.

(1) S. et P. *Lois annotées* de 1912, p. 202; *Pand. pér.*, *Lois annotées* de 1912, p. 202.

(2) *J. off.*, 19 déc. 1912, p. 10591.

(3) *J. off.*, 27 déc. 1914, p. 9377

(4) S. et P. *Lois annotées* de 1911, p. 1; *Pand. pér.*, *Lois annotées* de 1911, p. 1.

10. En vue des besoins temporaires de la période de guerre, le fonds des approvisionnements généraux du service des poudres, fixé en exécution de l'art. 34 de la loi du 13 juill. 1911 à 25.604.930 fr. 57, pourra, au moyen d'avance du Trésor, être porté à 50 millions.

TITRE III

MOYENS DE SERVICE ET DISPOSITIONS ANNUELLES

11. Il est ouvert au ministre de la guerre un crédit provisoire de 5 millions de francs pour l'inscription au Trésor public des pensions militaires de son département et des pensions militaires des troupes coloniales à liquider dans le courant du troisième trimestre de 1915.

Ce crédit se confondra avec celui qui sera accordé pour l'année entière par la loi de finances de l'exercice 1915.

12. Il est ouvert au ministre de la marine un crédit provisoire de 1 million de francs pour l'inscription au Trésor public des pensions militaires de son département à liquider dans le courant du troisième trimestre de 1915.

Ce crédit se confondra avec celui qui sera accordé pour l'année entière par la loi de finances de l'exercice 1915.

13. Il est ouvert au ministre des colonies un crédit provisoire de 25.000 fr. pour l'inscription au Trésor public des pensions militaires de son département à liquider dans le courant du troisième trimestre de 1915.

Ce crédit se confondra avec celui qui sera accordé pour l'année entière par la loi de finances de l'exercice 1915.

14. Est fixé à 100.000.000 fr., pour le troisième trimestre de 1915, le maximum du compte courant à ouvrir au Trésor pour les sommes non employées appartenant aux caisses d'assurances régies par la loi du 5 avril 1910, sur les retraites ouvrières et paysannes, et dont la gestion financière est confiée à la Caisse des dépôts et consignations, en vertu de l'art. 15 de ladite loi.

Le taux de l'intérêt servi par le Trésor sera le même que celui du compte courant de la Caisse des dépôts et consignations.

15. Le ministre de l'intérieur est autorisé à engager, pendant le troisième trimestre de 1915, dans les conditions déterminées par la loi du 12 mars 1880 (1) et par le décret du 10 avril 1914 (2), pour le programme vicinal de 1915, des subventions qui ne pourront excéder la somme de 2.500.000 fr., et qui seront imputables tant sur les crédits de l'exercice 1915 que sur les crédits à ouvrir ultérieurement.

Ces autorisations d'engagement se confondront avec celles qui seront accordées pour l'année entière par la loi de finances de l'exercice 1915.

16. La valeur du matériel à délivrer aux services d'exécution de la marine pour emploi, pendant le troisième trimestre de 1915 (crédits-matières), est fixée par chapitre, conformément à l'état annexé à la présente loi.

17. Les travaux à exécuter, pendant le troisième trimestre de 1915, soit par les compagnies de chemins de fer, soit par l'Etat, pour la continuation des lignes nouvelles en construction des grands réseaux concédés, ne pourront excéder le maximum de 6 millions de francs.

Cette somme se confondra avec celle qui sera autorisée pour l'année entière par la loi de finances de l'exercice 1915.

18. Le montant des travaux complémentaires de premier établissement (c'est-à-dire de ceux qui deviennent nécessaires postérieurement à la mise en exploitation des lignes) à exécuter en 1915, et dont le ministre des travaux publics pourra autoriser l'imputation au compte de ces travaux, est fixé, pour le troisième trimestre de 1915, non compris le matériel roulant, à la somme de 15 millions de francs, qui se confondra avec celle qui sera fixée, pour l'année entière, par la loi de finances de l'exercice 1915.

19. Toutes contributions directes et indirectes autres que celles qui sont autorisées par les lois de finances de l'exercice 1914, par la loi du 26 déc. 1914 (3) et par la présente loi, à quelque titre ou sous quelque dénomination qu'elles se perçoivent, sont formellement interdites, à peine, contre les autorités qui les ordonneraient, contre les employés qui confectionneraient les rôles et tarifs, et ceux qui en feraient le recouvrement, d'être poursuivis comme concussionnaires, sans préjudice de l'action en répétition pendant trois années contre tous receveurs, percepteurs ou individus qui en auraient fait la perception.

(*Suit au J. off. l'état annexé*).

2° DÉCRET *répartissant les crédits provisoires applicables au troisième trimestre de* 1915.

(29 juin 1915). — (Publ. au *J. off.* du 30 juin).

LE PRÉSIDENT DE LA RÉPUBLIQUE FRANÇAISE; — Vu la loi du 29 juin 1915 (4), qui a ouvert aux ministres des crédits provisoires sur l'exercice 1915, pour les dépenses de leur département pendant le troisième trimestre de 1915; — Sur la proposition du ministre des finances; — Décrète :

ART. 1er. Le crédit provisoire, montant à 5.623.626.973 fr., ouvert aux ministres sur l'exercice 1915 par l'art. 1er de la loi susvisée du 29 juin 1915 pour les dépenses du budget général de leur département, est réparti, par ministères et par

(1) S. *Lois annotées* de 1881, p. 38. — P. *Lois, décr.*, etc. de 1881, p. 62.

(2) *J. off.*, 17 avril 1914, p. 3537.

(3) 1er vol., p. 275.

(4) C'est la loi qui précède.

chapitres, conformément à l'état A ci-annexé.

2. Le crédit provisoire, montant à 334.380.357 fr., ouvert aux ministres par l'art. 2 de la loi précitée, au titre des budgets annexes rattachés pour ordre au budget général de l'exercice 1915, est réparti, par ministères et par chapitres, conformément à l'état B ci-annexé.

3. Le ministre des finances et les ministres des autres départements sont chargés, etc.

(*Suivent au* J. off. *les états annexés*).

BUDGET, BUDGET DE 1914, ANNULATION DE CRÉDITS, BUDGET DE 1915, REPORT DE CRÉDITS.

LOI *relative au report de crédits de l'exercice* 1914 *à l'exercice* 1915.

(30 juin 1915). — (Publ. au *J. off.* du 1er juill.).

EXERCICE 1914

ART. 1er. Sur les crédits ouverts aux ministres par la loi de finances du 15 juill. 1914 (1) et par des lois spéciales, pour les dépenses du budget général de l'exercice 1914, une somme de 38.221.372 francs est et demeure annulée conformément à l'état A annexé à la présente loi.

EXERCICE 1915

2. Il est ouvert aux ministres, sur l'exercice 1915, en addition aux crédits provisoires alloués par la loi du 26 déc. 1914 et par des lois spéciales, pour les dépenses du budget général, des crédits s'élevant à la somme totale de 19.119.279 francs.

Ces crédits demeurent répartis, par ministère et par chapitre, conformément à l'état B annexé à la présente loi.

(*Suit au* J. off. *l'état annexé*).

COLONIES, PROTECTORAT (PAYS DE), GUERRE FRANCO-ALLEMANDE, OFFICIERS PUBLICS ET MINISTÉRIELS MOBILISÉS, SUPPLÉANCE, LOI DU 5 AOUT 1914, APPLICATION.

DÉCRET *portant extension aux colonies et pays de protectorat relevant du ministère des colonies de la loi du* 5 *août* 1914, *relative à la suppléance des officiers publics et ministériels en cas de guerre.*

(30 juin 1915). — (Publ. au *J. off.* du 4 juill.).

LE PRÉSIDENT DE LA RÉPUBLIQUE FRANÇAISE; — Sur le rapport du ministre des colonies; — Vu l'art. 8 du sénatus-consulte du 3 mai 1854 (2); — Décrète :

ART. 1er. Les dispositions contenues dans la loi du 5 août 1914 (3), relative à la suppléance des officiers publics et ministériels en cas de guerre, sont étendues aux colonies et pays de protectorat relevant du ministère des colonies.

2. Le ministre des colonies est chargé, etc.

RÉQUISITIONS MILITAIRES, MARINE, GUERRE FRANCO-ALLEMANDE, NAVIRES RÉQUISITIONNÉS, PERSONNEL MILITAIRE EMBARQUÉ.

CIRCULAIRE *relative à la situation des marins de l'Etat embarqués sur les bâtiments de commerce réquisitionnés et non militarisés.*

(30 juin 1915). — (Publ. au *J. off.* du 2 juill.).

Le Ministre de la marine à MM. les vice-amiraux commandant en chef, préfets maritimes.

Mon attention a été appelée sur les difficultés d'application des règles actuellement en vigueur, relatives à l'administration du personnel militaire embarqué sur des navires de commerce réquisitionnés et non militarisés.

Ce personnel est destiné à compléter l'équipage des navires dont il s'agit, lequel peut comprendre ainsi : des officiers de marine, des officiers mariniers et marins des équipages de la flotte, ainsi que des inscrits maritimes non mobilisés ou renvoyés en sursis d'appel.

La situation des inscrits maritimes non mobilisés ou renvoyés en sursis d'appel (c'est-à-dire non présents sous les drapeaux) est celle de tous les marins naviguant au commerce; l'administration de cette partie de l'équipage n'entraîne aucune difficulté.

Il n'en est pas de même en ce qui concerne les marins de l'Etat embarqués en complément d'équipage.

Tout d'abord, des doutes se sont élevés au sujet de l'interprétation qu'il convient de donner à la circulaire du 21 août 1914 (4), disposant que ces hommes sont embarqués à titre de passagers.

D'autre part, l'expérience a montré que l'application des règles posées par la circulaire susvisée pour le paiement de ce personnel est rendue difficile par ce fait que tous les hommes n'appartiennent pas au même dépôt.

La complication d'écritures qui en résulte est d'autant plus fâcheuse que les commandants des navires réquisitionnés sont peu familiarisés avec la comptabilité administrative.

Enfin, la pluralité des autorités chargées de suivre les mouvements des navires dont il s'agit

---

(1) *J. off.*, 18 juill. 1914, p. 6448.

(2) S. *Lois annotées* de 1854, p. 78. — P. *Lois, décr.*, etc. de 1854, p. 137.

(3) 1er vol., p. 31.

(4) 1er vol., p. 68.

présente l'inconvénient de compliquer le décompte des services à bord des bâtiments réquisitionnés et non militarisés.

Afin de préciser la situation des marins de l'Etat embarqués sur ces navires, et dans le but de remédier aux difficultés signalées au département, j'ai l'honneur de vous faire connaître que j'ai arrêté les dispositions suivantes :

1° Les marins en question ont droit à la solde n. 4 (art. 18 du décret du 11 juill. 1908) (1).

2° Tout le personnel militaire en activité de service embarqué sur les navires visés au § 4 de la circulaire du 21 août 1914 sera porté sur un même rôle, qui sera celui de la direction des mouvements du port comptable de la réquisition du bâtiment (Circ., 2 oct. 1914, *B. O.*, p. 534) (2).

Je vous prie de vouloir bien notifier les prescriptions ci-dessus aux autorités maritimes intéressées, placées sous vos ordres, en appelant tout particulièrement leur attention sur l'intérêt qu'il y a à diminuer autant que possible le nombre des marins en activité de service embarqués dans les conditions susvisées, en raison des difficultés administratives qui en résultent.

Sauf dans le cas de nécessité absolue, les marins destinés à compléter l'équipage d'un bâtiment de commerce réquisitionné et non militarisé doivent être choisis exclusivement parmi les inscrits maritimes mobilisés, et, à défaut, parmi les réservistes des équipages de la flotte, qui sont ensuite placés en sursis d'appel, dans les conditions fixées par la circulaire du 28 févr. 1915 (*B. O.*, p. 226), modifiée par celle du 1er juin 1915.

TRAVAIL, GUERRE FRANCO-ALLEMANDE, CHÔMAGE, CAISSES DE SECOURS, SUBVENTION, EXERCICE 1915.

1° DÉCRET *relatif aux subventions aux caisses de secours contre le chômage involontaire pour manque de travail.*

(30 juin 1915). — (Publ. au *J. off.* du 2 juill.).

LE PRÉSIDENT DE LA RÉPUBLIQUE FRANÇAISE; — Vu le décret du 9 sept. 1905 (3), modifié par les décrets des 20 avril 1906 (4), 31 déc. 1906 (5), 3 déc. 1908 (6) et 28 déc. 1912 (7), relatif aux subventions aux caisses de secours contre le chômage invo'ontaire par manque de travail; — Vu le décret du 25 août 1914 (8), relatif aux subventions à allouer, à titre de provision, aux caisses de secours contre le chômage involontaire par manque de travail, pour leurs dépenses du premier semestre de l'année 1914; — Vu le décret du 9 févr. 1915, autorisant les caisses de secours contre le chômage involontaire par manque de travail, qui ont reçu, à titre de provision, pour leurs dépenses du premier semestre de l'année 1914, une somme supérieure à celle à laquelle elles avaient droit par application du régime normal des subventions, à verser cette somme à leur fonds de réserve; — Sur la proposition du ministre du travail et de la prévoyance sociale et du ministre des finances ; — Décrète :

ART. **1er**. Les dispenses prévues par le § 1er de l'art. 23 du décret du 9 sept. 1905, modifié par les décrets des 20 avril 1906, 31 déc. 1906, 3 déc. 1908 et 28 déc. 1912, sont applicables aux subventions imputables sur le budget de l'exercice 1915 et demeureront applicables aux subventions ultérieures, jusqu'à une date qui sera fixée par arrêté ministériel après la cessation des hostilités.

Pendant la même période de temps, les caisses de secours contre le chômage involontaire par manque de travail pourront recevoir, à titre de provision, une subvention égale, pour chaque caisse, à la dernière subvention reçue par application des règles ordinaires de la répartition semestrielle.

Si la subvention provisionnelle versée par application du paragraphe précédent est supérieure au montant de la subvention semestrielle calculée d'après les règles ordinaires de la répartition, la caisse est admise à verser l'excédent à son fonds de réserve.

2. Le ministre du travail et de la prévoyance sociale et le ministre des finances sont chargés, etc.

2° ARRÊTÉ *fixant les subventions à allouer aux caisses de secours contre le chômage involontaire pour*

---

(1) *Bull. off.*, 12e série, 3040, n. 5368.

(2) *J. off.*, 3 oct. 1914, p. 8174.

(3) *Bull. off.*, 12e série, 2670, n. 46636.

(4) *Bull. off.*, 12e série, 2732, n. 47637.

(5) *J. off.*, 1er janv. 1907, p. 26.

(6) *J. off.*, 9 déc. 1908, p. 845.

(7) *J. off.*, 31 déc. 1912, p. 11099.

(8) Ce décret, inséré au *J. off.* du 26 août 1914, p. 7687, est ainsi conçu :

LE PRÉSIDENT DE LA RÉPUBLIQUE FRANÇAISE; — Sur le rapport du ministre du travail et de la prévoyance sociale et du ministre des finances; — Vu le décret du 9 sept. 1905, modifié par les décrets des 20 avril 1906, 31 déc. 1906, 3 déc. 1908 et 28 déc. 1912, relatif aux subventions aux caisses de secours contre le chômage involontaire ; — Décrète :

ARTICLE UNIQUE. Les caisses de secours contre le chômage involontaire par manque de travail, qui ont reçu des subventions, dans les conditions déterminées par le décret du 9 sept. 1905, modifié par les décrets des 20 avril 1906, 31 déc. 1906, 3 déc. 1908 et 28 déc. 1912, pour l'un ou l'autre semestre de l'année 1913, sont admises à recevoir, à titre de provision et sans formalités nouvelles, pour leurs opérations du premier semestre de l'année 1914, une subvention égale, pour chaque caisse, à la subvention la plus élevée reçue par elle pour les opérations de l'un ou de l'autre semestre de l'année 1913.

manque de travail, pour les indemnités versées par elles au cours du second semestre de l'année 1914.

(30 juin 1915). — (Publ. au *J. off.* du 2 juill.).

Le Ministre du travail et de la prévoyance sociale; — Vu le décret du 9 sept. 1905 (1), réglant la répartition du crédit ouvert au budget pour subventions aux caisses de secours contre le chômage involontaire, modifié par les décrets des 20 avril 1906 (2), 31 déc. 1906 (3), 8 déc. 1908 (4) et 28 déc. 1912 (5), et spécialement les art. 9, 10, 12, 13 et 14; — Vu l'avis émis par la commission des caisses de chômage, dans sa séance du 29 juin 1915; — Sur la proposition du conseiller d'Etat directeur du travail; — Arrête :

Art. **1er**. Le taux des subventions à allouer, dans les limites déterminées par les art. 9, 10 et 12 du décret du 9 sept. 1905, aux caisses de secours contre le chômage involontaire par manque de travail, pour les indemnités versées par elles au cours du second semestre de l'année 1914, est fixé à 20 p. 100 du montant des indemnités versées par les caisses locales, et à 30 p. 100 du montant des indemnités versées par les caisses fonctionnant dans trois départements au moins et comptant 1.000 membres actifs au minimum.

2. Le conseiller d'Etat, directeur du travail, est chargé, etc.

Ministère de la guerre, Guerre franco-allemande, Sous-secrétariats d'Etat.

Décrets *portant nomination de deux sous-secrétaires d'Etat au ministère de la guerre* (6).

(1er juillet 1915). — (Publ. au *J. off.* du 2 juill.).

1er décret.

Le Président de la République française; — Sur le rapport du ministre de la guerre; — Décrète :

Art. **1er**. M. Joseph Thierry, député, est nommé sous-secrétaire d'Etat au ministère de la guerre.

Il est placé, en cette qualité, à la tête de la direction générale du ravitaillement des armées et des places et de la direction de l'intendance militaire.

2. Le ministre de la guerre est chargé, etc.

2e décret.

Le Président de la République française; — Sur le rapport du ministre de la guerre; — Décrète :

Art. **1er**. M. Justin Godart, député, est nommé sous-secrétaire d'Etat au ministère de la guerre.

Il est placé, en cette qualité, à la tête de la direction du service de santé militaire.

2. Le ministre de la guerre est chargé, etc.

Actes de l'état civil, Guerre franco-allemande, Actes de décès, Militaires, marins, médecins, ministres du culte, infirmiers et infirmières morts pour la France, Mention, Algérie, Colonies, Protectorat (pays de).

Loi *complétant, en ce qui concerne les actes de décès de militaires ou civils tués à l'ennemi ou morts dans des circonstances se rapportant à la guerre, les articles du Code civil sur les actes de l'état civil.*

(2 juillet 1915). — (Publ. au *J. off.* du 9 juill.).

Art. **1er**. L'acte de décès d'un militaire des armées de terre ou de mer tué à l'ennemi, ou mort des suites de ses blessures ou d'une maladie contractée sur le champ de bataille, de tout médecin, ministre du culte, infirmier, infirmière des hôpitaux militaires et formations sanitaires, ainsi que de toute personne ayant succombé à des maladies contractées au cours des soins donnés aux malades ou blessés de l'armée; de tout civil tué par l'ennemi, soit comme otage, soit dans l'exercice de fonctions publiques électives, administratives ou judiciaires, ou à leur occasion, devra, sur avis de l'autorité militaire, contenir la mention : « Mort pour la France ».

2. En ce qui concerne les militaires ou civils tués ou morts, dans les circonstances prévues par l'art. 1er, depuis le 2 août 1914, l'officier de

---

(1) *Bull. off.*, 12e série, 2670, n. 46636.

(2) *Bull. off.*, 12e série, 2732, n. 47637.

(3) *J. off.*, 1er janv. 1907, p. 26.

(4) *J. off.*, 9 déc. 1908, p. 8445.

(5) *J. off.*, 31 déc. 1912, p. 11099.

(6) Ces décrets sont précédés au *J. off.* d'un rapport ainsi conçu :

« L'initiative que vous avez bien voulu approuver, en revêtant de votre signature le décret qui plaçait à la tête de la direction de l'artillerie un sous-secrétaire d'Etat (*Suprà*, p. 161), a, de l'aveu unanime, produit de si heureux résultats qu'il a paru utile d'entrer plus avant dans la voie ouverte par cette innovation.

« Aussi bien, l'une des parties importantes de la tâche du ministre de la guerre, dans les circonstances actuelles, est-elle de se déplacer fréquemment, tant pour visiter à l'intérieur les manufactures et usines travaillant pour la défense nationale que pour se tenir en contact permanent, par des tournées sur le front, avec les armées. Il lui sera d'autant plus aisé de faire face à ces obligations qu'il sera assisté, pour l'administration même de son département, de nouveaux collaborateurs. Le gouvernement a été ainsi amené à penser que la nomination de deux sous-secrétaires d'Etat, placés à la tête, l'un des services de l'intendance, l'autre du service de santé, était, à tout point de vue, justifiée ».

l'état civil devra, sur avis de l'autorité militaire, inscrire en marge des actes de décès les mots : « Mort pour la France ».

3. La présente loi est applicable aux actes de décès des indigènes de l'Algérie, des colonies ou pays de protectorat et des engagés au titre étranger tués ou morts dans les mêmes circonstances.

1° AUTORISATION DE FEMME MARIÉE, GUERRE FRANCO-ALLEMANDE, AUTORISATION MARITALE, IMPOSSIBILITÉ, AUTORISATION DE JUSTICE. — 2° PUISSANCE PATERNELLE, GUERRE FRANCO-ALLEMANDE, PÈRE EMPÊCHÉ, MÈRE.

LOI *modifiant, pendant la durée de la guerre, les dispositions relatives à l'autorisation des femmes mariées en justice et à l'exercice de la puissance paternelle.*

(3 juillet 1915). — (Publ. au *J. off.* du 4 juill.).

ART. **1**er. La femme mariée, qui sera dans l'impossibilité dûment constatée d'obtenir l'autorisation maritale, par suite de la guerre, se pourvoira de l'autorisation de justice, conformément à l'art. 863 du Code de procédure civile.

2. La mère exercera provisoirement la puissance paternelle, à défaut du père, empêché par la cause ci-dessus énoncée.

3. La présente loi ne sera applicable que dans les cas d'urgence reconnus par la justice.

BAIL A FERME, MÉTAYAGE, GUERRE FRANCO-ALLEMANDE, MORATORIUM, PROROGATION DE DÉLAIS, FERMIERS ET MÉTAYERS MOBILISÉS, PROROGATION ET SUSPENSION DES BAUX, ENTRÉE EN JOUISSANCE DIFFÉRÉE, RÉSILIATION DU BAIL SANS INDEMNITÉ, DÉCLARATION, ALGÉRIE.

DÉCRET *rendant applicables aux baux qui doivent prendre fin ou commencer à courir dans la période du 1er août au 30 nov. 1915 les dispositions des décrets des* 19 *sept.*, 19 *oct.*, *et* 11 *déc.* 1914 (1).

(3 juillet 1915). — (Publ. au *J. off.* du 4 juill.).

LE PRÉSIDENT DE LA RÉPUBLIQUE FRANÇAISE; — Sur le rapport des ministres de l'agriculture, de la justice et de l'intérieur ; — Vu l'art. 2 de la loi du 5 août 1914 (2), sur la prorogation des échéances ; — Vu les décrets des 19 (3) et 29 sept. 1914 (4), 19 (5) et 22 oct. 1914 (6), 11 déc. 1914 (7) et 11 mars 1915 (8) ; — Le conseil des ministres entendu ; — Décrète :

ART. **1**er. Les dispositions des décrets des 19 sept., 19 oct. et 11 déc. 1914, relatifs à la prorogation et à la suspension des baux des fermiers et métayers qui ont été mobilisés, seront applicables aux baux qui doivent prendre fin ou commencer à courir dans la période du 1er août au 30 nov. 1915, soit en vertu de la convention des parties, soit par suite d'une précédente prorogation ou suspension.

2. Lorsqu'un fermier ou métayer différera son entrée en jouissance par application de l'article précédent, le bailleur pourra provoquer la résiliation du bail, qui se produira de plein droit sans indemnité, moyennant une déclaration faite, d'une part, au preneur, par lettre recommandée avec avis de réception, d'autre part, au greffe de la justice de paix, trois mois au plus après la date où devait avoir lieu l'entrée en jouissance.

3. Le présent décret est applicable à l'Algérie.

4. Les ministres de l'agriculture, de la justice et de l'intérieur sont chargés, etc.

DOUANES, GUERRE FRANCO-ALLEMANDE, EXPORTATION DE L'OR, INTERDICTION.

DÉCRET *relatif à la prohibition de la sortie de l'or* (9).

---

(1) Ce décret est précédé au *J. off.* d'un rapport ainsi conçu :

« Un décret du 19 sept. 1914 a prévu la prorogation des baux à ferme ou de métayage devant prendre fin avant le 1er janv. 1915, et la suspension des baux devant commencer à courir avant cette date, lorsque le fermier ou le métayer a été mobilisé, si celui-ci, ou, à son défaut, un des membres de sa famille réclame le bénéfice de ces dispositions par une déclaration faite au propriétaire, par lettre recommandée avec avis de réception, et au greffe de la justice de paix. Un décret subséquent, du 19 oct., a donné aux fermiers ou métayers, dont l'entrée en jouissance serait retardée d'un an par suite de la prorogation du bail d'un fermier ou métayer mobilisé, la faculté de conserver pour le même laps de temps la jouissance des domaines qu'ils devaient quitter.

« Ces dispositions ont été successivement étendues, par des décrets du 11 déc. 1914 et du 11 mars 1915, aux baux finissant ou commençant avant le 1er août 1915. En présence de la prolongation des hostilités, nous vous proposons de décider que les mêmes règles seront applicables aux baux qui doivent expirer ou entrer en vigueur avant le 1er déc. 1915, période qui comprend entre autres les échéances très importantes de la Saint-Michel, de la Toussaint et de la Saint-Martin. Les baux qui ont déjà été prorogés ou suspendus pourront l'être de nouveau moyennant une nouvelle déclaration.

« L'art. 2 du décret que nous avons l'honneur de soumettre à votre signature contient une disposition qui ne figure pas dans les décrets précédents, et qui est inspirée d'un article des décrets relatifs à la prorogation des délais en matière de loyers. Elle consiste à donner au propriétaire, dans le cas où le nouveau fermier diffère son entrée en jouissance, le droit de provoquer la résiliation du bail. Ce correctif semble nécessaire pour sauvegarder tout à la fois l'intérêt légitime du propriétaire et l'intérêt supérieur qui s'attache à la mise en culture du sol ».

(2 à 7) 1er vol., p. 33, 116, 132, 164, 168, 251.

(8) 1er vol., p. 53.

(9) Ce décret est précédé au *J. off.* d'un rapport ainsi conçu :

« La France, à la différence de la plupart des pays

(3 juillet 1915). — (Publ. au *J. off.* du 8 juill.).

LE PRÉSIDENT DE LA RÉPUBLIQUE FRANÇAISE; — Sur le rapport du ministre des finances; — Vu l'art. 34 de la loi du 17 déc. 1814 (1); — Décrète :

ART. 1er. Sont prohibées la sortie, ainsi que la réexportation, sous un régime douanier quelconque, de l'or brut en masses, lingots, barres, poudre, objets détruits, ainsi que des monnaies d'or.

Cette disposition n'est pas applicable aux exportations de la Banque de France.

2. Le ministre des finances est chargé, etc.

DOUANES, GUERRE FRANCO-ALLEMANDE, INTERDICTION DE SORTIE, ACIDE CHLORHYDRIQUE, SULFURE DE CARBONE ET DE SODIUM, PRODUITS PHOSPHORÉS, ARSENIC.

DÉCRET *prohibant la sortie, ainsi que la réexportation de divers produits, acide chlorhydrique, sulfure de carbone, sulfure de sodium, produits phosphorés de toute nature, arsenic et ses sels.*

(3 juillet 1915). — (Publ. au *J. off.* du 4 juill.).

LE PRÉSIDENT DE LA RÉPUBLIQUE FRANÇAISE; — Sur le rapport du ministre des travaux publics, du ministre de la guerre, du ministre des finances et du ministre du commerce, de l'industrie, des postes et des télégraphes; — Vu l'art. 34 de la loi du 17 déc. 1814 (2); — Décrète :

ART. 1er. Sont prohibées, à dater du 3 juill. 1915, la sortie, ainsi que la réexportation en suite d'entrepôt, de dépôt, de transit et de transbordement, des produits énumérés ci-après :

Acide chlorhydrique;
Sulfure de carbone;
Sulfure de sodium;
Produits phosphorés de toute nature;
Arsenic et ses sels.

Toutefois, des exceptions pourront être autorisées, sous les conditions qui seront déterminées par le ministre des finances.

2. Les ministres des travaux publics, de la guerre, des finances et du commerce, de l'industrie, des postes et des télégraphes sont chargés, etc.

RÉQUISITIONS MILITAIRES, GUERRE FRANCO-ALLEMANDE, MARINE, NAVIRES RÉQUISITIONNÉS, DRAGUEURS, ARRAISONNEURS, MARINS, SOLDE.

CIRCULAIRE *au sujet des inscrits embarqués sur les dragueurs et arraisonneurs auxiliaires qui sont atteints par la levée permanente.*

(3 juillet 1915). — (Publ. au *J. off.* du 5 juill.).

Le Ministre de la marine à MM. les vice-amiraux commandant en chef, préfets maritimes, officiers généraux, supérieurs et autres commandant à la mer et à terre, commandants de la marine en Indo-Chine, en Corse, à Dakar et à Diégo-Suarez.

La circulaire du 14 déc. 1914 (3) (*B. O.*, p. 1012) prévoit que les marins de l'équipage commercial des bâtiments réquisitionnés et militarisés comme dragueurs ou arraisonneurs, présents à bord au moment de la réquisition, ont droit à une solde basée sur les salaires stipulés au rôle commercial.

J'ai l'honneur de vous faire connaître que ces dispositions ne sont pas applicables aux inscrits embarqués sur ces bâtiments, qui sont atteints par la levée permanente. Du jour où ils atteignent l'âge de vingt ans, les intéressés doivent être considérés comme accomplissant leur période de service actif, et doivent recevoir, en conséquence, le grade de matelot de 3e classe sans spécialité et la solde militaire correspondante.

Il en est de même des inscrits âgés de moins de vingt ans et levés par anticipation par application des dispositions du décret du 15 févr. 1915 (4), qui doivent recevoir également ce grade et cette solde.

1° PRESCRIPTION, PÉREMPTION, GUERRE FRANCO-ALLEMANDE, DÉLAIS, SUSPENSION, MORATORIUM, CESSATION DES HOSTILITÉS, NOUVEAU DÉLAI. — 2° DÉLAIS, GUERRE FRANCO-ALLEMANDE, SUSPENSION, MORATORIUM, ACTIONS EN JUSTICE, INSCRIPTIONS HYPOTHÉCAIRES, INSCRIPTION DE NANTISSEMENT, RENOUVELLEMENT, CESSATION DES HOSTILITÉS, NOUVEAU DÉLAI. — 3° EXÉCU-

---

d'Europe, n'a pas jusqu'à présent prohibé l'exportation de l'or.

« Ce régime de libre sortie du numéraire a certainement des avantages en ce qu'il facilite le règlement des achats faits à l'étranger, mais il peut prêter à des abus et à des trafics dangereux. L'or qu'on recherche n'est pas toujours destiné à des pays neutres dont la France est débitrice. On a toutes raisons de penser que les billets de banque contre lesquels on offre de l'échanger proviennent, au moins en partie, de réquisitions faites dans nos provinces envahies. Cela nous détermine à prendre des mesures pour arrêter ce trafic.

« Sur l'avis unanime du conseil général de la Banque de France, nous vous proposons d'interdire, jusqu'à nouvel ordre, l'exportation de l'or, en exceptant de cette prohibition les sorties qui seront faites par la Banque de France ou par son intermédiaire ».

(1) S. 1er vol. des *Lois annotées*, p. 914.

(2) S. 1er vol. des *Lois annotées*, p. 914.

(3) 1er vol., p. 254.

(4) *Supra*, p. 31.

TION (DES ACTES ET JUGEMENTS), GUERRE FRANCO-ALLEMANDE, DÉLAIS, SUSPENSION, MORATORIUM, CESSATION DES HOSTILITÉS, NOUVEAU DÉLAI. — 4° ACTIONS EN JUSTICE, GUERRE FRANCO-ALLEMANDE, VOIES DE RECOURS, DÉLAIS, SUSPENSION, MORATORIUM, CESSATION DES HOSTILITÉS, NOUVEAU DÉLAI.

LOI *relative à la reprise après la guerre des délais de prescription et autres en matière civile, commerciale et administrative.*

(**4 juillet 1915**). — (Publ. au *J. off.* du 6 juill.).

ART. **1er**. Les effets de l'art. 2 de la loi du 5 août 1914 (1) et de l'art. 1er du décret du 10 août suivant (2) sont limités aux prescriptions, péremptions et autres délais visés dans l'art. 5 dudit décret, ayant pris cours avant ou depuis le 2 août 1914, qui seront acquis ou prendront fin avant ou pendant le cours des six mois suivant le jour qui sera fixé par décret comme point de départ des délais nouveaux ou complémentaires, conformément à l'art. 2 du décret du 10 août 1914.

2. Les points de départ, variant avec les arrondissements judiciaires, seront fixés par le décret précité.

3. Les prescriptions, péremptions et délais qui auraient été acquis ou auraient pris fin dans les six mois suivant la date fixée par le décret précité seront prolongés de six mois à compter du jour où leur accomplissement ou leur échéance eût dû normalement se produire.

4. Le même délai de six mois à compter du jour à déterminer par le décret précité profitera au renouvellement des inscriptions de privilège, hypothèques, nantissements, etc., qui aurait dû être opéré pendant la durée de la mobilisation.

RÉQUISITIONS MILITAIRES, MARINE, NAVIRES RÉQUISITIONNÉS, REMBOURSEMENT DES DROITS DE PATENTE ET DE LICENCE POUR TRANSPORT DE VOYAGEURS.

CIRCULAIRE *relative au remboursement des droits de patente et de licence pour transport de voyageurs afférents aux navires réquisitionnés.*

(**6 juillet 1915**). — (Publ. au *J. off.* du 10 juill.).

Le Ministre de la marine à MM. les vice-amiraux commandant en chef, préfets maritimes; contre-amiral commandant la marine en Algérie; capitaine de vaisseau commandant la marine en Corse; directeurs de l'inscription maritime dans les six ports secondaires; chefs de service de l'intendance maritime à Dunkerque et Marseille; présidents des commissions mixtes locales des réquisitions maritimes; président de la commission centrale des réquisitions maritimes.

Certains armateurs peuvent être conduits à demander au département le remboursement des droits de patente et de licence pour transport de voyageurs supportés par eux, et afférents à leurs navires réquisitionnés.

J'ai arrêté à ce sujet les dispositions suivantes:

1° A l'égard de la licence pour transport de voyageurs :

Il appartiendra aux propriétaires ou armateurs d'en réclamer eux-mêmes le remboursement à l'Administration des contributions indirectes. Le chef du service des approvisionnements de la flotte du port chargé de la tenue du compte ouvert de la réquisition interviendra seulement pour adresser, sur la demande des intéressés, aux agents de l'Administration des finances, les attestations nécessaires sur la réquisition du navire et sa durée;

2° A l'égard de l'impôt des patentes :

Il y aura lieu pour la marine de rembourser elle-même aux propriétaires des navires réquisitionnés le droit fixe, majoration des centimes additionnels comprise, de cet impôt, pour la période de réquisition du navire, sur présentation de la feuille de contribution afférente à des reçus justifiant le paiement des droits en cause.

Ce service des approvisionnements de la flotte devra ensuite prévenir l'Administration des contributions directes des remboursements de l'espèce, pour éviter tout double emploi.

ACTES DE L'ÉTAT CIVIL, GUERRE FRANCO-ALLEMANDE, ACTES DE DÉCÈS, MILITAIRES, MARINS, MÉDECINS, MINISTRES DU CULTE, INFIRMIERS ET INFIRMIÈRES MORTS POUR LA FRANCE, MENTION.

CIRCULAIRE *relative à l'inscription, en vertu de la loi du 2 juill. 1915, de la mention « Mort pour la France » dans les actes de décès.*

(**8 juillet 1915**). — (Publ. au *J. off.* du 9 juill.)

Le garde des sceaux, ministre de la justice, à messieurs les procureurs généraux près les Cours d'appel de France et d'Algérie.

Une loi du 2 de ce mois (3) ordonne de porter, sur avis de l'autorité militaire, la mention « Mort pour la France » dans l'acte de décès de tout « militaire des armées de terre ou de mer tué à l'ennemi ou mort des suites de ses blessures ou d'une maladie contractée sur le champ de bataille », de tout « médecin, ministre du culte, infirmier, infirmière des hôpitaux militaires et forma-

---

(1-2) 1er vol., p. 33 et 44.

(3) *Supra*, p. 217.

[...]tions sanitaires », de toute « personne ayant succombé à des maladies contractées au cours des soins donnés aux malades ou blessés de l'armée », de tout « civil tué par l'ennemi, soit comme otage, soit dans l'exercice des fonctions publiques électives, administratives ou judiciaires ou à leur occasion ».

Cette prescription, formulée pour les actes à venir, dérive de l'art. 1er; l'art. 2, se référant au passé, c'est-à-dire aux actes déjà dressés, dispose que, sur avis de l'autorité militaire, l'officier de l'état civil devra inscrire les mots « Mort pour la France » en marge des actes de décès des « militaires ou civils, tués ou morts dans les circonstances prévues par l'art. 1er depuis le 2 août 1914 ».

Les dispositions des art. 1er et 2 sont, aux termes de l'art. 3, applicables, sans distinction, entre les citoyens et les simples sujets français, et quelle que soit la nationalité de celui qui a été tué ou est mort dans les circonstances indiquées par la loi, en ce sens qu'il y a lieu de s'y conformer tant à l'égard des « indigènes de l'Algérie, des colonies ou pays de protectorat » que des « engagés au titre étranger ».

L'application de la nouvelle loi dépend à la fois des officiers de l'état civil qualifiés comme tels par le droit commun et des officiers et fonctionnaires militaires exceptionnellement investis des fonctions d'officiers de l'état civil aux armées.

Le ministre de la guerre donnera aux officiers et fonctionnaires militaires, chargés de recevoir les actes de décès aux armées conformément aux art. 93 et s., C. civ., modifiés par la loi du 8 juin 1893 (1), et à leurs chefs hiérarchiques, toutes les instructions nécessaires.

La présente circulaire est destinée aux officiers de l'état civil du droit commun, maires et adjoints, ou conseillers municipaux appelés éventuellement à les suppléer, ainsi qu'aux procureurs de la République sous l'autorité et le contrôle desquels les maires et leurs suppléants sont placés en ladite qualité.

Les maires auront à se pénétrer de la distinction établie par la loi du 2 de ce mois, au point de vue de l'inscription de la mention « Mort pour la France » entre les actes de décès postérieurs à cette loi et les actes antérieurs.

Ils s'attacheront, pour l'application de cette distinction, non pas à la date que porte la loi nouvelle, mais à celle à laquelle elle deviendra exécutoire, selon l'art. 2 du décret du 5 nov. 1870 (2), aux termes duquel les lois sont obligatoires à Paris, un jour franc après leur promulgation résultant de leur insertion au *Journal officiel*, et partout ailleurs, dans l'étendue de chaque arrondissement, un jour franc après l'arrivée du *Journal officiel* au chef-lieu de l'arrondissement.

Les maires auront à se conformer à l'art. 1er de la loi pour les actes à dresser par eux à partir de la date à laquelle elle sera devenue exécutoire et à l'art. 2 pour les actes établis auparavant.

I

ACTES POSTÉRIEURS A LA LOI DU 2 JUILL. 1915

Trois cas sont à distinguer :

Premier cas. — Actes de décès dressés aux armées (art. 93, C. civ.).

C'est aux officiers et fonctionnaires militaires, qualifiés pour recevoir ces actes en vertu de l'art. 93, C. civ., de faire figurer la mention « Mort pour la France » dans le corps même de l'acte. Les maires n'ont, en cette hypothèse, aucun rôle à remplir, et il leur incombe simplement de transcrire sur les registres de l'état civil les actes qu'ils reçoivent du ministre de la guerre.

Deuxième cas. — Actes de décès dressés en cas de mort survenue en dehors des armées, mais dans un établissement militaire (art. 80, C. civ.).

Pour les décès survenus en dehors des armées, mais dans un hôpital ou une formation sanitaire relevant du ministère de la guerre, ou dans tout autre établissement militaire, l'acte est dressé par le maire de la commune où l'établissement est situé, dans les conditions particulières fixées par l'art. 80, C. civ., c'est-à-dire sur déclaration faite par l'officier d'administration gestionnaire et sur renseignements pris par cet officier. Le ministre de la guerre donnera des ordres pour que la déclaration porte désormais, s'il y a lieu, la mention « Mort pour la France ». Le maire n'aura qu'à reproduire cette indication dans le corps de l'acte par lui dressé en conséquence.

Troisième cas. — Actes de décès dressés dans les conditions du droit commun (art. 78 et 79, C. civ.).

En ce qui concerne les décès de militaires ou de personnes non militaires survenus en dehors des armées et des établissements militaires, c'est le droit commun qui s'applique pour la réception des actes; par conséquent, c'est aux maires qu'incombera, sous leur responsabilité, le soin d'insérer, quand il y aura lieu, la mention « Mort pour la France », sauf à eux à se faire couvrir, au préalable, par un avis conforme de l'autorité militaire, comme le veut la loi.

Ils procéderont à cette insertion, sur la demande qui leur en sera faite, lors de la déclaration de décès prévue par l'art. 78, C. civ., soit par les dé-

(1) S. et P. *Lois annotées* de 1893, p. 561; *Pand. pér.*, 1894.3.57.

(2) S. *Lois annotées* de 1870, p. 523. — P. *Lois, décr.*, etc. de 1870, p. 898.

clarants eux-mêmes, soit par un parent du défunt ou le conjoint survivant.

Si l'avis de l'autorité militaire ne leur est pas produit à l'appui de cette demande, ils le provoqueront d'urgence, en s'adressant, à cet effet, par les voies les plus rapides, au général commandant la région, à qui ils soumettront un certificat de cause de décès délivré par le médecin traitant à la requête de la famille ou de l'époux survivant.

Il appartiendra au général commandant la région, s'il est d'ores et déjà en possession de renseignements lui permettant de formuler l'avis à fournir par l'autorité militaire, de le communiquer immédiatement au maire; sinon, il n'exprimera son avis qu'après enquête.

Le recours à l'autorité militaire, en vue d'obtenir l'avis exigé par la loi, ne saurait avoir pour effet de retarder l'établissement de l'acte de décès.

En effet, c'est une règle absolue, à laquelle il ne saurait être dérogé sous aucun prétexte, que, dès que l'officier de l'état civil a constaté un décès, il doit sans délai en dresser acte.

En conséquence, dans l'hypothèse considérée, si l'officier de l'état civil, lorsqu'il vient de procéder à la constatation du décès, n'a pas encore reçu l'avis de l'autorité militaire, il passera outre, et dressera l'acte, sans y insérer la mention requise ni laisser de blanc pour l'y inscrire après coup.

Mais la loi ne saurait pour cela rester lettre morte, et j'estime que, si elle ne peut alors être appliquée à la lettre, elle doit l'être dans son esprit; le maire portera donc la mention en marge de l'acte, lorsque l'avis favorable de l'autorité militaire lui sera parvenu.

Cette procédure d'annotation marginale devra être limitée au seul cas où l'insertion de la mention aura été demandée en temps voulu, c'est-à-dire avant l'établissement de l'acte de décès.

Elle ne saurait être étendue à l'hypothèse où la demande ne serait formulée qu'après que l'acte aura été dressé.

Le maire ne pourra donner suite à cette requête tardive, et, pour y faire droit, il faudra un jugement. Il appartiendra d'ailleurs au ministère public, selon les circonstances, de poursuivre d'office devant le tribunal civil l'addition de la mention à l'acte de décès.

Vous trouverez ci-annexée la formule à employer par les maires pour la rédaction des actes de décès dans lesquels il auront à insérer la mention « Mort pour la France »; ce modèle se substituera à celui qui figure dans le formulaire général joint à ma circulaire du 10 janv. 1913.

Si ladite mention est, après réception de l'acte, inscrite en marge, elle devra, conformément à la règle suivie en matière d'actes de l'état civil pour toutes les mentions marginales, être datée et signée par l'officier de l'état civil; sinon, elle n'aurait pas un caractère authentique.

Les avis de l'autorité militaire, sur le vu desquels la mention « Mort pour la France » aura été portée dans le corps ou en marge des actes de décès, seront provisoirement conservés par les maires, pour être déposés, en fin d'année, au greffe du tribunal civil avec le double du registre des actes de décès.

II

ACTES ANTÉRIEURS A LA LOI DU 2 JUILL. 1915

En ce qui concerne les actes de décès dressés depuis le 2 août 1914 jusqu'au jour où la loi du 2 de ce mois sera devenue exécutoire, il y a lieu, pour déterminer les conditions d'application de cette loi, de distinguer entre ceux qui auront été reçus aux armées, puis transcrits sur les registres de l'état civil du dernier domicile du défunt (art. 93 et 94, C. civ.), et ceux qui auront été directement établis par les maires, soit sur la déclaration d'officiers d'administration gestionnaires en cas de mort dans un établissement militaire (art. 80, C. civ.), soit dans les conditions du droit commun (art. 78 et 79).

Dès la réception de la présente circulaire, le maire aura à rechercher, dans les actes dressés aux armées et transcrits par lui, et dans ceux qu'il aura établis sur la déclaration d'officiers d'administration gestionnaires, les mentions que peuvent déjà contenir ces actes, et qui, comme les suivantes, comporteraient la constatation d'une des circonstances spécifiées par l'art. 1er de la loi du 2 de ce mois : « Tué à l'ennemi, mort sur le champ de bataille, mort de blessures de guerre ».

S'il relève dans lesdits actes une telle mention inscrite par l'autorité militaire ou sur son initiative, il portera d'office, en marge de l'acte, la mention « Mort pour la France », sans avoir à provoquer l'avis de cette autorité qui est déjà exprimé.

S'il ne trouve dans ces actes qu'une mention d'une portée douteuse, comme, par exemple, s'il est indiqué qu'un militaire est mort de maladie sous les drapeaux, sans qu'il soit précisé que la maladie a été contractée sur le champ de bataille, ou si l'acte ne renferme aucune mention relative aux circonstances du décès, le maire se pourvoira de l'avis de l'autorité militaire.

En ce qui touche les actes de décès reçus dans les conditions ordinaires prévues par les art. 78 et 79, C. civ., le maire, qui aura à les compléter par l'addition en marge de la mention « Mort pour la France », si la demande lui en est faite, soit par l'autorité militaire, soit par un parent ou le conjoint survivant du défunt, aura également, dans cette seconde hypothèse, à provoquer l'avis de cette autorité.

Pour obtenir cet avis, il s'adressera au commandant du dépôt du régiment auquel appartenait le défunt, ou, dans le cas où le militaire décédé ne faisait pas partie d'un corps de troupe, à M. le ministre de la guerre (service intérieur, archives administratives).

Si le maire est requis de porter la mention prévue par la loi du 2 de ce mois en marge de l'acte de décès d'une personne non militaire, c'est au général commandant la région qu'il demandera l'avis de l'autorité militaire. Cet officier général exprimera son avis, après avoir, s'il y a lieu, procédé à une enquête.

Les mentions marginales, comme il a été dit ci-dessus, doivent être datées et signées par l'officier de l'état civil.

III

DISPOSITIONS SPÉCIALES CONCERNANT LES MARINS ET LE PERSONNEL RELEVANT DU MINISTÈRE DE LA MARINE

Les instructions contenues dans la présente circulaire s'appliqueront de tous points aux mentions à inscrire dans le corps ou en marge des actes de décès des marins et autres personnes relevant à un titre quelconque du ministère de la marine.

Toutefois, c'est dans tous les cas au ministre de la marine que les maires s'adresseront éventuellement pour obtenir l'avis exigé par la loi du 2 de ce mois.

Tout ce qui est dit plus haut au sujet des actes reçus aux armées concerne également les actes de décès dressés pendant un voyage maritime, en vertu de l'art. 86, C. civ.

Je vous prie de vous concerter avec MM. les préfets des départements compris dans votre ressort, afin d'assurer à la présente circulaire la plus large publicité, notamment par voie d'insertion aux *Recueils des actes administratifs.*

(*Suit au* J. off. *le modèle annexé*).

COLONIES, AFRIQUE OCCIDENTALE FRANÇAISE, EMPRUNTS, RELIQUAT, ASSAINISSEMENT DES VILLES ET ALIMENTATION EN EAU.

LOI *portant affectation d'un reliquat de* 605.000 *fr. sur les emprunts de* 65 *et* 100 *millions de l'Afrique occidentale française.*

(9 juill. 1915). — (Publ. au *J. off.* du 11 juill.).

ARTICLE UNIQUE. Pourra être affectée aux dépenses de toute nature ayant pour objet de mettre Dakar et ses environs à l'abri des épidémies, la somme, s'élevant à six cent cinq mille francs (605.000 fr.), et restant inutilisée, sur la fraction prévue pour les égouts de Saint-Louis et de Rufisque, de l'allocation de 10 millions inscrite à la loi du 26 juill. 1912 (1), sous le titre : « Assainissement et alimentation en eau de Saint-Louis, Dakar et Rufisque ».

---

(1) *J. off.*, 28 juill. 1912, p. 678.

ECOLE CENTRALE DES ARTS ET MANUFACTURES, PERSONNALITÉ CIVILE, REPRÉSENTATION, DIRECTEUR, CONSEIL DE L'ECOLE.

LOI *conférant la personnalité civile à l'École centrale des arts et manufactures.*

(9 juillet 1915). — Publ. au *J. off.* du 11 juill.).

ARTICLE UNIQUE. L'École centrale des arts et manufactures est investie de la personnalité civile. Elle est représentée en justice et dans les actes de la vie civile par son directeur, assisté du conseil de l'École.

L'École reste placée sous l'autorité du ministre du commerce, de l'industrie, des postes et des télégraphes.

BANQUE DE FRANCE, GUERRE FRANCO-ALLEMANDE, AVANCES A L'ETAT, CONVENTION, RATIFICATION.

LOI *ayant pour objet de ratifier la convention passée entre le ministre des finances et le gouverneur de la Banque de France.*

(10 juillet 1915). — (Publ. au *J. off.* du 11 juill.).

ARTICLE UNIQUE. Est sanctionnée la convention passée le 4 mai 1915 entre le ministre des finances et le gouverneur de la Banque de France.

Ladite convention est dispensée de timbre et d'enregistrement.

ANNEXE

Entre les soussignés :

M. Alexandre Ribot, ministre des finances,

D'une part ;

Et M. Georges Pallain, gouverneur de la Banque de France, dûment autorisé par délibération du conseil général de la Banque de France, en date du 4 mai 1915,

D'autre part,

Vu la lettre de M. le ministre des finances à M. le gouverneur de la Banque de France, en date du 3 mai 1915,

Il a été convenu ce qui suit :

Art. 1er. La Banque de Frances 'engage à mettre à la disposition de l'Etat une somme de 3 milliards de francs, en sus du maximum prévu par la convention du 21 sept. 1914.

2. Toutes les dispositions de la convention du 21 sept. 1914 sont applicables aux avances nouvelles prévues et consenties par la présente convention.

3. La présente convention est dispensée des droits de timbre et d'enregistrement.

Fait double, à Paris, le 4 mai 1915.

Signé : A. RIBOT.

Signé : G. PALLAIN.

Vu pour être annexé à la loi du 10 juill. 1915, délibérée et adoptée par le Sénat et par la Chambre des députés.

CODE DU TRAVAIL ET DE LA PRÉVOYANCE SOCIALE, LIVRE Ier, TITRE III, CHAPITRE Ier, SECTION I. — SALAIRE DES OUVRIÈRES A DO-

MICILE, INDUSTRIE DU VÊTEMENT, FABRICANT, COMMISSIONNAIRE OU INTERMÉDIAIRE, REGISTRE DES OUVRIÈRES, AFFICHAGE DES PRIX DE FAÇON, CARNETS INDIVIDUELS DES OUVRIÈRES (art. 33 à 33 *c*). — FIXATION DES PRIX DE FAÇON, MINIMUM DU SALAIRE QUOTIDIEN, DÉTERMINATION, CONSEILS DU TRAVAIL, COMITÉS DE SALAIRES, COMITÉS PROFESSIONNELS D'EXPERTISE, RECOURS CONTRE LES DÉCISIONS, COMMISSION CENTRALE (art. 33 *d* à 33 *h*). — CONTESTATIONS, CONSEIL DE PRUD'HOMMES, COMPÉTENCE, DÉLAI DE RÉCLAMATION (art. 33 *i* et 33 *j*.). — ACTION CIVILE POUR INFRACTIONS A LA LOI, ASSOCIATIONS PROFESSIONNELLES AUTORISÉES PAR DÉCRET, SYNDICATS PROFESSIONNELS, QUALITÉ POUR AGIR (art. 33 *k*). — AFFICHAGE DES TARIFS DE SALAIRES AYANT SERVI A ÉTABLIR LES DÉCISIONS DES CONSEILS DE PRUD'HOMMES, ET, A DÉFAUT, DES JUGES DE PAIX ; DROIT POUR LES INTÉRESSÉS DE PRENDRE COPIE DES CHIFFRES DE SALAIRES FIXÉS PAR JUGEMENT (art. 33 *l*). — OUVRIERS A DOMICILE, APPLICATION DES TARIFS FIXÉS POUR LES OUVRIÈRES (art. 33 *m*). — NULLITÉ DES CONVENTIONS CONTRAIRES (art. 33 *n*). — MODIFICATION DANS LE NUMÉROTAGE DU LIVRE Ier DU CODE DU TRAVAIL. — TITRE V, MODIFICATIONS. — CONTRAVENTIONS, PÉNALITÉS, RÉCIDIVE, CIRCONSTANCES ATTÉNUANTES, FABRICANTS, COMMISSIONNAIRES, INTERMÉDIAIRES, RESPONSABILITÉ CIVILE DES FAITS DES PRÉPOSÉS (art. 99 *a*). — INSPECTEURS DU TRAVAIL, CONSTATATION DES CONTRAVENTIONS (art. 107).

LOI *portant modification des titres III et V du livre Ier du Code du travail et de la prévoyance sociale (salaire des ouvrières à domicile dans l'industrie du vêtement).*

(10 juillet 1915). — (Publ. au *J. off.* du 11 juill.).

ART. 1er. Le chapitre 1er du titre III du livre Ier du Code du travail et de la prévoyance sociale est modifié comme suit :

« Chap. 1er. De la détermination du salaire. Section I. Du salaire des ouvrières exécutant à domicile des travaux rentrant dans l'industrie du vêtement.

« Art. 33. Les dispositions de la présente section sont applicables à toutes les ouvrières exécutant à domicile des travaux de vêtements, chapeaux, chaussures, lingerie en tous genres, broderie, dentelles, plumes, fleurs artificielles, et tous autres travaux rentrant dans l'industrie du vêtement.

« Art. 33 *a*. Tout fabricant, commissionnaire ou intermédiaire, faisant exécuter à domicile les travaux ci-dessus visés, doit en informer l'inspecteur du travail et tenir un registre indiquant le nom et l'adresse de chacune des ouvrières ainsi occupées.

« Art. 33 *b*. Les prix de façon fixés, pour les articles faits en série, par tout entrepreneur de travaux à domicile, sont affichés en permanence dans les locaux d'attente, ainsi que dans ceux où s'effectuent la remise des matières premières aux ouvrières et la réception des marchandises après exécution.

« Cette disposition ne s'applique pas au domicile privé des ouvrières, lorsque la remise de ces matières et la réception des marchandises y sont directement effectuées par les soins des fabricants, des commissionnaires ou des intermédiaires.

« Art. 33 *c*. Au moment où une ouvrière reçoit du travail à exécuter à domicile, il lui est remis un bulletin à souche ou un carnet indiquant la nature, la quantité du travail, la date à laquelle il est donné, les prix de façon applicables à ce travail, ainsi que la nature et la valeur des fournitures imposées à l'ouvrière. Les prix nets de façon ne peuvent être inférieurs, pour les mêmes articles, aux prix affichés en vertu de l'article précédent.

« Lors de la remise du travail achevé, une mention est portée au bulletin ou carnet, indiquant la date de la livraison, le montant de la rémunération acquise par l'ouvrière et des divers frais accessoires laissés à sa charge par le fabricant, commissionnaire ou intermédiaire, dans les limites prévues par l'art. 50 du présent livre ainsi que la somme nette payée ou à payer à l'ouvrière, après déduction de ces frais.

« Les mentions portées au bulletin ou carnet doivent être exactement reportées sur la souche du bulletin ou sur un registre d'ordre.

« Les souches et registres visés à l'alinéa précédent doivent être conservés pendant un an au moins par le fabricant, commissionnaire ou intermédiaire, et tenus par lui constamment à la disposition de l'inspecteur.

« Toutes mentions inexactes portées sur les bulletins, carnets, souches et registres visés au présent article sont passibles des peines prévues à l'art. 99 *a*.

« Art. 33 *d*. Les prix de façon applicables au travail à domicile doivent être tels qu'ils permettent à une ouvrière d'habileté moyenne de gagner en dix heures un salaire égal à un minimum déterminé par les conseils du travail, ou, à leur défaut, par les comités de salaires, pour la profession ou pour la région, dans les conditions indiquées aux art. 33 *e*, 33 *f* et 33 *g* ci-après.

« Art. 33 *e*. Les conseils du travail constatent le taux du salaire quotidien habituellement payé dans la région aux ouvrières de même profession et d'habileté moyenne travaillant en atelier, à l'heure ou à la journée, et exécutant les divers travaux courants de la profession.

« Ils déterminent, d'après le chiffre ainsi établi, le minimum prévu à l'art. 33 *d*.

« Dans les régions où, pour la profession visée, le travail à domicile existe seul, les conseils du travail fixent le minimum d'après le salaire moyen des ouvrières en atelier exécutant des travaux analogues dans la région ou dans d'autres régions similaires, ou d'après le salaire habituellement payé à la journalière dans la région.

« Le minimum ainsi fixé sert de base aux jugements des conseils de prud'hommes ou à ceux des juges de paix, dans les différends qui peuvent leur être soumis au sujet de la présente section.

« Les conseils du travail procèdent tous les trois ans au moins à la revision de ce minimum.

« Art. 33 *f*. S'il n'existe pas de conseil du travail dans la profession et dans la région, il est institué, au chef-lieu du département, un comité de salaires des ouvrières à domicile, auquel sont dévolues les attributions données au conseil du travail par l'article précédent.

« Ce comité est composé du juge de paix ou du plus ancien des juges de paix en fonctions au chef-lieu du département, président de droit, de deux à quatre ouvriers ou ouvrières, et d'un nombre égal de patrons appartenant aux industries visées par la présente loi.

« Les membres du comité sont choisis par les présidents et vice-présidents de section des conseils de prud'hommes existant dans le département.

« A défaut de conseils de prud'hommes ayant compétence dans le département, ou si les présidents et vice-présidents de section n'ont pu réaliser un accord sur ce choix, les membres du comité sont désignés par le président du tribunal civil.

« Art. 33 *g*. Il est, en outre, institué, à défaut de conseil du travail, un ou plusieurs comités professionnels d'expertise.

« Chacun de ces comités comprend deux ouvrières et deux patrons (hommes ou femmes) appartenant aux industries du vêtement et exerçant leur profession dans le département.

« Le comité est présidé par le juge de paix du canton où siège le comité.

« Les membres des comités sont choisis par la réunion des présidents et des vice-présidents de section des conseils de prud'hommes fonctionnant dans le département. S'il n'existe pas de conseils de prud'hommes, ils sont désignés par le préfet.

« Les conseils du travail, ou, à leur défaut, les comités professionnels d'expertise peuvent dresser d'office, ou dressent sur la demande du gouvernement, des conseils de prud'hommes ou des unions professionnelles intéressées, avec toute la précision possible, le tableau du temps nécessaire à l'exécution des travaux en série pour les divers articles et les diverses catégories d'ouvrières dans les professions et les régions où s'étendent leurs attributions.

« Le minimum de salaire applicable aux articles fabriqués en série résultera du prix minimum du salaire à l'heure fixé par les comités de salaires, multiplié par le nombre d'heures nécessaires à l'exécution du travail afférent à ces articles.

« Les juridictions compétentes ont la faculté de consulter les comités professionnels d'expertise pour l'évaluation du temps nécessaire à l'exécution des travaux à la pièce non compris dans les tableaux des travaux en série.

« Les indications fournies dans ces conditions servent de base aux jugements des conseils de prud'hommes ou des juges de paix dans les différends soulevés devant eux à l'occasion du travail relatif aux articles exécutés à la pièce.

« Art. 33 *h*. Les chiffres des salaires minima et de tous salaires constatés ou établis par les conseils du travail et par les comités spéciaux, en vertu des art. 33 *e*, 33 *f* et 33 *g*, sont publiés par les soins du préfet, et sont insérés notamment au Recueil des actes administratifs du département.

« Si, dans un délai de trois mois à partir de la publication d'un minimum de salaire arrêté par le conseil du travail ou par un comité de salaires, ou d'un tarif établi par le conseil du travail ou par un comité professionnel d'expertise, une protestation est élevée contre leur décision, soit par le gouvernement, soit par toute association professionnelle ou toute personne intéressée dans la profession, il est statué, en dernier ressort, par une commission centrale siégeant au ministère du travail, et composée ainsi qu'il suit :

« Deux membres (un patron et un ouvrier) du conseil du travail ou du comité départemental qui a déterminé le salaire minimum ;

« Les deux représentants (patron et ouvrier) de la profession au conseil supérieur du travail ;

« Deux prud'hommes (un patron et un ouvrier) élus pour trois ans par l'ensemble des conseils de prud'hommes ;

« Un enquêteur permanent de l'Office du travail, désigné par le ministre du travail et de la prévoyance sociale, et qui remplira les fonctions de secrétaire de la commission avec voix délibérative ;

« Un membre de la Cour de cassation, désigné par celle-ci pour trois ans, qui sera de droit président de la commission centrale, et dont la voix sera prépondérante en cas de partage égal des votes.

« Après l'expiration du délai de trois mois, ou après la décision de la commission centrale, le minimum devient obligatoire dans le ressort du conseil du travail ou du comité départemental qui l'a établi.

« Dans le cas où un conseil du travail ou un comité départemental modifierait sa décision relative au chiffre d'un minimum de salaire, le chiffre antérieurement fixé demeure obligatoire jusqu'à l'expiration du délai de trois mois, ou, en cas de protestation, jusqu'à la décision de la commission centrale.

« Un règlement d'administration publique déterminera les conditions de publicité prévues ci-dessus, le fonctionnement de la commission centrale et l'emploi des crédits nécessaires à ce fonctionnement.

« Art. 33 *i*. Les conseils de prud'hommes, dans l'étendue de leur juridiction, et, à leur défaut, les juges de paix sont compétents pour juger toutes les contestations qui naîtront de l'application de la présente section, et notamment pour redresser tous comptes de salaires inférieurs au minimum défini aux articles précédents.

« La différence constatée en moins entre le salaire payé et celui qui aurait dû l'être doit être versée à l'ouvrière insuffisamment rétribuée, sans préjudice de l'indemnité à laquelle l'employeur pourra être condamné au bénéfice de celle-ci.

« Tout fabricant, commissionnaire ou intermédiaire est civilement responsable, lorsque c'est de son fait que le salaire minimum n'a pu être payé.

« Art. 33 *j*. Les réclamations des ouvrières touchant le tarif appliqué au travail par elles exécuté ne sont recevables qu'autant qu'elles se seront produites au plus tard quinze jours après le paiement de leurs salaires.

« Le délai ainsi fixé ne s'applique pas à l'action intentée par l'ouvrière pour obtenir à son profit l'application d'un tarif d'espèce établi par un précédent jugement et publié comme il est dit à l'art. 33 *l*.

« Art. 33 *k*. Les associations autorisées à cet effet par décret rendu sur la proposition du ministre du travail et de la prévoyance sociale et les syndicats professionnels existant dans la région pour les industries visées à l'art. 33, même s'ils sont composés en totalité ou en partie d'ouvriers travaillant en atelier, peuvent exercer une action civile basée sur l'inobservation de la présente loi, sans avoir à justifier d'un préjudice, à charge, si le défendeur le requiert, de donner caution pour le paiement des frais et dommages auxquels ils pourraient être condamnés, à moins qu'ils ne possèdent en France des immeubles d'une valeur suffisante pour assurer ce paiement.

« La disposition qui précède ne porte point atteinte aux droits reconnus par les lois antérieures aux syndicats professionnels.

« Art. 33 *l*. Le conseil de prud'hommes ou le juge de paix, à l'occasion de tout différend portant sur la rémunération d'une ouvrière effectuant à domicile quelques-uns des travaux visés à l'art. 33, rend publics, par affichage à la porte du prétoire, le chiffre du minimum de salaire qui a servi de base à sa décision et le tarif d'espèce résultant du jugement.

« Tout intéressé et tout groupement visé à l'art. 33 *k* sont autorisés à prendre copie, sans frais, au secrétariat du conseil de prud'hommes, ou au greffe de la justice de paix, des chiffres de ces salaires et à les publier.

« Art. 33 *m*. Dans le cas où des ouvriers appartenant aux industries visées à l'art. 33, et exécutant à domicile les mêmes travaux que les ouvrières, recevraient un salaire inférieur au minimum établi pour celles-ci, le relèvement de ce salaire jusqu'à concurrence dudit minimum pourra être demandé devant les conseils de prud'hommes, ou en justice de paix, dans les mêmes conditions que pour les ouvrières elles-mêmes.

« Les dispositions des art. 33 *a*, *b*, *c*, *d*, *e*, *f*, *g*, *h*, *i*, *j*, *k*, *l*, *m* pourront, après avis du conseil supérieur du travail, et en vertu d'un règlement d'administration publique, être rendues applicables à des ouvrières à domicile appartenant à d'autres industries non visées à l'art. 33.

« Art. 33 *n*. Toutes conventions contraires aux dispositions de la présente section sont nulles et de nul effet ».

2. La section Ire du chapitre Ier du titre III du livre Ier du Code du travail et de la prévoyance sociale portera le titre de section II.

Les art. 33 et 34 du livre Ier du Code du travail et de la prévoyance sociale prendront les n. 34 et 34 *a*.

3. Le titre V du livre Ier du Code du travail et de la prévoyance sociale est modifié comme suit :

1° Après l'art. 99 est inséré l'art. 99 *a* suivant :

« Art. 99 *a*. Les fabricants, commissionnaires, intermédiaires ou leurs préposés, qui auront contrevenu aux dispositions des art. 33 *a*, 33 *b* et 33 *c* du présent livre, seront poursuivis devant le tribunal de simple police, et punis d'une amende de cinq francs (5 fr.) à quinze francs (15 fr.).

« Dans les cas de contravention à l'art. 33 *c*, l'amende sera appliquée autant de fois qu'il y aura de personnes à l'égard desquelles les prescriptions dudit article n'auront pas été observées, sans toutefois que la maximum puisse dépasser cinq cents francs (500 fr.).

« En cas de récidive, le contrevenant sera poursuivi devant le tribunal correctionnel, et puni d'une amende de seize francs (16 fr.) à cent francs (100 fr.).

« Il y a récidive, lorsque, dans les douze mois antérieurs au fait poursuivi, le contrevenant a déjà subi une condamnation pour une contravention identique.

« En cas de pluralité de contraventions entraînant des peines de récidive, l'amende sera appliquée autant de fois qu'il aura été relevé de nouvelles contraventions, sans que le maximum puisse dépasser trois mille francs (3.000 fr.).

« Les tribunaux correctionnels pourront appliquer les dispositions de l'art. 463 du Code pénal, sur les circonstances atténuantes, sans qu'en aucun cas, l'amende, pour chaque contravention, puisse être inférieure à cinq francs (5 fr.).

« Les fabricants, commissionnaires ou intermédiaires sont civilement responsables des condamnations prononcées contre leurs préposés ».

2° L'art. 107 est modifié comme suit :

« Art. 107. Les inspecteurs du travail sont chargés, concurremment avec les officiers de police judiciaire, d'assurer l'exécution des art. 33 *a*, 33 *b*, 33 *c*, 75, 76, 77, et, en ce qui concerne le commerce et l'industrie, des art. 43, 44 et 45 du présent livre.

« Les contraventions auxdits articles, etc. ».

DETTE PUBLIQUE, GUERRE FRANCO-ALLEMANDE, OBLIGATIONS DE LA DÉFENSE NATIONALE, PLACEMENTS, REMPLOIS.

LOI *tendant à assimiler aux placements ou remplois en rentes sur l'Etat les placements ou remplois en obligations de la défense nationale.*

(10 juillet 1915). — (Publ. au *J. off.* du 11 juill.).

ARTICLE UNIQUE. Les obligations de la défense nationale peuvent être affectées aux mêmes placements ou remplois que les rentes sur l'Etat.

MARINE, GUERRE FRANCO-ALLEMANDE, ECOLE DES APPRENTIS MARINS, CANDIDATS, CONSENTEMENT DU PÈRE, EMPÊCHEMENT PAR LE FAIT DE LA GUERRE, CONSENTEMENT DE LA MÈRE, COMMUNES OCCUPÉES PAR L'ENNEMI, ACTES DE L'ÉTAT CIVIL, LIVRETS DE FAMILLE.

CIRCULAIRE *relative à l'établissement des dossiers des candidats aux écoles des apprentis marins et apprentis mécaniciens dont les pères sont mobilisés ou qui sont originaires des régions envahies.*

(11 juillet 1915). — (Publ. au *J. off.* du 13 juill.).

Le Ministre de la marine à M. le vice-amiral commandant en chef, préfet maritime à Brest.

Vous m'avez signalé que l'état de guerre actuel peut, dans nombre de cas, empêcher les candidats à l'Ecole des apprentis marins de fournir le consentement de leur père, et même, s'ils sont originaires des régions envahies, la majeure partie des pièces devant constituer leur dossier.

J'ai l'honneur de vous faire connaître que, par analogie avec les mesures prises par le département de la guerre relativement au même objet (décret du 16 sept. 1914) (1), j'ai décidé que, jusqu'à la cessation des hostilités, et si le père est empêché par le fait de la guerre, la mère sera toujours qualifiée pour donner le consentement nécessaire pour l'admission de son fils dans une école préparatoire de la marine.

D'autre part, à l'égard des enfants originaires des régions envahies, il conviendra de remplacer les pièces d'état civil qu'ils ne pourraient fournir par des extraits de documents tels que livrets de famille, fascicule 3620, ou toute autre pièce officielle contenant les renseignements utiles. Les administrateurs de l'inscription maritime certifieront lesdits extraits.

CHEMINS DE FER, GUERRE FRANCO-ALLEMANDE, TRANSPORT DES EXPLOSIFS.

ARRÊTÉ *modifiant les art.* 16 *et* 71 *du règlement du* 12 *nov.* 1897 *pour le transport des matières dangereuses.*

(12 juillet 1915). — (Publ. au *J. off.* des 15 et 16 juill.).

LE MINISTRE DE LA GUERRE; — Vu la loi du 28 déc. 1888 (2) sur le service militaire des chemins de fer; — Vu le décret du 5 févr. 1889 (3), portant organisation du service militaire des chemins de fer; — Vu le règlement du 12 nov. 1897, pour le transport par chemin de fer des matières dangereuses et des matières infectes; — Arrête :

ART. 1er. Le § 5 de l'art. 16 du règlement du 12 nov. 1897, pour le transport des matières dangereuses ou infectes, est modifié ainsi qu'il suit :

« La charge d'un wagon de dynamite, y compris les emballages, ne doit pas dépasser 5.000 kilogrammes ».

2. Le § 1er de l'art. 71 du règlement précité est complété par la phrase suivante :

« Exceptionnellement, le poids des caisses servant au transport du coton-poudre humide pourra être porté à 200 kilogr. au maximum ».

3. Les dispositions ci-dessus ne seront applicables que pendant la durée de la guerre.

4. Le présent arrêté sera notifié aux compagnies de chemins de fer.

ARMÉE, GUERRE FRANCO-ALLEMANDE, MARÉCHAUX FERRANTS, FORGERONS, MÉCANICIENS DE MACHINES AGRICOLES, ARMÉE TERRITORIALE, RÉSERVE DE L'ARMÉE TERRITORIALE, SERVICE AUXILIAIRE, SURSIS D'APPEL, PERMISSIONS AGRICOLES.

CIRCULAIRE *concernant les sursis et permissions aux*

---

(1) 1er vol., p. 115.

(2) S. *Lois annotées* de 1889, p. 481. — P. *Lois, décr.*, etc. de 1889, p. 827.

(3) *J. off.*, 6 févr. 1889.

maréchaux ferrants, forgerons et mécaniciens réparateurs de machines agricoles.

(**13 juillet 1915**). — (Publ. au *J. off.* du 17 juill.).

Le Ministre de l'agriculture aux préfets.

Comme suite à ma circulaire du 29 juin, j'ai l'honneur de vous adresser quelques indications complémentaires relatives aux demandes de sursis formées par les maréchaux ferrants, forgerons et mécaniciens réparateurs de machines agricoles, que vous aurez à instruire et à me transmettre.

Les sursis en question ne pourront être accordés qu'aux hommes appartenant à l'armée territoriale, à la réserve de l'armée territoriale et au service auxiliaire (toutes classes), en service dans la zone de l'intérieur ou dans les dépôts de la zone des armées, à l'exception des dépôts de Dunkerque, Verdun, Toul, Épinal et Belfort. Les militaires détachés dans les établissements travaillant pour la défense nationale ne pourront pas bénéficier de ces sursis.

Les demandes de sursis que vous aurez reconnus indispensables devront figurer sur un état de propositions *établi en double exemplaire* d'après le modèle ci-joint, et renfermant toutes les indications nécessaires, *de façon très précise*.

Pour les prolongations de sursis, jugées également indispensables, les demandes devront m'être adressées de façon que je puisse les transmettre au ministère de la guerre au moins huit jours avant leur expiration.

Les hommes se trouvant en service aux armées ne pourront pas être mis en sursis d'appel. Ils pourront obtenir exceptionnellement une permission de quinze jours, s'ils font partie de l'armée territoriale ou de sa réserve. Le nombre des permissionnaires de cette catégorie n'excédera pas six par département dans la zone de l'intérieur, vingt par département dans la zone des armées. Ces permissions seront accordées sur vos propositions, que vous aurez à m'adresser autant que possible en un état unique, en mentionnant la date à laquelle les militaires demandés devront arriver à destination et les localités où ils devront se rendre.

Je vous rappelle enfin que les maréchaux ferrants, forgerons et mécaniciens réparateurs de machines agricoles, en service dans la zone de l'intérieur ou dans les dépôts de la zone des armées, autres que ceux de Dunkerque, Verdun, Toul, Épinal et Belfort, qui ne sollicitent qu'une permission agricole de quinze jours, devront adresser eux-mêmes leur demande à leur chef hiérarchique.

En ce qui concerne les entrepreneurs de battage et les mécaniciens de machines à battre, les généraux commandant les régions demeurent compétents pour prononcer les mises en sursis d'appel. Je vous adresserai d'ailleurs très prochainement une circulaire relative aux battages.

(*Suit au* J. off. *le modèle annexé*).

DÉCORATIONS, GUERRE FRANCO-ALLEMANDE, CROIX DE GUERRE, MARINS, CIVILS.

INSTRUCTIONS *complémentaires relatives à la Croix de guerre, faisant suite à la circulaire du* 16 mai 1915.

(**13 juillet 1915**). — (Publ. au *J. off.* des 15 et 16 juill.).

I. — MARINS ET CIVILS DONT LE CAS N'EST PAS RÉGLÉ PAR LA CIRCULAIRE DU 16 MAI 1915.

En dehors des catégories de personnel de la marine explicitement visées par le décret du 23 avril 1915 (1) ou par la circulaire du 16 mai 1915, des citations ouvrant droit à la Croix de guerre peuvent être accordées à des marins appartenant à des missions françaises près des armées alliées, ainsi qu'à ceux autorisés à servir dans une armée alliée et qui seront cités à l'ordre du jour d'une unité de cette armée. La correspondance de ces citations sera établie, soit par le chef de la mission française, soit par l'attaché naval en tenant lieu, et les propositions seront transmises pour approbation au département.

Les citations conférant la Croix de guerre aux civils, s'il s'agit de faits qui se sont passés dans la zone d'opérations de la 1re armée navale, seront soumises à l'approbation du vice-amiral commandant en chef cette force navale, qui indiquera la nature de la citation accordée définitivement.

Dans les autres zones, elles seront soumises par l'autorité maritime compétente au ministre, qui fixera la nature de la citation accordée.

II. — DISPOSITIONS PARTICULIÈRES.

a) *Délivrance de la Croix de guerre aux marins décorés pour actions d'éclat.*

A l'avenir, il ne sera fait application de l'art. 6 du décret du 23 avril 1915 (concession de la Croix de guerre avec palme aux marins dont la décoration aura été accompagnée d'une citation équivalant à une action d'éclat) qu'à ceux d'entre eux qui, dans l'arrêté de décoration inséré au *Journal officiel*, feront l'objet de la mention « A droit à la Croix de guerre, par application de l'art. 6 du décret du 23 avril 1915 » (2).

---

(1) *Supra*, p. 128.

(2) Note du *J. off.* — « Toutefois, cette mention ne figurera pas au *Journal officiel* dans les arrêtés du ministre de la marine, lorsque ces arrêtés concerneront des marins, opérant dans la zone des armées, ayant obtenu la Légion d'honneur ou la médaille militaire en vertu d'une décision « prise directement par le général en chef ». Dans ce cas, la remise aux intéressés de la Croix de guerre, par application de l'art. 6 du décret du 23 avril 1915, sera faite par

Une revision des décorations déjà accordées est en cours par les soins du département, qui établira la liste de celles donnant droit à la Croix de guerre.

b) *Citations accordées à divers échelons pour le même fait.*

Plusieurs citations accordées à divers échelons pour le même fait ne donnent droit qu'à une seule Croix de guerre, avec marque distinctive de la citation la plus élevée.

c) *Disposition sur le ruban des marques distinctives de citations* (*Instruction* [*Guerre*] *du* 13 *mai* 1915 (1).

Les titulaires de plusieurs citations porteront sur le ruban de la Croix de guerre autant de palmes et d'étoiles que de citations.

Les étoiles seront réparties sur une, deux ou trois lignes, de manière à former, suivant leur nombre, soit une ligne (deux), soit un triangle (trois), soit un losange (quatre ou cinq). L'étoile distinctive de la citation la plus élevée sera la plus rapprochée du milieu de la poitrine.

La palme (ou les palmes) surmontera les étoiles.

En cas de citation unique, la palme ou l'étoile tiendra le centre du ruban.

d) Les marins désignés nominativement dans les citations collectives auront droit à la Croix de guerre. Cette croix sera en outre décernée à l'unité citée. Elle sera conservée à bord du bâtiment intéressé, et, au désarmement de ce bâtiment, remise au port comptable, en vue d'être déposée dans tel local approprié du port désigné par le préfet maritime, où elle figurera, avec l'indication de l'unité qui mérita la citation, et copie du texte de cette dernière.

III. — DÉLIVRANCE DES CROIX DE GUERRE.

1° *Dispositions communes à tous les ayants droit.*

Les brevets de la Croix de guerre ne seront délivrés qu'à la fin des hostilités. Jusqu'à ce moment, l'extrait de l'ordre du jour certifié conforme par le commandant, porté, pour les officiers, sur le livret de solde, et, pour les marins, sur le livret de solde et sur le livret matricule, tiendra lieu de brevet.

Lorsque la Croix de guerre ou lorsque des insignes supplémentaires (art. 7 du décret du 23 avril 1915) seront délivrés, mention de ces délivrances sera portée sur les livrets en regard de la citation correspondante, dans la forme suivante :

A reçu la Croix de guerre avec { palme, / étoile en vermeil, / id. argent, / id. bronze,

ou

2° citation... / 3° id. ... / etc. ... } a reçu une { palme, / étoile en vermeil, / id. argent, / id. bronze.

Les mentions de délivrance dont il s'agit seront émargées de la signature des intéressés.

2° *Remise des Croix de guerre et des insignes.*

Le soin de faire parvenir aux ayants droit les Croix de guerre et insignes incombe à la force navale ou au service au titre duquel la citation, de quelque catégorie qu'elle soit, a été prononcée, même lorsqu'il s'agit d'officiers ou de marins débarqués (2) ultérieurement, auquel cas les croix et insignes doivent être dirigés sur leur nouvelle destination.

La délivrance aux ayants droit n'incombe pas toutefois à ces forces navales ou services, lorsque les titulaires des citations sont décédés, disparus en mer ou prisonniers de guerre.

3° *Dispositions spéciales à la remise de la Croix de guerre aux parents des marins décédés ou disparus en mer.*

Les parents des marins décédés ou disparus en mer, désireux de bénéficier des dispositions de l'art. 9 du décret du 23 avril 1915, doivent s'adresser à cet effet au ministre de la marine. Toutes les demandes de l'espèce, qui parviendraient aux autorités maritimes, devront, en conséquence, être transmises au département sous les timbres : « Personnel militaire. — Equipages. — Etat-major de la flotte ».

Ces demandes doivent rappeler, autant que possible, la nature, le texte de la citation, mentionner très exactement les nom, prénoms, grade, numéro matricule, quartier d'inscription ou dépôt d'immatriculation du marin ayant obtenu la citation et l'unité à laquelle il appartenait. Elles doivent être accompagnées de la justification du degré de parenté du demandeur, certifié par le maire ou le commissaire de police.

Les dispositions ci-après, auxquelles il conviendra de se conformer strictement, ont été arrêtées en vue de permettre ultérieurement au département de poursuivre les enquêtes au sujet du bien fondé de ces demandes.

Toutes les citations à l'ordre, quelle que soit leur catégorie (3), concernant des officiers ou des

les autorités militaires compétentes, dans les conditions prévues par l'instruction (Guerre) du 13 mai 1915 ».

(1) *Supra*, p. 154.

(2) Note du *J. off.* — « Y compris les officiers et marins sauvés d'un naufrage et destinés à un autre service ».

(3) Note du *J. off.* — « Y compris les citations d'armée, bien qu'elles soient insérées au *Journal officiel* ».

marins décédés ou disparus sans avoir reçu la Croix de guerre afférente à ces citations, doivent être signalées au département, au fur et à mesure, par la force navale ou le service au titre duquel elles ont été accordées.

4° Croix de guerre destinées à des marins prisonniers de guerre.

Les renseignements indiqués au paragraphe ci-dessus à fournir au département par les services intéressés, au sujet des marins décédés cités à l'ordre, devront être également fournis en ce qui concerne les marins prisonniers de guerre ayant obtenu des citations.

(*Suit au* J. off. *le modèle de l'état à fournir par application des* §§ 3 *et* 4 *ci-dessus*).

PARIS (VILLE DE), BONS MUNICIPAUX, EMISSION, AUTORISATION.

DÉCRET *autorisant l'émission de bons municipaux de la Ville de Paris.*

(13 juillet 1915). — (Publ. au *J. off.* du 29 juill.).

LE PRÉSIDENT DE LA RÉPUBLIQUE FRANÇAISE; — Sur le rapport du ministre de l'intérieur et du ministre des finances; — Vu le décret du 21 sept. 1914 (1), relatif à l'émission de bons départementaux ou municipaux, ensemble la loi du 17 mars 1915 (2); — Vu la délibération du conseil municipal de la ville de Paris, en date du 21 juin 1915; — La section de l'intérieur, de l'instruction publique et des beaux-arts du Conseil d'État entendue; — Décrète :

ART. **1er**. Est autorisée l'émission de bons municipaux de la ville de Paris, à concurrence d'une somme maximum de 120 millions de francs.

Les bons, à ordre ou au porteur, auront une durée de six mois ou d'un an. Ils seront de 100 fr., 500 fr. et 1.000 fr.; il pourra être émis des bons de somme supérieure, si le préfet de la Seine le juge nécessaire.

Les souscripteurs auront droit à un intérêt qui sera payable lors du remboursement des bons.

En aucun cas, le taux d'intérêt effectif n'excédera 6 p. 100.

2. Les bons municipaux émis en exécution de l'article précédent seront admis pour la libération des souscriptions aux emprunts qui seraient émis par la ville de Paris avant la date d'échéance des bons, avec droit de préférence, pour les souscripteurs, jusqu'à concurrence du montant des bons qu'ils remettront à la caisse municipale.

Ces bons, comme ceux de l'émission autorisée par les décrets du 7 nov. (3) et du 15 déc. 1914 (4), seront repris au pair, augmenté de l'intérêt couru depuis le jour de leur souscription.

3. Les ministres de l'intérieur et des finances sont chargés, etc.

POSTES, GUERRE FRANCO-ALLEMANDE, BONS DE POSTE, PRESCRIPTION, SUSPENSION, BONS AYANT PLUS D'UNE ANNÉE DE DATE, VISA POUR DATE.

DÉCRET *relatif au visa pour date des bons de poste dont l'émission remonte à plus d'un an.*

(14 juillet 1915). — (Publ. au *J. off.* du 24 juill.).

LE PRÉSIDENT DE LA RÉPUBLIQUE FRANÇAISE; — Vu les art. 5 et 6 de la loi du 28 juin 1882 (5), relative à la création des bons de poste, fixant respectivement à trois mois et un an les délais de validité et de prescription de ces titres; — Vu la loi de finances du 31 mars 1903 (6) et le décret du 19 sept. 1903 (7), notamment les art. 2, 3 et 4 de ce décret, disposant que les bons de poste peuvent être remplacés par des « autorisations de paiement » dans les trois mois qui suivent la date de prescription des titres primitifs; — Vu l'art. 49 de la loi de finances du 8 avril 1910 (8), réduisant de trois mois à deux mois, à partir du jour de l'émission, le délai pendant lequel les bons de poste sont payables sans taxe de renouvellement; — Vu l'art. 2 de la loi du 5 août 1914 (9), relative à la prorogation des échéances des valeurs négociables; — Vu l'art. 1er du décret du 10 août 1914 (10), relatif à la suspension des prescriptions, péremptions et délais en matière civile, commerciale et administrative; — Sur le rapport du ministre du commerce, de l'industrie, des postes et des télégraphes et du ministre des finances; — Le conseil des ministres entendu; — Décrète :

ART. **1er**. A l'expiration du délai d'un an à partir du jour de leur émission, les bons de poste ne sont payables qu'après avoir été soumis, par l'Administration des postes, à la formalité du « visa pour date », dans les mêmes conditions que pour les mandats-poste périmés.

Toutefois, aucune taxe n'est perçue pour le visa des bons de poste.

---

(1) 1er vol., p. 118.

(2) *Supra*, p. 62.

(3-4) 1er vol., p. 189 et 256.

(5) S. *Lois annotées* de 1882, p. 401. — P. *Lois, décr.*, etc. de 1882, p. 655.

(6) S. et P. *Lois annotées* de 1903, p. 570; *Pand. pér.* 1903.3.52.

(7) S. et P. *Lois annotées* de 1904, p. 688; *Pand. pér.*, 1904.3.16.

(8) S. et P. *Lois annotées* de 1910, p. 1140; *Pand. pér.*, *Lois annotées* de 1910, p. 1140.

(9-10) 1er vol., p. 33 et 44.

Si, pour une cause quelconque, un bon de poste visé pour date n'a pas été payé dans le délai de deux mois, à partir de la date du visa, cette formalité devra être renouvelée de deux mois en deux mois.

2. Ces dispositions seront applicables tant que n'aura pas été rétablie la prescription annale des bons de poste, qui a été suspendue par le décret du 10 août 1914.

3. Le ministre du commerce, de l'industrie, des postes et des télégraphes et le ministre des finances sont chargés, etc.

CHEMINS DE FER, GUERRE FRANCO-ALLEMANDE, DÉLAIS, RESPONSABILITÉ POUR PERTE, AVARIE ET RETARD, CHEMINS DE FER D'INTÉRÊT LOCAL, TRAMWAYS.

ARRÊTÉ *interministériel fixant les conditions de délai et de responsabilité des administrations de chemins de fer des réseaux secondaires en matière de transports commerciaux.*

(15 juillet 1915). — (Publ. au *J. off.* du 21 juill.).

LES MINISTRES DE LA GUERRE ET DES TRAVAUX PUBLICS; — Vu le décret du 29 oct. 1914 (1), sur la responsabilité des administrations de chemins de fer en matière de transports commerciaux; — Vu l'arrêté interministériel du 31 mars 1915 (2), pris en exécution dudit décret; — Vu les propositions des commissions de réseau; — Arrêtent :

ART. 1er. Les dispositions de l'arrêté interministériel du 31 mars 1915, fixant les conditions de délai et de responsabilité des administrations de chemins de fer en matière de transports commerciaux, sont applicables aux réseaux suivants :

Chemins de fer de Caen à la mer.

Chemins de fer du Calvados.

Chemins de fer des Côtes-du-Nord.

Compagnie des chemins de fer départementaux.

Compagnie des chemins de fer départementaux du Finistère.

Compagnie des chemins de fer départementaux de la Mayenne.

Compagnie des chemins de fer économiques des Charentes.

Société générale des chemins de fer économiques.

Compagnie des chemins de fer d'intérêt local de l'Anjou.

Compagnie des chemins de fer de Normandie.

Compagnie du tramway de Bordeaux à Cadillac.

Compagnie des tramways départementaux des Deux-Sèvres.

Compagnie des tramways d'Eure-et-Loir.

Compagnie des tramways de la Sarthe.

Compagnie française de chemins de fer à voie étroite.

Compagnie du chemin de fer de Mamers à Saint-Calais.

Compagnie du chemin de fer de Cormeilles à Glos-Montfort.

Compagnie des chemins de fer de la Manche.

Compagnie des tramways à vapeur d'Ille-et-Vilaine.

Compagnie des chemins de fer économiques du Sud-Est.

Chemin de fer de Saint-Georges-de-Commiers à la Mure.

Compagnie du chemin de fer de Pontarlier à Mouthe et extensions.

Chemin de fer de Vertaizon à Billom.

Régie des chemins de fer départementaux des Bouches-du-Rhône.

Compagnie des chemins de fer du Haut-Rhône.

Compagnie du chemin de fer de Saint-Victor à Thizy.

Compagnie des tramways du Loiret.

Régie départementale des tramways de la Côte-d'Or.

Société grenobloise de tramways électriques.

Compagnie des chemins de fer régionaux de Franche-Comté.

Chemins de fer économiques du Nord.

Compagnie générale des chemins de fer vicinaux.

Séquestre administratif des tramways de l'Ardèche.

Compagnie des omnibus et tramways de Lyon.

Société des chemins de fer du centre.

Compagnie des chemins de fer départementaux du Rhône et de Saône-et-Loire.

Compagnie des chemins de fer du Beaujolais.

Chemins de fer de Saint-Victor à Cours.

Compagnie des chemins de fer d'intérêt local de Saône-et-Loire.

Compagnie des chemins de fer d'intérêt local de l'Yonne.

Compagnie du chemin de fer d'intérêt local d'Andelot à Levier.

Chemin de fer de Voiron à Saint-Béron.

Compagnie des chemins de fer de la Limagne.

Compagnie des tramways de Pontcharra à la Rochette et à Allevard-les-Bains.

Société des voies ferrées du Dauphiné.

Compagnie des chemins de fer de la Camargue.

Chemin de fer de Marlieux à Châtillon.

Compagnie du tramways de Grenoble à Chapareillan.

Compagnie des tramways de Loir-et-Cher.

Compagnie des tramways de la Vienne.

---

(1) 1er vol., p. 179.

(2) *Supra*, p. 93.

Compagnie des chemins de fer du Périgord.
Ligne de Toury à Pithiviers.
Compagnie des chemins de fer d'intérêt local du Morbihan.
Compagnie des tramways de la Dordogne.
Compagnie des tramways de l'Indre.
Compagnie des chemins de fer de grande banlieue.
Compagnie des chemins de fer départementaux du Tarn.
Compagnie des tramways du Quercy.
Compagnie des tramways de Tarn-et-Garonne.
Compagnie des chemins de fer armoricains.
Compagnie des tramways électriques du Libournais.
Compagnie du chemin de fer du Blanc à Argent.
Compagnie des tramways de Loir-et-Cher (Saint-Aignan à Blois).
Société d'exploitation des chemins de fer en Corrèze.
Compagnie des chemins de fer économiques.
Compagnie du chemin de fer de Pierrefitte à Cauterets et à Luz.
Chemin de fer de Bayonne-Anglet-Biarritz.
Société des chemins de fer d'intérêt local du département des Landes (y compris le chemin de fer de Soustons à Léon, exploité par la même société).
Société des chemins de fer du Born et du Marensin.
Compagnie des tramways à vapeur de la Chalosse et du Béarn.
Société des chemins de fer des Pyrénées-Orientales.
Compagnie des chemins de fer à voie étroite et tramways à vapeur du Tarn.
Chemins de fer économiques forestiers des Landes.
Chemins de fer de la Teste à Cazaux.
Compagnie du chemin de fer d'intérêt local de Luxe à Mont-de-Marsan.
Compagnie du tramway de Tarascon à Auzat.
Chemin de fer de Pau-Oloron-Mauléon.
Compagnie des chemins de fer du Sud-Ouest.

2. Le présent arrêté entrera en vigueur à partir du 25 juill. 1915.

CODE DE COMMERCE, ART. 407 ET 436, ABORDAGE, RESPONSABILITÉ, CONVENTION DE BRUXELLES DU 23 SEPT. 1910, NAVIRES DE MER, BATIMENTS DE NAVIGATION INTÉRIEURE, ABORDAGE FORTUIT, ABORDAGE DOUTEUX, ABORDAGE FAUTIF, FAUTE COMMUNE, COMPÉTENCE, TRIBUNAL DU DOMICILE DU DÉFENDEUR, TRIBUNAL DU PORT OU L'UN DES NAVIRES S'EST RÉFUGIÉ EN PREMIER LIEU, ABORDAGE DANS LES EAUX TERRITORIALES FRANÇAISES, TRIBUNAL DU RESSORT DANS LEQUEL EST INTERVENU L'ABORDAGE, ACTION EN INDEMNITÉ, PRESCRIPTION DE DEUX ANS, RECOURS DES TIERS POUR DOMMAGES CAUSÉS PAR MORT OU BLESSURES, PRESCRIPTION D'UN AN, DÉLAI D'APPLICATION DE LA LOI.

LOI *modifiant les art. 407 et 436 du Code de commerce, relativement à la responsabilité en matière d'abordage.*

(15 juillet 1915). — (Publ. au *J. off.* du 17 juill.).

ART. **1er**. L'art. 407 du Code de commerce est remplacé par les dispositions suivantes :

« Art. 407, § 1er. En cas d'abordage survenu entre navires de mer ou entre navires de mer et bateaux de navigation intérieure, les indemnités dues à raison des dommages causés aux navires, aux choses ou personnes se trouvant à bord, sont réglées conformément aux dispositions suivantes, sans qu'il y ait à tenir compte des eaux où l'abordage s'est produit.

« § 2. Si l'abordage est fortuit, s'il est dû à un cas de force majeure, ou s'il y a doute sur les causes de l'accident, les dommages sont supportés par ceux qui les ont éprouvés, sans qu'il y ait à distinguer le cas où, soit les navires, soit l'un d'eux, auraient été au mouillage au moment de l'abordage.

« § 3. Si l'abordage est causé par la faute de l'un des navires, la réparation des dommages incombe à celui qui l'a commise.

« § 4. S'il y a faute commune, la responsabilité de chacun des navires est proportionnelle à la gravité des fautes respectivement commises ; toutefois, si, d'après les circonstances, la proportion ne peut être établie, ou si les fautes apparaissent comme équivalentes, la responsabilité est partagée par parties égales.

« Les dommages causés, soit aux navires, soit à leur cargaison, soit aux effets ou autres biens des équipages, des passagers ou autres personnes se trouvant à bord, sont supportés par les navires en faute, dans ladite proportion, sans solidarité à l'égard du tiers.

« Les navires en faute sont tenus solidairement à l'égard des tiers, pour les dommages causés par mort ou blessures, sauf recours de celui qui a payé une part supérieure à celle que, conformément à l'alinéa précédent du présent paragraphe, il doit définitivement supporter.

« § 5. La responsabilité établie par les paragraphes précédents subsiste dans le cas où l'abordage est causé par la faute d'un pilote, même lorsque celui-ci est obligatoire.

« § 6. Les dispositions qui précèdent sont applicables à la réparation des dommages que, soit par exécution ou omission de manœuvre, soit par inobservation des règlements, un navire a causés, soit à un autre navire, soit aux choses ou personnes se trouvant à leur bord, alors même qu'il n'y aurait pas eu abordage.

« § 7. En cas d'abordage, le demandeur pourra, à son choix, assigner devant le tribunal du domicile du défendeur ou devant celui du port français dans lequel, en premier lieu, soit l'un, soit l'autre des deux navires s'est réfugié.

« Si l'abordage est survenu dans la limite des eaux soumises à la juridiction française, l'assignation pourra également être donnée devant le tribunal dans le ressort duquel la collision s'est produite ».

2. L'art. 436 du Code de commerce est remplacé par les dispositions suivantes :

« Art. 436. Toutes actions en indemnité pour dommage aux biens ou aux personnes causé par l'un des faits prévus à l'art. 407 sont prescrites après deux ans à compter du jour de l'accident.

« Toutefois, le recours prévu au § 4, alin. 3, de l'art. 407 est prescrit après un an à compter du jour où le paiement a été effectué.

« Les délais prévus aux deux paragraphes précédents ne courent pas, lorsque le navire défendeur n'a pu être saisi dans les eaux territoriales françaises ».

3. La présente loi entrera en vigueur en même temps que la convention pour l'unification de certaines règles en matière d'abordage, signée à Bruxelles le 23 sept. 1910 (1).

Décorations, Guerre franco-allemande, Croix de guerre.

Addition *à l'instruction du 13 mai* 1915 (2) *pour l'application du décret du 23 avril* 1915 (3) *sur la Croix de guerre.*

(15 juillet 1915). — (Publ. au *J. off.* du 17 juill.).

Ajouter ce qui suit après le § 2° du titre VI (Délivrance de la Croix de guerre) de ladite instruction :

« Dans tout corps cité à l'ordre de l'armée, une Croix de guerre, correspondant à cette citation, sera également attachée à la hampe du drapeau ».

Décorations, Guerre franco-allemande, Croix de guerre.

Addition *à l'instruction du 13 mai* 1915 (4) *pour l'application du décret du 23 avril* 1915 (5) *sur la Croix de guerre.*

(15 juillet 1915). — (Publ. au *J. off.* du 18 juill.).

Ajouter ce qui suit entre les premier et deuxième alinéas du chapitre VI, § 5° (Dispositions spéciales à la remise de la Croix de guerre aux parents des militaires décédés) :

« Les extraits d'ordres du jour concernant les intéressés sont adressés à leur famille par les commandants de dépôts, qui les reçoivent des chefs de corps sur le front ».

Instruction publique, Écoles primaires supérieures, Comités de patronage, Composition.

Arrêté *relatif aux comités de patronage institués auprès des écoles primaires supérieures publiques.*

(15 juillet 1915). — (Publ. au *J. off.* du 17 juill.).

Le Ministre de l'instruction publique et des beaux-arts ; — Vu la loi du 30 oct. 1886 (6); — Vu le décret du 18 janv. 1887, art. 42 (7); — Le conseil supérieur de l'instruction publique entendu ; — Arrête :

Article unique. L'art. 33 de l'arrêté du 18 janv. 1887 (8), modifié par l'arrêté du 26 juill. 1909 (9), est modifié ainsi qu'il suit :

Art. 33. Le comité de patronage institué auprès de chaque école primaire supérieure comprend :

« 1° Six membres de droit :

« Le recteur ;

« L'inspecteur d'académie ;

« L'inspecteur de l'enseignement primaire ;

« Le directeur ou la directrice de l'école ;

« Deux professeurs ou professeurs adjoints de l'école, élus chaque année par leurs collègues ;

« 2° Des membres représentant les intérêts régionaux, auxquels correspondent principalement les enseignements professionnels. Ces membres sont nommés pour trois ans par le recteur, sur la proposition de l'inspecteur d'académie après avis du préfet.

« Un médecin fera toujours partie du comité ».

---

(1) *J. off.*, 15 mars 1913, p. 2329.

(2) *Supra*, p. 154.

(3) *Supra*, p. 128.

(4) *Supra*, p. 154.

(5) *Supra*, p. 128.

(6) S. *Lois annotées* de 1887, p. 166. — P. *Lois, décr.*, etc. de 1887, p. 287 ; *Pand. pér.*, 1886.3.177.

(7) S. *Lois annotées* de 1887, p. 203. — P. *Lois, décr.*, etc. de 1887, p. 351 ; *Pand. pér.*, 1887.3.5.

(8) S. *Lois annotées* de 1887, p. 211. — P. *Lois, décr.*, etc. de 1887, p. 363.

(9) *J. off.*, 30 juill. 1909, p. 8235.

MARCHÉS ADMINISTRATIFS OU DE FOURNITURES, GUERRE FRANCO-ALLEMANDE, AVANCES AUX FOURNISSEURS POUR DÉVELOPPEMENT D'OUTILLAGE.

DÉCRET *relatif aux avances à faire aux fournisseurs de l'Administration de la guerre pour création et développement de l'outillage.*

(15 juillet 1915). — (Publ. au *J. off.* du 17 juill.).

LE PRÉSIDENT DE LA RÉPUBLIQUE FRANÇAISE; — Sur le rapport du ministre de la guerre et du ministre des finances; — Vu l'art. 13 du décret du 31 mai 1862 (1), portant règlement général sur la comptabilité publique; — Vu l'art. 141 du règlement du 3 avril 1869, sur la comptabilité des dépenses du ministère de la guerre, modifié par le décret du 20 déc. 1914 (2); — Vu le décret du 27 mars 1915 (3), autorisant des avances aux titulaires des marchés du ministère de la guerre; — Décrète :

ART. **1er**. Pendant la durée des hostilités, outre les avances prévues par les décrets des 20 déc. 1914 et 27 mars 1915, il pourra, exceptionnellement, être consenti aux fournisseurs de l'Administration de la guerre les avances nécessaires à la création ou au développement de l'outillage indispensable à l'exécution des commandes faites à l'industrie nationale.

2. Les contrats approuvés par le ministre de la guerre détermineront, dans chaque cas, le montant des avances, ainsi que les conditions dans lesquelles elles seront employées.

Il sera produit, à l'appui du premier mandat d'avance, une expédition en due forme du contrat qui s'y réfère.

L'ordonnateur devra fournir, dans le délai de deux mois, au comptable du Trésor sur la caisse duquel les avances auront été payées, les certificats d'exécution des achats ou travaux correspondants.

Sur le premier mandat, établi pour solde du marché, l'ordonnateur certifiera également que toutes les conditions du contrat relatives aux avances ont été exécutées.

3. Les ministres de la guerre et des finances sont chargés, etc.

ALGÉRIE, GUERRE FRANCO-ALLEMANDE, LYCÉES, COLLÈGES, COURS SECONDAIRES, ECOLES PRIMAIRES SUPÉRIEURES, EXEMPTION DE FRAIS D'ÉTUDES, ENFANTS ET PUPILLES DES VICTIMES DE LA GUERRE.

DÉCRET *rendant applicables en Algérie les dispositions du décret du 8 déc. 1914, relatif aux exonérations de frais d'études et de pension.*

(16 juillet 1915). — (Publ. au *J. off.* du 25 juill.).

LE PRÉSIDENT DE LA RÉPUBLIQUE FRANÇAISE; — Sur le rapport du ministre de l'instruction publique et des beaux-arts; — Vu le décret du 8 déc. 1914 (4); — Décrète :

ART. **1er**. Les dispositions du décret du 8 déc. 1914 sont applicables en Algérie.

2. Le gouverneur général de l'Algérie est chargé, etc.

COLONIES, GUERRE FRANCO-ALLEMANDE, AFRIQUE OCCIDENTALE FRANÇAISE, BUDGET, CONSEIL DE GOUVERNEMENT, COMMISSION PERMANENTE.

DÉCRET *investissant jusqu'à la fin des hostilités la commission permanente du conseil de gouvernement de l'Afrique occidentale française de toutes les attributions dudit conseil.*

(17 juillet 1915). — (Publ. au *J. off.* du 24 juill.).

LE PRÉSIDENT DE LA RÉPUBLIQUE FRANÇAISE; — Sur le rapport du ministre des colonies et du ministre des finances; — Vu les décrets du 18 oct. 1904 (5), réorganisant le gouvernement général de l'Afrique occidentale française et le conseil de gouvernement de cette colonie; — Vu le décret du 30 déc. 1912 (6), sur le régime financier des colonies, notamment en son chapitre 8; — Vu le décret du 21 oct. 1914 (7), modifiant les décrets susvisés en ce qui concerne le mode de préparation et d'approbation des budgets de l'Afrique occidentale française; — Décrète :

ART. **1er**. Les effets du décret du 21 oct. 1914, modifiant les décrets des 18 oct. 1904 et 30 déc. 1912, sont prorogés jusqu'à la cessation des hostilités.

2. D'une façon générale, la commission permanente du conseil de gouvernement de l'Afrique occidentale française est investie, jusqu'à la fin des hostilités, et jusqu'à ce qu'il en soit autrement décidé, de la totalité des attributions du conseil de gouvernement, sans qu'il soit nécessaire, pour chaque délibération, de se référer au cas d'urgence visé par l'art. 7 du décret du 18 oct. 1904.

3. Le ministre des colonies et le ministre des finances sont chargés, etc.

---

(1) S. *Lois annotées* de 1862, p. 59. — P. *Lois, décr.*, etc. de 1862, p. 101.

(2) 1er vol., p. 267.

(3) *Supra*, p. 83.

(4) 1er vol., p. 242.

(5) *Bull. off.*, 2643, n. 46240, et 2646, n. 43405.

(6) *Bull. off.*, nouv. série, 96, n. 4967.

(7) 1er vol., p. 167.

DOUANES, GUERRE FRANCO-ALLEMANDE, INTERDICTIONS DE SORTIE, DÉROGATIONS, RETRAIT, RÉSINES, COLOPHANE, ESSENCE DE TÉRÉBENTHINE, BRAI DE RÉSINE.

ARRÊTÉ *abrogeant les dispositions de l'arrêté du 12 févr.* 1915, *en ce qui concerne les brais de résine, résines de pin et de sapin, la colophane, l'essence de térébenthine.*

(**17 juillet 1915**). — (Publ. au *J. off.* du 18 juill.).

LE MINISTRE DES FINANCES; — Sur le rapport de la commission interministérielle des dérogations aux prohibitions de sortie; — Vu les décrets des 21 déc. 1914 (1) et 4 févr. 1915 (2); — Vu l'arrêté ministériel du 12 févr. 1915 (3); — Arrête :

ART. **1**er. Sont abrogées les dispositions de l'arrêté du 12 févr. 1915, susvisé, en ce qui concerne les brais de résine, résines de pin et de sapin, la colophane, l'essence de térébenthine.

2. Le conseiller d'Etat directeur général des douanes est chargé, etc.

GUERRE, GUERRE MARITIME, ITALIE, BLOCUS DE L'ADRIATIQUE.

NOTIFICATION *relative au blocus de l'Adriatique par l'Italie.*

(Publ. sans date au *J. off.* du 17 juill.).

Le gouvernement royal italien a porté à la connaissance de l'ambassade de France à Rome qu'à partir du 6 juillet courant, le blocus déclaré par le gouvernement italien, en date du 26 et du 28 mai dernier, est étendu à toutes les zones de la mer Adriatique, au nord de la ligne Otranto-Aspri Ruga (Strade blanche). La navigation dans la mer susdite, au nord de cette ligne, est par conséquent défendue aux navires marchands de tous les Etats.

Des saufs-conduits pourront être délivrés par le ministre de la marine ou par ses délégués aux navires qui désirent se rendre dans des ports de la mer Adriatique appartenant ou occupés par l'Italie et par le Monténégro. Ces navires devront se diriger vers le port de Gallipoli, où ils pourront recevoir, après vérification, de la part de l'autorité maritime locale, un sauf-conduit pour entrer dans l'Adriatique.

Les navires qui veulent sortir de la zone bloquée devront, après s'être munis du permis des autorités du port de départ, se diriger à Bari, où un sauf-conduit de sortie pourra leur être délivré.

Les navires munis du sauf-conduit ne pourront se présenter devant la ligne de blocus Otranto-Aspri Ruga que pendant le jour; ils devront mouiller sur cette ligne à une distance ne dépassant pas celle de 5 milles de la côte italienne, afin de recevoir la visite des navires de guerre destinés à cet effet.

La navigation dans la mer Adriatique des navires de commerce de toute nationalité ayant obtenu le sauf-conduit d'entrée ou de sortie est réglée par les dispositions du décret royal du 13 juin 1915, n. 899, et par toute autre disposition que l'autorité maritime italienne croira établir, cas par cas, pour les navires admis à entrer ou à sortir de l'Adriatique.

Tout navire contrevenant aux dispositions susdites sera considéré comme coupable de violation du blocus, et pourra être capturé et confisqué, ainsi que les marchandises existant à son bord, conformément aux règles en vigueur.

HABITATIONS A BON MARCHÉ, POPULATION, COMMUNES DE LA GRANDE ET DE LA PETITE BANLIEUE DE PARIS, COMMUNES DE BANLIEUE DES VILLES.

DÉCRET *modifiant le règlement d'administration publique du* 10 *janv.* 1907, *rendu pour l'exécution de la loi du* 12 *avril* 1906, *sur les habitations à bon marché.*

(**17 juillet 1915**). — (Publ. au *J. off.* du 21 juill.).

LE PRÉSIDENT DE LA RÉPUBLIQUE FRANÇAISE; — Sur le rapport du ministre du travail et de la prévoyance sociale; — Vu la loi du 12 avril 1906 (4), relative aux habitations à bon marché, et notamment l'art. 15; — Vu le décret du 10 janv. 1907 (5), portant règlement d'administration publique pour l'exécution de la loi du 12 avril 1906, modifié par le décret du 3 mai 1913 (6); — Vu la loi du 23 déc. 1912 (7), modifiant et complétant la loi du 12 avril 1906, sur les habitations à bon marché, et notamment l'art. 34; — Vu l'avis du comité permanent du conseil supérieur des habitations à bon marché; — Vu les avis du garde des sceaux, ministre de la justice, du ministre de l'intérieur et du ministre des finances; — Le Conseil d'Etat entendu; — Décrète :

ART. **1**er. L'art. 58 du décret du 10 janv. 1907 est remplacé par la disposition suivante :

« Art. 58. Pour déterminer les communes si-

---

(1) 1er vol., p. 268.

(2-3) *Supra*, p. 16 et 23.

(4) S. et P. *Lois annotées* de 1907, p. 335; *Pand. pér.*, 1907.3.66.

(5) S. et P. *Lois annotées* de 1907, p. 342; *Pand. pér.*, 1907.3.69.

(6) S. et P. *Lois annotées* de 1913, p. 500; *Pand. pér.*, *Lois annotées* de 1913, p. 500.

(7) S. et P. *Lois annotées* de 1913, p. 484; *Pand. pér.*, *Lois annotées* de 1913, p. 484.

tuées dans la grande et la petite banlieue de Paris, on prend la distance à vol d'oiseau qui sépare la mairie de la commune du point le plus rapproché des limites de la ville. La banlieue des autres communes est déterminée dans les mêmes conditions ».

2. Le ministre du travail et de la prévoyance sociale est chargé, etc.

MINISTÈRE DE LA GUERRE, GUERRE FRANCO-ALLEMANDE, COMITÉ CONSULTATIF DU RAVITAILLEMENT ET DE L'INTENDANCE MILITAIRE.

ARRÊTÉ *portant création d'un comité consultatif du ravitaillement et de l'intendance militaire.*

(17 juillet 1915). — (Publ. au *J. off.* du 19 juill.).

LE MINISTRE DE LA GUERRE ; — Sur la proposition du sous-secrétaire d'Etat à la guerre (service du ravitaillement et de l'intendance militaire) ; — Arrête :

ART. **1er**. Il est institué, auprès du sous-secrétariat d'Etat du ravitaillement et de l'intendance militaire, un comité consultatif du ravitaillement et de l'intendance militaire.

2. Ce comité est constitué comme suit :

(Suivent au *J. off.* les noms des membres du comité).

JUSTICES DE PAIX, GUERRE FRANCO-ALLEMANDE, RÉUNION, JUGES DE PAIX MOBILISÉS OU DÉCÉDÉS.

DÉCRETS *portant réunion temporaire de justices de paix.*

(18 juillet 1915). — (Publ. au *J. off.* du 28 juill.).

1er DÉCRET.

LE PRÉSIDENT DE LA RÉPUBLIQUE FRANÇAISE ; — Sur le rapport du garde des sceaux, ministre de la justice; — Vu l'art. 1er de la loi du 6 avril 1915 (1), concernant le fonctionnement des justices de paix pendant la guerre; — Vu l'absence pour cause de mobilisation du juge de paix de l'Ile-Bouchard (Indre-et-Loire) ; — Vu les propositions du premier président de la Cour d'appel d'Orléans et du procureur général près la même Cour; — Décrète :

ART. **1er**. Sont provisoirement réunies les justices de paix de l'Ile-Bouchard et de Chinon (Indre-et-Loire), sous la juridiction du juge de paix du canton de Chinon.

2. Le garde des sceaux, ministre de la justice, est chargé, etc.

2e DÉCRET.

LE PRÉSIDENT DE LA RÉPUBLIQUE FRANÇAISE; — Sur le rapport du garde des sceaux, ministre de la justice; — Vu le décret du 24 avril 1915 (2), réunissant, en raison de l'absence pour cause de mobilisation du juge de paix de Belpech (Aude), les justices de paix de Belpech et de Fanjeaux (Aude) sous la juridiction du juge de paix du canton de Fanjeaux; — Vu les nouvelles propositions, en date du 22 juin 1915, du premier président de la Cour d'appel de Montpellier et du procureur général près la même Cour; — Décrète :

ART. **1er**. Sont provisoirement réunies les justices de paix de Belpech et de Salles-sur-l'Hers (Aude), sous la juridiction du juge de paix du canton de Salles-sur-l'Hers.

2. Est rapporté le décret susvisé, en date du 24 avril 1915.

3. Le garde des sceaux, ministre de la justice, est chargé, etc.

3e DÉCRET.

LE PRÉSIDENT DE LA RÉPUBLIQUE FRANÇAISE; — Sur le rapport du garde des sceaux, ministre de la justice; — Vu le décret du 29 avril 1915 (3), réunissant, en raison de l'absence pour cause de mobilisation du juge de paix de Labrit, les justices de paix de Labrit et de Sore (Landes), sous la juridiction du juge de paix de Sore; — Vu les nouvelles propositions, en date du 5 juill. 1915, du premier président de la Cour d'appel de Pau et du procureur général près la même Cour; — Décrète :

ART. **1er**. Sont provisoirement réunies les justices de paix de Labrit et de Sabres (Landes), sous la juridiction du juge de paix du canton de Sabres.

2. Est rapporté le décret susvisé, en date du 29 avril 1915.

3. Le garde des sceaux, ministre de la justice, est chargé, etc.

4e DÉCRET.

LE PRÉSIDENT DE LA RÉPUBLIQUE FRANÇAISE; — Sur le rapport du garde des sceaux, ministre de la justice; — Vu l'art. 1er de la loi du 6 avril 1915 (4), concernant le fonctionnement des justices de paix pendant la guerre; — Vu les décès des juges de paix de Saint-Chély-d'Apcher (Lozère), Pont-l'Abbé (Finistère) et de Saint-André (Eure); — Vu les propositions des premiers présidents des Cours d'appel de Nîmes, Rennes et Rouen et des procureurs généraux près lesdites Cours; — Décrète :

---

(1) *Supra*, p. 104.
(2) *Supra*, p. 133.
(3) *Supra*, p. 139.
(4) *Supra*, p. 104.

ART. 1er. Sont provisoirement réunies :

Les justices de paix de Saint-Chély-d'Apcher et d'Aumont (Lozère), sous la juridiction du juge de paix du canton d'Aumont.

Les justices de paix de Pont-l'Abbé et de Plogastel (Finistère), sous la juridiction du juge de paix du canton de Plogastel.

Les justices de paix de Saint-André et du canton Sud d'Evreux (Eure), sous la juridiction du juge de paix du canton Sud d'Evreux.

2. Le garde des sceaux, ministre de la justice, est chargé, etc.

MINISTÈRE DE LA GUERRE, GUERRE FRANCO-ALLEMANDE, SOUS-SECRÉTAIRES D'ETAT, ATTRIBUTIONS.

DÉCRET *fixant les attributions des sous-secrétaires d'Etat au ministère de la guerre* (1).

(18 juillet 1915). — (Publ. au *J. off.* du 19 juill.).

LE PRÉSIDENT DE LA RÉPUBLIQUE FRANÇAISE; — Sur le rapport du ministre de la guerre; — Vu les décrets du 18 mai (2) et du 1er juill. 1915 (3), portant nominations de sous-secrétaires d'Etat au ministère de la guerre; — Décrète :

ART. 1er. Le sous-secrétaire d'Etat au ministère de la guerre, placé à la tête de la troisième direction, prend le titre de sous-secrétaire d'Etat de l'artillerie et des munitions. En cette qualité, au nom et par délégation permanente du ministre, il dirige les services de l'artillerie et des équipages militaires; il est, en outre, chargé d'assurer la constitution des approvisionnements de poudres et explosifs de toutes natures, ainsi que des munitions spéciales de la direction du génie et de la direction de l'aéronautique.

Il arrête et soumet au ministre toutes les propositions relatives au personnel et aux troupes de l'artillerie et du train des équipages militaires qui relèvent de son autorité.

2. Le sous-secrétaire d'Etat au ministère de la guerre, placé à la tête de la 5e direction, prend le titre de sous-secrétaire d'Etat au ravitaillement et de l'intendance. En cette qualité, au nom et par délégation permanente du ministre, il dirige les services du ravitaillement des armées et des places, des vivres, des fourrages, du chauffage et de l'éclairage, de l'habillement, du campement et du couchage.

Il arrête et soumet au ministre toutes les propositions relatives au personnel et aux troupes de l'intendance qui relèvent de son autorité.

3. Le sous-secrétaire d'Etat au ministère de la guerre, placé à la tête de la 7e direction, prend le titre de sous-secrétaire d'Etat du service de santé militaire. En cette qualité, au nom et par délégation permanente du ministre, il dirige le service de santé militaire.

Il arrête et soumet au ministre toutes les propositions relatives au personnel et aux troupes du service de santé qui relèvent de son autorité.

4. Avec les crédits accordés à cet effet, et à l'aide des personnel technique et administratif mis à sa disposition, chacun des sous-secrétaires d'Etat est chargé de pourvoir, d'après les prévisions arrêtées sur sa proposition par le ministre, à tous les besoins des armées et du territoire en matériel et en approvisionnements ressortissant à ses attributions, soit par des achats, soit par des fabrications dans les établissements de l'Etat ou usines requises, soit en ayant recours à l'industrie privée.

A cet effet, il passe tous marchés nécessaires, en suit l'exécution, procède à la liquidation et à la revision des dépenses et fait établir les comptes, deniers et matières y afférents. Il prescrit toutes mesures utiles pour assurer, le cas échéant, aux industriels, les moyens d'action nécessaires, tant en personnel qu'en matériel.

Le sous-secrétaire d'Etat se conforme aux dispositions du décret du 14 mars 1893 (4), en ce qui concerne l'engagement des dépenses, et à la réglementation générale, en ce qui touche la passation des marchés, ainsi que la liquidation et la revision des dépenses.

Il soumet au ministre les propositions d'ordre général concernant la situation et les salaires du personnel ouvrier ou employé, militaire ou civil, celles concernant les achats à l'étranger et les

---

(1) Ce décret est précédé au *J. off.* d'un rapport ainsi conçu :

« Trois sous-secrétaires d'Etat ont été nommés au ministère de la guerre par les décrets du 18 mai et du 1er juill. 1915, et placés respectivement à la tête, d'une part, de la direction de l'artillerie, d'autre part, de la direction générale du ravitaillement et de la direction de l'intendance, enfin, de la direction du service de santé : mais leurs attributions n'ont point été fixées, par ces décrets, d'une façon précise; il importe donc de les définir.

« L'intérêt qui s'attache à accélérer, autant qu'il est possible, l'étude de la solution de toutes les mesures susceptibles de renforcer la défense nationale, conduit nécessairement à réserver aux nouveaux collaborateurs du ministre de la guerre la plus large initiative et les pouvoirs propres les plus étendus, dans la partie de leurs services où doit s'exercer leur action d'orientation et de direction générale; à cet égard, il m'a paru qu'une autorité complète devait leur être notamment donnée dans toutes les questions d'ordre technique ou relatives à la création du matériel et à la constitution des approvisionnements.

« J'ai estimé également que, dans un but de coordination, il convenait de charger le sous-secrétaire d'Etat, placé à la tête de la direction de l'artillerie, d'assurer, par délégation permanente du ministre, la création des approvisionnements de poudres et explosifs de toutes natures ainsi que des munitions spéciales des directions du génie et de l'aéronautique ».

(2-3) *Supra*, p. 161 et 217.

(4) S. et P. *Lois annotées* de 1894, p. 843; *Pand. pér.*, 1895.3.91.

affaires contentieuses, ainsi que les questions concernant : les acquisitions, échanges, locations ou réquisitions d'immeubles ; la solde, les transports et l'Etablissement des invalides ; les examens médicaux, l'aptitude physique et la réforme des militaires.

Le sous-secrétaire d'Etat adresse copie au ministre de toutes les décisions d'ordre général qu'il a prises ; il lui fournit, périodiquement, la situation des fabrications, des confections et des achats en cours, ainsi que celle des approvisionnements.

5. Le ministre de la guerre est chargé, etc.

ARMÉE, GUERRE FRANCO-ALLEMANDE, SURSIS ET PERMISSIONS, ENTREPRENEURS DE BATTAGE, MÉCANICIENS DE MACHINES A BATTRE, EQUIPES DE MILITAIRES ET DE PRISONNIERS DE GUERRE POUR LE BATTAGE DES RÉCOLTES.

CIRCULAIRE *au sujet des sursis, des permissions et des équipes pour les travaux de battage (suite à la circulaire du 13 juill.* 1915).

(20 juillet 1915). — (Publ. au *J. off.* du 22 juill.).

Le Ministre de l'agriculture à MM. les préfets.

Comme suite à ma circulaire du 13 juillet (1), par laquelle je vous avisais, *in fine*, que je vous adresserais incessamment des précisions complémentaires au sujet des mesures à prévoir pour l'exécution des battages, j'ai l'honneur de vous communiquer les indications suivantes :

I. — SURSIS ET PERMISSIONS ATTRIBUÉS AUX ENTREPRENEURS DE BATTAGE ET AUX MÉCANICIENS DE MACHINES A BATTRE.

1° *Sursis d'appel.* — Des sursis pourront être accordés, en ce qui concerne ces professionnels, aux hommes des réserves (territoriale et sa réserve, réserve de l'active) en service dans la zone de l'intérieur ou dans les dépôts de la zone des armées, à l'exception des dépôts de Dunkerque, Verdun, Toul, Epinal et Belfort.

Les demandes de sursis doivent être adressées au général commandant la région dont dépend le corps ou le service auquel est affecté l'intéressé.

Pour faciliter l'examen de ces demandes, il est préférable qu'elles parviennent à l'autorité militaire, revêtues de l'avis de l'administration civile.

Il est bien entendu, toutefois, que les militaires détachés dans les établissements travaillant pour la défense nationale ne peuvent bénéficier d'aucun sursis d'appel.

2° *Permissions : hommes en service aux armées.* — En ce qui concerne les entrepreneurs de battage et les mécaniciens de machines à battre qui sont en service aux armées, il a été admis, après entente avec M. le général commandant en chef que des permissions de quinze jours au maximum pourraient être accordées aux hommes de la territoriale ou de sa réserve, dans la limite maxima de cinq par département.

Vous aurez à me transmettre à cet effet des propositions, autant que possible sur un état unique, en indiquant la date à laquelle les militaires demandés devront arriver à destination et les localités où ils doivent se rendre.

3° *Permissions : hommes en service dans la zone de l'intérieur ou dans les dépôts de la zone des armées.* — Le régime des permissions agricoles, prévues en dernier lieu par la circulaire du 14 juin (2) du ministre de la guerre, visant les moissons et les travaux agricoles similaires, est applicable aux opérations de battage. Par suite, les entrepreneurs de battage et les mécaniciens de machines à battre, ainsi que les hommes, en général, exerçant une profession agricole, peuvent bénéficier de ces permissions.

Je vous rappelle qu'elles sont accordées aux réservistes de l'armée territoriale, aux territoriaux, aux auxiliaires de toutes classes, ainsi qu'aux hommes de toutes classes non mobilisables avant un mois pour raison de santé, qui sont en service dans la zone de l'intérieur ou dans les dépôts de la zone des armées, à l'exception de ceux de Dunkerque, Verdun, Toul, Epinal et Belfort.

Je vous rappelle également que les demandes concernant ces permissions agricoles doivent être adressées directement par les intéressés à leurs chefs hiérarchiques.

II. — ÉQUIPES DE MILITAIRES ET DE PRISONNIERS.

Les circulaires du ministre de la guerre des 7, 14, 26 et 30 juin, relatives à l'organisation d'équipes agricoles composées de militaires, sont applicables aux travaux de battage.

D'autre part, le ministre de la guerre, consulté, m'a fait connaître que rien ne paraissait s'opposer à ce que les équipes de 20 prisonniers de guerre, constituées pour les travaux agricoles, soient employées, non seulement à la récolte, mais également au battage des moissons, étant entendu que, pour éviter tout accident, la conduite des machines demeurerait toujours confiée à des professionnels.

Pour la constitution de ces équipes militaires ou de prisonniers, il vous appartient de vous entendre au préalable avec MM. les généraux commandant les régions, suivant la règle adoptée jusqu'à ce jour.

---

(1) *Supra*, p. 227.

(2) *Supra*, p. 188.

CHEMINS DE FER, GUERRE FRANCO-ALLEMANDE, COLIS POSTAUX, TRANSPORT, LIVRAISON, RESPONSABILITÉ POUR PERTE OU AVARIES, ASSURANCE.

ARRÊTÉ *fixant les conditions de délai et de responsabilité des administrations de chemins de fer en matière de transport de colis postaux.*

(20 juillet 1915). — (Publ. au *J. off.* du 26 juill.).

LE MINISTRE DE LA GUERRE ET LE MINISTRE DU COMMERCE, DE L'INDUSTRIE, DES POSTES ET DES TÉLÉGRAPHES; — Vu le décret du 29 oct. 1914 (1), sur la responsabilité des administrations des chemins de fer en matière de transports commerciaux; — Vu l'arrêté du ministre de la guerre du 1er nov. 1914 (2), pris en exécution de ce décret; — Vu l'arrêté interministériel du 31 mars 1915 (3), fixant les conditions de délai et de responsabilité des administrations de chemins de fer en matière de transports commerciaux, et notamment son art. 10; — Vu les propositions des commissions de réseau; — Arrêtent :

ART. 1er. Les transports de colis postaux par chemins de fer sont exécutés suivant les lois, règlements et tarifs existants, sous la seule réserve des modifications édictées, ci-après, en application du décret du 29 oct. 1914.

Transport. — Livraison.

2. Les colis postaux sont transportés par les trains en usage pour le service des colis de grande vitesse, et dirigés par le même itinéraire que ces colis. Leur expédition, leur transmission d'un réseau à un autre et leur livraison ont lieu, sur le territoire français, dans les délais fixés pour les transports en grande vitesse par l'art. 2 de l'arrêté interministériel du 31 mars 1915, susvisé.

La réception et la livraison en dehors des gares ne sont pas garanties, sous réserve que le public en ait été préalablement avisé par affiche.

Responsabilité en cas de perte, avarie ou spoliation.

3. La responsabilité des administrations de chemins de fer, pour les colis avec ou sans valeur déclarée, ne s'étend pas :

1° Aux pertes, avaries, ou spoliations, dans les cas où ces administrations établiraient que la cause de ces pertes, avaries ou spoliations est une conséquence de l'état de guerre;

2° Aux avaries et aux déchets qui, en raison de la nature de la marchandise, seraient la conséquence de la durée du transport, lorsque la marchandise a été livrée dans les délais ci-dessus fixés.

Assurance.

4. En cas de demande des expéditeurs, les administrations de chemins de fer renoncent à se prévaloir, hors le cas de force majeure, dans les termes du droit commun, de l'exonération prévue par le § 1° de l'art. 3 ci-dessus, moyennant le paiement d'une prime d'assurance fixée ainsi qu'il suit :

1° Colis postaux ordinaires : 5 centimes par colis postaux de 3 kilogr. et 5 kilogr., 10 centimes par colis de 10 kilogr.;

2° Colis postaux avec valeur déclarée : en sus de la taxe normale de la déclaration de valeur, 10 centimes jusqu'à 100 fr. de valeur déclarée, et 5 centimes par supplément de 100 fr., ou fractions de 100 fr. de valeur déclarée.

Notification des réclamations.

5. Les réclamations doivent être notifiées à l'administration du chemin de fer dans les conditions et délais fixés par le règlement des colis postaux, en date du 27 juin 1892 (4).

Réseaux réglementés.

6. Les dispositions qui précèdent sont applicables aux colis postaux du régime intérieur français n'empruntant que les réseaux de l'Etat, de l'Orléans, du Paris-Lyon-Méditerranée, du Midi et des Ceintures de Paris, ainsi que les autres réseaux ou parties de réseaux auxquels le régime ci-dessus aurait été rendu applicable par des arrêtés spéciaux.

Pour ceux de ces colis, assurés ou non, empruntant, sur une partie de leur parcours, les réseaux ou parties de réseaux autres que les précédents, les conditions de responsabilité applicables de bout en bout sont celles du réseau emprunté pour lequel la responsabilité est la moins étendue. Toutefois, s'il est établi que la perte ou l'avarie est survenue sur l'un des réseaux ou l'une des parties de réseaux visés à l'alinéa précédent, les conditions de responsabilité sont celles qui sont fixées pour ces derniers réseaux.

Dans les relations avec la Corse, l'Algérie et les pays étrangers, les colis postaux ordinaires sont soumis, pour le parcours à effectuer en France, aux conditions du présent arrêté, exception faite des dispositions de l'art. 4; il en sera de même des colis de valeur déclarée, lorsque l'Administration jugera possible d'en rétablir l'échange dans certaines relations.

7. Le présent arrêté entrera en vigueur le 1er août 1915.

L'arrêté du 1er nov. 1914, ci-dessus visé, cessera d'être appliqué, en ce qui concerne les réseaux mentionnés au 1er alin. de l'art. 6 ci-dessus,

(1-2) 1er vol., p. 179 et 181.

(3) *Supra*, p. 93.

(4) S. et P. *Lois annotées* de 1894, p. 718.

pour les transports effectués à partir du 1er août 1915.

GUERRE, GUERRE FRANCO-ALLEMANDE, DOMMAGES DE GUERRE, RÉPARATION, CONSTATATION ET ÉVALUALION DES DOMMAGES, BIENS DES PARTICULIERS, DÉCLARATION, FORMES, DÉLAIS, COMMISSIONS CANTONALES, COMMISSIONS DÉPARTEMENTALES, COMMISSION SUPÉRIEURE, BIENS DES DÉPARTEMENTS, COMMUNES ET ÉTABLISSEMENTS PUBLICS, RÉGIME DES MINES, ENTREPRISES DE DISTRIBUTION D'EAU, DE GAZ ET D'ÉLECTRICITÉ, DÉLIVRANCE D'ACOMPTES, INDEMNITÉS DES MEMBRES DES COMMISSIONS.

DÉCRET *portant règlement d'administration publique relatif à la constatation et à l'évaluation des dommages résultant des faits de guerre.*

(20 juillet 1915). — (Publ. au *J. off.* du 23 juill.).

LE PRÉSIDENT DE LA RÉPUBLIQUE FRANÇAISE; — Sur le rapport du président du conseil des ministres, du ministre de la justice, du ministre de l'intérieur, du ministre des finances et du ministre des travaux publics; — Vu le § 3 de l'art. 12 de la loi de finances du 26 déc. 1914 (1); — Vu le décret, en date du 4 févr. 1915 (2), modifié par les décrets en date des 6 (3) et 24 avril 1915 (4), et le décret en date du 24 mars 1915 (5), modifié par le décret en date du 22 avril 1915 (6), décrets rendus pour l'exécution de ladite loi; — Vu la loi du 3 juill. 1877 (7), relative aux réquisitions militaires, le décret du 2 août 1877 (8), pris en exécution de ladite loi; ensemble les lois et décrets qui les ont modifiés, notamment le décret du 27 déc. 1914 (9), art. 2; — Le Conseil d'Etat entendu; — Décrète:

ART. **1er**. Le décret, en date du 4 févr. 1915, portant règlement d'administration publique relatif à la constatation et à l'évaluation des dommages résultant des faits de guerre, modifié par les décrets en date des 6 et 24 avril 1915, et le décret en date du 24 mars 1915, relatif à la constitution d'une commission supérieure d'évaluation, modifié par le décret en date du 22 avril 1915, sont réunis et complétés ainsi qu'il suit :

TITRE Ier

DOMMAGES AUX BIENS DES PARTICULIERS

2. Dans toutes les communes dont les habitants auront, au cours de la guerre, souffert de dommages matériels résultant de faits de guerre, la constatation et l'évaluation de ces dommages auront lieu dans les conditions prévues au présent règlement.

Ne sont pas compris dans les dommages visés au paragraphe précédent les dégâts et dommages occasionnés par les troupes françaises ou alliées dans leurs logements ou cantonnements, et qui sont régis, en ce qui concerne leur constatation et leur réparation, par des dispositions spéciales de lois ou règlements en matière de réquisitions militaires, notamment par la loi du 3 juill. 1877 et les décrets du 2 août 1877 et du 27 déc. 1914.

3. Des arrêtés préfectoraux, qui seront affichés dans toutes les communes intéressées avec le texte du présent règlement, fixeront, suivant les circonstances, la date à partir de laquelle les demandes pourront être déposées ou adressées par pli recommandé à la mairie de la commune dans laquelle s'est produit le dommage.

Il en sera délivré récépissé.

Ce dépôt devra être effectué, sauf empêchement justifié, dans un délai d'un mois à partir de cette date, par la personne même victime du dommage, ou, si elle est incapable, par son représentant légal.

Les demandes seront rédigées sur papier libre et accompagnées de toutes pièces propres à établir la réalité et à permettre l'évaluation du dommage, telles que actes de vente ou de succession, baux, décisions judiciaires, polices d'assurance, rapports d'experts, attestations certifiées, etc.

Les demandes de collectivités, sociétés, associations sont présentées en leur nom par leur représentant, dûment autorisé.

Quand une exploitation industrielle ou forestière s'étend sur plusieurs communes, la demande est déposée à la mairie de la commune où se sont produits les dommages les plus importants. Si les communes ne sont pas dans le même canton, il est statué par la commission du canton de la commune saisie.

Les intéressés, s'ils ont déjà reçu une indemnité, doivent en déclarer la cause et le montant, et, dans le cas contraire, déclarer qu'ils n'ont reçu aucune indemnité.

Un arrêté du préfet fixera l'époque où la commission cantonale prévue à l'article suivant se réunira pour examiner les demandes qui, pour raisons légitimes, n'auraient pu lui être remises dans le délai prévu ci-dessus.

4. A l'expiration du délai d'un mois, les maires transmettent lesdites demandes, avec les pièces jointes, au maire du chef-lieu de canton, où se réunit une commission cantonale, composée de cinq membres, désignés comme il suit :

---

(1) 1er vol., p. 275.
(2-3-4) *Supra*, p. 17, 103 et 133.
(5-6) *Supra*, p. 78 et 128.
(7-8) S. *Lois annotées* de 1877, p. 249 et 255. — P. *Lois, décr.*, etc. de 1877, p. 428 et 440.
(9) 1er vol., p. 281.

1° Un juge choisi par le premier président de la Cour d'appel parmi les juges du ressort, ou, à défaut, désigné par le ministre de la justice parmi les juges d'un autre ressort, président.

2° Un délégué désigné par le ministre de l'intérieur.

3° Un délégué désigné par le ministre des finances.

4° Un délégué désigné dans une réunion des maires des communes du canton qui ont subi des dommages; ce délégué ne peut être choisi que parmi les contribuables inscrits au rôle de l'une des quatre contributions directes d'une des communes visées au présent article.

Cette réunion sera tenue au chef-lieu de canton, sous la présidence du maire du chef-lieu, ou, à son défaut, du doyen d'âge, assisté des deux plus jeunes maires présents à l'ouverture de la réunion. Elle aura lieu à la date fixée par l'arrêté préfectoral prévu à l'art. 3, quel que soit le nombre des membres présents.

Un suppléant, chargé de remplacer ce délégué en cas d'absence, sera élu dans les mêmes conditions.

5° Un délégué, désigné par le conseil municipal, dans chacune des communes du canton qui ont subi des dommages.

La délibération du conseil municipal, prise à la date fixée par le préfet, est valable quel que soit le nombre des conseillers présents. Ce délégué ne peut être choisi que parmi les contribuables inscrits au rôle de l'une des quatre contributions directes de la commune; il ne prend part qu'aux délibérations relatives aux demandes faites dans ladite commune.

Un suppléant de ce délégué, élu dans les mêmes conditions, est chargé de le remplacer en cas d'absence.

Les délégués des maires et ceux des conseils municipaux sont élus au scrutin secret et à la majorité absolue. Si, après deux tours de scrutin, il n'y a pas de majorité absolue, l'élection a lieu, au troisième tour, à la majorité relative. En cas d'égalité du nombre des voix, le plus âgé est élu.

5. Au cas où les circonstances ne permettraient l'ouverture de l'enquête que dans certaines communes d'un canton, chacune de ces communes pourra, sur la demande du conseil municipal, être réunie, par l'arrêté préfectoral prévu à l'art. 3, à un canton voisin, sans qu'il soit nécessaire de rattacher toutes ces communes à un même canton.

Si l'enquête peut être ouverte dans plus de la moitié des communes, celles-ci constitueront un groupe assimilé, en ce qui concerne les opérations prévues au présent décret, au canton, et, s'il n'est pas possible d'effectuer les opérations dans le chef-lieu, les maires, en élisant leur délégué à la commission cantonale, désigneront la commune où pourra siéger provisoirement la commission.

6. Ces commissions se réunissent aussitôt que possible après l'expiration du délai d'un mois prévu à l'art. 3.

Avant de saisir la commission, le président examine si l'état des dossiers permet de délibérer utilement. Il peut, au besoin, les faire compléter.

L'auteur de la demande, s'il le désire, ou si la commission le juge utile, est entendu par elle. La commission peut inviter le postulant à affirmer, sous la foi du serment, la réalité du dommage.

En cas de fraude, le procès-verbal de la commission est transmis au procureur de la République, pour qu'il soit procédé, s'il y a lieu, à des poursuites correctionnelles.

Le maire de la commune où le dommage s'est produit est entendu, s'il en fait la demande, ou si la commission le juge opportun.

La commission peut entendre, en outre, sur la demande de l'intéressé, toute personne ayant été habituellement chargée de ses intérêts.

Les commissions peuvent entendre aussi toute personne ayant une compétence spéciale pour l'évaluation de certains dommages, notamment les agents du ministère des finances, du ministère de l'agriculture, du ministère des travaux publics, ainsi que les agents des administrations départementales et communales. Ces agents sont tenus de fournir aux commissions tous renseignements utiles.

Les commissions pourront se transporter sur les lieux.

Elles ne peuvent délibérer que si tous leurs membres sont présents.

7. Les commissions constatent la réalité des dommages, avec une évaluation distincte pour chacun de leurs éléments constitutifs. Elles font connaître les procédés et le taux qu'elles ont adoptés pour cette évaluation. Dans les éléments à évaluer, n'est pas compris le préjudice résultant de l'interruption d'une exploitation commerciale, industrielle ou agricole. Elles dressent un état récapitulatif des demandes et des évaluations relatives à chaque commune; elles indiquent, en outre, l'ordre d'urgence des besoins auxquels ces demandes correspondent.

Le président adresse immédiatement une copie de cet état au maire de la commune; les dossiers sont déposés à la mairie du chef-lieu de canton.

Les travaux des commissions doivent être, sauf empêchement, terminés dans le délai d'un mois après la première séance.

8. Dès que l'état prévu à l'article précédent lui est parvenu, le maire avise le public, par voie d'affiches et de publications, conformément aux usages locaux :

1° Que les intéressés sont admis à prendre connaissance, à la mairie de la commune, de cet état et à la mairie du chef-lieu de canton, du dossier les concernant;

2° Qu'ils sont admis, le cas échéant, à former, dans un délai de quinzaine, à partir de l'avis prévu au paragraphe précédent, toute réclamation contre l'évaluation de la commission cantonale, devant la commission départementale prévue à l'article suivant.

9. Dans tout département où sont formées des commissions cantonales, il est constitué, au chef-lieu du département, une commission départementale d'évaluation, composée de cinq membres, désignés comme il suit :

1° Un conseiller à la Cour d'appel du ressort, désigné par le premier président de la Cour, ou, à défaut, un conseiller d'un autre ressort, désigné par le ministre de la justice, président;

2° Un délégué désigné par le ministre de l'intérieur;

3° Un délégué désigné par le ministre des finances;

4° et 5° Deux délégués nommés par les délégués des maires aux commissions cantonales.

Ces délégués sont désignés dans une réunion tenue au chef-lieu du département, sous la présidence du maire de ce chef-lieu, ou, à son défaut, du doyen d'âge, assisté des deux plus jeunes délégués présents à l'ouverture de la séance. Cette réunion aura lieu à la date fixée par l'arrêté préfectoral prévu à l'art. 3, quel que soit le nombre des délégués aux commissions cantonales présents à la séance.

Ces délégués sont élus au scrutin secret et à la majorité absolue des suffrages exprimés. Si, après deux tours de scrutin, il n'y a pas de majorité absolue, l'élection a lieu au troisième tour à la majorité relative. En cas d'égalité du nombre de voix, le plus âgé est élu.

Deux suppléants sont désignés dans les mêmes conditions pour remplacer, en cas d'absence, les délégués titulaires.

Aucun membre de la commission cantonale ne peut faire partie de la commission départementale d'évaluation.

10. La commission départementale d'évaluation, après examen des réclamations des intéressés, revise le travail des commissions cantonales. Elle statue définitivement pour chaque demande individuelle sur la réalité et la consistance des dommages; elle évalue le préjudice subi par le réclamant.

La commission ne peut délibérer que si tous les membres sont présents.

11. La commission départementale doit commencer ses opérations huit jours au plus tard après la date à laquelle elle a été saisie des dossiers, et les terminer, autant que possible, dans le délai d'un mois.

12. Le président de la commission adresse au préfet les dossiers, avec un état récapitulatif pour chaque commune; cet état indique, au regard du nom de chaque réclamant, l'évaluation de la commission départementale. Le préfet fait établir une copie de cet état, et adresse ensuite à chaque maire, par l'intermédiaire du sous-préfet, la copie de l'état intéressant sa commune. Le maire avise immédiatement, conformément aux usages locaux, les habitants de la commune que cet état est tenu à leur disposition pendant quinze jours à la mairie.

13. Ce délai expiré, le préfet transmet les dossiers au ministre de l'intérieur pour être par lui soumis à la commission supérieure prévue à l'article suivant.

14. Une commission supérieure est chargée de la revision générale des évaluations des commissions départementales, par la comparaison des méthodes et des taux adoptés par les différentes commissions. Le cas échéant, elle rectifie, en conséquence de cette revision, ces évaluations, les décisions desdites commissions restant acquises en ce qui concerne la réalité et la consistance des dommages.

Elle s'assure que les opérations ont été faites en suivant les règles du présent décret. En cas de violation de ces règles, elle peut prononcer, soit d'office, soit sur la plainte des intéressés, l'annulation des opérations irrégulières. Lorsque l'annulation est prononcée, la commission, suivant les circonstances et l'état du dossier, renvoie l'affaire aux commissions dont les opérations ont été annulées, ou constate elle-même la réalité et la consistance des dommages et fixe l'évaluation.

Les décisions de la commission supérieure sont définitives.

15. Cette commission est composée ainsi qu'il suit :

1° Cinq sénateurs;

2° Sept députés;

3° Deux membres du Conseil d'Etat;

4° Deux conseillers à la Cour de cassation;

5° Deux conseillers-maîtres à la Cour des comptes;

6° Deux représentants du ministère de l'intérieur;

7° Deux représentants du ministère des finances;

8° Deux représentants du ministère de la guerre;

9° Deux représentants du ministère des travaux publics;

10° Deux représentants du ministère du commerce et de l'industrie;

11° Deux représentants du ministère de l'agriculture;

12° Un représentant du ministère de la justice;

13° Un représentant du ministère des affaires étrangères;

14° Un représentant du ministère du travail et de la prévoyance sociale;

15° Deux inspecteurs généraux des ponts et chaussées;

16° Deux inspecteurs généraux des mines ou ingénieurs en chef ;

17° Deux architectes membres du conseil général des bâtiments civils ;

18° Un membre de la commission des monuments historiques ;

19° Deux membres des chambre de commerce ;

20° Deux membres ou anciens membres du bureau de la Société des ingénieurs civils de France ;

21° Deux membres des sociétés d'agriculture ;

22° Quatre membres désignés en dehors des catégories spécifiées ci-dessus.

Les membres de la commission sont nommés par le ministre de l'intérieur. Il désigne, en outre, des rapporteurs attachés à la commission, qui ont voix délibérative dans les affaires dont ils sont rapporteurs.

16. Le ministre nomme le président de la commission.

Lorsque le ministre ou le sous-secrétaire d'Etat assiste à la séance, la présidence lui appartient.

La commission élit deux vice-présidents pris parmi ses membres.

17. La commission supérieure peut se diviser en sections, chargées, sous les réserves qu'elle déterminera, de statuer sur les affaires dont elle leur renvoie l'examen. Elle fixe les règles relatives à la distribution des affaires entre les sections, et les cas dans lesquels il doit être statué par la commission tout entière. Elle arrête le nombre des sections à constituer, leur composition, le mode de désignation de leurs membres et de leurs présidents, les conditions dans lesquelles doivent être prises ses décisions et celles des sections. Elle règle enfin sa procédure.

18. Les dispositions du présent titre sont applicables aux dommages causés, soit aux mines, soit aux entreprises de distribution d'eau, de gaz ou d'électricité, sous réserve des règles spéciales du titre III.

TITRE II

DOMMAGES AUX BIENS DES DÉPARTEMENTS, DES COMMUNES ET ÉTABLISSEMENTS PUBLICS DE TOUTE NATURE.

19. S'il s'agit de biens mobiliers ou immobiliers de communes ou d'établissements publics, la déclaration est déposée ou adressée par pli recommandé à la préfecture par le maire ou le représentant légal de l'établissement, dans les deux mois qui suivront l'affichage du présent décret, sauf empêchement justifié. Elle est rédigée sur papier libre, et accompagnée de toutes pièces propres à établir la réalité et à permettre l'évaluation du dommage, telles que actes de vente ou de succession, baux, états des contributions imposées par l'ennemi et payées par la commune ou en son acquit par des habitants, décisions judiciaires, polices d'assurances, rapports d'experts, attestations certifiées, etc.

Les intéressés, s'ils ont déjà reçu une indemnité, doivent en déclarer la cause et le montant, et, dans le cas contraire, déclarer qu'ils n'ont reçu aucune indemnité.

20. Dès réception de la déclaration, le préfet fait procéder à l'instruction de la demande, provoque à son sujet les avis qu'il juge utiles, et les joint au dossier, avec les pièces et les renseignements propres à éclairer la commission.

21. A la suite de cette instruction, le préfet provoque, suivant la qualité du demandeur, une délibération du conseil municipal ou de la commission administrative de l'établissement intéressé. Le dossier, complété par cette délibération, est transmis, dans un délai maximum de deux mois, sauf empêchement justifié, au préfet, qui en saisit directement la commission départementale d'évaluation.

22. Si le dommage a été éprouvé par le département, la déclaration est faite par le préfet, en vertu d'une délibération du conseil général, ou de la commission départementale, en cas de délégation donnée à cet effet.

Avant de provoquer cette délibération, le préfet, dans les deux mois qui suivent l'affichage du présent décret, réunit toutes les pièces et documents propres à établir la réalité et à permettre l'évaluation du dommage, prend tous les avis qu'il juge utiles, et les joint au dossier.

La déclaration, avec le dossier complété par la délibération du conseil général ou de la commission départementale, est transmise par le préfet à la commission départementale d'évaluation.

23. Pour l'examen de la catégorie de demandes visées aux art. 19 et 22, les délégués prévus à l'art. 9, sous les n°s 4 et 5, sont remplacés par deux délégués et deux suppléants désignés par le conseil général, et choisis parmi les représentants des collectivités ou des établissements intéressés.

Les représentants légaux des réclamants, ainsi que les fonctionnaires des services compétents, sont entendus par la commission, s'ils le demandent ou si elle le juge utile. Elle peut entendre, en outre, toute personne ayant une compétence spéciale pour l'évaluation de certains dégâts. Les agents des administrations publiques sont tenus de fournir à la commission tous les renseignements qui leur seraient demandés.

Les commissions peuvent se transporter sur les lieux ; elles ne peuvent délibérer que si tous les membres sont présents.

24. Les commissions départementales constatent les dommages, et statuent définitivement, pour chaque demande, sur leur réalité et leur consistance. Par une appréciation distincte de chacun de leurs éléments constitutifs, elles évaluent le préjudice subi par le réclamant. Elles font connaître les procédés et les taux qu'elles ont adoptés pour cette évaluation.

Dans les éléments à évaluer n'est pas compris le préjudice résultant de l'interruption du service.

25. Le président de la commission, au fur et à mesure que celle-ci a statué sur les demandes, transmet les dossiers au préfet, qui notifie l'évaluation de la commission aux intéressés, en leur faisant connaître que le dossier reste à leur disposition, à la préfecture, pendant quinze jours.

26. Ce délai expiré, le dossier est transmis au ministre de l'intérieur, qui le soumet à la commission supérieure prévue par l'art. 14.

27. Les règles spéciales du titre III sont applicables aux demandes concernant les services de distribution d'eau, de gaz ou d'électricité.

28. Il sera statué ultérieurement en ce qui concerne les dommages causés aux voies ferrées d'intérêt local.

TITRE III

RÉGIME SPÉCIAL AUX MINES ET AUX ENTREPRISES DE DISTRIBUTION D'EAU, DE GAZ OU D'ÉLECTRICITÉ.

29. La demande, présentée, suivant la qualité du demandeur, soit en conformité de l'art. 3, soit en conformité de l'art. 19, est soumise sans délai à l'ingénieur ou à l'agent chargé du contrôle ou de la surveillance du service. Celui-ci, dans le délai d'un mois, après avoir entendu les personnes qu'il juge qualifiées pour fournir leur avis, remet le dossier au préfet avec ses conclusions, en joignant à l'appui un rapport détaillé et tous les renseignements qu'il juge utiles.

30. Ces conclusions sont aussitôt notifiées par les soins de l'autorité préfectorale aux intéressés, qui sont invités à produire leurs observations. Le dossier est ensuite transmis à la commission départementale d'évaluation, laquelle procède comme il est dit aux art. 23 et 24 du titre II.

31. Pour l'examen de la catégorie de demandes visées au présent titre, le délégué prévu à l'art. 9, sous le n° 2, est remplacé par un délégué désigné par le ministre des travaux publics, et les deux délégués prévus sous les n°s 4 et 5 sont remplacés par deux délégués et deux suppléants désignés par le conseil général, dont l'un, au moins, choisi parmi les représentants des industries intéressées.

DISPOSITIONS GÉNÉRALES

32. Ne sont pas soumises aux prescriptions du présent décret, la constatation et l'évaluation des dommages causés aux biens de l'Etat, notamment aux voies de communication d'intérêt général, concédées ou non concédées, avec leurs dépendances.

33. Les séances des commissions instituées par le présent décret ne sont pas publiques.

34. La délivrance d'acomptes n'est pas subordonnée, en ce qui concerne les dommages visés au titre Ier, à l'accomplissement de la procédure instituée par le présent règlement pour le fonctionnement de la commission départementale et celui de la commission supérieure, et, en ce qui concerne les dommages visés aux titres II et III, à l'accomplissement de la procédure instituée pour le fonctionnement de la commission supérieure.

Exceptionnellement, n'est pas subordonnée à l'avis de commissions cantonales d'évaluation la délivrance par le ministre de l'intérieur, sur la proposition du ministre des travaux publics, d'acomptes ayant pour objet la réparation des bateaux de commerce qui auront subi, sur les voies de navigation intérieure, des dommages résultant de faits de guerre.

35. Des indemnités de déplacement peuvent être allouées aux membres des commissions, d'après un tarif déterminé dans un arrêté pris d'accord entre le ministre de l'intérieur et le ministre des finances.

36. Le ministre de l'intérieur, le ministre des finances, le ministre de la justice et le ministre des travaux publics sont chargés, etc.

GUERRE, GUERRE FRANCO-ALLEMANDE, PRISONNIERS DE GUERRE, ŒUVRES PRIVÉES, SUBVENTIONS, COMMISSION DE RÉPARTITION.

DÉCRET *fixant la composition de la commission chargée de la répartition et du contrôle des subventions allouées aux œuvres de secours aux prisonniers de guerre.*

(20 juillet 1915). — (Publ. au *J. off.* du 23 juill.).

LE PRÉSIDENT DE LA RÉPUBLIQUE FRANÇAISE, — Sur le rapport du ministre de la guerre; — Vu la loi du 29 juin 1915 (1), portant ouverture sur l'exercice 1915, des crédits provisoires applicables au troisième trimestre de 1915, et notamment l'état A annexé à ladite loi, ministère de la guerre, chapitre 38 *bis;* — Décrète :

ART. 1er. Il est institué une commission chargée de la répartition et du contrôle des subventions allouées aux œuvres privées d'assistance militaire chargées de secourir les Français prisonniers de guerre.

Cette commission est composée ainsi qu'il suit :

1° Deux sénateurs :

2° Trois députés;

3° Quatre représentants du ministère de la guerre;

(1) *Supra*, p. 212.

4° Un représentant du ministère de la marine;
5° Un représentant du ministère des affaires étrangères;
6° Deux représentants du ministère des finances;
7° Un représentant du ministère de l'intérieur;
8° Un fonctionnaire de l'administration centrale de la guerre, secrétaire.

Les membres et le président de la commission sont nommés par le ministre de la guerre, qui désigne, en outre, un ou plusieurs rapporteurs adjoints.

2. Le ministre de la guerre est chargé, etc.

INSTRUCTION PUBLIQUE, ECOLES NORMALES PRIMAIRES, CONCOURS D'ADMISSION, BREVET ÉLÉMENTAIRE, BREVET SUPÉRIEUR, CERTIFICAT D'APTITUDE PÉDAGOGIQUE, EXAMENS, RÉGLEMENTATION.

DÉCRET *modifiant le décret du* 18 *janv.* 1887 (*art.* 70 *et* 73, *relatifs au concours d'admission dans les écoles normales primaires*, 107, 117 *et* 118, *relatifs aux titres de capacité*).

(20 juillet 1915). — (Publ. au *J. off.* du 6 août).

LE PRÉSIDENT DE LA RÉPUBLIQUE FRANÇAISE; — Sur le rapport du ministre de l'instruction publique et des beaux-arts; — Vu la loi du 30 oct. 1886 (1); — Vu la loi de finances du 26 févr. 1887 (2); — Vu le décret du 12 mars 1887 (3); — Vu le décret du 18 janv. 1887 (4) et les modifications ultérieures apportées aux art. 70 et 73, 107, 117 et 118 dudit décret; — Le conseil supérieur de l'instruction publique entendu; — Décrète :

ART. 1er. Les art. 70 et 73 du décret du 18 janv. 1887, relatifs au concours d'admission dans les écoles normales primaires, sont modifiés ainsi qu'il suit :

« Art. 70. Tout candidat doit :

« 1° Etre de nationalité française;

« 2° Avoir 16 ans au moins, 19 ans au plus au 31 décembre de l'année où il est candidat;

« Aucune dispense d'âge n'est accordée;

« 3° N'être atteint d'aucune infirmité ou maladie le rendant impropre au service de l'enseignement;

« 4° S'être engagé à servir pendant 10 ans dans l'enseignement public.

« Les aspirants devront s'engager, en outre, à demander à l'autorité militaire, en temps opportun, les sursis qui leur seraient nécessaires pour le cas où ils atteindraient l'âge d'incorporation dans l'armée active avant d'avoir achevé leur scolarité. Tout élève-maître qui ne demandera pas ce sursis, ou qui, l'ayant demandé et obtenu, renoncera à en bénéficier, sera considéré comme démissionnaire.

« Les candidats au concours d'admission aux écoles normales non pourvus du brevet élémentaire sont soumis au droit d'examen prévu par l'art. 3 de la loi du 26 févr. 1887. Le décret du 12 mars 1887 leur est applicable.

« Art. 73. Les candidats sont examinés par une commission nommée par le recteur. L'inspecteur d'académie en est le président; le directeur et la directrice des écoles normales, vice-présidents; les professeurs et les maîtres ou maîtresses des écoles normales, un inspecteur primaire et un instituteur ou une institutrice de l'enseignement primaire public en font nécessairement partie.

« Cette commission peut être complétée dans les conditions prévues à l'art. 118, § 3, relatif au jury du brevet élémentaire, et les deux examens peuvent avoir lieu simultanément devant la même commission.

« La même commission ne peut délibérer régulièrement sur l'admissibilité ou l'admission des candidats qu'autant que les deux tiers des membres sont présents. Chacune des épreuves est obligatoirement corrigée par deux examinateurs au moins; l'examen oral a lieu devant deux membres au moins.

« Les délibérations sont prises à la majorité des suffrages. En cas de partage, la voix du président est prépondérante.

« Un arrêté ministériel, pris sur l'avis du conseil supérieur, déterminera la forme et les conditions de cet examen ».

2. L'art. 71 du décret du 18 janv. 1887 est abrogé.

3. Les art. 107, 117 et 118 du décret du 18 janv. 1887, relatifs aux titres de capacité, sont modifiés ainsi qu'il suit :

« Art. 107. Pour se présenter aux examens du brevet élémentaire, tout candidat doit avoir au moins seize ans au 31 décembre de l'année durant laquelle il se présente.

« Pour se présenter aux examens du brevet supérieur, tout candidat doit justifier de la possession du brevet élémentaire et avoir dix-huit ans au 31 décembre de l'année durant laquelle il se présente.

« Aucune dispense d'âge ne peut être accordée, ni pour le brevet élémentaire, ni pour le brevet supérieur.

« Art. 117. Les commissions d'examen pour le brevet élémentaire et pour le brevet supérieur tiennent deux sessions par an.

---

(1) S. *Lois annotées* de 1887, p. 166. — P. *Lois, décr.*, etc. de 1887, p. 287; *Pand. pér.*, 1886.3.177.

(2) S. *Lois annotées* de 1887, p. 235. — P. *Lois, décr.*, etc. de 1887, p. 404.

(3) S. *Lois annotées* de 1887, p. 245. — P. *Lois, décr.*, etc. de 1887, p. 421.

(4) S. *Lois annotées* de 1887, p. 203. — P. *Lois, décr.*, etc. de 1887, p. 350; *Pand. pér.*, 1887.3.5.

« Ne sont admis à la seconde session que les candidats qui, s'étant présentés à la première, ont obtenu au moins le quart du maximum des points pour l'ensemble des épreuves écrites, et ceux qui n'ont pu se présenter par suite d'un cas de force majeure laissé à l'appréciation de l'inspecteur d'académie.

« Les commissions d'examen pour le certificat d'aptitude pédagogique ne tiennent qu'une session par an.

« Les commissions d'examen pour le brevet élémentaire, le brevet supérieur et le certificat d'aptitude pédagogique sont nommées chaque année par le recteur, sur la proposition de l'inspecteur d'académie, et siègent dans chaque chef-lieu de département, sauf les exceptions que le ministre pourra autoriser, sur la proposition du recteur.

« Siègent également au chef-lieu du département les commissions d'examen pour les certificats d'aptitude à l'enseignement de la gymnastique (degré élémentaire) et à l'enseignement élémentaire des travaux de couture.

« Pour tous les autres examens, les commissions siègent à Paris; elles sont nommées chaque année par le ministre de l'instruction publique.

« Art. 118. Les commissions d'examen pour le brevet élémentaire et pour le brevet supérieur sont composées d'au moins sept membres.

« Elles sont présidées par l'inspecteur d'académie, et, en son absence, par un des membres de la commission qu'il délègue. Chacune d'elles nomme son secrétaire.

« La commission d'examen pour le brevet élémentaire comprend obligatoirement deux inspecteurs de l'enseignement primaire, un membre ou un ancien membre de l'enseignement primaire privé, un professeur d'école normale ou d'école primaire supérieure, deux instituteurs ou institutrices de l'enseignement primaire public.

« L'admission au brevet élémentaire est prononcée, soit par la commission spéciale prévue au paragraphe précédent, soit, pour les candidats à l'école normale, par la commission chargée de les examiner. Les deux examens peuvent, d'ailleurs, ainsi qu'il est dit à l'art. 73, avoir lieu simultanément devant la même commission.

« La commission d'examen pour le brevet supérieur comprend obligatoirement un inspecteur de l'enseignement primaire, le directeur ou la directrice de l'école normale, deux professeurs d'école normale ou d'école primaire supérieure (ordre des lettres), deux professeurs d'école normale ou d'école primaire supérieure (ordre des sciences), un instituteur public pourvu du brevet supérieur, ou une institutrice publique pourvue du même brevet.

« Les autres membres sont choisis parmi les fonctionnaires ou les anciens fonctionnaires de l'enseignement public, supérieur, secondaire ou primaire, sans que leur nombre puisse dépasser celui des membres désignés au précédent paragraphe.

« Lorsque le nombre des candidats inscrits exige la formation de plusieurs jurys, chacun de ces jurys est composé d'au moins six membres; il doit comprendre, pour moitié, des fonctionnaires ou anciens fonctionnaires de l'enseignement primaire public, choisis dans les catégories et suivant les conditions déterminées aux §§ 3 et 5 du présent article; chaque jury pour le brevet élémentaire doit comprendre un membre ou un ancien membre de l'enseignement primaire privé.

« Aux examens du brevet élémentaire et du brevet supérieur, les anciens maîtres de l'enseignement public ou privé ne peuvent faire partie des commissions, s'ils ont cessé d'exercer depuis plus de dix ans.

« Les commissions ne peuvent délibérer régulièrement sur l'admissibilité ou l'admission des candidats qu'autant que les deux tiers des membres sont présents. Chacune des épreuves est obligatoirement corrigée par deux examinateurs au moins; l'examen oral a lieu devant deux membres au moins.

« Les délibérations sont prises à la majorité des suffrages. En cas de partage, la voix du président est prépondérante.

« Il est tenu compte à l'examen du brevet supérieur des notes obtenues par chaque candidat pendant ses deux dernières années d'étude. Ces notes, attestées au moyen d'un livret de scolarité délivré par le directeur de l'établissement ou le professeur du candidat, sont remises à l'inspection académique au moment de l'inscription et jointes au dossier du candidat ».

4. Le ministre de l'instruction publique et des beaux-arts est chargé, etc.

Instruction publique, Écoles primaires supérieures, Cours complémentaires, Concours d'admission, Réglementation.

DÉCRET *modifiant l'art.* 38 *du décret du* 18 *janv.* 1887, *relatif aux conditions d'admission dans les écoles primaires supérieures et les cours complémentaires.*

(20 juillet 1915). — (Publ. au *J. off.* du 6 août).

LE PRÉSIDENT DE LA RÉPUBLIQUE FRANÇAISE; — Sur le rapport du ministre de l'instruction publique et des beaux arts; — Vu le décret du 18 janv. 1887 (1), art. 38, modifié par les décrets

(1) S. *Lois annotées* de 1887, p. 203. — P. *Lois, décr.*, etc. de 1887, p. 350; *Pand. pér.*, 1887.3.5.

des 21 janv. 1893 (1), 26 juill. 1909 (2) et 3 mars 1914 (3); — Le conseil supérieur de l'instruction publique entendu; — Décrète :

ARTICLE UNIQUE. L'art. 38 du décret du 18 juill. 1887 est modifié ainsi qu'il suit :

« Pour être admis, soit dans une école primaire supérieure, soit dans un cours complémentaire, il faut remplir une des trois conditions suivantes :

« *a*) Posséder le certificat d'études primaires élémentaires, et justifier, en outre, par un certificat signé de l'inspecteur primaire, qu'on a suivi pendant une année au moins le cours supérieur d'une école primaire élémentaire;

« *b*) Posséder le certificat d'études primaires élémentaires, et justifier, en outre, par un examen subi devant une commission de professeurs de l'école présidée par le directeur, qu'on a étudié les matières comprises dans le programme du cours supérieur des écoles primaires publiques;

« *c*) Avoir subi avec succès l'examen des bourses d'enseignement primaire supérieur prévu par l'art. 47 du présent décret, ou l'examen des bourses d'enseignement secondaire prévu par les décrets des 6 (4) et 9 août 1895;

« Les écoles primaires supérieures peuvent recevoir, dans une classe d'enseignement primaire élémentaire, dite cours préparatoire, des enfants âgés de onze ans révolus. Ces enfants n'entreront dans la première année de l'école primaire supérieure que lorsqu'ils rempliront une des trois conditions spécifiées ci-dessus.

La classe préparatoire est confiée à un maître unique. Elle suit le programme du cours supérieur des écoles primaires élémentaires.

COLONIES, GUERRE FRANCO-ALLEMANDE, TOGO ALLEMAND, COMMANDEMENT MILITAIRE, OFFICIERS ET FONCTIONNAIRES, SUPPLÉMENTS DE FONCTIONS.

DÉCRET *allouant des suppléments de fonctions au personnel militaire et civil du Togo.*

(21 juillet 1915). — (Publ. au *J. off.* du 25 juill.).

LE PRÉSIDENT DE LA RÉPUBLIQUE FRANÇAISE; — Sur la proposition des ministres des colonies et des finances; — Vu le décret du 2 déc. 1910 (5), sur l'occupation des territoires conquis; — Vu le décret du 8 déc. 1913, portant organisation générale des services de l'arrière aux armées; — Vu l'arrêté n° 156 du gouverneur général de l'Afrique occidentale française, créant au Togo, à compter du 1er janv. 1915, un commandement militaire territorial; — Décrète :

ART. 1er. Le personnel affecté aux différents services d'administration du territoire du Togo, occupé par les troupes françaises, aura droit, à compter du 1er janv. 1915, aux suppléments de fonctions annuels suivants :

Officier commandant militaire territorial, 2.500 fr.;

Officier ou fonctionnaire civil commandant de cercle, 1.200 fr.;

Sous-officier ou fonctionnaire civil chef de poste, 360 fr.;

Agent spécial des cercles, 600 fr.;

Agent des postes et télégraphes, 300 fr.;

Surveillant des postes et des télégraphes, 120 fr.;

Agent des douanes (chef de poste), 500 fr.;

Médecin de l'assistance médicale indigène (1 par cercle), 1.000 fr.

2. Les ministres des colonies et des finances sont chargés, etc.

COMMUNES, ETABLISSEMENTS DE BIENFAISANCE, GUERRE FRANCO-ALLEMANDE, RECEVEURS SPÉCIAUX, CONSEIL DE DISCIPLINE, DÉLÉGUÉS, POUVOIRS, PROROGATION.

DÉCRET *tendant à proroger les pouvoirs des délégués au conseil de discipline des receveurs spéciaux des communes et des établissements de bienfaisance.*

(22 juillet 1915). — (Publ. au *J. off.* du 27 juill.).

LE PRÉSIDENT DE LA RÉPUBLIQUE FRANÇAISE; — Vu le décret du 2 oct. 1912 (6), relatif aux mesures disciplinaires applicables aux receveurs spéciaux des communes et des établissements publics; — Vu l'arrêté du ministre des finances du 20 mars 1913; — Vu les décrets des 10 (7) et 16 sept. 1914 (8); — Sur la proposition du ministre des finances et du ministre de l'intérieur; — Décrète :

ART. 1er. Le mandat des délégués au conseil de discipline des receveurs spéciaux des communes et des établissements publics, élus conformément aux dispositions de l'arrêté du 20 mars 1913, et dont les pouvoirs expirent en 1915, est prorogé jusqu'à la fin de la présente année.

2. Le ministre des finances et le ministre de l'intérieur sont chargés, etc.

---

(1) *J. off.*, 26 janv. 1893, p. 461; *Pand. pér.*, 1893.3.110.

(2) *J. off.*, 30 juill. 1909, p. 8233.

(3) *J. off.*, 7 mars 1914, p. 2046.

(4) S. et P. *Lois annotées* de 1895, p. 1152.

(5) *Bull. off.*, nouv. série, 47, n. 2176.

(6) *J. off.*, 18 oct. 1912, p. 8915.

(7-8) 1er vol., p. 108 et 115.

DÉCORATIONS, GUERRE FRANCO-ALLEMANDE, CROIX DE GUERRE, FORMATIONS MILITAIRES DE LA MARINE MISES A LA DISPOSITION DU DÉPARTEMENT DE LA GUERRE.

INSTRUCTION *spéciale relative à la délivrance des Croix de guerre aux personnels de la marine cités à l'ordre du jour au titre des formations militaires de la marine mises à la disposition du département de la guerre.*

(**22 juillet 1915**). — (Publ. au *J. off.* du 24 juill.).

La présente instruction a pour but de fixer les règles indiquant, dans chaque cas particulier, la marche à suivre pour la délivrance des Croix de guerre au personnel des formations militaires de la marine, qu'elle vise exclusivement.

I. — CROIX DE GUERRE POUR CITATIONS DE TOUTES CATÉGORIES ACCORDÉES A DES MARINS AU TITRE DES FORMATIONS MILITAIRES DE LA MARINE.

La délivrance des Croix et insignes incombe à l'autorité militaire.

II. — APPLICATION DE L'ART. 6 DU DÉCRET DU 23 AVRIL 1915 (1).

a) Pour tous les marins décorés ou médaillés directement par le général en chef, dont la mention de décoration est suivie de l'indication « Croix de guerre » sur les états fournis par le général en chef (art. 5, alinéa *a* de l'instruction de la guerre du 13 mai 1915) (2), la Croix de guerre doit être remise par les autorités militaires, en même temps que l'insigne de Légion d'honneur ou de médaille militaire.

Le département de la marine n'intervient pas.

b) Pour les marins décorés ou médaillés par arrêté du ministre de la marine, la mention « Croix de guerre » figure au *Journal officiel* toutes les fois que cette récompense paraît justifiée.

Dans ce cas, la Croix de guerre est adressée, en même temps que l'insigne de la Légion d'honneur ou de médaille militaire, par les soins du département de la marine.

c) La revision, en vue de l'obtention de la Croix de guerre, des décorations accordées à des marins des formations militaires depuis le début des hostilités, sera faite par le département.

La liste des ayants droit sera adressée incessamment au dépôt de Paris.

Chacun des centres administratifs des formations militaires aura à faire les recherches voulues en vue de déterminer ceux des marins (officiers compris), figurant sur cette liste, qui n'ont pas encore été mis en possession de la Croix de guerre avec palme, et à faire le nécessaire pour la leur faire parvenir dans les conditions indiquées au § IV ci-après, qu'il s'agisse de marins encore présents à la formation ou évacués, ou destinés ultérieurement à d'autres services.

Le cas échéant, si des Croix de guerre n'ont pas déjà été mises à sa disposition par le département de la guerre, le commandant du dépôt de Paris les demandera au département de la marine.

III. — REMISE DES CROIX DE GUERRE AUX AYANTS DROIT.

Les Croix de guerre doivent être remises aux ayants droit dès quelles parviennent aux formations militaires.

Celles destinées à des marins évacués, tués, disparus ou prisonniers de guerre, que la formation les ait reçues du département de la guerre ou de celui de la marine, doivent être renvoyées sans retard au commandant du dépôt de Paris avec les indications suivantes :

Formation militaire. — Nom, prénoms, grade, n° matricule (régiment, bataillon, compagnie ou batterie ou section suivant le cas), évacué sur... le..., ou tué à l'ennemi, le..., ou disparu ou prisonnier de guerre, le... Date, nature et motif de la citation.

Toutes les remises de Croix de guerre ou d'insignes supplémentaires (art. 7 du décret du 23 avril 1915), faites à des marins pour les citations de toutes catégories, doivent être signalées immédiatement par la formation militaire au dépôt de Paris, avec les indications suivantes :

Nom, prénoms, grade, matricule.

Date, nature et motif de la citation.

A reçu la Croix de guerre avec { palme, étoile en...

ou 2e citation... / 3e citation... / etc... } a reçu une { palme, étoile en...

IV. — RÔLE INCOMBANT AU DÉPÔT DE PARIS POUR LA REMISE DES CROIX DE GUERRE AUX AYANTS DROIT ET LA TENUE A JOUR DES LIVRETS DES MARINS DES FORMATIONS MILITAIRES CITÉS A L'ORDRE DU JOUR.

a) Au reçu des avis de remises de Croix de guerre visés au § III ci-dessus, le centre administratif de la formation militaire intéressée fait transcrire sur les livrets de solde des officiers et sur les livrets de solde et matricules des marins les renseignements qui lui sont fournis pour chacun des marins cités à l'ordre.

Ces renseignements, ainsi que la mention de délivrance de la Croix de guerre ou de l'insigne,

(1) *Supra*, p. 128.

(2) *Supra*, p. 154.

doivent être certifiés par la signature du chef du centre administratif.

b) Le soin de faire parvenir les Croix de guerre et insignes aux marins évacués incombe au centre administratif de la formation militaire au titre de laquelle ceux-ci ont été cités, même si les intéressés ont été ultérieurement destinés à un autre service.

Dans ce dernier cas, l'envoi de la Croix de guerre ou de l'insigne est accompagné des renseignements nécessaires en vue de leur transcription sur les livrets.

c) Croix de guerre et insignes destinés à des marins prisonniers de guerre.

Les Croix de guerre et insignes destinés à des marins prisonniers de guerre sont adressés par le centre administratif de la formation militaire, accompagnés des renseignements nécessaires, au chef de service de la solde du port chargé de la tenue du rôle de captivité de cette formation.

d) Croix de guerre et insignes destinés à des marins disparus. — Ces Croix et insignes sont conservés par le centre administratif de l'unité intéressée jusqu'à ce que la situation de ces disparus ait pu être établie.

e) Croix de guerre et insignes obtenus par des marins décédés. — Toutes les demandes de Croix de guerre formulées, en application de l'art. 9 du décret du 23 avril 1915, par les parents de marins décédés ayant été cités à l'ordre au titre des formations militaires de la marine seront transmises au commandant du dépôt de Paris, en vue d'être instruites par les centres administratifs intéressés. Ceux-ci, après s'être assurés du bien fondé de la demande, et après avoir, le cas échéant, fait vérifier si le demandeur est bien l'ayant droit dans l'ordre successoral indiqué par ledit article, adresseront, contre reçu, la Croix de guerre à l'ayant droit par l'intermédiaire du maire de la commune où il est domicilié.

V

Comme conséquence des dispositions de la présente instruction, toutes les demandes de Croix de guerre concernant des officiers et des marins cités à l'ordre, au titre d'une des formations militaires de la marine, mises à la disposition du département de la guerre pendant la durée des hostilités, doivent être adressées au dépôt des équipages de la flotte, caserne de la Pépinière, à Paris.

DOUANES, GUERRE FRANCO-ALLEMANDE, INTERDICTION DE SORTIE, MACHINES-OUTILS.

DÉCRET *relatif à la prohibition de sortie des machines-outils.*

(22 juillet 1915). — (Publ. au *J. off.* du 1er août).

LE PRÉSIDENT DE LA RÉPUBLIQUE FRANÇAISE; — Sur le rapport des ministres du commerce, de l'industrie, des postes et des télégraphes, de la guerre et des finances; — Vu l'art. 34 de la loi du 17 déc. 1814 (1); — Décrète :

ART. **1er**. Sont prohibées, à partir du 1er août 1915, la sortie, ainsi que la réexportation en suite d'entrepôt, de dépôt, de transit et de transbordement, des machines-outils et de leurs pièces détachées.

Toutefois, des exceptions à cette disposition pourront être accordées, sous les conditions qui seront déterminées par le ministre des finances.

2. Les ministres du commerce, de l'industrie, des postes et des télégraphes, de la guerre et des finances sont chargés, etc.

HABITATIONS A BON MARCHÉ, BANLIEUE DES VILLES, GRANDE ET PETITE BANLIEUE DE PARIS, MODE DE DÉTERMINATION.

CIRCULAIRE *relative au décret du 17 juill. 1915, modifiant le règlement d'administration publique du 10 janv. 1907, rendu pour exécution de la loi du 12 avril 1906, sur les habitations à bon marché.*

(22 juillet 1915). — (Publ. au *J. off.* du 7 août).

Le Ministre du travail et de la prévoyance sociale à M. le préfet d.....

Le Conseil d'Etat a été appelé à reprendre l'examen du mode de détermination des banlieues des villes de plus de 30.000 habitants, autres que Paris, visées par l'art. 5 de la loi du 12 avril 1906 (2), sur les habitations à bon marché.

Conformément à son avis, un décret du 17 juill. 1915 (3), publié au *Journal officiel* du 21 juillet, a remplacé l'art. 58 du décret du 10 janv. 1907 (4) par le texte ci-après :

« Art. 58. Pour déterminer les communes situées dans la grande et la petite banlieue de Paris, on prend la distance à vol d'oiseau qui sépare la mairie de la commune du point le plus rapproché des limites de la ville. La banlieue des autres communes est déterminée dans les mêmes conditions ».

Les arrêtés ministériels qui avaient été pris sur les propositions des préfectures, et après avis du comité permanent du conseil supérieur des habi-

---

(1) S. 1er vol. des *Lois annotées*, p. 914.

(2) S. et P. *Lois annotées* de 1907, p. 335; *Pand. pér.*, 1907.3.66.

(3) *Supra*, p. 236.

(4) S. et P. *Lois annotées* de 1907, p. 342; *Pand. pér.*, 1907.3.60.

tations à bon marché, pour l'exécution de l'ancien art. 58, se trouvent ainsi mis à néant, et la détermination des banlieues sera donc automatique pour les villes susvisées, comme elle l'est déjà pour la banlieue de la ville de Paris.

Je vous serais d'ailleurs obligé de faire en sorte que toutes facilités soient données aux constructeurs de maisons à bon marché, afin qu'ils puissent aisément avoir connaissance des distances dont il s'agit.

Vous voudrez bien m'accuser réception de la présente circulaire, sous le timbre de la direction de l'assurance et de la prévoyance sociales.

MARINE, GUERRE FRANCO-ALLEMANDE, SALUTS A COUPS DE CANON, SUPPRESSION.

CIRCULAIRE *relative aux saluts à coups de canon.*

(22 juillet 1915). — (Publ. au *J. off.* du 24 juill.).

Le Ministre de la marine à MM. les vice-amiraux commandant en chef, préfets maritimes, officiers généraux, supérieurs et autres, commandant à terre et à la mer.

Je vous prie de vouloir bien faire connaître à tous les commandants placés sous vos ordres la décision ci-après :

Par application des dispositions de l'art. 473 du décret sur le service à bord, seront supprimés temporairement, pendant la durée de la guerre :

1° Tous les saluts à coups de canon, prévus aux art. 462, 463, 464 et 469 du décret précité, pour les marques distinctives et les autorités militaires et civiles françaises;

2° Tous les saluts à coups de canon, aussi bien nationaux que personnels, avec les puissances alliées. Même mesure est prise par les marines anglaise, russe et italienne.

En ce qui concerne les puissances neutres, les saluts réglementaires doivent être faits, pourvu qu'il n'en résulte pas d'inconvénient pour les opérations militaires.

BUDGET, GUERRE FRANCO-ALLEMANDE, CRÉDITS SUPPLÉMENTAIRES, CARGAISONS APPARTENANT A DES NEUTRES, ACHAT.

LOI *portant ouverture au ministre de la marine, sur l'exercice* 1915, *d'un crédit extraordinaire pour le paiement de la valeur des cargaisons appartenant à des neutres, et dont l'achat est reconnu nécessaire.*

(23 juillet 1915). — (Publ. au *J. off.* du 25 juill.).

ARTICLE UNIQUE. Il est ouvert au ministre de la marine, sur l'exercice 1915, en addition aux crédits provisoires ouverts par la loi du 26 déc. 1914 (1), des crédits s'élevant à la somme de trois millions huit cent vingt mille sept cent cinquante-six francs (3.820.756 fr.), et applicables au chapitre ci-après de la 1re section du budget de la marine :

« Chap. 19 *bis* (nouveau). — Paiement de la valeur des cargaisons appartenant à des neutres et dont l'achat est reconnu nécessaire ».

CODE DU TRAVAIL ET DE LA PRÉVOYANCE SOCIALE, INDUSTRIE DU VÊTEMENT, FEMMES TRAVAILLANT A DOMICILE, SALAIRES.

CIRCULAIRE *relative à l'application de la loi du* 10 *juill.* 1915, *portant modification des titres III et V du livre I du Code du travail et de la prévoyance sociale (salaire des ouvrières à domicile dans l'industrie du vêtement).*

(24 juillet 1915). — (Publ. au *J. off.* du 25 juill.).

Le Ministre du travail et de la prévoyance sociale à MM. les inspecteurs divisionnaires du travail.

La loi du 10 juill. 1915 (2), dont vous avez le texte au *Journal officiel* du 11 juillet, et dont je vous adresse ci-joint un grand nombre d'exemplaires avec mes instructions, est une des lois que le monde du travail attendait avec impatience, et dont l'importance, la justice et l'opportunité sont soulignées d'une manière éclatante par le fait qu'elle a été votée à l'unanimité par le Sénat, dans sa séance du 20 mai 1915, et par la Chambre, dans sa séance du 9 juillet suivant.

Elle a pour objet d'assurer aux femmes occupées à domicile dans les industries du vêtement, et dont la rémunération est trop souvent insuffisante, un minimum de salaire.

Bien qu'elle réponde d'une manière particulièrement opportune au développement qu'a pris pendant la guerre le travail à domicile exécuté pour les armées (capotes, pantalons, chemises, caleçons, tentes, etc.), la loi n'est pas une loi de circonstance. Elle a son origine dans les nombreuses plaintes, les nombreuses enquêtes, qui, depuis de longues années, ont signalé l'avilissement du salaire des ouvrières à domicile. La discussion s'en poursuivait depuis plusieurs années.

Pour déterminer le champ d'application de la loi, il y a lieu de considérer, d'une part, les personnes, et, d'autre part, les travaux auxquels elle s'applique.

En ce qui concerne le premier point, la loi ne vise que les ouvrières à domicile. Elle laisse en

(1) 1er vol., p. 275.

(2) *Supra*, p. 223.

dehors de son action les ouvriers à domicile et le personnel des ateliers. Toutefois, le minimum de salaire une fois établi pour les ouvrières à domicile, les ouvriers à domicile appartenant aux mêmes industries et exécutant les mêmes travaux, qui recevraient des salaires inférieurs à ce minimum, peuvent poursuivre leurs employeurs devant les conseils de prud'hommes ou les juges de paix, en vue d'obtenir le paiement de la différence (art. 33 *m*). L'action civile des associations, prévue à l'art. 33 *k*, peut aussi s'exercer dans ce cas. Mais les entrepreneurs ne sont tenus ni d'inscrire lesdits ouvriers sur le registre prévu à l'art. 33 *a*, ni de les munir du bulletin à souche ou carnet prescrit par l'art. 33 *c*.

La loi n'a pas donné de définition du travail à domicile. A titre d'indication, voici quelques caractéristiques de l'industrie à domicile salariée.

Le travail est fait sur commande, soit d'un établissement industriel ou commercial, soit d'un intermédiaire. Il est exécuté, dans un local servant à l'habitation ou en dépendant, par un ouvrier façonnier travaillant seul ou avec des membres de sa famille, ou même avec quelques autres ouvriers. Les matières premières sont, le plus souvent, fournies par les établissements ou les intermédiaires, à l'exception des fournitures accessoires achetées par l'ouvrier.

Les ouvriers à domicile ainsi définis se différencient des petits artisans qui travaillent également à domicile, mais directement pour la clientèle, et sont en réalité de petits patrons.

Aucune distinction de nationalité n'a été faite par la loi, qui protège également les ouvrières et ouvriers travaillant en France à domicile, qu'ils soient Français ou étrangers. Le premier rapporteur de la loi à la Chambre l'a déclaré expressément dans son rapport (1).

La loi, d'autre part, ne vise pas tous les travaux à domicile; elle s'applique seulement aux « travaux de vêtements, chapeaux, chaussures, lingerie en tous genres, broderie, dentelles, plumes, fleurs artificielles et tous autres travaux rentrant dans l'industrie du vêtement » (art. 33).

En dehors des objets ainsi énumérés, il résulte des travaux préparatoires que le législateur n'a voulu comprendre dans l'expression « industrie du vêtement » que la confection des vêtements proprement dits. N'y rentrent pas, notamment, la fabrication des bijoux, des chapelets, le tissage des rubans. Toutefois, l'art. 33 *m* permet d'étendre la loi à d'autres industries non visées expressément à l'art. 33. Cette extension peut être réalisée par un règlement d'administration publique, rendu après avis du conseil supérieur du travail.

L'économie de la loi peut se résumer comme suit :

I. — Par une procédure spéciale, un tarif minimum est établi et publié.

II. — Les entrepreneurs doivent accorder à leurs ouvrières un tarif au moins égal à ce tarif minimum, faute de quoi, le redressement des salaires peut être obtenu par une action civile.

III. — Pour faciliter la comparaison entre le tarif minimum établi et le tarif payé par l'entrepreneur, ce dernier doit remplir certaines formalités, dont l'inobservation est l'objet de sanctions pénales.

La loi prévoit trois sortes de salaires minima ou tarifs, qu'il est utile de bien distinguer pour faciliter l'intelligence de ce qui va suivre :

1° Un minimum de salaire « au temps », qui est déterminé par le conseil du travail ou le comité départemental des salaires;

2° Un minimum de salaire « à la pièce », applicable aux articles fabriqués en série, établi par le conseil du travail ou les comités professionnels d'expertise;

3° Des prix de façon fixés par l'entrepreneur, et qui doivent être inscrits par lui sur les bulletins ou carnets remis aux ouvrières et affichés par ses soins dans certains cas.

Tous ces salaires ou tarifs s'entendent nets de toutes fournitures. Cela est évident, par définition, pour le minimum au temps (art. 33 *e*); cela est également vrai pour le tarif ou salaire à la pièce établi par le comité d'expertise, puisqu'il doit permettre, par définition, de gagner le minimum horaire net dans le temps nécessaire à fabriquer la pièce (art. 33 *g*).

Enfin, il en est de même des prix de façon fixés par l'entrepreneur, et affichés par lui (art. 33 *b*) ou inscrits sur les carnets (art. 33 *c*). Cela résulte, sans doute possible, de la dernière phrase du premier alinéa de l'art. 33 *c* : « Les prix nets de façon ne peuvent être inférieurs, pour les mêmes articles, aux prix affichés en vertu de l'article précédent ».

I. — DÉTERMINATION DU MINIMUM DE SALAIRE.

1° *Organismes chargés de l'établir.*

C'est aux conseils du travail, en premier lieu, que la loi confie le soin de constater les salaires de base (art. 33 *e*), ainsi que le temps nécessaire à la confection des articles (art. 33 *g*).

Les conseils du travail dont il s'agit sont les conseils consultatifs du travail prévus par la loi du 17 juill. 1908 (2). Ces conseils étant encore très peu nombreux, et aucun d'eux n'ayant été créé pour les professions qui font l'objet de la loi qui nous occupe, il y a lieu actuellement de recourir à la création des comités de salaires et

(1) Note du *J. off.* — « Rapport de M. Berthod, Chambre des députés, session 1913, doc. parl., n° 4272, p. 39 ».

(2) S. et P. *Lois annotées* de 1909, p. 808; *Pand. pér.*, *Lois annotées* de 1909, p. 808.

des comités professionnels d'expertise appelés par la loi à les remplacer.

Comités de salaires. — L'art. 33 *f* de la loi règle la constitution de ces comités.

C'est aux préfets qu'il appartient de provoquer leur création. Ils auront d'abord à fixer, en tenant compte de l'importance des intérêts en jeu, et en prenant à ce sujet l'avis du service de l'inspection du travail et de personnes compétentes appartenant aux groupements professionnels intéressés, le nombre des ouvriers ou ouvrières et des patrons qui doivent composer le comité.

Le nombre des membres de chaque catégorie peut varier de deux à quatre, et doit d'ailleurs être le même pour les deux catégories.

Ils devront ensuite faire procéder à la désignation des membres. Deux cas se présenteront :

a) S'il existe des conseils de prud'hommes ayant compétence dans le département, le préfet devra inviter les présidents et vice-présidents de section de ces conseils à désigner les membres patrons et ouvriers du comité. La loi n'a pas précisé comment se ferait cette désignation. Par analogie avec l'art. 33 *g*, qui prévoit une réunion des présidents et vice-présidents de section des conseils de prud'hommes pour la désignation des membres des comités locaux d'expertise, il paraît indiqué de suivre la même procédure pour la nomination des membres du comité départemental de salaires. Il est d'ailleurs plus facile d'obtenir l'accord souhaité par le législateur au sein d'une telle réunion que si les intéressés étaient consultés isolément.

Il y a lieu d'admettre que l'accord est réalisé pour les candidats ayant réuni la majorité des voix des prud'hommes patrons et celles des prud'hommes ouvriers.

Les candidats élus doivent appartenir aux industries « visées par la présente loi », c'est-à-dire, tant que n'aura pas joué le § 2 de l'art. 33 *m*, aux industries du vêtement. C'est la seule condition d'éligibilité exigée. Il n'est pas indispensable que les patrons désignés donnent du travail à domicile, ni que les ouvriers désignés rentrent dans la catégorie des ouvrières à domicile ; il suffit que les uns et les autres appartiennent aux industries précitées. Il est désirable toutefois que les choix se portent sur des personnes appartenant aux spécialités industrielles dont les travaux seront en cause. Il est désirable aussi, dans la mesure du possible, pour faciliter le fonctionnement et éviter des frais, que les choix se portent de préférence sur des personnes habitant la ville siège du comité.

b) A défaut de conseils de prud'hommes, ou si les présidents et vice-présidents n'ont pu se mettre d'accord, le préfet devra saisir le président du tribunal civil du chef-lieu du département et le prier de faire les désignations.

Si la réunion des présidents et vice-présidents a désigné des personnes n'appartenant pas aux professions du vêtement (aux professions en cause, s'il s'agit d'extensions faites en vertu de l'art. 33 *m*, § 2), ou si, d'une façon générale, elle a présenté moins de noms de patrons ou d'ouvriers éligibles que le comité n'en comporte, le président du tribunal civil devra de même compléter la liste, et suppléer pour les noms manquants à l'accord non intervenu.

La loi n'a pas fixé expressément la durée du mandat des membres du comité. Mais, les revisions des minima de salaire devant avoir lieu, aux termes de l'art. 33 *e*, tous les trois ans au moins, il est normal de les renouveler tous les trois ans. Cette durée est d'ailleurs celle qu'a fixée la loi pour le mandat du conseiller à la Cour de cassation chargé de présider la commission centrale statuant en dernier ressort (art. 33 *f*). Il va sans dire que rien ne s'oppose à ce que le mandat des membres des comités départementaux soit renouvelé à l'expiration de chaque période triennale.

La présidence du comité départemental de salaires a été attribuée par la loi au juge de paix ou au plus ancien des juges de paix en fonctions au chef-lieu du département. C'est donc à lui qu'est confié le soin d'assurer la bonne marche des opérations. Vous voudrez bien lui notifier l'institution du comité, sa composition, les noms des membres désignés, et d'une façon générale, tout ce qui concerne son fonctionnement.

Un arrêté préfectoral paraît nécessaire pour faire connaître aux intéressés l'institution et déterminer la composition du comité départemental des salaires. Il fixera la durée des mandats et leur point de départ, et indiquera, le cas échéant, les mesures prises pour faciliter la mission du comité. Un arrêté ultérieur devra intervenir pour proclamer le résultat des désignations de membres faites régulièrement et porter les noms à la connaissance du public.

Comités professionnels d'expertise. — En l'absence de conseils du travail, c'est-à-dire dans la généralité des cas, les préfets auront à instituer dans chaque département un ou plusieurs comités dits « comités professionnels d'expertise » (art. 33 *g*).

Il appartient aux préfets de décider dans quels centres et pour quelles professions devront être créés de tels comités et de déterminer la région à laquelle leur compétence s'étendra. Ils devront consulter les personnes qualifiées pour représenter les professions, les groupes professionnels intéressés ; ils prendront aussi l'avis du comité de salaires et de l'inspecteur du travail. A raison de la mission technique qui leur incombe, ces comités d'expertise pourront être aussi nombreux qu'il y aura d'industries du vêtement nettement distinctes exercées dans la région. Il faut cependant se garder de les multiplier sans nécessité.

Pour la désignation des membres des comités professionnels, les préfets suivront la procédure qui a été indiquée plus haut pour les comités départementaux de salaires. Une différence doit toutefois être notée. Dans le cas où il n'existerait pas de conseils de prud'hommes dans le département, ou si les présidents patrons et ouvriers n'ont pu se mettre d'accord, ce sera le préfet qui désignera les membres du comité d'expertise. Pour cette désignation, il y aura lieu de consulter le comité départemental de salaires.

Les recommandations faites pour les comités départementaux de salaires, en ce qui concerne la spécialité professionnelle et la résidence, sont ici plus indiquées encore, et, quant à la résidence, plus faciles à suivre.

Ce qui a été dit au sujet des notifications au juge de paix, président, et des arrêtés consultatifs des comités, doit également trouver ici sa place. Les éléments à fixer par arrêté sont d'ailleurs plus nombreux (siège, profession, circonscription régionale, etc.).

Commission centrale. — Pour statuer en dernier ressort sur les protestations élevées contre la décision des conseils du travail, comités de salaires et comités d'expertise, il est institué une commission centrale siégeant au ministère du travail.

Cette commission doit comprendre, pour chaque affaire, deux membres (un patron et un ouvrier) du conseil du travail ou du comité départemental qui a déterminé le salaire minimum. Le règlement d'administration publique prévu à l'art. 33 *h* donnera à cet égard les précisions nécessaires, et, le cas échéant, des instructions complémentaires seront envoyées avec le règlement.

2° *Fonctionnement des comités.*

Les réunions des comités départementaux de salaires et des comités professionnels d'expertise sont provoquées par le juge de paix, président, qui fixe leur ordre du jour. L'Administration n'a pas à intervenir dans leurs travaux. Elle devra toutefois faciliter leur fonctionnement, autant que possible, en leur fournissant le local, les documents et les quelques fournitures de bureau nécessaires. Elle mettra, autant que possible, s'ils en expriment le désir, un employé à leur disposition pour assurer leur secrétariat. Parmi les documents à communiquer aux comités, figurent en première ligne les bordereaux annexés, en vertu des décrets du 10 août 1899 (1), aux marchés passés par l'Etat, les départements, les communes et les établissements publics de bienfaisance. Un très grand nombre de ces bordereaux ont été précisément établis dans ces derniers mois, à l'occasion de fournitures de vêtements de lingerie pour l'armée. Les inspecteurs du travail les connaissent et sont à leur sujet en rapport avec les intendants. Les comités y trouveront une documentation abondante et actuelle, qui facilitera grandement leurs travaux.

Constatation du salaire de base. — Les conseils du travail ou les comités de salaires prévus par l'art. 33 ont d'abord à constater le taux du salaire quotidien habituellement payé, taux d'après lequel sera déterminé ensuite le minimum de salaire.

L'art. 33 *c* indique les règles à suivre en cette matière :

1° Le travail à domicile existe dans la région, concurremment avec un travail semblable en atelier. Le taux du salaire quotidien constaté sera celui qui est habituellement payé, en atelier, aux ouvrières de même profession et d'habileté moyenne exécutant les divers travaux de la profession. Au sujet de l'ouvrière d'habileté moyenne, sur laquelle doit porter la constatation, le rapporteur du projet de loi à la Chambre des députés (2), cité par le rapporteur au Sénat (3), s'exprimait ainsi : « Il reste bien entendu que le salaire envisagé devra être celui de l'ouvrière qui n'a pas de talent spécial lui donnant droit à une rétribution supérieure, mais celui de l'ouvrière ordinaire, exécutant communément les divers travaux de la profession ».

2° Le travail à domicile existe seul dans la région, mais on rencontre dans cette région ou dans des régions similaires des ateliers où des ouvrières exécutent des travaux analogues ; c'est le taux du salaire quotidien de ces ouvrières qui devra être constaté.

3° Enfin, il n'y a aucun atelier où s'exécutent des travaux se rapportant à l'industrie du vêtement ou des travaux analogues, ni dans la région considérée, ni dans les régions similaires. Dans ce cas, qui, à raison du sens très large, très compréhensif, des expressions « travaux analogues » et « régions similaires », se présentera sans doute rarement, c'est le taux du salaire habituellement payé à la journalière dans la région qui devra être constaté.

Aux termes du rapport de M. Jean Morel, « la journalière prise ici comme type est l'ouvrière non spécialisée, allant en journée chez autrui pour des fins diverses : travaux de ménage, de couture, de ravaudage, de blanchissage, etc. ».

Etablissement du salaire minimum. — C'est d'après le taux du salaire ainsi constaté que les conseils du travail ou comités de salaires déterminent le minimum prévu à l'art. 33 *d*, c'est-à-dire celui que les prix de façon doivent permettre à une ouvrière à domicile d'habileté moyenne de

(1) S. et P. *Lois annotées* de 1900, p. 1052 et 1053 ; *Pand. pér.*, 1899.3.170.

(2) Note du *J. off.* — « Rapport Berthod, Chambre des députés, session 1913, doc. parl., n° 2472, p. 53 ».

(3) Note du *J. off.* — « Rapport Morel, Sénat, 1914, session orddinaire, doc. parl., n° 207, p. 49 ».

gagner en dix heures. Le salaire minimum ainsi déterminé est donc un salaire au temps; il devra être fixé par heure ou pour une journée de dix heures.

Il appartiendra aux préfets de veiller à ce que les conseils du travail ou les comités de salaires procèdent tous les trois ans au moins à la revision du salaire minimum horaire, ainsi que l'exige le dernier alinéa de l'art. 33 *c*.

Etablissement du prix de façon pour les articles fabriqués en série. — Les comités d'expertise institués par l'art. 33 *g* sont appelés à dresser, avec toute la précision possible, le tableau du temps nécessaire à l'exécution des travaux exécutés en série, pour les divers articles et les diverses catégories d'ouvrières, dans les professions et les régions où s'étendent leurs attributions. Dans l'esprit de la loi, ces déterminations doivent être faites en observant le travail en atelier d'une ouvrière d'habileté moyenne.

Il y a lieu de noter que l'action des comités pour le choix des articles à porter au tableau n'est pas limitée par l'initiative du gouvernement. Les conseils de prud'hommes et les unions professionnelles intéressées ont le même droit de s'adresser à eux. Les comités peuvent, en outre, d'office, inscrire les articles dont la tarification leur paraît particulièrement utile.

Une fois le tableau des temps dressé, il appartient au comité d'expertise, pour établir les salaires minima et tarifs visés notamment par l'art. 33 *h*, de déterminer le produit du salaire horaire de base par le nombre d'heures et de fractions d'heure indiqué au tableau. Les tarifs doivent comprendre, pour chaque article, trois éléments : salaire horaire, temps nécessaire, prix de façon net résultant des deux premiers.

Publicité des salaires. — L'art. 33 *h* confie aux préfets le soin d'assurer la publicité des salaires minima et de tous salaires aux pièces ou tarifs constatés ou établis, par les conseils du travail et les comités spéciaux, en vertu des art. 33 *e*, 33 *f*, 33 *g*. La loi a mentionné seulement la publication dans le Recueil des actes administratifs du département. Mais c'est le règlement d'administration publique prévu au dernier alinéa de l'art. 33 *h* qui déterminera avec précision les conditions de cette publicité. Elle devra être aussi large et aussi rapide que possible, afin que toutes les personnes intéressées soient touchées en temps utile.

Recours contre les décisions des comités. — L'art. 33 *h* prévoit un recours contre les décisions des conseils du travail, comités de salaires ou comités d'expertise, constatant ou établissant des salaires ou tarifs ; ce recours est porté devant la commission centrale siégeant au ministère du travail, qui statue en dernier ressort.

C'est au ministre du travail qu'il appartient de recevoir ces protestations et de transmettre à la commission celles qui satisfont aux conditions fixées par l'art. 43 *h*, § 2. Les préfets devront donc me transmettre toutes celles qui pourraient leur être adressées. Le gouvernement ayant lui-même le droit d'élever une protestation, ils devront en outre me saisir de tous les cas qui leur paraîtront devoir être soumis à la commission centrale : constatations manifestement inexactes des comités, divergences entre leurs appréciations de nature à fausser les conditions de la concurrence entre régions, etc., etc.

Les salaires et tarifs résultant des décisions de la commission centrale devront recevoir la même publicité que ceux qui sont constatés ou établis par les comités de salaires ou d'expertise.

II. — REDRESSEMENT DES SALAIRES.

Il s'agit ici d'actions civiles au sujet desquelles il n'appartient pas au ministre du travail de donner des instructions. Je me borne à noter que le fait pour un employeur de ne pas respecter les minima, établis par les comités, ne donne pas lieu à des poursuites pénales; il donne seulement ouverture à deux actions civiles distinctes, qui peuvent être exercées, indépendamment l'une de l'autre, par les ouvrières lésées ou par certaines associations.

Parmi les personnes morales pouvant exercer l'action civile, le législateur a placé les associations autorisées à cet effet par décret rendu sur la proposition du ministre du travail et de la prévoyance sociale.

III. — FORMALITÉS IMPOSÉES AUX ENTREPRENEURS.

En vue de faciliter la constatation des salaires réellement payés aux ouvrières par les entrepreneurs, la loi a imposé à ceux-ci certaines obligations, énumérées dans les art. 33 *a*, 33 *b* et 33 *c*, et qui sont sanctionnées par les pénalités prévues à l'art. 99 *a*.

Aux termes de l'art. 33 *a*, tout fabricant, commissionnaire ou intermédiaire, faisant exécuter à domicile les travaux visés à l'art. 33 *a*, doit en informer l'inspecteur du travail. L'inspecteur du travail qui doit être informé est celui dans la section duquel se trouve le siège de l'entreprise du fabricant, commissionnaire ou intermédiaire. L'inspecteur accuse réception de l'avis aux personnes ci-dessus désignées.

Les registres prévus par le même article, portant les noms et adresses des ouvrières à domicile occupées par tout fabricant, commissionnaire ou intermédiaire, n'ont pas une forme réglementaire; mais ce sont des registres, c'est-à-dire des feuilles reliées et non des feuilles volantes. C'est un point essentiel pour la surveillance.

Les prix de façon payés pour les articles faits en série, que l'entrepreneur (fabricant, commissionnaire ou intermédiaire) doit afficher dans certains locaux (art. 33 *b*), sont, ainsi que nous l'avons établi plus haut, les prix de façon nets, après déduction de la valeur des fournitures à la charge des ouvrières. Il est d'ailleurs nécessaire qu'il en soit ainsi pour l'application de l'art. 33 *d* et pour la comparaison avec les prix minima nets établis par les comités.

Mais on conçoit que, pour la commodité des opérations industrielles, les patrons affichent les prix de façon bruts, qui déterminent les sommes à payer par eux, et fassent figurer à côté, avec l'indication des fournitures à la charge de l'ouvrière, les prix de façon nets, qui comportent une part d'appréciation, celle de la valeur des fournitures.

Pour les carnets à souche remis aux ouvrières, le texte de l'art. 33 *c* comporte : l'inscription des prix de façon bruts, de la valeur des fournitures et des prix de façon nets. La loi a toutefois satisfaction, si l'on fait figurer clairement les deux premières indications.

Toutes ces formalités, ces mesures de contrôle, sont nécessaires pour permettre à l'ouvrière de calculer son salaire net, de le comparer au minimum obligatoire, et, le cas échéant, de faire valoir ses droits par une action civile, pour permettre aussi aux associations intéressées d'exercer l'action civile prévue par l'art. 33 *k*; c'est pourquoi la loi en a garanti l'observation par des sanctions pénales.

Le législateur a attaché une grande importance aux mesures ayant pour objet d'organiser la publicité des salaires. Nous avons déjà parlé de la publicité prévue par les premiers et derniers paragraphes de l'art. 33 *h* pour les salaires et tarifs constatés ou établis par les comités. La publicité des tarifs des entrepreneurs et intermédiaires, c'est-à-dire l'affichage dans certains locaux, prévu par l'art. 33 *b*, a une importance aussi grande. Non seulement elle facilite la comparaison avec les minima; mais, quand les tarifs des comités ne comportent pas les mêmes articles, l'entrepreneur reculera devant l'affichage de tarifs notoirement insuffisants; les prix affichés seront le plus souvent des prix normaux.

Exception a été faite à l'obligation de l'affichage des prix de série par l'employeur, lorsque c'est au domicile privé de l'ouvrière que sont effectuées la remise et la réception des marchandises. Il n'était guère possible d'imposer l'affichage par l'employeur au domicile de l'ouvrière. Dans ces cas, la protection organisée par la loi se trouve évidemment diminuée. Il appartiendra aux inspecteurs de veiller avec un soin d'autant plus grand à l'observation des autres mesures de contrôle (1).

(1) Note du *J. off.* — « Voir rapport Durafour, Chambre, session 1915, n° 1037, p. 9 et 10 ».

RÔLE DES INSPECTEURS DU TRAVAIL

Les inspecteurs du travail sont chargés d'assurer l'exécution des art. 33 *a*, 33 *b* et 33 *c*. Ils disposent à cet effet de moyens de contrôle et de pouvoirs qu'ils tiennent tant de la loi nouvelle que des art. 105 à 107 du livre II du Code du travail, réglant leurs pouvoirs généraux. Ils ont entrée dans les locaux des entrepreneurs de travaux à domicile où attendent les ouvrières, et dans ceux où s'effectuent la remise des matières premières et la réception des marchandises après exécution; ils peuvent se faire représenter les souches des bulletins et les registres d'ordre sur lesquels doivent être exactement reportées les mentions portées sur les bulletins ou carnets remis aux ouvrières; enfin, les procès-verbaux qu'ils dressent pour constater les infractions aux art. 33 *a*, 33 *b* et 33 *c* font foi jusqu'à preuve contraire.

Ils ne devront pas attendre d'être saisis de plaintes pour exercer leur contrôle. Informés par les avis prévus à l'art. 33 *a* des noms et adresses des personnes faisant travailler à domicile, ils devront se transporter chez ces dernières pour s'assurer qu'elles se conforment aux prescriptions relatives à l'enregistrement des ouvrières, à l'affichage des prix de façon et aux mentions à porter sur les bulletins à souche, carnets et registres d'ordre prévus par l'art. 33 *c*. Ils devront vérifier si les prix nets de façon résultant de ces mentions ne sont pas inférieurs aux prix de façon affichés par les fabricants, commissionnaires ou intermédiaires. Ils devront, chez un certain nombre d'ouvrières, vérifier la concordance entre les indications portées sur les bulletins et carnets remis aux ouvrières et celles qu'ils ont relevées sur les souches et registres conservés par l'entrepreneur. Cette concordance constatée, leur contrôle n'est pas achevé; ils s'attacheront à s'assurer de la sincérité de ces indications. S'ils découvrent sur le bulletin ou carnet des mentions inexactes touchant notamment la quantité du travail, les prix de façon, la valeur et la nature des fournitures laissées à sa charge, etc., procès-verbal devra être dressé en vertu du dernier alinéa de l'art. 33 *c*. Il va sans dire que, pour l'application de la présente loi, comme pour celle des précédentes lois réglementant le travail, les inspecteurs, avant de dresser procès-verbal, devront expliquer aux intéressés leurs obligations, et que, dans les premiers mois, la sanction du procès-verbal devra être réservée aux abus particulièrement graves et aux contrevenants de mauvaise volonté.

La mission stricte des inspecteurs du travail est terminée quand ils ont contrôlé l'observation des prescriptions des art. 33 *a* à 33 *c* par les entrepreneurs de travaux à domicile. Le texte légal ne les charge pas de vérifier si ces derniers respectent les minima fixés en vertu des art. 33 *d* et 33 *g*. Tandis que la non-concordance des prix de façon affichés, promis par les patrons, et des carnets à souche remis aux ouvrières, est considérée comme une espèce de fraude poursuivie pénalement, le législateur a voulu que le respect du tarif minimum fût l'objet d'une action civile intentée par la partie lésée. Ce serait cependant interpréter la loi d'une façon trop étroite que de limiter la fonction des inspecteurs du travail à leur rôle d'agents verbalisateurs. Par les diverses formalités dont il leur a confié le contrôle, le législateur leur a donné le moyen pratique de comparer les prix réellement payés avec les minima. Ils seront amenés par la force des choses à faire cette comparaison, et, en cas d'abus, à rappeler officieusement aux employeurs qu'ils agissent incorrectement et s'exposent à des actions civiles. Aussi bien les enquêtes auxquelles ils ont procédé depuis le début de la guerre au sujet des salaires payés aux ouvrières à domicile par les entrepreneurs travaillant pour l'armée les ont préparés à cette mission. Les résultats importants obtenus par leur action sont le gage de ce que l'on peut attendre à cet égard de leur activité, de leur tact et de leur dévouement.

Il est d'ailleurs un cas où les constatations des inspecteurs pourront avoir des suites tout au moins administratives, c'est lorsque les entrepreneurs exécuteraient des commandes de l'Etat, des départements, des communes, des établissements publics, pour lesquelles l'application des décrets du 10 août 1899 aura été prévue.

Dans ce cas, les inspecteurs auront le devoir de signaler les infractions relevées à l'administration intéressée, afin que celle-ci prenne à l'égard des entrepreneurs les sanctions prévues par lesdits décrets.

Enfin, les inspecteurs du travail devront, si on le leur demande, prêter leur concours aux préfets et aux comités de salaires et d'expertise pour l'application des autres prescriptions de la loi, et notamment pour l'établissement des minima.

Leur expérience générale en matière de travail, les nombreux renseignements qu'ils ont recueillis dans ces derniers mois touchant les salaires habituellement payés aux ouvrières à domicile de leur région, leur permettront de donner des indications autorisées aux préfets et aux comités qui feront appel à leur collaboration.

Je compte sur la diligence des préfets pour que la loi entre le plus tôt possible en application.

Dès la réception de la présente circulaire, ils devront provoquer les démarches nécessaires pour l'institution, dans leur département, d'un comité de salaires. Une besogne urgente s'impose immédiatement au comité : celle de fixer les salaires des ouvrières à domicile confectionnant des objets de vêtement et de lingerie pour l'armée; il aura à s'occuper, en outre, des autres travaux à domicile exécutés habituellement dans la région.

Les préfets devront donner la plus grande publicité possible aux dispositions de la loi, notamment dans les localités ou régions où existent des agglomérations d'ouvrières à domicile. J'ai l'intention de leur faire parvenir prochainement, à cet effet, un certain nombre d'affiches reproduisant le texte de la loi; je tiens, en outre, à leur disposition des exemplaires de la présente circulaire.

De leur côté, les inspecteurs devront appeler l'attention des fabricants, commissionnaires ou intermédiaires, qui, à leur connaissance, font exécuter des travaux de vêtement et de lingerie à domicile, sur les obligations qui leur incombent en vertu de la loi nouvelle; ils ne devront pas attendre l'institution des comités de salaires et d'expertise pour tenir la main à l'exécution des art. 33 *a* à 33 *c*, cette exécution n'étant pas liée à l'institution des comités.

J'attacherais du prix à être tenu au courant des mesures prises tant par les préfets que par les inspecteurs pour l'application de la loi.

COLONIES, PROTECTORAT (PAYS DE), GUERRE FRANCO-ALLEMANDE, DOUANES, AUTORISATION D'EXPORTATION, MARCHANDISES À DESTINATION DE LA FRANCE, DES COLONIES FRANÇAISES, DE L'ANGLETERRE, DES PAYS DE PROTECTORAT, COLONIES ET DOMINIONS BRITANNIQUES, DE LA BELGIQUE, DU JAPON, DU MONTÉNÉGRO, DE LA SERBIE ET DES ETATS D'AMÉRIQUE.

ARRÊTÉ *abrogeant les dispositions de celui du 24 févr.* 1915, *en ce qui concerne le brai de résine, résines de pin et de sapin, la colophane et l'essence de térébenthine.*

(24 juillet 1915). — (Publ. au *J. off.* du 27 juill.).

LE MINISTRE DES COLONIES; — Vu l'arrêté ministériel du 24 févr. 1915 (1); — Vu l'arrêté du ministre des finances du 17 juill. 1915 (2); — Arrête :

ARTICLE UNIQUE. Sont abrogées les dispositions de l'arrêté du 24 févr. 1915, susvisé, en ce qui concerne les brais de résine, résines de pin et de sapin, la colophane et l'essence de térébenthine.

---

(1) *Supra*, p. 39.

(2) *Supra*, p. 236.

CIRCULAIRE *relative à la procédure de la levée de réquisitions de navires.*

(24 juillet 1915). — (Publ. au *J. off.* du 28 juill.).

Le Ministre de la marine à MM. les vice-amiraux commandant en chef, préfets maritimes, contre-amiraux commandant la marine au Havre, Marseille et en Algérie, capitaine de vaisseau commandant la marine en Corse, capitaine de frégate commandant la marine à Dakar.

Aux termes de l'art. 73 du décret du 2 août 1877 (1), modifié les 31 juill. (2) et 30 août 1914 (3), les indemnités de réquisition de navires et engins flottants sont évaluées sur le vu de l'état descriptif et de l'inventaire dressés au début de la réquisition, en exécution de l'art. 67 du même décret. Mais il faut évidemment que les renseignements fournis par ces documents soient complétés par une nouvelle constatation faite en fin de réquisition, et l'art. 67 est muet sur ce point.

En conséquence, chaque fois qu'il y aura lieu de rendre à son propriétaire un navire ou engin flottant dont la réquisition aura été levée, il devra être procédé à une reconnaissance contradictoire de l'état des lieux et du matériel.

Si, en particulier, il s'agit d'un navire ou engin flottant d'une certaine importance, et dont la réquisition aura duré assez longtemps pour motiver un examen plus approfondi, le préfet maritime ou le commandant de la marine en chargera une commission, qui sera composée autant que possible :

1° D'un officier de marine, s'il y en a dans la localité;

2° D'un ingénieur du génie maritime ou d'un officier mécanicien, ou, à défaut, d'un inspecteur de la navigation;

3° D'un officier du commissariat, ou, à défaut, d'un administrateur de l'inscription maritime.

Elle sera assistée du représentant désigné par le propriétaire.

La commission constatera les modifications qui auront été apportées à l'état des lieux et à l'inventaire du matériel. A cet effet, le préfet maritime ou le commandant de la marine demandera de toute urgence et lui fera remettre, aussitôt reçue, la copie de l'état descriptif et de l'inventaire qui se trouve entre les mains du chef de service des approvisionnements de la flotte du port comptable de la réquisition (Circ., 13 mai 1915) (4).

Au cas où la levée de réquisition aurait lieu hors de France, comme dans celui où l'expédition des pièces du port comptable au port de déréquisition exigerait trop de temps, la commission dresserait elle-même, en double exemplaire, l'état des lieux et l'inventaire au jour de la restitution du navire.

La commission dressera dans tous les cas une liste détaillée spéciale pour les matières consommables existant à bord, ces matières ayant été en général déjà payées intégralement par la marine; il en sera de même pour le matériel non consommable qui aurait été spécialement acheté par la marine et non enlevé par elle.

La commission constatera également la nature et l'importance des travaux à effectuer au compte de la marine pour remettre le navire dans son état primitif, et elle indiquera la durée de l'immobilisation qui doit en résulter pour lui, cette durée devant, en principe, s'ajouter à celle de la réquisition proprement dite dans le règlement des indemnités dues au propriétaire.

Les procès-verbaux, états des lieux, inventaires etc., dressés par la commission seront signés par tous ses membres et par le représentant du propriétaire, qui y consignera ses observations en cas de désaccord. Ils seront rédigés en deux originaux, dont l'un restera entre les mains du propriétaire, et dont l'autre sera transmis au département (service central de l'intendance maritime, bureau des approvisionnements). Une copie en sera adressée par l'autorité locale au chef du service des approvisionnements de la flotte du port chargé de suivre le compte de la réquisition (Circ., 2 oct. 1914, *B. O.*, p. 534).

Vous ferez notifier les termes de la présente dépêche à MM. les directeurs et administrateurs de l'inscription maritime, ainsi qu'aux présidents des commissions de port constituées dans votre arrondissement maritime.

COLONIES, RÉHABILITATION, TEMPS DE GUERRE, MILITAIRES CITÉS A L'ORDRE DU JOUR, LOI DU 4 AVRIL 1915, APPLICATION.

DÉCRET *appliquant aux colonies la loi du* 4 *avril* 1915, *complétant les art.* 621 *et* 628 *du Code d'instruction criminelle, sur la réhabilitation des condamnés.*

(25 juillet 1915). — (Publ. au *J. off.* du 29 juill.).

LE PRÉSIDENT DE LA RÉPUBLIQUE FRANÇAISE; — Sur le rapport du ministre des colonies et du garde des sceaux, ministre de la justice; — Vu la loi du 4 avril 1915 (5), complétant les art. 621 et 628 du Code d'instruction criminelle, sur la réhabilitation des condamnés; — Vu les art. 6

(1) S. *Lois annotées* de 1877, p. 255. — P. *Lois, décr.*, etc. de 1877, p. 410.

(2-3) 1er vol., p. 4 et 93.

(4) *Supra*, p. 157.

(5) *Supra*, p. 98.

et 8 du sénatus-consulte du 3 mai 1854 (1); — Décrète :

ART. 1er. La loi du 4 avril 1915, complétant les art. 621 et 628 du Code d'instruction criminelle, sur la réhabilitation des condamnés, est applicable à toutes les colonies françaises.

2. Le ministre des colonies et le garde des sceaux, ministre de la justice, sont chargés, etc.

MARCHÉS ADMINISTRATIFS OU DE FOURNITURES, GUERRE FRANCO-ALLEMANDE, FOURNITURES DE VIVRES, MARCHÉS DE GRÉ A GRÉ.

CIRCULAIRE *contenant les dispositions spéciales aux marchés de gré à gré pour fourniture de vivres, et la notification rapide de la décision statuant sur les offres des fournisseurs.*

(25 juillet 1915). — (Publ. au *J. off.* du 27 juill.).

Le Ministre de la marine à MM. les vice-amiraux commandant en chef, préfets maritimes.

Les dispositions en vigueur en temps de paix permettent aux fournisseurs de vivres d'être fixés rapidement sur le sort de leurs soumissions, et il est même statué en séance d'adjudication pour certaines denrées dont les cours sont sujets à de brusques variations.

Comme, en temps de guerre, il n'est généralement pas recouru à l'adjudication publique, des mesures spéciales sont nécessaires pour que la décision qui doit intervenir au sujet des offres des fournisseurs de vivres soit notifiée dans le plus bref délai possible.

A cet effet, j'ai décidé que les achats, par voie de traité de gré à gré, des denrées nécessaires au service des subsistances seront soumis aux règles ci-après :

Les appels à la concurrence indiqueront la date à laquelle il sera procédé à l'examen des offres, et spécifieront que les propositions des concurrents devront parvenir la veille de cette date au plus tard.

Pour le vin, conformément au fascicule 88 du recueil des conditions particulières des marchés, modifié par la circulaire du 16 juin 1913 (*B. O.*), il y aura lieu, quand l'achat sera fait sur présentation d'échantillons, de spécifier que le dépôt devra en être fait quinze jours avant la date fixée pour l'examen des offres; quant au dépôt des soumissions, par modification audit fascicule et à ladite circulaire, que l'achat ait ou non lieu sur présentation d'échantillons, il devra être effectué, comme pour toutes les autres denrées, au plus tard la veille du jour de l'examen des offres, et non plus trois jours avant cette date.

Bien entendu, en pareil cas, il n'y aura pas lieu de faire application de celles des dispositions de la circulaire du 16 juin 1913 qui résultent de l'obligation, pour les concurrents, de déposer les soumissions trois jours avant l'adjudication, par exemple, celle relative à la notification immédiate aux soumissionnaires évincés du rejet de leurs échantillons; de plus, c'est seulement en séance que l'on ouvrira les procès-verbaux d'analyse et de dégustation, et que l'on fera connaître quels sont les échantillons admis et lesquels sont écartés.

La procédure spéciale d'examen à Paris des échantillons et des livraisons sera employée chaque fois que la situation n'exigera pas qu'il soit dérogé à cette règle, et, pour permettre d'appliquer les dispositions ci-dessus, qui réduisent à moins de vingt-quatre heures le délai séparant le dépôt des soumissions de l'examen des offres, le président de la commission de recette du magasin central n'aura pas à attendre l'expiration du délai fixé pour le dépôt des soumissions pour adresser au port les procès-verbaux d'analyse et de dégustation.

Les appels à la concurrence renfermeront, en outre, les deux clauses suivantes :

1° Dans les quarante-huit heures après le jour fixé pour l'examen des offres de denrées, la commission locale des marchés se prononcera.

2° La décision statuant sur les résultats de l'appel à la concurrence sera notifiée dans un délai de cinq jours, compté à partir du lendemain du jour fixé pour l'examen des offres, qu'il s'agisse d'une décision locale ou d'une décision ministérielle; par le dépôt de leurs offres, les fournisseurs seront engagés ferme pendant ce délai.

D'autre part, deux exemplaires de l'appel à la concurrence et du cahier des charges seront transmis au département, l'un sous le timbre « subsistances », l'autre sous le timbre « commission centrale des marchés », le jour où cet appel sera lancé; l'avis d'appel à la concurrence devra, d'ailleurs, être publié au *Journal officiel*, à la diligence de l'administration locale.

Le compte rendu sommaire, dont la production est rappelée par circulaire du 12 juin 1915, devra être régulièrement transmis à Paris (un sous le timbre « subsistances », et un sous le timbre « commission centrale des marchés ») le jour même de l'examen des offres.

Si la décision à prendre sur les résultats de l'appel est réservée au ministre, l'autorité locale me saisira de l'affaire aussitôt après l'intervention de la commission locale des marchés, par un télégramme portant le timbre de la commission centrale des marchés. Les exemplaires originaux du projet de traité seront conservés au port, et, le cas échéant, la formule d'approbation à y porter,

(1) S. *Lois annotées* de 1854, p. 78. — P. *Lois, décr.*, etc. de 1854, p. 137.

après réception de la décision du ministre, sera la suivante :

Approuvé par délégation du ministre, et en vertu du télégramme du. . . . .

. . . .

Des dispositions devront être prises localement pour que la signature du délégué du ministre soit donnée immédiatement, et pour que la notification de la décision au fournisseur soit opérée sans délai ; la voie télégraphique sera employée pour les fournisseurs qui, ne résidant pas dans la localité, n'y sont pas représentés.

PENSIONS, PENSIONS MILITAIRES, GUERRE FRANCO-ALLEMANDE, ARMÉE, MARINE, VEUVES, ORPHELINS, BÉNÉFICIAIRES DE DÉLÉGATIONS DE SOLDE, POINT DE DÉPART DU DROIT A PENSION.

LOI *fixant l'origine du droit à pension dans les cas où les veuves et orphelins des militaires et marins décédés sous les drapeaux ont invoqué le bénéfice des décrets du 9 oct. et du 17 déc. 1914 pour profiter de la délégation de solde jusqu'à la fin des hostilités.*

(25 juillet 1915). — (Publ. au *J. off.* du 28 juill.).

ART. **1er**. L'art. 2, § 2, du décret du 9 oct. 1914 (1) est remplacé par la disposition suivante :

« En cas de décès de ce dernier, la naissance du droit à pension, pour les veuves et les orphelins, demeure fixée au lendemain du décès ; pour ceux qui auront bénéficié des dispositions du précédent paragraphe, la jouissance des arrérages sera suspendue pendant la durée de la délégation.

« Toutefois, dans le cas où le montant de la délégation sera inférieur au taux de la pension, la délégation prendra fin à la date du décès, et les dispositions de l'art. 18 *b* du décret du 10 janv. 1912, déterminant les conditions dans lesquelles les ayants droit peuvent toucher des avances sur leur pension, recevront, à partir de cette date, leur application.

« Rappel sera fait, en outre, dans tous les cas, aux ayants droit, des avances sur pension auxquelles ils auraient pu prétendre, lorsque la date du décès sera antérieure au point de départ de la délégation ».

2. L'art. 1er, § 2, du décret du 17 déc. 1914 (2) est remplacé par la disposition suivante :

« Dans ce cas, la naissance du droit à pension, pour les veuves et les orphelins, demeure fixée au lendemain du décès. Pour ceux qui auront bénéficié des dispositions du précédent paragraphe, la jouissance des arrérages sera suspendue pendant la durée de la délégation ».

ACTES DE L'ÉTAT CIVIL, GUERRE FRANCO-ALLEMANDE, MARINS MORTS POUR LA FRANCE, ACTES DE DÉCÈS, MENTION.

CIRCULAIRE *relative à l'application de la loi du 2 juill. 1915, ayant pour objet d'inscrire, sur les actes de décès des militaires ou civils tués à l'ennemi ou morts dans des circonstances se rapportant à la guerre, la mention : « Mort pour la France ».*

(27 juillet 1915). — (Publ. au *J. off.* du 28 juill.).

Le Ministre de la marine à MM. les vice-amiraux commandant en chef, préfets maritimes, officiers généraux supérieurs et autres commandant à la mer et à terre, directeurs et administrateurs de l'inscription maritime.

Une loi du 2 juill. 1915 (3) ordonne de porter, sur avis de l'autorité militaire, la mention « Mort pour la France » dans l'acte de décès de tout militaire des armées de terre ou de mer tué à l'ennemi ou mort des suites de ses blessures ou d'une maladie contractée sur le champ de bataille, de tout médecin, ministre du culte, infirmier, infirmière des hôpitaux militaires et formations sanitaires, de toute personne ayant succombé à des maladies contractées au cours des soins donnés aux malades ou blessés de l'armée ; de tout civil tué par l'ennemi, soit comme otage, soit dans l'exercice de fonctions publiques électives, administratives ou judiciaires ou à leur occasion.

Les instructions relatives à l'application de ladite loi sont contenues dans une circulaire du 8 juill. 1915 (4) du ministre de la justice.

J'ai l'honneur d'appeler votre attention sur ces instructions, qui, en ce qui concerne les actes de décès dressés aux armées ou à bord des bâtiments de l'Etat et du commerce, précisent que c'est aux officiers instrumentaires qualifiés pour recevoir ces actes qu'il appartient de faire figurer la mention « Mort pour la France » dans le corps même de l'acte.

Pour les décès survenus dans les hôpitaux à compter de la notification de la présente circulaire, la même mention « Mort pour la France » sera portée, lorsqu'il y aura lieu, par le médecin traitant, sur la déclaration qui est remise à l'officier de l'état civil, conformément aux dispositions des art. 213 et 218 de l'arrêté du 13 sept. 1910, sur le service de santé de la marine.

En ce qui concerne les décès survenus entre le

(1-2) 1er vol., p. 147 et 265.
(3) *Supra*, p. 217.
(4) *Supra*, p. 220.

2 août 1914 et la date de la promulgation de la présente circulaire, les gestionnaires des hôpitaux de la marine devront répondre dans le plus bref délai possible aux demandes de renseignements qui leur seront adressées par les officiers de l'état civil dans les conditions définies par le titre II de la circulaire du ministre de la justice.

Ces réponses, libellées comme suit, ne devront, en aucun cas, contenir des indications sur le genre de mort :

« Monsieur le maire,

« En réponse à votre demande, j'ai l'honneur de vous faire connaître qu'il y a lieu (ou qu'il n'y a pas lieu) de porter la mention « Mort pour la France » en marge de l'acte de décès du (grade, nom, prénoms, matricule, service ou bâtiment), mort le..... à..... ».

ARMÉE, GUERRE FRANCO-ALLEMANDE, ENGAGEMENTS POUR LA DURÉE DE LA GUERRE, HOMMES DÉGAGÉS DE LEURS OBLIGATIONS MILITAIRES.

DÉCRET *relatif aux engagements spéciaux pour la durée de la guerre* (1).

(27 juillet 1915). — (Publ. au *J. off.* du 2 août).

LE PRÉSIDENT DE LA RÉPUBLIQUE FRANÇAISE ; — Sur le rapport du ministre de la guerre ; — Vu les art. 50 et 52 de la loi du 21 mars 1905 (2), sur le recrutement de l'armée, modifiée par la loi du 7 août 1913 (3) ; — Vu le décret du 27 juin 1905 (4), relatif aux engagements volontaires dans les troupes métropolitaines ; — Décrète :

ART. **1er**. Tout homme dégagé de ses obligations militaires, soit par son âge, soit par réforme ou par exemption, peut être admis à contracter un engagement spécial, pour la durée de la guerre, pour remplir un emploi déterminé.

2. Cet engagement est reçu au titre d'un corps ou d'un service, dans les formes prescrites par le décret du 27 juin 1905. Toutefois, le certificat d'aptitude physique spécifie seulement que le candidat est apte physiquement à remplir l'emploi pour lequel il demande à s'engager.

3. Outre les pièces exigées, l'engagé doit produire une pièce légalisée, constatant qu'il possède l'aptitude professionnelle à l'emploi qu'il sollicite. Mention de cette pièce est faite dans l'acte d'engagement.

4. Les engagements au titre d'un emploi déterminé peuvent, pour des raisons d'inconduite habituelle, d'indiscipline ou d'incapacité professionnelle, être résiliés sur la proposition motivée des chefs hiérarchiques.

5. Une instruction ministérielle fixera les questions de détail relatives à la réception des engagements spéciaux, prévus par le présent décret, et indiquera les conditions dans lesquelles les engagés peuvent être réformés.

6. Le ministre de la guerre est chargé, etc.

ARMÉE, GUERRE FRANCO-ALLEMANDE, ENGAGEMENTS POUR LA DURÉE DE LA GUERRE, HOMMES DÉGAGÉS DE LEURS OBLIGATIONS MILITAIRES.

INSTRUCTION *pour l'application du décret du 27 juill. 1915, relatif aux engagements spéciaux pour la durée de la guerre.*

(27 juillet 1915). — (Publ. au *J. off.* du 2 août).

Aux termes du décret du 27 juill. 1915 (5), les hommes dégagés de toute obligation militaire, soit par leur âge, soit par réforme ou par exemption, sont admis à contracter un engagement spécial pour la durée de la guerre pour remplir un emploi déterminé (6).

Ces dispositions appellent les précisions suivantes :

Les engagements spéciaux institués par le décret précité sont contractés dans les formes prévues par l'art. 53 de la loi du 21 mars 1905 (7)

---

(1) Ce décret est précédé au *J. off.* d'un rapport ainsi conçu :

« En l'état actuel de la réglementation, les hommes dégagés de toute obligation militaire, soit par leur âge, soit par réforme ou par exemption, ne peuvent s'engager pour la durée de la guerre que s'ils sont reconnus aptes au service armé, et leur engagement n'est reçu que pour un corps ou service déterminé.

« Or, un certain nombre d'hommes de cette catégorie, susceptibles de rendre des services en occupant divers emplois, tels que : automobilistes, bouchers, boulangers, tailleurs, cordonniers, infirmiers, secrétaires, etc., n'étant pas jugés aptes au service armé, se sont vus nécessairement refusés à l'engagement pour la durée de la guerre qu'ils auraient désiré contracter. Ils se trouvent, par suite, et malgré leur ardent désir de se rendre utiles, tenus à l'écart de l'armée.

« En vue de remédier à cette situation, et dans le but d'utiliser toutes les bonnes volontés, j'ai fixé dans le présent décret, que j'ai l'honneur de soumettre à votre signature, les conditions dans lesquelles peuvent désormais être admis les engagements spéciaux pour la durée de la guerre ».

(2) S. et P. *Lois annotées* de 1906, p. 3 ; *Pand. pér.*, 1905.3.81.

(3) S. et P. *Lois annotées* de 1914, p. 561 ; *Pand. pér.*, *Lois annotées* de 1914, p. 561.

(4) S. et P. *Lois annotées* de 1907, p. 612 ; *Pand. pér.*, 1905.3.81.

(5) C'est le décret qui précède.

(6) Note du *J. off.* — « Ne sont pas considérés comme dégagés d'obligations militaires par suite de réforme, les hommes visés à l'art. 5 de la loi du 6 avril 1915, tant qu'ils n'auront pas été maintenus en réforme par les conseils de revision ou les commissions de réforme opérant actuellement ».

(7) S. et P. *Lois annotées* de 1906, p. 3 ; *Pand. pér.*, 1905.3.81.

et l'art. 16 du décret du 27 juin 1905 (1) ; outre les pièces exigées, l'engagé doit produire une pièce constatant qu'il est dégagé de toute obligation militaire, ainsi qu'un certificat délivré par les soins d'un corps ou service désigné par le commandant d'armes de la ville de garnison la plus rapprochée de sa résidence, constatant qu'il possède l'aptitude professionnelle à l'emploi qu'il sollicite. Ces engagements sont reçus avec le consentement du chef de corps ou service, pour un des emplois existant réglementairement dans les différents corps et services, sans limitation de nombre et en plus des engagements ordinaires pour la durée de la guerre. En outre, ils peuvent être acceptés même pour les corps et services stationnés dans la subdivision des candidats.

Les anciens gradés ne sont admis à s'engager que comme simples soldats. Toutefois, ils peuvent, par application du décret du 29 août 1914 (2), être remis en possession de leur ancien grade aussitôt après avoir signé leur engagement, sous la réserve que le grade dont ils sont titulaires soit prévu dans l'emploi au titre duquel ils contractent leur engagement.

Le certificat d'aptitude physique, sur lequel il y a lieu d'inscrire la mention suivante : « Engagement spécial pour la durée de la guerre (décret du 27 juill. 1915) », indique seulement que l'engagé est apte physiquement à l'emploi qu'il sollicite.

Le modèle n° 2 d'acte d'engagement annexé au décret du 27 juin 1905 spécifie de son côté que l'acte est reçu au titre d'un corps ou service pour remplir tel ou tel emploi : automobiliste, boucher, boulanger, tailleur, cordonnier, infirmier, secrétaire, etc. Il mentionne en outre que le candidat a produit le certificat d'aptitude professionnelle exigé.

Les corrections nécessaires sont faites par les commandants des bureaux de recrutement et les maires, tant au modèle de certificat d'aptitude physique qu'à celui de l'acte d'engagement.

D'autre part, les engagés spéciaux ne peuvent être réformés que si leur état de santé les rend incapables de remplir convenablement l'emploi pour lequel ils se sont liés au service.

AVOCATS AU CONSEIL D'ETAT ET A LA COUR DE CASSATION, GUERRE FRANCO-ALLEMANDE, PRÉSIDENT ET MEMBRES DU CONSEIL DE L'ORDRE, ELECTIONS, SURSIS, PROROGATION DE POUVOIRS.

DÉCRET *ajournant le renouvellement du conseil de discipline de l'ordre des avocats au Conseil d'Etat et à la Cour de cassation.*

(28 juillet 1915). — (Publ. au *J. off.* du 31 juill.).

LE PRÉSIDENT DE LA RÉPUBLIQUE FRANÇAISE; — Sur le rapport du garde des sceaux, ministre de la justice; — Vu l'ordonnance du 10 sept. 1817 (3), relative à l'ordre des avocats au Conseil d'Etat et à la Cour de cassation, et notamment les art. 7, 8, 9, 10 et 12, contenant des dispositions pour la discipline intérieure de l'ordre ; — Vu le décret du 28 oct. 1850 (4), modifiant l'art. 8 de l'ordonnance susvisée; — Décrète :

ART. 1er. Pendant la durée des hostilités et jusqu'à une date qui sera ultérieurement fixée par décret, il sera sursis à l'élection du président et des membres du conseil de discipline de l'ordre des avocats au Conseil d'Etat et à la Cour de cassation décédés ou arrivés au terme légal de leur mandat.

2. Le président et les membres en exercice du conseil de discipline conserveront leurs fonctions jusqu'à une date qui sera fixée par le décret prévu en l'art. 1er.

3. Jusqu'à cette date, le conseil de l'ordre pourra valablement délibérer quand les membres présents seront au nombre de cinq.

4. Le garde des sceaux, ministre de la justice, est chargé, etc.

PENSIONS, PENSIONS MILITAIRES, GRATIFICATIONS DE RÉFORME, SPAHIS AUXILIAIRES ALGÉRIENS, MILITAIRES AUXILIAIRES MAROCAINS.

DÉCRETS *ouvrant le droit aux gratifications de réforme aux spahis auxiliaires algériens et aux militaires auxiliaires marocains.*

(28 juillet 1915). — (Publ. au *J. off.* du 1er août).

LE PRÉSIDENT DE LA RÉPUBLIQUE FRANÇAISE; — Sur le rapport du ministre de la guerre, du ministre de l'intérieur, du ministre des affaires étrangères et du ministre des finances ; — Vu la décision impériale du 3 janv. 1857, sur les gratifications de réforme ; — Vu la loi du 11 avril 1831 (5), sur les pensions de l'armée de terre ; — Vu la loi du 18 juill. 1913 (6), sur les pensions des militaires indigènes de l'Algérie et de la Tu-

---

(1) S. et P. *Lois annotées* de 1907, p. 612 ; *Pand. pér.*, 1905.3.81.

(2) 1er vol, p. 87.

(3) S. 1er vol. des *Lois annotées*, p. 985.

(4) S. *Lois annotées* de 1850, p. 188. — P. *Lois, décr.*, etc. de 1850, p. 219.

(5) S. 2e vol. des *Lois annotées*, p. 42.

(6) S. et P. *Lois annotées* de 1914, p. 581; *Pand. pér. Lois annotées* de 1914, p. 581.

nisie; — Vu le décret du 13 févr. 1906 (1), modifiant la réglementation des gratifications de réforme; — Vu le décret du 24 mars 1915 (2), modifiant le décret ci-dessus, du 13 févr. 1906; — Décrète :

ART. 1er. Les dispositions du décret du 13 févr. 1906, modifié le 24 mars 1915, portant règlement des gratifications de réforme, sont applicables aux spahis auxiliaires algériens et aux militaires auxiliaires marocains, appelés à servir en France pendant la durée de la guerre.

2. Les tarifs des gratifications à allouer à ces militaires auxiliaires sont ceux qui figurent dans le tableau annexé au décret du 24 mars 1915, pour les militaires indigènes d'Algérie-Tunisie.

3. Lorsque ces militaires seront renvoyés dans leurs foyers en attendant la notification de la décision ministérielle, relative à la proposition de gratification de réforme dont ils auront été l'objet, ils auront droit au bénéfice des dispositions prévues par le décret du 1er janv. 1915 (3), en faveur des militaires de tous grades qui se trouvent dans le même cas.

4. L'allocation journalière spéciale, accordée dans ce cas aux spahis auxiliaires algériens de tout grade, est égale à celle des soldats de 2e classe des corps réguliers, soit 1 fr. 70.

5. L'allocation journalière spéciale, attribuée aux militaires auxiliaires marocains, est fixée aux taux suivants :

Soldat....................	1 25
Caporal ou brigadier........	1 50
Sous-officier...............	1 70

6. Le ministre de la guerre est chargé, etc.

TESTAMENT, MALADIES CONTAGIEUSES, COMMUNICATIONS INTERCEPTÉES, JUGE DE PAIX, OFFICIERS MUNICIPAUX, ILES DU TERRITOIRE EUROPÉEN DE LA FRANCE.

LOI *relative à la modification des art. 985 et 986 du Code civil.*

(28 juillet 1915). — (Publ. au *J. off.* du 31 juill.).

ARTICLE UNIQUE. Les art. 985 et 986 du Code civil sont modifiés ainsi qu'il suit :

« Art. 985. Les testaments faits dans un lieu avec lequel toute communication sera interceptée à cause de la peste ou autre maladie contagieuse pourront être faits devant le juge de paix ou devant l'un des officiers municipaux de la commune, en présence de deux témoins.

« Cette disposition aura lieu tant à l'égard de ceux qui seraient attaqués de ces maladies que de ceux qui seraient dans les lieux qui en sont infectés, encore qu'ils ne fussent pas actuellement malades.

« Art. 986. Les testaments faits dans une île du territoire européen de la France où il n'existe pas d'office notarial, quand il y aura impossibilité de communiquer avec le continent, pourront être reçus ainsi qu'il est dit à l'article précédent. L'impossibilité des communications sera attestée dans l'acte par le juge de paix ou l'officier municipal qui aura reçu le testament ».

RÉQUISITIONS MILITAIRES, MARINE, NAVIRES RÉQUISITIONNÉS, CESSATION DE LA RÉQUISITION, MATIÈRES RESTANT A BORD, ESTIMATION.

CIRCULAIRE *relative à l'évaluation du charbon et des matières d'entretien restant à bord en fin de réquisition et conservées par l'armement.*

(29 juillet 1915). — (Publ. au *J. off.* du 5 août).

Le Ministre de la marine à MM. les vice-amiraux commandant en chef, préfets maritimes, contre-amiral commandant la marine en Algérie, capitaine de vaisseau commandant la marine en Corse, capitaine de frégate commandant la marine au Sénégal, capitaine de vaisseau commandant la marine à Dunkerque, contre-amiral commandant la marine à Marseille.

Au moment où prend fin la réquisition d'un navire, il reste le plus souvent à bord une certaine quantité de charbon, matières grasses, déchets de coton, eau douce et matières diverses, qui sont, sauf exception, la propriété de la marine. Si la réquisition a été accompagnée d'un contrat, ce dernier a dû en prévoir le prix de remboursement. Mais, en l'absence d'une clause de l'espèce, il y a lieu d'adopter des règles uniformes, et je me suis arrêté aux suivantes :

1° Lorsque les matières restant à bord ont été fournies par l'armateur lui-même, le remboursement lui sera proposé au prix auquel il les avait livrées (frais de manutention compris) et en avait été payé;

2° Quand les recettes ont une autre origine, on en décomptera la valeur au prix que paye l'armateur à ses propres fournisseurs (frais de mise à bord, et, s'il y a lieu, d'arrimage compris) au moment de la levée de la réquisition;

3° Si l'accord avec l'armateur ne peut se faire sur ces bases, l'autorité maritime locale et l'armateur désigneront chacun un expert pour pro-

(1) *J. off.*, 15 févr. 1906, p. 1002.
(2) *Supra*, p. 79.
(3) *J. off.*, 7 janv. 1915, p. 106.

céder à l'estimation, après s'être, s'il y a lieu, adjoint un troisième expert; les frais d'expertise resteront à la charge de la marine.

Dans le cas particulier où les matières réquisitionnées avec le navire n'auraient pas encore été payées au moment de la levée de la réquisition, on ferait la différence entre les quantités inscrites à l'inventaire et celles existant en fin de réquisition. Si la balance était en faveur de l'armement, on appliquerait le prix d'achat; si elle était en faveur de la marine, le remboursement serait effectué comme ci-dessus.

Réquisitions militaires, Marine, Navires réquisitionnés, Mode de paiement.

Circulaire *relative aux conditions d'application de l'instruction du* 12 *mars* 1915, *relative au paiement des réquisitions de navires et de matériel flottant.*

(29 juillet 1915). — (Publ. au *J. off.* du 30 juill.).

Le Ministre de la marine à MM. les vice-amiraux commandant en chef, préfets maritimes, le capitaine de vaisseau commandant la marine en Corse.

Aux termes du décret du 10 janv. 1915 (1), converti en loi le 17 mars 1915 (2), les propriétaires des navires réquisitionnés avant le 10 janv. 1915, qui n'ont pas encore été réglés pour la période antérieure à cette date, pourront obtenir le paiement en numéraire de la totalité des sommes qui leur sont dues. L'instruction (marine, finances) du 12 mars 1915 (3) a indiqué la marche à suivre pour le paiement des sommes dues à ceux qui n'auront pas renoncé au bénéfice de la réglementation antérieure au 10 janv. 1915, savoir : paiement immédiat de la fraction d'indemnité payable en numéraire d'après l'instruction du 20 oct. 1914 (4), et paiement du complément à échéance de six mois, avec intérêts à 5 p. 100.

Les indications de l'instruction du 12 mars 1915 sont à préciser et à compléter comme il suit :

1° Le point de départ, pour le paiement de la partie réservée, de l'échéance de six mois, ainsi que des intérêts à courir, est le jour de la livraison (art. 27, loi du 3 juill. 1877) (5), c'est-à-dire le jour de la prise de possession du navire ou de l'engin flottant réquisitionné. Pour les réquisitions qui ont déjà fait l'objet d'un ou plusieurs règlements antérieurs, ce point de départ sera naturellement reporté à la date initiale de la période à régler, comme si la réquisition avait été levée et recommencée à cette date.

2° Quand la date du premier règlement d'une réquisition ordonnée avant le 10 janv. 1915 sera postérieure à l'échéance de six mois prévue au décret du 10 janvier, la période productive d'intérêt pour la partie réservée devra être prolongée jusqu'à la date du règlement, et le paiement immédiat comprendra l'indemnité entière, augmentée des intérêts de la portion réservée échus au moment de ce paiement.

3° L'exercice d'imputation d'une indemnité de réquisition de navire est réglé comme il suit :

a) En ce qui concerne la partie payable immédiatement en numéraire, il est celui de l'année pendant laquelle le navire était à la disposition de la marine; si la période à régler est à cheval sur deux exercices, la partie d'indemnité payable en numéraire devra être partagée en deux, se rapportant, l'une à la période antérieure au 1er janvier, et l'autre l'année en cours.

b) En ce qui concerne la partie d'indemnité qui est payable à échéance et les intérêts qui s'y rapportent, l'exercice sera déterminé par la date de l'échéance de six mois.

4° Si, par suite de retard dans le règlement d'une réquisition, un propriétaire de navire, qui a assuré le paiement des dépenses d'équipage et d'entretien, n'a pas pu bénéficier effectivement des dispositions de l'instruction du 20 oct. 1914, c'est-à-dire les trois quarts de son indemnité en numéraire avant l'échéance normale de six mois imposée à la fraction payable en bons du Trésor, il doit être traité aussi favorablement que le propriétaire qui n'a pas eu à faire d'avances pour l'équipage et le navire; il recevra donc, au règlement de sa réquisition, les intérêts échus sur la moitié de sa créance, et non pas sur le quart.

Agriculture, Guerre franco-allemande, Travaux de battage, Fourniture de charbon.

Circulaire ministérielle *concernant la fourniture de charbon pour les travaux de battage.*

(30 juillet 1915). — (Publ. au *J. off.* du 31 juill.).

Dans le but d'assurer, dans la mesure du possible, la fourniture des briquettes de Swansea nécessaires à l'exécution des travaux de battage, il a été décidé que les commandes de ce combustible seraient centralisées entre les mains de M. Gauthier, chef du service des approvisionne-

---

(1) 1er vol., p. 306.

(2) *Supra*, p. 66.

(3) *J. off.*, 13 mars 1915, p. 1328.

(4) 1er vol., p. 165.

(5) S. *Lois annotées* de 1877, p. 249. — P. *Lois, décr.*, etc. de 1877, p. 255.

ments des chemins de fer de l'Etat, 42, rue de Châteaudun, à Paris.

Toutefois, à raison des difficultés de plus en plus grandes que présente l'achat de briquettes, les chemins de fer de l'Etat se réservent de satisfaire les demandes avec du gros charbon de Newport ou du Northumberland, pour une partie pouvant aller du quart à la moitié de la demande.

Il pourra, suivant les cas, être procédé des manières suivantes :

1° Les entrepreneurs de battages, ainsi que les cultivateurs, pourront adresser directement leurs commandes à M. le chef du service des approvisionnements des chemins de fer de l'Etat, 42, rue de Châteaudun, à Paris;

2° Les syndicats ou sociétés agricoles pourront grouper les commandes de leurs sociétaires et les transmettre à ce chef de service, en avançant la somme nécessaire au paiement de la marchandise sur les fonds dont ils pourront disposer;

3° Les maires auront la faculté de commander à ce chef de service le stock nécessaire aux entrepreneurs de leur commune, en faisant avancer les fonds par les cultivateurs intéressés;

4° Enfin, les négociants en charbons pourront être autorisés, par le préfet, à constituer, sur la proposition du directeur départemental des services agricoles, des approvisionnements où les entrepreneurs et les cultivateurs seront admis à puiser, sur le vu de bons délivrés par le maire de la commune où devront s'effectuer les battages. Ces autorisations comporteront limitation du stock à constituer et fixation du bénéfice des négociants dépositaires.

Les commandes des négociants ne seront acceptées que revêtues du visa du directeur des services agricoles ou de son délégué, et contresignées par le préfet.

Le directeur des services agricoles aura à intervenir, soit personnellement, soit par l'intermédiaire d'un professeur d'agriculture ou d'un représentant d'une association agricole, délégué par lui à cet effet avec l'assentiment du préfet, pour contrôler les livraisons faites aux négociants en charbons.

Quel que soit le mode de commande adopté, le paiement de la marchandise devra être effectué avant l'expédition.

D'une manière générale, les quantités demandées ne devront pas être inférieures à 5.000 kilogr., afin de réduire au minimum les frais de transport.

Les briquettes et gros charbons sont expédiés sur wagons des ports de Saint-Nazaire, Nantes, La Rochelle, Rochefort. Il y a lieu de compter un délai d'une quinzaine de jours entre la commande et la livraison. Les frais de transport doivent être acquittés à la livraison.

Le prix actuel des briquettes de Swansea est de 61 fr.; celui du gros Newport, de 57 fr., et celui du gros Northumberland, de 54 fr. les 1.000 kilogr., sur wagon dans les ports précités. Il est sujet à de brusques variations, dont je vous aviserai au fur et à mesure qu'elles se produiront.

Je vous serais obligé de bien vouloir, par tous les moyens dont vous disposez, porter à la connaissance des intéressés les dispositions de la présente circulaire.

Alcool, Fabrication (taxe de), Fixation.

Loi *portant fixation du taux de la taxe de fabrication sur les alcools d'origine industrielle pour l'année* 1916, *et autorisant la fourniture par l'Etat des dénaturants.*

(30 juillet 1915). — (Publ. au *J. off.* du 31 juill.).

Art. **1er**. Est ratifié et converti en loi le décret du 21 févr. 1915 (1), fixant à deux francs cinquante (2 fr. 50) par hectolitre d'alcool pur, à partir du 1er janv. 1916, la taxe de fabrication établie par les lois des 25 févr. 1901 (art. 59) (2), 30 mars 1902 (art. 15) (3) et 28 mars 1911 (4).

2. L'Administration des contributions indirectes est autorisée à fournir gratuitement aux dénaturateurs d'alcool le dénaturant réglementaire. Les conditions dans lesquelles auront lieu les livraisons et l'emploi seront fixées par l'Administration, et les industriels qui demanderont à bénéficier de ce régime renonceront, par cela même, à l'indemnité instituée par l'art. 59 de la loi du 25 févr. 1901.

La dépense résultant de cette fourniture sera imputée au débit du compte ouvert parmi les services spéciaux du Trésor, en vue de l'application de l'art. 59, précité.

Budget, Guerre franco-allemande, Crédits supplémentaires, Haras.

Loi *portant ouverture au ministre de l'agriculture, en addition aux crédits provisoires ouverts au titre de l'exercice* 1915, *de crédits applicables à la remonte des haras.*

(30 juillet 1915). — (Publ. au *J. off.* du 1er août).

Article unique. Il est ouvert au ministre de

---

(1) *J. off.*, 26 févr. 1915, p. 1011.

(2) S. et P. *Lois annotées* de 1901, p. 140; *Pand. pér.*, 1902.3.33.

(3) S. et P. *Lois annotées* de 1902, p. 415; *Pand. pér.*, 1902.3.70.

(4) S. et P. *Lois annotées* de 1911, p. 123; *Pand. pér.*, *Lois annotées* de 1911, p. 123.

l'agriculture, sur l'exercice 1915, en addition aux crédits provisoires alloués par la loi du 26 déc. 1914 (1), et par des lois ultérieures; un crédit d'un million huit cent vingt-neuf mille cinq cents francs (1.829.500 fr.), applicable au chap. 57 : « Remonte des haras ».

BUDGET, GUERRE FRANCO-ALLEMANDE, CRÉDITS SUPPLÉMENTAIRES, MINISTÈRES DE LA GUERRE ET DE LA MARINE, POUDRES ET SALPÊTRES, MAROC.

LOI *portant ouverture sur l'exercice* 1914 *de crédits applicables aux services de la guerre et de la marine.*

(30 juillet 1915). — (Publ. au *J. off.* du 31 juill.).

TITRE Ier

BUDGET GÉNÉRAL

ART. **1er**. Il est ouvert aux ministres de la guerre et de la marine, en addition aux crédits alloués par la loi de finances du 15 juill. 1914 (2) et par des lois spéciales, pour les dépenses du budget général de l'exercice 1914, des crédits supplémentaires et extraordinaires s'élevant à la somme totale de 17.912.729 fr.

Ces crédits demeurent répartis, par ministère et par chapitre, conformément à l'état annexé à la présente loi.

Il sera pourvu aux crédits ci-dessus au moyen des ressources générales du budget de l'exercice 1914.

TITRE II

BUDGETS ANNEXES RATTACHÉS POUR ORDRE AU BUDGET GÉNÉRAL

Service des poudres et salpêtres.

2. Les évaluations de recettes du budget annexe du service des poudres et salpêtres de l'exercice 1914 sont augmentées d'une somme de 13.521.975 fr. 31, applicable au chap. 3 (Avances du Trésor).

TITRE III

SERVICES SPÉCIAUX DU TRÉSOR

Occupation militaire du Maroc.

3. Il est ouvert au ministre de la guerre, au titre du compte spécial : « Occupation militaire du Maroc », prévu par l'art. 48 de la loi de finances du 15 juill. 1914, en addition aux crédits alloués par ladite loi et par des lois spéciales pour l'exercice 1914, un crédit supplémentaire s'élevant à la somme de cinq millions cent mille francs (5.100.000 fr.), et applicable au chap. 14 (Frais de déplacements et transports).

(*Suit au J. off. l'état annexé*).

DÉCORATIONS, MÉDAILLE COLONIALE, MAROC.

DÉCRET *accordant la médaille coloniale, agrafe « Maroc » pour la période comprise entre le* 1er *janv. et le* 31 *déc.* 1914 *inclus* (3).

(30 juillet 1915). — (Publ. au *J. off.* du 3 août).

LE PRÉSIDENT DE LA RÉPUBLIQUE FRANÇAISE; — Sur le rapport des ministres de la guerre, de la marine, des finances et des affaires étrangères; — Vu l'art. 75 de la loi du 26 juill. 1893 (4), portant fixation du budget général des dépenses et recettes de l'exercice 1894, créant une médaille coloniale; — Vu l'art. 77 de la loi du 13 avril 1898 (5), portant fixation du budget général des dépenses et recettes de l'exercice 1898, relatif à cette médaille; — Vu l'art. 3 du décret du 4 juin 1913 (6), déterminant les conditions dans lesquelles sera accordée la médaille coloniale, agrafe Maroc, pour les opérations postérieures au 20 juill. 1912; — Vu le décret du 28 avril 1914 (7), accordant ladite médaille pour la période comprise entre le 20 juill. 1912 et le 31 déc. 1913; — Décrète :

ART. **1er**. La médaille coloniale, avec agrafe « Maroc », est accordée :

1° A tout militaire et à tout goumier algérien ou tunisien ayant fait partie des troupes d'occupation du Maroc pendant deux mois au moins, entre le 1er janv. et le 31 déc. 1914;

---

(1) 1er vol., p. 275.

(2) *J. off.*, 18 juill. 1914, p. 6448.

(3) Ce décret est précédé au *J. off.* d'un rapport ainsi conçu :

« Un décret, en date du 28 avril 1914, rendu par application des dispositions de l'art. 3 du décret du 4 juin 1913, a accordé la médaille coloniale, agrafe « Maroc », aux militaires ayant fait partie des troupes d'occupation du Maroc et à divers personnels des sociétés de secours aux blessés, pour la période comprise entre le 20 juill. 1912 et le 31 déc. 1913.

« Or, depuis cette époque, de nombreuses opérations militaires ont eu lieu au Maroc, et des combats meurtriers ont été livrés.

« En raison de l'importance de ces opérations, et pour récompenser les troupes d'occupation des efforts qu'elles ont fournis, nous avons pensé que la médaille coloniale, agrafe « Maroc », pourrait leur être attribuée, dans les mêmes conditions que précédemment et pour toute l'année 1914.

« Le projet de décret ci-joint spécifie les conditions dans lesquelles cette distinction honorifique sera accordée à tous les militaires ayant fait partie des troupes d'occupation, pour la période comprise entre le 1er janv. et le 31 déc. 1914 inclus ».

(4) S. et P. *Lois annotées* de 1894, p. 721.

(5) S. et P. *Lois annotées* de 1898, p. 600.

(6) *J. off.*, 7 juin 1913, p. 4884.

(7) *J. off.*, 2 mai 1914, p. 3976.

2° Aux indigènes algériens ou tunisiens qui, ayant fait partie, pendant deux mois au moins, des troupes d'occupation du Maroc du 1er janv. au 31 déc. 1914, en qualité de convoyeurs auxiliaires, se sont particulièrement distingués, ou ont contracté, pendant cette période, un rengagement après six mois de service, et ont été l'objet d'un rapport spécial de leur chef de corps en faveur de l'obtention de cette distinction;

3° A tout militaire et à tout goumier ou convoyeur algérien ou tunisien ayant fait partie des troupes d'occupation du Maroc pendant la même période, et qui, bien que n'ayant pas deux mois de séjour, y a été blessé ou l'objet d'une citation.

4° Aux indigènes marocains, qui, pendant la même période, ayant fait partie des goums mixtes marocains, des troupes marocaines ou des convois auxiliaires, ont été l'objet d'un rapport spécial de leur chef, en vue de leur faire obtenir cette distinction honorique, pour avoir été blessés ou cités à l'ordre du corps d'occupation, ou s'être distingués au cours des opérations de guerre;

5° A tout le personnel de la marine française, algérien ou tunisien, ayant, au cours de la même période, servi à terre ou été embarqué sur un bâtiment de la force navale détaché dans les eaux du Maroc, au sud de Mehedya (ce port compris), pendant deux mois au moins;

6° Au même personnel, qui, bien que n'ayant pas un minimum de séjour de deux mois, a été blessé ou l'objet d'une citation au cours de la même période.

7° Au personnel des sociétés de secours aux blessés militaires accréditées auprès du département de la guerre, ayant, pendant la même période, fait un séjour minimum de deux mois au Maroc.

2. Les ministres de la guerre, de la marine, des affaires étrangères et des finances sont chargés, etc.

ARMÉE, ETAT-MAJOR DE L'ARMÉE, DEUXIÈME SOUS-CHEF DE L'ÉTAT-MAJOR GÉNÉRAL, MOBILISATION.

DÉCRET *fixant l'appellation de l'officier général qui dirige les services de l'état-major maintenus sur le territoire en cas de mobilisation.*

(**31 juillet 1915**). — (Publ. au *J. off.* du 1er août).

LE PRÉSIDENT DE LA RÉPUBLIQUE FRANÇAISE, — Sur le rapport du ministre de la guerre; — Vu le décret du 20 janv. 1912 (1), portant organisation du haut commandement et de l'état-major de l'armée, ledit décret modifié par le décret du 14 mai 1912 (2); — Décrète :

ART. **1er**. Le § 4 de l'art. 1er, tit. 2, du décret susvisé du 20 janv. 1912, modifié par le décret du 14 mai 1912, est remplacé par le suivant :

« Le deuxième sous-chef reste auprès du ministre en cas de mobilisation, et prend, avec le titre de chef d'état-major général, la direction des services de l'état-major de l'armée maintenus sur le territoire ».

2. Le ministre de la guerre est chargé, etc.

COLONIES, MADAGASCAR, RÉGIME DE L'ALCOOL.

DÉCRET *portant règlement général de la vente des boissons alcooliques ou spiritueuses et des boissons hygiéniques, et fixation des licences applicables au commerce de ces boissons dans la colonie de Madagascar et dépendances.*

(**31 juillet 1915**). — (Publ. au *J. off.* du 9 août).

LE PRÉSIDENT DE LA RÉPUBLIQUE FRANÇAISE; — Vu l'art. 18 du sénatus-consulte du 3 mai 1854 (3); — Vu la loi du 6 août 1896 (4), déclarant Madagascar et les îles qui en dépendent colonie française, et la loi du 25 juill. 1912 (5), rattachant à Madagascar l'île de Mayotte et les îles d'Anjouan, de Mohéli et de la Grande-Comore, celles-ci proclamées colonies françaises; — Vu le décret du 23 févr. 1914 (6), fixant les conditions de rattachement des îles de Mayotte, d'Anjouan, de Mohéli et de la Grande-Comore au gouvernement général de Madagascar; — Vu le décret du 20 août 1899 (7), portant réglementation, dans la colonie de Madagascar et dépendances, de la fabrication de l'alcool et de la circulation des produits alcooliques; — Vu le décret du 29 août 1901 (8), instituant un contrôle hygiénique sur les boissons alcooliques mises en vente ou en circulation dans la colonie de Madagascar et dépendances; — Vu le décret du 4 oct. 1909 (9), réglementant la fabrication, la vente et le transport de la betsabetsa; — Vu le décret du 9 oct. 1913 (10), portant règlement général de la vente des boissons alcooliques ou spiritueuses, et fixation des

---

(1) *J. off.*, 21 janv. 1912, p. 711.
(2) *J. off.*, 15 mai 1912, p. 4462.
(3) S. *Lois annotées* de 1854, p. 78. — P. *Lois, décr.*, etc. de 1854, p. 137.
(4) S. et P. *Lois annotées* de 1896, p. 178; *Pand. pér.*, 1897.3.44.
(5) S. et P. *Lois annotées* de 1913, p. 467; *Pand. pér.*, *Lois annotées* de 1913, p. 467.
(6) *J. off.*, 26 févr. 1914, p. 1807.
(7) *J. off.*, 3 sept. 1899, p. 5948.
(8) *J. off.*, 3 sept. 1901, p. 5716.
(9) *J. off.*, 12 oct. 1909, p. 10210.
(10) *J. off.*, 17 oct. 1913, p. 9142.

licences applicables au commerce de ces boissons;

Sur le rapport du ministre des colonies; —

Décrète :

Art. 1er. Tout industriel et commerçant qui se livrera, dans la colonie de Madagascar et dépendances, à la fabrication ou à la vente, à un titre quelconque, des boissons alcooliques distillées ou fermentées ou des boissons hygiéniques fermentées, sera soumis à un droit de licence.

2. Sont considérées comme boissons alcooliques celles qui sont le produit de la distillation et toutes autres boissons additionnées d'alcool ou fermentées non comprises parmi les boissons hygiéniques.

Sont considérées comme boissons hygiéniques, en outre des boissons non fermentées :

1° Les vins ordinaires blancs ou rouges, provenant exclusivement de la fermentation du jus de raisin frais et ne titrant pas plus de 14 degrés;

2° Les vins mousseux naturels dont l'effervescence résulte d'une seconde fermentation en bouteilles, soit spontanée, soit produite suivant la méthode champenoise, ou par addition d'acide carbonique pur;

3° L'hydromel préparé avec du miel dissous dans de l'eau et additionné de vin blanc naturel;

4° Le cidre et le poiré résultant de la fermentation des pommes et poires fraîches additionnées ou non de sucre;

5° La bière provenant de la fermentation d'un moût préparé à l'aide de malt d'orge ou de riz, de houblon et d'eau;

6° Les jus fermentés de fruits frais, tels que : orange, ananas, calebasse, framboise, grenade, cerise, groseille, etc.;

7° La betsabetsa obtenue par la fermentation du jus de canne sans addition d'alcool, de produits chimiques ou végétaux quelconques.

3. L'impôt de la licence consiste en un droit fixé réglé d'après la nature du commerce et la catégorie de la population de la localité où il est exercé.

Ce droit n'est valable que pour un établissement, sans réduction d'aucune sorte pour les succursales situées dans la même circonscription.

Toutefois, le commerçant qui exercera, dans un seul et même local, plusieurs commerces ou industries soumis à la licence, sera assujetti à une seule licence, mais à celle qui, d'après la nature du commerce ou de l'industrie, correspondra à la classe la plus élevée.

Les diverses professions soumises au droit de licence sont classées de la manière suivantes :

1re classe. — Marchands en détail et débitants de boissons alcooliques vendant à consommer sur place ou à emporter, hôteliers et restaurateurs servant des boissons alcooliques.

2e classe. — Marchands au détail de boissons alcooliques vendant exclusivement à emporter.

3e classe. — Marchands au détail et débitants de boissons hygiéniques vendant à consommer sur place ou à emporter, hôteliers et restaurateurs ne servant que des boissons hygiéniques.

4e classe. — Marchands au détail de boissons hygiéniques vendant exclusivement à emporter.

5e classe. — Distillateurs, brasseurs et marchands de boissons en gros.

Il a été établi, toutefois, pour les distillateurs, une taxe progressive avec maximum, ainsi qu'il est indiqué à l'art. 5.

4. Sont qualifiés marchands de boissons en gros les commerçants qui vendent des boissons alcooliques ou hygiéniques à emporter par quantités au moins égales à 11 bouteilles de 75 centilitres à 1 litre ou à 11 litres d'un même liquide, ou qui possèdent un magasin central servant à alimenter leurs divers débits.

Sont qualifiés marchands de boissons au détail tous débitants vendant par quantités inférieures.

Les débitants de boissons alcooliques ou hygiéniques à emporter ne peuvent débiter par quantités inférieures à un demi-litre pour les alcools ou boissons qui se débitent au litre, sauf s'il s'agit de bouteilles ou flacons de dimensions quelconques, mais cachetés et portant la marque d'origine.

Dans le cas contraire, ils sont assimilés d'office aux débitants à consommer sur place, et classés de ce fait dans la 1re ou la 3e classe du tarif, avec toutes les obligations qui en découlent.

Est assimilé à la vente au détail à emporter, qualifiée ci-dessus, l'échange ou troc de produits de l'espèce contre des marchandises quelconques.

5. Le taux annuel des licences est fixé conformément au tableau ci-après (page 268) :

Pour l'assiette des droits de licence, la population des communes et autres centres est fixée d'après les résultats du dernier recensement triennal.

Toutefois, lorsqu'un dénombrement constatera un accroissement ou une diminution de population susceptible de faire passer une localité d'une catégorie du tarif à une catégorie supérieure ou inférieure, le nouveau droit sera établi à partir du 1er janvier de l'année qui suivra le recensement. Il en sera de même dans le cas de modification des limites d'un centre urbain.

La licence est due pour l'année entière par tous les individus exerçant au 1er janvier. Les personnes ayant commencé à exercer après le premier trimestre ne payeront que les fractions de droit correspondant aux trimestres restant à échoir, et à compter du premier jour du trimestre au cours duquel leur établissement aura été ouvert.

CATÉGORIES	1re classe.	2e classe.	3e classe.	4e classe.	5e classe (1).
1re catégorie. — Ville de plus de 5.000 habitants	1.050f	700f	450f	300f	200f
2e catégorie. — Ville de 1.000 à 5.000 habitants (2)	750	500	300	200	150
3e catégorie. — Ville au-dessous de 1.000 habitants	450	300	150	100	150

(1) Les distillateurs acquittant une licence payent comme suit, quel que soit l'emplacement de leur distillerie :

Distillateurs acquittant moins de 5.000 fr. de taxe de consommation par an .... 200 fr.
Distillateurs acquittant de 5.001 à 7.000 fr. de taxe de consommation par an .... 300 fr.
Distillateurs acquittant de 7.001 à 9.000 fr. de taxe de consommation par an .... 400 fr.
Distillateurs acquittant de 9.001 à 11.000 fr. de taxe de consommation par an .... 500 fr.
Distillateurs acquittant de 11.001 à 13.000 fr. de taxe de consommation par an .... 600 fr.
Distillateurs acquittant de 13.001 à 15.000 fr. de taxe de consommation par an .... 700 fr.
Distillateurs acquittant au-dessus de 15.000 fr. de taxe de consommation par an .... 800 fr.

(2) La ville de Dzaoudzi, constituant un centre de ravitaillement pour les commerçants et colons installés à Mayotte, sera classée dans la 2e catégorie, sans tenir compte du chiffre de la population.

La licence est exigible par trimestre et d'avance, en vertu des rôles rendus exécutoires par le gouverneur général ou ses délégués (chefs de province et de district autonome); en cas de non-paiement, le recouvrement en sera poursuivi comme en matière de contributions directes.

En cas de retard dans le paiement de l'impôt, la licence pourra toujours être retirée par le gouverneur général, sur la proposition du chef de la province ou du district autonome huit jours après avis donné à l'intéressé.

6. Sont exemptés de l'impôt de la licence les cantiniers attachés à l'armée, pourvus d'un titre de commission ou nommés par le ministre de la guerre, qui ne vendent que des boissons hygiéniques et ne reçoivent que des militaires.

7. Toute personne qui voudra ouvrir un débit de boissons alcooliques ou hygiéniques à consommer sur place ou à emporter devra, préalablement à l'ouverture de son établissement, faire par écrit une déclaration indiquant :

1° Les nom, prénoms, date et lieu de naissance, profession et domicile;

2° La situation du débit;

3° A quel titre elle doit gérer le débit, et les noms, prénoms, professions, domiciles des propriétaires s'il y a lieu.

Cette déclaration sera faite dans les bureaux du chef de district, qui la transmettra au chef de la circonscription (province ou district autonome), avec son avis.

Il en sera donné récépissé.

Lorsque cette déclaration aura été visée sans opposition par le procureur de la République près le tribunal du ressort ou l'officier du ministère public, le chef de la circonscription pourra, à titre provisoire, sous réserve expresse d'approbation par le gouverneur général, et aux risques et périls du demandeur, autoriser l'ouverture de l'établissement, en délivrant la licence et en inscrivant le titulaire au rôle des patentes. En cas de refus du chef de la circonscription, le débit ne pourra être ouvert avant l'autorisation du gouverneur général.

Si, en cas d'ouverture autorisée à titre provisoire, l'approbation définitive n'était pas donnée, les douzièmes échus seraient seuls exigibles.

L'autorisation de vente pourra être suspendue ou retirée par le gouverneur général, après avis de l'administrateur chef de la province ou du district autonome, pour tous motifs d'ordre public. Dans ce cas, les trimestres échus ou restant à échoir jusqu'à la fin de l'année resteront dus.

Toutefois, l'Administration, tenant compte des faits qui auront motivé la fermeture de l'établissement, pourra accorder, sur la demande du débitant, une remise partielle des taxes dans la forme habituelle.

Toute personne qui voudra ouvrir une brasserie ou un magasin de vente en gros de boissons tant spiritueuses qu'alcooliques ou hygiéniques sera tenue aux mêmes obligations avant d'ouvrir son établissement, et il sera procédé de même à son égard.

Il n'est en rien dérogé, en ce qui concerne les distilleries d'alcool et les fabriques de betsa-betsa aux dispositions des décrets des 20 août 1899 et 4 oct. 1909.

Par exception, toute personne désireuse d'ouvrir un débit de boissons hygiéniques à emporter (4e classe) pourra obtenir immédiatement une autorisation provisoire avant d'avoir fait viser sa demande par le procureur de la République ou l'officier du ministère public, et il lui sera fixé un délai pour obtenir le visa de ces autorités. Ce délai expiré sans que l'intéressé ait fait le nécessaire, l'autorisation sera nulle; et le débit sera considéré d'office comme fonctionnant irrégulièrement.

Les sanctions prévues à l'art. 22 seront applicables sans autre avertissement.

Toute personne débitant des boissons alcooliques ou hygiéniques sans autorisation, ou qui exercerait un commerce passible d'une licence supérieure à celle à laquelle elle serait imposée, serait immédiatement reprise au rôle, soit pour le droit entier, soit pour la différence entre la licence à laquelle elle est soumise et la licence réellement due. Le triple de ce droit serait en outre imposé dans le même article, à titre d'amende, le tout sans préjudice des poursuites judiciaires encourues.

L'inscription au rôle aura lieu sur le vu du procès-verbal de l'autorité compétente constatant l'infraction.

8. Les indigènes, les mineurs non émancipés et les interdits ne peuvent exercer la profession de débitants de boissons alcooliques ou hygiéniques, ainsi que tous les individus condamnés pour crime de droit commun à un mois de prison et au-dessus, et ceux qui auront été condamnés à un emprisonnement de quinze jours au moins pour vol, recel, escroquerie, filouterie, abus de confiance, recel de malfaiteurs, outrage public à la pudeur, excitation de mineurs à la débauche, tenue d'une maison de jeu, vente de marchandises falsifiées et nuisibles à la santé, conformément aux art. 379, 401, 405, 406, 407, 408, 248, 330, 334, 410 du Code pénal, aux lois du 27 mars 1851 (art. 2) (1) et du 5 mai 1855 (2), rendues applicables aux colonies par le décret du 22 avril 1857, et à toutes autres lois subséquentes ayant pour but de réprimer la vente des boissons et denrées alimentaires falsifiées.

9. Le cumul de la vente en gros ou au détail des boissons spiritueuses, alcooliques ou hygiéniques avec un autre commerce est autorisé, à la condition, pour le commerçant, de payer, en outre du coût de la licence et de la patente afférentes à son commerce de boissons, le montant intégral de la patente relative à ce second commerce.

10. Aucun débit de boissons alcooliques à consommer sur place ne peut être ouvert dans les agglomérations dont la population européenne, calculée à l'exclusion des Africains et Asiatiques, n'atteint pas 20 individus, quel que soit le chiffre de la population globale.

Dans les agglomérations où la population européenne atteint le nombre de 20 individus, il sera autorisé un débit, si la population globale n'atteint pas ou égale 1.000 individus. Dans le cas où la population globale dépassera 1.000 personnes, il pourra être autorisé un débit par 1.000 habitants, toute fraction en sus égale à 600 sera comptée pour 1.000.

Si la population européenne atteint ou dépasse le quart de la population globale, indépendamment des débits calculés d'après la population totale, ainsi qu'il a été spécifié au paragraphe précédent, il pourra être autorisé un nombre supplémentaire de débits calculés à raison de 1 par 400 Européens.

Dans les localités où le nombre actuel des débits dépasse cette limite, la situation sera rétablie et ramenée à son chiffre normal par voie d'extinction.

Les dispositions ci-dessus ne sont pas applicables à la ville de Tananarive.

11. L'ouverture d'hôtels et de restaurants servant des boissons alcooliques pourra être autorisée, à titre exceptionnel, par décision du gouverneur général, dans les localités dont le chiffre de la population ne permettrait pas la création d'un débit, mais qui sont particulièrement fréquentées par des Européens de passage ou en séjour provisoire de courte durée, ainsi que dans les localités où ce nombre maximum des débits sera atteint, mais où l'importance du mouvement de la population européenne justifierait la création de ces établissements.

Il faut entendre par hôtel un établissement donnant le logement et la nourriture, et par restaurant l'établissement donnant seulement la nourriture.

Les propriétaires des hôtels et des restaurants ouverts dans les conditions spécifiées ci-dessus seront astreints au paiement d'une licence de 1re classe, qui, néanmoins, ne leur conférera que le droit de servir des boissons alcooliques seulement au moment des repas.

Seront considérés comme débits clandestins et passibles des sanctions prévues au présent décret les établissements dont les propriétaires ou gérants seront convaincus de vendre, en dehors des repas, des boissons alcooliques à consommer sur place, et ceux qui ne posséderaient pas une installation réelle d'hôtel ou de restaurant, suivant la définition qui a été donnée ci-dessus de ces deux établissements.

Les autorisations accordées dans les conditions qui précèdent restent étroitement liées aux circonstances qui les justifient. Nul ne pourra s'en prévaloir, nobnobstant le paiement de la licence de 1re classe, pour remplacer par un débit de boissons alcooliques à consommer sur place un hôtel ou un restaurant dont la création aurait été autorisée à titre exceptionnel.

Les hôteliers ou restaurateurs qui auront fait

(1) S. *Lois annotées* de 1851, p. 17. — P. *Lois, décr.*, etc. de 1851, p. 26.

(2) S. *Lois annotées* de 1855, p. 82. — P. *Lois, décr.*, etc. de 1855, p. 140.

la déclaration formelle de ne vendre que des boissons hygiéniques ne seront assujettis qu'à une licence de 3e classe, et pourront se livrer au commerce des boissons dans les mêmes conditions que les marchands ou débitants de boissons de cette nature.

12. Toute personne qui, quel que soit l'objet de ses opérations, échangerait des marchandises contre des boissons alcooliques ou hygiéniques, ou tout employé, cultivateur, entrepreneur, exploitant minier, etc., qui paierait ses ouvriers, ne fût-ce qu'accessoirement, avec des boissons alcooliques ou hygiéniques, serait considéré comme tenant un débit irrégulier.

13. Les dispositions de l'art. 10 ne s'appliquent, ni aux débits de boissons hygiéniques, dont le nombre pourrait toutefois être limité, s'il était jugé nécessaire, par arrêté du gouverneur général, ni aux marchands au détail de boissons alcooliques vendant exclusivement à emporter. Ceux-ci ne pourront cependant être autorisés à exercer leur commerce qu'aux chefs-lieux de province, de district, de poste administratif ou autres localités où la surveillance administrative serait particulièrement facile à exercer.

14. Est interdite la vente des boissons alcooliques, et en principe celle des boissons hygiéniques, sur les concessions agricoles, chantiers et exploitations aurifères, lorsque le contrôle de l'Administration ne peut être effectif.

Par exception, l'ouverture de boissons hygiéniques, dans les endroits désignés ci-dessus pourra être autorisée par le gouverneur général, après enquête.

La constatation, au domicile ou dans les magasins ou locaux appartenant aux personnes se trouvant dans les cas prévus à l'art. 12 ci-dessus, de quantités d'alcools ou autres boissons supérieures aux besoins de leur consommation personnelle, suffira à établir le délit d'ouverture de débit irrégulier et à entraîner l'application des sanctions prévues à l'art. 24 ci-dessous. De même, la simple détention d'alcool dans ses magasins par un débitant de boissons hygiéniques le rendra passible de ces sanctions, même si aucune vente d'alcool n'a été constatée.

15. L'autorisation de tenir un débit n'est valable que dans l'agglomération pour laquelle elle a été délivrée. Le transfert des établissements de l'espèce, d'une agglomération dans une autre, ne pourra être autorisé dans la localité désignée que dans le cas où le nombre réglementaire des débits ne serait pas atteint.

L'autorisation sera accordée par le gouverneur général, après avis du chef de la circonscription où se trouve la localité dans laquelle doit avoir lieu le transfert, et sur avis favorable du chef de la circonscription dans laquelle se trouvait antérieurement le débit.

16. La licence est exclusivement personnelle. Les débitants autorisés devront tenir les débits par eux-mêmes ou par des gérants présentés par eux à l'agrément du chef de province, sous réserve d'approbation par le gouverneur général, et ne se trouvant pas dans les exceptions visées à l'art. 8.

L'Administration se réserve le droit de refuser, pour des motifs d'ordre public, le transfert, au profit d'un tiers, d'un débit, en cas de décès du titulaire ou de cession de fonds.

Les mutations dans la personne des gérants et les demandes de cession devront être adressées au moins un mois à l'avance au chef de la province ou du district autonome, qui les transmettra au procureur de la République ou à l'officier du ministère public, dans les conditions fixées à l'art. 7.

Tout assujetti qui veut cesser son commerce ou son industrie est tenu d'en faire la déclaration au préalable au chef de la province ou du district autonome. Les droits seront dus jusqu'à la fin de l'année.

En cas de fermeture d'établissement pendant plus de trois mois, l'assujetti sera considéré comme ayant cessé son commerce ou industrie, et l'autorisation qui lui aura été délivrée pourra lui être retirée.

17. La licence devra être affichée dans chaque débit à un endroit très apparent; il devra en être de même de l'autorisation de gérer, lorsqu'elle aura été accordée.

18. Les agents, tels que les énumère l'art. 23, ci-après, chargés de la surveillance des débits, pourront, en outre, au cours de leurs visites, et en vertu de l'application des règlements concernant les fraudes commerciales ou fiscales, effectuer les vérifications et prélèvements qu'ils jugeront nécessaires sur les liquides mis en vente.

19. Les débitants déjà munis d'une licence, ou les autres personnes qui, à l'occasion d'une foire, d'un concours ou d'une fête publique, établiraient des débits de boissons extraordinaires, devront obtenir, chaque fois, l'autorisation du chef de la province ou du district autonome.

Ils acquitteront un droit de 25 fr., lors de chaque autorisation, qui tiendra lieu de patente et de licence.

20. L'autorisation de vendre des boissons alcooliques au détail, accordée par mesure transitoire aux anciens débitants de demi-gros dont la licence a été supprimée par décrets des 14 août 1912 et 9 oct. 1913, prendra irrévocablement fin le 31 déc. 1915.

21. Il sera pourvu par des arrêtés du gouverneur général aux mesures que nécessitera l'application des dispositions qui précèdent.

22. Les infractions aux dispositions du présent décret ou des arrêtés du gouverneur général en réglementant l'application seront punies d'une amende de 50 à 500 fr. et d'un emprisonnement de six jours à six mois, ou de l'une de ces deux peines seulement.

En outre, le jugement prononçant ces peines pourra ordonner le retrait de la licence, la fermeture immédiate du débit, sans faire obstacle aux droits que l'autorité administrative tient de l'art. 5, même dans le cas où ces mesures ne seraient pas prescrites. Le jugement pourra, en outre, ordonner la confiscation de la marchandise saisie.

Dans tous les cas où la fermeture est prescrite par voie de jugement ou par décision administrative, non seulement cette mesure ne donnera pas lieu à la restitution des droits versés, mais elle rendra exigibles sans délai, et pour l'année entière, quelle que soit l'époque de la fermeture, ceux qui n'auraient pas encore été payés.

Le maximum de l'amende et de l'emprisonnement ou de l'une de ces deux peines seulement sera prononcé contre toute personne qui, ayant déjà encouru les punitions prévues ci-dessus, commettra de nouveau, dans un délai d'une année, des infractions de même ordre.

En ce qui concerne l'amende, le maximum pourra être porté au double. L'art. 463 du Code pénal sera applicable dans tous les cas où il y aura lieu de prononcer les sanctions prévues par le présent décret ou par les arrêtés locaux visés à l'art. 21 ci-dessus.

23. Les contraventions seront constatées par le personnel du service des douanes et les agents des contributions indirectes, par le personnel européen de la police et de la garde indigène, par tous officiers de police judiciaire, ainsi que par les divers agents assermentés désignés par l'administrateur chef de la province ou du district autonome.

En cas de débit clandestin ou d'infraction aux art. 11 et 14, les alcools trouvés dans l'établissement seront immédiatement saisis.

Les poursuites devant les tribunaux seront intentées à la requête du gouverneur général, et auront lieu comme en matière de droit commun. Le gouverneur général pourra toujours transiger avec les délinquants sur les procès-verbaux rapportés contre eux, même après jugement ou arrêt définitif.

Toutefois, la transaction ne pourra avoir lieu que sur le montant des condamnations pécuniaires et des confiscations.

24. Les jugements rendus en exécution du présent décret pourront être affichés et publiés au *Journal officiel* de la colonie, aux frais des condamnés, s'il en est ainsi ordonné par les tribunaux.

25. Sont abrogées toutes dispositions contraires au présent décret, qui entrera en vigueur à compter du 1er janv. 1916.

26. Le ministre des colonies est chargé, etc.

---

(1) S. 1er vol. des *Lois annotées*, p. 914.

DOUANES, GUERRE FRANCO-ALLEMANDE, INTERDICTION DE SORTIE, RACINES DE CHICORÉE VERTES OU SÈCHES.

DÉCRET *prohibant la sortie, ainsi que la réexportation, des racines de chicorée, vertes ou sèches.*

(31 juillet 1915). — (Publ. au *J. off.* du 4 août).

LE PRÉSIDENT DE LA RÉPUBLIQUE FRANÇAISE — Sur le rapport des ministres de l'agriculture, du commerce, de l'industrie, des postes et des télégraphes et des finances; — Vu l'art. 34 de la loi du 17 déc. 1814 (1); — Décrète :

ART. **1er**. Sont prohibées, à dater du 4 août 1915, la sortie, ainsi que la réexportation en suite d'entrepôt, de dépôt, de transit, de transbordement et d'admission temporaire, des racines de chicorée, vertes ou sèches.

2. Les ministres de l'agriculture, du commerce, de l'industrie, des postes et des télégraphes et des finances sont chargés, etc.

MARINE, GUERRE FRANCO-ALLEMANDE, ENGAGEMENTS, EQUIPAGES DE LA FLOTTE, ARMURIERS DE LA MARINE, MINEURS, CONSENTEMENT DES PÈRE, MÈRE OU TUTEUR, PRODUCTION DE PIÈCES.

CIRCULAIRE *relative à l'établissement des dossiers des jeunes gens désireux de contracter un engagement dans l'armée de mer, et dont les parents sont originaires des régions envahies ou y habitent.*

(31 juillet 1915). — (Publ. au *J. off.* du 3 août).

Le Ministre de la marine à MM. les vice-amiraux commandant en chef, préfets maritimes.

Par suite de l'état de guerre, un certain nombre de jeunes gens, désireux de contracter un engagement dans l'armée de mer (équipages de la flotte ou corps des armuriers de la marine) ne peuvent fournir le consentement de leur père, mère ou tuteur, et même, s'ils sont originaires des régions envahies, la majeure partie des pièces devant constituer leur dossier.

En vue de permettre à ces jeunes gens de contracter leur engagement, j'ai décidé que, jusqu'à la cessation des hostilités, les mesures prises par le département de la guerre relativement au même objet (décret du 16 sept. 1914) (2) leur seront applicables.

D'autre part, il conviendra de remplacer les pièces d'état civil qu'ils ne pourraient fournir par des extraits de documents tels que livrets de famille, ou toute autre pièce officielle contenant les renseignements utiles.

---

(2) 1er vol., p. 115.

Les commandants des dépôts des équipages de la flotte ou les directeurs d'artillerie navale certifieront lesdits extraits.

MARINE, GUERRE FRANCO-ALLEMANDE, ETABLISSEMENT NATIONAL DES INVALIDES, CONDITIONS D'ADMISSION.

CIRCULAIRE *relative à la simplification des formalités pour l'admission aux Invalides des marins grièvement blessés.*

(31 juillet 1915). — (Publ. au *J. off.* du 3 août).

Le Ministre de la marine à MM. les vice-amiraux commandant en chef, préfets maritimes.

Les conditions d'admission des marins et militaires de l'armée de mer à l'établissement national des Invalides sont fixées par les circulaires ministérielles des 15 avril 1912 (guerre) et 29 du même mois (marine), insérées toutes deux au *Bull. off. de la marine*, p. 830.

En conformité de la décision prise récemment par le ministre de la guerre, et par modification aux dispositions susvisées, les marins et militaires de l'armée de mer grièvement blessés (perte des deux yeux, amputation d'un membre), désireux d'être admis à l'établissement national des Invalides, pourront m'adresser directement leur demande en y joignant :

1° Un certificat médical constatant leurs blessures et l'origine de ces blessures, et établissant qu'ils ne sont atteints d'aucune maladie contagieuse ni de troubles cérébraux, sous la réserve qu'ils produiront par la suite, et dans le plus bref délai possible, les six autres premières pièces prévues par l'instruction (guerre) du 15 avril 1912, précitée ;

2° Un certificat délivré par une autorité compétente (maire ou commissaire de police), établissant si l'intéressé est marié, veuf ou célibataire, et s'il a des enfants à sa charge, étant entendu que ce certificat relatif à la situation de famille des intéressés n'a pas pour objet d'exclure les militaires mariés ou veufs sans enfants, mais de fournir des éléments d'appréciation pour le classement des demandes.

Je vous prie de donner la plus grande publicité possible à la présente circulaire.

MARINE, GUERRE FRANCO-ALLEMANDE, CONSEILS D'ENQUÊTE, CONSEILS DE DISCIPLINE, COMMISSIONS D'ENQUÊTE, SUSPENSION, OFFICIERS GÉNÉRAUX, MISE A LA RETRAITE D'OFFICE, OFFICIERS, RÉFORME, OFFICIERS DE RÉSERVE, RÉVOCATION, EQUIPAGES DE LA FLOTTE, PERSONNEL ADMINISTRATIF DE GESTION ET D'EXÉCUTION, PERSONNEL TECHNIQUE DES DIRECTIONS DE TRAVAUX, MESURES DISCIPLINAIRES.

LOI *ratifiant le décret du 30 nov. 1914, suspendant en ce qui concerne le ministère de la marine, pendant la durée de la guerre, le fonctionnement des conseils d'enquête, conseils de discipline et commissions d'enquête.*

(3 août 1915). — (Publ. au *J. off.* du 5 août).

ARTICLE UNIQUE. Est ratifié et converti en loi le décret du 30 nov. 1914 (1), suspendant, en ce qui concerne le ministère de la marine, pendant la durée de la guerre, le fonctionnement des conseils d'enquête, conseils de discipline et commissions d'enquête.

ARMÉE, GUERRE FRANCO-ALLEMANDE, SOCIÉTÉS DE SECOURS AUX BLESSÉS, INDEMNITÉS EXCEPTIONNELLES.

DÉCRET *relatif aux indemnités exceptionnelles susceptibles d'être accordées aux sociétés d'assistance.*

(4 août 1915). — (Publ. au *J. off.* du 8 août).

LE PRÉSIDENT DE LA RÉPUBLIQUE FRANÇAISE ; — Sur le rapport des ministres de la guerre et de la marine ; — Vu le décret du 2 mai 1913 (2), portant règlement sur le fonctionnement général des sociétés d'assistance aux blessés et malades des armées de terre et de mer, et notamment l'art. 17 ; — Vu les décrets des 23 sept. (3) et 19 déc. 1914 (4), relatifs au taux de l'indemnité journalière allouée par l'Etat, à titre de part contributive, aux sociétés d'assistance aux blessés et malades des armées de terre et de mer ; — Le Conseil d'Etat entendu ; — Décrète :

ART. 1er. Indépendamment de l'indemnité fixe prévue par l'art. 17 du décret du 2 mai 1913, le ministre de la guerre peut accorder aux sociétés d'assistance aux blessés et malades des armées de terre et de mer, en raison de la durée des hostilités, des allocations extraordinaires, en vue de tenir compte, soit de l'augmentation générale des prix, soit de l'accroissement du nombre de lits mis par ces sociétés à la disposition de l'autorité militaire.

Un arrêté du ministre de la guerre détermine le taux de ces allocations et les conditions dans lesquelles elles sont accordées.

---

(1) 1er vol., p. 223.

(2) *J. off.*, 19 mai 1913, p. 4011.

(3) *J. off.*, 25 sept. 1914, p. 8034.

(4) 1er vol., p. 266.

2. Le ministre de la guerre et le ministre de la marine sont chargés, etc.

GENDARMERIE, GUERRE FRANCO-ALLEMANDE, LIMITE D'AGE, SUSPENSION.

DÉCRET *suspendant l'application des dispositions réglementaires relatives à la limite de l'âge des hommes de troupe de la gendarmerie.*

(4 août 1915). — (Publ. au *J. off.* du 10 août).

LE PRÉSIDENT DE LA RÉPUBLIQUE FRANÇAISE ; — Sur le rapport du ministre de la guerre ; — Vu l'art. 32 de la loi du 13 mars 1875 (1), relative à la constitution des cadres de l'armée active et de l'armée territoriale ; — Vu l'art. 65 de la loi du 21 mars 1905 (2), sur le recrutement de l'armée ; — Vu le décret du 27 oct. 1914 (3), ratifié par la loi du 30 mars 1915 (4), portant application aux brigadiers de gendarmerie et aux gendarmes retraités depuis moins de cinq ans des dispositions édictées, en ce qui concerne les sous-officiers, par l'art. 65 de la loi du 21 mars 1905, précitée ; — Vu le décret du 20 mai 1903 (5), portant règlement sur l'organisation et le service de la gendarmerie ; — Vu le décret du 3 août 1914 (6), concernant la suspension, pendant toute la durée de l'état de guerre, des dispositions réglementaires relatives à la limite d'âge des officiers ; — Vu le décret du 22 septembre de la même année (7), ratifié par la loi du 30 mars 1915 (8), et relatif à l'avancement dans l'armée ; — Décrète ;

ART. **1er**. Pendant la durée de la guerre, et par dérogation aux dispositions de l'art. 14, § 1er, du décret du 20 mai 1903, les sous-officiers, brigadiers et gendarmes peuvent être maintenus en activité au delà de cinquante-cinq ans. Toutefois, ce maintien en activité est subordonné et limité aux nécessités du service.

2. Les militaires gradés, ainsi maintenus en activité, ne comptent pas à l'effectif de l'armée active ; ils peuvent être remplacés dans leur emploi.

3. Le ministre de la guerre est chargé, etc.

---

(1) S. *Lois annotées* de 1875, p. 693. — P. *Lois, décr.*, etc. de 1875, p. 1192.

(2) S. et P. *Lois annotées* de 1906, p. 3 ; *Pand. pér.*, 1905.3.81.

(3) 1er vol., p. 174.

(4) *Supra*, p. 87.

(5) *J. off.*, 19 juill. 1903, p. 4599.

(6) 1er vol., p. 20.

(7) 1er vol., p. 120.

(8) *Supra*, p. 87.

GUERRE, GUERRE FRANCO-ALLEMANDE, ZONE DES ARMÉES, VOIES NAVIGABLES, MARINIERS, HALEURS, PILOTES, CARTE D'IDENTITÉ.

ARRÊTÉ *concernant la police de la circulation sur les voies navigables des réseaux des armées.*

(4 août 1915). — (Publ. au *J. off.* du 8 août).

LE MINISTRE DE LA GUERRE ; — Vu l'art. 7 de la loi du 9 août 1849 (9) ; — Arrête :

ART. **1er**. A dater du 15 août 1915, aucun marinier, aide-marinier, haleur, pilote, etc., n'entreprendra un voyage empruntant, en tout ou en partie, une voie navigable du réseau des armées (10), sans s'être muni d'une carte d'identité.

Il adressera une demande, à cet effet, au conducteur de la navigation dans la subdivision duquel il se trouve, et lui fournira tous les papiers et justifications utiles sur l'état civil des personnes se trouvant à bord du bateau (marinier, aide-marinier, femmes, enfants, parents).

Il sera formellement interdit aux patrons mariniers de transporter à bord de leur bateau des personnes ne figurant pas sur la carte collective ou non pourvues d'une carte individuelle.

Au cours de chaque voyage sur ou vers le réseau des armées, les cartes devront être visées au premier bureau de déclaration rencontré à partir du port de départ.

2. Les ingénieurs en chef de la navigation et tous agents de la force publique sont chargés de l'exécution du présent arrêté.

MARINE, GUERRE FRANCO-ALLEMANDE, INGÉNIEURS DE 2e CLASSE D'ARTILLERIE NAVALE, CONCOURS DE 1913, ECOLE D'APPLICATION, DURÉE DES ÉTUDES, RANG D'ANCIENNETÉ, AVANCEMENT.

DÉCRET *réduisant la durée des études des ingénieurs de 2e classe admis en 1913 à l'Ecole d'application d'artillerie navale, et fixant les conditions dans lesquelles ces ingénieurs peuvent être nommés au grade supérieur pour faits de guerre.*

(4 août 1915). — (Publ. au *J. off.* du 7 août).

LE PRÉSIDENT DE LA RÉPUBLIQUE FRANÇAISE ; — Vu l'art. 18 de la loi du 5 nov. 1909 (11), per-

(9) S. *Lois annotées* de 1849, p. 105. — P. *Lois, décr.*, etc. de 1849, p. 628.

(10) Note du *J. off.* — « Le réseau des armées comprend : le canal du Rhône au Rhin, ainsi que la Saône, de Saint-Symphorien à Saint-Jean-de-Losne, et les voies situées au nord et à l'est de la ligne formée dans le canal de Bourgogne, l'Yonne, de Laroche à Montereau, et la Seine, de Montereau à la mer.

« Les voies et sections de voies qui font partie de cette ligne, depuis Saint-Jean-de-Losne jusqu'à la mer, sont comprises dans le réseau de l'intérieur ».

(11) S. et P. *Lois annotées* de 1910, p. 1008 ; *Pand. pér.*, *Lois annotées* de 1910, p. 1008.

mettant d'abréger la durée des études à l'Ecole d'application d'artillerie navale en temps de guerre; — Vu le décret du 21 juill. 1910 (1), instituant une Ecole d'application d'artillerie navale; — Vu la loi du 19 févr. 1915 (2), relative à l'avancement en temps de guerre dans les corps d'officiers de la marine; — Sur le rapport du ministre de la marine; — Décrète :

ART. 1er. La durée des études à l'Ecole d'application d'artillerie navale des ingénieurs de 2e classe admis à ladite école au mois d'oct. 1913 est réduite à une année.

2. Le rang d'ancienneté, au moment de la nomination, comme ingénieurs de 1re classe, des ingénieurs de 2e classe susvisés, sera déterminé par le classement dont ils ont été l'objet à l'examen d'ensemble de leur année d'études à l'Ecole d'application.

3. Les ingénieurs de 2e classe visés dans les art. 1 et 2 du présent décret pourront, par application des dispositions de la loi du 19 févr. 1915, être promus à une date antérieure au 1er oct. 1915, ont été l'objet de propositions spéciales d'avancement, au grade supérieur pour faits de guerre.

Dans ce cas, leur rang et date d'ancienneté leur demeureront acquis.

4. Le ministre de la marine est chargé, etc.

TUNISIE, GUERRE FRANCO-ALLEMANDE, AVOCATS, CONSEILS DE DISCIPLINE, BATONNIERS, ELECTIONS, SURSIS.

DÉCRET *ajournant les élections des conseils de discipline et des bâtonniers des avocats près les tribunaux de Tunisie.*

(4 août 1915). — (Publ. au *J. off.* du 8 août).

LE PRÉSIDENT DE LA RÉPUBLIQUE FRANÇAISE; — Sur le rapport du garde des sceaux, ministre de la justice, et du ministre des affaires étrangères; — Vu la loi du 27 mars 1883 (3), portant organisation de la justice française en Tunisie; — Vu le décret du 16 mai 1901 (4), modifié par ceux des 16 nov. 1906 (5), 25 mars 1908 (6) et 28 mai 1914 (7), sur l'exercice de la profession d'avocat près les tribunaux français de Tunisie; — Décrète :

ART. 1er. Pendant la durée des hostilités, et jusqu'à une date qui sera ultérieurement fixée par décret, il sera sursis aux élections des conseils de discipline des avocats près les tribunaux de Tunisie pour l'année judiciaire 1915-1916, dans le cas où il n'y aurait pas été procédé au jour de la publication du présent décret.

Il en sera de même en ce qui concerne l'élection des bâtonniers.

2. Lorsqu'il aura été sursis aux élections susvisées, les conseils de discipline et les bâtonniers en exercice conserveront leurs fonctions jusqu'à une date qui sera fixée par le décret prévu à l'art. 1er.

3. Le garde des sceaux, ministre de la justice, et le ministre des affaires étrangères sont chargés, etc.

DOUANES, GUERRE FRANCO-ALLEMANDE, INTERDICTION DE SORTIE, AMIANTE.

DÉCRET *portant interdiction de l'exportation de l'amiante.*

(5 août 1915). — (Bull. au *J. off.* du 7 août).

LE PRÉSIDENT DE LA RÉPUBLIQUE FRANÇAISE; — Sur le rapport du ministre de la marine, du ministre du commerce, de l'industrie, des postes et des télégraphes et du ministre des finances; — Vu l'art. 34 de la loi du 17 déc. 1814 (8); — Vu l'ordonnance du 18 janv. 1817 (9); — Décrète :

ART. 1er. Sont prohibées la sortie, ainsi que la réexportation en suite d'entrepôt, de dépôt, de transit, de transbordement et d'admission temporaire, de l'amiante brut ou travaillé.

Toutefois, des exceptions à cette disposition pourront être autorisées, sous les conditions qui seront déterminées par le ministre des finances.

2. Les ministres de la marine, du commerce, de l'industrie, des postes et des télégraphes, et des finances, sont chargés, etc.

DOUANES, GUERRE FRANCO-ALLEMANDE, INTERDICTION DE SORTIE, DÉROGATION, GRAPHITE.

ARRÊTÉ *abrogeant les dispositions de l'arrêté du 12 févr. 1915, en ce qui concerne le graphite.*

(6 août 1915). — (Publ. au *J. off.* du 7 août).

LE MINISTRE DES FINANCES; — Sur le rapport de la commission interministérielle des dérogations aux prohibitions de sortie; — Vu le décret du

---

(1) *J. off.*, 23 juill. 1910, p. 6407.

(2) *Supra*, p. 34.

(3) S. *Lois annotées* de 1883, p. 454. — P. *Lois, décr.*, etc. de 1883, p. 746.

(4) S. et P. *Lois annotées* de 1902, p. 384; *Pand. pér.*, 1901.3.125.

(5) S. et P. *Lois annotées* de 1907, p. 592; *Pand. pér.*, 1906.3.280.

(6) S. et P. *Lois annotées* de 1908, p. 637; *Pand. pér.*, *Lois annotées* de 1908, p. 637.

(7) S. et P. *Lois annotées* de 1914, p. 664; *Pand. pér.*, *Lois annotées* de 1914, p. 664.

(8) S. 1er vol. des *Lois annotées*, p. 914.

(9) S. 1er vol. des *Lois annotées*, p. 971.

4 févr. 1915 (1); — Vu l'arrêté ministériel du 12 févr. 1915 (2); — Arrête :

Art. 1er. Sont abrogées les dispositions de l'arrêté du 12 févr. 1915, susvisé, en ce qui concerne le graphite.

2. Le conseiller d'Etat directeur général des douanes est chargé, etc.

Paris (ville de), Guerre franco-allemande, Bons municipaux, Emission, Augmentation.

Décret *élevant le chiffre de l'émission des bons municipaux de la ville de Paris.*

(6 août 1915). — (Publ. au *J. off.* du 7 août).

Le Président de la République française; — Sur le rapport du ministre de l'intérieur et du ministre des finances; — Vu le décret du 21 sept. 1914 (3), relatif à l'émission de bons départementaux ou municipaux; ensemble la loi du 17 mars 1915 (4); — Vu le décret du 18 juill. 1915 (5), qui a autorisé l'émission de bons municipaux de la ville de Paris, à concurrence d'une somme maximum de 120 millions de francs; — Vu la délibération du 5 juill. 1915, par laquelle le conseil municipal de la ville de Paris demande que cette somme maximum soit portée à 160 millions de francs; — Vu la délibération du 30 juill. 1915, par laquelle ce même conseil municipal sollicite l'autorisation de porter le maximum de l'émission à 178 millions de francs; — La section de l'intérieur, de l'instruction publique et des beaux-arts du Conseil d'Etat entendue; — Décrète :

Art. 1er. Est porté de 120 millions à 178 millions la somme maximum de bons municipaux de la ville de Paris, dont l'émission a été autorisée par décret du 18 juill. 1915.

2. La ville de Paris est autorisée à souscrire, jusqu'à concurrence d'un montant nominal de 18 millions de francs, à l'émission de bons que le département de la Seine pourra être autorisé à effectuer par application du décret du 21 sept. 1914.

3. Les ministres de l'intérieur et des finances sont chargés, etc.

Armée, Guerre franco-allemande, Zone de l'intérieur, Permissions militaires.

Circulaire *relative aux permissions à accorder aux militaires de la zone de l'intérieur.*

(7 août 1915). — (Publ. au *J. off.* du 10 août).

Le Ministre de la guerre à MM. le gouverneur de Paris, les généraux commandants de régions de 3 à 18, de 20 à 21, le général commandant les forces de terre et de mer de l'Afrique du Nord, le général commandant les dépôts territoriaux des troupes coloniales.

Par analogie avec la mesure récemment prise par le général commandant en chef en faveur des militaires du front, j'ai décidé que des permissions d'une durée de quatre jours pourraient être accordées, sur leur demande, aux militaires de la zone de l'intérieur, qui, mobilisés depuis six mois au moins, n'auraient bénéficié d'aucune permission d'une durée supérieure à vingt-quatre heures.

Ces permissions seront accordées dans les conditions suivantes :

1° Le nombre des hommes absents simultanément à ce titre ne pourra dépasser 10 p. 100 de l'effectif des présents dans le corps, service ou unité;

2° Ces permissions seront accordées en commençant par les hommes qui n'ont pas revu leur famille depuis le temps le plus long, et, à temps égal, par les pères de familles les plus nombreuses;

3° Elles pourront toujours être refusées, si les nécessités du service l'exigent, ou encore, en cas de punition grave ou de mauvaise conduite;

4° La durée du trajet, aller et retour, ne sera pas comprise dans les quatre jours de permission;

5° Ces permissions ne pourront être prolongées ou renouvelées; toutefois, dans des cas absolument exceptionnels (événements graves de famille, par exemple), une prolongation pourra être accordée par les généraux commandants de subdivisions aux militaires qui en feraient la demande, à la condition qu'une enquête préalable en ait prouvé la nécessité absolue;

6° La gratuité du voyage en chemin de fer pourra être accordée aux militaires nécessiteux qui en feraient la demande, en justifiant de l'impossibilité pour eux de payer leur voyage;

7° Les dispositions du télégramme 10,370 K, du 28 juill. 1915, relatif à la zone accessible aux permissionnaires, seront applicables en l'espèce.

Je vous prie de porter d'urgence les dispositions de la présente circulaire à la connaissance des autorités militaires sous vos ordres et de veiller à leur stricte application.

Budget, Budget de 1915, Contributions directes, Taxes assimilées, Autorisation de percevoir, Evaluation, Impôt personnel-mobilier, Impôt des portes

---

(1-2) *Supra*, p. 16 et 23.

(3) 1er vol., p. 118.

(4-5) *Supra*, p. 62 et 230.

ET FENÊTRES, CONTINGENT DÉPARTEMENTAL, CENTIMES ADDITIONNELS COMMUNAUX ET DÉPARTEMENTAUX, RÔLES, MISE A EXÉCUTION, PRESTATIONS, MINES, REDEVANCE COMMUNALE, OUVRIERS ET EMPLOYÉS, RELEVÉS NOMINATIFS.

LOI *relative aux contributions directes et aux taxes y assimilées de l'exercice* 1916.

(7 août 1915). — (Publ. au *J. off.* du 8 août).

ART. **1er**. Les contributions directes applicables aux dépenses générales de l'Etat seront établies, pour 1916, en principal et centimes additionnels, conformément à l'état A annexé à la présente loi, aux dispositions des lois existantes, et par dérogation à l'art. 1er de la loi du 18 juill. 1892 (1), ainsi qu'à l'art. 3 de la loi du 30 juill. 1913 (2).

Ces contributions sont évaluées à la somme de quatre cent quatre-vingt-douze millions quinze mille huit cent trente-neuf francs (492.015.839 fr.), déduction faite des dégrèvements accordés aux propriétaires exploitants sur la contribution foncière des propriétés non bâties, en vertu de l'art. 30 de la loi du 29 mars 1914 (3).

2. Le contingent de chaque département, pour les contributions personnelle-mobilière et des portes et fenêtres, est fixé en principal, pour 1916, aux sommes portées dans l'état B annexé à la présente loi.

3. Les diverses taxes assimilées aux contributions directes applicables aux dépenses générales de l'Etat seront établies, pour 1916, conformément à l'état C annexé à la présente loi et aux dispositions des lois existantes. Ces taxes sont évaluées à la somme de quarante-huit millions sept cent trois mille quatre cent deux francs (48.703.402 fr.).

4. Les droits, produits et revenus énoncés à l'état D annexé à la présente loi seront établis, pour 1916, conformément aux lois existantes, au profit de l'Etat, des départements, des communes, des établissements publics et des communautés d'habitants dûment autorisées.

5. Le maximum des centimes ordinaires sans affectation spéciale que les conseils généraux peuvent voter, en vertu des art. 40 et 58 de la loi du 10 août 1871 (4), modifiés par la loi du 30 juin 1907 (5), est fixé, pour l'année 1916 : 1° à vingt-cinq centimes (0 fr. 25) sur les contributions foncière (propriétés bâties et propriétés non bâties) et personnelle-mobilière ; 2° à huit centimes (0 fr. 08) sur les quatre contributions directes.

6. Le maximum des centimes ordinaires spéciaux que les conseils généraux sont autorisés à voter, pour l'année 1916, pour concourir par des subventions aux dépenses des chemins vicinaux, est fixé à dix centimes (0 fr. 10) additionnels aux quatre contributions directes.

7. En cas d'insuffisance des recettes ordinaires des départements pour faire face à leurs dépenses annuelles et permanentes, les conseils généraux sont autorisés à voter, pour l'année 1916, vingt centimes ordinaires (0 fr. 20) additionnels aux quatre contributions directes.

8. Le maximum des centimes extraordinaires que les conseils généraux peuvent voter pour des dépenses accidentelles ou temporaires, en vertu des art. 40 et 59 de la loi du 10 août 1871, modifiés par la loi du 30 juin 1907, est fixé, pour l'année 1916, à douze centimes (0 fr. 12) additionnels aux quatre contributions directes.

9. Le maximum de l'imposition spéciale à établir sur les quatre contributions directes, en cas d'omission ou de refus d'inscription dans le budget départemental d'un crédit suffisant pour le paiement des dépenses obligatoires ordinaires ou extraordinaires, ou pour l'acquittement des dettes exigibles, est fixé, pour l'année 1916, à deux centimes (0 fr. 02).

10. Les conseils généraux ne pourront recourir aux centimes de toute nature portant sur les quatre contributions directes qu'autant qu'ils auront fait emploi des vingt-cinq centimes portant sur les contributions foncière (propriétés bâties et propriétés non bâties) et personnelle-mobilière.

11. Ils n'auront de même la faculté de voter les impositions autorisées par des lois ou des décrets spéciaux, pour des dépenses annuelles et permanentes, qu'autant qu'ils auront fait emploi des centimes ordinaires mis à leur disposition par la présente loi.

12. Les conseils généraux ne pourront voter les impositions extraordinaires autorisées par des lois ou des décrets spéciaux, en vue de dépenses accidentelles ou temporaires, qu'autant qu'ils auront fait emploi des centimes extraordinaires mis à leur disposition par la présente loi.

13. Le maximum des centimes que les conseils municipaux peuvent voter, en vertu de l'art. 133 de la loi du 5 avril 1884 (6), est fixé, pour l'année 1916, à cinq centimes (0 fr. 05) sur les contributions foncière (propriétés bâties et propriétés non bâties) et personnelle-mobilière.

14. Le maximum des centimes extraordinaires et des centimes pour insuffisance de revenus que les conseils municipaux sont autorisés à voter, et qui doit être arrêté annuellement par les conseils généraux, en vertu de l'art. 42 de la loi du 10 août

(1) S. et P. *Lois annotées* de 1893, p. 606.

(2) S. et P. *Lois annotées* de 1914, p. 687 ; *Pand. pér., Lois annotées* de 1914, p. 687.

(3) S. et P. *Lois annotées* de 1915, p. 867 ; *Pand. pér., Lois annotées* de 1915, p. 867

(4) S. *Lois annotées* de 1871, p. 63. — P. *Lois, décr.*, etc. de 1871, p. 107.

(5) S. et P. *Lois annotées* de 1908, p. 602 ; *Pand. pér., Lois annotées* de 1908, p. 602.

(6) S. *Lois annotées* de 1884, p. 553. — P. *Lois, décr.*, etc. de 1884, p. 894.

1871 et de la loi du 7 avril 1902 (1), ne pourra dépasser, en 1916, trente centimes (0 fr. 30).

15. Lorsque, en exécution du § 5 de l'art. 149 de la loi du 5 avril 1884, il y aura lieu, par le gouvernement, d'imposer d'office, sur les communes, des centimes additionnels pour le paiement des dépenses obligatoires, le nombre de ces centimes ne pourra excéder le maximum de dix centimes (0 fr. 10), à moins qu'il ne s'agisse de l'acquit de dettes résultant de condamnations judiciaires, auquel cas il pourra être élevé jusqu'à vingt centimes (0 fr. 20).

16. Les rôles confectionnés en exécution de la présente loi ne seront rendus exécutoires par les préfets et ne pourront être mis en recouvrement qu'après que la loi portant fixation du budget général de l'exercice 1916 en aura autorisé la perception.

Toutefois, cette disposition n'est pas applicable aux rôles de prestation pour les chemins vicinaux et ruraux, ni aux rôles spéciaux qui pourraient être établis pour la taxe vicinale.

17. Par dérogation aux dispositions de l'art. 4, titre 3, de la loi de finances du 8 avril 1910 (2), les relevés nominatifs des ouvriers ou employés occupés à l'exploitation des mines ou aux industries annexes, à la date du 1er janv. 1914, qui ont été établis pour servir à la répartition du fonds commun de la redevance communale des mines de l'exercice 1915, serviront également à la répartition du fonds commun de l'exercice 1916.

(*Suivent au* J. off. *les états annexés*).

BUDGET, GUERRE FRANCO-ALLEMANDE, CRÉDITS SUPPLÉMENTAIRES, DÉPENSES DES TERRITOIRES OCCUPÉS.

LOI *portant ouverture au ministère de la guerre, sur l'exercice 1915, de crédits additionnels aux crédits provisoires pour subvenir aux dépenses d'administration des territoires occupés.*

(7 août 1915). — (Publ. au *J. off.* du 8 août).

ARTICLE UNIQUE. Il est ouvert au ministre de la guerre, sur l'exercice 1915, en addition aux crédits provisoires alloués par les lois des 26 déc. 1914 (3) et 29 juin 1915 (4), et par des lois spéciales, un crédit de 4.500.000 fr., applicable à un chapitre 39 *bis* nouveau, ainsi libellé : « Subvention pour l'administration des territoires occupés ».

BUDGET, GUERRE FRANCO-ALLEMANDE, MINISTÈRE DE LA GUERRE, ANNULATION DE CRÉDITS.

LOI *portant annulation de crédits sur le budget général de l'exercice 1914, en ce qui concerne le département de la guerre.*

(7 août 1915). — (Publ. au *J. off.* du 11 août).

ARTICLE UNIQUE. Sur les crédits ouverts au ministre de la guerre, au titre de l'exercice 1914, par la loi du 15 juill. 1914 (5), portant fixation des recettes et des dépenses du budget général de cet exercice, et par le décret du 2 août 1914 (6), rendu en exécution de la loi du 15 juill. 1914, autorisant le ministre de la guerre à engager des dépenses non renouvelables en vue de pourvoir aux besoins de la défense nationale, une somme totale de quatre cent quatre-vingt-dix-sept millions cinq cent mille francs (497.500.000 francs) est et demeure définitivement annulée, conformément à l'état annexé à la présente loi.

(*Suit au* J. off. *l'état annexé*).

COLONIES, PROTECTORAT (PAYS DE), DOUANES, GUERRE FRANCO-ALLEMANDE, INTERDICTION DE SORTIE, DÉCRET DU 22 JUILL. 1915, APPLICATION.

DÉCRET *portant application aux colonies et pays de protectorat, autres que la Tunisie et le Maroc, des dispositions du décret du 22 juill. 1915, prohibant divers produits à la sortie.*

(7 août 1915). — (Publ. au *J. off.* du 11 août).

LE PRÉSIDENT DE LA RÉPUBLIQUE FRANÇAISE ; — Sur le rapport des ministres des colonies, du commerce, de l'industrie, des postes et des télégraphes, de la guerre et des finances ; — Vu l'art. 34 de la loi du 17 déc. 1814 (7) ; — Vu le sénatus-consulte du 3 mai 1854 (8) ; — Décrète :

ART. **1er**. Sont rendues applicables aux colonies et pays de protectorat autres que la Tunisie et le Maroc les dispositions du décret du 22 juill. 1915 (9), prohibant divers produits à la sortie de la métropole.

Toutefois, des exceptions à ces dispositions pourront être accordées, sous les conditions qui seront déterminées par le ministre des colonies.

2. Les ministres des colonies, du commerce, de l'industrie, des postes et des télégraphes, de la guerre et des finances sont chargés, etc.

---

(1) S. et P. *Lois annotées* de 1902, p. 332 ; *Pand. pér.*, 1902.3.72.

(2) S. et P. *Lois annotées* de 1910, p. 1140 ; *Pand. pér.*, *Lois annotées* de 1910, p. 1140.

(3) 1er vol., p. 275.

(4) *Supra*, p. 212.

(5) *J. off.*, 18 juill. 1914, p. 6448.

(6) *J. off.*, 3 août 1914, p. 7087.

(7) S. 1er vol. des *Lois annotées*, p. 914.

(8) S. *Lois annotées* de 1854, p. 78. — P. *Lois, décr.*, etc. de 1854, p. 137.

(9) *Supra*, p. 249.

DETTE PUBLIQUE, GUERRE FRANCO-ALLEMANDE, BONS DU TRÉSOR, BONS DE LA DÉFENSE NATIONALE, LIMITE D'ÉMISSION, AUGMENTATION.

LOI *augmentant la limite d'émission des bons ordinaires du Trésor et des bons de la défense nationale.*

(7 août 1915). — (Publ. au *J. off.* du 8 août).

ARTICLE UNIQUE. La limite d'émission des bons ordinaires du Trésor et des bons de la défense nationale, fixée à six milliards de francs par l'art. 1er, § 1er, de la loi du 18 mai 1915 (1), est élevée à sept milliards de francs (7.000.000.000 fr.).

DETTE PUBLIQUE, GUERRE FRANCO-ALLEMANDE, BONS DE LA DÉFENSE NATIONALE, BONS DE 5 ET DE 20 FRANCS, ALGÉRIE.

DÉCRET *relatif à la création, en France et en Algérie, de bons de la défense nationale de 5 et de 20 fr.* (2).

(10 août 1915). — (Publ. au *J. off.* du 20 août).

LE PRÉSIDENT DE LA RÉPUBLIQUE FRANÇAISE; — Sur le rapport du ministre des finances et du ministre du commerce, de l'industrie, des postes et des télégraphes; — Vu le décret du 13 sept. 1914 (3); — Décrète :

ART. 1er. Il sera créé, en France et en Algérie, des bons de la défense nationale de cinq francs et de vingt francs. Ces bons, qui seront au porteur et à échéance d'un an, produiront un intérêt de 5 p. 100 l'an payable à terme échu.

Ces bons seront revêtus d'un timbre spécial du contrôle.

2. Lesdits bons seront admis, dans des conditions à fixer par le ministre des finances, pour la libération des souscriptions aux obligations de la défense nationale et aux emprunts futurs de l'Etat.

3. L'agent comptable de la fabrication des timbres-poste est chargé de recevoir les bons de la caisse centrale du Trésor et de les transmettre aux receveurs principaux des postes. A la clôture de l'émission, il renverra à la caisse centrale les bons non placés.

Il rendra pour ces opérations un compte en deniers à la Cour des comptes; le cautionnement fourni par lui en sa qualité actuelle est affecté à la garantie des nouvelles opérations qui lui sont confiées par le présent décret.

4. Le ministre des finances et le ministre du commerce, de l'industrie, des postes et des télégraphes sont chargés, etc.

CHEMINS DE FER, GUERRE FRANCO-ALLEMANDE, COLIS POSTAUX, DÉLAI, RESPONSABILITÉ, CHEMINS DE FER DU NORD ET DE L'EST.

ARRÊTÉ *fixant les conditions de délai et de responsabilité des administrations des chemins de fer du Nord et de l'Est, en matière de transport de colis postaux.*

(11 août 1915). — (Publ. au *J. off.* du 13 août).

LE MINISTRE DE LA GUERRE ET LE MINISTRE DU COMMERCE, DE L'INDUSTRIE, DES POSTES ET DES TÉLÉGRAPHES; — Vu la loi du 13 mars 1875 (4), modifiée par la loi du 28 déc. 1888 (5), et notamment l'art. 22 et l'art. 23, §§ 1 et 2; — Vu le règlement sur les transports stratégiques, approuvé par décret du 8 déc. 1913; — Vu le

---

(1) *Supra*, p. 160.

(2) Ce décret est précédé au *J. off.* d'un rapport ainsi conçu :

« Lorsque le décret du 13 févr. 1915, qui créa les obligations de la défense nationale, vint permettre à la clientèle élargie du Trésor d'effectuer aux caisses publiques le placement de ses disponibilités en quête d'un emploi durable, nous primes soin de faciliter l'accès de tous à l'émission nouvelle, en abaissant considérablement la limite ordinaire des coupures : et il y eut des obligations de 100 fr. à côté d'obligations d'un chiffre plus élevé.

« Nous avons été saisis cependant à maintes reprises du désir de petits épargnants, qui, dans l'impossibilité où ils se trouvaient de verser en une seule fois cette somme de 100 francs, exprimaient leurs regrets de ne pouvoir se procurer des titres du Trésor de moindre valeur, lesquels formeraient à-compte sur l'obligation désirée, et dont l'acquisition témoignerait de leur participation à l'œuvre de la défense nationale.

« Pour donner satisfaction à ce désir, en même temps qu'à une proposition de loi dont la Chambre est actuellement saisie, et qui tend à la création de bons et d'obligations de la défense nationale d'une valeur de 25 fr., nous vous proposons d'autoriser l'émission de bons de 5 fr. et de 20 fr. Ces bons pourront toujours être transformés en obligations; au moment de l'échange, il sera tenu compte au porteur des intérêts, calculés à raison de 2 centimes ou de 8 centimes par mois. Si, après une année, les bons n'ont pas été échangés, ils seront remboursés avec un intérêt de 5 p. 100.

« L'émission de ces bons de 5 ou 20 fr. ne procurera sans doute au Trésor que des ressources de faible importance, surtout si on en compare le montant aux milliards déjà versés par le patriotisme de tous; il ne sera pas dit du moins que le plus modeste de nos épargnants n'aura pu s'associer à l'effort financier de la France : le bon et ensuite l'obligation de la défense nationale doivent être à la portée de tous.

« Pour mieux atteindre ce but, nous désirons confier à l'Administration des postes, qui donne toujours au Trésor public une aide si précieuse, le placement des nouveaux bons; dans quelques jours, ceux-ci seront à la disposition du public, non seulement dans les grands bureaux, mais dans les plus petites recettes et dans les établissements de facteur-receveur ».

(3) 1er vol., p. 112.

(4) S. *Lois annotées* de 1875, p. 693. — P. *Lois, décr.*, etc. de 1875, p. 1192.

(5) S. *Lois annotées* de 1889, p. 481. — P. *Lois, décr.* etc. de 1889, p. 827.

décret du 29 oct. 1914 (1), sur la responsabilité des administrations de chemins de fer en matière de transports commerciaux ; — Vu les arrêtés interministériels, en date du 31 mars (2) et du 7 juin 1915 (3), rendus en exécution du décret précité du 29 oct. 1914 ; — Vu l'arrêté interministériel du 20 juill. 1915 (4), fixant, pour les réseaux de l'Etat, de l'Orléans, du Paris-Lyon-Méditerranée, du Midi et des Ceintures de Paris, les conditions de délai et de responsabilité des administrations de chemins de fer, en matière de transport des colis postaux ; — Vu la dépêche du général en chef, en date du 27 juill. 1915, faisant connaître les lignes, énumérées à l'art. 1er ci-dessous, des réseaux du Nord et de l'Est, qui font partie du réseau des armées, auxquelles le présent arrêté peut être appliqué ; — Vu les propositions des commissions de réseau de l'Est et du Nord ; — Arrêtent :

ART. **1er**. Les dispositions de l'arrêté susvisé du 20 juill. 1915 sont applicables :

a) Aux lignes du réseau de l'Est ouvertes au service commercial, conformément à l'art. 30 du règlement sur les transports stratégiques, telles qu'elles sont énumérées par les affiches apposées dans les gares et par l'insertion au *Journal officiel*.

b) Aux lignes du réseau du Nord comprises dans la zone limitée par la ligne d'Amiens à Rouen, au Nord, par la ligne d'Amiens à Pierrefitte et le chemin de fer de Grande Ceinture, à l'Est, non compris les gares des lignes d'Amiens à Rouen et à Pierrefitte, et y compris les gares de jonction avec la Grande Ceinture.

2. Les expéditions, empruntant les lignes des réseaux du Nord et de l'Est autres que celles qui sont énumérées à l'art. 1er ci-dessus continuent à être transportées sans conditions de délai et sans responsabilité d'aucune sorte pour les réseaux du Nord et de l'Est.

3. Le présent arrêté entrera en vigueur le 16 août 1915.

COLONIES, GUERRE FRANCO-ALLEMANDE, FONCTIONNAIRES, EMPLOYÉS, AGENTS, SOUS-AGENTS ET OUVRIERS, DÉCÈS SOUS LES DRAPEAUX, VEUVES ET ORPHELINS, TRAITEMENTS ET SALAIRES, ALLOCATION DE MOITIÉ, EFFET RÉTROACTIF.

LOI *accordant aux veuves, et, à défaut, aux orphelins des fonctionnaires rétribués sur les budgets généraux, locaux ou spéciaux des colonies, qui sont décédés sous les drapeaux, la moitié du traitement pendant la durée de la guerre.*

(**11 août 1915**). — (Publ. au *J. off.* du 18 août).

ART. **1er**. Les femmes, et, à défaut, les orphelins des fonctionnaires, employés, agents, sous-agents et ouvriers rétribués sur les budgets généraux, locaux ou spéciaux des colonies et pays de protectorat français relevant du ministère des colonies, qui sont décédés sous les drapeaux pendant la guerre, tant en France qu'aux colonies et dans les pays de protectorat français, recevront, sur les fonds du budget qui supportait le traitement civil ou salaire du défunt, une allocation égale à la moitié de ce traitement civil ou salaire, tels qu'ils sont déterminés par la loi du 5 août 1914 (5) et par les décrets intervenus pour l'exécution de cette loi.

En aucun cas, cette allocation ne pourra se cumuler avec la délégation sur la solde militaire ou l'avance sur pension prévue par les décrets des 9 (6) et 26 oct. 1914 (7), 19 novembre suivant (8) et 29 janv. 1915 (9). Mais les ayants droit pourront opter, soit pour le régime institué par ce décret, soit pour le paiement de l'allocation sur le traitement civil ou sur le salaire accordé en conformité du paragraphe précédent.

2. La présente loi aura ses effets pour compter du jour de l'ouverture des hostilités franco-allemandes.

GUERRE, GUERRE FRANCO-ALLEMANDE, DOMMAGES DE GUERRE, PARIS (VILLE DE), DÉPARTEMENT DE LA SEINE, DÉCRET DU 20 JUILL. 1915, APPLICATION, DÉPÔT DE LA DEMANDE D'INDEMNITÉ, COMMISSIONS D'ÉVALUATION, COMMISSIONS DÉPARTEMENTALES, COMPOSITION.

DÉCRET *réglant les conditions d'application, dans la ville de Paris et le département de la Seine, du décret du 20 juill. 1915, relatif à la constatation et à l'évaluation des dommages résultant des faits de guerre.*

(**12 août 1915**). — (Publ. au *J. off.* du 14 août).

LE PRÉSIDENT DE LA RÉPUBLIQUE FRANÇAISE ; — Sur le rapport du président du conseil des ministres, du ministre de la justice, du ministre de l'intérieur, du ministre des finances et du ministre des travaux publics ; — Vu le décret du 20 juill. 1915 (10) ; — Le Conseil d'Etat entendu ; — Décrète :

ART. **1er**. Le décret du 20 juill. 1915 est applicable à la ville de Paris, sous réserve des modifications suivantes :

Le § 1er de l'art. 3 est modifié ainsi qu'il suit :

---

(1) 1er vol., p. 179.

(2-3-4) *Supra*, p. 93, 183 et 239.

(5-8) 1er vol., p. 32, 147, 172 et 208.

(9) *Supra*, p. 10.

(10) *Supra*, p. 240.

« Des arrêtés préfectoraux, qui seront affichés dans tous les arrondissements intéressés, avec le texte du présent règlement, fixeront, suivant les circonstances, la date à partir de laquelle les demandes pourront être déposées ou adressées par pli recommandé à la préfecture de la Seine. »

2. L'art. 4 du décret susvisé est modifié ainsi qu'il suit :

« A l'expiration du délai d'un mois, le préfet de la Seine transmet lesdites demandes, avec les pièces jointes, au président d'une commission composée de cinq membres, désignés comme il suit :

« 1° Un juge choisi par le premier président de la Cour d'appel parmi les juges du ressort, ou, à défaut, désigné par le ministre de la justice parmi les juges d'un autre ressort, président;

« 2° Un délégué désigné par le ministre de l'intérieur;

« 3° Un délégué désigné par le ministre des finances ;

« 4° Un délégué désigné par le conseil municipal de Paris, pour chacun des arrondissements de la capitale qui ont subi des dommages;

« Ce délégué ne prend part qu'aux délibérations relatives aux demandes faites dans l'arrondissement pour lequel il est désigné;

« 5° Un délégué désigné par le conseil municipal de Paris pour chacun des quartiers de la capitale qui ont subi des dommages.

« Ce délégué ne prend part qu'aux délibérations relatives aux demandes faites dans le quartier pour lequel il est désigné.

« Les délégués du conseil municipal de Paris sont désignés par une délibération de cette assemblée, prise à la date fixée par le préfet de la Seine, et qui est valable, quel que soit le nombre des conseillers présents.

« Ces délégués ne peuvent être choisis que parmi les contribuables inscrits au rôle de l'une des quatre contributions directes de la ville de Paris.

« Ils sont élus au scrutin secret et à la majorité absolue. Si, après deux tours de scrutin, il n'y a pas de majorité absolue, l'élection a lieu, au troisième tour, à la majorité relative. En cas d'égalité du nombre des voix, les plus âgés sont élus.

« Un suppléant de chacun des délégués du conseil municipal de Paris, élu dans les mêmes conditions, est chargé de le remplacer en cas d'absence ».

3. L'art. 5 du décret du 20 juill. 1915 n'est pas applicable à la ville de Paris.

4. Le § 5 de l'art. 6 du décret susvisé n'est pas applicable à la ville de Paris.

5. Le § 2 de l'art. 7 du décret ci-dessus visé est modifié ainsi qu'il suit :

« Le président adresse immédiatement une copie de cet état au préfet de la Seine. Les dossiers seront déposés à la préfecture de la Seine ».

6. L'art. 8 du décret susvisé est modifié ainsi qu'il suit :

« Dès que l'état prévu à l'article précédent lui est parvenu, le préfet de la Seine avise le public, par voie d'affiches et de publications, que : 1° les intéressés peuvent prendre connaissance, à la préfecture de la Seine, de cet état et du dossier les concernant; 2° qu'ils sont admis, le cas échéant, à former, dans un délai de quinzaine à partir de l'avis prévu au paragraphe précédent, toute réclamation contre l'évaluation de la commission instituée par l'art. 2 du présent décret, devant la commission départementale prévue à l'article suivant ».

7. L'art. 9 du décret susvisé est modifié ainsi qu'il suit :

« Dans le département de la Seine, il est constitué à Paris une commission départementale d'évaluation, composée de cinq membres, désignés comme il suit :

« 1° Un conseiller à la Cour d'appel du ressort, désigné par le premier président de la Cour, ou, à défaut, un conseiller d'un autre ressort, désigné par le ministre de la justice, président ;

« 2° Un délégué désigné par le ministre de l'intérieur;

« 3° Un délégué désigné par le ministre des finances;

« 4° et 5° Deux délégués nommés par les délégués des maires des communes du département de la Seine aux commissions cantonales et les délégués à la commission instituée à l'art. 2, désignés par le conseil municipal pour les arrondissements de Paris qui ont subi des dommages. Les délégués désignés pour les quartiers de Paris ne participent pas à cette nomination.

« Les deux délégués prévus au paragraphe précédent seront désignés dans une réunion tenue au chef-lieu du département, sous la présidence du préfet de la Seine ou de son représentant, ou, à défaut, du doyen d'âge assisté des deux plus jeunes délégués présents à l'ouverture de la séance. Cette réunion aura lieu à la date fixée par l'arrêté préfectoral prévu à l'art. 3 du décret du 20 juill. 1915, quel que soit le nombre des délégués présents à la séance.

« Ces délégués seront élus au scrutin secret à la majorité absolue des suffrages exprimés. Si, après deux tours de scrutin, il n'y a pas de majorité absolue, l'élection a lieu, au troisième tour, à la majorité relative.

« En cas d'égalité du nombre de voix, le plus âgé est élu.

« Deux suppléants seront désignés dans les mêmes conditions pour remplacer, en cas d'absence, les délégués titulaires.

« Aucun membre des commissions cantonales d'évaluation, aucun membre de la commission instituée à l'art. 2 du présent décret, ne peut faire partie de la commission départementale d'évaluations. ».

8. Les dispositions non modifiées du décret du

20 juill. 1915, relatives aux commissions cantonales, sont applicables à la commission instituée dans la ville de Paris.

9. Le ministre de l'intérieur, le ministre des finances, le ministre de la justice et le ministre des travaux publics sont chargés, etc.

COLONIES, GUERRE FRANCO-ALLEMANDE, AFRIQUE OCCIDENTALE FRANÇAISE, MINES, PERMIS DE RECHERCHES, PROROGATION.

DÉCRET *prorogeant certains permis de recherches minières en Afrique occidentale française.*

(13 août 1915). — (Publ. au *J. off.* du 20 août).

LE PRÉSIDENT DE LA RÉPUBLIQUE FRANÇAISE; — Vu l'art. 18 du sénatus-consulte du 3 mai 1854 (1); — Vu le décret du 6 juill. 1899 (2), portant réglementation de la recherche et de l'exploitation des mines dans les colonies et pays de protectorat de l'Afrique continentale autres que l'Algérie et la Tunisie; — Vu le décret du 4 août 1901 (3), réglementant la recherche de l'or et des gemmes par dragages dans le lit des fleuves et rivières des colonies; — Vu le décret du 19 mars 1905 (4), portant modifications au décret du 6 juill. précité; — Vu le décret du 22 août 1906 (5), autorisant une dérogation au décret du 6 juill. 1899; — Vu les décrets des 9 juin (6), 28 août 1911 (7), 28 juin (8), 17 déc. 1913 (9) et 4 juin 1914 (10), autorisant des dérogations aux décrets des 6 juill. 1899 et 22 août 1906; — Sur le rapport du ministre des colonies; — Décrète :

ART. **1er**. Les permis de recherche s'appliquant à des périmètres situés dans les colonies et territoires de l'Afrique occidentale française, qui ont bénéficié des dispositions du décret du 4 juin 1914, pourront, sous réserve expresse des droits des tiers, être renouvelés gratuitement, à compter de leur date d'expiration, pour une période qui prendra fin deux mois après la promulgation du nouveau règlement minier en Afrique occidentale française.

2. Le ministre des colonies est chargé, etc.

COLONIES, POSTES, ENVOIS POSTAUX AUX MILITAIRES MOBILISÉS, GRATUITÉ, LOI DU 22 JUIN 1915, DÉCRET DU 25 JUIN 1915, APPLICATION.

DÉCRET *appliquant aux colonies et pays de protectorat, autres que la Tunisie et le Maroc, les dispositions de la loi du 22 juin 1915 et du décret du 25 juin 1915, concernant la gratuité d'envois postaux.*

(13 août 1915). — (Publ. au *J. off.* du 24 août).

LE PRÉSIDENT DE LA RÉPUBLIQUE FRANÇAISE; — Sur le rapport du ministre des colonies, du ministre du commerce, de l'industrie et des postes et des télégraphes, et du ministre de la guerre; — Vu la loi du 5 août 1914 (11), accordant, pendant la durée de la guerre, des allocations aux familles nécessiteuses dont le soutien serait appelé ou rappelé sous les drapeaux; — Vu le décret du 15 sept. 1914 (12), étendant aux colonies françaises le bénéfice des dispositions de la loi du 5 août 1914; — Vu la loi du 2 juin 1915 (13), ratifiant les dispositions du décret susvisé; — Vu la loi du 22 juin 1915 (14), accordant la gratuité d'envois postaux aux bénéficiaires de l'allocation prévue par la loi du 5 août 1914 et aux familles des mobilisés comptant au moins quatre enfants vivants; — Vu le décret du 25 juin 1915 (15), déterminant les conditions d'application de la loi du 22 juin 1915; — Décrète :

ART. **1er**. Les dispositions de la loi du 22 juin 1915 et du décret du 25 juin 1915, susvisés, sont déclarées applicables aux colonies françaises et pays de protectorat autres que la Tunisie et le Maroc.

2. Les ministres des colonies, du commerce, de l'industrie, des postes et des télégraphes, et de la guerre sont chargés, etc.

TÉLÉGRAPHES, GUERRE FRANCO-ALLEMANDE, LIGNES TERRESTRES, CABLES SOUS-MARINS, TAXES TERMINALES ET DE TRANSIT, TÉLÉGRAMMES, MARINS ET MILITAIRES ET LEURS FAMILLES, CORPS EXPÉDITIONNAIRES, TROUPES COLONIALES, MILITAIRES ORIGINAIRES DES COLONIES, RÉDUCTION DE TARIFS.

DÉCRET *portant réduction, pendant la durée des hostilités, des taxes applicables aux télégrammes échangés avec les militaires et marins faisant partie des corps expéditionnaires et les militaires des troupes coloniales, ou recrutés dans une colonie opérant en France.*

(13 août 1915). — (Publ. au *J. off.* du 20 août).

LE PRÉSIDENT DE LA RÉPUBLIQUE FRANÇAISE;

---

(1) S. *Lois annotées* de 1854, p. 78. — P. *Lois, décr.*, etc. de 1854, p. 137.

(2) S. et P. *Lois annotées* de 1901, p. 204; *Pand. pér.*, 1900.3.50.

(3) *J. off.*, 26 août 1901, p. 5538.

(4) *J. off.*, 24 mars 1905, p. 1907.

(5) *J. off.*, 26 août 1906, p. 5947.

(6) *J. off.*, 9 juin 1911, p. 4707.

(7) *J. off.*, 26 août 1911, p. 7075.

(8) *J. off.*, 4 juill. 1913, p. 5763.

(9) *J. off.*, 28 déc. 1913, p. 11162.

(10) *J. off.*, 11 juin 1914, p. 5161.

(11-12) 1er vol., p. 28 et 114.

(13-14-15) *Supra*, p. 175, 204 et 208.

— Vu l'art. 2 de la loi du 21 mars 1878 (1); — Vu la loi du 21 juill. 1909 (2), portant approbation du règlement et des tarifs arrêtés par la conférence télégraphique internationale de Lisbonne, le 11 juin 1908, et des taxes terminales et de transit applicables en France; — Vu la loi du 29 juill. 1913 (3), concernant la fixation de certaines taxes télégraphiques internationales; — Sur le rapport du ministre du commerce, de l'industrie, des postes et des télégraphes, du ministre des affaires étrangères et du ministre des finances; — Décrète :

ART. 1er. Pendant la durée des hostilités, les taxes terminales et de transit des lignes terrestres et sous-marines métropolitaines, applicables aux télégrammes ayant trait à des questions familiales, originaires ou à destination de la France, de l'Algérie, de la Tunisie, du Maroc ou des colonies et échangés :

1° Avec les militaires ou marins faisant partie des corps expéditionnaires;

2° Avec les militaires opérant en France et appartenant aux troupes coloniales ou recrutés dans une colonie, sont réduites de 75 p. 100 dans les relations du régime extra-européen (y compris le Sénégal).

Dans les relations avec les pays du régime européen, la réduction dont pourront bénéficier les télégrammes de l'espèce sera de 50 p. 100 au maximum.

Les réductions visées aux deux alinéas ci-dessus ne pourront être accordées que dans les relations pour lesquelles les administrations ou compagnies intéressées auront consenti des réductions équivalentes.

2. Les dates auxquelles les dispositions prévues à l'art. 1er ci-dessus entreront en application dans les diverses relations envisagées seront fixées par le ministre du commerce, de l'industrie, des postes et des télégraphes.

3. Les ministres du commerce, de l'industrie, des postes et des télégraphes, des affaires étrangères et des finances sont chargés, etc.

ARMÉE, GUERRE FRANCO-ALLEMANDE, SERVICE DE SANTÉ MILITAIRE, ADJUDANTS ET ADJUDANTS-CHEFS, OFFICIERS D'ADMINISTRATION DE 3e CLASSE, NOMINATION.

DÉCRET *réglant, en temps de guerre, le recrutement des officiers d'administration de 3e classe du service de santé du cadre actif.*

(14 août 1915). — (Publ. au *J. off.* du 30 août).

LE PRÉSIDENT DE LA RÉPUBLIQUE FRANÇAISE; — Sur le rapport du ministre de la guerre; — Vu la loi du 28 avril 1900 (4), modifiant, en ce qui touche les officiers d'administration des services de l'intendance et de santé, les lois des 16 mars 1882 (5) et 1er juill. 1889 (6), sur l'administration de l'armée; — Vu la loi du 17 déc. 1913 (7), relative à la proportion des adjudants d'administration à nommer officiers d'administration de 3e classe; — Vu la loi du 1er août 1913 (8), modifiant la loi du 14 avril 1832 (9), sur l'avancement dans l'armée, en ce qui concerne la nomination au grade de sous-lieutenant et de lieutenant; — Vu le décret du 21 févr. 1914 (10), fixant au cinquième des promotions annuelles la proportion des adjudants-chefs et adjudants du service de santé à nommer officiers d'administration de 3e classe; — Décrète :

ART. 1er. En temps de guerre, et pendant un délai d'un an à compter de la cessation des hostilités, le nombre des adjudants-chefs et adjudants d'administration du service de santé, comptant au moins dix ans de service effectif, qui pourront être nommés officiers d'administration de 3e classe de ce service, est fixé aux deux tiers des promotions annuelles à ce grade.

2. Le tiers restant sera attribué aux aspirants des sections d'infirmiers militaires reconnus admissibles à l'Ecole d'administration militaire de Vincennes en 1914, et régulièrement proposés par leurs chefs, et aux officiers d'administration de 3e classe de réserve du cadre auxiliaire du service de santé, titularisés en vertu de l'art. 3 de la loi du 1er août 1913. A défaut de candidats de cette dernière catégorie, les vacances seront attribuées aux candidats visés à l'art. 1er.

3. Le ministre de la guerre est chargé, etc.

BUDGET, BUDGET DE 1915, GUERRE FRANCO-ALLEMANDE, CRÉDITS SUPPLÉMENTAIRES, BUDGET GÉNÉRAL, BUDGETS ANNEXES, POUDRES ET SALPÊTRES, COMPTE SPÉCIAL DE LA LOI DU 17 FÉVR. 1898, ENREGISTREMENT, CRÉATION D'EMPLOIS, DÉLAI, SUSPENSION,

---

(1) S. *Lois annotées* de 1878, p. 330. — P. *Lois, décr.*, etc. de 1878, p. 569.

(2) *J. off.*, 31 juill. 1909, p. 8261.

(3) S. et P. *Lois annotées* de 1914, p. 584; *Pand. pér.*, *Lois annotées* de 1914, p. 584.

(4) S. et P. *Lois annotées* de 1901, p. 49.

(5) S. *Lois annotées* de 1882, p. 348. — P. *Lois, décr.*, etc. de 1882, p. 566.

(6) S. *Lois annotées* de 1890, p. 640. — P. *Lois, décr.*, etc. de 1890, p. 1102; *Pand. pér.*, 1890.3.50.

(7) S. et P. *Lois annotées* de 1915, p. 811; *Pand. pér.*, *Lois annotées* de 1915, p. 811.

(8) S. et P. *Lois annotées* de 1914, p. 577; *Pand. pér.*, *Lois annotées* de 1914, p. 577.

(9) S. 2e vol. des *Lois annotées*, p. 103.

(10) *J. off.*, 12 mars 1914, p. 2210.

MATÉRIEL DES SERVICES D'EXÉCUTION DE LA MARINE.

LOI *concernant : 1° l'ouverture sur l'exercice 1915, au titre du budget général, de crédits additionnels aux crédits provisoires; 2° l'ouverture, sur l'exercice 1915, au titre des budgets annexes, de crédits additionnels aux crédits provisoires; 3° l'ouverture de crédits au titre du compte spécial créé par la loi du 17 févr.* 1898.

(14 août 1915). — (Publ. au *J. off.* du 15 août).

TITRE 1er

BUDGET GÉNÉRAL

ART. **1er**. Il est ouvert aux ministres, sur l'exercice 1915, en addition aux crédits provisoires alloués par les lois des 26 déc. 1914 (1) et 29 juin 1915 (2), et par des lois spéciales, pour les dépenses du budget général, des crédits s'élevant à la somme totale de un milliard seize millions trente-sept mille neuf cent treize francs (1 milliard 16.037.913 fr.).

Ces crédits demeurent répartis, par ministère et par chapitre, conformément à l'état annexé à la présente loi.

2. Il est ouvert au ministre de la guerre, sur l'exercice 1915, au titre du budget général, un crédit extraordinaire de soixante-sept mille neuf cent quatre-vingt-neuf francs quinze centimes (67.989 fr. 15), qui sera inscrit à un chapitre spécial n° 41 *bis* : « Dérasement partiel des fortifications de Bayonne ».

Une somme égale de soixante-sept mille neuf cent quatre-vingt-neuf francs quinze centimes (67.989 fr. 15), à prélever sur les versements effectués par la ville de Bayonne, sera portée en recette aux produits domaniaux de l'exercice 1915, sous le titre : « Versements effectués par la ville de Bayonne pour le dérasement partiel des fortifications de la place » (Loi du 17 févr. 1900) (3).

3. Il est ouvert au ministre de la guerre, sur l'exercice 1915, au titre du budget général, un crédit extraordinaire de trois cent quatre-vingt-deux mille quatre cent soixante-six francs soixante-dix-sept centimes (382.466 fr. 77), qui sera inscrit à un chapitre spécial n° 81 *bis* : « Réorganisation des établissements militaires en Algérie ».

Une somme égale de trois cent quatre-vingt-deux mille quatre cent soixante-dix francs soixante-dix-sept centimes (382.466 francs 77), à prélever sur les ressources créées par la loi du 14 janv. 1890 (4), sela portée en recette aux produits domaniaux de l'exercice 1915, sous le titre : « Produits de la vente d'immeubles affectés à la réorganisation de l'installation des services militaires en Algérie ».

4. Il est ouvert au ministre de la guerre, sur l'exercice 1915, au titre du budget général, un crédit extraordinaire de quarante mille cinq cent dix-huit francs cinquante-huit centimes (40.518 fr. 58), qui sera inscrit à un chapitre spécial n° 81 *ter* : Dérasement partiel des fortifications d'Alger.

Une somme égale de quarante mille cinq cent dix-huit francs cinquante-huit centimes (40.518 fr. 58), à prélever sur les versements effectués par la ville d'Alger, sera portée en recette aux produits domaniaux de l'exercice 1915 sous le titre : « Versements effectués par la ville d'Alger, en exécution de la convention du 27 nov. 1891, approuvée par la loi du 29 mars 1893 » (5).

TITRE II

BUDGETS ANNEXES RATTACHÉS POUR ORDRE AU BUDGET GÉNÉRAL

Service des poudres et salpêtres.

5. Il est ouvert au ministre de la guerre, sur l'exercice 1915, au titre du budget annexe du service des poudres et salpêtres, en addition aux crédits provisoires alloués par les lois des 26 déc. 1914 et 29 juin 1915, des crédits s'élevant à la somme de vingt-sept millions deux cent vingt mille neuf cent soixante francs (27.220.960 fr.), et applicables aux chapitres ci-après :

Chap. 1er. — Personnel du cadre attaché à la direction des poudres et salpêtres de l'administration centrale	8.960
Chap. 4. — Frais généraux du service	12.000
Chap. 5. — Frais d'exploitation des établissements producteurs. — Personnel	5.000.000
Chap. 6. — Frais d'exploitation des établissements producteurs. — Matériel	17.000.000
Chap. 7. — Entretien des bâtiments d'exploitation, de l'outillage et des machines diverses	1.200.000
Chap. 11. — Achat de terrains. — Bâtiments. — Outillage et machines. — Dépenses accidentelles	4.000.000
Total égal	27.220.960

Caisse des invalides de la marine.

6. Il est ouvert au ministre de la marine, sur l'exercice 1915, au titre du budget annexe de la

(1) 1er vol., p. 275.

(2) *Supra*, p. 212.

(3) *J. off.*, 23 févr. 1900, p. 1173.

(4) S. *Lois annotées* de 1890, p. 736. — P. *Lois, décr.*, etc de 1890, p. 1265 ; *Pand. pér.*, 94.3.48.

(5) *Bull. off.*, 12e série, 1553, n. 26498.

Caisse des invalides de la marine, en addition aux crédits provisoires alloués par les lois des 26 déc. 1914 et 29 juin 1915, un crédit de cent soixante mille francs (160.000 fr.) applicable au chapitre 8 : « Fonds annuels de secours ».

TITRE III

COMPTE SPÉCIAL CRÉÉ PAR LA LOI DU 17 FÉVR. 1898

7. Il est ouvert au ministre de la guerre, pour l'année 1915, un crédit de trente-six mille sept cent cinquante francs (36.750 fr.), applicable à la 2ᵉ section : « Réinstallation de services militaires du compte spécial : Perfectionnement du matériel d'armement et réinstallation de services militaires », créé par la loi du 17 févr. 1899 (1).

Il sera pourvu à ce crédit au moyen des ressources propres audit compte spécial.

TITRE IV

DISPOSITIONS SPÉCIALES

8. Est suspendu, à partir du 1ᵉʳ août 1914 et jusqu'à la cessation des hostilités, le délai de cinq ans, prévu à l'art. 1ᵉʳ de la loi du 30 mars 1910 (2), relative à la création d'emplois dans l'Administration de l'enregistrement, des domaines et du timbre.

9. La valeur du matériel à délivrer aux services d'exécution du département de la marine, pendant le premier semestre de 1915 (crédits-matières), en conformité de la loi du 26 déc. 1914, est augmentée d'une somme totale de douze millions sept cent mille francs (12.700.000 fr.), ainsi répartie :

Chap. I. Service des subsistances. — Matières.	1.000.000
Chap. II. — Service de l'habillement et du casernement. — Matières	1.400.000
Chap. III. — Services des approvisionnements de la flotte. — Matières	6.500.000
Chap. V. — Service de santé. — Matières	1.300.000
Chap. VI. — Constructions navales. — Service général, y compris les dépenses indivises. — Matières.	600.000
Chap. X. — Artillerie navale. — Service général, y compris les dépenses indivises. — Matières	1.200.000
Chap. XIII. — Artillerie navale. — Gros outillage. — Achats et installations nouvelles. — Transformations d'ateliers et de chantiers	700.000
Total égal	12.700.000

(1) *Bull. off.*, 12ᵉ série, 1939, n. 34084.

(2) *Bull. off.*, nouv. série, 30, n. 1396.

COLONIES, GUERRE FRANCO-ALLEMANDE, DOUANES, SUSPENSION DES DROITS, DENRÉES D'ALIMENTATION ET DE PREMIÈRE NÉCESSITÉ, RÉTABLISSEMENT DES DROITS, GOUVERNEURS GÉNÉRAUX ET GOUVERNEURS, DÉCRET DU 22 AOUT 1914, RATIFICATION.

LOI *approuvant le décret du 22 août 1914, qui a autorisé les gouverneurs généraux et gouverneurs des colonies à suspendre les droits applicables aux denrées d'alimentation et de première nécessité, à l'entrée et à la sortie de leurs colonies respectives.*

(14 août 1915). — (Publ. au *J. off.* du 19 août).

ART. **1ᵉʳ**. Est ratifié et converti en loi le décret du 22 août 1914 (3), autorisant les gouverneurs généraux et gouverneurs des colonies à suspendre les droits applicables aux denrées d'alimentation et de première nécessité, à l'entrée et à la sortie de leurs colonies respectives.

Les arrêtés pris en vertu de l'acte visé au paragraphe précédent seront insérés au *Journal officiel*.

Les pouvoirs conférés aux gouverneurs généraux et aux gouverneurs des colonies par le décret du 22 août 1914 prendront fin lors de la signature du traité de paix.

2. Les gouverneurs généraux et les gouverneurs des colonies sont autorisés à rétablir les droits d'entrée et de sortie, dans leurs colonies respectives, dès qu'ils le jugeront opportun.

Ils devront toutefois prononcer ce rétablissement dans les six mois qui suivront la signature du traité de paix.

Passé ce délai, et en l'absence de toute disposition spéciale en ordonnant la perception, les droits d'entrée et de sortie, suspendus en vertu du décret du 22 août 1914, seront rétablis et recouvrés comme ils l'étaient antérieurement.

DOUANES, GUERRE FRANCO-ALLEMANDE, PAPIER A JOURNAUX, PATES DE CELLULOSE, DIMINUTION DE DROITS.

LOI *réduisant les droits d'entrée sur le papier destiné à l'impression des journaux et sur les pâtes de cellulose destinées à la fabrication de ce même papier.*

(14 août 1915). — (Publ. au *J. off.* du 15 août).

ART. **1ᵉʳ**. A partir de la promulgation de la présente loi, et jusqu'à l'expiration du troisième mois qui suivra la cessation des hostilités, la réduction des droits d'entrée, prévue au décret du 16 févr. 1915 (4), est portée de 60 à 95 p. 100 :

(3) 1ᵉʳ vol., p. 71.

(4) *Supra*, p. 31.

1° Sur le papier autre que de fantaisie, à la mécanique, pesant plus de 30 grammes le mètre carré, destiné à l'impression des journaux;

2° Sur les pâtes de cellulose, mécaniques et chimiques, destinées à la fabrication de ce même papier.

2. Toutefois, si le gouvernement le juge à propos, les droits ainsi réduits pourront être rétablis à leur taux normal, avant l'expiration du délai fixé par l'article précédent, par décret rendu en conseil des ministres.

ARMÉE, GUERRE FRANCO-ALLEMANDE, LÉGION ÉTRANGÈRE, SUJETS DES PUISSANCES EN GUERRE AVEC LA FRANCE, ENGAGEMENT MILITAIRE, INTERDICTION, AUTORISATION D'ANNULATION DES ENGAGEMENTS ANTÉRIEURS, EXCEPTION POUR LES ALSACIENS-LORRAINS.

LOI *relative aux engagements, depuis le 1er août 1914, dans l'armée française, au titre de la légion étrangère, des sujets non naturalisés appartenant à des nations en état de guerre avec la France et ses alliés.*

(**16 août 1915**). — (Publ. au *J. off.* du 19 août).

ART. **1er** Sont interdits, pendant toute la durée de la guerre actuelle, et sur toute l'étendue du territoire français, les engagements dans l'armée française, au titre de la légion étrangère, de nationaux appartenant à des Etats en guerre avec la France ou ses alliés.

2. Pourront être rapportés et annulés, aussitôt la promulgation de la présente loi, les engagements de nature ci-dessus, qui auraient été souscrits depuis le jour de la déclaration de guerre.

3. Sont exceptés des dispositions de la présente loi les Alsaciens-Lorrains d'origine française, admis au bénéfice des art. 1er et 2 de la loi du 5 août 1914 (1).

4. Sont abrogées toutes les dispositions contraires à la présente loi.

COLONIES, PROTECTORAT (PAYS DE), DOUANES, INTERDICTION DE SORTIE, DÉCRET DU 31 JUILL. 1915, APPLICATION.

DÉCRET *portant application aux colonies et pays de protectorat autres que la Tunisie et le Maroc des dispositions du décret du 31 juill. 1915, prohibant divers produits à la sortie de la métropole.*

(**16 août 1915**). — (Publ. au *J. off.* du 22 août).

LE PRÉSIDENT DE LA RÉPUBLIQUE FRANÇAISE; — Sur le rapport des ministres des colonies, de l'agriculture, du commerce, de l'industrie, des postes et des finances; — Vu l'art. 34 de la loi du 17 sept. 1814 (2); — Vu le sénatus-consulte du 3 mai 1854 (3); — Décrète :

ART. **1er**. Sont rendues applicables aux colonies et pays de protectorat autres que la Tunisie et le Maroc les dispositions du décret du 31 juill. 1915 (4), prohibant divers produits à la sortie de la métropole.

Toutefois, des exceptions à ces dispositions pourront être accordées, sous les conditions qui seront déterminées par le ministre des colonies.

2. Les ministres des colonies, de l'agriculture, du commerce, de l'industrie, des postes et des télégraphes et des finances sont chargés, etc.

MARINE, GUERRE FRANCO-ALLEMANDE, SECONDS MAÎTRES NON BREVETÉS SUPÉRIEURS, PROMOTION AU GRADE DE MAÎTRE.

DÉCRET *concernant la situation des seconds maîtres non brevetés supérieurs, susceptibles d'être arrêtés dans leur avancement du fait de la suspension du fonctionnement des écoles.*

(**16 août 1915**). — (Publ. au *J. off.* du 19 août).

LE PRÉSIDENT DE LA RÉPUBLIQUE FRANÇAISE; — Vu le décret du 17 juill. 1908 (5), refondu le 15 juill. 1914 (6); — Vu le décret du 4 mars 1912 (7), réorganisant les spécialités dans le corps des équipages de la flotte; — Décrète :

ART. **1er**. Des avancements au grade de maître pourront être concédés, dans les conditions fixées par le ministre de la marine, aux seconds maîtres des diverses spécialités, non titulaires du brevet supérieur, qui, du fait de la suspension du fonctionnement des écoles, auront été mis dans l'impossibilité d'acquérir ce titre.

2. Le ministre de la marine est chargé, etc.

MARINE, GUERRE FRANCO-ALLEMANDE, SECONDS MAÎTRES NON BREVETÉS SUPÉRIEURS, PROMOTION AU GRADE DE MAÎTRE.

CIRCULAIRE *relative à l'application du décret du 16 août 1915, concernant la situation des seconds maîtres non brevetés supérieurs.*

---

(1) 1er vol., p. 30.

(2) S. 1er vol. des *Lois annotées*, p. 914.

(3) S. *Lois annotées* de 1854, p. 78. — P. *Lois, décr.*, etc. de 1854, p. 137.

(4) *Supra*, p. 271.

(5) *J. off.*, 23 juill. 1908, p. 5262.

(6) *J. off.*, 18 juill. 1914, p. 6553.

(7) *J. off.*, 5 mars 1912, p. 2184.

(16 août 1915). — (Publ. au *J. off.* du 9 août).

Le Ministre de la marine à MM. les vice-amiraux commandant en chef, préfets maritimes, officiers généraux, supérieurs et autres commandant à la mer et à terre.

J'ai l'honneur de vous notifier ci-après les mesures que j'ai prises en vue de l'application du décret du 16 août 1915 (1), concernant la situation des seconds maîtres non brevetés supérieurs, susceptibles d'être arrêtés dans leur avancement du fait de la suspension du fonctionnement des écoles :

1° *Dispositions d'ordre général.*

Lors de chaque promotion trimestrielle, les conseils d'avancement seront autorisés à examiner, au point de vue de l'aptitude au grade supérieur, les seconds maîtres des diverses spécialités possédant le nombre de points exigé pour être compris dans ladite promotion, et qui s'en trouveront écartés du seul fait de la non-possession du brevet supérieur.

Cet examen ne pourra porter que sur les seconds maîtres, qui, réunissant par ailleurs toutes les conditions exigées pour l'avancement, auront été proposés pour l'admission au cours du brevet supérieur, à une date telle que, sans la suspension du fonctionnement des écoles, il leur aurait été possible d'obtenir ce titre en temps voulu pour pouvoir être compris dans la promotion envisagée.

Le cas se présentera, à partir du 1er janv. 1916, pour les seconds maîtres proposés pour la première fois le 1er oct. 1914, et qui n'auraient pu entrer au cours que le 1er avril 1915, pour en sortir le 1er oct. 1915. Il n'est pas à envisager pour les promotions antérieures, puisque le concours pour l'admission du 1er oct. 1914, ouvert aux candidats proposés antérieurement à cette date, a eu lieu dans les conditions habituelles au mois de mai 1914; le cas des candidats qui ont été admis à ce concours, et n'ont pu entrer en cours par suite de la dislocation des écoles, est réglé au § 2 ci-après.

Les mentions d'aptitude qui seront décernées dans les conditions indiquées ci-dessus seront immédiatement signalées au département, qui examinera individuellement la situation de chacun des intéressés, et leur fera prendre rang, s'il y a lieu, dans la promotion.

Ces mesures resteront applicables après la cessation des hostilités jusqu'à ce qu'intervienne une nouvelle décision.

2° *Situation particulière des candidats admis au dernier concours du brevet supérieur.*

Les quartiers-maîtres et seconds maîtres, qui ont été admis au dernier concours du brevet supérieur et qui, si les écoles n'avaient pas été dissoutes, seraient entrés au cours le 1er oct. 1914 pour en sortir le 1er avril 1915, auraient bénéficié, à compter de cette date, s'ils avaient satisfait aux examens de fin d'instruction, les premiers, d'un avancement d'office au grade de second maître, et les seconds, de la possibilité d'être examinés au point de vue de l'aptitude au grade supérieur, sous réserve, bien entendu, de réunir le temps de service à la mer exigé. J'ai décidé que, sous ladite réserve, le bénéfice de cette dernière mesure serait acquis aux seconds maîtres (aussi bien à ceux admis dans ce grade qu'à ceux admis comme quartiers-maîtres et promus ultérieurement seconds maîtres), et que les quartiers-maîtres recevraient 200 points exceptionnels.

Ces mesures auront leur effet à compter de la date précitée du 1er avril 1915; les rectifications qu'elles entraîneront, le cas échéant, dans les mentions d'aptitude attribuées à cette date, seront immédiatement signalées au département.

Les dispositions qui précèdent ne feront pas obstacle à l'envoi, s'il y a lieu, des intéressés, dès la réouverture des écoles, au cours du brevet supérieur de leur spécialité.

3° *Dispositions concernant les seconds maîtres mécaniciens provenant des quartiers-maîtres élèves mécaniciens.*

Les seconds maîtres mécaniciens provenant des quartiers-maîtres élèves mécaniciens, et réunissant les conditions fixées par l'art. 293, § 5, de l'arrêté du 30 juill. 1910, modifié le 31 déc. 1913 (deux ans de grade, dont un an à la mer), pourront, jusqu'à la reprise des examens directs pour le brevet supérieur, être examinés, au point de vue de leur aptitude au grade de maître, par les conseils d'avancement, lors de leurs réunions semestrielles. Ceux-ci pourront être exceptionnellement convoqués dès la réception de la présente circulaire, en vue d'examiner ceux des intéressés qui ont réuni, à la date du 1er avril dernier au plus tard, les conditions ci-dessus indiquées; les mentions d'aptitude qu'ils décerneront à la suite de cet examen devront être portées à la connaissance du département avant le 1er octobre prochain; les bâtiments qui, en raison de leur éloignement, ne pourraient en assurer la transmission dans ces conditions par la voie postale, devront employer la voie télégraphique, avec le libellé suivant :

« Second maître mécanicien X..., apte ». Il n'y aura pas lieu de télégraphier pour les mentions « ajourné », qu'il suffira, dans tous les cas, de signaler par la voie postale.

4° *Dispositions concernant les seconds maîtres fourriers titulaires de l'ancien certificat de secrétaire de commandant comptable.*

Les seconds maîtres fourriers non brevetés su-

(1) C'est le décret qui précède.

périeurs, mais titulaires de l'ancien certificat de secrétaire de commandant comptable, pourront être examinés au point de vue de l'aptitude au grade supérieur, lorsqu'ils réuniront par ailleurs toutes les conditions exigées pour l'avancement.

ARMÉE, GUERRE FRANCO-ALLEMANDE, UTILISATION DES EFFECTIFS, INCORPORATION DES FONCTIONNAIRES ET EMPLOYÉS DES ADMINISTRATIONS PUBLIQUES EN SURSIS D'APPEL PAR APPLICATION DE L'ART. 42 DE LA LOI DU 21 MARS 1905, REMPLACEMENT PAR DES FONCTIONNAIRES ET EMPLOYÉS RETRAITÉS, PAR DES MILITAIRES MUTILÉS OU RÉFORMÉS, PAR LES FEMMES, MÈRES, FILLES OU SŒURS DES FONCTIONNAIRES REMPLACÉS OU DE MILITAIRES TUÉS OU BLESSÉS, NOUVEL EXAMEN PAR UNE COMMISSION DE RÉFORME DES HOMMES VERSÉS DANS LE SERVICE AUXILIAIRE, RÉFORMÉS TEMPORAIREMENT OU RÉFORMÉS N° 2, DISPENSE DE LA VISITE, CONDITIONS, ENGAGEMENTS POUR LA DURÉE DE LA GUERRE DES EXEMPTÉS, RÉFORMÉS ET DES HOMMES DÉGAGÉS D'OBLIGATIONS MILITAIRES, REMPLACEMENT DANS LES EMPLOIS SÉDENTAIRES ET LES SERVICES AUTOMOBILES DE L'INTÉRIEUR DES GRADÉS ET SOLDATS VERSÉS DANS LE SERVICE ARMÉ, AFFECTATION AUX USINES ET ÉTABLISSEMENTS TRAVAILLANT POUR LA DÉFENSE NATIONALE DES MOBILISÉS SPÉCIALISTES, CONDITIONS DE L'AFFECTATION, DÉCLARATION, MAINTIEN A LA DISPOSITION DU MINISTRE DE LA GUERRE, FAUSSES ÉNONCIATIONS DANS LA DÉCLARATION, TROMPERIE OU TENTATIVE DE TROMPERIE EN VUE D'OBTENIR UN SURSIS D'APPEL OU D'ÊTRE ENVOYÉ DANS UNE USINE OU ÉTABLISSEMENT TRAVAILLANT POUR LA DÉFENSE NATIONALE, EMPLOI A D'AUTRES TRAVAUX QUE CEUX DE LA DÉFENSE NATIONALE, AIDE ET ASSISTANCE DANS LES TROMPERIES PAR DES CHEFS DE SERVICE, DIRECTEURS D'USINE OU D'ENTREPRISE, PÉNALITÉS, CIRCONSTANCES ATTÉNUANTES, ENVOI SUR LE FRONT DES MOBILISÉS DE L'ARMÉE ACTIVE OU DE LA RÉSERVE DEMEURÉS DANS LES DÉPÔTS, INSPECTION TRIMESTRIELLE DANS LES FORMATIONS SANITAIRES ET SERVICES DE TOUTE NATURE.

LOI *assurant la juste répartition et une meilleure utilisation des hommes mobilisés et mobilisables.*

(17 août 1915). — (Publ. au *J. off.* du 19 août).

ART. **1er**. Les hommes qui, en vertu de l'art. 42 de la loi du 21 mars 1905 (1), sont autorisés à ne pas rejoindre leur corps immédiatement, ou sont mis à la disposition des ministres de la guerre ou de la marine, ainsi que ceux placés en sursis d'appel pour le service des administrations publiques (Etat, départements, communes), seront, s'ils n'appartiennent pas au service auxiliaire ou à la réserve de l'armée territoriale, incorporés, après avoir été remplacés conformément aux dispositions de l'art. 2 ci-après. Si leur remplacement est de nature à entraver le fonctionnement des services, ils pourront être maintenus à leur poste, par une décision motivée du ministre de la guerre, sur la proposition du ministre compétent.

2. Dans les administrations, établissements et services publics, il sera pourvu au remplacement temporaire des fonctionnaires, agents ou sous-agents incorporés, de préférence :

1° Par des fonctionnaires, agents ou sous-agents retraités, qui pourront, sur leur demande et s'ils sont reconnus aptes, être rappelés à l'activité pour la durée de la guerre ;

2° Par des militaires mutilés ou réformés pendant la guerre, qui pourront, sur leur demande et après examen d'aptitude, être admis à des emplois compatibles avec leurs infirmités ;

3° Par leurs femme, mère, filles ou sœurs, ou, à défaut, par des femmes, mères, filles ou sœurs de militaires tués ou blessés pendant la guerre.

3. A partir de la promulgation de la présente loi, tous les hommes des classes mobilisées ou mobilisables, classés ou versés dans le service auxiliaire, ainsi que ceux placés dans la position de réforme temporaire ou de réforme n° 2, devront être, trois mois après la décision qui a prononcé leur affectation ou leur réforme, examinés par la commission spéciale de réforme.

Ledit examen aura lieu dans le délai d'un mois à partir de la promulgation de la présente loi, pour tous les hommes dont l'affectation au service auxiliaire ou la réforme seront antérieures d'au moins trois mois à cette promulgation.

Seront également présentés à la commission spéciale de réforme les hommes du service armé qui seront proposés par les médecins chefs de service comme susceptibles d'être versés dans le service auxiliaire.

Ne pourront faire partie de la commission spéciale de réforme, ni l'assister à quelque titre que ce soit, les médecins exerçant ou ayant exercé habituellement leur profession dans la subdivision ou dans les subdivisions limitrophes.

Ceux des hommes qui seront reconnus aptes au service armé suivront le sort de leur classe.

Ceux qui seront maintenus ou classés dans le service auxiliaire seront employés selon les besoins de l'armée et conformément à leurs aptitudes.

En cas de maintien de l'affectation au service auxiliaire ou de la position de réforme, la décision de la commission spéciale de réforme sera définitive, sous réserve, en ce qui concerne les

(1) S. et P. *Lois annotées* de 1906, p. 3 ; *Pand. pér.*, 1905.3.81.

hommes maintenus dans le service auxiliaire, de l'exercice des droits conférés aux chefs de corps et de services, et aux commandants de dépôts, par le § 9 du présent article.

Sont dispensés de l'examen prescrit au premier alinéa du présent article :

1° Les hommes classés ou versés dans le service auxiliaire et ceux placés dans la position de réforme n° 2 ou de réforme temporaire, qui, antérieurement à la promulgation de la présente loi, ont déjà été effectivement contre-visités, soit par le conseil de revision, soit par la commission spéciale de réforme, soit par la commission des trois médecins instituée par l'instruction ministérielle du 14 nov. 1914;

2° Les hommes qui, précédemment exemptés ou réformés, ont été classés dans le service auxiliaire, soit par le conseil de revision, soit par la commission spéciale de réforme, à la suite de l'examen qu'ils ont subi, en application du décret du 9 sept. 1914 (1) ou de la loi du 6 avril 1915 (2);

3° D'une manière générale, les hommes qui, depuis la mobilisation, ont été examinés par un conseil de revision et par une commission spéciale de réforme, ou par deux commissions spéciales de réforme, si la dernière décision dont ils ont été l'objet les a classés ou maintenus dans le service auxiliaire ou dans la position de réforme.

A tout moment, les chefs de corps et de service et les commandants de dépôts pourront, après avis motivé du médecin chef de service, présenter à la commission spéciale de réforme, pour être versés dans le service armé, les hommes incorporés du service auxiliaire qui leur paraîtront susceptibles d'être versés dans ledit service armé.

Les hommes du service armé, déclarés inaptes à faire campagne pour raisons de santé, ne pourront être maintenus dans cette situation pendant plus de deux mois sans être examinés par la commission spéciale de réforme. Cette commission, outre ses attributions de droit, aura qualité pour décider si les hommes dont il s'agit sont ou non aptes à faire campagne. Dans le cas où elle prononcera l'inaptitude, cette situation ne pourra se prolonger pendant plus de deux mois sans un nouvel examen par ladite commission.

4. Les exemptés ou réformés, ainsi que les hommes dégagés par leur âge de toute obligation militaire, sont autorisés à contracter dans les services de l'armée, et dans la mesure des besoins, pour la durée de la guerre, et après vérification d'aptitude, un engagement spécial pour un emploi à leur choix.

5. Les gradés et hommes de troupe du service armé placés :

1° Dans les emplois sédentaires, soit dans la zone de l'intérieur, soit dans la zone des armées;

2° Dans les services automobiles de l'intérieur, seront remplacés sous les mêmes réserves qu'à l'art. 1er :

a) Par des gradés et hommes de troupe contractant un engagement volontaire conformément aux dispositions de l'art. 4, ou qui, se trouvant dans les conditions déterminées par ledit article, ont été autorisés à contracter un engagement volontaire antérieurement à la promulgation de la présente loi;

b) Par des hommes du service auxiliaire, et, à défaut, par des réservistes territoriaux ou des territoriaux, en commençant par les pères des familles les plus nombreuses et des classes les plus anciennes.

6. Le ministre de la guerre est autorisé à affecter aux établissements, usines et exploitations travaillant pour la défense nationale les hommes appartenant à l'une des classes mobilisées ou mobilisables, chefs d'industrie, ingénieurs, chefs de fabrications, contremaîtres, ouvriers, et qui justifieront avoir, pendant un an au moins, exercé leur profession, soit dans lesdits établissements, usines et exploitations, soit dans des établissements, usines et exploitations similaires. Pour les exploitations houillères, le délai d'un an est réduit à six mois.

Les hommes remplissant les conditions ci-dessus devront remettre à l'autorité militaire une déclaration signée par eux, indiquant le temps durant lequel ils ont exercé leur profession et les établissements, usines et exploitations où ils l'ont exercée.

Les ouvriers manœuvres affectés dans les conditions déterminées par l'art. 1er du présent article seront choisis de préférence parmi les hommes du service auxiliaire, et, à défaut, parmi les réservistes territoriaux et les territoriaux, en commençant par les pères des familles les plus nombreuses et les classes les plus anciennes.

A titre transitoire, les hommes qui, sans satisfaire aux conditions déterminées par le § 1er, sont présentement détachés dans les établissements, usines et exploitations travaillant pour la défense nationale, y pourront être maintenus, si, dans le délai de deux mois au plus, une commission, qui sera instituée dans chaque région, composée en nombre égal de membres patrons et de membres ouvriers, présidée par un délégué du ministre de la guerre ou du ministre de la marine, a donné à ce maintien un avis favorable.

Pour les exploitations houillères, la commission constituée au siège de chaque mine sera présidée par l'ingénieur en chef des mines ou son délégué ingénieur. Elle sera composée mi-partie de patrons, mi-partie d'ouvriers mineurs. Le délégué mineur ou son suppléant en fera partie de droit.

En ce qui concerne les mineurs des régions

(1) 1er vol., p. 106.

(2) *Supra*, p. 102.

envahies, l'avis sera émis par la commission militaire des mines, à laquelle seront adjoints un membre ouvrier et un membre patron.

Les hommes visés aux paragraphes ci-dessus demeureront à la disposition du ministre de la guerre.

Ils seront placés dans les conditions et soumis aux obligations prévues par les §§ 3 et 6 de l'art. 42 de la loi du 21 mars 1905. En ce qui concerne leurs salaires, le décret du 10 août 1899 (1), sur les conditions du travail dans les marchés passés au nom de l'Etat, sera applicable de plein droit.

7. Ceux qui auront fait figurer des énonciations fausses dans la déclaration prévue par le § 2 de l'art. 6 de la présente loi, ou ceux qui, d'une manière quelconque, auront trompé ou auront tenté de tromper l'autorité sur leur véritable qualité, profession ou aptitude, et ainsi obtenu ou tenté d'obtenir, fait maintenir ou tenté de faire maintenir, soit leur mise en sursis d'appel, soit leur renvoi comme mobilisés dans un établissement militaire ou dans une usine ou entreprise privée travaillant pour l'armée, les chefs d'établissements, d'usines et d'exploitations qui auront employé à d'autres travaux que ceux exécutés en vue de la défense nationale les hommes affectés dans ce but auxdits établissements, usines et exploitations, seront poursuivis devant le conseil de guerre, et punis d'un emprisonnement de deux à cinq ans et d'une amende de cinq cents francs à cinq mille francs (500 fr. à 5.000 fr.).

Tout chef de service dans l'ordre administratif ou militaire, tout directeur d'usine ou d'entreprise privée, et toute autre personne qui aura facilité sciemment le délit ci-dessus spécifié, seront poursuivis dans les mêmes conditions comme complices et punis des mêmes peines.

L'art. 463 du Code pénal sera applicable.

Les peines ci-dessus énoncées ne seront exécutées qu'à la cessation des hostilités.

8. Les gradés et hommes de troupes du service armé appartenant aux classes de l'armée active ou de sa réserve, aptes à faire campagne, qui n'ont pas été sur le front depuis le début de la campagne, présents dans les dépôts au moment de la promulgation de la présente loi, ne pourront y être maintenus sous aucun prétexte.

9. Une inspection sera faite tous les trois mois par un contrôleur général de l'armée, assisté d'un officier et d'un médecin militaire délégués par le ministre de la guerre, tous deux choisis en dehors de la région, dans les formations sanitaires et services de toute nature, à l'effet de renvoyer dans les armées les gradés et hommes de troupe aptes à faire campagne qui se trouveraient indûment ou en surcroît des besoins dans lesdits services ou formations.

DOUANES, GUERRE FRANCO-ALLEMANDE, INTERDICTIONS DE SORTIE, INFRACTIONS, PÉNALITÉS, AMENDE, EMPRISONNEMENT, CONFISCATION, PUBLICATION ET AFFICHAGE DU JUGEMENT, CIRCONSTANCES ATTÉNUANTES.

LOI *relative à la répression des infractions aux dispositions réglementaires portant prohibition de sortie ou de réexportation en suite d'entrepôt, de dépôt, de transit, de transbordement ou d'admission temporaire de certains produits ou objets.*

(17 août 1915). — (Publ. au *J. off.* du 18 août).

ART. **1**er. Quiconque aura commis ou tenté de commettre une infraction aux dispositions législatives ou réglementaires portant prohibition de sortie ou de réexportation en suite d'entrepôt, de dépôt, de transit, de transbordement ou d'admission temporaire de certains produits ou objets sera puni d'un mois à deux ans d'emprisonnement et d'une amende de 100 à 5.000 fr., ou de l'une de ces deux peines seulement.

Les marchandises et objets saisis seront confisqués, ainsi que les moyens de transport.

2. Le tribunal pourra ordonner, dans tous les cas, que le jugement de condamnation sera publié intégralement ou par extraits dans les journaux qu'il désignera, et affiché dans les lieux qu'il indiquera, le tout conformément aux conditions prescrites par l'art. 7 de la loi du 1er août 1905 (2).

L'art. 463 du Code pénal est applicable au délit prévu par la présente loi.

DOUANES, GUERRE FRANCO-ALLEMANDE, MARCHANDISES PROVENANT D'ALLEMAGNE OU D'AUTRICHE-HONGRIE, RÉGIME DES MARCHANDISES PROHIBÉES, DÉROGATIONS.

LOI *soumettant les marchandises d'origine ou de provenance allemande ou austro-hongroise aux dispositions des lois de douanes concernant les marchandises prohibées.*

(17 août 1915). — (Publ. au *J. off.* du 18 août).

ARTICLE UNIQUE. Les marchandises originaires ou provenant des empires d'Allemagne et d'Autriche-Hongrie, alors même qu'elles auraient été déclarées comme telles, sont soumises à toutes les dispositions pénales des lois de douanes concernant les marchandises prohibées, sans préjudice

---

(1) S. et P. *Lois annotées* de 1900, p. 1052 ; *Pand. pér.*, 1899.3.170.

(2) S. et P. *Lois annotées* de 1906, p. 153 ; *Pand. pér* 1905.3.249.

de l'application, le cas échéant, des peines édictées par la loi du 4 avril 1915 (1).

Exception est faite pour les marchandises à l'égard desquelles la prohibition sera levée par décision du ministre des finances, rendue sur la proposition du ministre intéressé.

OFFICIERS PUBLICS ET MINISTÉRIELS, GUERRE FRANCO-ALLEMANDE, APPEL SOUS LES DRAPEAUX, VACANCE DE L'OFFICE, SUPPLÉANTS, DÉSIGNATION D'OFFICE, ATTRIBUTIONS DU SUPPLÉANT, CESSATION DE SES FONCTIONS, RÉVOCATION.

LOI *complétant la loi du 5 août* 1914, *relative à la suppléance des officiers publics ou ministériels en cas de guerre.*

(17 août 1915). — (Publ. au *J. off.* du 18 août).

ART. **1er**. Les art. 3 et 4 de la loi du 5 août 1914 (2), relative à la suppléance des officiers publics et ministériels en cas de guerre, sont remplacés par les dispositions suivantes :

« Art. 3. Si le titulaire de l'office a répondu à l'ordre de mobilisation sans avoir désigné et fait agréer un suppléant, ou si le suppléant désigné vient à se trouver dans un cas d'empêchement justifié, il pourra être pourvu par le tribunal, en chambre du conseil, à la nomination d'un suppléant dans les conditions ci-dessus déterminées, sur la demande du président de la chambre ou du bureau de la compagnie, et, à leur défaut, sur les réquisitions du ministère public.

« Art. 4. En cas de vacance d'un office public ou ministériel pour quelque cause que ce soit, ou d'empêchement dûment justifié d'un officier public ou ministériel, il pourra, pendant le cours des hostilités, être pourvu par le tribunal à la désignation d'un suppléant sur les réquisitions du ministère public ».

2. Il est introduit dans la même loi du 5 août 1914 les trois articles suivants, qui prendront les nos 5, 6 et 7 :

« Art. 5. Le suppléant nommé dans les conditions prévues à l'art. 4 aura qualité, le cas échéant, pour requérir toutes les levées de scellés et recevoir tous comptes de l'administrateur séquestre ou du gérant qui aurait pu être antérieurement nommé.

« Art. 6. La suppléance prendra fin par la disparition de la cause ayant donné ouverture à la désignation d'un suppléant.

« Toutefois, en cas de décès du suppléé, le suppléant restera en fonctions jusqu'à la nomination de son successeur.

« Dans les autres cas, sur la demande du titulaire, le tribunal pourra, après avis du président de la chambre ou du bureau de la compagnie, prolonger la suppléance pendant un délai ne pouvant excéder trois mois.

« Art. 7. La révocation des suppléants pourra être prononcée par le tribunal, en chambre du conseil, sur assignation délivrée au suppléant à la requête du suppléé ou du ministère public ».

3. L'art. 5 de la même loi du 5 août 1914 prendra le no 8.

RETRAITES OUVRIÈRES ET PAYSANNES, LOIS DU 5 AVRIL 1910 ET DU 27 FÉVR. 1912, MODIFICATION, SALARIÉS FRANÇAIS OCCUPÉS EN DEHORS DE LA MÉTROPOLE, RÈGLEMENT D'ADMINISTRATION PUBLIQUE, COTISATIONS, FRACTIONS DE CENTIMES, VERSEMENTS A CAPITAL ALIÉNÉ OU RÉSERVÉ, TRAVAILLEURS A DOMICILE, TRAVAIL A FAÇON POUR UN FABRICANT, VERSEMENTS DES OUVRIERS, APPOSITION DES TIMBRES, APPOSITION TRIMESTRIELLE, AUTORISATION DU PRÉFET, CAUTION, ORGANISMES ADMIS A FAIRE L'ENCAISSEMENT, NOMBRE D'ENFANTS, BONIFICATION, NOMBRE ET MONTANT MINIMUM DES VERSEMENTS, RENTE INFÉRIEURE A 4 FR., REMBOURSEMENT DES VERSEMENTS, DÉCÈS DE L'ASSURÉ AVANT PAIEMENT DU PREMIER TERME DE SA RETRAITE, ALLOCATIONS AU DÉCÈS AU PROFIT DES AYANTS DROIT, RÈGLEMENTS DES CAISSES DE RETRAITES, SALARIÉS ATTEIGNANT UN SALAIRE DE 3.000 FR., ETRANGERS, RÉCIPROCITÉ DIPLOMATIQUE, REMISES AUX ORGANISMES D'ASSURANCES, EMPLOI DES FONDS DES CAISSES D'ASSURANCES, SYNDICATS PROFESSIONNELS CONSTITUANT DES CAISSES D'ASSURANCE-MALADIE, CAPITALISATION DES VERSEMENTS ET COTISATIONS PAR LES CAISSES PATRONALES ET SYNDICALES, EMOLUMENTS DES GREFFIERS DES TRIBUNAUX DE PAIX ET TRIBUNAUX CIVILS, TARIF POSTAL, TIMBRE, EXEMPTION, CONSEIL SUPÉRIEUR DES RETRAITES, COMPOSITION, CAISSES DE RETRAITES AUTORISÉES CONFORMÉMENT A LA LOI DU 27 DÉC. 1895, ASSURÉS FACULTATIFS, MAJORATION, CALCUL, FEMMES NON SALARIÉES DES ASSURÉS OBLIGATOIRES OU FACULTATIFS, FEMMES OU VEUVES NON SALARIÉES DES ASSURÉS OBLIGATOIRES OU FACULTATIFS DÉCÉDÉS, MÉTAYERS, PÉRIODE TRANSITOIRE.

LOI *modifiant la loi du 5 avril* 1910-27 *févr.* 1912, *sur les retraites ouvrières et paysannes.*

(17 août 1915). — (Publ. au *J. off.* du 18 août).

ARTICLE UNIQUE. Les art. 1er, 2, 3, 4, 5, 6, 10, 11, 12, 14, 15, 16, 18, 19, 20, 22, 26, 35 et 36 de

---

(1) *Supra*, p. 98.

(2) 1er vol., p. 31.

la loi du 5 avril 1910 (1), modifiée par la loi du 27 févr. 1912 (2), sont modifiés ou complétés ainsi qu'il suit :

« Art. 1er. Il est ajouté à cet article un § 2 ainsi conçu :

« § 2. Un règlement d'administration publique déterminera les conditions dans lesquelles les dispositions de la présente loi seront applicables aux salariés français, visés au présent article, qui sont occupés en dehors de la métropole ».

« Art. 2. Le § 3 de cet article est complété comme suit :

« Toutefois, aucun versement ne comprendra de demi-centime ; le total à verser sera toujours élevé, s'il comprend un demi-centime, au nombre de centimes supérieur ».

« Le § 4 est rédigé comme suit :

« La retraite est constituée à capital aliéné; toutefois, si l'assuré majeur le demande, les versements prélevés sur son salaire seront faits à capital réservé ».

« Il est ajouté au § 4 la disposition suivante :

« En ce cas, les versements constatés en timbres-retraites sont réputés faits à capital réservé, sauf déduction du montant de la contribution patronale obligatoire. L'assuré pourra également aliéner ultérieurement le capital des versements qu'il aurait primitivement faits à capital réservé. La rente supplémentaire produite par cette aliénation sera calculée en raison de l'âge atteint par l'assuré au moment où sa demande sera parvenue à la caisse d'assurances ».

« Il est ajouté, à la fin du § 5, la disposition suivante :

« Le travailleur à domicile, rémunéré à façon, aux pièces ou à la tâche, si lui-même est assuré obligatoire vis-à-vis du fabricant pour le compte duquel il travaille, ne sera point tenu des versements patronaux afférents à la retraite des ouvriers de tout âge et de tout sexe qui pourront travailler avec lui pour ledit fabricant. Ces versements seront à la charge de ce même fabricant ».

« Art. 3. Les deux paragraphes ci-après sont insérés à la suite du § 1er :

« § 2. L'employeur qui aura obtenu, à cet effet, une autorisation du préfet, et qui aura déposé entre les mains du préposé de la Caisse des dépôts et consignations de son arrondissement un cautionnement non productif d'intérêts, dont le chiffre est fixé et revisé périodiquement par le préfet, en prenant pour base le montant de ses contributions ouvrière et patronale pendant un trimestre, pourra n'apposer que quatre fois par an, dans les quinze premiers jours de chaque trimestre, les timbres mobiles représentant lesdites contributions pour la période trimestrielle précédente. Les patrons qui appartiendraient à une association autorisée par un arrêté du ministre du travail, et garantissant solidairement la solvabilité de ses adhérents au point de vue du paiement des contributions patronale et ouvrière, jouiront de la même faculté. Dans l'un ou l'autre cas, l'autorisation émanant, soit du ministre du travail, soit du préfet, sera portée à la connaissance des salariés, par voie d'affichage permanent, dans le local où la paie est effectuée. Si l'ouvrier quitte l'établissement, ou si sa carte doit être échangée avant l'expiration du trimestre, l'employeur devra procéder sans retard à l'apposition des timbres exigibles à la date du départ ou de l'échange.

« § 3. Les employeurs qui occupent des salariés non soumis aux dispositions de l'art. 44 du livre 1er du Code du travail, sur le paiement des salaires, sont tenus d'apposer, lors de l'échange de la carte annuelle, les timbres correspondant à la période de travail effectuée depuis la précédente paie ».

« Le § 2, qui devient le § 4, est complété comme suit :

« § 4. Pendant toute la période de validité de sa carte annuelle, l'assuré est présumé appartenir à la catégorie en vue de laquelle cette carte lui a été délivrée ».

« Le § 3, qui devient le § 5, est modifié comme suit :

« § 5. Le montant total du prélèvement et de la contribution patronale est représenté par un ou plusieurs timbres-retraites d'un type uniforme, que l'employeur doit apposer sur la carte de l'assuré, et sur lesquels il mentionne la date de l'apposition, à l'exclusion de toute autre indication. Les timbres dépourvus de cette mention sont présumés représenter des versements personnels de l'assuré ».

« Le § 7, qui devient le § 9, est modifié comme suit :

« § 9. Les employeurs, qui occupent des salariés adhérents à des organismes admis à faire l'encaissement, peuvent faire encaisser, par lesdits organismes, dans les mêmes conditions que ci-dessus, leur contribution patronale. Lorsqu'ils n'useront pas de cette faculté, ils s'acquitteront de leur contribution par l'apposition d'un timbre mobile ».

« Art. 4. Le § 1er est complété comme suit :

« Si, au moment de la liquidation de la retraite, les enfants ou l'un d'entre eux ont moins de seize ans, la bonification du dixième sera accordée, lorsque le nombre des enfants élevés jusqu'à seize ans et des enfants vivants au moment de la liquidation, quel que soit l'âge de ces derniers, sera de trois au moins ».

« Le § 2 est modifié comme suit :

« Pour être admis au bénéfice de cette allocation, l'assuré devra justifier d'au moins trente versements annuels, atteignant chacun, y compris ses

(1) S. et P. *Lois annotées* de 1911, p. 1; *Pand. pér.*, *Lois annotées* de 1911, p. 1.

(2) S. et P. *Lois annotées* de 1913, p. 379; *Pand. pér.*, *Lois annotées* de 1913, p. 379.

versements facultatifs, les cinq sixièmes de la double cotisation prévue à l'art. 2, soit 15 fr. pour les hommes, 10 fr. pour les femmes, 7 fr. 50 pour les années d'assurance au-dessous de dix-huit ans ».

« Dans le § 4, à l'expression : « Les deux années de service militaire obligatoire », est substituée la suivante : « la durée effective du service militaire obligatoire dans l'armée active ».

« Dans le § 6, les mots : « fixés par l'art. 2 » sont remplacés par ceux-ci : « fixés par le § 2 du présent article ».

« Art. 5. Il est ajouté à cet article, *in fine*, un § 5 ainsi conçu :

« § 5. Lorsqu'il n'aura pas droit à l'allocation viagère ou à la bonification, et lorsque sa pension, visée au présent titre ou au titre V, n'atteindra pas le chiffre annuel de quatre francs (4 fr.), l'assuré pourra demander le remboursement intégral et sans intérêts des sommes portées à son compte. Cette demande devra toujours être faite au plus tard dans le délai d'un mois à compter de la date de la notification faite par la caisse d'assurances au titulaire du montant de la rente définitive ».

« Art. 6. Le § 1er est modifié comme suit :

« § 1er. Si un assuré décède avant la date d'échéance du premier terme de sa pension de retraite ou du premier terme de l'allocation de l'Etat liquidée dans les conditions prévues à l'art. 5, § 4, il sera alloué :

. . . . »

« Il est inséré, après le § 4, un § 5 ainsi conçu :

« § 5. Dans le cas où un assuré décède après échéance d'un ou plusieurs termes de sa pension, ou de l'allocation de l'Etat, mais avant que le montant des arrérages échus atteigne le montant de l'allocation au décès dont auraient pu bénéficier ses ayants droit, s'il avait été encore assuré au moment de son décès, ces derniers auront droit à l'allocation au décès, qui sera alors liquidée, déduction faite des arrérages échus.

« Dans le cas où l'allocation a été liquidée au profit des enfants de l'assuré, dans les conditions du § 2 du présent article, si lesdits enfants viennent à décéder, la mère aura droit aux mensualités de l'allocation qui n'ont pas encore été payées à ces derniers ».

« Le § 6, qui devient le § 7, est modifié comme suit :

« § 7. Les allocations prévues aux paragraphes précédents ne seront acquises aux ayants droit que si l'assuré décédé a effectué des versements chaque année, pendant qu'il réunissait les conditions fixées à l'art. 1er, et si le total des versements constatés sur ses cartes annuelles successives atteint au moins les trois cinquièmes de ceux prévus au § 2 de l'art. 4 ».

« Art. 10. Le § 3 est modifié comme suit :

« § 3. Les caisses de retraites ou les règlements de retraites dont bénéficient actuellement les salariés de l'Etat qui ne sont pas placés sous le régime des pensions civiles ou des pensions militaires, et les salariés des départements, des communes et des caisses d'épargne peuvent être maintenus par décrets rendus sur la proposition des ministres du travail et des finances et du ministre compétent ».

« Le § 5 est modifié comme suit :

« § 5. Les salariés dont la rémunération annuelle dépasse 3.000 fr. ne seront point soumis aux obligations de la présente loi, mais ils conserveront leurs droits acquis, s'ils ont été antérieurement placés sous le régime de l'assurance obligatoire ».

« Le § 5 est complété par la disposition suivante :

« § 5. Est présumé avoir la qualité d'assuré obligatoire tout salarié dont la rémunération annuelle chez un même employeur n'excède pas 3.000 fr., à moins que ledit salarié ne bénéficie effectivement d'un des régimes spéciaux de retraites visé au présent article ».

« Art. 11. Le § 2 est modifié comme suit :

« Toutefois, ils ne peuvent bénéficier, soit des contributions patronales seulement, soit des contributions patronales et des allocations et bonifications budgétaires, que si les traités avec les pays d'origine garantissent à nos nationaux des avantages équivalents ».

« Supprimer dans le § 4, après le mot « salariés », le mot « français ».

« Art. 12. Le § 7 est modifié comme suit :

« 1° Une remise de 5 p. 100 aux organismes visés au dernier alinéa du présent article ou aux nos 2°, 3° et 6° de l'art. 14 ci-après, pour les frais d'encaissement de la cotisation de l'assuré; une remise de 1 p. 100 aux mêmes organismes pour frais d'encaissement de la cotisation patronale, quand ces cotisations, ou l'une ou l'autre d'entre elles, sont recouvrées par leur intermédiaire ».

« Art. 14. Le § 3 est rédigé comme suit :

« Chaque caisse, dans un délai de deux mois à compter de la réception par elle de la carte annuelle de chaque assuré, délivre gratuitement à ce dernier un bulletin indiquant le total des versements obligatoires et facultatifs qu'elle a reçus depuis l'époque de la délivrance du précédent bulletin, ainsi que le montant de la rente éventuelle à soixante-cinq ans acquise par lui, après inscription à son compte des versements constatés à sa dernière carte échangée ».

« Le § 4 est abrogé ».

« Art. 15. Le § 3°, 4°, est modifié comme suit :

« 4° Sur l'avis favorable du conseil supérieur des retraites ouvrières, et jusqu'à concurrence du cinquième, en prêts aux institutions visées par l'art. 6 de la loi du 12 avril 1906 (1) et aux institutions de prévoyance et d'hygiène sociales reconnues d'utilité publique, ou en prêts hypothécaires sur habitations ouvrières ou jardins ouvriers, ainsi qu'en obligations de sociétés d'habitations à bon marché établies conformément à la même loi

---

(1) S. et P. *Lois annotées* de 1907, p. 335 ; *Pand. pér.*, 1907.3.66.

du 12 avril 1906, et en actions complètement libérées des sociétés de crédit immobilier constituées conformément à la loi du 10 avril 1908 (1) ».

« Art. 16. L'alin. 2° est modifié par l'addition, après : « et par les versements des greffes visés au même article », des mots suivants : « toutes fois qu'il ne sera pas possible de les porter au compte individuel de l'assuré ».

« Supprimer l'alin. 3° ».

« Art. 18. Le § 2 est modifié comme suit :

« Les syndicats professionnels qui constituent une caisse d'assurance-maladie régie par la loi du 1er avril 1898 (2) bénéficieront des avantages stipulés au paragraphe précédent ».

« Art. 19. Le § 5 est modifié comme suit :

« Les caisses patronales ou syndicales sont tenues de capitaliser au compte de chaque adhérent tous ses versements, quel qu'en soit le montant, et la cotisation de l'employeur, dans la limite de sa contribution obligatoire. Si elles reçoivent des employeurs des cotisations supérieures, elles ne sont point tenues de capitaliser le surplus dans les conditions prévues par la présente loi, et elles ont toute latitude, soit pour constituer des réserves, soit pour accorder des avantages supplémentaires aux assurés et à leurs familles. Elles peuvent également recevoir comme adhérentes les femmes non salariées de leurs salariés qui seraient inscrites en qualité d'assurées facultatives ».

« Art. 20. La disposition suivante est ajoutée au § 2 :

« Toutefois, lorsque le tarif de la dernière caisse n'assurerait pas le chiffre total des rentes éventuelles qui avait été liquidé au profit de l'assuré dans les diverses caisses auxquelles il été précédemment affilié, et si la différence en moins, pour l'ensemble des caisses, dépasse cinq centimes par trimestre, le transfert des réserves mathématiques n'aura pas lieu. Un règlement d'administration publique déterminera les conditions dans lesquelles les caisses antérieures successives rembourseront à la dernière caisse les sommes qu'elles doivent pour le service de la pension ».

« Art. 22. Le § 1er, après la première phrase, est modifié comme suit :

« Un décret déterminera les émoluments des greffiers de justices de paix et des tribunaux civils pour l'établissement de ces documents. Un décret règlera le tarif postal applicable aux objets de correspondance adressés ou reçus pour l'exécution de la loi par les préfectures et les mairies, ainsi que la Caisse nationale des retraites et par les autres caisses prévues à l'art. 14 ».

« Le paragraphe ci-après est inséré après le § 1er:

« 2. Sont exemptées du droit de timbre les affiches, imprimées ou non, apposées par les caisses d'assurances visées à l'art. 14, et ayant pour objet exclusif la vulgarisation des statuts, comptes rendus et conditions de fonctionnement de ces caisses en conformité de la loi du 5 avril 1910 ».

« Art. 26. Il est ajouté à l'énumération des membres de droit du conseil supérieur des retraites :

« Le directeur des retraites ouvrières et paysannes au ministère du travail;

« Le directeur des affaires départementales et communales au ministère de l'intérieur ».

« Art. 35. Cet article est complété par le paragraphe suivant, *in fine* :

« Les dispositions du présent titre ne sont pas applicables aux caisses de retraites autorisées conformément à la loi du 27 déc. 1895 (3). Ces caisses de retraites pourront continuer à fonctionner, si leurs adhérents satisfont, d'autre part, aux obligations de la présente loi ».

« Art. 36. Le § 4, nouveau, ci-après, est inséré entre le § 3 et le § 4 actuel (qui devient § 5) :

« § 4. Lors de la liquidation de la retraite, le montant de cette majoration sera augmenté de la rente qu'eût produite, à l'âge de soixante ans, un versement de 9 fr., effectué à capital aliéné, dans chacune des années qui le motivent, pour chaque année de service militaire obligatoire accomplie sous le régime de l'assurance pour les hommes, et de naissance d'enfant constatée par la déclaration faite à l'officier de l'état civil pour les femmes, pourvu que la femme ait été placée sous le régime de l'assurance avant ladite naissance, sans qu'en aucun cas, la rente viagère résultant à soixante ans des majorations puisse dépasser le chiffre de 100 fr. ».

« Le § 5, qui devient le § 6, est modifié comme suit :

« § 6. Les dispositions des paragraphes précédents sont étendues :

« 1° Aux salariés dont le salaire annuel est supérieur à 3.000 fr., mais ne dépasse pas 5.000 fr.;

« 2° Aux membres de la famille des assurés obligatoires ou facultatifs travaillant et habitant avec eux;

« 3° Aux femmes non salariées des assurés obligatoires ou facultatifs et aux veuves non salariées des assurés de l'une ou de l'autre catégorie, qui, à la date du décès de leur mari, se trouvaient effectivement placées sous le régime de la présente loi;

« 4° Aux femmes ou veuves non salariées, dont les maris, appartenant actuellement ou ayant appartenu, au moment de leur décès, à l'une des catégories du titre V de la loi, n'ont pas bénéficié de l'assurance, ainsi qu'aux femmes ou veuves non salariées dont les maris sont, ou étaient, lors de leur décès, retraités au titre de la présente loi;

« 5° Aux femmes ou veuves non salariées des

(1) S. et P. *Lois annotées* de 1908, p. 725 ; *Pand. pér.*, *Lois annotées* de 1908, p. 725.

(2) S. et P. *Lois annotées* de 1899, p. 729 ; *Pand. pér.*, 1900.3.17.

(3) S. et P. *Lois annotées* de 1896, p. 49 ; *Pand. pér.*, 1897.3.113.

agents, employés ou ouvriers placés, soit sous le régime des pensions civiles ou militaires, soit sous l'un des régimes spéciaux énumérés à l'art. 10 ci-dessus, lorsque l'ensemble des salaires et pensions de leurs maris n'excède pas 5.000 fr. ».

« Le § 7, qui devient le § 8, est modifié comme suit :

« § 8. Les métayers âgés de plus de trente-cinq ans au 3 juill. 1911, et qui, à partir de cette époque, auront effectué des versements annuels égaux à ceux que prévoit le § 2 de l'art. 4 pour les salariés adultes, recevront l'allocation viagère fixée par l'art. 4 pour les assurés obligatoires ».

« Supprimer dans le § 8, qui devient le § 9, le membre de phrase suivant : « et fait le double versement prévu à l'art. 2 ».

« Au § 9 actuel (qui devient le § 10), est ajoutée, *in fine*, la disposition suivante :

« Pour les femmes placées sous le régime de la période transitoire, chaque naissance d'enfant constatée, après l'entrée de l'assurance, par la déclaration faite à l'officier de l'état civil, et pour les hommes placés sous le régime de la période transitoire, chaque année de service militaire obligatoire, accomplie sous le régime de l'assurance, s'ajoutera pour une année au total des versements comptés pour le calcul de la bonification jusqu'à la limite de vingt-cinq années portée au § 7 ».

« Le § 10, qui devient le § 11, est modifié comme suit :

« § 11. Les avantages prévus par les art. 6, 8 et 9 de la présente loi seront accordés aux personnes visées au présent article, qui, depuis la mise en vigueur de cette loi ou depuis leur entrée dans l'assurance, sous réserve qu'elle soit antérieure à l'âge de trente ans, ou, en cas contraire, qu'elle remonte à cinq ans au moins, auront, chaque année, versé à l'une des caisses indiquées à l'art. 14 la contribution minimum de 9 fr. ».

Mariage, Guerre franco-allemande, Mariage par procuration, Militaires et marins prisonniers de guerre, Algérie, Colonies.

Loi *étendant aux militaires et marins prisonniers de guerre les dispositions de la loi du 4 avril 1915, sur le mariage par procuration des militaires et marins présents sous les drapeaux.*

(**19 août 1915**). — (Publ. au *J. off.* du 20 août).

Art. **1er**. Les dispositions de la loi du 4 avril 1915 (1), qui permet en temps de guerre le mariage par procuration des militaires et marins présents sous les drapeaux, sont applicables aux militaires et marins prisonniers de guerre.

La procuration pourra être établie par les agents diplomatiques ou consulaires de la puissance étrangère chargée des intérêts français dans les pays où ces militaires et marins sont retenus en captivité.

Elle sera dispensée des droits de timbre et d'enregistrement.

2. La présente loi est applicable à l'Algérie et aux colonies.

Chemins de fer, Guerre franco-allemande, Transports commerciaux, Arrêté du 7 juin 1915, Zone des armées, Chemins de fer d'intérêt local et tramways, Application, Délais de transport, Responsabilité pour retard, perte ou avarie, Assurance, Surtaxe.

Arrêté *interministériel fixant les conditions de délai et de responsabilité des administrations des chemins de fer des réseaux secondaires de la zone des armées, en matière de transports commerciaux.*

(**20 août 1915**). — (Publ. au *J. off.* du 23 août).

Les Ministres de la guerre et des travaux publics ; — Vu la loi du 13 mars 1875 (2), modifiée par la loi du 28 déc. 1888 (3), et notamment l'art. 22 et l'art. 23, §§ 1 et 2 ; — Vu le règlement sur les transports stratégiques approuvé par décret du 8 déc. 1913 ; — Vu le décret du 29 oct. 1914 (4), relatif aux conditions de délai et de responsabilité dans lesquelles sont effectués, en temps de guerre, les transports commerciaux par chemins de fer; — Vu les arrêtés interministériels en date des 31 mars (5) et 7 juin 1915 (6), rendus en exécution du décret précité du 29 oct. 1914; — Vu la lettre du général en chef, en date du 3 août 1915, faisant connaître les réseaux secondaires, énumérés à l'art. 1er ci-dessous, qui font partie du réseau des armées, auxquelles le présent arrêté peut être appliqué; — Vu les propositions des commissions de réseau du Nord et de l'Est auxquelles lesdits réseaux secondaires sont rattachés; — Arrêtent :

Art. **1er**. Les dispositions de l'arrêté interministériel du 7 juin 1915, fixant les conditions de délai et de responsabilité des administrations de chemins de fer du Nord et de l'Est en matière de transports commerciaux, sont applicables aux réseaux suivants :

Compagnie du chemin de fer d'intérêt local d'Estrées-Saint-Denis à Froissy et Crèvecœur;

Compagnie du chemin de fer d'Hermes à Beau-

---

(1) *Supra*, p. 98.

(2) S. *Lois annotées* de 1875, p. 693. — P. *Lois, décr.*, etc. de 1875, p. 1192.

(3) S. *Lois annotées* de 1889, p. 481. — P. *Lois, décr.*, etc. de 1889, p. 827.

(4) 1er vol., p. 179.

(5-6) *Supra*, p. 93 et 183.

mont (lignes d'Hermes à Beaumont et de Labosse à Méru);

Compagnie du chemin de fer d'Enghien à Montmorency;

Compagnie des chemins de fer de Milly à Formerie;

Société des chemins de fer économiques (lignes de Valmondois à Marines, de Gudmont à Rimaucourt, de Marles à Jouy-le-Châtel, de Melun à Verneuil, de Bray-sur-Seine à Sablonnières);

Compagnie des chemins de fer départementaux (lignes de la Ferté-sous-Jouarre à Montmirail, et de Lagny à Mortcerf);

Chemins de fer vicinaux de la Haute-Saône;

Compagnie du chemin de fer de Güe à Menaucourt;

Compagnie des chemins de fer départementaux de l'Aube (ligne des Riceys à Cunfun);

Société des chemins de fer de la banlieue de Reims et extensions (ligne d'Epernay à Montmirail);

Compagnie du chemin de fer de Foulain à Nogent-en-Bassigny;

Chemins de fer du sud de l'Aisne (lignes de Château-Thierry à Mareuil-sur-Ourcq, de Gandelu à Neuilly-Saint-Front, de Château-Thierry à Verdelot);

Compagnie des tramways des Vosges.

2. Le présent arrêté entrera en vigueur à partir du 1er sept. 1915.

DOUANES, GUERRE FRANCO-ALLEMANDE, INTERDICTION DE SORTIE, BOIS, IRIDIUM, OSMIUM, RHODIUM, RUTHÉNIUM, VINS, RÉCIPIENTS POUR GAZ COMPRIMÉS OU LIQUÉFIÉS, FILS ET DRILLES DE COTONS, SOIE TUSSAH.

DÉCRET *édictant des prohibitions de sortie.*

(**20 août 1915**). — (Publ. au *J. off.* du 23 août).

LE PRÉSIDENT DE LA RÉPUBLIQUE FRANÇAISE; — Sur le rapport du ministre de la guerre, du ministre des finances, du ministre du commerce, de l'industrie, des postes et des télégraphes, et du ministre de l'agriculture; — Vu l'art. 34 de la loi du 17 déc. 1814 (1); — Décrète :

ART. **1er**. Sont prohibées la sortie, ainsi que la réexportation en suite d'entrepôt, de dépôt, de transit et transbordement des produits énumérés ci-après :

Bois d'acajou, d'okoumé, de platane, de hêtre, de bouleau, de tilleul, de frêne;

Iridium;

Osmium;

Rhodium;

Vins;

Récipients en fer et en acier pour gaz comprimés ou liquéfiés;

Fils de cotons;

Drilles de coton;

Soie tussah, brute, tissée ou filée.

Toutefois, des exceptions pourront être autorisées, sous les conditions qui seront déterminées par le ministre des finances.

2. Les ministres de la guerre, des finances, du commerce, de l'industrie, des postes et des télégraphes et de l'agriculture, sont chargés, etc.

ARMÉE, AÉRONAUTIQUE MILITAIRE, AÉROSTATION, AVIATION, ETABLISSEMENTS MILITAIRES.

DÉCRET *relatif à la réorganisation des établissements spéciaux de l'aéronautique.*

(**21 août 1915**). — (Publ. au *J. off.* du 26 août).

LE PRÉSIDENT DE LA RÉPUBLIQUE FRANÇAISE; — Sur le rapport du ministre de la guerre; — Vu la loi du 29 mars 1912 (2), portant organisation de l'aéronautique militaire, modifiée par les lois des 4 juill. 1913 (3) et 15 juill. 1914 (4), et en particulier l'art. 4 de cette dernière loi; — Vu le décret du 3 avril 1869, portant règlement sur la comptabilité des dépenses du département de la guerre; — Vu les décrets du 21 févr. 1914 (5) relatifs à la réorganisation des établissements spéciaux de l'aéronautique militaire et à la création d'une section technique et d'une inspection du matériel de l'aviation militaire; — Décrète :

ART. **1er**. Les établissements spéciaux de l'aéronautique militaire, autres que les écoles d'aviation, comprennent :

1° L'établissement central du matériel de l'aérostation;

2° Le service des fabrications de l'aviation militaire;

3° La section technique de l'aéronautique militaire.

2. Chacun de ces établissements spéciaux est dirigé par un officier supérieur, directeur, appartenant aux cadres de l'aéronautique militaire.

Ces directeurs sont ordonnateurs secondaires des crédits destinés au fonctionnement de leurs établissements.

3. Les instructions ministérielles détermineront la composition et les moyens d'action des établissements mentionnés à l'art. 1er, et préciseront leurs attributions.

---

(1) S. 1er vol. des *Lois annotées*, p. 914.

(2) S. et P. *Lois annotées* de 1912, p. 301; *Pand. pér.*, *Lois annotées* de 1912, p. 301.

(3-4) S. et P. *Lois annotées* de 1915, p. 949; *Pand. pér.*, *Lois annotées* de 1915, p. 949.

(5) *J. off.*, 27 févr. 1914, p. 1852.

4. Sont abrogées les dispositions antérieures contraires à celles du présent décret, notamment les décrets du 21 févr. 1914, susvisés.

5. Le ministre de la guerre est chargé, etc.

JUSTICES DE PAIX, GUERRE FRANCO-ALLEMANDE, JUGES DE PAIX MOBILISÉS, DÉCÉDÉS OU DÉMISSIONNAIRES, RÉUNION DE JUSTICES DE PAIX.

DÉCRETS *portant réunion temporaire de justices de paix.*

(**21 août 1915**). — (Publ. au *J. off.* du 24 août).

1er DÉCRET.

LE PRÉSIDENT DE LA RÉPUBLIQUE FRANÇAISE; — Sur le rapport du garde des sceaux, ministre de la justice; — Vu l'art. 1er de la loi du 6 avril 1915 (1), concernant le fonctionnement des justices de paix pendant la guerre; — Vu l'absence pour cause de mobilisation des juges de paix de Saint-Aignan (Loir-et-Cher), Riaillé (Loire-Inférieure); — Vu les propositions des premiers présidents des Cours d'appel d'Orléans et de Rennes et les procureurs généraux près lesdites Cours; — Décrète :

ART. **1er**. Sont provisoirement réunies, tant que durera l'absence pour cause de mobilisation des juges de paix des cantons susvisés :

Les justices de paix de Saint-Aignan et de Montrichard (Loir-et-Cher), sous la juridiction du juge de paix de Montrichard;

Les justices de paix de Riaillé et de Ligné (Loire-Inférieure), sous la juridiction du juge de paix du canton de Ligné.

2. Le garde des sceaux, ministre de la justice, est chargé, etc.

2e DÉCRET.

LE PRÉSIDENT DE LA RÉPUBLIQUE FRANÇAISE; — Sur le rapport du garde des sceaux, ministre de la justice; — Vu l'art. 1er de la loi du 6 avril 1915 (2), concernant le fonctionnement des justices de paix pendant la guerre; — Vu les décès des juges de paix d'Aigrefeuille (Loire-Inférieure), Versailles (Seine-et-Oise), canton Nord; — Vu la démission du juge de paix de Beaufort (Maine-et-Loire); — Vu les propositions des premiers présidents des Cours d'appel de Rennes, Paris et Angers et des procureurs généraux près lesdites Cours; — Décrète :

ART. **1er**. Sont provisoirement réunies :

Les justices de paix d'Aigrefeuille et de Vertou (Loire-Inférieure), sous la juridiction du juge de paix du canton de Vertou;

Les justices de paix des cantons Nord et Ouest de Versailles (Seine-et-Oise), sous la juridiction du juge de paix du canton Ouest de cette ville;

Les justices de paix des cantons de Beaufort et de Baugé (Maine-et-Loire), sous la juridiction du juge de paix du canton de Baugé.

2. Le garde des sceaux, ministre de la justice, est chargé, etc.

(1) *Supra*, p. 104.

(2) *Supra*, p. 104.

MARINE, GUERRE FRANCO-ALLEMANDE, PERSONNEL ADMINISTRATIF DE GESTION ET D'EXÉCUTION, OFFICIERS, COMMIS PRINCIPAUX ET COMMIS, DÉPLACEMENT D'OFFICE.

ARRÊTÉ *relatif au tour de départ pour les colonies et pays de protectorat, et aux déplacements, dans les ports et les établissements en France, du personnel administratif de gestion et d'exécution.*

(**21 août 1915**) — (Publ. au *J. off.* du 22 août).

LE MINISTRE DE LA MARINE; — Vu le décret du 20 févr. 1914 (3), portant réorganisation du personnel administratif chargé de la gestion et de l'exécution dans les services de la marine; — Vu les arrêtés des 4 nov. 1904 et 25 mai 1910; — Arrête :

ARTICLE UNIQUE. Par dérogation aux dispositions des arrêtés du 4 nov. 1904, art. 1er, et du 28 mai 1910, art. 2, et pendant toute la durée des hostilités, les déplacements d'office des officiers, commis principaux et commis du personnel administratif de gestion et d'exécution pourront être décidés par le ministre, sans qu'il soit tenu compte des tours de listes.

ARMÉE, GUERRE FRANCO-ALLEMANDE, ENTREPRENEURS DE BATTAGE, MÉCANICIENS, MARÉCHAUX FERRANTS, FORGERONS, SURSIS D'APPEL.

INSTRUCTIONS *relatives aux sursis d'appel à accorder : 1° aux entrepreneurs de battages et mécaniciens de machines à battre; 2° aux maréchaux ferrants, forgerons et mécaniciens réparateurs de machines agricoles, pendant la période des semailles et labours d'automne.*

(**22 août 1915**) — (Publ. au *J. off.* du 23 août).

I. — *Entrepreneurs de battage et mécaniciens de machines à battre.*

Des sursis d'appel peuvent être accordés :

Aux propriétaires exploitants de machines à battre;

(3) *J. off.*, 22 févr. 1914, p. 1710.

Aux entrepreneurs de battages;
Aux mécaniciens de machines à battre;
Aux engreneurs.

Ces sursis sont accordés *par les généraux commandant les régions* à tous les hommes des réserves en service dans la zone de l'intérieur ou dans les dépôts de la zone des armées (1).

Les hommes exerçant les professions visées plus haut, travaillant dans des établissements de l'artillerie, peuvent être placés en sursis d'appel (dépêche du sous-secrétariat d'Etat de l'artillerie et des munitions du 4 août 1915, n° 2751-2752).

Le général compétent pour statuer est le général commandant la région dont dépend le corps ou le service auquel est affecté l'intéressé (2).

La durée des sursis est fixée par les généraux commandant les régions, après entente avec les préfets intéressés.

En conséquence, il est indispensable que toute demande de sursis d'appel, concernant un homme exerçant l'une des professions visées plus haut, soit revêtue de l'avis du maire et du préfet, et que ce dernier indique le temps pendant lequel la présence de l'intéressé est nécessaire.

Les généraux commandant les régions adresseront, le 5 de chaque mois au plus tard, le compte rendu des sursis ainsi accordés pendant le mois précédent (sous le timbre de la direction générale des services), compte rendu prescrit par la circulaire n° 12725 du 11 août 1915.

II. — *Maréchaux ferrants, forgerons et mécaniciens réparateurs de machines agricoles.*

Des sursis d'appel peuvent être accordés aux maréchaux ferrants, forgerons et mécaniciens réparateurs de machines agricoles, pour la période des labours et des semailles d'automne (septembre, octobre, novembre).

Ces sursis d'appel sont *accordés par le ministre* aux hommes appartenant à l'armée territoriale, à la réserve de l'armée territoriale ou au service auxiliaire (toutes classes des réserves), en service dans la zone de l'intérieur ou dans les dépôts de la zone des armées, même s'ils sont employés dans des établissements de l'artillerie.

Chaque préfet établira, pour le 10 septembre, une liste des maréchaux ferrants, forgerons et mécaniciens réparateurs de machines agricoles indispensables dans son département pendant la période dont il s'agit. Cette liste devra fournir des renseignements très complets concernant la situation militaire des intéressés, et indiquera le temps pendant lequel la présence des intéressés est nécessaire; les listes ainsi établies devront être adressées, en double exemplaire, par les préfets au ministre de l'agriculture, qui les fera parvenir avec son avis au ministre de la guerre.

Il sera statué sur cette liste unique de propositions, et il ne pourra plus être accordé, pour la même période, de sursis à d'autres hommes des professions en question, sauf dans des cas exceptionnels (appel sous les drapeaux d'hommes non encore convoqués, remplacement pour cause de décès, etc.).

ARMÉE, GUERRE FRANCO-ALLEMANDE, SERVICE DE SANTÉ MILITAIRE, MATÉRIEL ET MAGASINS D'APPROVISIONNEMENT, INSPECTION GÉNÉRALE.

ARRÊTÉ *créant une inspection générale du matériel et des magasins d'approvisionnement du service de santé militaire.*

(22 août 1915). — (Publ. au *J. off.* du 24 août).

LE MINISTRE DE LA GUERRE; — Sur la proposition du sous-secrétaire d'Etat du service de santé militaire; — Vu la loi du 16 mars 1882 (3), sur l'organisation de l'armée, modifiée par la loi du 1er juill. 1889 (4); — Arrête :

ART. **1er**. Il sera procédé, pendant la durée de la guerre, à l'inspection générale du matériel et des magasins d'approvisionnement du service de santé militaire.

2. Cette inspection est confiée à un médecin inspecteur général ou à un médecin inspecteur qui relève directement du ministre.

Il a dans ses attributions, sous l'autorité du sous-secrétaire d'Etat du service de santé militaire, l'inspection du matériel et des magasins d'approvisionnement; il coordonne et surveille les opérations d'ordre technique et administratif de ces établissements.

Il est chargé des études, travaux, enquêtes et expériences relatifs à la fabrication, à l'acquisition et à l'emploi de matériel. Il adresse au ministre, par l'intermédiaire du sous-secrétaire d'Etat du service de santé militaire, tous rapports, comptes rendus et demandes, ainsi que les propositions de toute nature susceptibles de contribuer à l'amélioration du service dans toutes ses parties.

Il peut, en outre, être chargé de toutes les

---

(1) Note du *J. off.* — Instructions insérées au *J. off.* du 15 févr. 1915, p. 788, confirmées par circulaires : n° 8811, du 9 juin 1915, et n° 11122, du 16 juill. 1915. Il n'est plus fait d'exception pour les hommes en service dans les dépôts de Dunkerque, Verdun, Toul, Epinal et Belfort.

(2) Note du *J. off.* — Le ministre décide sur les demandes de sursis d'appel concernant les hommes dépendant de services relevant de l'administration centrale (services automobiles, etc.).

(3) S. *Lois annotées* de 1882, p. 348. — P. *Lois, décr.*, etc. de 1882, p. 566.

(4) S. *Lois annotées* de 1890, p. 640. — P. *Lois, décr.*, etc. de 1890, p. 1102; *Pand. pér.*, 1890.3.50.

missions ou études qui ont trait à l'organisation ou au fonctionnement du service de santé.

3. Une instruction ministérielle réglera les détails relatifs aux attributions, à l'organisation et au fonctionnement de l'inspection générale du matériel et des magasins d'approvisionnement du service de santé.

COLONIES, GUERRE FRANCO-ALLEMANDE, EXPÉDITION DU CAMEROUN, CORPS EXPÉDITIONNAIRE, OFFICIERS, SOUS-OFFICIERS, AVANCEMENT PENDANT LA GUERRE, GRADES TEMPORAIRES.

DÉCRET *relatif à l'avancement dans les colonnes expéditionnaires françaises du Cameroun pendant la durée de la guerre.*

(22 août 1915). — (Publ. au *J. off.* du 30 août).

LE PRÉSIDENT DE LA RÉPUBLIQUE FRANÇAISE; — Sur le rapport du ministre de la guerre; — Vu la loi du 14 avril 1832 (1), sur l'avancement dans l'armée; — Vu les art. 106 et 107 de l'ordonnance du 16 mars 1838 (2), portant règlement, d'après la hiérarchie militaire, des grades et des fonctions sur la progression de l'avancement et la nomination aux emplois dans l'armée, en exécution de la loi du 14 avril 1832; — Vu les art. 45 et 58 de la loi du 13 mars 1875 (3), et le décret du 31 août 1878 (4); — Vu le décret du 2 janv. 1915 (5), relatif à l'avancement dans l'armée, pendant la durée de la guerre; — Vu le décret du 3 mai 1915 (6), portant application au corps expéditionnaire d'Orient des dispositions du décret du 2 janv. 1915, relatif à l'avancement pendant la durée de la guerre; — Décrète :

ART. **1**er. Pendant la durée de la guerre, lorsque, dans les colonnes expéditionnaires françaises opérant au Cameroun, des vacances dans les cadres se produisent par suite de promotion, décès, disparition ou rapatriement, les officiers (d'un grade inférieur ou égal à celui de capitaine ou assimilé) appartenant à ces colonnes expéditionnaires, ou servant en Afrique occidentale française et en Afrique équatoriale française, peuvent être promus au grade supérieur à titre temporaire, quelle que soit leur ancienneté de grade, pour remplir ces emplois; les sous-officiers peuvent être nommés officiers dans les mêmes conditions.

2. Les nominations à titre temporaire, visées à l'article précédent, sont prononcées par le ministre de la guerre, sur proposition :

1° Du commandant du corps expéditionnaire du Cameroun, pour le personnel de ce corps expéditionnaire. Ces propositions sont intégralement transmises au ministre de la guerre par l'intermédiaire du commandant supérieur des troupes de l'Afrique occidentale française, qui les complète, s'il y a lieu, par l'indication des militaires de son groupe dont il proposerait la nomination pour contribuer à remplir les emplois vacants.

2° Du commandant supérieur des troupes de l'Afrique équatoriale française, pour le personnel de ce groupe qui appartient aux colonnes opérant au Cameroun, ainsi que pour celui servant dans l'intérieur du groupe dont il demanderait la promotion pour contribuer à occuper les places vacantes.

Les propositions sont présentées et les nominations notifiées par les voies les plus rapides.

3. Les officiers ainsi nommés par le ministre de la guerre ont droit, tant qu'ils restent investis du grade auquel ils ont été nommés à titre temporaire, aux rangs, prérogatives et avantages pécuniaires résultant du grade ou de l'emploi qui leur est conféré; le bénéfice leur en est acquis à partir de la date de la décision du ministre qui les a nommés, et leur ancienneté dans le grade est réglée par la date de cette décision; ils ont, dans ce grade, les mêmes droits à l'avancement que les officiers promus dans les conditions normales.

Sont annulées de plein droit les nominations prononcées, au titre des emplois vacants dans les diverses colonnes du Cameroun, en faveur des militaires servant dans l'intérieur de l'Afrique occidentale française et de l'Afrique équatoriale française, lorsque les nouveaux promus n'ont pas rejoint ces colonnes dans le délai fixé par le commandant supérieur des troupes.

4. Les officiers promus à titre temporaire peuvent recevoir, dans leur nouveau grade ou emploi, une lettre de service du ministre de la guerre, leur conférant, quelle que soit leur ancienneté, autorité sur les officiers du même grade. A défaut d'une semblable lettre, et sous réserve de l'application des art. 43 et 57 de la loi du 13 mars 1875 pour les officiers de l'armée active, les officiers nommés ou promus passent toujours, au point de vue du commandement, après les officiers du même grade nommés ou promus à titre définitif.

5. Pendant la durée de la campagne, le ministre de la guerre peut, par des décisions individuelles spéciales, suspendre l'effet des nominations à titre temporaire, lorsque cette mesure lui paraîtra nécessaire dans l'intérêt du service.

---

(1) S. 2e vol. des *Lois annotées*, p. 103.

(2) S. 2e vol. des *Lois annotées*, p. 407.

(3) S. *Lois annotées* de 1875, p. 693. — P. *Lois, décr.*, etc. de 1875, p. 1192.

(4) S. *Lois annotées* de 1879, p. 414. — P. *Lois, décr.*, etc. de 1879, p. 713.

(5) 1er vol., p. 290.

(6) *Supra*, p. 142.

Ces décisions sont prises, suivant le cas, soit (pour les forces détachées d'Afrique équatoriale au Cameroun) sur la proposition du commandant supérieur des troupes de ce groupe, soit (pour la colonne expéditionnaire française du Cameroun) sur la demande du commandant de cette colonne, et après avis du commandant supérieur des troupes du groupe de l'Afrique occidentale française.

Autant que possible, ces avis sont communiqués aux intéressés, et ceux-ci appelés à présenter les observations qu'ils croient avoir à formuler.

6. A l'expiration de la campagne, les officiers nommés ou promus à titre temporaire seront obligatoirement soumis à une revision des grades, dans des conditions à déterminer.

7. Les dispositions qui précèdent, ne visant que des cas exceptionnels, n'empêchent pas le jeu normal de l'avancement, tel qu'il est prévu pour le temps de guerre par l'ordonnance du 16 mars 1838.

8. Le ministre de la guerre est chargé, etc.

GUERRE, GUERRE FRANCO-ALLEMANDE, CONTREBANDE DE GUERRE, CONTREBANDE ABSOLUE, COTON, DÉCHETS ET FILÉS DE COTON.

NOTIFICATION *relative à la contrebande de guerre.*

(Publ. sans date au *J. off.* du 22 août 1915).

Conformément à la disposition de l'art. 2 du décret du 6 nov. 1914 (1), il est notifié que l'addition suivante est apportée aux listes de la contrebande de guerre publiées dans les numéros du *Journal officiel* des 2-3 janvier (2), 12 mars (3) et 29 mai 1915 (4).

Contrebande absolue.

Le coton brut, les linters, les déchets de coton et les filés de coton.

MARINE, GUERRE FRANCO-ALLEMANDE, CAPITAINES AU LONG COURS, COMMISSIONS D'ENSEIGNE DE VAISSEAU AUXILIAIRE, RETRAIT, NOMINATION AU GRADE DE LIEUTENANT DANS L'ARMÉE, ANNULATION.

CIRCULAIRE MINISTÉRIELLE *relative à la situation militaire des enseignes de vaisseau auxiliaires licenciés par mesure disciplinaire.*

(24 août 1915). — (Publ. au *J. off.* du 26 août).

La question s'est posée de savoir quelles mesures doivent être prises à l'égard des capitaines au long cours dont la manière de servir motive le retrait de la commission d'enseigne de vaisseau auxiliaire ou l'annulation de la nomination au grade de lieutenant dans l'armée de terre.

On ne saurait admettre qu'une faute qui rend indigne de servir comme officier ait pour conséquence l'exemption des charges militaires en temps de guerre.

La situation des officiers auxiliaires est, à ce point de vue, celle de tout officier de complément qui, perdant son grade pour une cause quelconque, redevient soumis au droit commun et suit le sort de sa classe, avec le grade dont il était titulaire avant d'être officier.

J'ai décidé, en conséquence, que tout capitaine au long cours qui, à la suite d'une faute grave, sera privé du grade avec lequel la loi permet de le lever, sera maintenu au service, dans l'armée de mer ou l'armée de terre, suivant le sort de sa classe, avec le grade de sous-officier dont il serait titulaire s'il n'était que lieutenant au long cours.

Une rétrogradation à un grade inférieur sera même possible, si la gravité de la faute l'exige et suivant les propositions formulées.

La mesure à prendre, en cas de renvoi pour incapacité, donnera lieu à des décisions d'espèce; mais, toutes les fois que l'incapacité à remplir une fonction résultera d'une mauvaise volonté reconnue, la faute grave ainsi commise entraînera la rétrogradation.

DOUANES, GUERRE FRANCO-ALLEMANDE, MONNAIES D'ARGENT, INTERDICTION DE SORTIE.

DÉCRET *prohibant la sortie, ainsi que la réexportation, sous un régime douanier quelconque, des monnaies d'argent.*

(25 août 1915). — (Publ. au *J. off.* du 26 août).

LE PRÉSIDENT DE LA RÉPUBLIQUE FRANÇAISE; — Sur le rapport du ministre des finances; — Vu l'art. 34 de la loi du 17 déc. 1814 (5); — Décrète :

ART. **1er.** Sont prohibées la sortie, ainsi que la réexportation, sous un régime douanier quelconque, des monnaies d'argent.

Toutefois, des exceptions à ces dispositions pourront être autorisées, sous les conditions qui seront déterminées par le ministre des finances.

2. Le ministre des finances est chargé, etc.

(1-2) 1er vol., p. 186 et 291.

(3-4) *Supra*, p. 54 et 169.

(5) S. 1er vol. des *Lois annotées*, p. 914.

DOUANES, GUERRE FRANCO-ALLEMANDE, INTERDICTION DE SORTIE, RÉDUCTION OU SUSPENSION DE DROITS, SURTAXE D'ENTREPÔT, SUSPENSION, DÉCRETS, RATIFICATION.

LOI *portant ratification de décrets ayant pour objet d'établir des prohibitions de sortie, de réduire ou de suspendre les droits d'entrée, de suspendre la surtaxe d'entrepôt sur diverses marchandises.*

(26 août 1915). — (Publ. au *J. off.* du 29 août).

ART. **1er**. Sont ratifiés et convertis en lois :

Le décret du 4 févr. 1915 (1), prohibant la sortie, ainsi que la réexportation en suite d'entrepôt, de dépôt, de transit, de transbordement et d'admission temporaire, des produits ci-après : acide lactique; aciers de toutes sortes; agrès et apparaux d'aéronefs; appareils électriques pour la mise de feu; appareils et instruments de chirurgie (y compris les drains, tubes, gants en caoutchouc); bambous; bateaux de rivière; bourre de soie en masse ou peignée; cachou en masse; cartes géographiques ou marines; celluloïd brut en masses, plaques, feuilles, jonc, tubes, bâtons, rognures, déchets; codéïne; cyanamide calcique; déchets de soie; détonateurs; digitaline; émétine et émétique; extraits de quinquina; fers et fontes; filières diamant au 15/100e de millimètre et au-dessus, et dont le poids du diamant excède un quart de carat; fromage à pâte ferme; fulminate de mercure; graphite; huiles résiduelles de la distillation de l'alcool; huiles végétales et huile de baleine; jambons désossés et roulés; jambons cuits; lave de Volvic; légumes frais; machines et parties de machines exclusivement propres à la fabrication des munitions et des armes de guerre; mélasses; minerais de molybdène et de titane, de vanadium; morphine; oléo-margarine et substances similaires; outils emmanchés ou non en fonte, fer ou acier; bêches, cisailles, haches, pelles, pioches, scies articulées, scies à main, serpes; ouvrages en aluminium autres que la bijouterie; paraffine; peroxyde de sodium; phosphore et phosphates de chaux; résine de pin et de sapin; salin de betteraves; salol; sels ammoniacaux; sulfate de cuivre et verdets, bouillies et poudres cupriques; terpine; terre d'infusoires; tissus de coton écrus ou blanchis, armure toile, pesant plus de 22 kilogr. les 100 mètres carrés; tissus de jute écrus, armure toile, pesant plus de 30 kilogr. les 100 mètres carrés; tissus de lin et de chanvre écrus ou blanchis, armure toile, pesant plus de 27 kilogr. 500 les 100 mètres carrés; trioxyméthylène; ventilateurs de 50 à 250 kilogr.; viandes salées;

Le décret du 16 févr. 1915 (2), portant réduction de 60 p. 100 des droits d'entrée : 1° sur le papier autre que de fantaisie, à la mécanique, pesant plus de 30 grammes le mètre carré, destiné à l'impression des journaux; 2° sur les pâtes de cellulose, mécaniques et chimiques, destinées à la fabrication de ce même papier;

Le décret du 8 mars 1915 (3), suspendant les droits d'entrée sur les rails et éclisses destinés à la réfection des voies de communication présentant un intérêt pour la défense nationale;

Le décret du 3 mars 1915 (4), suspendant pendant un délai de six mois les droits d'entrée sur les rails et éclisses pour voies de tramways jusqu'à concurrence des quantités globales de 5.000 tonnes de rails et de 250 tonnes d'éclisses;

Le décret du 6 mars 1915 (5), prohibant la sortie des produits ci-après : boyaux frais, secs ou salés; peaux sèches exotiques; amidon; fécules de pomme de terre, maïs et autres; verres de lunette et d'optique; instruments d'observation de géodésie et d'optique;

Le décret du 13 mars 1915 (6), suspendant la surtaxe d'entrepôt sur le nitrate de soude, en ce qui concerne les importations effectuées pour les besoins de la défense nationale;

Le décret du 30 mars 1915 (7), prohibant la sortie du marc de pommes;

Le décret du 3 avril 1915 (8), prohibant la sortie des produits ci-après : peaux brutes et préparées de chevreau; graisses de poisson; café; écorces à tan et autres matières tannantes de toutes sortes; extraits tannants et sucs tannins; ammoniaque; chronomètres de bord; instruments nautiques divers.

2. Le régime antérieur sera établi par des décrets rendus dans la même forme que ceux dont la ratification est prononcée par la présente loi.

(1-2-3) *Supra*, p. 16, 31, 51.

(4-5) *Supra*, p. 50, 51.

(6) Ce décret, publié au *J. off.* du 18 mars 1915, est ainsi conçu :

LE PRÉSIDENT DE LA RÉPUBLIQUE FRANÇAISE; — Vu l'art. 34, § 1er, de la loi du 17 déc. 1814, modifiée par l'art. 3 de la loi du 29 mars 1910; — Vu l'art. 3, § 8, de la loi du 29 mars 1910; — Vu la loi du 11 janv. 1892; — Vu le décret du 1er août 1914, portant mobilisation générale de l'armée; — Le conseil des ministres entendu; — Décrète :

ART. **1er**. A partir du 18 mars 1915, la surtaxe d'entrepôt sur le nitrate de soude est suspendue, en ce qui concerne les importations effectuées pour les besoins de la défense nationale, à la charge pour les importateurs de justifier de commandes faites par l'Etat.

2. Cette surtaxe sera rétablie par décret rendu dans la même forme, dès que les circonstances le permettront. Dans ce cas, les chargements qu'on justifiera avoir été expédiés à destination de la France avant la publication du décret de rétablissement au *Journal officiel* resteront admissibles aux conditions du tarif antérieur.

3. Le ministre du commerce, de l'industrie, des postes et des télégraphes et le ministre des finances sont chargés, etc.

(7-8) *Supra*, p. 91, 97.

PROPRIÉTÉ LITTÉRAIRE ET ARTISTIQUE, CONVENTION DE BERNE, PROTOCOLE ADDITIONNEL, APPROBATION.

LOI *portant approbation du protocole additionnel à la convention de Berne, revisée pour la protection des œuvres littéraires et artistiques, du 13 nov. 1908, signé à Berne, le 20 mars 1914, par les plénipotentiaires des dix-huit Etats participant à cette union internationale.*

(**26 août 1915**). — (Publ. au *J. off.* du 29 août).

ARTICLE UNIQUE. Le Président de la République est autorisé à ratifier, et, s'il y a lieu, à faire exécuter le protocole additionnel à la convention de Berne revisée pour la protection des œuvres littéraires et artistiques, du 13 nov. 1908, signée à Berne, le 20 mars 1914, par les plénipotentiaires des dix-huit Etats participant à cette union internationale.

Une copie de cet acte est annexée à la présente loi (1).

ARMÉE, GUERRE FRANCO-ALLEMANDE, RAVITAILLEMENT EN BOIS, OUVRIERS FORESTIERS, SURSIS D'APPEL, MARCHANDS DE BOIS, EXPLOITANTS OU ENTREPRENEURS DE COUPES DE BOIS, PERMISSIONS MILITAIRES.

INSTRUCTION *au sujet des permissions et sursis d'appel à accorder pour le ravitaillement en bois des armées et de la population civile.*

(Publ. sans date au *J. off.* du 27 août 1915).

En vue d'assurer le ravitaillement en bois des armées et de la population civile, le ministre de la guerre a décidé, après entente avec le ministre de l'agriculture, que, d'une part, des sursis d'appel et des permissions pourront être accordés aux ouvriers forestiers, charbonniers, commis de bois..., actuellement mobilisés, afin de suppléer à l'insuffisance de la main-d'œuvre civile, et que, d'autre part, des permissions pourront également être accordées aux marchands de bois exploitants ou entrepreneurs de coupe, dans le but de leur permettre de visiter leurs exploitations, d'estimer les coupes mises en vente, de prendre part aux adjudications et d'organiser leurs chantiers.

Ces sursis d'appel et permissions sont susceptibles d'être accordés dans les conditions suivantes :

I. — OUVRIERS FORESTIERS

A. — *Sursis d'appel.*

Des sursis d'appel pourront être accordés aux bûcherons, voituriers forestiers, commis de bois, etc., territoriaux, réservistes de l'armée territoriale, ou hommes du service auxiliaire de toutes classes des réserves (et de préférence à ceux de ces deux dernières catégories), qui sont en service dans la zone de l'intérieur ou dans les dépôts de la zone des armées.

Toutefois, les militaires détachés dans les établissements travaillant pour la défense nationale ne sont pas admis à bénéficier de ces sursis.

D'une façon générale, les sursis seront accordés pour une durée de deux mois, et ne pourront être prolongés que dans des cas exceptionnels, c'est-à-dire dans des cas de nécessité absolue.

C'est aux employeurs qu'il appartient de présenter les demandes de sursis d'appel concernant les ouvriers et employés forestiers dont ils ont besoin.

La demande doit être adressée au conservateur des eaux et forêts dans la circonscription duquel les travaux sont à effectuer (2).

Elle indiquera de la façon la plus précise et la plus complète :

1° Les noms, prénoms, qualité et domicile de l'employeur ;

2° La situation (département, commune, lieu dit) de la coupe qu'il s'agit d'exploiter ou de vidanger ;

3° Le nom du propriétaire du bois dans lequel elle est située ;

4° Autant que possible, l'importance (contenance ou volume) de cette coupe ;

5° Les besoins que ces produits sont destinés à satisfaire ;

6° Les ouvriers, voituriers ou employés pour lesquels les sursis sont sollicités, en fournissant pour chacun d'eux les renseignements suivants :

Nom et prénoms ;

Classe de mobilisation ;

Bureau de recrutement :

N° matricule de recrutement ;

Affectation militaire actuelle (corps ou service, compagnie, escadron, batterie, etc., emplacement) ;

Domicile dans la vie civile ;

Profession.

En ce qui concerne les bois particuliers, la demande sera apostillée par le maire de la commune de la situation du bois, qui donnera son avis sur l'opportunité d'y faire droit.

Toute demande de sursis devra parvenir au conservateur des eaux et forêts avant le 10 du mois qui précédera ceux pour lesquels le sursis est demandé.

Faute par l'employeur d'observer ce délai, qui est de rigueur, la suite dont sa demande est susceptible sera retardée d'un mois.

(1) Note du *J. off.* — Le texte authentique du protocole additionnel sera publié avec le décret de promulgation.

(2) Note du *J. off.* — Voir le tableau des départements, avec indication des numéros et chefs-lieux des conservations forestières dont ils dépendent.

Les prolongations de sursis seront demandées dans les mêmes formes et délais que les sursis, et il sera fourni, au sujet des ouvriers qui en seront l'objet, les mêmes renseignements que pour des ouvriers nouveaux (avec indication toutefois qu'il s'agit d'une prolongation).

Il est rappelé que les hommes mis en sursis d'appel ont l'obligation absolue de se consacrer uniquement aux travaux forestiers pour lesquels ce sursis leur a été accordé; il appartiendra aux autorités et services locaux de contrôler l'emploi de leur temps et de provoquer leur renvoi sous les drapeaux si le rendement de leur travail est insuffisant.

B. — *Permissions.*

Des permissions pourront être accordées aux bûcherons, voituriers forestiers, charbonniers, commis de bois, qui sont mobilisés dans la zone de l'intérieur ou dans les dépôts de la zone des armées, à l'exception des hommes de l'active et de la réserve du service armé, aptes à faire campagne, appartenant à l'infanterie ou au génie.

La durée des permissions est limitée à quinze jours.

Les demandes de permissions devront être adressées directement par les intéressés à leurs chefs hiérarchiques.

Les bénéficiaires seront tenus de consacrer tout leur temps à des travaux d'exploitation ou de transport de bois; en vue d'assurer un contrôle efficace de leur emploi du temps, les permissions accordées seront notifiées aux maires, par l'intermédiaire des préfets, à la gendarmerie et aux conservateurs des eaux et forêts.

II. — MARCHANDS DE BOIS EXPLOITANTS OU ENTREPRENEURS DE COUPES

Permissions.

Les permissions à accorder aux hommes exerçant ces professions s'appliqueront, comme pour les ouvriers forestiers, à ceux qui sont mobilisés dans la zone de l'intérieur ou dans les dépôts de la zone des armées, à l'exception des hommes de l'active et de la réserve du service armé, aptes à faire campagne, appartenant à l'infanterie ou au génie.

Elles seront accordées plus spécialement à l'occasion des prochaines adjudications des coupes de l'Etat et des communes.

Il appartiendra à l'autorité militaire d'en fixer la durée, après entente avec les conservateurs des eaux et forêts, qui auront à fournir sur les pétitionnaires les renseignements de nature à permettre d'apprécier l'opportunité qu'il peut y avoir à leur donner satisfaction.

Les demandes de permission devront être adressées directement à leurs chefs hiérarchiques par les intéressés. Il leur est recommandé, toutefois, pour gagner du temps, d'en prévenir le conservateur des eaux et forêts, afin de lui permettre de recueillir les renseignements nécessaires en vue de l'avis qu'il est appelé à donner sur l'opportunité et la durée de la permission.

Dans ce cas, il conviendra qu'ils indiquent, d'une façon précise, l'autorité militaire à laquelle le conservateur devra adresser son avis.

(*Suit au* J. off. *le tableau de la division de la France en 32 conservations des eaux et forêts.*)

COLONIES, GUERRE FRANCO-ALLEMANDE, DOUANES, INTERDICTIONS DE SORTIE, DÉCRET DU 5 AOUT 1915, APPLICATION.

DÉCRET *portant application aux colonies des dispositions du décret du* 5 *août* 1915, *prohibant certains produits à la sortie de la métropole.*

(27 août 1915). — (Publ. au *J. off.* du 2 sept.).

LE PRÉSIDENT DE LA RÉPUBLIQUE FRANÇAISE; — Sur le rapport des ministres des colonies, de la marine, du commerce, de l'industrie, des postes et des télégraphes et des finances; — Vu l'art. 34 de la loi du 17 déc. 1814 (1); — Vu l'ordonnance du 18 janv. 1817 (2); — Vu le sénatus-consulte du 3 mai 1854 (3); — Décrète :

ART. 1er. Sont rendues applicables aux colonies et pays de protectorat autres que la Tunisie et le Maroc les dispositions du décret du 5 août 1915 (4), prohibant divers produits à la sortie de la métropole.

Toutefois, des exceptions à cette disposition pourront être autorisées, sous les conditions qui seront déterminées par le ministre des colonies.

2. Les ministres des colonies, de la marine, du commerce, de l'industrie, des postes et des télégraphes et des finances sont chargés, etc.

GUERRE, GUERRE FRANCO-TURQUE, BLOCUS DES CÔTES D'ASIE MINEURE ET DE SYRIE.

NOTIFICATION *de la déclaration du blocus des côtes d'Asie Mineure et de Syrie.*

(Publ. sans date au *J. off.* du 27 août 1915).

A la date du 22 août 1915, le commandant en

---

(1) S. 1er vol. des *Lois annotées*, p. 914.

(2) S. 1er vol. des *Lois annotées*, p. 971.

(3) S. *Lois annotées* de 1854, p. 78. — P. *Lois, décr.*, etc. de 1854, p. 137.

(4) *Supra*, p. 274.

chef de l'armée navale en Méditerranée, agissant en vertu des pouvoirs qui lui sont conférés par le Gouvernement de la République, a déclaré en état de blocus les côtes d'Asie Mineure et de Syrie, depuis l'île de Samos jusqu'à la frontière égyptienne, soit entre les points suivants : latitude 37° 38', longitude 27° 2' Est (Greenwich), et latitude 31° 20', longitude 34° 13' Est (Greenwich).

Le blocus est déclaré effectif à dater du 25 août 1915 à douze heures.

Les navires neutres pourront, jusqu'au 28 août 1915, douze heures, quitter les points bloqués.

L'ordre a été donné, en même temps, aux commandants des forces navales effectuant le blocus, de procéder immédiatement aux notifications aux autorités locales.

1° LÉGION D'HONNEUR, DÉCORATIONS SANS TRAITEMENT, OPÉRATIONS DE GUERRE, ACTIONS D'ÉCLAT, TRAITEMENT CONFÉRÉ PAR DÉCRET. — 2° DÉCORATIONS, MÉDAILLE MILITAIRE, DÉCORATIONS SANS TRAITEMENT, OPÉRATIONS DE GUERRE, ACTIONS D'ÉCLAT, TRAITEMENT CONFÉRÉ PAR DÉCRET.

DÉCRET *portant modification au décret du 8 nov. 1913, établi en vue de l'admission au traitement de militaires décorés, qui se sont distingués au cours de la campagne, sur des contingents autres que celui de la loi du 18 déc. 1905.*

(27 août 1915). — (Publ. au *J. off.* du 29 août).

LE PRÉSIDENT DE LA RÉPUBLIQUE FRANÇAISE ; — Sur la proposition du grand chancelier de la Légion d'honneur et sur le rapport du ministre de la guerre ; — Le conseil de l'ordre entendu ; — Vu l'art. 40 de la loi du 24 juill. 1873 (1), relative à l'organisation générale de l'armée ; — Vu le décret organique de la Légion d'honneur du 16 mars 1852 (2) ; — Vu les décrets des 22 janv. (3) et 29 févr. 1852 (4), relatifs à la médaille militaire ; — Décrète :

ART. **1er**. Le § 1er de l'art. 1er du décret du 8 nov. 1913 (5) est remplacé par la disposition suivante :

« Tout légionnaire ou médaillé militaire sans traitement pourra être, par décret, admis au traitement, lorsque, se trouvant incorporé dans l'armée active et prenant part à des opérations de guerre, il aura accompli une action d'éclat ou rendu des services distingués qui l'auraient fait proposer pour la croix de la Légion d'honneur ou la médaille militaire avec traitement, s'il n'avait déjà obtenu cette distinction à un autre titre.

2. Le ministre de la guerre et le grand chancelier de l'ordre national de la Légion d'honneur sont chargés, etc.

MARINE, GUERRE FRANCO-ALLEMANDE, SERVICE DE SANTÉ DE LA MARINE, MÉDECINS AUXILIAIRES DE 2e CLASSE, ELÈVES POSSÉDANT 16 INSCRIPTIONS, PHARMACIENS AUXILIAIRES DE 2e CLASSE, ELÈVES POSSÉDANT 12 INSCRIPTIONS.

DÉCRET *portant création, pendant la durée des hostilités, de l'emploi de médecin et de pharmacien de 2e classe auxiliaires.*

(27 août 1915). — (Publ. au *J. off.* du 31 août).

LE PRÉSIDENT DE LA RÉPUBLIQUE FRANÇAISE ; — Vu le décret du 6 mai 1904, relatif à la situation des élèves du service de santé de la marine, en cas de mobilisation ; — Vu la loi du 27 juill. 1907 (6), sur l'organisation du corps de santé de la marine ; — Sur le rapport du ministre de la marine ; — Décrète :

ART. **1er**. Les élèves du service de santé de la marine qui, au moment de la mobilisation, possédaient seize inscriptions de doctorat, ou douze inscriptions pour le grade de pharmacien de 1re classe, et qui ont été affectés au service général en qualité de médecin ou de pharmacien de 3e classe auxiliaires, peuvent être nommés à l'emploi de médecin ou de pharmacien de 2e classe auxiliaires.

2. Les élèves nommés à l'emploi de médecin ou de pharmacien auxiliaires de 2e classe sont assimilés pour la solde, les indemnités et la hiérarchie aux médecins et pharmaciens de 2e classe de la marine.

3. Le ministre de la marine est chargé, etc.

DOUANES, GUERRE FRANCO-ALLEMANDE, INTERDICTION DE SORTIE, DÉROGATION, VINS, ANGLETERRE, DOMINIONS, PAYS DE PROTECTORAT ET COLONIES BRITANNIQUES, BELGIQUE, JAPON, MONTÉNEGRO, RUSSIE, SERBIE, ETATS DE L'AMÉRIQUE.

---

(1) S. *Lois annotées* de 1873, p. 438. — P. *Lois, décr.*, etc. de 1873, p. 751.

(2) S. *Lois annotées* de 1852, p. 76. — P. *Lois, décr.*, etc. de 1852, p. 132.

(3-4) S. *Lois annotées* de 1852, p. 18 et 69. — P. *Lois, décr.*, etc. de 1852, p. 34 et 110.

(5) *J. off.*, 11 nov. 1913, p. 9872.

(6) S. et P. *Lois annotées* de 1908, p. 634 ; *Pand. pér.*, *Lois annotées* de 1908, p. 634.

ARRÊTÉ *portant dérogation à des prohibitions de sortie.*

(28 août 1915). — (Publ. au *J. off.* du 29 août).

LE MINISTRE DES FINANCES; — Sur le rapport de la commission interministérielle des dérogations aux prohibitions de sortie; — Vu le décret du 20 août 1915 (1); — Arrête :

ART. **1**er. Par dérogation aux prohibitions de sortie actuellement en vigueur, les vins peuvent être exportés ou réexportés sans autorisation spéciale, lorsque l'envoi a pour destination l'Angleterre, les Dominions, les pays de protectorat et colonies britanniques, la Belgique, le Japon, le Montenegro, la Russie (2), la Serbie (3), ou les Etats de l'Amérique.

2. Le conseiller d'Etat, directeur général des douanes, est chargé, etc.

PROPRIÉTÉ INDUSTRIELLE, GUERRE FRANCO-ALLEMANDE, BREVETS D'INVENTION APPARTENANT AUX SUJETS ALLEMANDS ET AUSTRO-HONGROIS, DEMANDES DE CONCESSION D'EXPLOITATION, COMMISSION D'EXAMEN.

DÉCRET *portant nomination des membres de la commission chargée d'examiner les demandes en concession d'exploitation des brevets d'invention appartenant à des sujets et ressortissants des empires d'Allemagne et d'Autriche-Hongrie.*

(28 août 1915). — (Publ. au *J. off.* du 3 sept.).

LE PRÉSIDENT DE LA RÉPUBLIQUE FRANÇAISE; — Sur le rapport du ministre du commerce, de l'industrie, des postes et des télégraphes; — Vu les art. 3 et 4 de la loi du 27 mai 1915 (4), établissant des règles temporaires en matière de propriété industrielle, notamment en ce qui concerne les brevets d'invention appartenant aux ressortissants des empires d'Allemagne et d'Autriche-Hongrie; — Vu les avis du garde des sceaux, ministre de la justice, du ministre des affaires étrangères, du ministre de la guerre, du ministre de la marine et du ministre du travail et de la prévoyance sociale; — Décrète :

ART. **1**er. La commission prévue par l'art. 4, susvisé, de la loi du 27 mai 1915, pour l'examen des demandes en concession d'exploitation des brevets d'invention appartenant à des sujets et ressortissants des empires d'Allemagne et d'Autriche-Hongrie, est constituée comme suit :

(*Suivent les noms au* J. off.).

2. Des arrêtés du ministre du commerce, de l'industrie, des postes et des télégraphes détermineront les conditions de présentation, de publicité et d'examen des demandes en concession d'exploitation de brevets d'invention, ainsi que toutes les mesures nécessaires pour assurer l'exécution des art. 3 et 4 susvisés de la loi du 27 mai 1915.

3. Le ministre du commerce, de l'industrie, des postes et des télégraphes, est chargé, etc.

1° SOCIÉTÉS D'ASSURANCES, GUERRE FRANCO-ALLEMANDE, MORATORIUM, PROROGATION DE DÉLAIS, REMBOURSEMENT DES SOMMES DUES EN VERTU DE CONTRATS D'ASSURANCES, ALGÉRIE. — 2° SOCIÉTÉS D'ÉPARGNE ET DE CAPITALISATION, MORATORIUM, PROROGATION DE DÉLAIS, REMBOURSEMENT DES SOMMES DUES EN VERTU DE CONTRATS DE CAPITALISATION OU D'ÉPARGNE, ALGÉRIE.

DÉCRET *portant prorogation des contrats d'assurance, de capitalisation et d'épargne* (5).

(28 août 1915). — (Publ. au *J. off.* du 29 août).

LE PRÉSIDENT DE LA RÉPUBLIQUE FRANÇAISE; — Sur le rapport du président du conseil, des ministres du travail et de la prévoyance sociale, de la justice, de l'intérieur, de l'agriculture, du commerce, de l'industrie, des postes et des télégraphes; — Vu la loi du 5 août 1914 (6), relative à la prorogation des échéances des valeurs négociables; — Vu le décret du 29 août 1914 (7), relatif à la prorogation des échéances; — Vu les décrets des 27 sept. (8), 27 oct. (9), 29 déc. 1914 (10), 23 févr. (11), 24 avril (12) et 26 juin 1915 (13), relatifs aux contrats d'assurance, de capitalisation et d'épargne; — Le conseil des ministres entendu; — Décrète :

---

(1) *Suprà*, p. 295.

(2-3) Note du *J. off.* — Sous réserve, en ce qui concerne la Russie et la Serbie, de la souscription d'un acquit-à-caution à décharger par la douane russe ou serbe.

(4) *Supra*, p. 167.

(5) Ce décret est précédé au *J. off.* d'un rapport ainsi conçu :

« La situation des sociétés d'assurance sur la vie et contre les accidents du droit commun et des entreprises d'épargne ne s'étant pas sensiblement modifiée depuis la publication du décret du 26 juin 1915, relatif à la prorogation des contrats souscrits par elles, il ne paraît pas possible de leur demander un effort plus grand que celui qui leur a été imposé par le décret précité. Le texte que nous vous soumettons aujourd'hui a donc simplement pour objet de proroger, pour une nouvelle période de soixante jours francs, les délais précédemment accordés, en maintenant aux mêmes taux les sommes provisoirement payables par ces sociétés.

« Pour les sociétés de capitalisation, il a semblé qu'on pouvait sans inconvénient leur demander de verser aux intéressés 75 p. 100 du capital des bons ou titres venus à échéance.

« Si vous voulez bien approuver ces dispositions, nous avons l'honneur de vous prier de revêtir de votre signature le projet de décret ci-annexé ».

(6 à 10) 1er vol., p. 33, 89, 129, 175, 284.

(11-12-13) *Supra*, p. 38, 137 et 209.

Art. 1er. Les délais accordés par les art. 1er et 5 du décret du 27 sept. 1914 pour le payement des sommes dues par les entreprises d'assurances, de capitalisation et d'épargne, et prorogés par l'art. 1er des décrets des 27 oct., 29 déc. 1914, 23 févr., 24 avril et 26 juin 1915, sont prorogés pour une nouvelle période de soixante jours francs, sous les mêmes conditions et réserves que celles édictées par le décret du 26 juin 1915.

Toutefois, pendant la durée de cette prorogation, le taux des paiements à effectuer par les entreprises de capitalisation, sur le capital des bons ou titres venus à échéance, est porté de 50 à 75 p. 100.

Le bénéfice de cette prorogation est étendu aux contrats à échoir avant le 1er nov. 1915, pourvu qu'ils aient été conclus antérieurement au 4 août 1914.

2. Les dispositions du présent décret sont applicables à l'Algérie.

3. Le président du conseil, les ministres du travail et de la prévoyance sociale, de la justice, de l'intérieur, de l'agriculture, du commerce, de l'industrie, des postes et des télégraphes sont chargés, etc.

Armée, Guerre franco-allemande, Loi du 17 août 1915, Application.

Instruction *pour l'application de l'art. 3 de la loi du 17 août 1915, assurant la juste répartition et une meilleure utilisation des hommes mobilisés et mobilisables.*

(30 août 1915). — (Publ. au *J. off.* du 2 sept.).

En vertu des dispositions antérieures, tous les hommes réformés avant le 1er janv. 1915 ont dû être contre-visités, soit par un conseil de revision, soit par une commission spéciale de réforme (1); tous ceux classés dans le service auxiliaire avant la même date ont dû également être contre-visités, soit par une commission spéciale de réforme, soit par la commission des trois médecins (2).

La loi du 17 août 1915 (3) pose le principe qu'un examen devra être également subi à l'avenir, devant une commission spéciale de réforme, par les réformés n° 2 et temporaires et par les hommes du service auxiliaire, trois mois après la décision qui a prononcé le classement dans le service auxiliaire ou dans la position de réforme, que ces hommes soient ou non sous les drapeaux. La décision intervenue à la suite de cette contre-visite sera définitive (4).

Ledit examen aura lieu dans le délai d'un mois après la promulgation de la loi, soit le 19 septembre au plus tard, pour les hommes dont le classement dans le service auxiliaire ou dans la position de réforme est antérieur d'au moins trois mois à cette promulgation.

Il résulte de cette dernière disposition que les commissions spéciales de réforme devront examiner avant le 20 septembre :

1° Les hommes du service auxiliaire, réformés n° 2 et réformés temporaires (5), qui, n'ayant pas déjà subi la contre-visite prévue au § 1er de l'art. 3, se trouvent dans cette situation depuis le 19 mai ou une date antérieure (§ 2 de l'art. 3);

2° Les hommes des mêmes catégories qui ont été placés dans cette situation entre le 19 mai et le 19 juin (§ 1 de l'art. 3).

I. — Réformés n° 2 ou temporairement et hommes du service auxiliaire astreints a une nouvelle visite avant le 20 septembre.

Doivent être soumis à une contre-visite devant la commission spéciale de réforme ceux des hommes des catégories ci-après (sauf les exceptions indiquées au § II), dont le classement dans le service auxiliaire ou dans la position de réforme sera antérieur d'au moins trois mois à la date du 19 septembre :

1° Les hommes du service armé réformés n° 2 pour la première fois depuis le 1er janv. 1915;

2° Les hommes du service armé réformés n° 2 avant le 1er janv. 1915, qui, par omission, n'auraient pas été contre-visités;

3° Les hommes dans la situation de réforme temporaire;

4° Les hommes classés dans le service auxiliaire depuis le 1er janv. 1915;

5° Les hommes classés dans le service auxiliaire avant le 1er janv. 1915, et qui, par omission, n'auraient pas encore été contre-visités;

6° Les officiers de complément rayés des cadres pour raison de santé, qui n'ont pas été contre-visités.

II. — Réformés n° 2 ou temporairement et hommes du service auxiliaire dispensés de la contre-visite.

Les cas de dispense de l'examen prévu aux alin. 1 et 2 de l'art. 3 de la loi sont définis à l'alin. 8 du même article.

Il est bien entendu que la condition nécessaire et suffisante pour être dispensé de la contre-visite est d'avoir un seul des cas de dispense prévus à l'alin. 8 (§§ 1°, 2°, 3°).

Rentrent notamment dans ces cas de dispense, et par suite ne sont pas astreints à l'examen de

(1) Note du *J. off.* — Décret du 9 sept. 1914; loi du 6 avril 1915.

(2) Note du *J. off.* — Décret du 26 sept. 1914; circulaire du 15 mai 1915.

(3) *Supra*, p. 287.

(4) Note du *J. off.* — Sous réserve des dispositions prévues pour les réformés temporaires et les hommes du service auxiliaire (§§ III et V de la présente instruction).

(5) Note du *J. off.* — Les exemptés et réformés n° 1 ne sont pas astreints par la loi à une contre-visite.

la commission de réforme, les hommes qui, antérieurement à la promulgation de la loi, ont été;

1° Exemptés ou réformés n° 1, maintenus dans cette situation par les conseils de revision ou par les commissions de réforme (décret du 9 sept. 1914 [1] et loi du 6 avril 1915 [2]);

2° Exemptés, réformés ou classés dans le service auxiliaire, reconnus aptes au service armé par les conseils de revision ou par les commissions de réforme, et qui, depuis, ont été de nouveau réformés ou classés dans le service auxiliaire par les commissions spéciales de réforme;

3° Classés ou versés dans le service auxiliaire, et maintenus dans leur situation par les commissions spéciales de réforme ou par la commission des trois médecins (décret du 26 sept. 1914 [3]; circulaires des 15 mai et 23 juin 1915);

4° Réformés n° 2, puis admis à l'engagement spécial prévu par le décret du 27 juill. 1915 (4), avant la date fixée pour leur contre-visite;

5° Réformés temporairement, et qui, depuis le 2 août 1914, ont été, soit exemptés par les conseils de revision, soit maintenus dans leur situation par les conseils de revision ou les commissions spéciales de réforme, soit réformés n° 2 par les commissions spéciales de réforme;

6° Réformés n° 2, et dont la réforme a été ultérieurement transformée en réforme temporaire par les conseils de revision ou les commissions spéciales de réforme;

7° Exemptés ou réformés, puis classés dans le service auxiliaire depuis le 2 août 1914, soit par les conseils de revision, soit par les commissions spéciales de réforme;

8° Classés dans le service auxiliaire, puis réformés n° 2 ou temporairement, depuis le 2 août 1914;

9° Versés du service auxiliaire dans le service armé, puis versés à nouveau dans le service auxiliaire, ou réformés n° 2 ou temporairement.

III. — HOMMES ASTREINTS ULTÉRIEUREMENT A UNE CONTRE-VISITE.

Après le 20 sept. 1915, dès qu'un homme réformé n° 2 ou temporairement, ou classé dans le service auxiliaire, se trouvera dans cette situation depuis trois mois, il sera contre-visité par la commission spéciale de réforme, à la diligence du chef de corps ou de service, s'il est sous les drapeaux, du commandant de recrutement, dans le cas contraire.

Les réformés temporaires, qui, à la contre-visite susvisée, seront maintenus en réforme temporaire, resteront dans cette situation jusqu'à l'expiration du congé normal de réforme temporaire (un an), qui datera, bien entendu, du jour de la première décision de la commission de réforme. Conformément à l'art. 50 de l'instruction du 21 janv. 1910, ils seront convoqués par les soins du commandant de recrutement quarante jours avant l'expiration du congé (5).

IV. — HOMMES DU SERVICE ARMÉ PROPOSÉS POUR LE SERVICE AUXILIAIRE.

Les hommes du service armé proposés par les chefs de corps et de service et les commandants de dépôt, sur l'avis de médecins chefs de service, pour le service auxiliaire, seront présentés à la commission spéciale de réforme. S'ils sont versés dans le service auxiliaire, ils devront, à l'expiration du troisième mois qui suivra la décision prise à leur égard par la commission de réforme, être présentés à nouveau devant une commission spéciale de réforme, à l'exception de ceux qui proviennent des exemptés, réformés ou du service auxiliaire.

V. — HOMMES DU SERVICE AUXILIAIRE PROPOSÉS POUR LE SERVICE ARMÉ.

En vertu de l'alin. 9 de l'art. 3, les chefs de corps ou de service et les commandants de dépôt peuvent, *à tout moment*, sur l'avis motivé du médecin chef de service, présenter à la commission spéciale de réforme, en vue de son passage au service armé, un homme du service auxiliaire présent sous les drapeaux, quelles que soient les conditions dans lesquelles cet homme a été classé dans le service auxiliaire, et les visites ou contre-visites qu'il a pu subir antérieurement.

VI. — VISITE DES HOMMES DU SERVICE ARMÉ INAPTES A FAIRE CAMPAGNE.

Les hommes du service armé jugés inaptes à faire campagne doivent être présentés tous les deux mois à la commission spéciale de réforme, qui a qualité pour reconnaître leur aptitude à faire campagne.

La commission spéciale de réforme fixera la durée pendant laquelle les hommes sont inaptes à faire campagne, sans que cette durée puisse excéder deux mois. Dès que la durée d'inaptitude fixée par la commission spéciale de réforme, si elle est inférieure à deux mois, aura été atteinte, les hommes pourront être envoyés sur le front, à moins que le médecin du corps, auquel ils devront être présentés avant leur départ, estime qu'ils n'ont pas recouvré une aptitude suffisante. Dans ce cas, ces hommes devront être présentés par leur corps à la plus prochaine commission spéciale de réforme.

---

(1) 1er vol., p. 106.

(2) *Supra*, p. 102.

(3) 1er vol., p. 124.

(4) *Supra*, p. 260.

(5) Note du *J. off.* — Il ne doit pas être perdu de vue, à ce sujet, que la réforme temporaire est applicable, pendant la durée de la guerre, aux hommes de l'armée active, aux hommes des réserves, aux engagés pour la durée de la guerre et aux rengagés appartenant à des classes mobilisées.

Les inaptes qui seront versés dans le service auxiliaire, ou réformés n° 2 ou temporairement, à la suite d'une visite de la commission de réforme, devront être déférés à nouveau à cette commission trois mois après la décision de versement dans le service auxiliaire ou la position de réforme prise à leur égard, à moins qu'ils ne proviennent des réformés, exemptés ou hommes du service auxiliaire.

Les commandants de région prendront toutes dispositions utiles pour assurer le fonctionnement des services auxquels sont employés certains inaptes, convoqués devant la commission spéciale de réforme.

Ceux qui font partie des détachements de garde des prisonniers, par exemple, pourront être relevés en temps opportun.

Pour visiter les inaptes faisant partie d'unités ou de détachements constitués entièrement ou en grande partie d'inaptes (unités de stations-magasins, de gares régulatrices, unités de place, etc.), il sera au contraire nécessaire que la commission spéciale de réforme soit constituée sur place. Dans ce cas, la commission sera présidée par un officier supérieur de la localité (ou d'une localité proche); le fonctionnaire de l'intendance, s'il n'en existe pas dans la localité, sera remplacé par le commandant de recrutement.

VII. — COMPOSITION DES COMMISSIONS SPÉCIALES DE RÉFORME.

Les commissions spéciales de réforme conserveront leur composition actuelle, sauf l'exception indiquée ci-dessus.

Toutefois, ne pourront assister les commissions, à quelque titre que ce soit, les médecins exerçant ou ayant exercé leur profession dans la subdivision ou dans les subdivisions limitrophes.

A cet effet, les généraux commandants de région et les directeurs du service de santé des régions prononceront les mutations définitives ou occasionnelles qui seraient nécessaires dans le personnel du service de santé.

VIII. — ATTRIBUTIONS DES COMMISSIONS SPÉCIALES DE RÉFORME.

Les commissions spéciales de réforme auront qualité pour maintenir ou classer dans le service auxiliaire, pour maintenir ou classer dans la réforme ou la réforme temporaire, pour déclarer apte ou inapte au service de campagne les hommes visés par la présente instruction.

Elles ne pourront statuer sur pièces qu'à l'égard des hommes figurant sur les contrôles du recrutement comme atteints d'infirmités graves (aliénés, perte complète de la vision, perte d'un membre, etc...).

Elles devront visiter les borgnes et les hommes pesant 100 kilogr. et plus.

Elles conformeront aussi exactement que possible leurs décisions à l'instruction du 22 oct. 1905, sur l'aptitude physique au service militaire.

IX. — CONVOCATION DES INTÉRESSÉS DEVANT LES COMMISSIONS SPÉCIALES DE RÉFORME.

Les hommes astreints à une contre-visite, en vertu de la loi du 17 août 1915, seront présentés à la commission spéciale de réforme par les soins de leur chef de corps ou de service, s'ils sont sous les drapeaux.

Ceux qui se trouvent actuellement dans leurs foyers sont tenus d'adresser immédiatement au commandant du bureau de recrutement de leur résidence une déclaration faisant ressortir leur situation militaire, et indiquant très exactement leurs nom et prénoms, leur classe de recrutement, leur numéro matricule du recrutement, le bureau de recrutement auquel ils appartiennent, et leur résidence actuelle.

Ils indiqueront aussi, le cas échéant, l'usine ou établissement travaillant pour la défense nationale, dans lesquels ils seraient employés.

Les réfugiés et les évacués devront faire les mêmes déclarations au commandant du bureau de recrutement dont relève leur résidence momentanée.

Les hommes dans leurs foyers, qui, n'ayant pas atteint le délai de 3 mois dans leur situation, seront astreints ultérieurement à une contre-visite (§ 3), sont tenus de faire également cette déclaration.

Ces obligations seront portées immédiatement à la connaissance des intéressés par voie d'affiches, par les soins des commandants de région.

Les commandants de recrutement dresseront, pour leur subdivision, la liste nominative, par classe des réformés n° 2 ou temporaires et des hommes du service auxiliaire susceptibles d'être contre-visités.

Ils convoqueront devant la commission spéciale de réforme de leur subdivision tous les hommes dont il s'agit, en résidence sur le territoire de cette subdivision, après avoir, au préalable, demandé d'urgence les motifs de la réforme ou du classement dans le service auxiliaire des hommes non inscrits au registre ou à la liste matricule de leur bureau au commandant du bureau de recrutement dont relèvent les intéressés. Ils s'entendront avec les directeurs d'établissements et usines, travaillant pour la défense nationale, pour fixer les dates de convocation des hommes du service auxiliaire et réformés astreints à la contre-visite, employés dans ces établissements et usines, de manière à apporter le moindre trouble dans le travail.

Ils notifieront, le cas échéant, les décisions prises à leur égard par les commissions spéciales de réforme aux commandants des bureaux de recrutement d'origine.

X. — FRAIS DE DÉPLACEMENT.

Les hommes qui auront comparu devant les commissions spéciales de réforme seront indemnisés de leurs frais de déplacement dans les mêmes conditions que les hommes convoqués par application de l'art. 9 de la loi du 7 août 1913 (1).

XI. — SANCTIONS.

Les hommes qui n'auront pas répondu à la convocation adressée au lieu de leur domicile ou de leur résidence régulière ou momentanée seront considérés comme aptes au service armé, et immédiatement incorporés, pour n'être renvoyés ultérieurement que s'ils sont jugés absolument inutilisables.

Ceux qui n'auront pas obéi à leur ordre d'appel seront déclarés insoumis, le cas échéant, et poursuivis comme tels.

XII. — FRANÇAIS A L'ÉTRANGER.

Les hommes astreints à une contre-visite ne peuvent se rendre à l'étranger pendant le délai de 3 mois qui précède la contre-visite.

Ceux de ces hommes qui sont actuellement en résidence à l'étranger seront contre-visités en présence du consul.

Toutefois, s'ils reviennent en France avant la cessation des hostilités, ils seront présentés sans délai devant une commission de réforme.

XIII. — COMMISSION DES TROIS MÉDECINS.

La commission dite des trois médecins a cessé de fonctionner à la date du 19 août 1915. Les opérations qui auraient été faites par cette commission à partir du 20 août sont annulées.

XIV. — AFFECTATION ET APPEL A L'ACTIVITÉ DES RÉFORMÉS ET HOMMES DU SERVICE AUXILIAIRE RECONNUS APTES AU SERVICE ARMÉ OU AUXILIAIRE.

a) *Service armé.*

Les réformés et hommes du service auxiliaire dans leurs foyers, qui seront reconnus aptes au service armé par les commissions spéciales de réforme, seront appelés immédiatement à l'activité, si la classe à laquelle ils appartiennent est mobilisée.

Les anciens réformés, ainsi que les hommes provenant du service auxiliaire et ayant servi antérieurement, seront affectés, s'ils sont passés au service armé, à leur arme ou service d'origine.

Toutefois :

1° Les hommes ayant servi dans les sections, ainsi que les hommes n'ayant jamais servi, seront affectés à l'infanterie, à l'exception des boulangers de la R. A. T., qui seront tous affectés aux sections des commis et ouvriers militaires d'administration, et des anciens élèves ecclésiastiques, régis par la loi du 15 juill. 1889 (2), qui seront affectés aux sections d'infirmiers. Les étudiants en médecine et en pharmacie et les chirurgiens dentistes seront également affectés aux sections d'infirmiers.

2° Les élèves des grandes écoles seront désignés pour les armes où ils étaient précédemment incorporés.

b) *Service auxiliaire.*

Les réformés et les hommes du service auxiliaire, versés ou maintenus dans le service auxiliaire, seront appelés immédiatement à l'activité, si les hommes de leur classe et de leur spécialité sont déjà mobilisés. Ils seront répartis entre les corps et services de leur région.

Le général gouverneur militaire de Paris et les généraux commandant les régions porteront les dispositions de la présente instruction à la connaissance des corps et services sous leurs ordres, et en assureront l'exécution dans l'étendue de leur commandement.

Ils fourniront, sous le présent timbre, arrêté à la date du 20 septembre, un compte rendu numérique du modèle ci-joint, faisant ressortir les résultats des opérations des commissions spéciales de réformes prescrites au § 1 ci-dessus.

(*Suit au J. off. le modèle annexé*).

ARMÉE, GUERRE FRANCO-ALLEMANDE, COLONIES, CONTINGENTS CRÉOLES, INCORPORATION.

NOTIFICATION *de dispositions modifiant les règles de l'instruction du* 12 *avril* 1915, *revisée le* 20 *juill.* 1915, *pour l'incorporation des contingents créoles appelés et rappelés pendant la mobilisation.*

(31 août 1915). — (Publ. au *J. off.* du 7 sept.).

Le ministre de la guerre a, d'entente avec le ministre des colonies, décidé l'application des mesures ci-dessous, par modification aux dispositions de l'instruction du 12 avril 1915 (3), revisée le 20 juill. 1915 (4) :

I. Les hommes recensés et revisés dans les colonies de la Martinique, de la Guadeloupe, de la Guyane, de Saint-Pierre-et-Miquelon, de l'Inde Française, de la Réunion, de la Nouvelle-Calédonie et de Taïti, qui appartiennent aux classes de l'armée territoriale et de sa réserve, ne seront, s'ils résident dans une de ces colonies, appelés sous les drapeaux que sur un ordre spécial du ministre de la guerre.

---

(1) S. et P. *Lois annotées* de 1914, p. 561; *Pand. pér.*, *Lois annotées* de 1914, p. 561.

(2) S. *Lois annotées* de 1890, p. 652. — P. *Lois, décr.*, etc. de 1890, p. 1122; *Pand. pér.*, 1889.3.25.

(3) *Supra*, p. 115.

(4) *J. off.*, 22 juill. 1915, p. 5044.

Ceux de ces hommes, qui résident dans une colonie autre que celles visées ci-dessus, seront soumis aux obligations militaires imposées, dans cette colonie, aux Français de l'armée territoriale et de sa réserve, mais ne serviront, en principe, qu'aux colonies.

II. Ceux des hommes visés au § 1er ci-dessus, qui ont été incorporés, puis envoyés en France, seront rapatriés au fur et à mesure des possibilités, à moins qu'ils ne demandent leur maintien sous les drapeaux.

ARMÉE, GUERRE FRANCO-ALLEMANDE, RAVITAILLEMENT EN BOIS, SURSIS D'APPEL, PERMISSIONS MILITAIRES.

CIRCULAIRE *au sujet des permissions et sursis d'appel à accorder pour le ravitaillement en bois des armées et de la population civile.*

(31 août 1915). — (Publ. au *J. off.* du 15 sept.).

Le Ministre de l'agriculture à MM. les préfets.

J'ai l'honneur de vous faire connaître qu'en vue d'assurer le ravitaillement en bois, M. le ministre de la guerre a, sur ma demande, décidé, d'une part, que des sursis d'appel et des permissions pourront être accordés aux ouvriers forestiers (bûcherons, voituriers forestiers, charbonniers, commis de bois...), actuellement mobilisés, afin de suppléer à l'insuffisance de la main-d'œuvre civile, et, d'autre part, que des permissions pourront être également accordées aux marchands de bois exploitants ou entrepreneurs de coupes, dans le but de leur permettre de visiter leur exploitations, d'estimer les coupes mises en vente, de prendre part aux adjudications et d'organiser leurs chantiers.

Ces sursis d'appel et permissions sont susceptibles d'être accordés dans les conditions suivantes.

I. — OUVRIERS FORESTIERS.

A. — *Sursis d'appel.*

Des sursis d'appel pourront être accordés aux bûcherons, voituriers forestiers, commis de bois, etc., territoriaux, réservistes de l'armée territoriale ou hommes du service auxiliaire de toutes classes des réserves (et de préférence à ceux de ces deux dernières catégories), qui sont en service *dans la zone de l'intérieur* ou *dans les dépôts de la zone des armées.*

Toutefois, les militaires détachés dans les établissements travaillant pour la défense nationale ne sont pas admis à bénéficier de ces sursis.

D'une façon générale, les sursis seront accordés pour une durée de deux mois, et ne pourront être prolongés que dans des cas exceptionnels, c'est-à-dire dans des cas de nécessité absolue.

C'est aux employeurs qu'il appartient de présenter les demandes de sursis d'appel concernant les ouvriers et employés forestiers dont ils ont besoin.

La demande doit être adressée au conservateur des eaux et forêts dans la circonscription duquel les travaux sont à effectuer.

Elle indiquera de la façon la plus précise et la plus complète :

1° Les nom, prénoms, qualité et domicile de l'employeur ;

2° La situation (département, commune, lieudit) de la coupe qu'il s'agit d'exploiter ou de vidanger ;

3° Le nom du propriétaire du bois dans lequel elle est située ;

4° Autant que possible, l'importance (contenance ou volume) de cette coupe ;

5° Les besoins que les produits sont destinés à satisfaire ;

6° Les ouvriers, voituriers ou employés pour lesquels les sursis sont sollicités, en fournissant pour chacun d'eux les renseignements suivants :

Nom et prénoms ;

Classe de mobilisation ;

Bureau de recrutement ;

Numéro matricule de recrutement ;

Affectation militaire actuelle (corps ou service, compagnie, escadron, batterie, etc.,... emplacement) ;

Domicile dans la vie civile ;

Profession.

En ce qui concerne les bois particuliers, la demande sera apostillée par le maire de la commune de la situation du bois, qui donnera son avis sur l'opportunité d'y faire droit.

Toute demande de sursis devra parvenir au conservateur des eaux et forêts :

1° Avant le 10 du mois, pour les sursis à accorder à partir du commencement du mois suivant ;

2° Avant le 25 du mois, pour les sursis à accorder à partir du milieu du mois suivant.

Les prolongations de sursis seront demandées dans les mêmes formes et délais que les sursis, et il sera fourni, au sujet des ouvriers qui en seront l'objet, les mêmes renseignements que pour des ouvriers nouveaux (avec indication toutefois qu'il s'agit d'une prolongation).

Il est rappelé que les hommes mis en sursis d'appel ont l'obligation absolue de se consacrer uniquement aux travaux forestiers pour lesquels ce sursis leur a été accordé ; il appartiendra aux autorités et services locaux de contrôler l'emploi de leur temps, et de provoquer leur renvoi sous les drapeaux, si le rendement de leur travail est insuffisant.

B. — *Permissions.*

Des permissions pourront être accordées aux bûcherons, voituriers forestiers, charbonniers commis de bois, qui sont mobilisés *dans la zone de l'intérieur ou dans les dépôts de la zone des armées*, à l'exception des hommes de l'active et de la réserve du service armé, aptes à faire campagne, appartenant à l'infanterie ou au génie.

La durée des permissions est limitée à quinze jours.

Les demandes de permissions devront être adressées directement par les intéressés à leurs chefs hiérarchiques.

Les bénéficiaires seront tenus de consacrer tout leur temps à des travaux d'exploitation ou de transport de bois; en vue d'assurer un contrôle efficace de leur emploi du temps, les permissions accordées seront notifiées aux maires, par l'intermédiaire des préfets, à la gendarmerie et aux conservateurs des eaux et forêts.

II. — MARCHANDS DE BOIS EXPLOITANTS OU ENTREPRENEURS DE COUPES.

Permissions.

Les permissions à accorder aux hommes exerçant ces professions s'appliqueront, comme pour les ouvriers forestiers, à ceux qui sont mobilisés *dans la zone de l'intérieur ou dans les dépôts de la zone des armées*, à l'exception des hommes de l'active et de la réserve du service armé, aptes à faire campagne, appartenant à l'infanterie ou au génie.

Elles seront accordées plus spécialement à l'occasion des prochaines adjudications des coupes de l'Etat et des communes.

Il appartiendra à l'autorité militaire d'en fixer la durée, après entente avec les conservateurs des eaux et forêts, qui auront à fournir sur les pétitionnaires les renseignements de nature à permettre d'apprécier l'opportunité qu'il peut y avoir à leur donner satisfaction.

Les demandes de permission devront être adressées directement à leurs chefs hiérarchiques par les intéressés. Il leur est recommandé, toutefois, pour gagner du temps, d'en prévenir le conservateur des eaux et forêts, afin de lui permettre de recueillir les renseignements nécessaires en vue de l'avis qu'il est appelé à donner sur l'opportunité et la durée de la permission.

Dans ce cas, il conviendra qu'ils indiquent, d'une façon précise, l'autorité militaire à laquelle le conservateur devra adresser son avis.

Ainsi que vous le remarquerez, il a été décidé que, lorsqu'il s'agirait d'exploitations dans des bois particuliers, les demandes de sursis d'appel présentées par les employeurs pour leurs ouvriers devront, avant leur envoi au conservateur des eaux et forêts, être soumises au visa du maire de la commune de la situation du bois, qui aura à exprimer son avis sur l'opportunité d'y faire droit.

Je vous serai obligé, en conséquence, de donner à ce sujet à MM. les maires de votre département les instructions utiles, en appelant leur attention sur la nécessité d'apporter toute diligence dans l'instruction de ces sortes d'affaires, eu égard aux délais très stricts imposés pour la transmission que j'aurai moi-même à en faire ultérieurement au département de la guerre.

Je vous prierai enfin de vouloir bien leur rappeler qu'il leur appartient de contrôler l'emploi du temps des ouvriers forestiers placés en sursis d'appel ou envoyés en permission, et de provoquer leur renvoi sous les drapeaux, dans le cas où il serait constaté qu'ils ne se consacrent pas entièrement aux travaux pour lesquels les sursis ou permissions leur ont été accordés, ou qu'ils fournissent un rendement insuffisant.

(*Suit au J. off. le tableau de la division de la France en 32 conservations des eaux et forêts*).

GUERRE, GUERRE ITALO-TURQUE, DÉCLARATION, NOTIFICATION.

NOTIFICATION *de la déclaration de guerre par l'Italie à la Turquie.*

(Publ. sans date au *J. off.* du 31 août 1915).

L'ambassade royale d'Italie à Paris a fait connaître, le 29 août 1915, que le gouvernement royal italien a déclaré la guerre à la Turquie, à la date du 20 août 1915, à douze heures.

RÉQUISITIONS MILITAIRES, MARINE, NAVIRES RÉQUISITIONNÉS, ACOMPTES POUR PRIVATION DE JOUISSANCE.

CIRCULAIRE *concernant l'application des circulaires des 13 mai et 1er juin 1915, relatives aux acomptes sur règlement de réquisitions de navires.*

(31 août 1915). — (Publ. au *J. off.* du 2 sept.).

Le Ministre de la marine à MM. les vice-amiraux commandant en chef, préfets maritimes, directeurs de l'inscription maritime dans les ports secondaires, contre-amiral commandant la marine en Algérie, capitaine de vaisseau commandant la marine en Corse, chefs du service de l'intendance maritime à Dunkerque et à Marseille.

J'ai été consulté sur la question de savoir si l'acompte de privation de jouissance, prévu à la circulaire du 13 mai dernier (1), peut être perçu en même temps que l'acompte provisoire prévu par la circulaire du 1er juin suivant (2).

Je vous informe que cette question doit être résolue par la négative.

La règle est que les propriétaires des navires réquisitionnés doivent recevoir, en attendant le règlement de leur réquisition, les acomptes men-

---

(1-2) *Supra*, p. 157 et 174.

suels de la circulaire du 13 mai. Mais, comme la liquidation de ces acomptes peut exiger certains délais pour les navires armés commercialement, dont les armateurs assurent la gérance, ceux-ci doivent être payés, à l'expiration de chaque mois, de l'acompte provisoire de la circulaire du 1er juin, à valoir sur les indemnités acquises pour le même mois à titre de privation de jouissance et de frais d'équipage, d'assurance ou d'entretien courant du navire. L'armateur, qui a reçu l'acompte provisoire, a ainsi le temps matériel de réunir les justifications de ses débours pour s'en faire rembourser intégralement le montant. En tout cas, l'acompte de privation de jouissance n'est liquidé qu'avec les débours et quand toutes les justifications en sont réunies; dans la liquidation, il est fait état de l'acompte provisoire ainsi que des avances qui auraient pu être faites au capitaine en cours de voyage.

Bien entendu, les armateurs qui n'assurent pas entièrement et effectivement la gérance de leur navire ne peuvent prétendre aux acomptes provisoires de la circulaire du 1er juin. Cependant, dans le cas où un navire n'est pas assuré, la gérance étant complète par ailleurs, son armateur recevra quand même les acomptes provisoires, mais ces acomptes seront diminués du montant approximatif de l'assurance, calculée à raison de 5 p. 100 l'an de la valeur actuelle du navire.

RÉQUISITIONS MILITAIRES, MARINE, NAVIRES RÉQUISITIONNÉS, SURVEILLANCE DE L'ENTRETIEN.

CIRCULAIRE *relative à l'organisation d'un service d'entretien des bâtiments réquisitionnés non militarisés.*

(31 août 1915). — (Publ. au *J. off.* du 13 oct.).

Le Ministre de la marine à MM. les vice-amiraux commandant en chef, préfets maritimes, contre-amiral commandant la division navale des bases du corps expéditionnaire d'Orient.

Parmi les nouveaux bâtiments de mer (paquebots, cargos, chalutiers, remorqueurs, etc.), réquisitionnés par la marine, pour son propre compte ou pour celui d'autres départements ministériels, beaucoup sont militarisés, et, par conséquent, gérés par une administration propre ou par l'autorité administrative d'une unité organisée. Mais ceux qui ne sont pas militarisés ne sont, à l'exception de quelques-uns, pour lesquels l'armement a consenti à souscrire un contrat de gérance : *Lutetia* et *Burdigala* (contrats conclus à Paris), *Mira* et *Voltaire* (contrats conclus à Marseille), administrés ni gérés par personne; ou plutôt, s'ils le sont par leurs capitaines, c'est, conformément aux principes en matière de réquisition, sans aucune responsabilité de leurs armateurs, et, par la force même des choses, à peu près sans contrôle de l'autorité maritime.

Il est à craindre, dans ces conditions, non seulement que l'entretien de ces navires ne grève lourdement le budget de l'Etat, mais que le montant des dépréciations à payer, en fin de réquisition, ne s'élève, en outre, à des sommes considérables.

Pour remédier à cette situation, j'ai décidé :

1° Que les capitaines des navires en question seraient constitués, sous la surveillance administrative du chef du service des approvisionnements de la flotte du port, chargé de suivre le compte de la réquisition (Circulaire du 2 oct. 1914) (1), gérants de leurs bâtiments vis-à-vis du département de la marine, substitué aux armateurs;

2° Que, dans les ports de Toulon, Marseille, Bizerte, Cardiff et Moudros, des officiers de marine de réserve ou auxiliaires ou des officiers du commissariat seraient chargés, en qualité de « capitaines d'armement », de surveiller la gestion des capitaines, de procéder, dans les arsenaux, avec le concours de la direction des constructions navales, hors des arsenaux, avec le concours des ingénieurs du génie maritime en résidence dans ces localités, ou, à défaut, des officiers mécaniciens de la marine, à la visite des bâtiments en vue de leur entretien et de leur réparation, enfin, de prendre ou de provoquer toutes les mesures nécessaires pour assurer le maintien du navire en état comme personnel et matériel et l'alimentation de son équipage.

Sur tous les points où n'est pas institué un capitaine d'armement, les mêmes soins seront assurés par l'administrateur de l'inscription maritime, ou, en pays étranger, par le consul.

Les capitaines gérants seront comptables des deniers à eux confiés pour les besoins de leur navire et justifieront de l'emploi régulier de ces deniers. Ils rendront leurs comptes, dans la même forme et aux mêmes époques qu'avant la réquisition, au chef du service des approvisionnements de la flotte du port comptable de la réquisition.

Ils veilleront à la garde et à la conservation des denrées formant l'approvisionnement de prévoyance du bord, procéderont ou feront procéder aux achats journaliers de vivres frais, contrôleront la préparation et la distribution des aliments, ainsi que l'emploi économique des denrées approvisionnées ou achetées.

Ils prendront ou feront prendre en charge, par tel de leurs subordonnés qualifié, le matériel de toute nature existant à bord, tant celui qui appartiendra aux propriétaires du navire que celui qui appartiendra à la marine nationale; ils pourvoiront à la garde et à la conservation du matériel; et surveilleront les consommations d'objets et de matières, ainsi que l'opportunité et la régularité des menus

(1) *J. off.*, 3 oct. 1914, p. 8174.

achats effectués au moyen des fonds mis à leur disposition.

Ils tiendront ou feront tenir, par ceux de leurs subordonnés qui seront qualifiés à cet effet, comptabilité du matériel et des vivres, mais seulement dans les formes commerciales en usage avant la réquisition.

A leur arrivée dans un port, ils remettront, au capitaine d'armement, ou à l'autorité en tenant lieu, l'état de leurs besoins en personnel, vivres et matériel, ainsi que de leurs besoins en travaux et réparations de tout genre, classés par ordre d'urgence. Ils se conformeront, pour l'établissement de ces états, aux instructions qu'ils auront reçues du capitaine d'armement. Ils soumettront à celui-ci la comptabilité du bord. D'une manière générale, ils rendront compte au capitaine d'armement (ou à l'autorité en tenant lieu) de toutes leurs difficultés et de tous leurs besoins, au point de vue de la gérance et de l'entretien du navire.

Les capitaines d'armement, ou les autorités en tenant lieu, visiteront chaque navire à son arrivée. Ils vérifieront ses besoins, et prendront ou proposeront à qui de droit les mesures nécessaires pour le maintien à l'effectif normal de l'état-major et de l'équipage et le remplacement des officiers ou marins défaillants pour une cause ou pour une autre; pour la constitution ou la reconstitution des fonds d'avances à confier au capitaine, ainsi que de l'approvisionnement de prévoyance des vivres; pour le remplacement des objets et matières consommées; enfin, pour l'exécution, suivant leur ordre d'urgence, des travaux d'entretien et de réparation demandés par le capitaine ou jugés indispensables à la suite de la visite du navire.

Dans la visite des navires, ils auront recours, au point de vue technique, soit dans les conditions indiquées plus haut, aux directions des constructions navales, à des ingénieurs du génie maritime, ou bien à des officiers mécaniciens de la marine, soit aux ingénieurs et mécaniciens civils, désignés, selon les circonstances et les localités, par l'autorité maritine supérieure locale ou par le consul. En outre, toutes les fois que ce sera possible, ils demanderont le concours des inspecteurs de la navigation maritime.

Ils adresseront les demandes de travaux, dans les arsenaux, aux majors généraux, qui, autant que possible, y feront donner satisfaction par l'atelier central de la flotte. En l'absence de tout atelier de la marine, les capitaines d'armement feront exécuter les travaux par l'industrie privée, suivant achats sur facture conclus par eux, ou d'après les marchés passés à cet effet, et dans les mêmes conditions que les autres marchés de la marine, par l'autorité maritime sous les ordres de laquelle ils seront immédiatement placés.

Ils adresseront les demandes de vivres et de matières aux magasins compétents de la marine, ou, à défaut, y pourvoiront ou feront pourvoir par achats ou marchés. La comptabilité du matériel et des vivres des navires réquisitionnés et non militarisés continuant, comme il a été dit plus haut, à être tenue dans la forme commerciale, toutes les délivrances faites à un de ces navires par un magasin de la marine sera effectuée à titre de « délivrances extraordinaires en vertu de décisions spéciales », comme le prescrit déjà la circulaire du 22 août 1914 (1), sur l'administration du matériel des navires réquisitionnés.

Ils se feront représenter la comptabilité du bord, la vérifieront, sauf quand le temps fera défaut, contrôleront de telle manière qu'ils jugeront plus efficace la gestion du capitaine, et constateront leur examen par un visa apposé sur les principaux registres. Ils consigneront leurs observations dans un rapport qu'ils remettront à l'autorité dont ils dépendront, et en feront part directement et immédiatement au capitaine, en lui donnant toutes indications utiles.

D'une manière générale, ils rendront compte à l'autorité dont ils dépendent de l'ensemble des affaires qu'ils traiteront et des opérations qu'ils effectueront, et ils saisiront cette autorité de toute question importante, en vue de recevoir d'elle les instructions voulues.

En outre, les capitaines d'armement titulaires (mais non les autorités qui les suppléeront) rempliront, à l'égard des bâtiments réquisitionnés et militarisés, le rôle de consignataires, et, à ce titre, serviront d'intermédiaires pour les relations avec la commission de port, le règlement des droits de port, les formalités de douane, etc.

Une copie de la présente circulaire devra être transmise aux capitaines de tous les navires réquisitionnés non militarisés qui n'ont pas fait l'objet d'un contrat de gérance.

---

(1) 1er vol., p. 72.

TABLE ALPHABÉTIQUE

Les chiffres indiquent les pages.

Anciens sous-officiers, caporaux ou brigadiers.

Automobilistes.

Avancement des caporaux, brigadiers et sous-officiers.

Avancement des officiers.

Cantonniers militaires.

fonctionnaires et ouvriers de l'Etat décédés sous les drapeaux) (Loi, 17 mars 1915). 62

Ratification de décrets relatifs à l'institution d'office de délégations de solde au profit des femmes, descendants et ascendants des militaires mobilisés, et à l'application aux femmes, descendants et ascendants des militaires des troupes coloniales des dispositions sur l'institution d'une délégation d'office de solde (Loi, 30 mars 1915). 87

Descendants. — V. le § Délégations de solde ou traitement.

Ecole centrale des arts et manufactures. — V. le § Officiers de réserve et de l'armée territoriale.

Ecole d'application du service de santé. — V. le § Service de santé militaire.

Ecole des ponts et chaussées. — V. le § Officiers de réserve et de l'armée territoriale.

Ecole nationale des eaux et forêts. — V. le § Officiers de réserve et de l'armée territoriale.

Ecole nationale des mines. — V. le § Officiers de réserve et de l'armée territoriale.

Ecole normale supérieure. — V. le § Officiers de réserve et de l'armée territoriale.

Effectifs (Répartition et utilisation des).

Loi concernant la juste répartition et une meilleure utilisation des hommes mobilisés et mobilisables (Incorporation des fonctionnaires et employés des administrations publiques, mis en sursis d'appel par application de l'art. 42 de la loi du 21 mars 1905, qui sont mobilisables et n'appartiennent ni au service auxiliaire ni à la réserve de l'armée territoriale; remplacement de ces fonctionnaires et employés par des fonctionnaires et employés retraités, par des militaires réformés ou mutilés, après examen d'aptitude, par leurs femme, mère, filles ou sœurs, et, à défaut, par des femmes, mères, filles ou sœurs de militaires tués ou blessés pendant la guerre. — Examen par une commission spéciale de réforme, trois mois après la décision prononçant leur affectation ou leur réforme, de tous les hommes des classes mobilisables versés ou classés dans le service auxiliaire, et des hommes réformés temporairement ou réformés; examen par la commission spéciale de réforme des hommes proposés pour la réforme ou le service auxiliaire; composition de la commission de réforme; dispense de l'examen pour : 1° les hommes qui, avant la promulgation, ont été contre-visités, soit par le conseil de revision, soit par la commission spéciale de réforme, soit par la commission de trois médecins; 2° les hommes qui, précédemment exemptés ou réformés, ont été classés dans le service auxiliaire par le conseil de revision ou la commission spéciale de réforme; 3° les hommes qui, pendant la mobilisation, ont été examinés par le conseil de revision et une commission spéciale de réforme ou par deux commissions spéciales de réforme, si la dernière décision les a classés dans le service auxiliaire ou réformés. — Présentation à la commission spéciale de réforme, pour être versés dans le service armé, des hommes du service auxiliaire. — Examen, tous les deux mois, par la commission spéciale de réforme, des hommes du service armé déclarés inaptes. — Engagement spécial pour la durée de la guerre des exemptés, réformés et hommes dégagés de toute obligation militaire. — Remplacement par des hommes ayant contracté l'engagement spécial, par des hommes du service auxiliaire, et, à défaut, des réservistes territoriaux ou des territoriaux, des hommes placés dans les services sédentaires de l'intérieur et de la zone des armées, et des hommes employés dans les services automobiles de l'arrière. — Affectation aux établissements et usines travaillant pour la défense nationale des chefs d'industrie, ingénieurs, contremaîtres et ouvriers mobilisés ou mobilisables qui ont un an d'exercice de leur profession, ou six mois pour les mines; déclaration à souscrire par les intéressés; ordre de préférence pour cette affectation : service auxiliaire, réservistes territoriaux, territoriaux, en commençant par les pères de familles les plus nombreuses et les classes les plus anciennes. — Maintien, sur l'avis d'une commission mixte de patrons et ouvriers, présidée par un délégué du ministre de la guerre, ou, pour les mines, par l'ingénieur en chef, des mobilisables non spécialistes détachés dans les établissements et usines travaillant pour la défense nationale — : Infractions à la loi; fausses déclarations; tromperie sur la qualité, profession ou aptitude; tentative; compétence du conseil de guerre; pénalités : emprisonnement et amende; circonstances atténuantes; complicité. — Envoi au front des gradés et hommes de troupe de l'armée active et de la réserve se trouvant dans les dépôts. — Inspection trimestrielle dans les formations sanitaires et services) (Loi, 17 août 1915). 187

Instruction pour l'application de l'art. 3 de la loi du 17 août 1915, assurant la juste répartition et une meilleure utilisation des hommes mobilisés et mobilisables. Contre-visite par une commission spéciale de réforme des réformés, réformés temporairement, hommes du service auxiliaire, exemptés, inaptes; composition et attributions des commissions spéciales de réforme; contre-visite des Français à l'étranger; interdiction pour ceux qui doivent subir une contre-vi-

site de se rendre à l'étranger dans les 3 mois qui la précèdent (Instr., 30 août 1915). 305

Employés. — V. le § Effectifs (Répartition et utilisation des).

Employés retraités. — V. le § Effectifs (Répartition et utilisation des).

Emprisonnement. — V. le § Effectifs (Répartition et utilisation des).

Engagements militaires. — V. les §§ Engagements pour la durée de la guerre Légion étrangère, Recrutement.

Engagements pour la durée de la guerre.

Ratification de décrets relatifs à l'engagement des mineurs de 20 ans, et à l'engagement des Tunisiens pour la durée de la guerre (Loi, 30 mars 1915). 87

Autorisation aux indigènes originaires des quatre communes de plein exercice du Sénégal de s'engager pour la durée de la guerre dans les corps sénégalais de l'Afrique occidentale française (Décr., 26 avril 1915). 138

Dispositions relatives aux engagements spéciaux pour la durée de la guerre des hommes dégagés de toutes obligations militaires (Décr., 27 juill. 1915). 260

Instructions pour l'application du décret du 27 juill. 1915, relatif aux engagements spéciaux pour la durée de la guerre des hommes dégagés de toutes obligations militaires (Instr., 27 juill. 1915). 260

V. les §§ Effectifs (Répartition et utilisation des), Recrutement.

Engagement spécial des hommes dégagés d'obligations militaires. — V. les §§ Effectifs (Répartition et utilisation des), Engagements pour la durée de la guerre.

Entrepreneurs de battage. — V. le § Permissions agricoles.

Etat-major de l'armée.

Appellation attribuée à l'officier général qui dirige les services de l'état-major maintenus sur le territoire en cas de mobilisation (Deuxième sous-chef d'état-major général) (Décr., 31 juill. 1915). 266

V. le § Commission des ports maritimes.

Etranger. — V. le § Effectifs (Répartition et utilisation des).

Etudiants en médecine. — V. le § Médecins auxiliaires.

Examens. — V. les §§ Recrutement, Médecins auxiliaires, Service de santé militaire, Vétérinaires auxiliaires.

Exemptés et réformés.

Ratification d'un décret relatif à la nouvelle visite des exemptés et réformés (Loi, 30 mars 1915). 87

V. les §§ Effectifs (Répartition et utilisation des), Recrutement.

Exploitants de coupes de bois. — V. le Permissions agricoles.

Familles nécessiteuses. — V. le § Allocations aux familles des militaires.

Fausse déclaration. — V. le § Effectifs (Répartition et utilisation des).

Femme. — V. les §§ Délégation de solde ou traitement, Effectifs (Répartition et utilisation des).

Fille. — V. le § Effectifs (Répartition et utilisation des).

Fonctionnaires. — V. les §§ Cumul de solde et de pensions ou traitements, Délégation de solde ou traitement, Effectifs (Répartition et utilisation des).

Fonctionnaires retraités. — V. le § Effectifs (Répartition et utilisation des).

Forgerons. — V. le § Permissions agricoles.

Frais de déplacement.

Modification du décret portant règlement sur le service des frais de déplacement des militaires isolés (Frais de déplacement des veuves, orphelins et mères veuves de militaires décédés) (Décr., 14 févr. 1915). 28

Génie. — V. le § Officiers de réserve et de l'armée territoriale.

Grades temporaires. — V. les §§ Avancement des officiers, Sous-lieutenant à titre temporaire.

Haute paye.

Attribution de la haute paye aux militaires de la réserve et de l'armée territoriale ayant servi au delà de la durée légale dans l'armée active comme engagés, rengagés ou commissionnés (Décr., 16 janv. 1915). 2

Attribution de la haute paye aux militaires des troupes coloniales de la réserve et de l'armée territoriale ayant servi au delà de la durée légale dans l'armée active comme engagés, rengagés ou commissionnés (Décr., 16 janv. 1915). 3

Instructions relatives à la solde mensuelle et haute paye des militaires de la réserve et de l'armée territoriale servant au delà de la durée légale (Circ., 21 févr. 1915). 35

Instructions réglant la situation des hommes des réserves de l'armée de mer versés dans l'armée de terre, au point de vue du droit à la solde mensuelle et aux hautes payes (Circ., 3 mai 1915). 142

Inaptes. — V. le § Effectifs (Répartition et utilisation des).

Indemnités. — V. le § Sociétés de secours aux blessés.

Indigènes. — V. les §§ Engagements pour la durée de la guerre, Tirailleurs indigènes.

Infanterie coloniale. — V. le § Tirailleurs indigènes.

Infirmiers militaires. — V. le § Officiers d'administration.

Infractions. — V. le § Effectifs (Répartition et utilisation des).

Poudres.

Recrutement.

Service auxiliaire.

Service de santé militaire.

Sociétés de secours aux blessés.

Caisse nationale d'assurances en cas de décès (Attribution d'un livret d'assurances sociales aux personnes qui contractent, par l'intermédiaire de la Caisse des dépôts et consignations, à la fois une assurance de rente à la Caisse nationale des retraites pour la vieillesse et une assurance de capitaux à la Caisse nationale d'assurances en cas de décès; formes du livret; minimum des versements; autorisation du paiement par mois, par trimestre ou par semestre des primes d'assurance en cas de décès. — Modification des art. 3, 4, etc., de la loi du 11 juill. 1868; inefficacité de l'assurance en cas de décès faite moins de 2 ans avant le décès, ou lorsque le décès provient des causes exceptionnelles définies dans les polices d'assurances; restitution des versements, au cas où l'assurance demeure sans effet; réduction à un an du délai de deux ans, lorsque la somme assurée est inférieure à 500 fr.; affectation des sommes assurées au remboursement des sommes dues à une société d'habitations à bon marché ou de crédit immobilier, à une caisse d'épargne, à une caisse de crédit agricole, à une des caisses d'assurances prévues par la loi sur les retraites ouvrières, ou à tout établissement autorisé de crédit populaire; interdiction de l'assurance en cas de décès au-dessous de 12 ans et au-dessus de 60 ans. — Application de l'art. 3, modifié, de la loi du 11 juill. 1868 aux souscripteurs d'assurances mixtes. — Application des dispositions de l'art. 3 de la loi du 9 mars 1910, sur les assurances de capital différé, aux assurances souscrites par les administrations publiques de l'Etat, des départements, des communes, des établissements publics et d'utilité publique au profit de leurs agents et des conjoints de ceux-ci) (Loi, 5 juin 1915). 179

Assurance contre les accidents. — V. Moratorium.

Assurance contre l'incendie. — V. Moratorium.

Assurance de capital différé. — V. Assurances (Caisses d').

Assurance en cas de décès. — V. Assurances (Caisses d').

Assurance maritime.

Conversion en lois des décrets des 13 août, 10 oct. et 12 nov. 1914, relatifs à la garantie de l'Etat en matière d'assurance contre les risques de la guerre maritime (Navires battant pavillon français; conditions d'assurance, maximum de l'assurance, montant de la prime, déchéances; cargaisons transportées par navire battant pavillon français, allié ou neutre, conditions d'assurance; montant de la prime; à la cessation des hostilités, distribution aux assurés sur navires du reliquat des primes; remise à la Caisse des invalides du reliquat des primes sur cargaisons) (Loi, 10 avril 1915).

Assurance mixte. — V. Assurances (Caisses d').

Assurance par l'Etat. — V. Assurance maritime.

Assurance sur la vie.

Modification du décret du 25 juin 1906, en ce qui concerne le dépôt à effectuer en 1915 par les sociétés étrangères d'assurances sur la vie (Maintien de l'évaluation antérieure) (Décr., 28 janv. 1915). 8

Fixation, pour l'exercice 1914, des bases de la répartition entre les entreprises d'assurances sur la vie des frais de toute nature résultant de la surveillance et du contrôle desdites entreprises (Décr., 20 avril 1915). 124

Instructions complémentaires relatives aux assurances sur la vie souscrites par des militaires ou assimilés (Prolongation du délai pour souscrire des avenants pour risques de guerre) (Circ., 7 mai 1915). 147

V. Moratorium.

Assurés facultatifs. — V. Retraites ouvrières et paysannes.

Assurés obligatoires. — V. Retraites ouvrières et paysannes.

Attestation. — V. Valeurs mobilières.

Austro-Hongrois. — V. Armée, Guerre, Naturalisation, Propriété industrielle.

Automobiles. — V. Réquisitions militaires.

Automobilistes. — V. Armée.

Autorisation de femme mariée.

Modification, pendant la durée de la guerre, des dispositions relatives à l'autorisation des femmes mariées par justice, en cas d'impossibilité, par suite de la guerre, d'obtenir l'autorisation du mari (Loi, 3 juill. 1915). 218

Autriche-Hongrie. — V. Douanes, Guerre, Propriété industrielle.

Avances. — V. Budget, Chambres de commerce, Colonies, Marchés administratifs ou de fournitures, Réquisitions militaires.

Avances à l'Etat. — V. Banque de France.

Avances sur pensions. — V. Colonies, Pensions.

Avancement. — V. Armée, Colonies, Marine, Pensions.

Avarie. — V. Chemins de fer.

directes et aux taxes y assimilées de l'exercice 1916 (Montant des contributions directes; fixation du contingent des départements pour les contributions personnelle-mobilière et des portes et fenêtres; montant des taxes assimilées aux contributions directes; droits, produits et revenus à percevoir au profit de l'Etat, des départements, communes, établissements publics et communautés d'habitants dûment autorisées; maximum des centimes additionnels à voter par les conseils généraux et conseils municipaux; réserve de l'autorisation de percevoir et de l'émission des rôles principaux jusqu'au vote de la loi de budget de l'exercice de 1916, à l'exception des rôles de la prestation des chemins vicinaux et des rôles spéciaux de la taxe vicinale; utilisation, pour la répartition du fonds commun de la redevance communale des mines de l'exercice 1916, des relevés nominatifs des ouvriers ou employés occupés à l'exploitation des mines qui ont été établis pour la répartition du fonds commun de l'exercice 1915) (Loi, 7 août 1915). 275

Caisse autonome des ouvriers mineurs. — V. le § Budget de 1915.
Caisse des invalides de la marine. — V. les §§ Budget de 1914, Budget de 1915.
Cargaisons appartenant à des neutres. — V. le § Budget de 1915.
Centimes additionnels. — V. le § Budget de 1916.
Chapitre nouveau. — V. le § Budget de 1914.
Chemins de fer de l'Etat. — V. le § Budget de 1915.
Clôture de l'exercice. — V. les §§ Budget de 1914, Budget de 1915.
Communes. — V. le § Budget de 1916.
Compte spécial. — V. le § Budget de 1915.
Contributions directes. — V. le § Budget de 1916.
Création d'emploi. — V. le § Budget de 1915.
Crédits provisoires. — V. le § Budget de 1915.
Crédits supplémentaires. — V. les §§ Budget de 1914, Budget de 1915.
Cultivateurs. — V. le § Budget de 1915.
Débitants de boissons. — V. le § Budget de 1915.
Départements. — V. le § Budget de 1916.
Dépenses des exercices clos. — V. les §§ Budget de 1914, Budget de 1915.
Dettes de l'Etat. — V. le § Budget de 1915.
Douzièmes provisoires. — V. le § Budget de 1915.
Ecole centrale des arts et manufactures. — V. le § Budget de 1915.
Enregistrement. — V. le Budget de 1915.
Etablissements publics. — V. le § Budget de 1916.
Fonds d'approvisionnement. — V. le § Budget de 1916.
Franchise postale. — V. le § Budget de 1915.
Haras. — V. le § Budget de 1915.
Immeubles. — V. le § Budget de 1915.
Impôt des portes et fenêtres. — V. le § Budget de 1916.
Impôt personnel mobilier. — V. le § Budget de 1916.
Marine. — V. le § Budget de 1914.
Maroc. — V. le § Budget de 1914.
Mines. — V. le § Budget de 1916.
Ministère de la guerre. — V. le § Budget de 1914.
Ministère de la marine. — V. le § Budget de 1914.
Obligations. — V. le § Budget de 1915.
Pays alliés ou amis. — V. le § Avances aux pays alliés ou amis.
Postes. — V. le § Budget de 1915.
Poudres et explosifs. — V. les §§ Budget de 1914, Budget de 1915.
Prestations. — V. le § Budget de 1916.
Prises maritimes. — V. le § Budget de 1915.
Prorogation de délai. — V. les §§ Budget de 1914, Budget de 1915.
Ratification de décrets. — V. le § Budget de 1914.
Redevance communale des mines. — V. le § Budget de 1916.
Régions envahies. — V. les §§ Budget de 1914, Budget de 1915.
Remboursement des droits perçus. — V. le § Budget de 1915.
Rente 3 1/2 p. 100 amortissable. — V. le § Budget de 1914.
Report de crédits. — V. le § Budget de 1915.
Rôles des contributions directes. — V. le § Budget de 1916.
Sous-secrétariat de la marine marchande. — V. le § Budget de 1915.
Taxes assimilées aux contributions directes. — V. le § Budget de 1916.
Taxe vicinale. — V. le § Budget de 1916.
Territoires occupés. — V. les §§ Budget de 1914, Budget de 1915.
Traitement de fonctionnaires. — V. le § Budget de 1915.
Transcription (Droit de). — V. le § Budget de 1915.

Budgets annexes. — V. Budget.

Bulletin à souche. — V. Code du travail et de la prévoyance sociale.

Bulletin des oppositions. — V. Valeurs mobilières.

C

Câbles sous-marins. — V. Télégraphes.

Cadastre.

Obligation pour les notaires de déposer au bureau de l'enregistrement un extrait des actes translatifs ou attributifs de

Chômage. — V. Travail.

Chronomètres. — V. Douanes.

Circonscriptions judiciaires. — V. Organisation judiciaire.

Circonstances atténuantes. — V. Armée, Code du travail et de la prévoyance sociale, Douanes, Guerre.

Citation à l'ordre du jour. — V. Code d'instruction criminelle, Colonies, Décorations.

Citation en conciliation. — V. Réquisitions militaires.

Civils tués à l'ennemi. — V. Actes de l'état civil, Guerre.

Clôture de l'exercice. — V. Budget.

Code de commerce.

Modification, en application de la convention de Bruxelles du 23 sept. 1910, pour l'unification de certaines prescriptions en matière d'abordage, des art. 407 et 436, C. comm. (Art. 406 : Responsabilité en cas d'abordage entre navires de mer, ou entre navires de mer et bateaux de navigation intérieure; abordage fortuit ou de force majeure; abordage fautif; abordage par faute commune, abordage par la faute du pilote; responsabilité solidaire à l'égard des tiers, en cas d'abordage par faute commune, pour le dommage résultant de mort ou blessures; compétence du tribunal du domicile du défendeur et du tribunal du port français dans lequel, en premier lieu, un des deux navires s'est réfugié, et, en outre, au cas d'abordage dans les eaux territoriales françaises, du tribunal du ressort de la collision. — Art. 407 : Prescription de deux ans pour les actions d'abordage; prescription d'un an pour le recours contre les codébiteurs solidaires de celui qui a payé l'indemnité à des tiers à raison de dommage pour mort et blessures; suspension de la prescription au cas où ce navire défendeur n'a pu être saisi dans les eaux territoriales françaises. — Date d'application de la loi) (Loi, 15 juill. 1915). 232

Code d'instruction criminelle.

Additions aux art. 621 et 628 du Code d'instruction criminelle, sur la réhabilitation des condamnés (Réhabilitation facultative, sans condition de temps ni de résidence, des condamnés cités pour action d'éclat à l'ordre du jour de l'armée, du corps d'armée, de la division, de la brigade ou du régiment; réhabilitation de droit, au cas de condamnation pour infraction militaire; droit pour la veuve, les descendants, les ascendants et le ministre de la guerre de demander la réhabilitation (Loi, 4 avril 1915). 98

Modification de l'art. 227, C. instr. crim. (Connexité au cas de recel) (Loi, 22 mai 1915). 162

Code du travail et de la prévoyance sociale.

Modification des titres III et V du livre 1er du Code du travail et de la prévoyance social (salaire des ouvrières à domicile dans l'industrie du vêtement) (Détermination du salaire des ouvrières travaillant à domicile à l'industrie du vêtement : — *a*) Industrie rentrant dans cette catégorie; *b*) Registre des ouvrières chez les fabricants, commissionnaires et intermédiaires, et affichage des prix de façon; *c*) Délivrance d'un bulletin à souche ou d'un carnet aux ouvrières; *d*) Salaire minimum; *e*) Fixation du salaire minimum par les conseils du travail, ou par des comités des salaires, et, à défaut de conseils du travail, par des comités professionnels d'expertise; composition et mode de désignation des membres des comités de salaires ou des comités professionnels d'expertise; publication des salaires arrêtés par les comités du travail et les comités professionnels d'expertise; recours contre les décisions; commission centrale; composition et mode de désignation des membres; *f*) Compétence du conseil des prud'hommes, ou, à défaut du juge de paix pour connaître des contestations relatives au salaire minimum; *g*) Indemnité au profit de l'ouvrière lésée; responsabilité civile du fabricant, intermédiaire ou commissionnaire; *h*) Délai des réclamations; *i*) Action civile des associations spécialement autorisées par décret et des syndicats professionnels pour inobservation des dispositions de la loi; dispense de justifier d'un préjudice; *j*) Affichage des décisions du conseil des prud'hommes ou du juge de paix; *k*) Application de la loi aux ouvriers exécutant à domicile les mêmes travaux; *l*) Nullité des conventions contraires à la loi; *m*) Infractions à la loi; pénalités, amende; cumul des peines, récidive, compétence du tribunal de police correctionnelle, circonstances atténuantes; responsabilité civile des fabricants, commissionnaires et intermédiaires à raison des condamnations prononcées contre leurs préposés; *n*) Attributions de l'inspection du travail pour l'exécution de la loi) (Loi, 10 juill. 1915). 223

Instruction relative à l'application de la loi du 10 juill. 1915, portant modification des titres III et V du livre V du Code du travail et de la prévoyance sociale (salaire des ouvrières à domicile dans l'industrie du vêtement) (Circ., 24 juill. 1915). 250

Code pénal.

Dispositions relatives au recel (Modification des art. 58, 380, 460 et 461, C. pén.;

peines du recel; peines de la récidive; pénalités de la complicité du recel, lorsque l'auteur principal ne peut être condamné, à raison de sa parenté avec la victime du délit (Loi, 22 mai 1915). 162

Coke. — V. Algérie.

Colis agricoles. — V. Postes.

Colis postaux. — V. Chemins de fer, Postes.

Collèges. — V. Algérie, Lycées.

Colonies.

Actes de décès. — V. le § Mariage.
Actes de naissance. — V. le § Mariage.
Afrique occidentale française. — V. les §§ Conseil de gouvernement, Emprunts, Mines.
Agents civils du commissariat. — V. le § Tableaux d'avancement.
Alcools. — V. le § Boissons.

Allocations aux familles des militaires.

Extension aux colonies françaises de la loi du 5 août 1914, accordant, pendant la durée de la guerre, des allocations aux familles nécessiteuses dont le soutien serait appelé ou rappelé sous les drapeaux (Loi, 2 juin 1915). 175
V. les §§ Délégations de solde, Postes.
Amérique. — V. le § Douanes.
Angleterre. — V. le § Douanes.
Armes de chasse. — V. le § Armes et munitions.

Armes et munitions.

Modification de l'art. 8 du décret du 2 avril 1910, sur le commerce des armes et des munitions dans les pays de protectorat de l'Indo-Chine (Suppression de la disposition de l'art. 8 du décret du 2 avril 1910, qui limitait à 5 ans l'effet de ses prescriptions, en ce qui concerne les armes de chasse) (Décr., 9 juin 1915). 185
Assainissement. — V. le § Emprunts.
Autorisation d'exportation. — V. le § Douanes.
Avances remboursables. — V. le § Prêts aux colons.
Belgique. — V. le § Douanes.
Billon. — V. le § Douanes.

Boissons.

Règlement général de la vente des boissons alcooliques ou des spiritueux et des boissons hygiéniques, et fixation des licences applicables au commerce de ces boissons dans la colonie de Madagascar et dépendances (Décr., 31 juill. 1915). 266
Boissons alcooliques. — V. le § Boissons.
Boissons hygiéniques. — V. le § Boissons.

Bons du trésor local.

Autorisation à la Nouvelle-Calédonie d'émettre des bons du trésor local jusqu'à concurrence de 750.000 fr. (Décr., 17 juin 1915). 192
Caisse de réserve. — V. le § Prêts aux colons.

Cantons.

Suppression à la Martinique des deux cantons de Saint-Pierre-Fort et Saint-Pierre-Mouillage, et création d'un nouveau canton, ayant pour chef-lieu le Carbet (Loi, 28 mai 1915). 168
Citation à l'ordre du jour. — V. le § Réhabilitation.
Colonies britanniques. — V. le § Douanes.
Colophane. — V. le § Douanes.
Commission permanente. — V. le § Conseil du gouvernement.
Comptables des matières. — V. le § Tableaux d'avancement.
Concours. — V. le § Inspection des colonies.
Congé. — V. les §§ Cumul de solde et de pensions ou traitements, Fonctionnaires mobilisés.
Congé de convalescence. — V. le § Fonctionnaires mobilisés.

Conseil de gouvernement.

Dispositions investissant jusqu'à la fin des hostilités la commission permanente du conseil de gouvernement de l'Afrique occidentale française de toutes les attributions dudit conseil (Décr., 17 juill. 1915). 234
Consentement des ascendants. — V. le § Mariage.
Cuivre. — V. le § Douanes.

Cumul de solde et de pensions ou traitements.

Dispositions étendant la loi du 5 août 1914, sur le cumul de la solde militaire avec les traitements civils, aux fonctionnaires rétribués sur les budgets généraux, locaux et spéciaux des colonies, et prescrivant le maintien dans leur situation actuelle des fonctionnaires coloniaux en permission, congé, mission, en disponibilité, et en congé hors cadre et sans solde (Décr., 17 août 1914). 175
Réglementation de la situation, au point de vue de la solde, du personnel relevant de l'Administration des colonies, pendant la durée des opérations militaires (Approbation des dispositions du décret du 17 août 1914, appliquant aux fonctionnaires coloniaux la loi du 5 août 1914, sur le cumul de solde et de traitements, et réglementant la solde du personnel des services coloniaux ou locaux en résidence en France, en Algérie ou en Tunisie, et non mobilisé, qui est maintenu d'office dans ses foyers) (Loi, 2 juin 1915). 175
Approbation du décret du 17 août 1914, appliquant aux colonies la loi du 5 août 1914 et les décrets des 12 et 17 août 1914, sur le cumul de la solde militaire avec les traitements civils et les pensions militaires (Loi, 2 juin 1915). 175
Délais. — V. le § Postes.

Comptabilité publique.

Conseils de famille.

Conseils municipaux.

Conservatoire.

Contrebande de guerre. — V. Guerre.

Contre-visite. — V. Armée.

Contributions directes.

Modification des délais de réclamation accordés par l'art. 15 de la loi du 29 mars 1914, relative à l'impôt sur la propriété non bâtie (Délai de six mois en 1915, et délai de trois mois en 1916) (Loi, 28 mai 1915). 168

V. Budget, Trésoriers généraux.

Contributions indirectes.

Réglementation de l'obtention de recettes buralistes (Réserve des trois quarts des postes vacants : 1° par préférence, aux veuves et filles célibataires de receveurs mobilisés, morts au cours des hostilités, qui auront assuré la gestion du bureau ; 2° pour les autres recettes, aux officiers, sous-officiers et soldats réformés n. 1 pour blessures reçues ou maladies contractées devant l'ennemi) (Décr., 16 janv. 1915). 5

Restitution aux débitants de boissons des droits perçus sur les absinthes (Loi, 16 mars 1915). 62

Contribution patronale. — V. Retraites ouvrières et paysannes.

Contrôle des assurances. — V. Sociétés d'assurances.

Contrôleurs d'armes. — V. Armée.

Contrôleurs de l'armée. — V. Armée.

Contrôleurs des mines. — V. Armée.

Convention de Berne. — V. Propriété artistique et littéraire.

Convention de Bruxelles. — V. Code de commerce.

Convention franco-belge. — V. Traité international.

Corps expéditionnaire. — V. Armée, Postes, Télégraphes.

Corse. — V. Postes.

Cotisation ouvrière. — V. Retraites ouvrières et paysannes.

Coton. — V. Douanes, Guerre.

Coton-poudre. — V. Chemins de fer.

Cour d'appel. — V. Organisation judiciaire.

Cours préparatoires. — V. Instruction publique.

Cours secondaires. — V. Algérie.

Créanciers hypothécaires. — V. Hôteliers.

Crédit agricole. — V. Assurances (Caisses d').

Crédit immobilier. — V. Assurances (Caisses d').

Crédit (Ouverture de). — V. Moratorium.

Crédit populaire. — V. Assurances (Caisses d').

Crédits provisoires. — V. Budget.

Crédits supplémentaires. — V. Budget.

Croix de guerre. — V. Décorations.

Croix-Rouge française. — V. Armée.

Cuivre. — V. Colonies.

Cultivateurs. — V. Absinthe, Budget.

Cumul des peines. — V. Code du travail et de la prévoyance sociale.

Cumul de solde et de traitements ou pensions. — V. Algérie, Armée, Chemins de fer, Colonies, Gendarmerie, Marine.

D

Dactylographes. — V. Ministère des colonies.

Dardanelles. — V. Guerre.

Débits de tabac. — V. Tabac.

Débitants de boissons. — V. Budget, Contributions indirectes.

Déchéance. — V. Assurances (Caisses d').

Déchets de coton. — V. Guerre.

Déclaration. — V. Absinthe, Moratorium, Valeurs mobilières, Vers à soie.

Déclaration de guerre. — V. Guerre.

Déclaration d'urgence. — V. Expropriation pour utilité publique.

Déclaration d'utilité publique. — V. Expropriation pour utilité publique.

Déclaration fausse. — V. Armée, Valeurs mobilières.

Décorations.

Blessure. — V. le § Médaille coloniale.

Citations à l'ordre du jour. — V. les §§ Croix de guerre, Médaille coloniale.

Civils. — V. les §§ Croix de guerre, Médaille militaire.

Corps expéditionnaire. — V. le § Croix de guerre.

Croix de guerre.

Institution d'une croix dite « Croix de guerre », destinée à commémorer les citations individuelles pour faits de guerre à l'ordre des armées de terre et de mer, des corps d'armée, des divisions, des brigades et des régiments (Loi, 8 avril 1915). 105

Dispositions relatives à l'application de la loi du 8 avril 1915, instituant une Croix de guerre (Décr., 23 avril 1915). 128

Instructions pour l'application du décret du 23 avril 1915, sur la Croix de guerre (Citations assimilables aux citations à l'ordre du régiment; règles spéciales aux places de guerre, aux corps expéditionnaires, et aux militaires et civils ne rentrant dans aucune des catégories précédemment visées; mode de délivrance de la Croix de guerre) (Instr., 13 mai 1915). 154

Instructions relatives à l'application de l'art. 6 du décret du 23 avril 1915, sur la Croix de guerre (Circ., 23 juin 1915). 205

Instructions complémentaires relatives à la Croix de guerre, faisant suite à la circulaire du 16 mai 1915 (Services de la marine) (Instr., 13 juill. 1915). 228

Addition à l'instruction du 13 mai 1915 pour l'application du décret du 23 avril 1915, sur la Croix de guerre (Instr., 15 juill. 1915). 233

Addition à l'instruction du 13 mai 1915 pour l'application du décret du 23 avril 1915, sur la Croix de guerre (Instr., 15 juill. 1915). 233

Instructions spéciales relatives à la délivrance des Croix de guerre aux personnels de la marine cités à l'ordre du jour au titre des formations militaires de la marine mises à la disposition du département de la guerre (Instr., 22 juill. 1915). 248

Députés. — V. le § Médaille militaire.

Fonctionnaires mobilisés. — V. le § Médaille militaire.

Goumiers auxiliaires. — V. le § Médaille coloniale.

Indigènes. — V. le § Médaille coloniale.

Marins. — V. les §§ Croix de guerre, Médaille coloniale, Médaille militaire.

Maroc. — V. le § Médaille coloniale.

Médaille coloniale.

Dispositions accordant la médaille coloniale, agrafe « Maroc », pour la période comprise entre le 1er janv. et le 31 déc. 1914 inclus, aux militaires, marins, goumiers auxiliaires, indigènes algériens, tunisiens et marocains ayant pris part pendant deux mois aux opérations au Maroc, ou ayant été, soit blessés, soit cités à l'ordre du jour (Décr., 30 juill. 1915). 265

Médaille militaire.

Ratification de décrets instituant un contingent spécial de décorations de la médaille militaire pour les militaires, marins et fonctionnaires civils mobilisés; autorisation de conférer la médaille militaire aux membres du Parlement pour faits de guerre (Loi, 30 mars 1915). 87

Modification au décret du 8 nov. 1913, en vue de l'admission au traitement de militaires décorés de la médaille militaire, qui se sont distingués au cours de la campagne, sur des contingents autres que celui de la loi du 18 déc. 1915 (Décr., 27 août 1915). 303

Militaires. — V. les §§ Croix de guerre, Médaille coloniale, Médaille militaire.

Places de guerre. — V. le § Croix de guerre.

Sénateurs. — V. le § Médaille militaire.

Traitement. — V. le § Médaille militaire.

Délais. — V. Assurance sur la vie, Budget, Chemins de fer, Code du travail et de la prévoyance sociale, Colonies, Contributions directes, Expropriation pour utilité publique, Haras, Marchés administratifs ou de fournitures, Moratorium, Notaires, Pêche maritime, Pensions, Postes, Propriété industrielle, Trésoriers généraux, Vers à soie.

Délai de grâce. — V. Moratorium.

Délais de priorité. — V. Propriété industrielle.

Délais de transport. — V. Chemins de fer.

Délégations d'office. — V. Algérie, Armée, Gendarmerie, Marine.

Délégations de solde. — V. Algérie, Armée, Colonies, Gendarmerie, Marine, Pensions.

Délibération municipale. — V. Conseils municipaux, Hygiène et santé publiques.

Délits militaires. — V. Code d'instruction criminelle.

Demande en paiement. — V. Moratorium.

Démission. — V. Justices de paix.

Denrées agricoles frigorifiées. — V. Ministère de l'agriculture.

Denrées alimentaires. — V. Colonies.

Départements.

Conversions en loi de décrets pris en matière financière du 12 août au 16 déc. 1914 (Emissions de bons départementaux) (Loi, 17 mars 1915). 62

V. Assurances (Caisses d'), Budget, Guerre, Moratorium.

Département de la Seine. — V. Guerre, Moratorium, Paris (Ville de).

Dépôts d'argent. — V. Moratorium.

Dépôts de cartouches. — V. Etablissements dangereux, insalubres ou incommodes.

Dépôts d'explosifs. — V. Poudres et explosifs.

Dépôt de garantie. — V. Assurance sur la vie, Sociétés d'épargne et de capitalisation.

Dépôts de pièces d'artifice. — V. Etablissements dangereux, insalubres ou incommodes.

Dérogations aux interdictions d'exportation.

Fonctionnaires et préposés.

Interdictions d'exportation.

Interdiction de la sortie du marc de pommes (Décr., 30 mars 1915). 91

Interdiction de la sortie et de la réexportation, sous un régime douanier quelconque, des monnaies de cuivre, de billon et de nickel (Décr., 1er avril 1915). 96

Interdiction de la sortie de diverses marchandises (peaux, graisses de poisson, café, écorces à tan, extraits et sous-tannants, ammoniaque, chronomètres de bord, instruments nautiques) (Décr., 3 avril 1915). 97

Ratification des décrets ayant pour objet d'établir des prohibitions de sortie ou de suspendre les droits d'entrée sur diverses marchandises (Décr., 31 juill.; 2, 3, 4, 5, 12, 13, 14 août; 7, 10, 22, 30 sept.; 1er, 14, 15, 16, 18, 20, 23, 25 26 oct.; 5, 17, 19, 21, 23, 30 nov.; 3, 21 déc. 1914; 9 janv. 1915) (Loi, 16 avril 1915). 120

Interdiction de la sortie de divers produits (caséine, graisses végétales alimentaires, oléine, rotins) (Décr., 26 mai 1915). 163

Prohibition de la sortie de l'or (Décr., 3 juill. 1915). 218

Prohibition de la sortie, ainsi que de la réexportation, de divers produits (acide chlorhydrique, sulfure de carbone, sulfure de sodium, produits phosphorés de toute nature, arsenics et ses sels) (Décr., 3 juill. 1915). 219

Interdiction de sortie des machines-outils (Décr., 22 juill. 1915). 249

Interdiction de la sortie ainsi que de la réexportation, des racines de chicorée, vertes ou sèches (Décr., 31 juill. 1915). 271

Interdiction de l'exportation de l'amiante (Décr., 5 août 1915). 274

Dispositions relatives à la répression des infractions aux dispositions réglementaires portant prohibition de sortie ou de réexportation en suite d'entrepôt, de dépôt, de transit, de transbordement ou d'admission temporaire de certains produits ou objets (pénalités : amende, emprisonnement, publication et affichage du jugement; circonstances atténuantes) (Loi, 17 août 1915). 289

Interdiction de sortie des bois d'acajou, okoumé, platane, hêtre, bouleau, tilleul et frêne, de l'iridium, de l'osmium, du rhodium, des vins, des récipients pour gaz comprimés ou liquéfiés, des fils et drilles de coton et de la soie tussah (Décr., 20 août 1915). 295

Interdiction de la sortie, ainsi que de la réexportation, sous un régime douanier quelconque, des monnaies d'argent (Décr., 25 août 1915). 299

Ratification des décrets des 4 févr., 6 mars, 30 mars et 3 avril 1915, ayant pour objet des prohibitions de sortie, des décrets des 16 févr. et 3 mars 1915, portant réduction ou suspension de droits d'entrée, et du décret du 13 mars 1915, portant suspension de la surtaxe d'entrepôt sur diverses marchandises (Loi, 26 août 1915). 300

V. le § Dérogations aux interdictions de sortie,

Iode. — V. le § Rétablissement des droits d'entrée.

Iridium. — V. le § Interdictions d'exportation.

Japon. — V. le § Dérogations aux interdictions d'exportation.

Machines-outils. — V. le § Interdictions d'exportation.

Marc de pommes. — V. les §§ Dérogations aux interdictions d'exportation, Interdictions d'exportation.

Marchandises prohibées.

Dispositions soumettant les marchandises d'origine ou de provenance allemande ou austro-hongroise aux dispositions des lois de douane concernant les marchandises prohibées; autorisation de dérogation (Loi, 17 août 1915). 289

Minerai de plomb. — V. le § Dérogations aux interdictions d'exploitation.

Monnaies. — V. le § Interdictions d'exportation.

Montenegro. — V. le § Dérogations aux interdictions d'exportation.

Nickel. — V. le § Interdictions d'exportation.

Nitrate de soude. — V. le § Suspension ou réduction des droits d'entrée.

Oléine. — V. les §§ Dérogations aux interdictions d'exportation, Interdictions d'exportation.

Or. — V. le § Interdictions d'exportation.

Osmium. — V. le § Interdictions d'exportation.

Papier à journaux. — V. le § Suspension ou réduction des droits d'entrée.

Pâte de cellulose. — V. le § Suspension ou réduction des droits d'entrée.

Peaux. — V. les §§ Dérogations aux interdictions d'exportation, Interdictions d'exportation.

Peines. — V. le § Interdictions d'exportation.

Phosphore. — V. le § Interdictions d'exportation.

Préposés. — V. le § Fonctionnaires ou préposés.

Protectorats britanniques. — V. le § Dérogations aux interdictions d'exportation.

Publication du jugement. — V. le § Interdictions d'exportation.

Racines de chicorée. — V. le § Interdictions d'exportation.

Rails. — V. le § Suspension ou réduction des droits d'entrée.

Récipients pour gaz. — V. le § Interdictions d'exportation.

Réduction des droits d'entrée. — V. les §§ Interdictions d'exportation, Suspension ou réduction des droits d'entrée.

Résine. — V. le § Dérogations aux interdictions d'exportation.

H

Habitations à bon marché.

Haras.

Hôteliers.

Hygiène et santé publiques.

préfet, après avis de la commission sanitaire, du conseil départemental d'hygiène et du comité de patronage des habitations à bon marché; convocation du propriétaire et du maire devant le président du tribunal; expertise de la valeur de l'immeuble, abstraction faite des causes d'insalubrité. — Déclaration d'utilité publique par le préfet, avec indication des parcelles à exproprier, du mode d'utilisation des parcelles non incorporées aux ouvrages publics et des conditions de la revente de ces parcelles; recours pour excès de pouvoir, recours au ministre. — Procédure d'expropriation; fixation de l'indemnité par le jury; indemnité des propriétaires; détermination de la valeur vénale; déduction des travaux nécessaires pour rendre l'immeuble salubre; indemnité des locataires; locataires patentés; réduction pour cause d'insalubrité; autres locataires; indemnité forfaitaire. — Pourvoi en cassation contre la décision du jury et l'ordonnance du magistrat directeur. — Revente aux enchères des portions d'immeubles expropriés non utilisées pour les travaux; suppression du droit de préemption. — Immeubles insalubres compris dans une expropriation de droit commun; immeubles salubres compris dans une expropriation pour insalubrité d'un groupe d'immeubles. — Défaut d'exécution, dans le délai imparti, des travaux prescrits pour insalubrité; autorisation aux communes d'exproprier. — Résiliation des baux; absence d'indemnité) (Loi, 17 juin 1915). 192

Hypothèque maritime. — V. Prises maritimes.

I

Iles du territoire européen. — V. Testament.

Immeubles insalubres. — V. Hygiène et santé publiques.

Immeubles par destination. — V. Hôteliers.

Immeubles situés en France ou en Algérie. — V. Budget.

Importation. — V. Marine marchande, Ministère de l'agriculture, Poudres et explosifs.

Impôt foncier. — V. Contributions directes.

Impôt des portes et fenêtres. — V. Budget.

Impôt personnel-mobilier. — V. Budget.

Inaptes. — V. Armée.

Incapacités. — V. Recel-Recelé (en matière criminelle).

Indemnité. — V. Absinthe, Armée, Budget, Hygiène et santé publiques, Marchés administratifs et de fournitures, Réquisitions militaires.

Indemnité de déplacement. — V. Guerre.

Indemnité d'expropriation. — V. Hygiène et santé publiques.

Indemnité de logement. — V. Marine.

Indemnité de séjour. — V. Justices de paix.

Indemnité forfaitaire. — V. Hygiène et santé publiques.

Indigènes. — V. Armée, Décorations.

Indo-Chine. — V. Colonies.

Industrie du vêtement. — V. Code du travail et de la prévoyance sociale.

Industriels. — V. Armée, Moratorium.

Infanterie coloniale. — V. Armée.

Infirmiers. — V. Actes de l'état civil, Armée.

Infirmières. — V. Actes de l'état civil.

Infirmités. — V. Ministère des colonies, Pensions et traitements.

Ingénieurs. — V. Armée.

Ingénieurs des améliorations agricoles. — V. Armée.

Ingénieurs d'artillerie navale. — V. Marine.

Ingénieurs des mines. — V. Mines.

Ingénieurs des ponts et chaussées. — V. Ponts et chaussées.

Ingénieurs hydrographes. — V. Marine.

Insalubrité. — V. Hygiène et santé publiques.

Inscriptions hypothécaires. — V. Moratorium.

Inscrits maritimes. — V. Armée, Marine, Moratorium, Réquisitions militaires.

Insignes. — V. Armée.

Inspecteur des finances. — V. Ministère des finances.

Inspection des colonies. — V. Colonies.

Inspection des formations sanitaires et services. — V. Armée.

Inspection du travail. — V. Code du travail et de la prévoyance sociale.

Inspection générale du matériel et des magasins d'approvisionnement. — V. Armée.

de leurs maris (Délégations d'office de solde) (Loi, 10 avril 1915). 114
Instructions relatives aux conditions de paiement de la haute paie d'ancienneté et de l'indemnité de logement aux familles de marins disparus ou prisonniers (Circ., 20 juin 1915). 197
Allocations journalières. — V. le § Allocations aux familles des inscrits maritimes.

Apprentis marins.

Instructions relatives à l'établissement des dossiers des candidats aux écoles des apprentis marins et apprentis mécaniciens, dont les pères sont mobilisés, ou qui sont originaires des régions envahies (Consentement de la mère, à défaut du consentement du père, empêché par suite de la guerre ; remplacement des pièces d'état civil, pour les enfants originaires des communes occupées par l'ennemi, par les livrets de famille ou autres pièces officielles, (Circ., 11 juill. 1915). 227
Armée de terre. — V. les §§ Allocations aux familles des inscrits maritimes, Officiers de la marine marchande.
Armuriers. — V. le § Engagements militaires.
Artillerie navale. — V. le § Ingénieurs d'artillerie navale.
Autorisation du juge de paix. — V. le § Engagements militaires.
Avancement. — V. les §§ Ingénieurs d'artillerie navale, Mécaniciens, Officiers de marine, Seconds maîtres, Service de santé.
Brevet supérieur. — V. les §§ Mécaniciens, Seconds maîtres.
Capitaines au long cours. — V. le § Officiers de la marine marchande.
Cession de matériel. — V. le § Matériel photo-électrique des fronts de mer.
Chambres de commerce. — V. le § Prêts de main-d'œuvre militaire.
Colonies. — V. le § Personnel administratif de gestion et d'exécution.
Commandant de la marine. — V. le § Sous-arrondissement du Havre.
Commis. — V. le § Personnel administratif de gestion et d'exécution.
Commis principaux. — V. le § Personnel administratif de gestion et d'exécution.

Commissaires de la marine.

Suspension de l'application des prescriptions de l'art. 2 du décret du 23 avril 1910, à l'égard des élèves commissaires et commissaires de 3e classe de la marine, nommés le 5 oct. 1914 (Dispense de l'examen; stage à accomplir après la guerre à l'École du commissariat) (Décr., 25 févr. 1915). 42
Commission de classement. — V. le § Officiers de marine.
Commissions d'enquête. — V. le § Conseils d'enquête.
Communes occupées par l'ennemi. — V. les §§ Apprentis marins, Engagements militaires.
Concours. — V. le § Ecole navale.
Conseils de discipline. — V. le § Conseils d'enquête.

Conseils d'enquête.

Ratification du décret du 30 nov. 1914, suspendant, pendant la durée de la guerre, pour la mise à la retraite des officiers généraux, la mise en réforme des officiers, la révocation des officiers de réserve, les mesures disciplinaires à l'égard du personnel des équipages de la flotte des agents civils du personnel administratif de gestion de l'exécution et du personnel technique d'exécution des directions de travaux, le fonctionnement des conseils d'enquête, conseils de discipline et commissions d'enquête (Loi, 3 août 1915). 272
Consentement des parents. — V. les §§ Apprentis marins, Engagements militaires.
Contre-amiral. — V. le § Sous-arrondissement du Havre.

Cumul de solde et de pensions.

Conversion en lois de décrets rendus en matière financière du 12 août au 16 déc. 1914 (Réglementation, pour la marine, du cumul de la solde militaire avec les pensions de l'armée de mer) (Loi, 17 mars 1915). 62
Délégation de soldes. — V. le § Allocations aux familles des officiers ou marins décédés ou disparus.
Délégations d'office. — V. le § Allocations aux familles des officiers ou marins décédés ou disparus.
Déplacement d'office. — V. le § Personnel administratif de gestion et d'exécution.
Durée des études. — V. les §§ Ecole navale, Ingénieurs d'artillerie navale.
Ecole des administrateurs de l'inscription maritime. — V. le § Administrateurs de l'inscription maritime.
Ecole d'application de l'artillerie navale. — V. le § Ingénieurs d'artillerie navale.
Ecole des apprentis marins. — V. le § Apprentis marins
Ecole du commissariat de la marine. — V. le § Commissaires de la marine.

Ecole des officiers de marine.

Dispositions portant nomination immédiate au grade de premier maître élève officier des officiers mariniers admis en 1914 à l'Ecole des officiers de marine (Loi, 26 mai 1915). 164
Ecole du service de santé. — V. le § Service de santé.

Ecole navale.

Réduction à dix mois de la durée des étu-

seils d'enquête, Officiers de la marine marchande.
Ministère de la guerre. — V. le § Matériel photo-électrique des fronts de mer.
Navires capturés ou détruits. — V. le § Allocations aux familles des inscrits maritimes.

Officiers de la marine marchande.

Instructions relatives aux grades temporaires attribués aux officiers de la marine de commerce rappelés au service de la flotte (Circ., 13 févr. 1915). 27
Instructions relatives à la situation militaire des capitaines au long cours pourvus d'une commission d'enseignes de vaisseau auxiliaires ou du grade de lieutenant dans l'armée de terre, qui sont licenciés par mesure disciplinaire (Circ., 24 août 1915). 299

Officiers de marine.

Avancement en temps de guerre dans le corps d'officiers de la marine (Avancement hors tour) (Loi, 19 févr. 1915). 34
Modification de l'art. 2 du décret du 14 juin 1913, relatif à l'avancement au choix des officiers des corps naviguants (Participation du directeur militaire des services de travaux à la commission de classement du corps des officiers de marine et de celle du corps des ingénieurs hydrographes) (Décr., 8 juin 1915). 184
V. les §§ Allocations aux familles des officiers ou marins décédés ou disparus, Conseils d'enquête, Ecole des officiers de marine, Officiers de la marine marchande, Personnel administratif de gestion et d'exécution.
Officiers de réserve. — V. les §§ Conseils d'enquête, Service de santé.
Officiers généraux. — V. le § Conseils d'enquête.
Officiers mariniers. — V. les §§ Allocations aux familles des officiers et marins décédés ou disparus, Ecole des officiers de marine, Marins retraités, Seconds maîtres.
Pension de retraite. — V. le § Cumul de solde et de pension.
Père. — V. les §§ Apprentis marins, Engagements militaires.

Permissions agricoles.

Instructions relatives aux permissions pour les travaux agricoles à concéder aux réservistes de la flotte (Circ., 23 juin 1915). 206

Personnel administratif de gestion et d'exécution.

Réglementation, pendant la guerre, du tour de départ pour les colonies et pays de protectorat, et aux déplacements, dans les ports et les établissements en France, du personnel administratif (officiers, commis principaux et commis) de gestion et d'exécution (Arr., 21 août 1915). 296

V. le § Conseils d'enquête.
Personnel technique d'exécution des directions de travaux. — V. le § Conseils d'enquête.
Pharmacien auxiliaire. — V. le § Service de santé.
Premier maître élève officier. — V. le § Ecole des officiers de marine.

Prêts de main-d'œuvre militaire.

Instructions relatives aux prêts de main-d'œuvre militaire (Mise à la disposition des chambres de commerce et des particuliers; allocations à attribuer au personnel et mode de remboursement) (Circ., 17 févr. 1915). 32
Prisonniers de guerre. — V. le § Allocations aux familles des officiers ou marins décédés ou disparus.
Promotion. — V. les §§ Administrateurs de l'inscription maritime, Commissaires de la marine, Ecole des officiers de marine, Ingénieurs d'artillerie navale.
Protectorat (Pays de). — V. le § Personnel administratif de gestion et d'exécution.
Quartier-maître. — V. les §§ Allocations aux familles des officiers et marins décédés ou disparus, Marins retraités.
Rappel à l'activité. — V. le § Marins retraités, Officiers de la marine marchande.
Réforme des officiers. — V. le § Conseils d'enquête.
Régions envahies. — V. les §§ Apprentis marins, Engagements militaires.
Retrait de commission. — V. le § Officiers de la marine marchande.
Retraite. — V. les §§ Conseils d'enquête, Marins retraités.
Révocation. — V. le § Conseils d'enquête.

Saluts à coups de canon.

Suppression pendant la durée de la guerre, sauf en ce qui concerne les puissances neutres, des saluts à coups de canon (Circ., 22 juill. 1915). 250

Seconds maîtres.

Réglementation de la situation des seconds maîtres non brevetés supérieurs, susceptibles d'être arrêtés dans leur avancement du fait de la suspension du fonctionnement des écoles (Autorisation au ministre de la marine de leur concéder des avancements au grade de maître) (Décr., 16 août 1915). 285
Instructions relatives à l'application du décret du 16 août 1915, concernant la situation des seconds maîtres non brevetés supérieurs (Circ., 16 août 1915). 285
V. le § Mécaniciens.
Secours d'urgence. — V. le § Allocations aux familles des officiers ou marins décédés ou disparus.

Service de santé.

Modification des décrets des 25 juill. 1897

et 19 nov. 1914, relatifs à l'organisation et à l'état des officiers de réserve de l'armée de mer (Conditions d'avancement des officiers de réserve du corps de santé) (Décr., 8 avril 1915). 108

Dispositions autorisant la nomination pour la durée de la guerre à l'emploi de médecin auxiliaire, des étudiants en médecine ayant huit inscriptions (et à l'emploi de pharmaciens auxiliaires des étudiants en pharmacie ayant quatre inscriptions), qui sont élèves de l'Ecole du service de santé de la marine et servent en qualité de matelots infirmiers; assimilation des médecins et pharmaciens auxiliaires, pour la discipline, la solde, la juridiction aux premiers maîtres des équipages de la flotte (Décr., 29 mai 1915). 169

Création, pendant la durée des hostilités, de l'emploi de médecin et de pharmacien de 2e classe auxiliaire pour les élèves en médecine ayant 16 inscriptions et les élèves en pharmacie ayant 12 inscriptions (Décr., 27 août 1915). 303

Solde militaire. — V. les §§ Allocations aux familles des officiers ou marins décédés ou disparus, Cumul de solde et de pension.

Sous-arrondissement du Havre.

Organisation d'un commandement de la marine pour le sous-arrondissement du Havre (sous la direction d'un contre-amiral) (Décr., 15 mars 1915). 61

Soutiens de famille. — V. le § Allocations aux familles des inscrits maritimes.

Stage. — V. les §§ Administrateurs de l'inscription maritime, Commissaires de la marine.

Tour de départ. — V. le § Personnel administratif de gestion et d'exécution.

Tuteur. — V. le § Engagements militaires.

Veuves. — V. le § Allocations aux familles des officiers ou marins décédés ou disparus.

V. Armée, Budget, Décorations, Marchés administratifs ou de fournitures, Pensions, Réquisitions militaires.

Marine marchande.

Dispositions relatives à la suspension du monopole du pavillon pour la navigation entre la France et l'Algérie; nécessité d'un certificat d'origine pour l'importation, en France ou en Algérie, de produits algériens ou français (Décr., 29 mai 1915). 170

V. Guerre, Ministère de la marine.

Mariniers. — V. Guerre.

Maroc.

Application aux militaires en service au Maroc du décret du 9 oct. 1914, modifié le 26 du même mois, organisant l'institution d'office de délégations de solde (Décr., 16 janv. 1915). 1

Instructions relatives à l'application aux militaires en service au Maroc de la note du 29 oct. 1914 et de la circulaire du 16 nov. 1914, sur les délégations de solde (Note, 16 janv. 1915). 2

V. Armée, Budget, Décorations, Télégraphes.

Marques de fabrique. — V. Propriété industrielle.

Martelage. — V. Forêts.

Martinique (Ile de la). — V. Colonies, Propriété industrielle, Prud'hommes.

Matériel photo-électrique. — V. Marine.

Matières dangereuses ou infectes. — V. Chemins de fer.

Matières fulminantes. — V. Poudres et explosifs.

Matières premières. — V. Marchés administratifs ou de fournitures.

Mécaniciens. — V. Armée, Marine.

Mèches de sûreté. — V. Poudres et explosifs.

Médaille coloniale. — V. Décorations.

Médaille militaire. — V. Décorations.

Médecins. — V. Actes de l'état civil.

Medecin auxiliaire. — V. Armée, Marine.

Mer territoriale. — V. Code de commerce.

Mère. — V. Armée, Marine, Puissance paternelle.

Métayage. — V. Moratorium.

Métayers. — V. Retraites ouvrières et paysannes.

Meudon. — V. Moratorium.

Militaires. — V. Armée, Code d'instruction criminelle, Colonies, Décorations, Légion d'honneur, Mariage, Pensions, Postes, Télégraphes.

Militaires décédés. — V. Actes de l'état civil, Armée, Assistance judiciaire, Conseils de famille, Habitations à bon marché, Moratorium, Pensions.

Militaires disparus. — V. Armée, Moratorium.

Militarisation. — V. Armée.

Mines.

Prorogation des délais prévus par les art. 8 et 9 de la loi du 25 févr. 1914, portant création de la caisse autonome des ouvriers mineurs, pour l'incription, sur les listes d'assurés de la loi des retraites ouvrières et paysannes, des ouvriers et employés des mines, et des femmes non salariées des ouvriers mineurs (Décr., 23 févr. 1915). 38

Suppression, en 1915, du concours d'ad-

Moratorium.

Actions en justice.

Bail à ferme.

Bail à loyer.

annexé; pour les locataires n'ayant pas plus de 1.000 fr. de loyer, à Paris, Saint-Cloud, Sèvres et Meudon, plus de 2.500 fr. au plus s'ils sont patentés, plus de 600 fr. dans les villes de 100.000 habitants et au-dessous, 300 fr. dans les villes de 5.000 à 100.000 habitants, 100 fr. dans les autres communes, avec réserve au propriétaire de prouver devant le juge de paix que le locataire est en état de payer, sauf, à Paris, pour les locations n'excédant pas 600 fr. — en ce qui concerne les locataires non présents sous les drapeaux et ne rentrant dans aucune des catégories précédentes, délai de trois mois pour les termes échus entre le 1er juill. et le 30 sept. 1915, pour les commerçants, patentés et les non-patentés, locataires dans les territoires énumérés au tableau annexé au décret du 1er sept. 1914, moyennant déclaration au greffe de la justice de paix, au plus tard la veille du terme; faculté pour le propriétaire de contester la déclaration; preuve à la charge du locataire, pour les termes antérieurs prorogation de trois mois, avec faculté de contestation pour les propriétaire, qui doit prouver que le locataire peut payer; — suspension pour trois mois des congés, et prorogation pour le même délai des baux venant à expiration du 1er juill. au 30 sept. 1914 pour les locataires visés aux dispositions qui précèdent; report à trois mois du point de départ de la relocation au profit d'un tiers, lorsque le locataire use de la faculté de continuer le bail; — au cas de mort du locataire sous les drapeaux, à défaut de clause stipulant la continuation du bail en cas de décès, faculté pour le juge de paix d'autoriser les héritiers à déménager sans payer les termes; — imputation des loyers d'avance sur les termes échus, dans les portions de territoire énumérées au tableau annexé au décret du 1er sept. 1914; — application du décret aux locations en garni; — compétence du juge de paix de la situation des biens pour les contestations; renvoi au tribunal, au cas de refus de délai, si la location excède 600 fr.; — application du décret aux ressortissants des pays alliés ou neutres, aux Alsaciens-Lorrains, Polonais, Tchèques, sujets de l'Allemagne ou de l'Autriche-Hongrie, qui ont obtenu un permis de séjour; — application à l'Algérie) (Décr., 17 juin 1915). 189

Banque-Banquier.

Nouvelle prorogation de 60 jours francs, en France et en Algérie, sous les conditions et réserves prévues par les décrets antérieurs, des délais accordés pour la délivrance des dépôts-espèces et de soldes créditeurs et comptes courants dans les banques (Décr., 25 févr. 1915). 43

Nouvelle prorogation de 90 jours francs, en France et en Algérie, sous les conditions et réserves prévues par les décrets antérieurs, des délais accordés pour la délivrance des dépôts-espèces et des soldes créditeurs dans les banques (Décr., 15 avril 1915). 118

Nouvelle prorogation de 90 jours, en France et en Algérie, sous les conditions et réserves prévues par les décrets antérieurs, des délais accordés pour la délivrance des dépôts-espèces et des soldes créditeurs dans les banques (Décr., 24 juin 1915). 207

Cessation des hostilités. — V. les §§ Actions en justice, Délais, Exécution (des actes et jugements), Prescriptions.

Commerçant. — V. les §§ Bail à loyer, Vente de marchandises.

Compétence. — V. le § Bail à loyer.

Compétence territoriale. — V. le § Bail à loyer.

Comptes courants. — V. le § Banque-Banquier.

Congé. — V. le § Bail à loyer.

Continuation des instances. — V. les §§ Actions en justice, Exécution (des actes et jugements).

Contrats d'assurance. — V. le § Sociétés d'assurances.

Contrats d'épargne et de capitalisation. — V. le § Sociétés d'épargne et de capitalisation.

Coupons d'obligations. — V. le § Valeurs mobilières.

Crédit (Ouverture de).

Nouvelle prorogation de 60 jours francs, en France et en Algérie, pour la réalisation des ouvertures de crédit, et suspension, pendant le même délai, du droit accordé au créancier du solde d'une ouverture de crédit, par le décret du 27 oct. 1914, art. 2, §§ 2 et 3, d'agir en paiement, à l'égard des débiteurs non mobilisés ni domiciliés dans les régions envahies, pendant les 30 derniers jours du délai, avec permission du juge (Décr., 25 févr. 1915). 43

Nouvelle prorogation de 90 jours, en France et en Algérie, des délais accordés pour la réalisation des ouvertures de crédit, et suspension, pendant le même délai, du droit accordé au créancier du solde d'une ouverture de crédit, par le décret du 27 oct. 1914, art. 2, §§ 2 et 3, d'agir en paiement, à l'égard des débiteurs non mobilisés ni domiciliés dans les régions envahies, pendant les 30 derniers jours du délai, avec permission du juge (Décr., 25 avril 1915). 118

Nouvelle prorogation de 90 jours, en France et en Algérie, des délais accordés pour la réalisation des ouvertures de crédit, et suspension, pendant le même délai, du droit accordé au créancier du solde d'une ouverture de crédit; par les §§ 2 et 3 de l'art. 2 du décret du 27 oct. 1914, d'agir en paiement, avec permission du

juge, à l'égard des débiteurs non mobilisés ni domiciliés dans les régions envahies (Décr., 24 juin 1915). 207
Déclaration. — V. les §§ Bail à ferme, Bail à loyers, Sociétés d'assurances.

Délais.

Réglementation des conditions dans lesquelles peut être levée, par ordonnance du président, la suspension des délais, en matière civile et commerciale, ordonnée par le décret du 10 août 1915 (Décr., 10 mai 1915). 150
Dispositions relatives à la reprise, après la guerre, des délais suspendus par application de la loi du 5 août 1914 (Prolongation pendant six mois des délais qui auraient pris fin pendant les six mois après la cessation des hostilités; extension du délai de six mois au renouvellement des inscriptions d'hypothèques, de privilèges et de nantissement qui aurait dû être opéré pendant la durée de la mobilisation (Loi, 4 juill. 1915). 219
V. les §§ Actions en justice, Bail à ferme, Bail à loyer, Banque - Banquier, Crédit (Ouverture de), Délais, Exécution (des actes et jugements), Prescription, Protêts, Sociétés d'assurances, Sociétés d'épargne et de capitalisation, Valeurs mobilières, Vente de marchandises.
Délai de grâce. — V. le § Bail à loyer.
Départements. — V. le § Valeurs mobilières.
Département de la Seine. — V. le § Bail à loyer.
Dépôts. — V. le § Banque-Banquier.
Dividendes. — V. le § Valeurs mobilières.
Effets de commerce. — V. le § Protêts.

Exécution (des actes et jugements).

Réglementation des conditions dans lesquelles l'exécution des jugements peut être poursuivie en vertu d'une ordonnance du président, et application des mêmes règles à l'exécution des actes assimilés aux jugements quant à la force exécutoire (Décr., 11 mai 1915). 150
Dispositions relatives à la reprise après la guerre des délais (Prolongation pendant six mois des délais qui prendraient fin pendant les six mois après la cessation des hostilités) (Loi, 4 juill. 1915). 219
Femmes. — V. le § Bail à loyer.
Fermier. — V. le § Bail à ferme.
Greffe de la justice de paix. — V. le § Bail à ferme.
Héritiers. — V. le § Bail à loyer.
Imputation des loyers d'avance. — V. le § Bail à loyer.
Industriels. — V. le § Bail à loyer.
Inscriptions hypothécaires. — V. le § Délais.
Intérêts. — V. les §§ Protêts, Sociétés d'assurances, Valeurs mobilières.
Lettre recommandée. — V. le § Bail à ferme.
Locataires. — V. le § Bail à loyer.
Locations en garni. — V. le § Bail à loyer.
Lots. — V. le § Valeurs mobilières.
Loyers d'avance. — V. le § Bail à loyer.
Métayage. — V. le § Bail à ferme.
Métayer. — V. le § Bail à ferme.
Meudon. — V. le § Bail à loyer.
Militaires décédés ou disparus. — V. le § Bail à loyer.
Mobilisés. — V. les §§ Bail à ferme, Bail à loyer.
Nantissement. — V. le § Délais.
Neutres. — V. le § Bail à loyer.
Obligations industrielles. — V. le § Valeurs mobilières.
Ordonnance du président. — V. les §§ Actions en justice, Délais, Exécution (des actes et jugements), Prescription, Protêts.
Paris (Ville de). — V. le § Bail à loyer.
Patentés. — V. le § Bail à loyer.
Péremption. — V. le § Prescription.
Permis de séjour. — V. le § Bail à loyer.
Permission du juge. — V. les §§ Actions en justice, Crédit (Ouverture de), Délais, Exécution (des actes et jugements), Prescription, Protêts.
Polonais. — V. le § Bail à loyer.

Prescription.

Réglementation des conditions dans lesquelles peut être levée, par ordonnance du président, la suspension, en matière civile et commerciale, des prescriptions et péremptions (Décr., 11 mai 1915). 150
Dispositions relatives à la reprise après la guerre des délais de prescription et péremption en matière civile, commerciale et administrative (Prolongation pendant six mois des délais qui prendraient fin dans les six mois après la cessation des hostilités) (Loi, 4 juill. 1915). 219
Président du tribunal. — V. les §§ Actions en justice, Délais, Exécution (des actes et jugements), Prescription, Protêts.
Preuve (Charge de la). — V. le § Bail à loyer.
Primes (Paiement des). — V. les §§ Sociétés d'assurances, Sociétés d'épargne et de capitalisation.
Privilège. — V. le § Délais.
Prorogation des baux et congés. — V. les §§ Bail à ferme, Bail à loyer.
Prorogation de délais. — V. les §§ Actions en justice, Bail à ferme, Bail à loyer, Banque-Banquier, Crédit (Ouverture de), Délais, Exécution (des actes et jugements), Prescription, Protêts, Sociétés d'assurances, Sociétés d'épargne et de capitalisation, Valeurs mobilières, Vente de marchandises.

Protêts.

Dispositions relatives à la prorogation de 60 jours des échéances des valeurs négociables, sous les conditions et réserves prévues aux décrets antérieurs (Extension

Sociétés d'assurances.

Sociétés d'épargne et de capitalisation.

l'application de la loi du 20 mai 1915, prescrivant aux notaires de déposer au bureau d'enregistrement, en vue de mutations cadastrales, des extraits des actes translatifs ou attributifs de propriété immobilière (Décr., 11 juin 1915). 186
V. Cadastre.

Nouvelle-Calédonie. — V. Colonies.

Nullité. — V. Code du travail et de la prévoyance sociale, Hôteliers.

O

Obligations à court terme. — V. Budget, Dette publique.

Obligations de la défense nationale. — V. Dette publique.

Obligations industrielles. — V. Moratorium.

Officiers. — V. Armée, Colonies, Contributions indirectes, Tabac.

Officiers d'administration. — V. Armée.

Officiers de l'armée territoriale. — V. Armée.

Officiers démissionnaires. — V. Armée.

Officiers de marine. — V. Marine, Tribunaux militaires.

Officiers de la marine marchande. — V. Marine.

Officiers de réserve. — V. Armée, Marine.

Officiers généraux. — V. Armée, Marine.

Officiers mariniers. — V. Marine, Tribunaux militaires.

Officier municipal. — V. Testament.

Officiers publics et ministériels.

Dispositions complétant la loi du 5 août 1914, relative à la suppléance des officiers publics ou ministériels appelés sous les drapeaux en cas de guerre (Désignation d'office d'un suppléant à l'officier ministériel ou public qui n'en a pas choisi; désign»tion d'office d'un suppléant en cas de vacance d'un office ou d'empêchement du titulaire; pouvoirs du suppléant; expiration de ses pouvoirs; mode de révocation) (Loi, 17 août 1915). 290
V. Colonies, Notaires.

Oléine. — V. Douanes.

Opposition au paiement. — V. Valeurs mobilières.

Or. — V. Colonies, Douanes.

Ordonnance du président. — V. Moratorium.

Ordres de virement. — V. Timbre.

Organisation judiciaire.

Autorisation, en cas d'interruption des communications par suite de guerre, de rattacher un tribunal de première instance ou de commerce à une autre Cour d'appel, une justice de paix ou un conseil de prud'hommes à un autre tribunal; de rattacher partie de la circonscription d'un tribunal de première instance, d'un tribunal de commerce, d'une justice de paix ou d'un conseil de prud'hommes à une autre circonscription; de transférer le siège de la juridiction dans une autre commune de la circonscription; compétence, dans le même cas, pour les actes de juridiction gracieuse, tels qu'autorisation ou approbation d'actes concernant des femmes mariées ou des mineurs, du tribunal de la résidence; même compétence pour tous actes en matière civile et commerciale, tels que renonciation à succession, dépôt d'acte de société, constitution du conseil de famille) (Loi, 6 févr. 1915). 21
Application de la loi du 6 févr. 1915 (Rattachement de tribunaux de première instance et de commerce à un autre ressort de Cour d'appel) (Décr., 9 févr. 1915). 22
V. Justices de paix, Pensions.

Orphelins. — V. Algérie, Armée, Colonies, Conseils de famille, Marine, Pensions, Tabac.

Osmium. — V. Douanes.

Otages. — V. Actes de l'état civil.

Ottomans. — V. Armée.

Outillage. — V. Marchés administratifs ou de fournitures.

Ouvriers. — V. Armée, Colonies, Retraites ouvrières et paysannes.

Ouvriers étrangers. — V. Retraites ouvrières et paysannes.

Ouvriers militaires d'administration. — V. Armée.

Ouvriers mineurs. — V. Budget, Mines.

Ouvriers travaillant à domicile. — V. Code du travail et de la prévoyance sociale.

Ouvrières travaillant à domicile. — V. Code du travail et de la prévoyance sociale.

P

Papier. — V. Douanes.

Paquets postaux. — V. Colonies, Postes.

Paris (Ville de).

Conversion en loi des décrets pris en matière financière du 12 août au 16 déc.

1914 (Autorisation à la ville de Paris d'émettre des bons municipaux et de souscrire aux émissions de bons communaux des communes ou département de la Seine; augmentation du maximum d'émission des bons municipaux de Paris) (Loi, 17 mars 1915). 62
Autorisation de l'émission de bons municipaux de la ville de Paris (Décr., 13 juill. 1915). 230
Elévation du chiffre de l'émission des bons municipaux de la ville de Paris, et limite de l'autorisation donnée à la ville de Paris de souscrire à l'émission des bons du département de la Seine (Décr., 6 août 1915). 275
V. Guerre, Habitations à bon marché, Moratorium.

Pâte de cellulose. — V. Douanes.

Patentés. — V. Moratorium, Réquisitions militaires.

Peaux. — V. Douanes.

Pêche à la baleine. — V. Pêche maritime.

Pêche maritime.

Ajournement à la prochaine campagne de pêche de l'application de l'art. 13 du décret du 12 avril 1914, portant réglementation de la pêche et de l'exploitation industrielle de la baleine en Afrique équatoriale française, et prescrivant l'utilisation industrielle, par les concessionnaires de pêche, des corps des animaux capturés (Décr., 27 mai 1915). 166

Peines. — V. Code du travail et de la prévoyance sociale, Code pénal, Guerre, Valeurs mobilières.

Pensions.

Acte de naissance. — V. le § Régions envahies.
Acte de notoriété. — V. le § Régions envahies.
Agents de l'Etat. — V. le § Fonctionnaires et agents de l'Etat.
Armée. — V. les §§ Fonctionnaires et agents mobilisés, Grades temporaires, Gratifications de réforme, Régions envahies, Veuves et orphelins.

Avances sur pension.

Instructions concernant les avances sur pension qui peuvent être consenties par la Caisse des invalides de la marine aux veuves ou orphelins de tous marins laissant des droits à pension (Circ., 2 juin 1915). 176
Blessures. — V. les §§ Fonctionnaires et agents mobilisés, Gratifications de réforme.
Caisse des invalides de la marine. — V. le § Avances sur pension.
Commission d'étude. — V. le § Réforme de la législation.
Communes occupées par l'ennemi. — V. le § Régions occupées.
Délai. — V. le § Juges suppléants.
Délégation de solde. — V. le § Veuves et orphelins.
Employés de l'Etat. — V. le § Fonctionnaires et agents mobilisés.

Fonctionnaires et agents mobilisés.

Dispositions relatives aux droits à pension des fonctionnaires civils, employés et agents de l'Etat qui accomplissent en temps de guerre un service militaire, et de leurs veuves et orphelins, dans les cas de blessures ou de décès résultant de l'exécution de ce service (Option entre le régime des pensions civiles et des pensions militaires; computation des blessures ou infirmités) (Loi, 14 mars 1915). 57

Grades temporaires.

Instructions relatives aux avancements temporaires accordés aux marins de tous grades par application du décret du 22 déc. 1914 (Prise en considération du grade temporaire pour la liquidation de la pension de la veuve et des orphelins (Circ., 11 mars 1915). 54

Gratifications de réforme.

Modification du décret du 13 févr. 1906, relatif à la réglementation des gratifications renouvelables de réforme en cas de blessures ou infirmités non incurables (Nouveaux échelons pour la détermination de gravité des blessuras ou infirmités) (Décr., 24 mars 1915). 79
Modification du décret du 29 sept. 1913, sur les gratifications renouvelables dans la marine, et modification aux art. 24, 35 et 36 de l'instruction de même date (Durée de la concession des gratifications renouvelables; fixation du tarif des gratifications renouvelables selon le grade et le degré d'incapacité) (Décr., 12 juin 1915). 187
Dispositions ouvrant le droit aux gratifications de réforme aux spahis auxiliaires algériens et aux militaires auxiliaires marocains (Décr., 28 juill. 1915). 261
V. le § Régions envahies.
Gratifications renouvelables. — V. le § Gratifications de réforme.
Indigènes algériens ou marocains. — V. le § Gratifications de réforme.
Infirmités. — V. les §§ Fonctionnaires et agents mobilisés, Gratifications de réforme.
Infirmités non incurables. — V. le § Gratifications de réforme.

Juges suppléants.

Dispositions relatives à la suspension du délai d'un an, prévu par la loi du 21 juill. 1914, pour le versement des retenues en vue de l'acquisition du droit à pension par les juges suppléants nommés avant le

Préemption (Droit de). — V. Hygiène et santé publiques.

Préfet. — V. Conseils municipaux, Hygiène et santé publiques.

Premier maître élève officier. — V. Marine.

Prescription. — V. Code de commerce, Colonies, Moratorium, Postes.

Président du conseil de prud'hommes. — V. Prud'hommes.

Président du tribunal civil. — V. Hygiène et santé publiques, Moratorium, Valeurs mobilières.

Prestations. — V. Budget.

Prêts aux colons. — V. Colonies.

Preuve (Charge de la). — V. Moratorium.

Primes d'assurance — V. Assurances (Caisses d'), Moratorium.

Prises britanniques. — V. Prises maritimes.

Prises maritimes.

Achat de navires capturés.

Conditions dans lesquelles la garantie de l'Etat pourra être accordée pour l'achat, en Angleterre, par des armateurs français, de navires à vapeur provenant de prises britanniques (75 p. 100 au maximum du prix de vente) (Loi, 19 avril 1915). 123

Dispositions pour l'application de la loi du 19 avril 1915, déterminant les conditions dans lesquelles la garantie de l'Etat pourra être accordée pour l'achat en Angleterre, par des armateurs français, de navires à vapeur provenant de prises britanniques (Arr., 2 mai 1915). 141

Instructions déterminant les conditions de l'achat par des armateurs français de prises britanniques (Formes de la demande; conditions d'obtention de la garantie de l'Etat; caution; hypothèque du navire; francisation des navires achetés) (Circ., 6 juin 1915). 181

Allemands. — V. le § Contrebande de guerre.

Armateurs français. — V. le § Achat de navires capturés.

Caution. — V. le § Achat de navires capturés.

Compétence. — V. le § Contrebande de guerre.

Conseil des prises. — V. le § Contrebande de guerre.

Contrebande de guerre.

Mesures pour arrêter les marchandises appartenant à des sujets de l'empire d'Allemagne, ou venant d'Allemagne, ou expédiées sur l'Allemagne (Définition de ces marchandises; saisie sur mer des navires portant des marchandises suspectes, même sur navires neutres; déroutement des navires, débarquement des marchandises; séquestre ou vente des marchandises appartenant à des Allemands; réexpédition des marchandises appartenant à des neutres; compétence du conseil des prises) (Décr., 13 mars 1915). 55

Francisation. — V. le § Achat de navires capturés.

Garantie de l'Etat. — V. le § Achat de navires capturés.

Guerre maritime. — V. les §§ Achat de navires capturés, Contrebande de guerre.

Hyhothèque maritime. — V. le § Achat de navires capturés.

Marchandises allemandes ou destinées à l'Allemagne. — V. le § Contrebande de guerre.

Navires capturés. — V. le § Achat de navires capturés.

Navires neutres. — V. le § Contrebande de guerre.

Neutres. — V. le § Contrebande de guerre.

Prises britanniques. — V. le § Achat de navires capturés.

Saisie. — V. le § Contrebande de guerre.

Séquestre. — V. le § Contrebande de guerre.

Prisonniers civils. — V. Guerre.

Prisonniers de guerre. — V. Armée, Guerre, Marchés administratifs ou de fournitures, Mariage, Marine, Postes.

Privation des droits civils et civiques. — V. Guerre.

Privation de jouissance. — V. Réquisitions militaires.

Privilège du bailleur. — V. Hôtelier.

Privilège du warrant hôtelier. — V. Hôtelier.

Propriétaires. — V. Hygiène et santé publiques.

Propriété industrielle.

Règles temporaires en matière de propriété industrielle, notamment en ce qui concerne les brevets d'invention appartenant aux ressortissants des empires d'Allemagne et d'Autriche-Hongrie (Interdiction de l'exploitation en France de toute invention brevetée et de l'usage de toute marque de fabrique par des sujets ou ressortissant allemands ou austro-hongrois et pour leur compte; maintien des cessions de brevets, concessions de licences, transferts de marques de fabrique au profit de Français, protégés français et ressortissants des pays alliés ou neutres, mais avec interdiction, pendant la guerre, de l'exécution des obligations pécuniaires en résultant; exploitation par l'Etat des inventions brevetées par des Allemands ou Austro-Hongrois qui présentent un

Relégation.

Rentes sur l'Etat.

Réquisitions militaires.

Marine.

Paiement des réquisitions.

Règlement des indemnités.

devant le juge de paix (Circ., 11 avril 1915). 115

Instructions relatives à l'abstention éventuelle d'un membre militaire des commissions mixtes d'évaluation des réquisitions maritimes, complétées par l'adjonction d'un fonctionnaire de l'intendance militaire (Circ., 7 juin 1915). 183

Remorqueurs auxiliaires. — V. le § Marine.

Solde. — V. le § Marine.

Surveillance de l'entretien. — V. le § Marine.

Transports auxiliaires. — V. le § Marine.

Travaux. — V. le § Marine.

Vedettes automobiles. — V. le § Marine.

Voitures. — V. le § Paiement des réquisitions.

Réserve de l'armée active et de l'armée territoriale. — V. Armée.

Résidence en France. — V. Colonies, Français.

Résiliation de bail. — V. Hygiène et santé publiques, Moratorium.

Résines. — V. Colonies, Douanes.

Responsabilité. — V. Chemins de fer, Code de commerce, Code du travail et de la prévoyance sociale.

Retard. — V. Chemins de fer.

Retenues (Versement de). — V. Pensions.

Retrait de naturalisation. — V. Naturalisation.

Retraites. — V. Chemins de fer, Guerre, Mines, Pensions, Sociétés de secours mutuels.

Retraites ouvrières et paysannes.

Instructions relatives aux conditions dans lesquelles les assurés de la loi des retraites, originaires ou réfugiés des départements envahis, peuvent obtenir la liquidation de leur pension ou le paiement de leurs arrérages (Circ., 31 mai 1915). 172

Modification de la loi des 5 avril 1910-27 févr. 1912, sur les retraites ouvrières et paysannes (Art. 1er : Assurés obligatoires : application de la loi aux salariés français travaillant en dehors de la métropole. — Art. 2 : Suppression des fractions de demi-centime pour les versements; versement à capital réservé de la cotisation ouvrière; ouvriers des travailleurs à domicile, rémunérés à façon, aux pièces ou à la tâche. — Art. 3 : Autorisation du versement trimestriel des contributions patronale et ouvrière, moyennant caution; apposition des timbres-retraites; encaissement des contributions patronales par les organismes admis à recevoir les cotisations ouvrières. — Art. 4 : Bonification à raison du nombre d'enfants : nombre des versements annuels nécessaires. — Art. 5 : Remboursement en capital des rentes n'atteignant pas 4 fr. — Art. 6 : Allocations au décès. — Art. 10 : Maintien des caisses de retraites et règlements existants; salaires dont la rémunération annuelle n'excède pas 3.000 fr. — Art. 11 : Ouvriers étrangers. — Art. 12 : Remises aux organismes assureurs. — Art. 14 : Renseignements à fournir par les caisses d'assurances aux assurés. — Art. 15 : Placements de fonds des caisses autonomes. — Art. 16 : Fonds de réserve. — Art. 18 : Avantages concédés aux syndicats professionnels constituant une caisse d'assurance-maladie. — Art. 19 : Mode de capitalisation par les caisses patronales ou syndicales. — Art. 20 : Liquidation du compte d'un assuré qui s'affilie à une autre caisse d'assurances. — Art. 22 : Emoluments des greffiers de justices de paix et tribunaux civils; exemption du timbre pour les affiches de vulgarisation des caisses d'assurances. — Art. 26 : Composition du conseil supérieur des retraites ouvrières et paysannes. — Art. 35 : Maintien des caisses de retraites fonctionnant en vertu de la loi du 27 déc. 1895. — Art. 36 : Assurés facultatifs : majorations; membres de la famille des assurés obligatoires et facultatifs travaillant et habitant avec eux; veuves non salariées des assurés obligatoires ou facultatifs, femmes ou veuves de salariés qui n'ont pas bénéficié de l'assurance, ou de salariés qui sont ou étaient retraités; femmes ou veuves des agents, employés ou ouvriers placés sous le régime des pensions civiles, et sous les régimes spéciaux énumérés à l'art. 10; période transitoire; métayers; allocation viagère; femmes, naissance d'enfants, hommes, années de service militaire, entrée en compte, montant des versements à faire) (Loi, 17 août 1915). 290

V. Assurances (Caisses d'), Mines.

Réunion (Ile de la). — V. Propriété industrielle, Prud'hommes.

Revision. — V. Armée.

Révocation. — V. Justices de paix, Marine, Officiers publics ou ministériels.

Rhodium. — V. Douanes.

Risques de guerre. — V. Assurance maritime, Assurance sur la vie.

Riz. — V. Douanes.

Rôles des contributions directes. — V. Budget.

Rôles d'équipage. — V. Timbre.

Rotins. — V. Douanes.

Route nationale. — V. Algérie.

Russie. — V. Colonies, Douanes.

S

Surtaxe. — V. Chemins de fer.

Surtaxe d'entrepôt. — V. Douanes.

Suspension de délais. — V. Moratorium, Propriété industrielle.

Suspension de prescription. — V. Code de commerce, Postes.

Syndic des agents de change. — V. Valeurs mobilières.

Syndicats de défense contre le phylloxéra. — V. Algérie.

Syndicats professionnels. — V. Code du travail et de la prévoyance sociale, Retraites ouvrières et paysannes.

T

Tabac.

Réglementation de l'obtention de débits de tabac (Réserve des trois quarts des débits aux veuves et orphelins des officiers, sous-officiers, soldats, fonctionnaires ou employés de l'Etat morts sous les drapeaux pendant la guerre, ou décédés, soit pendant la guerre, soit pendant l'année qui suivra, de blessures reçues ou maladies contractées pendant la guerre) (Décr., 16 janv. 1915). 5

Tableau d'avancement. — V. Armée, Colonies, Douanes, Ministère des colonies, Ministère de la justice, Ministère des travaux publics.

Taxes assimilées aux contributions directes. — V. Budget, Trésoriers généraux.

Taxe vicinale. — V. Budget.

Tchèques. — V. Moratorium.

Télégraphes.

Réduction, pendant la durée des hostilités, des taxes applicables aux télégrammes échangés avec les militaires et marins faisant partie des corps expéditionnaires et les militaires des troupes coloniales, ou recrutés dans une colonie opérant en France (Réduction des trois quarts des taxes terminales et de transit des lignes terrestres et sous-marines métropolitaines, applicable aux télégrammes ayant trait à des questions familiales, originaires ou à destination de la France, de l'Algérie, de la Tunisie, du Maroc et des colonies, et échanges avec les militaires ou marins des corps expéditionnaires et avec les militaires opérant en France; réduction de moitié pour les relations avec les pays du régime européen) (Décr., 13 août 1915). 281

V. Armée, Guerre.

Téléphones. — V. Guerre.

Témoins instrumentaires. — V. Testament.

Testament.

Modification des art. 985 et 996 du Code civil (Testaments faits dans un lieu où les communications sont interceptées par suite de la peste ou d'une maladie contagieuse; réception par le juge de paix ou un officier municipal, en présence de témoins; extension des mêmes prescriptions aux îles du territoire européen de la France, en cas d'impossibilité de communication) (Loi, 28 juill. 1915). 262

Timbre.

Chèques. — V. le § Quittances.

Colonies. — V. le § Rôles d'équipage.

Ordres de virement. — V. le § Quittances.

Quittances.

Création de timbres mobiles de quittance, pour timbrer les titres emportant quittance, libération ou décharge, les chèques et les ordres de virement assujettis au timbre proportionnel par la loi du 15 juill. 1914 (Décr., 20 janv. 1915). 5

Création de types de timbres à l'extraordinaire pour apposer le timbre proportionnel sur les quittances, chèques et ordres de virement (Décr., 2 févr. 1915). 15

Dispositions relatives à la création de nouveaux types de timbres-quittances pour le timbrage à l'extraordinaire des quittances, chèques et ordres de virement en banque (Modification du décret du 2 févr. 1915) (Décr., 23 avril 1915). 131

Reçus. — V. le § Quittances.

Rôles d'équipage.

Réglementation de mode d'apposition, en France et aux colonies, du timbre des rôles d'équipage (Décr., 14 nov. 1914). 63

Conversion en loi de décrets pris en matière financière du 12 août au 16 déc. 1914 (Timbre des rôles d'équipages) (Loi, 17 mars 1915). 62

Timbres à l'extraordinaire. — V. le § Quittances.

Timbres mobiles. — V. le § Quittances.

V. Mariage, Postes, Retraites ouvrières et paysannes, Valeurs mobilières.

Tirailleurs sénégalais. — V. Armée.

Tissus de coton. — V. Douanes.

Titres au porteur. — V. Valeurs mobilières.

Titres étrangers. — V. Valeurs mobilières.

Titres nominatifs. — V. Valeurs mobilières.

Titres perdus ou volés. — V. Valeurs mobilières.

Togo allemand. — V. Colonies.

Tradition orale. — V. Guerre.

Train des équipages. — V. Ministère de la guerre.

président du tribunal civil; faculté d'exiger caution; paiement des intérêts et dividendes. — Valeurs étrangères dont le service est fait en France; déclaration au siège principal des établissements chargés de ce service; transmission de la déclaration à l'Etat ou établissement étranger. — Titres nominatifs ou certificats nominatifs de titres au porteur; déclaration par lettre recommandée à l'établissement débiteur. — Mainlevée; application de l'art. 2 de la loi du 8 févr. 1902. — Procédure après la cessation des hostilités; opposition entre les mains du syndicat des agents de change et de l'établissement débiteur; après deux ans sans contradiction, paiement du capital exigible, ou remise d'un duplicata; en cas de présentation de titre frappé d'opposition, rétention du titre par l'établissement débiteur; suspension des effets de l'opposition jusqu'à décision ou accord; mêmes formalités pour les valeurs étrangères. — Dispense de droits d'enregistrement, de timbre et de tous frais. — Application exclusive de la loi aux valeurs mobilières dont les propriétaires avaient domicile ou résidence dans les régions envahies. — Pénalités contre ceux qui, par une déclaration ou opposition de mauvaise foi, obtiennent ou tentent d'obtenir paiement du capital ou des intérêts ou dividendes; circonstances atténuantes) (Loi, 4 avril 1915). 99

V. Moratorium.

Valeurs négociables. — V. Moratorium.

Vente. — V. Absinthe, Ministère de l'agriculture, Poudres et explosifs.

Vente de marchandises. — V. Ministère de l'agriculture, Moratorium.

Vérificateurs du contrôle des assurances. — V. Sociétés d'assurances.

Verres d'optique. — V. Douanes.

Vers à soie.

Report du 15 mai au 15 octobre de la date extrême fixée par l'art. 1er du décret du 28 janv. 1911 pour la déclaration que les éducateurs de vers à soie doivent faire à la mairie de leur commune, en vue de l'obtention de la prime (Décr., 5 mai 1915). 147

Vétérinaire auxiliaire. — V. Armée.

Vétérinaires militaires. — V. Armée.

Veuves. — V. Algérie, Armée, Code d'instruction criminelle, Colonies, Contributions indirectes, Marine, Moratorium, Pensions, Retraites ouvrières et paysannes, Tabac.

Viandes fraîches. — V. Douanes.

Viandes frigorifiées. — V. Ministère de l'agriculture.

Victimes de la guerre. — V. Algérie, Guerre.

Villes. — V. Hygiène et santé publiques, Moratorium.

Vins. — V. Douanes.

Voies navigables. — V. Guerre.

Voitures. — V. Réquisitions militaires.

W

Warrant hôtelier. — V. Hôteliers.

Z

Zone des armées. — V. Armée, Chemins de fer, Guerre.

Zone de l'intérieur. — V. Armée.

Imprimerie du Recueil Sirey, au Mesnil (Eure)

B. Ch. [illegible]

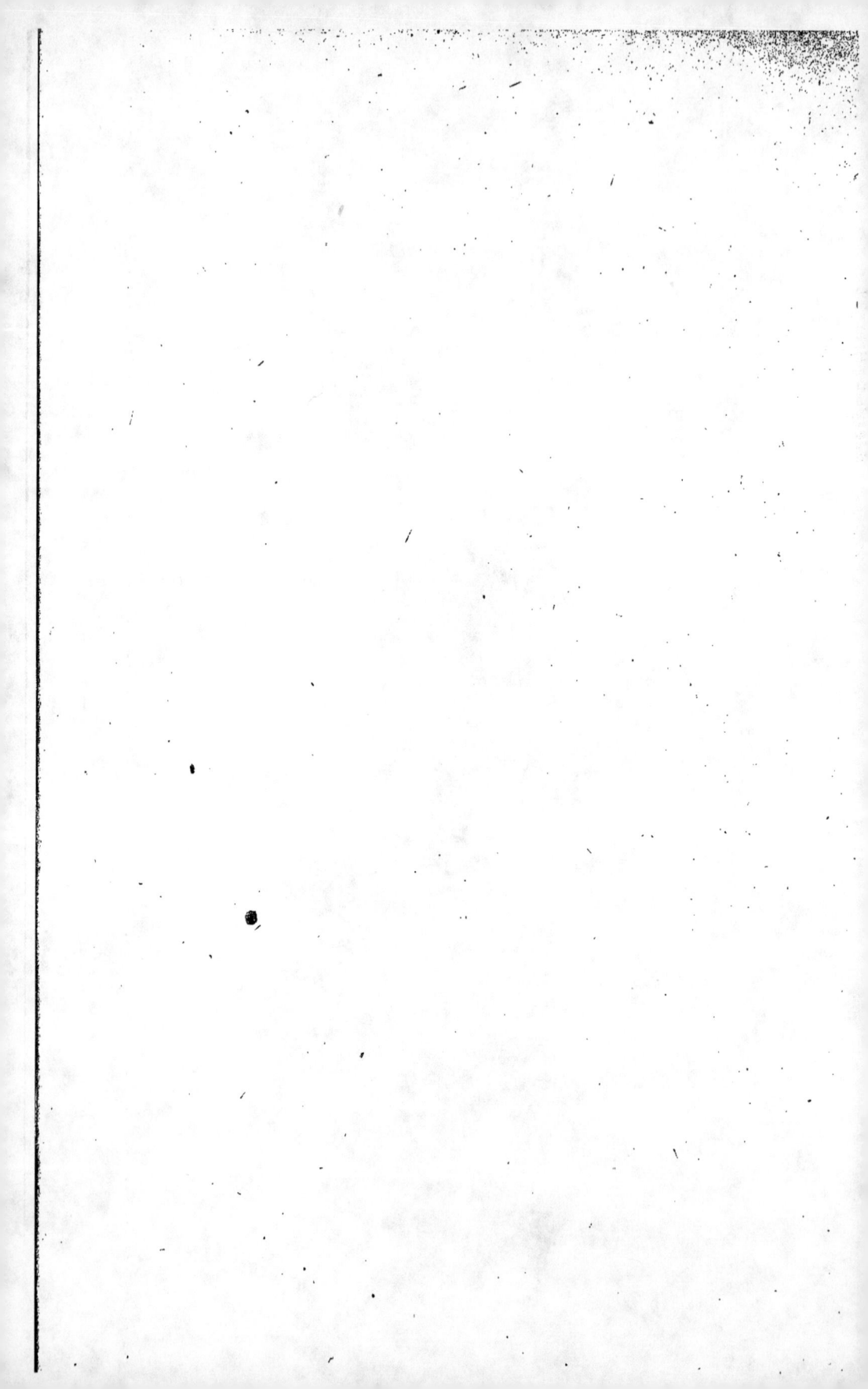